海盐年鉴

2017

海盐县党史地方志编纂委员会　编

方志出版社
Publishing House of Local Records

图书在版编目(CIP)数据

海盐年鉴.2017/海盐县党史地方志编纂委员会编.—北京:方志出版社,2017.12

ISBN 978-7-5144-2828-5

Ⅰ.①海… Ⅱ.①海… Ⅲ.①海盐县—2017—年鉴 Ⅳ.①Z525.54

中国版本图书馆CIP数据核字(2017)第317138号

海盐年鉴(2017)

编　　者:海盐县党史地方志编纂委员会
责任编辑:章　瑾

出 版 人:冀祥德
出 版 者:方志出版社
地址　北京市朝阳区潘家园东里9号(国家方志馆4层)
邮编　100021
网址　http://www.fzph.org
发　　行:方志出版社图书经销中心
电话(010)67110500
经　　销:各地新华书店
设计排版:杭州美迪图文设计有限公司
印　　刷:浙江海虹彩色印务有限公司

开　　本:889×1194　1/16
印　　张:30.75
字　　数:910千字
版　　次:2017年12月第1版　2017年12月第1次印刷
印　　数:0001~1000册

ISBN 978-7-5144-2828-5　　定价:180.00元

海盐县党史地方志编纂委员会

顾　问　陈玲芳
主　任　王碎社
副主任　孙雄伟　田林华　胡燕子　贺伟民
成　员　县委办公室、县人大办公室、县政府办公室、县政协办公室、县人武部、县法院、县检察院、县委组织部、县委宣传部、县委统战部、县委政法委、县发改局、县经信局、县教育局、县科技局、县公安局、县民政局、县司法局、县财政局（地税局）、县人力社保局、县国土资源局、县环保局、县住建局（人防办）、县交通运输局、县水利局、县农经局（农办）、县商务局（粮食局）、县文化局（体育局）、县卫生计生局、县审计局、县统计局、县档案局、县史志办、县旅委、县市场监管局、人行海盐支行、秦山核电基地党委，以及各镇政府、街道办事处主要领导

《海盐年鉴》编辑室

主　　编　宋乐明
执行主编　蔡海燕
副 主 编　宋金华
编　　辑　周　敏　祝勇峰　王云祥　叶敏华
主　　审　裴黎原
主要摄影　林坚强　姚刘权　徐志达
英文翻译　孙京梅

编辑说明

一、《海盐年鉴》是中共海盐县委、海盐县人民政府主办，海盐县党史地方志编纂委员会组织编纂的综合性地方年鉴，是逐年记载海盐经济、政治、文化、社会和生态文明建设的史册。

二、《海盐年鉴（2017）》是海盐县第21部综合性地方年鉴。记载时间从2016年1月1日至12月31日，一般不作历史追溯。文献特载栏目提前收录2017年县委领导在全县三级干部大会上的讲话和县政府领导在县十五届人大一次会议上的报告，名录、人物栏目提前收录新任县领导简历。

三、《海盐年鉴（2017）》采用分类编辑法，分栏目、分目、条目3个层次。全书设37个栏目，依次是：文献特载，大事记，全县概况，农业，水利、海塘，工业，块状特色工业，秦山核电，开发区、工业功能区，国内贸易，市场，开放型经济与区域合作，旅游，交通运输，信息化建设与信息产业，城乡建设与生态环境，财政、税务，金融，经济管理监督与服务，中国共产党海盐县委员会，海盐县人民代表大会，海盐县人民政府，中国人民政治协商会议海盐县委员会，民主党派与工商联，人民团体，军事，政法，教育，科学技术，文化、体育，新闻，卫生、计生，社会、生活，各镇、街道概况，名录、人物，社会经济统计资料，附录。书末有索引。

四、《海盐年鉴（2017）》在保持内容的稳定性和连续性的基础上，注重突出年度特点和地方特色，注重实用性和可读性，并配随文照片。

五、本年鉴所采用稿件，均由海盐县县级机关各部门、各有关单位和各镇（街道）专人撰写，经供稿单位领导审核，并经县保密局作保密审核。凡涉及海盐县国民经济和社会发展全局性的数据以县统计局公布的数据为准；县统计局未作统计的，由有关业务部门提供。文献特载部分数据尊重原文。使用法定计量单位。

六、书后的索引，采用主题分析索引的方法，按主题词首字拼音字母顺序和音序排列。使用方法，详见索引说明。

七、《海盐年鉴（2017）》的编纂、出版，得到全县各部门、单位和社会各界人士的大力支持，在此，谨表示衷心感谢。由于我们水平有限，如有疏漏和错误之处，恳请读者批评指正。

2016年海盐概览

全县总面积1072.63平方公里，其中陆域面积584.96平方公里，海域面积487.67平方公里

全县户籍人口38.03万人，暂住人口7.97万人

全县生产总值414.90亿元，其中第一产业增加值20.63亿元，第二产业增加值246.08亿元，第三产业增加值148.19亿元

全县人均生产总值109295元

全县财政总收入63.06亿元，其中一般预算收入35.18亿元

全县一般预算支出43.51亿元

全县对外贸易总额19.22亿美元，其中出口14.69亿美元，进口4.53亿美元

全年新批外商投资企业22家，合同利用外资5.84亿美元，实际利用外资1.65亿美元

全社会固定资产投资额291.25亿元，其中县内271.82亿元，核电19.43亿元

全年社会消费品零售总额124.37亿元

全县城镇居民人均可支配收入50216元

全县农村居民人均可支配收入29606元

全县有商品交易市场28个，全年总成交额31.51亿元

2016年4月6日，全国政协副主席齐续春（左一）参观核工展展馆

（县核应急办供）

2016年4月，省委书记夏宝龙（右一）调研澉浦镇紫金山村美丽乡村建设

（县委办供）

2016年2月14日，省委副书记、省长李强（左三）调研杭州湾智能装备基地建设

（县委办供）

2016年10月19日，省委副书记、代省长车俊（右二）到海盐实地考察农作物秸秆还田利用与堆肥社会化服务

（王金良供）

2016年4月28日，副省长黄旭明（左二）视察南台头闸

（县委办供）

2016年7月21日，国家能源局副局长李仰哲（左三）到秦山核电基地调研指导工作

（秦山核电集团筹备组供）

2016年12月25—29日，中国共产党海盐县第十四次代表大会召开

（林坚强摄）

2016年3月8—10日，海盐县第十四届人民代表大会第五次会议召开

（县人大办供）

2016年3月7—10日，中国人民政治协商会议海盐县第八届委员会第五次会议召开

（县政协办供）

2016年10月19日，全省农业“两区”建设暨互联网+现代农业现场会在海盐县召开

（汤超摄）

2016年10月13日，中欧城镇化伙伴关系示范区建设交流会在海盐县召开

（县发改局供）

2016年1月4日，嘉兴市扩大有效投资重大项目集中开工仪式在海盐县浙江山水六旗国际度假区召开

（林坚强摄）

2016年7月8日，百步·中国集成吊顶产业指数发布会召开
（百步镇供）

2016年5月30日，海盐县在全市率先发出第一批不动产权证书
（县国土资源局供）

2016年9月，海盐县首个农业气象站在华星农场建成
（县气象局供）

2016年6月15日，阿里巴巴农村淘宝海盐服务中心开业仪式举行

（汤超摄）

2016年9月13日，海盐县浙商回归投资洽谈会召开

（县合作办供）

2016年5月27日，“智赢海盐”人才项目资本对接大会召开

（县委办供）

2016年3月31日，上海智能制造产业技术创新战略联盟、德国联邦采购物流协会、北京印刷学院与浙江海盐县人民政府战略合作签约仪式举行

（韩磊摄）

2016年12月22日，伍尔特集团大中华区供应链中心开幕仪式举行

（县委办供）

2016年11月24日，中节能海盐绿色发展基金合作暨首期投资项目签约仪式举行

（姚林晓摄）

2016年9月21—22日，第三届国际核电运维大会暨第二届核电海盐峰会召开

（县核应急办供）

2016年8月8日，海盐县获得浙江省“优秀园林工程”金奖。图为杭浦高速南北湖出入口至01省道绿化提升工程试验段（姚刘权摄）

2016年8月10日，澉浦大桥施工现场（姚刘权摄）

2016年11月2日，01省道杭沪线海盐段养护大中修工程3厘米面层施工（姚刘权摄）

2016年1月27日，海盐港区C区5号、6号码头建成并投入使用

（徐志达摄）

2016年年初，抢修过桥供水管网

（县水务集团供）

2016年2月29日，海盐县获浙江省“五水共治”工作优秀县（市、区）大禹鼎奖。图为澉浦镇南北湖村村民在湖中打捞水草场景

（徐志达摄）

2016年4月21日，海盐县人民医院与上海市第一人民医院合作签约暨揭牌仪式举行

（县卫生计生局供）

2016年11月12日，海盐首家民营医院海盐邦尔医院正式开业

（武原街道办供）

2016年11月，海盐富兴骨科医院建成并投入使用

（县卫生计生局供）

2016年7月29日，海盐县民主党派换届暨基层委员会成立大会召开
（县委统战部供）

2016年4月8日，重新修建的钱氏宗祠揭牌仪式举行。图为参观宗祠场景
（林坚强摄）

2016年5月9日，浙江老年开放大学海盐学院授牌仪式暨开学典礼举行
（县教育局供）

2016年11月22日，2016年海盐县全民终身学习活动周开幕式举行

（县教育局供）

2016年年底，海盐县文化礼堂共建成97家，实现全县文化礼堂全覆盖。图为澉浦六里村文化礼堂

（林坚强摄）

2016年8月7日，喜迎G20杭州市国际瑜伽高峰论坛暨首届南北湖（国际）瑜伽文化交流节举办

（徐锴摄）

2016年10月，南北湖影视文化节暨影视文化体验活动举办

（县文联供）

2016年10月29日，海盐县首届美丽乡村运动会在通元镇育才村举行

（林坚强摄）

2016年10月30日，跟奥运冠军跑起来健康中国·南北湖半程马拉松比赛举行

（林坚强摄）

海盐县有关组织机构全称、简称对照表

中共海盐县纪律检查委员会（监察局）	县纪委（监察局）
海盐县人民武装部	县人武部
海盐县人民法院	县法院
海盐县人民检察院	县检察院
中共海盐县委办公室	县委办公室
海盐县人民代表大会常务委员会办公室	县人大办公室
海盐县人民政府办公室（政府法制办公室）	县政府办公室（法制办）
中国人民政治协商会议浙江省海盐县委员会办公室	县政协办公室
中共海盐县委组织部	县委组织部
中共海盐县委宣传部	县委宣传部
海盐县精神文明建设委员会办公室	县文明办
中共海盐县委统一战线工作部（民族宗教事务局）	县委统战部（民宗局）
海盐县人民政府侨务办公室	县侨办
中共海盐县委、海盐县人民政府台湾事务办公室	县台办
中共海盐县委政法委员会（社会治安综合治理委员会办公室）	县委政法委（综治办）
中共海盐县直属机关工作委员会	县直机关工委
中共海盐县委老干部局	县委老干部局
海盐县人大常委会代表工作委员会	县人大代表工委
海盐县人大常委会财政经济工作委员会	县人大财经工委
海盐县人大常委会教育科学文化卫生民族华侨工作委员会	县人大教科文卫民侨工委
海盐县人大常委会城乡建设农村经济工作委员会	县人大城建农经工委
中共海盐县委党校	县委党校
中共海盐县城镇企业工作委员会	县企工委
中国共产主义青年团海盐县委员会	团县委
海盐县妇女联合会	县妇联
海盐县科学技术协会	县科协
中国民主同盟海盐县基层委员会	民盟海盐县基层委
中国民主促进会海盐县基层委员会	民进海盐县基层委
中国农工民主党海盐县基层委员会	农工党海盐县基层委
九三学社海盐县基层委员会	九三学社海盐县基层委
海盐县工商业联合会	县工商联
海盐县残疾人联合会	县残联
海盐县社会科学界联合会	县社科联
海盐县文学艺术界联合会	县文联
海盐县归侨侨眷联合会	县侨联
海盐县台胞台属联谊会	县台联
海盐县发展和改革局	县发改局
海盐县经济和信息化局	县经信局

海盐县科学技术局	县科技局
海盐县人力资源和社会保障局	县人力社保局
海盐县农业经济局(农办)	县农经局(农办)
海盐县文化广播电视新闻出版局(体育局)	县文化局(体育局)
海盐县环境保护局	县环保局
海盐县住房和城乡规划建设局(人防办)	县住建局(人防办)
海盐县安全生产监督管理局	县安监局
海盐县市场监督管理局	县市场监管局
海盐县史志办公室	县史志办
海盐县综合行政执法局	县综合执法局
海盐县核电事故场外应急办公室	县核应急办
海盐经济开发区管理委员会	县开发区
海盐县南北湖风景区管理委员会	县风景区
海盐县国家税务局	县国税局
海盐县质量技术监督局	县质监局
海盐县烟草专卖局	县烟草局
中国电信股份有限公司海盐分公司	电信海盐分公司
浙江移动通信有限责任公司海盐分公司	移动海盐分公司
中国联合网络通信有限公司海盐分公司	联通海盐分公司
中国人民银行海盐县支行	人行海盐支行
中国银行业监督管理委员会嘉兴监管分局海盐办事处	县银监办
中国工商银行股份有限公司海盐县支行	工行海盐支行
中国建设银行股份有限公司海盐支行	建行海盐支行
中国农业银行股份有限公司海盐县支行	农行海盐支行
中国银行股份有限公司海盐支行	中行海盐支行
中国农业发展银行海盐县支行	农发行海盐支行
中国建设银行股份有限公司秦山核电支行	建行核电支行
中国人民财产保险股份有限公司海盐县支公司	人保财险海盐支公司
中国人寿保险股份有限公司海盐支公司	人寿保险海盐支公司
海盐县关心下一代工作委员会	县关工委
海盐县老龄工作委员会	县老龄委
海盐县城市投资集团有限公司	县城投集团
海盐县水务投资集团有限公司	县水务集团
海盐县南北湖旅游投资集团有限公司	县旅投集团
海盐县交通投资集团有限公司	县交投集团

目　　录

农　　业

水利　海塘

工　业

块状特色工业

秦山核电

开发区　工业功能区

国内贸易

市　　场

开放型经济与区域合作

旅　　游

交通运输

信息化建设与信息产业

城乡建设与生态环境

财政　税务

金　　融

经济管理监督与服务

中国共产党海盐县委员会

海盐县人民代表大会

海盐县人民政府

中国人民政治协商会议海盐县委员会

民主党派与工商联

人民团体

军　　事

政　　法

教　育

科学技术

文化 体育

新　闻

卫生　计生

社会 生活

各镇、街道概况

名录　人物

社会经济统计资料

附　　录

索 引

Main Contents

Characteristic Industry

Qinshan Nuclear Power

Development Zone、Industrial Park

Domestic Trade

Marketing

Opening—up Economy & Regional Cooperation

Tourism

Traffic & Transport

Informatization Construction and Information Industry

Urban Construction & Ecological Environment

Taxation

Finance

Economic Administration, Supervision & Service

Haiyan County Committee of the CPC

The National People's Congress of Haiyan County

The People's Government of Haiyan County

Haiyan County Committee of CPCC

Democratic Parties and Business Associations

People's Organizations

Hygiene Sanitation

Social Life

Summary of Each Towns and Streets

Directory、Personnels

Statistic Documents of National Economy

Appendix

Index

文献特载

沈晓红、王碎社在全县三级干部大会暨“双拆双引”百日会战动员大会上的讲话摘要

（2017 年 2 月 20 日）

县委书记沈晓红的讲话摘要

县“两会”刚刚闭幕，我们就在这里隆重召开全县三级干部大会，目的很明确，导向也很清楚，就是要认真贯彻落实县第十四次党代会和县“两会”精神，总结成绩、表彰先进，动员全县上下解放思想、增强信心、明确任务、真抓实干，奋力开创新时期海盐经济社会发展新局面。

刚才，我们通过视频的形式，回顾总结了 2016 年工作成绩。在过去的一年里，面对复杂多变的宏观环境和艰巨繁重的发展任务，我们坚持创新转型、提质增效，经济实力大幅提升，主要经济指标逆势增长，连续四年获省工业强县（市、区）综合评价考评先进单位，并连续两年名列全省“十强”行列。我们坚持统筹协调、扬长补短，城乡发展更加均衡，成功入选全国首批中欧城镇化伙伴关系示范区、全球 100 韧性城市名单，百步经济开发区跻身省级经济开发区，成功创建首批市级特色小镇 2 个，顺利入围村级集体经济发展等 3 项全省农村综合改革试验项目试点。我们坚持绿色发展、综合整治，环境面貌不断优化，发布全国首项县域绿色发展评价指标，跻身首批省级生态文明先行示范区创建地区，顺利通过国家级生态县创建考核验收，获全省治水最高奖项“大禹鼎”，空气优良率一直稳居全市前列。我们坚持以人为本、惠民利民，人民生活显著改善，城乡居民收入持续快速增长，社会保障体系不断健全，教育、卫生、文化等各项事业全面进步，平安建设有望实现“十二连冠”，群众拥有更多的获得感。我们坚持党要管党、从严治党，党的建设全面加强，扎实开展“两学一做”学习教育，深入实施“整乡推进、整县提升”三年行动计划等，党的思想、组织、作风、反腐倡廉和制度建设得到全面推进，党建科学化水平不断提高。这些成绩的取得，是全县上下团结一心、艰苦奋斗的结果，是社会各界和衷共济、鼎力支持的结果，也是全县广大党员干部苦干实干、顽强拼搏的结果。在此，我谨代表县委、县政府，向一年来为全县改革发展稳定付出辛勤劳动、做出突出贡献的广大干部群众和社会各界人士，表示衷心的感谢，并致以崇高的敬意！

习近平总书记在 2017 年的新年贺词中发出“大家撸起袖子加油干”的动员令，省委书记夏宝龙在 2017 年的会议上多次强调“干字当头，埋头苦干、拼命实干、科学巧干”。前不久闭幕的县第十四次党代会和县“两会”对 2017 年工作进行全面部署。刚才，碎社县长对“双拆双引”（拆迁、拆违，引资、引才）百日会战进行具体动员。应该说，做好 2017 年工作的大政方针已定、目标任务已明，接下来，就是要大家“干”字当头，撸起袖子加油干，扑下身子抓落实，把目标变

成行动,把蓝图变成现实。

一是要满怀信心加油干。信心决定着未来,完成年度目标任务必须要有十足的信心、蛮拼的干劲。

1.信心来源于我们良好的发展基础。近年来,我们全县上下始终坚持一张蓝图绘到底,不动摇、不懈怠、不折腾,着力打基础、利长远,无论是平台建设、产业发展、城市开发,还是环境整治、民生改善、平安维稳等方面,都取得不俗的成绩,这为我们承接优质项目,延揽高端人才,打下良好基础,积攒雄厚资本。如:在平台建设上,我们有开发区、中国核电城、百步开发区等大平台,有中丹、中法、中德和杭州湾智能装备制造基地等一批特色性区中园,也有中欧城镇化伙伴关系示范区、全球100韧性城市等软平台;在生态建设上,通过这几年的拆违、治水、植绿、治气,城乡生态环境已大大改善,天蓝、地绿、水清、气爽的生态环境就在我们身边;在社会建设上,社会保障日益健全完善,教育、文化、卫生等社会事业协调发展,群众安全感满意率也一直位居全市前列等等,这些都是我们今后工作的信心来源和发展底气。

2.信心来源于海盐当前良好的发展前景。当前,随着国家政策的利好,以及全面深化改革的推进,大量政策、项目、要素正在向基层倾斜,更健全的基础设施、更开放的发展环境、更优惠的政策条件、更完善的体制机制,让我们更有底气能够“走出去”和“引进来”。特别是,随着浙江山水六旗国际度假区、德国伍尔特总部基地的开工建设,丹佛斯企业多个事业部门的落地,沪乍杭、沪甬跨海铁路的规划落户,以及中欧合作、接轨上海战略的深入实施,未来几年,我县的综合实力、交通区位和对外影响力都将发生翻天覆地的变化,这些利好因素的重重叠加,都将为我们今后的经济社会发展带来巨大的历史机遇。今天的海盐,与往昔不可同日而语,我们比周边的海宁、平湖、嘉善等地更有发展的条件,更有发展的竞争力。

3.信心来源于我们历来攻坚克难的成功经验。当初,我们在推进“五水共治”、“三改一拆”、生猪退养等工作时,总会伴有困惑和疑虑,甚至是质疑的声音,认为这些都是不可能完成的任务。但现在,我们看到的是,通过全县广大党员干部夜以继日的奋勇攻坚,县内大多数河流水质都得到极大改善,镇、村面貌焕然一新,生猪散户实现全面退养,以及国际级大项目、好项目的招商攻坚落地等等。所以说,世上无难事,只怕有心人。只要大家能坚定信心,用心干事,无论形势有多复杂、任务有多艰巨,人民群众一定会全力支持,外面的要素资源一定会接踵跟进,我们也一定能战胜各种困难,顺利完成各项任务。

二是要只争朝夕抢着干。拆迁、拆违、引资、引才,这些都是新常态下躲不开、避不过的矛盾和工作。既然早拆晚拆都是拆,早做晚做都是做,与其被动等待错失发展良机,还不如主动出击、迅速行动。我们要以等不起、坐不住、慢不得的危机感和紧迫感,大干快上,在激烈的区域竞争中夺取先机、争先进位。

1.要着眼于“早”。科学分析当前的经济社会发展形势,提高对发展前瞻性和预见性的认识,做到未雨绸缪,趋利避害。认真研究领会上级的政策文件意图,深入发掘其中潜在的利好信息、工作动向,特别是对上级的一些重大项目、利好政策,要深入研究、提前谋划、加快对接,争取更多资源要素早向我县倾斜。要善于科学制定工作计划,结合各自岗位职责,对一些事关全局的重大问题、工作思路和重点措施早作研究、早作部署,做到心中有数、成竹在胸。

2.要着眼于“快”。坚持立说立行、雷厉风行,始终保持紧锣密鼓的工作节奏,抓紧每一天、抓实每件事,切实做到“事不过夜,案无积卷”,以高效率抢抓发展新机遇,以快节奏赢得发展新空间。全县各级各部门特别是有关职能部门,要切实强化“服务项目就是服务发展,提高效率就是促进发展”的理念,着力在提升办事效率上下功夫,在提升服务质量上下功夫,大力营造“能干事、快干事、干好事”的工作氛围。

3.要着眼于“实”。虽然时不我待,要大干快上,但这个快,还是要扎扎实实建立在“实”的基础上,还是要在“实”中求进、求快。要实实在在地拆违,突出违法建筑、危险建筑等重点,全力以赴快拆、实拆。要实实在在地引资,紧盯大项目、好项目,千方百计快引、实引。要实实在在地引才,立足海盐实际,择天下英才而用之,着力引进对海盐发展、企业发展有用的真人才。同时，要创新机制，搭建平台，营造尊重人才的环境氛围。因此，大家一定处理好“快”和“实”的辩证关系，坚持以实求快、快中求实。

三是要攻坚克难咬牙干。这次百日会战，无论是拆违、拆迁还是引资、引才，每一项任务都是难啃的“硬骨头”，每一次工作都是一场难打的攻坚战，都需要我们付出艰苦的努力。因此，我们在工作中，一定要拿出舍我其谁的担当，拿出决战决胜的勇气，切实以铁一样的意志力、铁一样的战斗力、铁一样的执行力，千方百计寻对策，想尽办法找出路，竭尽全力求突破，确保完成各项攻坚任务。

1. 要有“知难而进、迎难而上”的战略魄力。在工作中，不因压力大而气馁，不因困难多而停步，不因竞争强而退却，而要始终保持“明知山有虎，偏向虎山行”和“狭路相逢勇者胜”的魄力，专捡“难”的来，专挑“硬”的上，切实拿出一股子闯劲、狠劲、拼劲，敢于向利益藩篱叫板，敢于向顽瘴痼疾开刀，坚决啃掉那些“硬骨头”，打趴那些“拦路虎”，切实以工作中重点、难点、痛点的有效突破来带动全局工作的整体推进。如在“拆违、拆迁”工作中，就要敢于向那些“城中村”、钉子户、遗留户“下手”；在“招商选资”中，就要敢于瞄准那些世界500强企业、大型央企国企、500强民企等龙头型、旗舰型企业进军；在“招才引智”中，就要敢于有“虎口夺食”的气魄、“千金买马”的决心、“周公吐哺”的襟怀，在全球坐标系内延揽各路英才。

2. 要有“因地制宜、灵活多变”的战略战术。善于结合各自实际情况，审时度势、因地制宜、因势利导开展工作。要善于用好“伤其十指不如断其一指”的重点突破法，坚持问题导向，深入调查研究，找准事情的突破口，抓住难题的关键点，以主要矛盾的有效攻克，推进难题的顺利解决。要善于用好“蹄疾步稳、急而不躁”的循序渐进法，善于掌握形势和气势，善于把握节奏和步骤，善于分配力量和力度，尊重规律、讲究章法，步子稳、节奏快等等。尤其在拆违、拆迁等情况复杂、牵涉面广的工作上，要特别注意因地、因事、因势，灵活运用好战略战术，拿捏好分寸、掌握好火候，该狂风暴雨的时候就要狂风暴雨，该和风细雨的时候就要和风细雨，做到不偏不倚、恰到好处。

3. 要有“一以贯之、一抓到底”的战略定力。始终做到咬定目标不放松，坚如磐石强定力，驰而不息抓落实，以钉钉子精神，一锤紧着一锤敲，一锤更比一锤重，持续发力、精准发力，切实做到不达目的不罢手，不见成效不收兵。特别是，当前我县“三改一拆”工作已进入深水期，我们要借着全省上下“三改一拆”一年严过一年的高压态势，以“宜将剩勇追穷寇，不可沽名学霸王”的战斗决心，顺势而为、乘势而上，全力以赴推进剩余违建的拆除，切实做到应拆尽拆。要突出抓好违章猪舍拆除，狠抓生猪减量提质不放松，坚决遏制生猪散养复养反弹。同时，要严格按照“理清旧账、不欠新账”的原则，持续加大执法监督力度，加强网格化监督管理，严控新增违建，严防反弹回潮。

四是要上下齐心协力干，团结才有战斗力。开展“双拆双引”百日会战，推动全年目标任务完成，需要各级各部门上下同欲、通力合作、共赴火线，着力形成“心往一处想、劲往一处使、话往一处说、事往一处做”的良好干事氛围。

1. 领导领衔。新一届县四套班子领导是海盐铁军的指挥员，我们要坚持和发扬同心同德、民主团结、求真务实的优良传统，不断增进一个党委、三个党组的合力，高效有序地抓好各项工作。要在“百日会战”中以上率下、靠前指挥、做出样子，主动指导、协调、督促各主体和各部门抓好工作落实，抓好联系镇（街道）、联系项目、联系企业、联系村（社区）等重点工作的扎实推进，落实县级领导带头领衔克难攻坚机制，带动全县上下勇担当、尽责任、抓落实，齐心协力推动全县各项工作再上新台阶。

2. 主体拼搏。华为公司总裁任正非对员工讲话时曾说过，“八百里秦川何曾出过霸王”“秦淮河边上产生不了世界领袖”“一周只有40个小时用于工作，是产生不了科学家、艺术家的”，他想表达的是“没有拼搏就没有成功”的道理。面对当前经济社会繁重的发展任务，全县上下特别是各相关责任主体，一定要甩开膀子拼命干，一项一项抓好落实，一项一项破解难题，确保年度各项目标任务落到实处。要认真把“双拆双引”摆在重中之重的位置，结合各自职责，积极主动、真抓实干，全力在“百日会战”中比学赶超、争先创优,勇当优等生,不做后进者。各级领导干部特别是党政“一把手”,既是一线“指挥员”,更是一线“战斗员”,对县委、县政府的决策部署要坚决落实、当好表率,管好自己、领好班子、带好队伍,调动发挥本地本单位的积极性和创造性,确保完成各项目标任务。

3.部门给力。在“百日会战”中,各职能部门要切实站在全县发展大局和服务中心、服务基层工作的角度,进一步增强责任意识和担当意识,坚决服从调度,密切协作配合,努力做到思想同心、目标同向、行动同步、事业同干,确保各项目标任务的顺利完成。各职能部门主要领导一定要切实担负起牵头抓总的责任,对本部门内的办理环节负总责,协调好内部关系,统一好人员思想,做到全员支持、全力配合、高效办事。督考部门要充分发挥好考核“指挥棒”和“风向标”作用,鞭挞后进者、惩罚误事者、奖励实干者,确保县委、县政府的决策部署落地有声、落地见效。

同志们,人勤春来早,奋进正当时。让我们迅速行动起来,以更加饱满的热情、更加顽强的斗志、更加扎实的作风,大干新一年,再创新业绩,为加快建设“三优”(产业优质、环境优美、生活优雅)海盐、高水平全面建成小康社会而更加努力奋斗!

县委副书记、县长王琣社的讲话摘要

根据会议安排,下面,我就“双拆双引”百日会战工作作简要部署。主要讲三个问题:

一、为什么要开展“双拆双引”百日会战

“双拆双引”是指拆违(危)、拆迁和招商引资、招才引智。“双拆”是基础,是前提;“双引”是根本所在,是最终目的。百日会战就是从今天开始,利用100天时间,集中时间、集中精力、集中力量,拉高标杆、提高速度、形成声势,全力突破重点、难点工作,以此带动全县全年工作的顺利开展。

县委、县政府在县“两会”结束后,马上部署开展“双拆双引”百日会战,主要是基于以下三方面的考虑。

一是基于打响开局之年第一枪的需要。当前,县、镇(街道)两级的党代会、人代会都已完成,各级党委、政府班子都已产生,奋斗目标都已确定,接下来就是“撸起袖子加油干”的时候了!新一届班子干得好不好,重点看头年,关键看当前。开局之年工作千头万绪,从哪里抓起?就从“双拆双引”入手。“双拆双引”是贯彻落实省委、省政府“拆治归”要求的重要举措和政治担当,更是我们新一届班子行使使命、履行职责的具体行动和责任担当。我们必须迅速行动、快速出击、主动打响这第一枪,打出声势、打出威力、打出成效!

二是基于打好克难攻坚第一仗的需要。经过改革开放近40年的发展,当前,我们正站在一个全新的起点上,综合实力和各方面基础大大增强,但碰到的困难和碰到的难题前所未有,转型发展进入关键期,改革进入攻坚和深水期。在诸多的困难矛盾中,“双拆双引”即是第一难,也是我们绕不开、躲不过,必须攻克、跨越的第一道关口。我们要有“明知山有虎,偏向虎山行”的精神,面对困难要冲得上去、豁得出去、扛得下来,主动打好、打赢这第一仗!

三是基于磨砺一支海盐铁军的需要。狭路相逢勇者胜,沧海横流显英雄。越是难题重任、越是关键时刻、越是紧要关头,越能检验干部的定力、考验干部的能力、锤炼干部的作风。我们要用舍我其谁、当仁不让的勇气,勇于担当、勇于破难的锐气,一鼓作气、一干到底的士气,努力在“双拆双引”的一线彰显真本领、干出硬作风、锤炼战斗力。

二、“双拆双引”百日会战的奋斗目标和主要任务

1.奋斗目标

①拆违(危):用100天时间,力争完成全年拆违任务。拆除违法建筑120万平方米,治理城乡危旧房242幢。其中第一个月完成年度任务的50%以上,拆除违法建筑不少于60万平方米,治理危旧房不少于130幢。

②拆(搬)迁:用100天时间,拔除全县历年遗留的钉子户40户。完成全年拆(搬)迁任务的70%。

③招商引资和招才引智:用100天时间,完成全年招商引资和招才引智任务50%以上。确保实际利用外资1.1亿美元,实到县外内资30亿元,力争引进1000万美元以上外资项目3个,1亿元以上内资项目10个;引进“千人计划”专家2人、高层

次人才100人。

2.主要任务

首先是拆除安全隐患和违法建筑。2017年春节期间，温州文成县民房倒塌事件和天台县足浴店火灾事件在社会上造成很大影响。像可能发生这样安全事故的隐患，我们海盐有没有？答案是肯定的！我们县也接连发生过几次火灾事故，虽然未造成人员伤亡，但给我们敲响了警钟。为此，在总目标上，涉及“四个安全”的违法建筑一律予以拆除。所谓“四个安全”就是涉及房屋结构安全、消防安全、生产安全、环境安全。在重点领域上，要突出“城中村”出租房、国有集体危旧房、农村存量违建猪舍和“四无”（无证无照、无安全保障、无合法场所、无环保措施）企业。我们的县城还存在很多的“城中村”，民房之间还存在大量的违法建筑，集聚着大量的外来人员。我们很多的直管公房、国有集体危旧房都是七八十年代建造的，目前还在出租经营，这些地方万一发生火灾等安全事故后果不堪设想。要继续彻底拆除农村存量违建猪舍，进一步严防生猪退养反弹。要关注“四无”企业这个随时都会爆炸的隐患，这些“四无”企业大都在危旧房、违法建筑中，这些企业的安全生产无法保障、环境污染无法管控、税收无法收取，我们必须重点加以整治。

其次是拆出发展空间和资源要素。拆违（危）关系到社会公平正义，关系到社会的和谐安定；拆（搬）迁则关系到我们的发展空间和发展后劲，关系到资源要素和项目落地。在拆（搬）迁过程中，既要会算政治账、社会账，更要算经济账、长远账，要算大账。要突出拆（搬）迁的有效性、实效性，要结合发展的需要、项目的落地和群众的呼声，分轻重缓急来推进。一要突出清障拔钉拆。钉子户的存在影响土地的利用，是对资源的浪费，更是对其他已拆（搬）迁户的不公。因此，不管困难多大，遇到的阻力多大，都要想方设法坚决予以拔除。二是要结合小城镇环境综合整治拆。小城镇环境综合整治不仅要营造干净、整洁、有序的环境，更要借机拆出空间、拆出资源要素。全县要确保拆出土地空间120公顷，平均每个镇（街道）拆出空间200亩。三是要紧扣做强平台、加快项目落地拆。要围绕平台建设、围绕项目落地，开展有效拆（搬）迁。要与小微企业三年成长计划、扣板和紧固件行业整治提升等工作统筹推进。要让拆（搬）迁出来的土地空间可以利用，拆（搬）迁出来的能耗、环境容量等资源要素可以利用。要通过拆（搬）迁提升平台承载能力、产业集聚能力和加快项目的落地。

最终是要引进一批大项目、好项目。“拆治归”最终的落脚点是“归”，“拆”是手段，“引”才是目的。在“引”的过程中，一是要增强信心招。我们在增强忧患意识、危机感的同时，更要坚定信心。随着我们的交通环境改善，招商引资队伍不断成熟、经验不断积累，尤其是通过引进“山水六旗”、伍尔特等重大项目，这些都为推进新一年的招商奠定了扎实基础。相比其他兄弟县市（区），我们最大的优势就是有土地空间。全县现有转而未供土地580公顷，增减挂钩结余土地286.67公顷，两项合计866.67公顷，其中工业用地373.33公顷。这是我们招商引资的最大优势所在，只要有好项目，当即就可以落地。二是要夯实基础招。要建立健全招商队伍，确保有人招，确保招商人员的精力，全县招商人员不少于100人。更要重质量，要加强招商培训、完善招商工作机制、加大招商考核力度。三是要明确方向招。要明确主导产业，重点围绕高端装备制造、核电关联、节能环保、智能家居等产业，每个镇（街道）都要根据实际明确1～2个主导产业。要研究好这个产业的上下游产业链，要关注这个产业的龙头企业动向，要关注这个行业的发展趋势，这样才能在谈判时有底气。要明确重点区域，主攻德国、法国、丹麦，以及上海、深圳、北京等地，要用足用好、打响“中欧合作”的金字招牌，讲好“山水六旗”、伍尔特产业园等故事，瞄准高端外资、央企国企、品牌民资等开展招商。四是要资智双引招。要做到招商与招才并举，引资与引智并重。我们在全力加大对外招商、招才力度的同时，还要高度重视对现有企业的培育和服务，想企业所想、急企业所急，及时为企业排忧解难，想方设法推动现有企业扩大产能、扩大投资，促进股改技改，全面做大做强和培育现有企业。要充分发挥现有企业家“朋友圈”，推动以商引商、以才引才。

三、怎样推进“双拆双引”百日会战

一是要以铁的决心、铁的手腕、铁的面孔的“三铁”作风,全力推进“双拆”。

气可鼓不可泄,劲可增不可减,这100天是“双拆”工作啃骨头、打攻坚战、打歼灭战和决胜战的关键期。要下铁的决心,丝毫不能松动。思路支配行动,决心决定成败。“双拆”尽管很难,但我们要有必胜的信心,拿出争分夺秒、只争朝夕的劲头去抓工作的推进和落实。开弓没有回头箭,要保持猛药去疴的决心不减、刮骨疗毒的勇气不泄,要么不做,要做就要做好。要用铁的手腕,丝毫不能手软。不论是拆违治危还是征地拆迁,都要以法律为准绳,以事实为依据,充分运用多种法律手段,多部门联动,综合施策,重拳出击。要有铁的面孔,丝毫不能退步。在拆违面前要铁面无私,要公平公正公开,要不怕得罪人。不论是拆违治危还是征迁补偿,要一碗水端平,一把尺子量到底,一个标准执行到底,坚决不搞双重标准、多重标准、前后标准和下不为例。

二是要以猛虎下山、饿虎扑食、虎口夺食的“三虎”精神,加快推进“双引”。

要以猛虎下山的气势抓招商,营造一天都不能放松、一刻都不能耽搁,以及人人心系招商、参与招商、服务招商的全员招商氛围。要以饿虎扑食的精神抓招商,突出快、准、狠。发现线索当即行动,第一时间反应、第一时间准备、第一时间出击,只有走出去,才会有信息,才会有机会,才会有收获。要以虎口夺食的勇气抓招商,好项目、大项目都是抢来的,只要项目还没落地开建,我们就要紧抓不放,紧盯死守,持续攻关,锲而不舍,不达目的不罢休,要把意向变成协议,把协议变成合同,把合同变为实实在在的投资。

三是要以抢先手、占先机、争先进的“三先”干劲,开展立功竞赛。

为鼓励先进,表扬优秀,形成比学赶超的氛围,县里将开展“双拆双引”立功竞赛活动。立功竞赛就是要大家同好的比、同强的拼、同优的赛!要抢先手争冠军。“双拆双引”工作,县里会每周每月开例会、每月下任务、每月发通报。县委、县政府将给予在“双拆双引”打响第一枪的镇(街道)记头功。并根据拆的多少、快慢、成效和产出,招的项目大小、质量高低,综合后,每周评出周冠军,每月评出月冠军,百日会战评出总冠军并给予立集体三等功奖励。要造氛围占先机。各主体要造浓氛围,抢占先机出成效。新闻媒体要全方位、多角度、深层次宣传报道百日会战中的好经验、好做法,掀起夺取全年目标任务最终胜利的第一波高潮。要树典型争先进。要在一线培养干部,一线创造业绩,一线选拔干部。

同志们,破难攻坚,刻不容缓,招商引资,时不我待。让我们立即行动起来,举全县之力,一鼓作气、一抓到底,坚决打赢“双拆双引”百日会战这场硬仗,为加快“三优”海盐建设做出更大贡献!

政府工作报告

——2017年2月14日在海盐县第十五届人民代表大会第一次会议上

海盐县人民政府代县长　王碎社

一、过去五年工作回顾

五年来，在上级党委、政府和中共海盐县委的正确领导下，在县人大、县政协的监督和支持下，面对错综复杂的宏观环境和艰巨繁重的改革发展任务，全县上下主动适应新常态，积极应对新挑战，抢抓机遇、克难攻坚，经济社会保持平稳较快发展，较好完成了县十四届人大历次会议确定的目标任务，并实现“十三五”开门红。

过去五年，我们坚持稳中求进，综合实力显著增强。2016年，全县地区生产总值407.8亿元，增长7%，五年年均增长9.2%；财政总收入和一般公共预算收入分别达到63.1亿元、35.2亿元，分别增长5.1%、9%，年均分别增长13.6%、13.8%；县内固定资产投资271.8亿元，增长11.1%，年均增长14.9%；五年累计实到外资6.9亿美元，浙商回归169.2亿元，引进“山水六旗”、“丹佛斯动力”等重大项目20个，世界500强企业1家；社会消费品零售总额124.4亿元，增长10.8%，年均增长12.2%；城镇和农村居民人均可支配收入分别达到50216元、29606元，分别增长7%、8.2%，年均分别增长9.2%、9.8%。

过去五年，我们坚持优化结构，发展质量显著提升。三次产业结构由2011年末的7.4∶62.4∶30.2调整至5.3∶58.4∶36.3。工业经济扩容升级。连续四年获省工业强县（市、区）综合评价考评先进单位，其中两年入围全省“十强”。2016年，全县规模以上工业企业总产值825.7亿元，其中战略性新兴产业产值占比51%。2016年，进出口总额19.2亿美元。突出培育“优强”企业，加大股改上市力度，五年新增亿元以上企业29家，其中50亿元以上3家；新增主板上市3家、新三板等挂牌19家；新增著名商标49个、名牌产品64个。实施小微企业三年成长计划，完成“个转企”1190家、“小升规”214家。加强企业家队伍建设，组织优秀企业家赴清华大学、德国等培训。现代农业加快发展。五年累计农业投入23.3亿元，建成粮食功能区10533.3公顷、省级现代农业园区18个，家庭农场535家、农民专业合作社289家，培育农业龙头企业53家。土地流转力度进一步加大，累计流转13400公顷，规模化经营率达到75.9%。先后荣获全国粮食生产先进县、省级农产品质量安全放心县等称号。成功承办全省农村综合改革现场会、全省农业“两区”现场会。第三产业壮大提升。实施南北湖核心景区征迁工作，绮园景区、三毛乐园等分别成功创建国家AAAA级、AAA级旅游景区，打造“南北湖·五味村”旅游精品线路，旅游接待总人数和总收入分别增长20.3%、21.3%，年均分别增长16.6%、18.2%。海盐港实现对外开放，建成万吨级泊位6个，港口货物吞吐量年均增长28%。金融业不断壮大，五年引进银行机构4家，存贷款余额从686亿元增加到1092亿元。加快电子商务和楼宇经济发展，实现税收“千万楼”4幢。平台建设成效显著。县开发区连续三年进入全省开发区第一方阵，百步经济开发区获批省级开发区，核电小镇获评全省首批特色小镇，海盐科技城形象初显。五年累计完成工业园区基础设施投资69.2亿元，拆迁5313户。

过去五年，我们坚持综合治理，生态环境显著好转。获评全国创建生态文明标杆县、中国最佳绿色发展县。“五水共治”突破推进。实施“河长制”、村（社区）水质考评和“四位一体”（集镇区、公路、河道、村庄）长效保洁机制，实施千亩荡水源地保护工程，开展“清三河”（黑河、臭河、垃圾河)行动,共清淤河道1152条,建成污水管网133公里,南北湖水质断面成为嘉兴市唯一的Ⅱ类水断面,县控Ⅳ类水以上比重由27.3%提高到100%。提升防洪排涝能力,完成海塘加固、南台头闸改造,新建圩区16个、堤防239公里,入选全国中小河流治理重点县名单。承办全省基层治水工作现场会,获全省治水最高奖"大禹鼎"。"三改一拆"强势推进。建立网格化管理,新增违建责任追究制度,完成"三改"1284.5万平方米,拆违654.2万平方米。卫片执法检查工作成效显著。狠抓生猪养殖转型升级,生猪存栏量下降至5.2万头,生猪散养户基本实现全面退养。"四边三化"(公路边、铁路边、河边、山边,洁化、绿化、美化)稳定推进。加强公路、河道两侧环境整治,提升道路绿化92公里,全县新增绿化面积3200公顷,新建绿道55.7公里。实施码头堆场整治,关停73个,整治提升26个。"五气共治"扎实推进。完成主城区天然气置换29802户,淘汰燃煤小锅炉406台,黄标车实现全淘汰,空气质量优良率保持在80%以上,持续位居全市前列。上级下达的主要污染物排放指标任务全面完成。

过去五年,我们坚持统筹协调,城乡面貌显著改善。成功创建国家卫生县城、省级示范文明县城、省级森林城市,通过国家生态县考核验收。城市功能不断提升。滨海区块加快建设,白洋河湿地公园项目建成使用,滨海新城获批全省唯一国家级绿色生态示范城区。城区功能逐步优化,玉带桥建成通车,盐北路、中兴路等实现贯通,"六纵六横"城市道路体系基本建成,绮园文商旅综合体、嘉凯城等建成开业。城市有机更新加快推进,开展危旧房、"城中村"综合改造,共拆迁1893户。"美丽乡村"成果丰硕。分层分类推进"美丽乡村"建设,建成市级先进镇8个、市级优美庭院示范村42个、省级美丽宜居示范村5个,成功入围全国美丽乡村建设标准化试点县,获评浙江省美丽乡村创建先进县。推进农村土地综合整治,五年完成整治项目34个、复垦455.5公顷。实施"强村行动",村集体经济经常性收入年均增长14.3%,获评全国农村集体"三资"管理示范县。基础设施日趋完善。综合交通网络进一步优化,完成盐于公路、秦山大道拓宽,开工建设武袁公路,实施沈荡大桥重建、杭平申航道海盐段改造,完成农村公路等级提升84.8公里,改造危桥185座。新客运中心建成启用,城乡公交实现一体化,公共自行车向镇(街道)延伸,公交分担率21%。能源、电力、通信、邮政等基础设施配套更加完善,"智慧城市"建设有序推进。

过去五年,我们坚持开拓创新,改革开放实现新跨越。各项改革扎实推进。认真抓好全国农村综合改革示范点建设,发布全国首个《就地城镇化评价指标体系》地方规范。全面开展全省基本公共服务均等化改革试点,扎实推进政府职能转变和机构改革。深化"四张清单一张网"工作,推进行政审批制度、商事制度改革,承接上级下放各类审批事项176项。在全市率先开展不动产统一登记工作。开展资源要素市场化配置改革,实施企业亩均产出综合评价机制。制定差别化用电、用水等政策,五年"退低"企业175家,腾退面积388.5公顷。积极探索PPP等新型投融资模式,全国首创建立"三权"基金。科技创新不断增强。研究与试验发展经费支出占全县生产总值的比重达到2.8%,年均提高0.1个百分点。着力增强企业自主创新能力,加强与清华大学、浙江大学等院校合作,建立院士专家工作站8家、博士后工作站3家、省级企业研发中心23家,新增高新技术企业43家,发明专利354件。完善人才引育机制,累计培育和引进"国家千人计划"7人、"省千人计划"6人、市级领军人才41人、市级以上创新团队8个。县科创中心获国家科技企业孵化器称号。成功入选全国科普示范县。中欧合作取得突破。与欧洲法国、丹麦等国家在经济、环境、教育等多领域开展交流合作,成功入选全国首批中欧城镇化伙伴关系示范区。建设中德、中丹、中法园区,成功引进阿海珐、伍尔特等项目。发布全国首份县级《绿色发展报告》及《绿色发展评价指标》,建成"零碳屋"能源学校。成功入选全球100韧性城市名单。

过去五年,我们坚持以人为本,社会事业均衡发展。县财政每年用于改善民生的投入占总支出80%以上。社会保障不断完善。五年新增城镇就业54784人,城镇登记失业率控制在4%以下。养老和医疗保障实现户籍人口全覆盖，连续12年提高企业退休人员养老金。新建或改建居家养老服务照料中心81家、老年活动中心1家，建成县老年公寓三期。完成“救急难”省级试点，最低生活保障标准实现城乡一体化。建成各类保障房11202套，完成改造农村困难群众危房救助263户。社会事业快速发展。成功创建全国首批义务教育发展基本均衡县、全省首批基本实现教育现代化县，高考一本上线率连续8年居嘉兴市首位。全面深化县级公立医院综合改革和基层卫生综合改革，新建公立医院3家，引进民营医院3家，成功创建全国基层中医药工作先进县和浙江省卫生强县。县图书馆、博物馆、大剧院投入使用，张乐平纪念馆新馆建成，农村文化礼堂、文化“两员”队伍实现全覆盖，公共文化服务考核连续三年进入全省前十名。成功创建浙江省体育强县。“平安海盐”不断深化。扎实开展“六五”普法，全社会法治意识不断增强。完善社会治安防控体系，严厉打击违法犯罪，刑事警情连续五年下降，群众安全感满意度全市最高。深化信访维稳、“三社”联动，加强新居民管理服务，高度重视安全生产和食品药品监管工作，圆满完成G20杭州峰会、世界互联网大会乌镇峰会的安保任务，“平安海盐”建设有望实现“十二连冠”。征兵工作走在前列，双拥共建、人口管理、史志档案、核电应急等工作取得新成绩，残疾人事业、民族宗教、老干部等工作取得新进步。

过去五年，我们坚持执政为民，政府自身建设不断加强。认真开展党的群众路线教育实践活动、“三严三实”专题教育和“两学一做”学习教育，政府工作效能和作风得到提升。深化海盐政务服务网、县长电话、海盐发布等公共平台，加大政府信息公开力度。坚持依法行政，完善科学民主决策程序，规范行政执法行为。自觉接受县人大法律监督和县政协民主监督，累计办理人大建议、政协提案2135件，办理满意率97.1%。严格贯彻中央“八项规定”、省委“六个严禁”等要求，加强廉政建设，严厉惩治腐败。严肃财经纪律，加强审计监督和整改。严格预算编制，努力降低行政成本，“三公”(公务出国、公务用车、公务接待)经费比2011年下降63.7%。

各位代表，过去五年的成绩来之不易，这是上级党委、政府和县委坚强领导的结果，是全县人民奋力拼搏的结果。在此，我代表县人民政府，向全县人民和外来建设者，向人大代表、政协委员，各民主党派、工商联、人民团体和社会各界人士，向驻盐部队全体官兵，向所有关心和支持海盐发展的海内外朋友们表示衷心的感谢！

我们也清醒地看到，我县经济社会发展中还存在不少矛盾和问题：县域经济总量不大、产业层次不高、综合实力不强等问题依然存在，转型升级任重道远；带动强的大项目、好项目还不多，科技创新能力有待提升，发展后劲仍需增强；生态环境保护和治理任务仍然艰巨，长效监管机制还需坚持落实；公共服务的水平与群众的期盼相比还有较大差距；安全生产、社会治安等领域还存在潜在风险，压力不小。在政府自身方面，一些政府工作人员创新意识、担当意识、法治意识还不够强，消极腐败现象还依然存在，政府效能有待提升。对此，我们要高度重视，采取更加有力措施认真加以解决。

二、今后五年的奋斗目标和主要任务

未来五年，是高水平全面建成小康社会的决胜阶段，也是实现“两个一百年”奋斗目标的关键时期。站在新的历史起点上，我们必须认清形势、把握大势，深刻认识国际政治经济形势的复杂性和不确定性，积极抢抓我国仍处于重要战略机遇期的有利时机，坚定信心，乘势而上。必须深刻领会浙江历史方位的三个维度分析，按照市委、市政府“奋勇当标尖”的新要求，找准海盐历史的新方位、新坐标，展现海盐发展的新作为、干部群众的新站位。必须迅速贯彻落实县第十四次党代会精神和既定的目标任务，组织动员全县人民不负众望、不辱使命、不懈奋斗，奋力谱写海盐跨越发展的新篇章。

今后五年政府工作的指导思想：高举中国特色社会主义伟大旗帜，以邓小平理论、“三个代表”重要思想、科学发展观为指导，深入贯彻习近平总书记系列重要讲话精神，紧紧围绕“五位一体”总体布局和“四个全面”战略布局，积极践行发展新理念，适应引领经济发展新常态，弘扬红船精神、秉持浙江精神，落实市委“干好十三五、奋勇当标尖”的新要求，坚持工业强县、生态立县、文旅兴县不动摇，同心聚力、担当实干，积极打造长三角有影响力的智能制造基地、休闲度假胜地、开放和谐福地，加快建设产业优质、环境优美、生活优雅的现代化滨海城市，努力谱写高水平全面建成小康社会的海盐篇章。

根据这一指导思想，今后五年的奋斗目标是：

综合实力更强劲。经济保持中高速增长，到2021年，地区生产总值突破550亿元，城镇和农村居民人均可支配收入分别突破71000元和42000元，一般公共预算收入突破50亿元。累计完成固定资产投资突破2000亿元，其中工业生产性投资950亿元以上。累计引进县外内资350亿元、实到外资15亿美元。力争培育百亿产业4个、百亿企业2家，新增上市企业4家，规模以上工业企业总产值突破1200亿元。

产业发展更优质。到2021年，全县研究与试验发展经费支出占地区生产总值比重达到3%，新增高新技术企业60家，高新技术产业增加值占规模以上工业增加值比重保持70%以上。产业结构进一步优化，第三产业增加值占比达到40%以上。亩均产出加快提高，力争规模以上工业亩均增加值、税收分别达到110万元和25万元，淘汰和整治企业1000家。农业现代化水平进一步提升。

生态环境更优美。生态文明体制机制基本健全，争创国家生态文明建设示范县。资源节约集约利用水平明显提高，主要污染物排放总量大幅减少，城乡污水基本全收集。力争县控及以上断面水质达到或优于Ⅲ类的比例60%，空气质量优良率85%，PM2.5年均浓度持续下降，林木覆盖率20%，各类垃圾后端处理系统基本建成，海盐的水更清、天更蓝、地更净。

人民生活更优雅。社会民生再上台阶，社会救助体系、社会保障制度更加健全。社会就业更加充分，教育主要发展指标保持领先，居民健康主要指标达到国际先进水平。市民素质和社会文明程度显著提高，百姓获得感进一步增强。

治理体系更完善。重点领域及关键环节改革取得决定性成果，治理制度化、规范化、程序化、法治化、信息化水平不断提高。人民民主更加健全，司法公信力不断提高，“法治海盐”建设全面深化，科学治理更加高效。

围绕这一奋斗目标，重点抓好以下五方面工作：

坚持创新发展，激活跨越发展新动能。深入实施科技创新驱动战略，以核电关联、智能制造、电子电器等为主导，积极打造省级高新技术产业园区。突出推动科技成果转化，以海盐科技城为主引擎，完善创新配套服务，打造“孵化器＋加速器＋产业园区”接力式孵化体系。围绕创新链、产业链协同推进，强化企业创新主体地位，鼓励企业设立研发(技术)中心、研究院等，深化产学研合作和科技支撑伙伴关系，着力培育和集聚一批科技型企业。深化科技与金融合作，发挥金融创新对科技创新的助推作用。加大和创新人才引育政策及模式，完善人才评价发现和柔性引才机制，更加注重提高人才贡献率。着眼加快构建现代产业体系，坚定“工业强县”战略不动摇，深入实施“415工程”，大力培育新技术、新产业、新业态、新模式，全面推进“强两优三精一”，推动供需结构转型升级，做大做强实体经济。

坚持协调发展，构建城乡一体新格局。坚持区域统筹，科学布局城镇空间、产业空间、生态空间，着力构筑城市品质化、镇村特色化、设施一体化的城乡发展新格局。突出规划龙头，推进滨海新城向高品质国际化绿色低碳发展，加大城市有机更新、“退二进三”和地下空间利用力度，加快特色街区培育；拓展城市发展空间，提升城区能级和集聚功能，着力做大做强县城。加快推进集镇特色发展，因地制宜实施环境整治提升工程，增强集镇产业集聚功能、生产配套功能、生活服务功能。加快“美丽乡村”建设，优化村庄布局，加大传统村落民居和历史文化村落的保护力度。加强县镇村对接联动，完善道路管网、水利桥梁、信息通信等基础设施，努力使美丽城乡建设交相辉映。

坚持绿色发展，塑造宜居宜业新风貌。坚定“生态立县”战略，推动生产、生活、生态“三生”融合。推进清洁生产，发展循环经济，坚决淘汰落后产能。严守生态和安全底线，加强对水、空气、土壤的综合治理和长效监管，加大生态功能区建设和城乡绿化造林力度。坚持“文旅兴县”战略，积极打造全域旅游示范区，山水六旗乐园2019年实现对外开放，加快推进南北湖开发建设，积极争创AAAAA级旅游景区，大力发展乡村旅游、工业旅游。推进垃圾减量分类，建成污水、垃圾处理等一批环保基础设施。实施千岛湖引水工程。

坚持开放发展，增创区域竞争新优势。按照“最多跑一次”的要求，全面深化“放、管、服”改革，进一步优化行政公共服务。以市场为导向，以亩产论英雄，深化资源要素差别化配置改革。认真做好全省基本公共服务均等化改革试点，深化农村产权制度改革。加强供给侧结构性改革，激励市场主体的供给创新，推动供给与需求两端协同发力。更高水平对内对外开放，以接轨上海为龙头，积极融入长三角城市群及港口经济圈，把基础设施和公共服务接轨作为关键切入，积极推进沪乍杭铁路建设，构筑公共服务共享通道。把产业和创新接轨作为重要目标，坚持以大平台推动大开放，百步开发区实施“三百行动”计划，县开发区争创国家级开发区，高标准建设中欧城镇化伙伴关系示范区及中欧产业园，强化“招商选资一号工程”不动摇，着力引进一批带动力强的大项目、好项目。

坚持共享发展，谱写幸福和谐新篇章。把共享发展福祉作为目标导向，不断提高公共服务供给水平。健全城乡均等就业创业服务体系，大力推进低收入群体增收。进一步完善社会保险、救助、福利和住房保障体系，推进医养结合工作，增强养老康复服务供给能力。统筹推进各类教育优质均衡发展，努力提升教育现代化水平。深化医药卫生体制改革，优化医疗卫生资源配置，提高医疗卫生服务能力，打造“健康海盐”。完善公共文化服务体系，促进文化体育事业繁荣发展。加强社区建设和“三社”联动，构建社会多元治理新格局。健全立体化社会治安防控体系，完善社会矛盾纠纷调处机制，扎实开展“七五”普法，全面推进法治政府和“平安海盐”建设，不断提高群众的获得感。

三、2017年主要工作安排

2017年是新一届政府的开局之年。按照县第十四次党代会精神，2017年全县主要发展目标为：全县地区生产总值增长6%以上，县内（不含核电）增长7.5%以上；一般公共预算收入增长6.5%以上；社会消费品零售总额增长10%；城镇与农村居民人均可支配收入分别增长7%和7.5%以上；全面完成上级下达的安全生产、节能减排和环境质量指标。

实现上述目标，必须牢牢把握“稳中求进”的工作总基调，扎实开展“招商选资攻坚年”“项目建设推进年”“镇村建设突破年”“队伍建设提升年”活动，打好“拆治归”转型升级组合拳，全力推进经济社会持续平稳健康发展。在具体工作上，着重抓好以下六方面工作：

（一）突出有效投入，狠抓招商选资和项目推进

有效投入是推动经济发展永恒的主题。要坚定扩大有效投入不动摇，以招商选资和项目推进为主抓手，着力扩规模、优结构、提质量，确保县内固定资产投资增长15%以上。

全力招商促投入。大力实施“招商选资攻坚年”活动，完善招商体制机制，配强招商队伍，优化招商考核，造浓招商氛围。坚持“一把手”抓招商引资“一号工程”，强化领导带头、主体给力、部门支持，各招商主体主要领导每周外出招商不少于1天。注重精准招商，突出核电关联、智能制造、电子电器、节能环保、文化旅游等产业，紧盯高端外资、央企国企、品牌民资等，深化中介招商、蹲点招商、以商引商，着力引进一批科技含量高、投入产出好、辐射带动强的大项目、好项目。注重资智融合双招双引，积极对接产业高端人才集聚的高校院所，促进资本、人才、技术的深度融合。全年力争实际到位外资2.2亿美元，引进县外内资60亿元，浙商回归到位资金50亿元，力争引进世界500强或国际行业领先企业2家。

项目推进促投入。深入开展“项目建设推进年”活动，强化投资规模、速度与质量、效益相统一。进一步加大产业发展、平台园区和基础设施投资力度，加快推进“山水六旗”及其配套设施、“中锦科技”等重大产业投资、政府投资项目。推进项目审批限时提速，落实重大项目全程代办制度，深化县领导联系、协调、督办项目推进制度。成立项目推进办集中办公，落实重大项目节点化管理，力争项目早开工、早入库、早见效。精心策划、积极向上争取，力争更多项目列入省重点，获取资源要素等支持。全年完成固定资产投资

320亿元,其中确保工业生产性投资(不含核电)150亿元以上。

要素保障促投入。扎实做好土地整治、存量盘活、集约节约等工作,垦造耕地226.7公顷,城镇低效用地再开发46.7公顷。倒逼"三高一低"企业,拓展环境容量、用地用能空间,淘汰落后产能企业150家、设备1500台(套),完成"低小散"问题企业(作坊)整治和淘汰250家。创新金融公共产品供给机制,推动产业引导基金实质运作,引导资金支持新兴产业。推动实施要素精准配置,优先保障重点项目以及重大民生工程。

(二)突出实体经济,狠抓科技创新和结构调整

实体经济是经济发展永恒的根基。要聚焦实体经济主战场,提升科技创新主动力,强化结构调整主路径,打好转型升级系列组合拳,促进产业发展提质增效。

增强科技创新实力。制定出台加强科技与人才新政策,深入实施科技强企、人才强企三年行动计划,切实以科技创新引领、驱动经济转型升级。鼓励产学研合作,力争新增省级企业研究院1家、"1+X"("1"指县科技局,"X"指高等院校、科研机构)技术转移工作站1家,新增发明专利授权140项。提升创新平台承载力,启动省级高新技术产业园区创建和科技大市场建设,加大科技企业孵化器培育和企业研发中心建设力度,科技城完成2万平方米招商,新增高新技术企业13家。深入实施"标准化+",鼓励企业做大品牌、制定标准,新增著名商标7个。创新人才引育机制,引进培育领军型高层次人才7人以上、优秀工匠350人。

提升平台承载能力。加大投入和征迁力度,优化园区空间布局,完善基础设施配套,增强园区项目承载力、要素集聚力。加快推进县开发区、百步经济开发区、中国核电城等建设,进一步做优中德、中法、中丹和杭州湾智能装备产业园、新经济产业园等区中园,合理布局工控产业发展平台,加强各镇(街道)特色平台建设。全县工业园区拆(搬)迁900户以上,基础设施投入15亿元以上,建成"两创"中心25万平方米。稳步推进南北湖核心景区第二轮征迁工作。

加快结构调整步伐。做大做强工业。围绕加快制造业高端化、智能化、绿色化,深入实施"415工程",全面推进"四换三名"(腾笼换鸟、机器换人、空间换地、电商换市,知名企业、知名品牌、知名企业家)和"两化"融合,培育壮大核电关联、智能装备、节能环保等新兴产业,改造提升紧固件、纺织服装等传统产业,完成技改投入100亿元;推进重点企业和青年企业家"双培育"工程,强化对接资本市场,力争新增上市辅导备案企业1家、新三板挂牌企业3家、股份制企业15家;继续实施小微企业成长三年行动计划,完成"小升规"50家、入园提升150家。做优做活服务业。培育壮大核电、科技服务、港口物流等生产性服务业,提升完善商贸流通、社区服务等生活性服务业,服务业增加值增长10%;着眼推进全域旅游,加大旅游精品打造和精准营销力度,着力做好对接沪杭承接"溢出游","山水六旗"体验中心、核电科技馆、世界名猪文博园建成开放,继续办好南北湖文化旅游节,全县旅游接待总人数和总收入均增长20%以上;积极培育楼宇经济,新增市级特色楼宇1座。做精做特农业。深化农业"两区"建设,扶持壮大新型农业主体,提升农业龙头企业、农民专业合作社、家庭农场经营管理水平;推进农业与二、三产的融合发展,培育全产业链、生态循环链项目2个,加快培育创意农业、休闲观光农业等新业态4家;强化农产品质量监管,争创全国农产品质量安全县。

(三)突出统筹协调,狠抓城乡建设和生态环境保护

坚持区域统筹,扎实开展"镇村建设突破年"活动,提升基础设施水平,强化综合整治,改善生态环境,展现城乡融合发展新面貌。

做强县城。进一步发挥规划引领作用,优化县城空间布局,注重增强城区集聚和辐射带动功能。深化滨海新城国家级绿色生态示范城区建设,完成绿色建筑40万平方米。积极推进城市有机更新,加大老旧小区、"城中村"拆迁改造力度,完成拆迁1000户,全县解危242幢、棚改3200户。加快完善基础设施,开工建设六旗大道、滨海大道等13条道路,整治提升主干道路,着力打通河南西路等一些断头路。提高城市精细化管理水平,深入实施"智慧城市"建设,不断优化县城交通秩序。实施环境美化、亮化提升工程,启动城东生态水系建设,提升绿道

建设。

做特集镇。坚持产城融合，充分挖掘集镇产业特色、人文底蕴和生态禀赋，加快核电小镇、集成家居时尚小镇、“山水六旗”文旅小镇等特色小镇的建设和培育。推动城市基础设施和公共服务向集镇延伸，完善区域交通路网建设，完成澉浦大桥重建工程，加快推进翁金线拓宽改造和武袁公路等工程建设。实施强镇扩权，推进沈荡、澉浦、百步等省级中心镇和市级小城市试点培育。全面开展小城镇环境综合整治，百步、于城、元通、六里通过省市考核达标，提升小城镇的洁化绿化美化亮化水平，努力建设特色鲜明、宜居宜业新城镇。

做美乡村。探索实施村庄有机更新，推进村级土地民主管理创建，实现历史文化村落、自然生态村落的保护利用与民宿经济、农家乐等新业态同步发展。深化“四位一体”长效保洁机制，深入推进“美丽村庄”“优美庭院”创建，新增“美丽乡村”基础版18个、升级版4个，创建市级“优美庭院”9个，力争2个村成为A级旅游景区。加快推进永兴村、江渭村等5个国家级、省级美丽宜居示范村建设。开展新一轮村级集体经济发展壮大扶持工作，完成扶持抱团项目建设2个。启动农村公路提升三年行动计划，年内完成公路等级提升50公里、改造危桥30座。扩大农村公共服务供给，积极开展政府购买农业公益性服务。

做优环境。启动实施治危拆违攻坚战，深入推进“三改一拆”，抓好存量违建专项治理，严控新增违建，无违建县创建工作争先晋级，完成“三改”175万平方米、拆违120万平方米。强化长效监管，严防生猪散养户退养反弹，提升规模场建设水平。继续开展“四边三化”，重点推进公路、河道两侧重点区域治理，大力推进绿化建设，全年新增绿化面积100公顷。深化“五水共治”，继续推进截污纳管工作，新建污水管网20公里，县城乡污水处理厂一期土建工程力争完成。坚定推进“清三河”达标县创建工作，进一步深化“河长制”，继续开展农业面源污染和畜禽养殖污染治理，全面剿灭劣Ⅴ类水体。启动千岛湖引水工程，开展千亩荡水源地及上游污染源排查整治，完成供水管网改造73公里，加大城市防洪工程建设。推进“五气共治”，开展重点区域、重点行业大气污染整治，全年空气质量优良率保持在82%以上，PM2.5平均浓度降至38微克/立方米以下。全面开展土壤污染防治，完善固废处置设施建设。实施垃圾减量分类，全面加强环卫基础能力建设。

（四）突出开放带动，狠抓改革实践和对内对外合作

抢抓新一轮改革开放机遇，更加坚定地走改革之路、开放之路，破解发展难题，增强经济发展持久动力。

推动改革举措落地。全面深化改革，进一步完善各项改革任务的配套政策和具体措施。深入推进供给侧结构性改革，推动“三去一降一补”五大任务取得实效。深入开展资源要素差别化配置改革，提高资源要素配置效能和节约集约利用水平。扎实推进农村综合改革，深化“三权”改革，全面完成农村土地承包经营权确权登记颁证。推进监察体制、城市管理和综合行政执法体制改革，深入实施公共服务均等化改革。

以更实举措接轨沪杭。上海是改革开放窗口，接轨上海就是借船出海、借梯登高。紧紧抓住纳入上海大都市经济圈等重大机遇，发挥海盐后发潜在优势，坚持交通对接先行，带动推进公共服务、产业发展等对接，加快沪乍杭铁路前期工作，深化沪盐两地港口合作，谋划推进社保卡等互通使用，加快推进沪盐核电共享区建设，积极深化与沪杭高端教育医疗、科技创新等对接，加大引进力度，创新合作模式，推动更多科研成果在海盐转化。主动参与长三角城市群、杭州都市圈等发展，开通连接嘉兴高铁南站、萧山机场的公交专线。发挥相关商会桥梁纽带作用，推进相互间的合作交流和协调发展。

全面深化国际合作。用足用好中欧城镇化伙伴关系示范区这个“金字招牌”，强化与德国、法国、丹麦等国的全方位、深层次合作，努力打造合作典范。加大对日韩欧美招商力度，积极拓展国际招商网络，设立驻德、驻法招商代表，着力引进一批高水平的外资产业项目。继续拓展深化与国外城市的友好交流。加快全球100韧性城市项目建设。鼓励企业“走出去”，积极培育外贸经营主体，支持企业参加境内外展会，推动企业探索和运用跨境电子商

务等贸易商业新模式。

(五)突出民生改善,狠抓社会建设和百姓福祉

更加注重发展成果的普惠共享,政府新增财力主要用于改善民生,全面推动各项社会事业不断进步,不断提升群众的幸福感和获得感。

提升社会保障水平。健全县、镇(街道)、村(社区)三级公共就业服务体系,拓宽就业渠道,城镇失业登记率保持在4%以内。深化社会保险各项改革,健全社会保障待遇确定和正常调整机制。加快推进养老服务体系建设,县老年公寓三期正式对外开放。健全社会救助体系,完善最低生活保障制度,完善医疗救助、临时救助和支出型贫困救助机制。

改善社会公共服务。统筹优质发展各类教育,积极推进镇(街道)公办幼儿园管理体制改革。加大教育投入,加快推进幼儿园、中小学新建改建工程。深化医药卫生体制改革,扎实抓好"双下沉、两提升"工作,积极推进分级诊疗,完成医院自助诊疗工程,县中医院争创浙江中医药大学教学医院。深入实施文化惠民服务工程,加强基层文化体育阵地建设,健全农村文化礼堂标准化管理体系,开展纪念张元济诞辰150周年等活动。着力办好民生实事。

加强社会平安治理。深入推进"三社"联动,加大社会组织、专业社工培育力度。完善消防、交通等公共安全保障,强化食品药品监管,全面落实安全生产责任制,坚决遏制重大事故。做好突发公共事件应急处置工作,扎实做好防灾减灾工作。全面开展"七五"普法,完善公共法律服务体系。狠抓社会风险防控,完善网格化管理,强化社会治安综合治理,依法严厉打击各类违法犯罪活动,健全矛盾纠纷多元化解机制,做好新形势下信访工作。完善"撤村建居"政策体系。支持工会、共青团、妇联、科协等群团组织创新发展,支持驻盐部队建设,扎实做好双拥优抚安置、国防教育、民族宗教、外事侨务、人口计生、统计、档案、史志、气象等工作。

(六)突出自身建设,狠抓依法行政和勤政廉洁

深入推进行政体制机制改革,扎实推进法治政府、服务政府、廉洁政府建设,着力提升政府行政效能。

坚持依法行政。把政府活动全面纳入法治轨道,按照授予有据、行使有规、监督有效的原则,切实规范行政行为。落实重大事项公众参与、风险评估、合法性审查等制度,扎实推进行政决策公开等各项政务公开工作。进一步加强和创新政府监管,实现"双随机、一公开"抽查事项全覆盖。健全行政权力监督制约机制,自觉接受人大依法监督、政协民主监督以及监察监督、司法监督,加强政府内部层级监督和审计监督,主动接受社会监督、舆论监督。

坚持服务便民。按照"最多跑一次"的要求,进一步深化简政放权、放管结合、优化服务改革,健全"四张清单一张网"制度,全面实施"互联网+政务服务",形成各项便民服务"在线咨询、网上办理、快递送达"的运行机制,切实为基层和企业、群众排忧解难,着力提高各级干部服务企业和群众的能力,努力当好企业和人民群众的"店小二"。

坚持勤政廉洁。扎实开展"队伍建设提升年"活动,努力打造绝对忠诚、干事担当、干净自律、充满活力的铁军队伍。坚持容错免责机制,保护敢于担当的干部职工。落实问责机制,坚决杜绝庸政懒政怠政和不作为、乱作为。落实党风廉政建设主体责任和监督责任,牢固树立纪律意识和规矩意识,深化廉洁教育,努力从源头上预防腐败。

各位代表,宏伟蓝图已经绘就,战略目标已经确立。时代赋予我们重任,人民寄予我们厚望。让我们在中共海盐县委坚强领导下,紧紧依靠全县人民的智慧和力量,抢抓机遇、开拓创新,为加快把海盐打造成产业优质、环境优美、生活优雅的现代化滨海城市,全面建成更高水平的小康社会而努力奋斗!

附件:

《政府工作报告》有关文字注释

1.个转企:注册的个体工商户(不含港、澳、台居民申办的个体工商户)升级为企业(包括个人独资企业、合伙企业、公司制企业)。

2.小升规:规模以下小微企业(即年主营业务收入2000万元以下的企业)转型升级为规模以上企业。

3.农业"两区":粮食生产功能区、现代农业园区。

4.五气共治:整治工业废气、机动车尾气、秸秆焚烧、餐饮油烟和城市扬尘。

5."六纵六横"城市道路体系:六纵即东西大道、中兴路、百尺路、长安

路—勤俭路、新桥路、滨海大道；六横即环城南路、城北路、枣园路、海兴路、华丰路、盐北路。

6.“三资”管理：农村集体资金、资产、资源管理。

7.文化“两员”：村级文化管理员、镇(街道)文化下派员。

8.“三社”联动：社区建设、社会组织建设和社会工作，相互支持、渗透融合。

9.“三权”基金：为配套开展农村承包土地的经营权抵押贷款、农村集体经济股权质押贷款、农民住房财产权抵押贷款，由政府设立的农村“三权”金融产品风险补偿基金。

10.国千、省千：即国家和浙江省海外高层次人才引进计划。

11.全球100韧性城市：由美国洛克菲勒基金会于2013年5月提出的一项城市发展项目，旨在通过为城市制定和实施韧性计划及提供技术支持与资源，帮助城市打造韧性，提升城市抵御外来冲击、灾害的能力。

12.“两个一百年”奋斗目标：在中国共产党成立百年时(2021年)全面建成小康社会；在中华人民共和国成立百年时(2049年)建成富强民主文明和谐的社会主义现代化国家。

13.“放、管、服”：简政放权、放管结合、优化服务。

14.“三百行动计划”：百步镇制定的发展计划，即力争到2020年，实现规模以上工业产值超百亿，集成家居产值超百亿，规模以上企业数量超百家。

15.“三高一低”企业：主要是指高投入、高能耗、高污染，低效益的企业。

16.“两化”融合：信息化和工业化高层次深度结合。

17.“三去一降一补”：去产能、去库存、去杠杆，降成本，补短板。

18.“双下沉、两提升”：推动城市优质医疗资源下沉和医务人员下基层，提升县域医疗卫生机构服务能力和群众就医满意度。

19.“双随机、一公开”：在监管过程中随机抽取检查对象，随机选派执法检查人员，抽查情况及查处结果及时向社会公开。

20.“四张清单一张网”：政府权力清单、政府责任清单、企业投资负面清单、财政资金分配管理清单，浙江政务服务网。

2016年政府实事工程完成情况

表1

序号	项目名称	项目内容	完成情况
1	公共场所无线上网扩面工程	继续确保2013年政府实事工程中7个点140个AP免费开放，并在海盐博物馆等重点公共场所实现免费无线上网覆盖。	2013年政府实事工程中7个点140个AP继续免费开放，2016年在海盐博物馆、绮园文化广场等重点公共场所新建并开通使用无线上网AP219个。
2	农村电商惠民工程	实施“农村淘宝”项目，成立海盐运营中心，建立30个村级服务点，开展网上代买、网上代卖、网上缴费、创业培育、本地生活等服务。	全县建立农村淘宝农村服务点34个，并开展服务。
3	老年人关爱工程	实施澉浦清泉园等4个敬老院消防设施和环境改造；对前期摸底调查的676名孤寡、困难、高龄老人进行养老服务需求评估，通过购买服务等方式对符合条件的对象提供居家养老等服务；开展“银龄互助”“邻里互助、志愿帮扶”活动，向646名独居、空巢和困难老人提供帮扶。	完成清泉园等4个敬老院消防设施和环境改造。对676名老人中符合条件的451人发放养老补贴61万元。有700多名志愿者与646名老人结对开展“银龄互助”和“邻里互助、志愿帮扶”。开展“红色同心圆·关爱空巢居”志愿服务活动，有1976名党员志愿者与676名老人结对。
4	寄宿制学校热水淋浴工程	对海盐高级中学、通元中学等9所寄宿制学校，新建、改建校园热水淋浴房或宿舍热水系统等，确保学生一周洗一次热水澡。	9所寄宿制学校热水淋浴工程竣工并投入使用。
5	公共自行车拓展工程	在县城主城区拓展公共自行车站点，新建(扩建)11个站点，新增公共自行车300辆。	公共自行车完成新、扩建11个站点，新增公共自行车300辆，更新1000辆。
6	智慧农贸市场建设工程	通过在农贸市场改造增设智能电子秤、监控系统等，建立完善农贸市场电子支付系统、信用评价系统等，建设智慧农贸市场。完成3个智慧农贸市场建设改造。	石泉、南环、庆丰3家市场完成智慧农贸市场建设并投入使用。

续表 1

序号	项目名称	项目内容	完成情况
7	县城城市河道水质提升工程	完成 19 个区块 0.68 平方公里以及 6 个垃圾中转站、13 个公厕的雨污分流改造;完成餐饮污染整治 400 处;市河试植挺水植物、浮水植物 1 万平方米。	完成 19 个区块 0.68 平方公里以及 4 个垃圾中转站、10 个公厕的雨污分流改造;完成餐饮污染整治 255 处;全面完成市河试植挺水植物、浮水植物 1 万平方米。
8	雾霾治理工程	实施 2 个热电企业 9 台大型燃煤机组超低排放技术改造,淘汰改造 100 台燃煤小锅炉,全面淘汰黄标车,主城区和敏感区域禁止燃放烟花爆竹,严禁秸秆焚烧。	实施恒洋、吉安 2 个热电企业 9 台大型燃煤机组超低排放技术改造,2016 年完成 4 台,另 5 台于 2017 年 6 月完成。淘汰改造燃煤小锅炉 113 台,全面淘汰黄标车,出台禁止烟花爆竹燃放的通告,主城区和敏感区域禁止燃放烟花爆竹,全面禁止露天焚烧秸秆。
9	绿道工程	建设团结港绿道(华丰路—东西大道)2.12 公里,团结港西岸(县供电局侧)绿道 0.24 公里,秦山大道绿道(环城南路—大王桥)19.6 公里。	建成团结港绿道(华丰路—东西大道两侧)共 2.12 公里,团结港西岸(县供电局侧)绿道 0.24 公里,秦山大道绿道(环城南路—大王桥两侧)19.6 公里。
10	中医养生保健普及工程	建设县健康生活体验中心和基层中医馆,创建中医养生保健示范服务中心 12 个、中医养生保健示范服务站 40 个;运用"互联网+"技术,实现中医智能云系统全覆盖;成立中医养生保健讲师团,开展"五进百场"活动。	建成中医药服务示范中心 12 家,中医养生保健示范服务站 22 家。中医智能云系统全覆盖。成立中医养生保健讲师团,开展"五进百场"等宣传活动 143 场次、讲座 22 场次,发布中医养生保健微信 202 条。

2017 年政府民生实事工程安排表

表 2

序号	项目名称	项目内容
1	加快幼儿园建设,缓解幼儿入园难	新建 5 所幼儿园,改扩建 1 所,有效缓解幼儿入园难问题,促进学前教育资源均衡发展。
2	养老机构改造提升	实施老年公寓一期、二期消防改造,实现县老年公寓三期对外营业。推进养老服务业供给侧结构改革,保障基本需求,实现养老机构服务质和量双提升。
3	重点区域、重点行业大气污染整治	排查整治及监测县开发区、沈荡镇工业园区重点废气排放企业,有效防止污染事件发生,进一步提高重点区域大气质量,提升群众对工作生活环境满意度。
4	危旧房治理项目	治理城镇和农村危旧房,进一步消除房屋安全隐患,保障人民群众生命财产安全和社会公共安全。
5	城乡供水管网改造提升	对于城、通元、澉浦、秦山等 4 个镇(街道)域内的老旧供配水管道进行改造及提升,有效减少自来水产销差率,保障供水水压,改善供水质量。
6	公共交通接轨沪杭	新开海盐至杭州萧山机场和嘉兴高铁南站公交客运班线,方便群众出行,加速接轨沪杭进程。
7	农村公路等级提升和危桥改造	提升农村公路等级,改造危桥,提高农村道路通行能力,进一步改善农村道路环境,确保群众平安、便捷出行。
8	医院自助诊疗服务	手机移动端实现自助预约挂号、自助结算等便捷功能,优化服务流程,进一步方便群众就医。
9	垃圾减量分类行动	根据县委、县政府统一部署实施,旨在构建合理有效的垃圾处理体系,进一步改善城乡人居环境。
10	城区道路畅通	新建打通城区 5 条道路,进一步缓解城市区域道路拥堵问题。

大 事 记

2016 年大事记

1 月

1 日 县政府给海盐户籍年满 60 周岁老人（包括持证残疾人）购买老年人意外伤害保险。

2 日 省立同德医院浙北中西医结合消化病诊疗中心在县中医院揭牌成立。

4 日 浙江省扩大有效投资重大项目集中开工仪式嘉兴分会场在海盐县举行。浙江山水六旗国际度假区项目正式启动。

6 日 丹麦丹佛斯集团动力事业部代表与武原街道办事处在海盐县签约“丹佛斯动力系统研发测试场项目”。

7 日 县政府召开县妇幼保健和计划生育技术服务资源整合工作会议，县、镇（街道）、村（社区）三级妇幼保健和计划生育服务机构正式合并。

9 日 “2016 北京 · 海盐招商推介会”在北京举行。

11 日 德国伍尔特集团全球副总裁 Bürkert 等一行 6 人在海盐县开发区签约“伍尔特集团大中华区供应链中心项目”投资协议。

13 日 《中国中医药报》头版报道海盐县的“基层中医化，中医基层化”经验。14 日，在全国中医药工作会议上海盐县获评“全国基层中医药工作先进单位”。

21 日 海盐县被“两岸民宿文化推广中心”定为“长三角两岸民宿产业合作试点县”。

25 日 海盐县被国家卫生计生委授予全国首批“妇幼健康优质服务示范县”称号。

27 日 嘉兴港海盐港区 C5、C6 多用途码头正式投入运营。

28 日 海盐县电子商务大楼（网商大厦）揭牌。

是月 海盐县被省知识产权局定为省知识产权示范创建县。

2 月

3 日 嘉兴恒锋工具股份有限公司的“恒锋”商号被省工商局定为 2015 年度浙江省知名商号。是全县第九个省知名商号。

4 日 海盐集成家居时尚小镇被省发改委列入省级特色小镇培育名单。

5 日 海盐县被中国科协认定为 2016—2020 年度首批全国科普示范县（市、区）之一。

14 日 浙江省省长李强到海盐县调研。

同日 “南北湖 · 五味村”获“2015 年度最受欢迎乡村旅游目的地”称号。该评选活动由浙江日报社、浙江在线等联合主办。

15 日 武原街道的董家弄商业街被省商务厅、省旅游局列入浙江省特色商业示范街名单（第三批）。

16 日 海盐县可再生能源建筑应用示范项目通过嘉兴市建委、杭州地源空调研究所专家组成的验收组验收。2010 年，海盐县被财政部和住建部批准为全国可再生能源建筑应用示范县。

19 日 县委、县政府召开三级干部大会暨“四个年”活动动员大会。

23 日 海盐零碳屋（能源学校）获美国 LEED 铂金级认证。该项目是海盐县与丹麦松德堡市合作研发的绿色低碳示范项目。

同日 海盐碧水源水务科技有限公司挂牌成立，是全县首个 PPP 建设项目。

26 日 县政府召开特色小镇、浙商回归、接轨上海、有效投资工作会议。

28 日 海盐县被省政府评为全省小微企业三年成长计划工作优秀县。

29 日 海盐县获得省委、省政府授予的 2015 年度浙江省

"五水共治"工作优秀县(市、区)"大禹鼎"。

是月 浙江山水六旗国际度假区项目部、海盐山水六旗国际度假区推进办挂牌成立。

3月

4日 日本的日立制作所工会及企业领导一行9人到海盐县，参观考察浙江博凡动力装备股份有限公司。

7—10日 政协海盐县第八届委员会第五次会议举行。

8—10日 海盐县第十四届人民代表大会第五次会议举行。

11—12日 新华网浙江频道、杭州网、东方网等20多家江浙沪网络媒体记者到海盐县，采访秦山街道"核电小镇"和百步镇"集成家居时尚小镇"。

14日 海盐标准件技术创新服务平台被省科技厅评为2015年度全省优秀公共科技服务平台。

17日 浙江青莲食品股份有限公司在"新三板"挂牌上市，简称青莲食品，代码835876。

18日 深圳海盐商会成立。

22日 县政府召开生态建设环境保护暨"生态环境年"活动动员大会。

同日 海盐科技创业园被科技部定为国家级科技企业孵化器。

23日 省委督查组到海盐县督查意识形态工作主体责任落实情况。

24—25日 海盐县"无违建县"创建通过省"三改一拆"综合考核组验收。

28日 海盐京运通新能源有限公司"16521.45KWp分布式光伏发电项目"并网发电。是嘉兴市最大屋顶光伏发电项目。

31日 海盐县在全省建设平安浙江工作会议上荣膺"平安县"称号，是连续第十一年获此称号。

同日 海盐县政府与上海智能制造产业技术联盟、北京印刷学院、德国联邦采购协会、安徽山鹰纸业公司分别举行项目签约、揭牌仪式。4个项目均落户大桥新区杭州湾智能制造装备产业基地。

4月

6日 海盐县被省发改委、省环保厅等8个部门列入首批省级生态文明先行示范区创建地区名单。

6—9日 "海盐·中国核电城"组团到北京参展第十四届中国国际核工业展览会暨第二十届太平洋地区核能大会。

14日 县政府、长三角(嘉兴)纳米科技产业发展研究院、澉浦镇政府三方在澉浦镇签约，共建"长三角(海盐)镀膜材料与智能装备研究院项目"。

15日 县委、县政府召开工业大会，集中签约27个项目，集中开工、竣工17个重大项目。

同日 历时10年的海盐县政策性农村住房承保工作结束。

同日 海盐县政府与上海市核电办公室签署《关于加强核电产业协同发展的战略合作协议》。

4月15日至5月5日 海盐县20家企业参展第119届广交会，成交3640万美元。10月15—19日，21家企业参展第120届广交会(一期)，成交1500万美元。

16日 海盐县国家公共文化服务体系示范区创建工作通过文化部公共文化司创建组验收。

18日 县委、县政府召开中心城区征迁动员大会。是中心城区征迁规模最大的一次。

19日 日本核电设备和零部件企业联合会代表团到"海盐·中国核电城"考察，县核电关联产业联盟与日本技术者联盟签订合作备忘录，共同组建"日本国内核电设备及零部件联合体"。

同日 省委书记、省人大常委会主任夏宝龙到海盐县调研。

21日 上海市第一人民医院与海盐县人民医院合作签约，县人民医院成为上海市第一人民医院海盐分院。

22日 海盐县被长三角自驾游专家委员会等机构列入"2016·长三角自驾游热门10强城市(区)"名单。

27日 武原街道常绿桥拆除重建。工期2年。

是月 海盐县被省财政厅、省农村综合改革办公室列入"2016年农村综合改革试点"名单。

5月

3日 海盐县被浙江省质量强省工作领导小组列入第二批"浙江制造"品牌培育试点县(市、区)名单。

7日 浙江青莲食品股份有限公司膳博士品牌的休闲食品正式在U掌柜上线。

9日 县委召开"两学一

做”学习教育部署会暨环境专项整治动员会。

12日 《浙江日报》头版登载《世界级主题乐园选择海盐·一个300亿元项目是怎样落地的》报道。14日，浙江新闻联播报道《海盐——当好“店小二”打造世界级主题乐园》。

14日 秦山街道永兴村被浙江省美丽宜居村镇示范工作领导小组办公室定为“国家级美丽宜居示范村试点”，武原街道金星村、于城镇江渭村定为省级试点。

18日 海虹老人（中国）管理有限公司（丹麦哥本哈根）正式在海盐县成立办事处。

18—20日 意欧斯智能科技股份有限公司参加在浙江湖州市举行的2016全球物流技术大会，并获“2016年度物流技术装备推荐品牌”称号。

19日 县委、县政府召开旅游发展暨服务业大会。

25日 在第三届中国县域电子商务峰会上，海盐县位列阿里研究院发布的“2015年中国电商百佳县”榜单第三十名。

30日 县政府召开新闻发布会，发布《海盐县绿色发展报告（2015年度）》《县域绿色发展评价指标》。

同日 海盐县被美国洛克菲勒基金会选入“全球100韧性城市”名单。10月10日，“100韧性城市”考察组到海盐县考察。

31日 县政府与太平洋电力能源有限公司签署《中国—瑞典低碳环保产业合作项目协议》。

是月 浙江山水六旗国际度假区项目被国家旅游局列入“2016全国优选旅游项目”名录。

海盐县被省农业和农村工作办公室评为“2015年千万农民素质提升工程优秀县”。

6月

8—12日 海盐县组团参加第十八届中国浙江投资贸易洽谈会，并与香港环宇国际集团有限公司签约“吉安融资租赁项目”；会上，浙江中法（海盐）产业合作园被列入首批“浙江国际产业合作园”名单。

12日 在新加坡南洋理工大学举办的“全球品牌策划大赛”中，海盐县的“沈荡老酒品牌策划案”获得季军。

15日 阿里巴巴农村淘宝海盐服务中心正式开业。县政府与阿里巴巴集团签约《推进农村淘宝协议》，并向县内首批21家农村淘宝服务站代表村授牌。

17日 国家卫计委调研组到海盐县调研。

22日 高考录取分数线揭榜。海盐县考生文理科一本上线率23.9%。为嘉兴市普通高考“八连冠”。

22—23日 浙江省农商对接考察团到海盐县考察。

24日 农业部发展计划司司长张合成一行到海盐县调研粮食生产功能区建设。

27日 上海市嘉兴商会海盐分会成立。

28日 南北湖景区被浙江省风景名胜区协会选入“2015—2016年度省级风景名胜区‘美丽景区’”名单。

28—29日 海盐县通过省级农产品质量安全放心县考评组验收。

30日 县政府召开金融助推农村产权制度改革推进会暨“三权”基金启动仪式。

7月

1日 浙江省毛豆全产业链的新品种、新技术、新机械现场展示会在海盐县召开。

3日 法国瓦勒德瓦兹省政府经贸代表团到海盐县进行商务合作考察。

5日 浙江省电子商务公共服务资源巡回对接会（海盐站）在海盐海利开元名都大酒店举行。

6日 中达联合控股集团股份有限公司通过中国合格评定国家认可委员会（CNAS）现场审核。

同日 因特纳米OLED项目落户海盐经济开发区暨浙江思马科智能制造系统有限公司与德国宜世摩集团的战略合作签约仪式，在第五届中国国际机器人展览会（在上海）上举行。

同日 农业部经管司司长、农业产业化办公室主任张红宇和财政部农业司有关领导，到浙江青莲食品股份有限公司调研。

6—8日 海盐县巩固国家卫生县城工作通过国家卫生县城复审考核组省级考核。

8日 百步镇在第十八届中国（广州）国际建筑装饰博览会上召开“百步·中国集成吊顶产业指数”发布会。是全国首个集成吊顶产业指数。

11—12日 海盐县承担的国家级“美丽乡村”建设标准化试点，通过省质监局考核组（受国家标准化管理委员会委托）验收。12月28日，被国家标准委办公室、财政部办公厅认定“考核合格”。

13日 2016中欧城镇化伙伴关系务实合作项目签约仪式在北京人民大会堂举行,“中丹海盐丹佛斯科技乐园”“中瑞低碳环保技术展及研究中心合作项目”分别签署共同开发合作协议。

19日 海盐县召开2016年科技人才大会,表彰优秀大学生创业园代表、潮源先锋高技能人才、拔尖专业技术人才,以及2015年度科技进步奖一、二等奖。

27日 海盐县“夏黑”葡萄在2016年浙江省精品葡萄评比会上获金奖。

29日 海盐县举行民主党派换届暨基层委员会成立大会。

是月 海盐县序列“赛迪百强榜——县域经济100强(2016)”第33名。

8月

3日 《人民日报·区域经济特刊版》以《海盐“全电模式”换蓝天》为题,报道海盐县“煤改电”“油改电”“气改电”等做法。

4日 《中国环境报》头版报道海盐县用考核奖励机制激发基层治水活力的经验。

8日 县委十三届十一次全体(扩大)会议举行。

10日 “Haiyan integrated ceiling及图形”(海盐集成吊顶)被国家工商总局商标局认定进入“中国地理标志证明商标”之列。

12日 海盐县滨海新城绿色生态示范城区创建通过住建部专家组考核评估。

同日 省经信委、省统计局发布2015年度工业强县(市、区)综合评价报告,海盐县列第九名。是连续第四年进入前10名。

25日 由文化部中外文化交流中心、毛里求斯中国文化中心和毛里求斯博物馆理事会主办的“不老的三毛”主题展在毛里求斯举办。

27日 浙江海利控股集团被全国工商联列入“2016中国民营制造业500强”名单,列第433位。

30日 海盐县百步经济开发区被省政府办公厅批准为省级经济开发区,并更名为浙江百步经济开发区。

同日 嘉兴市公共资源交易中心海盐分中心挂牌成立。

是月 海盐县“茶产业升级转化工程”项目通过浙江省“十县五十万亩茶产业升级转化工程”专家组验收。

里洪塘百步亭段治理工程通过县水利工程质量监督站等单位验收。至此,海盐县“十二五”规划的5条骨干中小河流治理全部完成。

9月

1日 浙江青莲食品股份有限公司被农业部列入“农村产业融合典型龙头企业”名单。

5日 海盐县的翁金线(海盐大王桥—东方桥段)被省绿化与湿地保护委员会等四部门列入“浙江最美绿化通道”名单。

14日 县政府召开第二轮公务用车改革工作动员会。

16日 农业部督导组专家到海盐县督导晚稻病重大病虫害防控工作。

20日 县委十三届十二次全体会议召开。

同日 国家发展改革委城市和小城镇改革发展中心副主任邱爱军率调研组到海盐县调研就地城镇化工作。

同日 海盐邦尔医院通过嘉兴市卫计委专家组执业验收。11月12日正式开业。

21—22日 第三届中国核电运维大会暨第二届核电海盐峰会在海盐县召开。

22日 中国社科院所属的财经战略研究院发布“2016全国县域经济综合竞争力100强”“2016全国县域经济投资潜力100强”2个榜单,海盐县分别排名第61名、第17名。

同日 海盐县国家生态县创建通过省环保厅考核组(受环保部生态司委托)验收。

同日 阿里巴巴集团到海盐县开展“中国质造·浙江好产品”海盐宣讲会。海盐县有8家企业进驻“中国质造”平台。

23—25日 第三届中国(海盐)旅友大会暨中国·海盐乡村帐篷音乐会在海盐县举行,来自上海、杭州、苏州以及全国有关城市的200多名旅友与会。

24日 2016中国·海盐南北湖文化旅游节在秦山街道文溪坞举行。10月30日,闭幕式暨全国旅游达人颁奖晚会在县大剧院举行。

10月

11日 国家卫计委医院管

理研究所、中国医院协会药事管理专业委员会秘书长李喜西一行到海盐县，专题考察合理用药管理情况。

12日 国家发改委发展规划司司长徐林一行到海盐县调研核电小镇建设。

同日 县委书记沈晓红、县长章剑分别会见丹麦松德堡市访问团，双方交流两地在经济、教育、文化、旅游等方面合作事宜。

13日 中欧城镇化伙伴关系示范区建设交流会在海盐县举行，会上，海盐县与丹麦松德堡市被定为全国首批4对中欧城镇化伙伴关系示范区之一。

同日 欧盟驻华代表团贸易处安思忱及欧盟驻华商会执行委员马晓利到海盐县考察。

17日 浙江友邦集成吊顶股份有限公司董事长时沈祥，嘉兴恒锋工具有限公司总经理、董事长陈尔容，上榜胡润研究院发布的“2016胡润百富榜”。

18—19日 全省现代农业园区和粮食生产功能区建设暨“互联网＋”现代农业现场会在海盐县举行。

19日 嘉兴恒锋工具股份有限公司制定的“圆柱直齿渐开线花键量规”，被省“浙江制造”品牌建设促进会认定为“浙江制造团体标准”。

同日 浙江省高强度塑钢联锁组合板桩生态护岸现场会在海盐县召开，与会人员观摩海盐县谭桥线航道养护（一期）110米生态护岸试验段现场。

25日 国务院参事杜鹰率国务院参事室调研组到海盐县，调研农村产权制度改革相关情况。

26日 海盐县省级体育强县工作通过浙江省体育强县检查组复评。

27日 嘉兴市第五届五个系列“十大风云人物”名单揭晓。海盐县方光明、时沈祥、陈子彦、马春峰、张国明、陈一佳、朱敏伟上榜。

28日 农业部办公厅和全国水产技术推广总站组成调研组到海盐县，调研稻田综合种养、基层党建等工作。

29日 海盐县秦山街道新联村等9个村（社区）被“美丽嘉兴”办命名为第十三批市级生态村。至此，海盐县实现市级生态村全覆盖。

同日 海盐县首届美丽乡村运动会暨海盐县第七届农民运动会、第五届新居民运动会举行。

31日 县青年联合会第四届委员会第一次全体会议召开。

是月 海盐县被省农业厅、省林业厅等四部门列入首批省级农产品质量安全放心县名单。创建工作始于2015年。

11月

4日 海盐县城市开发建设办公室和浙江山水滨海文化旅游投资有限公司共同签署“海盐滨海国际度假区PPP项目”。该项目是浙江省最大的文旅类PPP项目。

6日 国家林业局保护司司长、督导组组长张希武一行到海盐县督查秋季候鸟等野生动物保护工作。

14日 海盐县的“故道·绿道·味道”（南北湖·五味村）等20个示范点和10个“老房子特色餐厅”获长三角城市群区域旅游产品“TOP20·10”奖。该评选活动由江浙沪旅游局共同主办。

15日 在“第九届长三角投资发展论坛·长三角产业升级与中国制造2025战略峰会”上，海盐县被认定为长三角最强中国制造县（市、区）之一。

19日 北京市嘉兴商会海盐分会成立。

20日 海盐县生态循环农业示范主体创建工作通过省级现代生态循环农业示范主体创建组验收。

同日 中国移动通信集团海盐分公司与浙江佳乐科仪股份有限公司签署物联网合作协议，并启动实施海盐县第一个变频器物联网项目。

22日 伍尔特集团大中华区供应链（物流贸易）中心在县开发区正式开业。

23日 县委召开县级领导干部会议，宣布省委、市委关于海盐县政府主要领导人事调整决定。提名王碎社为海盐县县长候选人，提议章剑不再担任县长职务。

同日 海盐海利环保纤维有限公司的“高品质差别化再生聚酯纤维关键技术及装备研发”项目获“纺织之光”科技进步奖一等奖。12月23日，“纺织之光”化纤行业绿色纤维制造关键技术重点成果推广活动在海盐县举办。

24日 海盐中心粮库正式投入使用。粮库开工于2013年8月。

25日 海盐县第八次归侨侨眷代表大会召开。

25—29日 海盐县“尼松”

野鸭在2016年浙江省农业博览会上获得金奖,“南湖船菜”脱水蔬菜、“瑞兔雅”精品兔绒袜、“金斗笠”葡萄获得优质奖。

26日 在“中国新旅游时代——2016品牌推介暨旅游项目投融资大会”上,海盐县获得“中国最美文化休闲旅游名县”“中国最美乡村休闲旅游名县”2个奖项。

29日 海盐县政府与景域国际旅游运营集团签订《旅游发展整体合作战略框架协议》,拟在秦山街道文溪坞打造“歌遥”乡村度假社区合作项目。

29—30日 国家葡萄产业技术体系杭州综合试验站培训与育种交流会议在海盐县召开,海盐县王其松、周卫中获得“2016年度国家葡萄产业技术体系杭州综合试验站成果转化奖”。

30日 青莲·世界名猪文博园与韩国利川猪猪博物馆签订战略合作协议,并正式结成友好博物馆。

是月 海盐县“教育基本现代化县”创建工作通过浙江省教育基本现代化县复查组复查。

黄沙坞治江围垦工程完成竣工验收。

海伦庄园被省旅游标准化技术委员会命名为“浙江省果蔬采摘旅游基地”(第二批)。

12月

5日 浙江海盐农村商业银行股份有限公司创立。该公司前身是海盐农村信用联社。

8日 海盐县工商业联合会(总商会)第十一次会员代表大会召开。

同日 县农科所举办第九届全国葡萄培训班,来自国内13个省(市)的葡萄专家、学者、种植户280人参加。

15日 澉浦镇澉东村、秦山街道永兴村、通元镇丰义村、于城镇江渭村被浙江省“千村示范、万村整治”工作协调小组办公室列入“2016年度浙江省美丽乡村特色精品村”名单。

同日 由新华社浙江分社、人民网、中国质量报社等十多家媒体组成的采风团到海盐县,采访秦山街道欣欣社区、文溪坞、万奥农庄,以及恒锋工具股份有限公司等单位的“标准化+”工作。

21日 海盐三毛乐园获批国家AAA级旅游景区。

21—22日 海盐县文化礼堂建设工作通过省级考察评估。

25日 海盐县主城区天然气置换工作完成。26日,浙沪天然气联络线一期工程和海盐县域天然气输配工程开工。

25—29日 中国共产党海盐县第十四次代表大会召开。大会选举沈晓红为县委书记、李乐伦为纪委书记。

27日 在环境保护杂志社主办的第五届环境保护年会上,海盐县被授予“2016年绿色发展优秀示范城市”称号。

29日 海盐县机关事业单位全部纳入省机关养老系统,体制内人员从单位养老转向社会化养老。

30日 浙江欣兴工具有限公司被省经信委列入2016年浙江省“隐形冠军”企业名单。至此,海盐县“隐形冠军”培育企业有11家。

同日 县综合执法局发布《嘉兴市农村保洁服务与管理规范》《嘉兴市农村环境卫生基础设施设置规范》。是嘉兴市首批新型城镇化领域地方标准。

是月 海盐县凤凰现代农业产业集聚区被省农业厅列入全省首批农业产业集聚区创建名单。

各镇(街道)跨行政区域河流交接断面考核首次达到合格以上,其中澉浦镇优秀,通元、百步镇良好。

(县史志办)

全县概况

地理环境

【概况】 海盐县位于浙江省北部杭嘉湖平原。地处北纬30°21′47″～30°38′29″，东经120°43′21″～121°02′55″，东濒杭州湾，西南临海宁市，北连平湖市和嘉兴市南湖区、秀洲区。

全县地形似一个顶角朝南的等腰三角形，东西最宽处相距约31公里，南北最远处相距约33公里。海拔平均3～4米，整个地势从东南向西北倾斜，大致可分三个部分：南部为平原孤丘区，山丘高度大多在100米左右，与海宁市交界的高阳山为县境最高处，主峰高251.6米；东部为平原海涂区，地势稍高于西部平原；西部为平原水网区，面积约占全县2/3。

全县陆地土地总面积584.96平方公里，海湾面积487.67平方公里。境内陆地海岸自澉浦镇（南北湖风景区）永乐村起至海盐经济开发区（西塘桥街道）东港村止，全长53.48公里，是浙北海岸线最长的县（市）。

海盐县地理位置优越，县城武原街道北距上海118公里，南离杭州98公里。境内主要公路有01省道嘉兴东西大道、湖盐公路、盐嘉公路、海盐大道、海王公路、乍嘉苏高速公路、杭浦高速公路、嘉绍高速公路、杭州湾跨海大桥北岸连接线等，等级公路总里程975公里，高速公路里程40.40公里。境内河道纵横，总长1860.7公里，骨干河流有盐平塘、盐嘉塘、长山河、何家桥线、杭平申线海盐段、白洋河等。境内等级航道总长度239.2公里。公路、水路网络交织，四通八达，交通十分便利。杭州湾跨海大桥北岸桥址位于海盐经济开发区（西塘桥街道）东港村。海盐枢纽连接杭浦、乍嘉苏、杭州湾跨海大桥北岸连接线3条高速公路，是亚洲最大的交通枢纽。杭州湾第二座跨海大桥——嘉绍高速公路跨海大桥连接沪杭高速公路、乍嘉苏高速公路、杭浦高速公路，大大缩短杭州湾南北两岸的时空距离。随着海盐港区、滨海新区建设的不断推进，海盐县成为沪、杭、苏、甬四大城市的交通节点和杭州湾北岸新兴港口物流平台。（县史志办）

资源物产

【港口、水运】 海盐县东南沿海分布火山岩和侵入岩，建筑石料资源较丰富。海盐港区是嘉兴港三大港区之一，自然海岸线可供建设生产性码头岸线8.9公里，其中可供建设万吨级以上深水岸线5.4公里。2016年，海盐县有沿海码头7座，有内河码头78座、泊位131个。海盐港区C区1号、2号两个万吨级泊位是杭州湾北岸首个万吨级重件码头，3号、4号多用途码头泊位是具有集装箱装卸功能的码头；5号、6号泊位于2016年建成。2016年12月，“嘉兴港区口岸扩大开放”通过国家口岸办验收，海盐港区正式成为国家一类开放口岸。滩涂资源丰富，黄沙坞治江围垦工程、海盐港区东段围涂工程共完成围涂面积2400公顷。县境内河道纵横，内河航道连接杭平申线，沟通京杭大运河和杭申线航道，可与整个江南水运网连成一片。海盐县具有发展海河联运独特优势，极适合发展区域性货物分流中心。

【粮食、蔬菜、水果】 海盐县是全国平原绿化林业标准化示范区之一，是全国粮食生产先进县。2016年，海盐县有粮食生产功能区342个10580公顷。省级现代农业综合区“凤凰”“湖山”，以及8个镇（街道）粮食生产功能区均通过无公害农产品产地整体认证。有8家农业科技公司和农场创建成省级生态循环农业示范主体。有省级主导产业示范区5个、省级特色农业精品园11个。有国家级农业标准化示范区1个、省级12个。有国家级农业龙头企业1家、省级4家。有国家级农民专业合作社示范社5家、省级17家。全县有3.33公顷及以上蔬菜规模基地88个。其中,有无公害农产品认证基地15个,认证产品32种,绿色食品认证3种,有机食品认证3种,国家地理标志产品1种。实施蔬菜类现代农业项目8个197.14公顷,元通九丰农业科技公司集约化商品育苗中心是嘉兴市设施最先进的集约化育苗中心。栽培水果总面积2695公顷,其中葡萄1867公顷,居全省第五位,“红地球”葡萄种植面积占全省60%以上。海盐县的“光碳夏黑”葡萄、“夏黑”葡萄、“醉金香”葡萄在2016年嘉兴精品果蔬展销会上获金奖;“夏黑”葡萄在浙江省精品葡萄评比会上获金奖。瓜菜主导新品种有27种,主要有“浙农6号”鲜食大豆、“冬绿”甘蓝、“上海青”“苏州青”青菜、“金铭一号”莴苣、“中研红”“梅瑟德斯”番茄、“庆农”松花菜、“红颊”“章姬”草莓等。食用菌品种有蘑菇、香菇、金针菇、平菇、姬菇等13种。海盐县是浙江省首批省级农产品质量安全放心县之一。

【养殖业】 2016年,海盐县畜牧业转型升级见成效,全县生猪散户养殖为零。建成动物卫生处理中心、动物疫病预防控制中心,生猪养殖和屠宰可通过“县动物防疫和畜产品安全追溯系统”实现全过程信息化管理,能有效保障肉类消费安全。2016年,全县海水养殖面积233公顷、淡水养殖面积1844公顷,渔业总产值占全县农业总产值的13.2%。名特优水产养殖总面积1390公顷,主要品种为南美白对虾、罗氏沼虾、中华鳖,其他品种有澳洲淡水龙虾、青虾和太湖白鱼、黄颡鱼、沙塘鳢、泥鳅、日本锦鲤等。虾蟹类、龟鳖类产业优势较明显,区域化基地形成。全县有省级渔业示范区1个、精品园6个,有4家养殖基地通过省级无公害水产品养殖基地认定,有3个渔业园区通过省级现代渔业园区验收。

【农林畜名特产】 海盐县农林畜名特产有南北湖珍珠香米、沈荡大米,沈荡黄酒、“星连心”大豆色拉油、“黄泥坡”西瓜、海盐大头菜、“秦万”芦荟系列、“黄沙坞”柑橘、“纯元”葡萄系列、“横港”蜜梨、红心猕猴桃、“绿里香”茶叶、“鹰窠顶”茶叶、“尼松”野鸭、“膳博士”猪肉、“绿健”禽蛋等。其中:海盐大头菜获地理标志证明商标,“膳博士”是全省首个获得中国绿色食品发展中心颁发的猪肉类15种绿色食品证书的猪肉品牌;“尼松”野鸭被认定为浙江省著名商标,在2016年浙江省农业博览会上被评为金奖产品。海洋生物有鱼类28种、甲壳类12种,其中鳗苗、蟹苗是特色捕捞品种。2016年,海盐县有注册农产品商标497件。其中:“味之园”(芦荟饮品)被认定为中国驰名商标,“尼松”野鸭、“绿里香”茶叶、“黄沙坞”蜜橘被评为省级“名品正牌农产品”,“纯元”葡萄、“八字”葡萄、“秦万”芦荟鲜叶、“南湖船菜”被定为浙江省名牌农产品;“绒雪儿”羊肉、“大地”园艺、“绿健”鸡蛋和“瑞兔雅”兔毛被认定为嘉兴市著名商标。有市级以上农产品名牌57件,其中国家级4件、省级14件。有无公害农产品产地74个,无公害农产品95种。有绿色食品认证27种,其中“纯元”葡萄、“黄沙坞”柑橘、“秦万”芦荟获国家级绿色食品认证。有机食品认证12种,其中“鹰窠顶”茶叶、脱水青菜心、脱水松花菜、“丰山”茶叶、“纯元”葡萄获国家级有机产品认证。

【旅游景区】 海盐县沿杭州湾北岸形成黄金旅游带,2012年,获得“长三角最佳慢生活旅游名城”“亚洲生态旅游休闲名县”称号。南北湖景区为中国唯一融湖、山、海为一体的国家AAAA级风景旅游区和省级生态旅游示范区,南北湖曾获“浙江最美名湖”(十大名湖)称号;2016年,南北湖景区被浙江省风景名胜区协会选入2015—2016年度省级风景名胜区“美丽景区”名单。海盐绮园为国家级重点文物保护单位,绮园旅游文化风景区是国家AAAA级风景旅游区、省级生态旅游区,与南北湖景区形成海盐“两日游”旅游精品线路。2016年,海盐美丽乡村“五味村”景区获“2015年度最受欢迎乡村旅游目的地”称号,“故道·绿道·味道”(南北湖·五味村)等20个示范点获长三角城市群区域旅游产品“TOP20·10”奖。秦山核电站为“国家级工业旅游示范点”,

“中国核电城”红色旅游景区、杭州湾跨海大桥综合旅游景区被列入国家级红色旅游经典景区二期名录。

（县史志办）

历史沿革

【概况】 海盐县是马家浜文化、崧泽文化、良渚文化发祥地之一，距今6000多年前，县境内就有先民从事农牧渔猎活动。秦王政二十五年（公元前222）置县，因“海滨广斥，盐田相望”而得名。建县以来，海盐曾四徙县治，六析其境。秦末，县治陷为湖（柘湖），迁至武原乡（今平湖市东门外）。东汉永建一至六年（126—131）中，县治又陷为湖（当湖），南迁至齐景乡故邑山旁（今乍浦附近）。东汉建安五至八年（200—203），析海盐西南境、由拳南境置海昌县（今海宁市）。东晋咸康七年（341），县治迁至马嗥城（今海盐县武原街道东南）。南朝梁天监六年（507），析县东北境置前京县。南朝梁中大通六年（534）至大同元年（535），再析县东北境置胥浦县。唐开元五年（717），迁县治于今地。唐天宝十年（751），割海盐北境、嘉兴东境、昆山南境置华亭县。元元贞元年（1295），升为海盐州。明洪武二年（1369），复降为县。明宣德五年（1430），析武原、齐景、华亭、大易4个乡置平湖县。1949年5月7日，海盐县解放。1950年5月，狮岭乡3个村划属海宁县，平湖县10个村划属海盐县。1958年11月21日，撤销海盐县建制，区域并入海宁县，其中西塘、海塘、元通3个公社划归平湖县。1961年12月15日，复置海盐县，辖2个镇16个公社，狮岭公社仍属海宁县。1983年，撤社建乡。1985年8月，澉浦、通元、西塘桥3个乡撤乡建镇。随着经济发展，又有欤城、百步、长川坝、石泉4个乡撤乡建镇，欤城、长川坝更名为于城、秦山。1999年，调整乡镇行政区划，辖9个镇3个乡。2001年10月，乡镇行政区划再次调整，辖武原、沈荡、澉浦、秦山、通元、西塘桥、于城、百步8个镇。2010年11月，调整部分镇行政区划，全县8个镇调整为4个街道5个镇，即武原、西塘桥、元通、秦山4个街道，沈荡、百步、于城、澉浦、通元5个镇。

（县史志办）

气　候

【概况】 2016年，受近百年来最强厄尔尼诺事件影响，海盐县年平均气温异常偏高，年总降水量和年总雨日偏多，年日照时数偏少。主要气象灾害有寒潮、汛期强降水、台风、高温等。

【主要气象要素评述】 气温　年平均气温17.7℃，较常年偏高1.1℃，为建站以来第二位。所有月份平均气温与常年相比均有不同程度偏高，偏高幅度0.2℃～2.4℃。其中：10月平均气温较常年偏高1.7℃，为建站以来第二位；12月平均气温较常年偏高2.4℃，创建站以来新高。极端最高气温39.1℃，出现在7月27日；极端最低气温－7.0℃，出现2天。全年≥35℃高温日数18天，≤0℃日数14天。

降水量　年总降水量1757.1毫米，比常年多455.0毫米，为建站以来第三位。年总雨日162天，比常年多21.5天。日降水量≥50毫米4天，≥100毫米1天。全年降水分布不均，1月、4—6月、9—11月降水偏多，偏多幅度2.1～158.2毫米。汛期（4—10月）多项要素指标创历史纪录，总降水量以及4月、5月降水量均创建站以来新高。2—3月、7—8月、12月降水偏少，偏少幅度10.9～107.9毫米，其中8月降水107.9毫米，仅为常年雨量的三成。年降水日数162天，比常年偏多21.5天，为建站以来第三位。2月、3月、8月雨日偏少，偏少幅度5.9～6.9天，其中2月、8月雨日为建站以来偏少第二位；其余月份雨日不同程度偏多，偏多幅度0.3～8.4天，其中6月雨日22天，为建站以来偏多第一位。

日照时数　年日照时数1607.4小时，较常年少196.8小时，为建站以来偏少第四位。全年2—3月、7—8月日照时数较常年偏多，偏多幅度5.4～82.3小时，其中2月较常年偏多59.5小时，创建站以来同期新高，8月较常年偏多82.3小时，为建站以来偏多第四位。其余月份不同程度偏少，偏少幅度10.4～113.2小时，10月比常年少113.2小时，为建站以来最少，4月、6月分别偏少48.4小时、52.9小时，均为建站以来历史同期偏少第三位。

2016 年海盐县主要气象要素表

表 3

项目/数据	年合计/年极值	年平均	项目/数据	年合计/年极值	年平均
平均气温(℃)	—	17.7	平均风速(米/秒)	—	2.7
最高气温(℃)	39.1(7 月 27 日)	—	雪日(天)	8	—
最低气温(℃)	−7.0(2 天)	—	积雪日(天)	4	—
雨量(毫米)	1757.1	—	霜日(天)	23	—
雨日(天)	162	—	雾日(天)	43	—
日照时数(小时)	1607.4	—			

2016 年海盐县于城水文站水位雨情表

表 4

月份	降水量(毫米)			水位(米)				
	月降水量	降水日数	最大日量	月最高水位	出现时间	月最低水位	出现时间	月平均水位
1	125.8	20	18.5	3.30	24	3.00	5	3.14
2	31.0	4	15.5	3.24	1	2.85	21	3.00
3	58.5	8	46.5	3.20	10	2.71	5	2.91
4	232.5	18	41.0	3.53	26	2.83	2	3.15
5	324.0	17	70.0	3.68	29	2.89	19	3.20
6	252.0	16	50.0	3.75	1	2.89	19	3.30
7	48.5	14	10.5	3.42	11	2.88	26	3.16
8	121.5	7	64.0	3.45	4	2.98	13	3.15
9	223.0	13	114.5	3.92	16	2.93	27	3.17
10	156.0	17	64.0	3.90	23	3.17	12	3.39
11	56.5	13	11.0	3.49	2	3.11	29	3.28
12	40.0	8	10.0	3.25	1	2.95	25	3.11
全年	1669.3	155	114.5	3.92	9 月 16 日	2.71	3 月 5 日	3.16

(翁雁萍)

【重要气象事件】 1.寒潮　1 月 20—26 日,海盐县经历一次多年少见的强寒潮及雨雪冰冻天气过程,日平均气温过程降温幅度 8.3℃,过程最大积雪深度 7 厘米,1 月 24—25 日极端低温 −7.0℃,是海盐县 1991 年以来最低值。1 月 22 日夜里至 23 日上午出现明显降雪,但因地温较高,最大积雪深度仅 1 厘米;23 日夜里出现短时局地暴雪,雪量 2.8 毫米,积雪深度 7 厘米,属海盐县罕见;24 日伴有内陆 8 级、沿海 9 级西北大风。持续的低温和雨雪天气导致电力、供水设施受损,交通不畅,果木、蔬菜等农业生产受灾。

2.汛期强降水　汛期遭遇多轮强降水,4—10 月总雨量 1454.5 毫米,超过常年同期的 1.5 倍,创历史新高。是年入汛早,4 月起降水持续偏多,4—5 月出现多次阶段性的持续阴雨天气过程,累积雨量 503.6 毫米,约为常年同期的 2.3 倍,为海盐县有气象记录以来雨量最多。梅汛连着春汛,6 月 11 日入梅,7 月 5 日出梅,入梅、出梅时间均接近常年。其间,主要大的降水过程有 4 次,分别出现在 6 月 12 日、15 日、20 日、24—26 日。受持续降雨和上游客水影响,汛期水位持续居高不下,多站超保证水位。

3.台风　是年影响海盐县的主要是秋台风,9—10 月,"莫兰蒂""鲇鱼""海马"接踵而至。受第 14 号台风"莫兰蒂"影响,9 月 14—16 日出现暴雨,部分地区大暴雨，全县面雨量140.0毫米，最大面雨量通元镇海伦庄园为174.4毫米。受第17号台风“鲇鱼”影响，9月27—29日出现大雨局部暴雨，面雨量53.3毫米，最大雨量澉浦镇为65.8毫米，沿海出现8级阵风。受第22号台风“海马”减弱后低压环流与冷空气共同影响，10月21—22日全县普降暴雨，面雨量77.0毫米，观测站24小时降水122.2毫米，达到大暴雨级别，创是年单日降水量之最。

4.高温　夏季≥35℃高温日18天，主要分布在6—8月，日数分别为1天、14天、3天，极端最高气温39.1℃(7月27日)。7月20—29日连续10天最高气温≥35℃，县气象台连续7天发布高温橙色预警信号，本次持续高温天数仅少于2013年和1988年，列历史第三位。

（张珊珊）

行政区划　土地　人口

【行政区划】　2016年，全县辖4个街道5个镇，即武原、西塘桥、元通、秦山4个街道，沈荡、百步、于城、澉浦、通元5个镇。共有村民委85个，居民委员会44个（包括撤村并居20个和集镇社区）。

【土地】　2016年，全县土地总面积58495.60公顷。耕地面积26151.33公顷，占全县总面积的44.7%，其中水田22263.50公顷、旱地3887.83公顷。园地面积4150.61公顷，占全县总面积的7.1%，其中果园608.30公顷、茶园152.05公顷、其他园地3390.26公顷。林地面积1292.74公顷，占全县总面积的2.2%，其中林地1055.08公顷、灌木林地167.55公顷、其他林地70.11公顷。草地面积1819.66公顷，占全县总面积的3.1%。城镇村及工矿用地面积11452.39公顷，占全县总面积的19.6%，其中建制镇用地2254.30公顷、村庄用地8483.27公顷、采矿用地255.10公顷、风景名胜及特殊用地459.72公顷。交通运输用地面积3311.68公顷，占全县总面积的5.7%，其中公路用地1279.11公顷、农村道路用地1894.60公顷、港口码头用地137.97公顷。水域及水利设施用地面积10124.98公顷，占全县总面积17.3%，其中河流水面占地7206.97公顷、湖泊水面占地119.44公顷、坑塘水面占地748.58公顷、沿海滩涂占地1386.26公顷、沟渠用地262.91公顷、水工建筑用地400.81公顷。其他土地面积192.21公顷，占全县土地总面积的0.3%，其中设施农用地93.92公顷、裸地98.29公顷。（郑　剑）

【人口】　2016年年末，全县户籍人口380260人，比上年增加1294人。其中，女性人口192871人，男性187389人。全年出生人口3451人，出生率9.1‰；计划生育率97.9%，年度出生人口性别比106.45。死亡人口2446人，死亡率6.4‰；人口自然增长率2.6‰。

2016年海盐县各街道、镇行政区划一览表

表5

街道、镇名称	街道办事处、镇政府驻地	面积（平方公里）	人口（人）	村民委（个）	居委会（个）
武原街道	武原街道枣园中路	86	126947	17	19
西塘桥街道	县开发区海港大道	56.82	41541	5	7
元通街道	元通集镇府前路	34.42	17888	2	4
秦山街道	长川坝集镇长丰西路	54.97	30303	5	8
沈荡镇	沈荡集镇永庆路	66.03	34727	11	1
百步镇	百步集镇百步东路	59.24	33512	10	1
于城镇	于城集镇于城路	42.96	22411	8	1
澉浦镇	澉浦集镇南浦路	115.40	30775	13	1
通元镇	通元集镇秦溪东路	69.12	42156	14	2
合计		584.96	380260	85	44

（县史志办）

国民经济和社会发展

【概况】 2016年,海盐县实现地区生产总值414.90亿元,按可比价格计算,比上年增长8.2%。第一产业增加值20.63亿元,增长0.01%;第二产业增加值246.08亿元,增长7.5%;第三产业增加值148.19亿元,增长10.7%。第二产业中工业增加值226.12亿元,增长4.2%。扣除核电工业,县内生产总值302.32亿元,增长6.9%,县内工业增加值122.22亿元,增长3.8%。三次产业结构由上年的5.4∶59.7∶34.9调整为5.3∶58.4∶36.3。按户籍人口计算,人均生产总值109295元(折合16472美元)。

【农业】 2016年,实现农业总产值30.92亿元,与上年持平,其中农、林、牧、渔业和农林牧渔服务业分别增长5.0%、5.4%、－14.3%、12.7%、12.0%。全县总播种面积38334公顷,比上年下降12.4%,其中粮食播种面积27157公顷,下降14.8%。粮食产量17.3万吨,下降15.4%。油菜种植面积1116公顷,下降46.6%;产量2678吨,下降53.5%。棉花种植面积265公顷,下降41.2%;产量583吨,增长3.4%。蔬菜种植(含菜用瓜)面积和产量分别为7717公顷、27.38万吨,分别比上年增长0.7%、0.9%。水果产量8.78万吨,下降9.0%。全县森林面积7992公顷,比上年增长0.7%;当年造林面积52公顷,下降62.9%。全县森林覆盖率13.7%。年末,全县耕地总资源26438公顷,常用耕地面积26146公顷,减少耕地239公顷。全年生猪出栏9.10万头,比上年下降48.9%;存栏5.21万头,下降27.9%。家禽出栏1093.4万羽,增长12.6%;存栏305.6万羽,增长37.7%。全年肉类总产量27149吨,下降9.6%,其中猪肉6188吨,下降48.6%。水产品产量14766吨,增长7.5%。

【工业】 2016年,工业企业实现总产值908.09亿元,比上年增长4.6%,其中核电工业169.62亿元,下降1.2%。475家规模以上工业企业实现总产值825.70亿元,增长5.8%,其中县内工业企业实现总产值656.08亿元,增长7.5%。五大新兴行业实现产值370.98亿元,增长10.3%;四大传统产业实现产值233.88亿元,增长4.6%。在规模以上工业企业中,分经济类型看,国有企业工业总产值增长1.6%,集体企业下降7.3%,股份合作制企业增长6.4%,有限责任公司增长1.2%,股份制企业增长4.1%,私营企业增长3.9%,港澳台投资企业增长34.4%,外商投资企业增长15.3%;分门类看,采矿业下降14.5%,制造业增长7.8%,电力、热力、燃气及水的生产和供应业下降0.9%。规模以上工业企业实现主营业务收入787.72亿元,比上年增长5.4%;不含核电的县内工业主营业务收入614.49亿元,增长6.5%。规模以上工业企业实现利税总额138.03亿元,增长5.3%;实现利润总额87.89亿元,增长8.8%。其中,县内工业企业实现利税总额53.99亿元,增长14.2%;实现利润总额32.86亿元,增长24.4%。规模以上工业企业能源消费量139万吨标准煤,比上年增长4.0%;县内规模以上工业增加值能耗下降3.0%。全社会用电量454256万千瓦时,增长7.9%。

【投资】 2016年,固定资产投资291.25亿元,比上年增长15.7%。其中,县内固定资产投资完成271.82亿元,增长11.1%;核电投资19.43亿元,增长174.6%。第一产业投资5.77亿元,增长23.1%;第二产业投资151.38亿元,增长12.0%;第三产业投资134.10亿元,增长20.0%。建筑业增加值12.28亿元,增长3.3%。完成建筑业总产值33.91亿元,下降10.1%;实现利润4654万元,增长4.0%。房地产开发投资25.57亿元,比上年下降2.2%。其中,住宅投资20.61亿元,增长71.3%;办公楼投资0.47亿元,增长77.3%;商业营业用房投资2.99亿元,下降75.3%。

【消费】 2016年,实现社会消费品零售总额124.37亿元,比上年增长10.8%。其中,批发业、零售业、住宿业、餐饮业分别为4.27亿元、97.40亿元、1.32亿元、15.37亿元,分别增长3.8%、10.8%、8.6%、14.3%;城镇和乡村消费品零售额均比上年增长10.8%。批零贸易业销售额346.03亿元,增长8.2%,其中限额以上75.21亿元，下降8.1%。住宿餐饮业营业收入22.22亿元，增长17.7%，其中限额以上2.59亿元，增长7.1%。在限额以上企业商品零售额中，食品类零售额增长34.3%，饮料类增长2.4%，烟酒类下降13.2%，服装、鞋帽、针纺织品类下降16.3%，化妆品类下降17.2%，金银珠宝类下降69.0%，日用品类增长19.5%，家用电器和音像器材类下降17.1%，中西药品类增长0.1%，文化办公用品类增长13.1%，家具类增长9.5%，通信器材类下降2.6%，石油及制品类下降6.5%，建筑及装潢材料类下降87.0%，汽车类增长2.4%。

【进出口】 2016年，货物进出口总额19.22亿美元，比上年下降3.0%。其中：出口14.69亿美元，下降4.4%；进口4.53亿美元，增长2.0%。实际利用外资1.65亿美元，增长7.5%；合同利用外资5.84亿美元，增长9.1%。

【交通运输、仓储和邮政业】 2016年，交通运输、仓储和邮政业实现增加值12.18亿元，比上年增长5.7%。境内等级公路里程975公里，增长3.4%，其中一级以上公路里程115公里，高速公路里程40.5公里。全年旅客周转量1.55亿人公里，下降1.8%；货物周转量51.36亿吨公里，增长7.8%。内河港口货物吞吐量1503万吨，增长10.0%。年末，实有公共汽车营运车辆236辆，增长8.8%；公共汽车客运总量1698万人次，下降3.8%。年末，有邮电所16处，全年报刊发行量811万份，下降6.1%。全年邮电业务收入4.31亿元，增长4.1%。年末，固定电话用户10.16万户，下降13.7%；移动电话用户47.18万户，增长0.8%；拥有互联网用户13.47万户，增长13.6%。

【旅游业】 2016年，接待国内外游客713万人次，比上年增长20.3%。其中：国内游客710万人次，增长20.0%；境外入境人数30078人次，增长196.2%。旅游总收入64.38亿元，增长21.3%。其中：国内旅游收入63.44亿元，增长20.1%；旅游外汇收入1428万美元，增长195.8%。

【财政、金融】 2016年，公共财政总收入63.06亿元，比上年增长5.1%，一般公共预算收入35.18亿元，增长9.0%。其中：税收收入31.35亿元，增长8.2%；非税收入3.82亿元，增长15.8%。一般公共预算支出43.51亿元，增长8.6%。年末，全部金融机构本外币各项存款余额544.06亿元，比年初增加72.69亿元，其中人民币各项存款余额533.68亿元，增加69.84亿元。全部金融机构本外币各项贷款余额547.50亿元，增加24.38亿元，其中人民币各项贷款余额534.16亿元，增加42.42亿元。住户存款中，本外币293.98亿元，比年初增加25.11亿元，人民币290.85亿元，比年初增加23.72亿元。县内财产、人寿保险公司保费收入90039万元，增长8.9%；赔款支出23720万元，下降3.7%。

【科技】 2016年，研究与试验发展经费(R&D)112408万元，比上年增长17.4%，占GDP比重2.71%。一般公共预算支出中科技支出21587万元，增长12.2%。全县有高新技术企业64家，比上年增加17家；省科技型中小企业253家，增加56家。专利申请总量3127件，增长24.2%；专利授权总量1861件，下降12.4%；专利授权总量中发明专利授权量127件，增加40件。

【文化、教育、体育】 2016年，全县有文化馆1个，镇(街道)文化站9个，公共图书馆19个，全县公共图书馆藏书量171.3万册，比上年增长63.0%。博物馆1个，剧场、影剧院共5个。广播电台1座，广播节目综合人口覆盖率100%；电视台1座，电视节目综合人口覆盖率100%。有幼儿园42所，在园幼儿13605人，教师795人；小学21所，在校学生23642人，教师1478人；普通中学16所，在校学生16115人，教师1554人。九年义务教育对象入学率100%。初中、高中毕业生升学率分别为99.3%、72.4%。有职业中学2所，在校学生4753人，教师335人。向普通高校输送新生2093人，输送高职(单考单招)584人。全县有5644人参加各类学历教育和非学历教育证书的自学考试。年末，全县有体育场(馆)数13个，比上年增加1个。体育健儿在市以上体育比赛中获奖牌211枚，其中金牌73枚。举办县级运动会42次，共有9108人次参赛。

【医疗、卫生】 2016年,全县有医院、卫生院(社区卫生服务中心)20个,卫生监督、疾病预防控制中心各1个,妇保院1个。医院、卫生院(社区卫生服务中心)病床数共2047张;卫生机构技术人员共2746人,增长4.6%。其中,执业医生991人,注册护士1000人,分别比上年增长4.2%、11.9%。农村自来水普及率100%,卫生厕所覆盖率100%。

【城市建设】 2016年,城市基础设施建设完成投资52582万元,比上年增长29.9%。县城建成区面积17.8平方公里,扩大3.5%,建成区人口13.76万人,增长10.0%。年末,实有城市道路面积372.63万平方米,增长3.3%;排水管道长度404.17公里,增长5.6%。建成区绿地面积600公顷,下降14.7%;城关镇人均公共绿地面积14.90平方米,下降4.4%。环境污染治理完成投资27506万元,比上年增长29.7%。武原街道环境空气优良天数297天,环境空气质量综合指数4.44;烟尘控制区面积45.3平方公里,高污染燃料焚烧区总面积18.58平方公里,环境噪声达标区总面积8.11平方公里。污水集中处理率88.9%,生活垃圾无害化处理率97.0%。

【人民生活】 2016年,城镇居民人均可支配收入50216元,比上年增长7.0%;农村居民人均可支配收入29606元,增长8.2%。城乡居民人均消费支出分别为30615元、20814元,分别增长11.1%、9.4%。城乡居民家庭恩格尔系数分别为25.1%、26.4%。城镇家庭人均住房建筑面积41.10平方米,农村家庭人均住房建筑面积61.82平方米。城镇及规模以上私营企业从业人员11.54万人,比上年减少0.57万人。城镇登记失业率2.9%,下降0.02个百分点。新增城镇就业岗位12780个,增长5.2%;安置失业人员5584人,增长12.3%。职工基本养老保险参保人数20.23万人,下降4.5%。城镇职工基本医疗、失业、工伤、生育保险参保人数分别为18.51万人、11.72万人、17.15万人、12.14万人,分别增长4.0%、3.3%、0.9%、1.3%。城乡居民基本医疗保险参保人数18.80万人,下降3.4%。全县低保对象3818人,比上年增加1665人;低保对象中城镇461人,农村3357人,共享受最低生活保障补贴1333万元,增长30.9%。有社会福利机构12家,床位3244张,安置1089人。有社区服务设施710个,增长9%,社区服务中心覆盖率100%。

(周冬梅)

个体私营经济

【概况】 截至2016年年底,全县实有各类市场主体35324户,注册资金811.85亿元,分别同比增长20.7%、20.1%。其中:有限公司6863户,注册资本696.61亿元,分别增长23.7%、19.9%;非公司企业法人300户,注册资金4.79亿元,分别增长1.0%、1.9%;合伙企业116户,申报资金8.59亿元,分别增长12.6%、476%;农民专业合作社289户,成员出资额1.28亿元,分别增长1.4%、0.8%;个人独资企业2142户,申报资金8.93亿元,分别增长4.3%、7.1%;个体工商户24309户,申报资金24.44亿元,分别增长22.8%、33.9%;外商投资企业182户,注册资本34.79亿美元,分别增长10.3%、20.1%。全县办理新设市场主体登记6064户,注册资金135.77亿元。其中:公司1315户,注册资本115.99亿元;农民专业合作社4户,成员出资额58.8万元;个人独资企业89户,申报资金5951万元;个体工商户4505户,申报资金6.18亿元。办理变更登记6959户,办理注销登记2671户。

【10项举措助力小微企业成长发展】 2016年,县市场监管局实施10项举措助力小微企业成长发展:引导小微企业梯次发展、开展小微企业对接培训、畅通小微企业准入通道、支持创业园和特色小镇建设、培育小微企业商标品牌、启动小微企业打假护密、帮扶食品药品产业增量提质、强化事中事后信用监管、深化小微企业非公党建、宣传小微企业成长范例。10项举措获得嘉兴市成长办批示肯定。县市场监管局与县金融办(金融机构)、县个私协会,以及县内相关中介服务机构联动,举办政策宣讲、企业管理、资本运作、知识产品保护、广告策划等各类培训专场19期。

【搭建小微企业发展空间平台】 2016年,为促进小微企业三年成长计划工作取得实效,县市场监管局会同县小微企业成长办，按照海盐小微企业三年成长计划“五个一批”（规划建设一批，培育壮大一批，集聚入园一批，规范提升一批，关停淘汰一批）工作目标，搭建小微企业发展空间平台。以“特色立园、聚式强园、链式扩园”为承载思路，实施特色平台建设，促进小微企业产业基本形成“一园一主业、一块一特色”的板块经济。全年基础设施建设投入 15.82 亿元。海盐异地工业园区（泗海工业园）已签约项目 13 个，投产 6 个，竣工 2 个。县政府办公室下发《海盐县“创业创新中心”管理办法（试行）》，全县规划、建设“两创”中心 15 个，其中开工 8 个。

【搭建小微企业发展融资平台】 2016 年，与县内金融机构完善合作机制，落实民企对接金融、科技“双对接”工作，致力实施融资帮扶。全年举办 9 场“助推小微企业发展银政企对接会”，县内相关金融机构与 20 家小微企业签订授信合同，授信金额总计 7000 万余元。会同有关金融机构，重点扶持小微企业 194 家，着力从“征信、增信、用信”优化小微企业融资配套服务。引入第三方专业资信评级机构，累计对 978 家小微企业进行信用评级。建立“银企对接网上融资平台”，累计成功对接 509 笔，实现融资（授信）金额 28.2 亿元。县政府办公室下发《关于实施小微企业“三年成长计划”融资服务工作的通知》，建立规模为 5000 万元的扶持小微企业专项基金，实施增信和风险补偿，已发放贷款 73 笔计 1.28 亿元。在全省率先成立 3000 万元的农村“三权”金融产品风险补偿基金，为农户等小微主体发放贷款 3640 万元。实现银企无缝对接，举办银企对接会 7 场，为当地小微企业提供差异化金融服务。县、镇（街道）两级财政资金共 5000 万元全部到位，协调建行海盐支行、县信用联社、嘉兴银行，按1∶10 比例放大到 5 亿元，专项用于小微企业融资的“助保贷”。

【搭建小微企业发展服务平台】 2016 年，全县有 1.25 万户次小微企业享受到小微企业税收政策红利，共减免税、费金额 4699 万元。县市场监管局与县小微企业成长办、嘉兴日报社海盐分社合作开辟《小微企业成长记》专栏，宣传小微企业发展成果，其中 5 家小微企业成长范例入选《嘉兴市转型助发展小微企业样本汇编》。《浙江日报》《浙江在线・钱江晚报》《市场导报》等主流媒体多次报道宣传海盐小微企业三年成长计划工作成果。海盐县小微企业中有 1 件商标被评为市级著名商标，1 家被列入全省 50 家小微企业“成长之星”名单，在全省民企“双对接”活动大会上受到表彰。海盐县被评为浙江省小微企业三年成长计划工作优秀县（市、区）。

【第十四次就业再就业服务周招聘会】 2016 年，县市场监管局、县人力社保局、县个私协会联合举办第十四次“就业再就业服务周”招聘大会。有 236 家企业参会，共提供就业岗位 4316 个，有 3926 人达成初步就业意向。落实校企合作计划，安置大学生入企实习。在县个私协会协调下，浙江树人大学学生进入海盐县爱建汽车电器有限责任公司实习。该公司是浙江树人大学海盐校企实践创业园首批挂牌实践科研基地企业之一。

【非公有制企业党建工作】 2016 年，县个私协会党总支根据上级党委部署，在全体党员中开展“学党章党规、学系列讲话，做合格党员”学习教育活动。根据省工商局党委部署，开展个体工商户和商品交易市场党建工作“互查互学互促”专项活动。2 月 26 日，县个私协会武原农贸市场党支部成立；9 月 13 日，县开发区个私协会分会党支部成立。部署开展“小个专”（小微企业、个体工商户、专业市场）党（团）组织覆盖“百日攻坚”行动，至 10 月底，基本完成全县“小个专”党（团）组织建设，以及党员、团员人数调查摸底工作。县个私协会党总支启动海盐县网商非公党建工作。开展党员“评诺评星”暨民主评议活动，发挥党员先锋模范作用。在春节和“七一”期间，县个私协会组织基层分会开展暖心活动，走访慰问 12 户困难个体工商户和元通街道兴隆村结对困难户。

（张大堂）

精神文明建设

【开展公益广告宣传】 2016 年，县文明办开展“讲文明树新风”公益广告宣传。围绕浙江省文明县创建，印发专题公益宣传海报 3000 份，在县城中心路段设置大型公益宣传广告 7 块（约 1500 平方米),墙绘宣传7000多米,在主要交通干道设置道旗350对,在公共自行车服务点、公交车候车亭、滚动灯箱等处设置公益宣传海报65幅;并在城乡金融网点、窗口单位、商场超市、宣传橱窗等场所刊播创建宣传。

【道德模范选树和学习宣传】 2016年,县文明办完善道德模范和身边好人选树机制,向全国及省、市各级"好人榜"推送海盐县各类"身边好人"24人,其中入选"浙江好人榜"4人、"嘉兴好人榜"5人。承办嘉兴市第二季度好人发布会暨道德模范、身边好人现场交流活动,开展"万张红榜送好人""万名好人进校园"活动,全年举办道德模范基层巡讲、故事会36场次,道德模范事迹巡展27场次。县文明办、县财政局、县人力社保局联合制定《海盐县道德模范待遇保障若干规定(暂行)》文件,对道德模范和"身边好人"做好关爱和帮扶工作。

【培育文明风尚】 2016年,县文明办把经典文化、红色文化、民俗文化融入节庆活动,传承和弘扬优秀传统文化。开展"我们的节日"主题活动。春节、元宵节突出"文明、和谐、吉祥"主题,举办群众性节日活动38场次;清明节突出"缅怀革命先烈,追忆革命历史,弘扬革命传统"主题,举办活动29场次;端午节突出"粽叶飘香、邻里守望"主题,举办活动32场次。以"立家训、树家风"为切入点,开展寻找"最美家庭"暨海盐县城乡户户创文明活动,评选出100户"最美家庭"。举办"梦想的力量·与爱同行"文明家风展演会,展示近年来海盐县涌现的最美人物、最美家庭的事迹。开展公民文明素质提升专项教育活动,以文明服务、文明礼仪、文明出行、文明旅游、文明餐桌为主题,开展礼让斑马线、文明过马路、礼仪待宾客、排队守秩序等活动,传承节俭养德好文化,打造遵章守纪好秩序,培育文明有礼海盐人。

【开展系列文明创建】 2016年,县文明办围绕创建浙江省文明县活动开展文明创建工作。成立县创建省文明县工作领导小组,并将创建工作纳入年度目标责任制考核。整治难点,以问题为导向,开展市容环境、"城中村",以及老旧小区、城市社区、市场秩序、交通秩序、沿路沿线、校园周边等7个方面的城乡面貌集中专项整治行动;并采用常态督查和专项督查相结合方式,落实问题整改工作。采取编发《创建督查通报》、新闻追踪报道,以及开展社会舆论监督等措施畅通意见渠道,发动群众参与创建督查,形成全社会共抓文明创建的局面。年内,完成全县36个申报市级文明村镇、文明单位,以及26个申报县级文明村、文明单位的考核验收工作。

【建立"海盐志愿汇"平台】 2016年,海盐县完善条块结合、以块为主的志愿服务指导协调机制,初步完成志愿服务统一注册平台"海盐志愿汇"建设,规范志愿服务的教育培训、活动运行、日常管理等工作,落实志愿服务的保险、记录、激励等配套制度。开展"迎接G20·争创省文明县"志愿服务活动,组建文明旅游、文明服务、文明出行、机关志愿服务、镇(街道)志愿服务、志愿者协会等7支志愿服务队(共4000余人),开展文明劝导志愿服务活动,传播文明新风尚。组建以党员志愿者为骨干、社工及其他志愿者为后援的"红色同心圆"空巢老人服务队,为城乡空巢老人提供结对志愿服务。开展"文明承诺我先行""文明海盐·你我同行"志愿服务活动,组织志愿者600余人,

12月22日,表彰全县"四个100"志愿服务典型

开展文明承诺宣传、文明行为培育等活动，并利用微信、微博等新媒体，营造“我为人人、人人为我”良好的社会氛围。

【未成年人思想道德建设】 2016年，县文明办以未成年人“我的中国梦”“做一个有道德的人”主题系列活动，以及农村“春泥计划”活动为主线，运用“课程化”工作思路及“社团化”工作模式，在重大纪念日或传统节日，统筹安排活动主题。开展“洒扫应对”“日行一善”，以及中华经典诵读、学校道德讲堂等道德实践活动，主要突出日常养成，提升未成年人思想道德建设工作水平。加强未成年人思想道德建设工作示范点和长效工作机制建设，把示范点建设纳入镇（街道）精神文明和学校德育工作，做到每季有主题、月月有活动。整合资源，挖掘潜力，通过“建、腾、合、兼”等措施，拓展示范点活动空间。以校内活动平台为主，结合全县9个镇（街道）陆续建立和完善的校外活动基地，打造40多个村（社区）示范点活动基地，实现每个镇（街道）都建设1个示范点目标。

（董音菲）

4月15日，举办未成年人经典诵读活动

五大联创

【巩固国家卫生县城创建成果】 2016年，海盐县通过国家卫生县城首轮复审。为顺利通过复审，开展下列工作：整治市容环境卫生、公共场所和食品安全、农贸市场室内外环境、“五小”（小餐饮店、小浴室、小网吧、小歌舞厅、小旅馆）行业、建筑工地；改善老旧小区和“城中村”、城郊环境卫生，完善环卫基础设施，改造22座公共厕所；贯彻落实《病媒生物预防控制管理规定》，实施病媒生物防制工作；贯彻《中华人民共和国传染病防治法》，加强重点传染病宣传和防治工作；贯彻《医院感染管理办法》，建立“医院感染控制”“疫情登记报告”等制度，实施“扩大国家免疫规划”，海盐县无非法采供血案件发生。调动媒体力量加大新闻宣传力度，通过有线电视播放宣传广告，制作宣传片，举办“巩固国家卫生县城创建成果、倡导健康生活方式千人骑行”等多种活动；在县城区规划建设健康教育长廊、大型宣传牌、健康教育橱窗、宣传路牌、迎风旗、墙面画等多种载体，实施“省级健康小屋示范阵地”建设工作；开展健康教育，深入社区（村）、学校、机关、企业举办各类健康讲座，开展医院健康教育工作，加强全民控烟健康知识教育，开展无烟单位、无烟机关、无烟学校、无烟医疗单位和控烟积极分子评创活动。加强动态监管，不定期开展督查活动，将县城划分为47个区块，形成纵向到底、横向到边、条块联动、齐抓共创的“区域式联动、网格化管理”的工作机制；严格考核奖惩，完善《海盐县巩固国家卫生县城工作长效管理考核办法》，并将考核结果纳入县委、县政府对镇（街道）、部门（单位）年度目标责任制考核。

【国家级生态县创建通过验收】 2016年，海盐县通过环保部组织的国家级生态县创建技术评估和考核验收。年内，全面开展“一绿、两清、三整、四提升”集中攻坚战，整治“城中村”、工业园区、沿路沿线等重点区域，努力建设产业优质、环境优美、生活优雅的现代化滨海城市；综合治理水环境，制定《海盐县镇（街道）、村（社区）镇级以下河道监测点水质考核办法》，11个县控以上断面水质全面达到Ⅳ类以上水质，其中南北湖断面成为嘉兴市唯一的Ⅱ类水，千亩荡饮用水水源地达到Ⅲ类水评价标准；治理大气污染,建设“美丽乡村”。通过“海盐发布”和“海盐环保”微博微信等新媒体,及时向公众回复投诉和对违法违规企业的处置情况;镇(街道)的跨行政区域河流交接断面考核全部实现合格以上,实行秸秆禁烧工作网格化管理。通过环保“12369”举报平台和新闻媒体投诉热线,加强环境信访调处工作,组织微博网友“点单式”检查企业,邀请媒体和公众参与环保“黑名单”企业“摘帽”行动,聘任环保特约监督员参与重点区域执法检查,严厉打击环境违法行为。优化生产、生活和生态空间布局,划定并严守生态保护红线,着力构建绿色、低碳、循环的产业体系,促进生态经济健康发展;深化城乡环境综合整治,对生活污水、垃圾收集处理等环境基础设施建设与运行加强管理,加大饮用水水源地保护力度,并建立长效机制。

【省级文明县创建工作】 2016年,海盐县确立省级文明县创建目标,与全县经济社会发展的规划相一致,加强组织保障,形成联动创建的工作态势。突出育人固本,营造健康向上的社会风尚。深化群众性系列精神文明创建,做好省、市、县三级文明单位、文明镇(街道)、文明村(社区)创建管理工作;推进志愿服务制度化建设,加强未成年人思想道德建设。加强社会治理,维护社会秩序。建立县、镇(街道)两级社会治理综合信息指挥平台,发挥平安建设信息系统的网络优势;构建大网络,将综治、食品、消防、安监、组织等各条线基层网络建设统一整合为一张网,并纳入全省统一网格,推进社会治安动态视频监控系统建设;开展安全生产大检查和“打非治违”(打击非法违法生产经营活动行为)专项整治工作,启动安全隐患排查服务外包试点工作。

【“三改一拆”专项行动】 2016年,海盐县完成“三改”349.54万平方米,完成市下达任务的233%;完成“拆违”134.25万平方米,完成市下达任务的141%;拆后土地利用率79.2%。年内,重点对缓拆违建开展专项整治行动。拆除经审核查出的不符合缓拆条件的违法建筑9.58万平方米,并于7月初通过嘉兴市现场考核验收。整治涉消防安全的178家企业共12.45万平方米违法建筑,并通过现场考核验收。整治“蓝色屋面”(指与周边自然环境或建筑群不协调、影响市容市貌的彩色屋面及外立面)227.98万平方米,其中拆除18.59万平方米,整改209.39万平方米。专项清理高速公路广告牌,拆除县境内高速公路沿线14块广告牌。专项整治塑料扣板行业违法建筑,对通元镇塑料扣板企业集聚区块违法建筑依法实施查封,集中拆除4009平方米。

抓好拆、改、建有序衔接。注重“无违建”创建工作与打造特色小镇、建设“美丽乡村”、创建“优美庭院”等工作相结合,从大规模的“拆”向“拆、改、建”并举推进。澉浦镇对旧厂房、闲置厂房和破产企业厂房等进行改造,建设影视拍摄区。相关街道和镇依托“三四五”专项行动建设特色小镇。2015年,秦山街道核电小镇入围首批省级特色小镇,2016年,百步集成家居时尚小镇被列入省级特色小镇培育名单,澉浦影视小镇入围首批市级特色小镇。“四边三化”行动重点整治杭浦高速和嘉绍高速海盐段,以及01省道、湖盐线、嘉盐线、嘉南线等4条主要公路,6月底,完成省“三改一拆”办交办的“两路两侧”“四边三化”整治点45处;主要道路沿线整治于是年G20杭州峰会召开前全面完成,湖盐线、嘉盐线成功创建市级精品示范道路。对县内115处主要河道沿线开展环境综合整治,完成河道边绿化长度42.42公里,面积14.87公顷。实施绿化提升工程。秦山大道、杭浦高速元通出入口、南北湖出入口等公路沿线绿化提升工程借地完成率96%,房屋拆迁完成率77%,绿化完成率85%。总投入3.2亿元的14个绿化提升工程,年内完工6个。清理、整治违法码头堆场,77家计划关停的违法违规码头堆场,关停73家,完成清理或复耕55家。(舒江荣)

【整治核心区块交通秩序】 2016年,按照“全域治理、分步推进”原则,确定县城核心区块的“三纵三横”区域(新桥路、勤俭路、百尺路,朝阳路、枣园路、海滨路)为重点治理区域,开展交通秩序整治工作。制定总体方案,各职能部门制定相应的实施方案。召开全体或部分成员单位联席会议,会商需要协调解决的问题。加大巡查和处罚力度,自9月26日起,县综合执法局和县交警大队安排人员巡查重点路段和重点区域,查处违章行为;县联创办、县综合执法局和县交警大队组成督查组进行督查。通过理顺城区停车场和管理体制、科学增设停车泊位、整治乱停车行为、开展交通轻微违法行为劝导和机动车礼让斑马线活动、扩大机关停车场错时开放范围,以及文明示范路、示范区建设等疏堵结合等措施,核心区块的停车难、停车乱、乱设摊等突出问题得到改善,交通秩序明显好转。

(刘为勇)

小城镇环境综合整治

【概况】 2016年,贯彻落实省委、省政府全省小城镇环境综合整治行动会议精神,海盐县部署全县小城镇环境综合整治行动。组建县小城镇环境综合整治行动领导小组及其办公室、6个专项工作组,确定整治范围和主要内容,制定《海盐县小城镇环境综合整治行动实施方案》,召开动员部署会,各镇(街道)编制整治规划,全面开展整治行动。编发《工作简报》8期。

【建立环境综合整治组织机构】 10月31日,县委、县政府成立海盐县小城镇环境综合整治行动领导小组,县委书记沈晓红、县长章剑任组长,领导小组下设办公室。办公室设在县住建局(人防办),内设宣传综合组、指导督查组,抽调6名人员集中办公。11月3日,领导小组第一次会议讨论成立规划设计引领、卫生乡镇创建、"道乱占"治理、"车乱开"治理、"线乱拉"治理、"低小散"块状行业治理等6个专项行动工作组,县住建局、县卫生计生局、县综合执法局、县公安局、县文化局、县经信局分别为组长单位,负责推进各专项工作。各镇(街道)相应建立领导小组和办公室。

【整治范围和内容】 整治范围:2016年列入全省小城镇整治名单的4个街道办事处驻地建成区(其中武原街道整治范围为武原新区)、5个镇政府驻地建成区,以及2个原乡政府驻地的集镇(横港和六里);另外,海盐县把3个原乡政府驻地集镇(齐家、石泉、官堂)也列入整治范围。整治内容主要是"一加强三整治"(加强规划引领,整治环境卫生、城镇秩序、镇容村貌)、开展六大专项行动。

【实施方案和行动计划】 11月30日,县委、县政府召开小城镇环境综合整治行动动员部署会。领导小组办公室与农行海盐支行签订《共同推进全县新型城市化发展战略合作协议》。大会部署以治危拆违、治理环境卫生为突破口,开展环境卫生整治"百日攻坚"行动。12月5日,县十四届政府第四十八次常务会议讨论研究并原则通过《海盐县小城镇环境综合整治行动实施方案》。《海盐县小城镇环境综合整治三年行动计划》形成送审稿。6个专项行动组的牵头部门组织起草专项行动方案初稿。

【编制整治规划】 11月11日,召开各镇(街道)与整治规划设计单位规划对接及业务初训会。县住建局确定5家规划设计单位进入设计单位库。11月起,各镇(街道)分别编制整治规划。12月29日,县规划局召开第一次小城镇环境综合整治规划集中评审会,评审并通过西塘桥、元通、沈荡、百步、于城5个镇(街道)的整治规划。西塘桥街道定位为"运河古镇",元通街道定位为"美食小镇",沈荡镇定位为"酒乡老镇、悠悠水荡",百步镇定位为"时尚小镇、宜居小镇、活力小镇",于城镇定位为"古埠新风、水韵于城"。

【项目融资】 11月,县小城镇环境综合整治行动领导小组办公室和农行海盐支行签订合作协议。县财政局组建专项融资平台,设立5000万元专项资金用于支持小城镇环境综合整治工作。各镇(街道)开展项目融资工作,沈荡、澉浦等镇分别与农行海盐支行开展项目包装、融资洽谈。

【双"百日攻坚"行动】 11月,县电视台设立《新闻聚焦》专栏,逐一曝光9个集镇环境卫生和秩序的"脏乱差"问题,并对整改情况进行后续跟踪报道。针对发现的问题和省、市统一部署,海盐县开展环境卫生和穿镇公路整治双"百日攻坚"行动。从12月1日起,开展穿小城镇公路"道乱占""车乱开"整治"百日攻坚"行动,全面消除穿镇公路上的乱停车、乱堆物、乱摆摊、乱开挖、乱建筑、乱竖牌等现象,改善穿镇公路交通环境;从12月10日起,开展小城镇环境卫生整治"百日攻坚"专项行动,对背街小巷、"城中村"、城乡接合部等重点区域,以及道路、河道的市容环境卫生进行整治。

(王逸枫)

新农村建设

【概况】 2016年,海盐县以实施全国农村改革试验区、全国农村承包土地的经营权抵押贷款试点等工作为契机,深化农村产权制度改革,推进农民就近市民化和农村就地城镇化,激发农村发展活力,促进农村全面小康建设。

【基本公共服务均等化改革】 2016年,海盐县围绕破解经济社会发展突出问题的体制机制障碍,以城乡协调发展及基本公共服务均等化为重心,推动城乡发展一体化建设,全县农民与市民享受的待遇逐步实现城乡一体。城乡公交"村村通",县域内城乡公交2元一票制,公共交通站点服务半径500米全覆盖。小学八项综合差异系数为0.2988,初中八项综合差异系数为0.2873,义务教育标准化学校覆盖率97.1%。村村配有标准医务室、文化礼堂和健身场所,全县9个镇(街道)都建标准灯光篮球场和室内活动室。企业职工基本养老保险参保对象覆盖到本地户籍职工,城乡居民基本养老保险实现应保尽保。县、镇两级征地基本生活保障政策实现并轨。企业职工基本医疗保险参保登记实现本地户籍全覆盖,城乡居民基本医疗保险参保率99.5%。

【农村产权制度改革】 2016年,海盐县继续实施农村改革试验区任务,深化农村产权制度改革工作。土地承包经营权、村集体经济股份权确权基本完成,全面启动集体土地范围内的农村房屋确权工作,全年发放权证3万本。通过农村产权交易平台累计成交1254宗,交易金额2.86亿元。土地承包经营权累计流转16600公顷(其中全程社会化服务面积3186.67公顷),规模化经营率76.6%。年末,全县105个村(社区)集体经济总收入2.17亿元,村均206万元;村级经常性收入1.05亿元,村均99.82万元。发挥农村金融杠杆撬动作用,释放改革红利,农村"三权"等农村综合改革涉农贷款余额累计突破9.1亿元。为完善风险防控,在全省率先建立农村"三权"基金,初始金额3000万元,实现农村产权制度改革与农村金融改革同步推进。

【"美丽乡村"建设】 2016年,县委制定下发《海盐县美丽乡村建设实施意见(2016—2020年)》,县政府办公室下发《关于推进美丽乡村建设的若干意见》等政策文件。启动创建18个基础版、6个升级版"美丽乡村"建设,总投资1.69亿元。推进"美丽乡村"连线成片,重点建设农耕文明线,以海王线和01省道为主线,串联于城镇江渭村,武原街道红益村、金星村,秦山街道许油车村、丰山村,通元镇丰义村等6个村。秦山街道成功创建省级"农家乐"特色乡镇,秦山街道北团村为省级"农家乐"特色村,百步镇祝家庄为省级"农家乐"特色点,秦山街道万奥农庄为五星级"农家乐"经营点,百步镇祝家庄、澉浦镇"紫云人家"为四星级"农家乐"经营户(点)。

【农村生活污水治理】 2016年,海盐县贯彻落实省委、省政府"五水共治、治污先行"的决策部署,突出"治污之要在于农村"这一重点。年初,与各镇(街道)进行项目对接,完成2016年项目的定点定位和项目治理模式,主要采用纳管、集中就地处理、单户式处理等3种处理模式。建立健全沟通协调、方案会审、信息交流等工作机制,实行例会制度,及时掌握各镇(街道)项目推进情况,第一时间将工程建设过程中出现的新情况、新问题向有关部门反映和对接。采取项目现场评审形式,从源头加强项目设计的可操作性,减少项目变更情况。至年底,完成新增治理26个村(区块),完成省下达年度任务的162.5%;完成新增受益农户9395户,占年度任务的115.2%。

【农村劳动力培训】 2016年,海盐县以"千万农民素质提升工程"为抓手,以农民创业创新为重点,实施"四大"培训模式。"四化"培训模式,培训内容农时化、教材本土化、形式多样化、设备现代化;"青农创业联盟"模式,针对农村青年人才培养,开展应届大学毕业生"引航"培训、"大学生村官"电子商务培训、农民创业培训,共培训青年农民1700余人;"高校培养"模式,与相关高校建立联盟,有针对性地培养一批"留得住、用得上、本土化、高层次"的新型职业农民,全县有1403名农民大学生毕业;"双证培育"模式,开展成人高中、中专"双证制"教育,是年,新招收学员671人。全年全县培训农民7940人,完成嘉兴市下达任务的128.1%,其中培训农村实用人才和新型职业农民1600人。

(朱铭佳)

农　业

综　　述

【概况】　2016年，全县实现农村经济总收入947.48亿元，农业总产值30.92亿元，农业增加值21.67亿元，农村居民人均可支配收入29606元。率先在全省成立农村“三权”（土地承包经营权、宅基地用益物权和农村集体资产股权）基金，凤凰农业产业集聚区被列为全省首批农业集聚区之一。承办全省农业“两区”（粮食生产功能区、现代农业园区）现场会、全市农业转型发展现场会。是年，海盐县获得省农产品质量安全放心县、省畜牧业转型升级先进县称号。全年无重大森林火灾发生，无农业生产安全和农产品质量安全事故发生，无区域性重大动植物疫情疫病发生。

全县粮食作物播种面积27157公顷，总产量17.31万吨。蔬菜播种面积5903公顷（不含菜用大豆），总产量19.17万吨。葡萄种植面积1867公顷，总产量5.63万吨。海淡水养殖面积2080公顷，水产品总产量1.48万吨，其中海洋捕捞量207吨。年末，生猪存栏5.21万头、湖羊5.53万头、长毛兔5.78万只、家禽305.6万羽。桑园面积1703.1公顷，总产茧1162吨。

深化农业“两区”建设，新建成粮食生产功能区35个，面积1227公顷，启动现代农业园区建设项目4个。农村电子商务发展迅速，建成县级运营中心1个、农村淘宝服务点34个，销售总额1839.18万元。新增土地流转面积1434.6公顷，累计13463.2公顷，土地流转率62.9%。新型农业经营主体持续壮大，新增工商登记家庭农场90家，引进农业招商项目21个，增资项目18个，引进县外内资1.88亿元，实现农业有效投入5.7亿元。农业社会化服务体系日趋成熟，出台的《海盐县农业社会化服务标准》受到省长车俊批示肯定。畜牧业转型升级见成效，全县生猪散户养殖为零。农业生态持续改善，创建省级以上生态循环农业示范主体8家，推广测土配方施肥35366.67公顷，实现化肥减量341吨，农药减量19.1吨。新增平原绿化268.73公顷，创建省级森林村庄2个。出让海洋面积39.08公顷，取缔涉渔“三无”（无船名船号、无船舶证书、无船籍港）船舶11艘。深化农村改革，完成农村土地承包经营权确权登记测绘的占总数的85%。美丽乡村建设提质扩面，启动创建基础版18个、升级版6个。村级集体经济进一步壮大，全年村级集体经济总收入2.16亿元。农产品质量安全水平不断提高，新增无公害农产品产地8个、无公害农产品8种、绿色食品1种。　（王　慧）

【农村土地流转】　2016年，县政府下发《关于加快推进现代农业发展的若干意见》，调整原农村土地流转政策，强化土地流转风险管理，经营主体土地流转保证金由经营业主按每亩不少于300元标准向村集体经济组织缴纳，促进土地流转和规模经营健康、有序发展。全年新增土地流转面积1434.6公顷。其中：3.33公顷以上规模流转面积1236公顷；新增3.33公顷以上农业规模经营主体76个，累计699个；经营面积11354公顷，平均每个经营主体16.24公顷。年末，累计土地流转面积13463.2公顷，占农户承包耕地总面积的62.9%。　（张　婷）

【村级集体经济】　2016年，全县9个（原项目为10个，其中武原街道盐东村、黄家埝村2个村联建的“五一公共服务中心”项目，因规划调整而取消建设；9

个项目为标准厂房项目2个、综合用房项目5个、农贸市场项目1个、民工公寓项目1个)“抱团”开发重点扶持项目全部竣工,下拨项目建设财政补助资金1824.7万元。其中,元通街道民工公寓、西塘桥街道标准厂房、武原街道综合用房、澉浦镇农贸市场等4个项目均投入使用,每年可为村级集体经济增收523万元。是年,海盐县5个镇(街道)18个村(社区)的8个项目被列入“2016年度省扶持村级集体经济发展试点”范围,共争取到省级补助资金2100万元。

【农村集体“三资”管理】 2016年,全县105个村(社区)股份经济合作社实现总收入21659.52万元(村均206.28万元),其中经常性收入10471.91万元(村均99.73万元)。9个村(社区)股份经济合作社实现股金分红,金额534.25万元,股东20601个,人均259.33元;红利最高的武原街道城南村分配金额180.54万元,人均1668元。

【农村土地承包管理】 2016年,盐农确权办出台《海盐县农村土地承包经营权确权登记颁证工作协调小组及其办公室职责》,继续推进农村土地承包经营权确权登记颁证工作。全年实测承包地面积15949.07公顷,占应确权家庭承包经营耕地总面积的85%。

(周继峰)

【农民负担管理】 2016年,县农经局加大涉农负担监督检查力度,组织开展明察暗访2次。做好村级公益事业“一事一议”财政奖补,全县被列为省财政奖补项目38个,总投资4284.3万元。其中,省以上财政奖补1397万元,县财政安排1226.36万元,镇(街道)财政安排270.9万元,社会捐助38万元,村投资1173.25万元,村民筹资筹劳178.79万元。

(夏腾锋)

【畜禽污染物治理】 2016年,海盐县继续开展生猪减量提质工作,生猪养殖量持续下降。是年,因缺乏发酵原料,报废与停用沼气设施613处。至年末,仍在使用的沼气设施减至96处,容积1.09万立方米,年产沼气79.57万立方米。

【太阳能利用】 2016年,全县新增太阳能热水器0.59万平方米,报废0.12万平方米,年末累计10.4万平方米,新增受益农户2300户。全县农村太阳能热水器普及率65.5%。

【沼气及沼气池后续管理】 2016年,全县仍在使用沼气设施96处。县农村能源工作站委托海盐县洁源沼气综合利用专业合作社(简称合作社)对全县所有沼气设施进行安全检查。每检查1户(处),填写1份海盐县农村沼气巡查单。有安全隐患的沼气设施,由合作社在24小时内完成治理修复工作。加强沼气池后续管理,开展为沼气用户大出料服务工作,全县沼液利用5.05万吨,其中清运沼液0.72万吨,用于农作物及植树造林施肥。

(张国听)

【秸秆综合利用】 5月1日,嘉兴市获得立法权后的第一部地方性法规《嘉兴市秸秆露天禁烧和综合利用条例》颁布施行。全县全年可收集农作物秸秆20.04万吨,实际收集并综合利用18.72万吨(肥料化利用13.75万吨、能源化利用1.9万吨、饲料化利用1.47万吨、食用菌基料化利用0.65万吨、其他原料化利用0.95万吨),综合利用率93.4%,比上年提高2.5个百分点。

【8家单位创建为省级生态循环农业示范主体】 2016年,全县有浙江壹草堂农业科技有限公司、海盐县通元标丰农场、海盐县嘉海农场、嘉兴三羊现代农业科技有限公司、海盐县于城瑞丰农场、海盐县伍仁农场、海盐海滨果蔬有限公司和海盐县百胜农场8家单位创建成为省级生态循环农业示范主体。

(陶永军)

【全国农技推广体系改革与建设补助项目完成】 2016年,海盐县连续第八年成为全国基层农技推广体系改革与建设补助项目县(原称“全国农技推广示范县”)之一。根据实施方案,项目投入资金110万元,围绕水稻、蔬菜、水果、水产等4个主导产业,筛选与推广主导品种13个、主推技术12项,配备主导产业技术专家4人,遴选技术指导员73名,培育农业科技示范户686户,建设示范基地6个,集中培训农技人员73名。是年,4个主导产业实现产值19.37亿元,占全县农业总产值的62.6%。

至年末，各项指标全面完成。

（陈福良）

【农民培训】　2016年，县农经局报告立项开设培训农民班31个，计划培训农民2020人，实际开设培训班37个，培训农民2362人（完成计划的116.9%）。其中：开设农业实用技术培训班24个，培训农民1508人；农村实用人才培训班10个，培训农民604人；新型职业农民培训班3个，培训农民250人。开设农广校学历教育班3个，参与学习农民133人。全年发放各类证书2255本，其中培训合格证书2139本、农业职业资格证书116本。

【农广校】　2016年，海盐县农广校与于城镇成人文化技术学校合作，开设现代种植技术（果树生产技术）中专班；招收2016届现代种植技术（果树生产技术）中专生40人。是年，县农广校2014级现代种植技术（果树生产技术）班46名学员毕业，获得浙江省教育厅验印的中专毕业文凭，以及人力资源和社会保障部印制、农业部人事劳动司发放的果茶桑园艺工五级职业资格证书。6名学员未毕业而自动离校。年末，县农广校有在校生81人。

（陈李群）

【农民素质提升工程】　2016年，全县完成农民培训7940人（为市年初下达任务的128.1%）。其中：农业实用技术培训1210人，农村实用人才培训1300人，新型职业农民培训300人，农民转移就业培训600人，成人“双证制”教育培训636人，其他普及培训3832人，农民大学生招生22人，农广校中专生招生40人。4月，海盐县被评为2015年度浙江省千万农民素质提升工程优秀县（市、区）。9月，海盐县题为《构建四大模式推进新型职业农民培育》的工作经验，在省农业厅召开的全省推进新型职业农民培育工作会议上作典型介绍。（张锡明）

【县农业技术推广奖评选】2016年，县水产技术推广站、县农业科学研究所、县农村水利管理站、县科技局农业和社会发展科、通元镇农技水利服务中心和秦山街道农技水利服务中心6个单位获县农业技术推广奖（集体），张清毅（县水产技术推广站）、王其松（县农业科学研究所）、徐小源（县林果特产技术推广站）、周利明（县畜牧兽医站）、路斌（县畜牧兽医局）、姚云峰（县农作物管理站）、吴叶慧（县财政局）、周诗静（县农村水利管理站）、吴运惇（县科技局）、陆玲利（元通街道农技水利服务中心）、蒋水文（通元镇农技水利服务中心）、陆卫华（澉浦镇农技水利服务中心）、张陆勤（武原街道农技水利服务中心）、吴海华（西塘桥街道农技水利服务中心）、胡小龙（秦山街道农技水利服务中心）15人获县农业技术推广奖（个人）。

【农业丰收奖】　2016年，全县有18个项目获农业丰收奖。其中，县农业技术推广中心的“秸秆全量还田技术推广应用”获嘉兴市农业丰收奖一等奖，县经作站、县农业科学研究所的“万亩园地耕作制度创新与推广应用”获嘉兴市农业丰收奖三等奖，县水产技术推广站的“罗氏沼虾优质种苗的引进与推广”、县林果特产技术推广站的“珍贵树种榉树资源开发与造林推广应用”和县农业科学研究所的“大棚葡萄肥药减量增效栽培技术推广”3个项目获县农业丰收奖一等奖，县农作物管理站的“鲜食大豆—水稻轮作模式示范推广”、元通街道农技水利服务中心的“创新菜—果（粮）新型种植模式，实现多元化增产增收”、秦山街道农技水利服务中心的“发挥育秧中心优势，推广社会化服务，促进粮食增产增收”、县农村水利管理站的“节水型灌溉技术的推广”和沈荡镇农技水利服务中心的“发挥园区产业优势，实现菜农增产又增收”5个项目获县农业丰收奖二等奖，西塘桥街道农技水利服务中心的“单季晚稻实施‘三新’〔新品种、新技术、新模式（新机具）〕技术推广与应用”等8个项目获县农业丰收奖三等奖。

（陈福良）

农业产业化

【概况】　2016年，全县新建粮食生产功能区35个，面积1227公顷。累计建成省级现代农业综合区2个、省级主导产业示范区5个、省级特色农业精品园11个。县以上农业龙头企业累计53家，其中国家级1家、省级4家、市级24家。新建农民专业合作社1家，累计249家（其中国家级示范社5家、省级示范社17家、市级示范社18家、县级示范社24家),带动农户7.6万户次,实现收入4.6亿元。全县新申报注册农产品商标59件,累计497件。是年,海盐县绿健禽业专业合作社的"绿健"鸡蛋和海盐县武原兔业专业合作社的"瑞兔雅"兔毛被认定为嘉兴市著名商标。年末,全县有市级以上农产品名牌57件(国家级4件、省级14件、市级39件)。全县新增无公害农产品产地8个,累计74个;新增无公害农产品8种,累计95种;新增绿色食品1种,累计27种;新增有机食品认证1种,累计12种。海盐县凤凰省级现代农业综合区、海盐县湖山省级现代农业综合区、海盐县百步镇等8个镇(街道)粮食生产功能区通过无公害农产品产地整体认证,"三品"(无公害农产品、绿色食品、有机食品)认证种植面积14533公顷。新增土地流转面积1434.6公顷。新增家庭农场90家,累计535家。

按《关于增强发展活力加快推进农业现代化的若干政策意见》,全县分两期组织申报验收和政策兑现工作。主要包括新建农场、公司等农业生产经营主体、规模种粮、创建农业品牌、开展"三品"认证等,兑现资金591.98万元。

【农业龙头企业】 2016年末,全县有农业龙头企业53家,其中国家级1家、省级4家、市级24家,有生产加工型企业36家、中介型企业11家、市场型企业1家、其他类型企业5家。是年,有57家次农业龙头企业、农民专业合作社等参加省农业博览会、市农产品展销会等。在53家县级以上农业龙头企业中,产值超1000万元17家、超5000万元10家、超亿元7家,拥有500万元以上固定资产企业24家。36家生产加工型企业与农户签订订单合同5914户次,面上带动农户8.7万户次;主要产品生产量22.8万吨;实现总产值29.33亿元,上缴税款790.6万元,利润2631.7万元,出口创汇167.5万美元。

(汤　超)

【家庭农场】 2016年,全县新增家庭农场90家,累计535家,注册资金5.6亿元。全县经农业部门认定的规范化家庭农场共245家(从事粮食种植120家、蔬菜种植23家、水果种植78家、花卉苗木培育7家、畜禽水产养殖17家),其中省级5家、市级9家、县级23家,总经营面积4833公顷,规模最大187.5公顷,最小1公顷,平均19.73公顷。是年,全县规范化家庭农场总收入2.07亿元,净收入3874.16万元。

(吴锐光)

【农业招商引资】 2016年,县农经局举办万奥农庄草莓采摘节、葡萄采摘节,大河堰黄桃采摘节,丰山湾冬枣采摘节,元通百合美欢乐农园节,沈荡老酒立冬开酿节,海盐县第二届湖羊节等活动,以节会招商。全年实际利用县外内资1.88亿元,县外内资注册资金1.28亿元。全年引进农业招商项目21个,增资项目18个,其中浙商回归农业类项目1个。农业有效投入5.7亿元。

(姚佳敏)

【农业社会化服务】 2016年,围绕优质稻米产业化服务和畜禽养殖业生态化服务两个方面,出台《海盐县人民政府关于开展政府购买农业公益性服务试点的实施意见》。是年,海盐县试点工作初显成效,并在农业部经管司举办的全国政府购买农业公益性服务机制创新试点培训班上,以《以制度促提升发

10月19日,代省长车俊到海盐华星农场调研

展农业社会化服务》为题作典型交流。

【农民专业合作社】 2016年，全县新增农民专业合作社1家，累计249家，社员2.7万名，注册资金9880.54万元，带动农户7.6万户次；累计有国家级示范社5家、省级17家、市级18家、县级24家，有市级规范化合作社84家、县级93家。全县农民专业合作社基本覆盖粮油、畜禽、蚕桑、水产、果蔬、花卉苗木和服务类等多个特色、主导产业，其中土地股份类37家、水果类26家、畜禽类21家、劳务类100家、蔬菜类18家、渔业类9家、粮食类11家、农机类10家、林业类3家、食用菌类3家、供销类3家、蚕桑类2家、植保类2家、土肥类1家、沼气类1家、中药材类1家、秸秆类1家。全县合作社主要产品产量6.34万吨，统一销售农产品5.89万吨，经营服务总收入46067.87万元，合作社盈余1882.2万元，盈余返还361.32万元。

2016年新建农民专业合作社情况表

表6

合作社名称	地 址	负责人	工商部门登记日期	社员数（户）	注册资金（万元）	联结带动基地（公顷）	带动农户（户）
海盐县秦山粮食专业合作社联合社	秦山街道落塘社区姜家埭	黄夏中	2016年12月	4	28	1133.3	5000

（吴锐光）

【农业标准化示范区建设】 2016年，全县新增县级农业标准化示范区9个。年末，全县有国家级农业标准化示范区1个、省级12个、县级43个，示范区总规模3746公顷、17.98万头(畜牧)、23万羽(畜禽)。

2016年新建农业标准化示范区情况表

表7

示范区名称	承建单位	示范品种	规 模	备 注
惠众葡萄标准化栽培推广示范区	海盐县惠众农场	葡萄	13.33公顷	县 级
百合美葡萄标准化栽培推广示范区	海盐县百合美家庭农场	葡萄	15.33公顷	县 级
湖羊标准化养殖推广示范区	海盐今天农业科技有限公司	湖羊	1800只	县 级
无公害泥鳅标准化养殖推广示范区	海盐县源丰农副产品专业合作社	泥鳅	3.27公顷	县 级
常规晚稻“嘉58”无公害标准化栽培技术推广示范区	海盐县秦山伍仁农场	水稻	6.67公顷	县 级
水稻标准化栽培技术推广示范区	海盐县通元标丰农场	水稻	22公顷	县 级
水稻标准化栽培技术推广示范区	海盐县西塘桥街道谷丰家庭农场	水稻	21.33公顷	县 级
辣椒标准化种植推广示范区	海盐县通元青箐农场	辣椒	3.33公顷	县 级
芦笋标准化种植推广示范区	海盐县长川坝芦笋果蔬专业合作社	芦笋	6公顷	县 级

（王胜梅）

【“三品”认证】 2016年，全县新增无公害农产品产地8个、无公害农产品8种。年末，累计已认证无公害农产品产地74个、无公害农产品95种，海盐县凤凰省级现代农业综合区、海盐县湖山省级现代农业综合区、海盐县百步镇等8个镇(街道)粮食生产功能区通过无公害农产品产地整体认证，累计认证规模13660.91公顷、115.1万头(畜牧)、170万羽(畜禽)。全年新增绿色食品认证1种，为海盐县金斗笠农场的“金斗笠”葡萄，累计已认证绿色食品27种，认证规模 839.77 公顷。全年新增有机食品认证 1 种，为浙江壹草堂农业科技有限公司的铁皮石斛，累计已认证有机食品 12 种，认证规模 51.73 公顷、463 羽(畜禽)。

2016 年获得认证、认定的无公害农产品及产地情况表

表 8

产地或产品名称	所属单位	证书号	规模(产量)
种植业无公害产地	海盐县通元标丰农场	WNCR－ZJ15－14123	21.8 公顷
种植业无公害产地	海盐县澉浦镇浩丰农场	WNCR－ZJ15－14125	42 公顷
种植业无公害产地	海盐华星农场	WNCR－ZJ15－14122	66.7 公顷
种植业无公害产地	海盐县丰联农场	WNCR－ZJ15－14124	80 公顷
种植业无公害产地	海盐县云广农场	WNCR－ZJ16－11105	107 公顷
种植业无公害产地	海盐县百步镇科兴农场	WNCR－ZJ16－14007	3.5 公顷
畜牧业无公害产地	海盐县叶盛禽业养殖场	WNCR－ZJ15－64022	5 万羽
畜牧业无公害产地	海盐今天农业科技有限公司	WNCR－ZJ16－64004	0.4 万头
花椰菜	海盐海滨果蔬有限公司	WGH－16－03053	90 吨
稻谷	海盐县通元标丰农场	WGH－16－03552	196 吨
稻谷	海盐县澉浦镇浩丰农场	WGH－16－03553	346.5 吨
稻谷	海盐华星农场	WGH－16－03551	675 吨
稻谷	海盐县丰联农场	WGH－16－07474	720 吨
稻谷	海盐县云广农场	WGH－16－03579	963 吨
稻谷	海盐县百胜农场	WGH－16－03578	468 吨
鲜鸡蛋	海盐县叶盛禽业养殖场	WGH－16－05570	820 吨

(吴菊松)

【农产品品牌建设】 2016 年，全县新申报注册农产品商标 59 件，累计有农产品注册商标 497 件。是年，海盐县绿健禽业专业合作社的“绿健”鸡蛋、海盐县武原兔业专业合作社的“瑞兔雅”兔毛被认定为嘉兴市名牌农产品。年末，全县有市级以上名牌农产品 57 种，其中国家级 4 种、省级 14 种、市级 39 种。

(陈福良)

农业综合开发

【2014 年 2 个项目通过县级验收】 2016 年 12 月 23 日，2014 年土地治理项目通元镇镇北高标准农田建设项目通过县级验收，项目计划投资 754 万元，实际投资 740.37 万元。12 月 28 日，2014 年农业龙头企业带动产业发展试点项目浙江万好食品有限公司和嘉兴市万好蔬菜专业合作社共同实施的万好优质蔬菜深加工项目通过县级验收，项目计划投资 3300 万元，实际投资 3331.87 万元。

【2012 年、2013 年 5 个项目通过省级验收】 8 月 3—5 日，海盐县 5 个项目通过省级验收，分别为：2012 年海盐县 300 羽绿头鸭种苗繁育基地建设项目、2013 年海盐县 100 万羽绿头鸭生态养殖基地建设项目、2013 年海盐县 50 万株榉树繁育和示范种植基地项目和 2013 年海盐县 5000 吨蔬菜速冻调理速食加工项目 4 个产业化补助项目，以及 2013 年海盐县沈荡镇尤角高标准农田示范工程项目。5 个项目总投资 2723 万元，其中财政资金投资 2035 万元。

【2014 年、2015 年、2016 年 8 个项目实施】 继续实施 2014 年于城镇于北高标准农田建设项目、2014 年西塘桥街道新城高

标准农田建设项目、2015年秦山街道许新高标准农田建设项目,至年末,3个项目完成全部工程量。继续实施2015年百步镇道恬高标准农田建设项目,至年末,完成全部工程量的90%。继续实施2个产业化经营财政补助项目:2015年2000吨畜禽制品冷藏保鲜库建设项目,计划投资1000万元,至年末,完成全部工程量;2015年海盐县芦荟特色园,计划投资2750万元,至年末,完成全部工程量的60%。新实施2016年元通街道新兴高标准农田建设项目,计划投资1092万元,至年末,完成全部工程量的30%;2016年澉浦镇保山高标准农田建设项目,计划投资760万元,至年末,完成全部工程量的30%。

【2016年、2017年3个项目申报】 2016年,海盐县申报2016年产业化经营财政补助项目1个,为海盐县3000吨生态大米加工及冷库建设项目,计划总投资620万元。申报2017年农业综合开发土地治理项目2个,分别为:武原街道红益高标准农田建设项目,开发规模366.67公顷,涉及武原街道红益村、双桥村2个村,计划总投资825万元;通元镇长山河高标准农田建设项目,开发规模466.67公顷,涉及通元镇长山河村、新拱村2个村,计划总投资1050万元。

(黄建伟)

粮 油

【概况】 2016年,全县粮食作物播种面积27157公顷,平均每公顷产量6373公斤,总产量173081吨;全县油菜种植面积1116公顷,平均每公顷产量2400公斤,总产量2678吨。

【春粮生产】 2016年,全县春粮种植面积8657公顷,平均每公顷产量4061公斤,总产量35153吨。其中:大麦种植面积389公顷,平均每公顷产量3748公斤,总产量1458吨;小麦种植面积8119公顷,平均每公顷产量4095公斤,总产量33247吨;蚕(豌)豆种植面积149公顷,平均每公顷产量3007公斤,总产量448吨。

【油菜生产】 2016年,全县油菜种植面积1116公顷,比上年减少973公顷;平均每公顷产量2400公斤,比上年增加129公斤;总产量2678吨,比上年减少2066吨。

【水稻生产】 2016年,全县水稻种植面积13426公顷,平均每公顷产量8745公斤,总产量117405吨。其中:单季晚稻种植面积13420公顷,平均每公顷产量8745公斤,总产量117360吨;连作晚稻种植面积6公顷,平均每公顷产量7559公斤,总产量45吨。

【粮食生产功能区建设】 2016年,整合县农经、水利、国土和农综开发等部门,投入粮食生产功能区建设资金4946万元,建成粮食生产功能区35个1227公顷,累计255个10494公顷。是年,修编调整粮食生产功能区,年末,全县共有粮食生产功能区342个10580公顷。

【水稻产业提升项目】 2016年,继续实施海盐县水稻产业提升项目,总投资1048.2万元,分二批实施。第一批项目投入资金381.2万元(省及以上财政补助300万元、自筹资金81.2万元):投入309.5万元,在武原街道双桥村、西塘桥街道永宁社区、秦山街道落塘社区、通元镇育才村、百步镇横港村新建烘干中心5个,新增年烘干能力5000吨;投入61.7万元,在澉浦镇茶院村新建育秧中心1个,新增年统一供秧面积133公顷;投入10万元,推广"三新"技术。第二批项目投入资金667万元(省及以上财政补助600万元、自筹资金67万元),在百步镇新升村、超同村,通元镇联新村,于城镇何家村建设粮食生产功能区200公顷。

【粮食高产创建活动】 2016年,在武原街道华星村,西塘桥街道西塘社区,元通街道兴隆村、新兴社区,秦山街道落塘社区,沈荡镇横泾村,百步镇新升村,于城镇何家村,澉浦镇保山村等粮食生产功能区,建立省级晚稻绿色高产创建示范片8个631公顷,平均每公顷产量12151.9公斤,比全县单季晚稻平均每公顷增产3406.9公斤。在通元镇新拱村粮食生产功能区,建立省级常规晚稻百亩高产攻关示范方8公顷,平均每公顷产量10455公斤,比全县单季晚稻平均每公顷增产1710公斤。在沈荡镇横泾村、西塘桥街道八团村粮食生产功能区,建立毛豆、马铃薯百亩示范方2个。毛豆示范方面积25.5公顷,每公顷产量11400公斤;马铃薯示范方面积7.6公顷,每公顷产量23400公斤,折合粮食每公顷产量4680公斤。

【粮食惠农补贴】 2016年,中央财政对种植粮食作物农户进行农业支持保护(耕地地力保护)补贴,每公顷2488.5元,全县补贴农户33226户,面积13321.37公顷,补贴金额3315.04万元。是年,省财政规模种粮补贴对象为全年水稻、大小麦复种面积3.33公顷及以上种粮大户、家庭农场等粮食生产适度规模经营主体,按每公顷1500元给予规模种粮补贴。全县3.33公顷及以上稻麦种植大户410户,面积11448公顷(大小麦种植面积3970.5公顷、水稻种植面积7477.5公顷),补贴金额1717.19万元。省财政给予种植订单水稻小麦种子的制(繁)种基地农户,以每交售50公斤种子奖励30元、水稻最高每公顷不超过3600元、小麦最高每公顷不超过2250元为标准进行奖励,全县38户、167.3公顷享受奖励,奖励金额49.2万元。县财政对种植水稻主栽品种实行良种补贴,每公斤补贴1.4元,补贴资金70万元。省财政对经省、市、县农业部门认定的3.33公顷及以上旱粮生产基地(冬闲水田和旱地连片3.33公顷及以上),每公顷补助1875元;间作套种同一旱粮作物3.33公顷及以上,每公顷补助900元。共补贴农户79户,面积815.6公顷,金额149.76万元。

(陈生良)

棉　　花

【概况】 2016年,全县棉区西塘桥街道(县开发区)、武原街道、秦山街道及其他镇零星种植区共种植棉花265公顷,比上年减少186公顷,总产皮棉583吨。棉花播种育苗期间气温、雨水基本正常,出苗率较高。海盐6月11日入梅,7月5日出梅,梅期雨量大,累积雨量270.5毫米,多于常年的223.8毫米。造成棉花花蕾大量脱落、根系受损,影响棉花正常生长。9月15日和28日前后分别遭遇14号台风"莫兰蒂"、17号台风"鲇鱼"影响,大风、大雨造成部分棉株倒伏、根系受损、烂铃增加,影响产量和品质。是年,受棉花市场行情低迷影响,国庆节后才有人收购棉花,籽棉收购均价每公斤5.60元,与上年基本持平。

【棉花新品种推广】 2016年,推广种植"福棉2号"等抗虫杂交棉新品种,占植棉总量的60%以上。县农业部门指导农户加强栽培管理,提高各项技术到位率,实现平衡施肥、全程化调、病虫害综合防治。

(张珠明)

蚕　　桑

【概况】 2016年,蚕桑产业进一步调减。全县有投产桑园1703.1公顷,比上年减少277.1公顷;有蚕农饲养户11602户,比上年减少1364户。全年实发蚕种24216张,产茧1162吨,产值3733万元,分别比上年减少6936张、368吨和1104万元,减幅为22.3%、23.9%和22.8%。

【蚕桑饲养受灾减产】 2016年,自然灾害发生频繁,蚕桑饲养受灾减产。3月11日,倒春寒使桑园冻害严重,正待萌发的枝条冻死率超过25%。7月中旬起,连续高温干旱52天,桑树叶质老化严重。9月中旬,五代桑螟特大爆发,晚秋桑叶危害严重。蚕农因用叶困难,出现弃养或减产状况。春茧、中秋茧、晚秋茧平均张产51.6公斤、36.4公斤和43公斤,其中中秋茧张产比上年减少5.9公斤,减幅13.9%。

【新蚕种试验及推广】 2016年,县农经局经作(蚕业)站(国家蚕桑产业技术体系杭州综合试验站成员单位之一)承接省农科院蚕桑所4对抗脓病家蚕新品种试验任务,分春、晚秋两期开展。在饲养过程中,通过抗病能力比对试验,证明植入抗病毒基因的家蚕品种,有明显抗病毒病能力,有一定推广价值。春蚕饲养期间,在秦山街道开展雄蚕种"秋华×平30"推广工作,发放蚕种693张,平均张产54公斤,比全县普通蚕种平均张产增加2.4公斤,增长4.7%。

【农作制度创新示范点建设】 2016年,沈荡镇庄星村被列为省农作制度创新(桑园套种青菜模式)示范点之一。示范点由县经作(蚕业)站指导,示范户试验。在沈荡镇庄星村、白洋村等地建立6.67公顷桑园套种青菜高产示范方。总结套种经验,利用广播、电视等多种媒体宣传引导。通过举办培训班,加大技术培训力度,提高蚕农种植青菜技术水平。举办桑园套种青菜技术观摩会,以点带面推广技术。是年,示范点每公顷增效7.53万元;全县桑园套种青菜面积484公顷,占投产桑园总面积的28.4%。

(顾锦华)

蔬菜 食用菌

【概况】 2016年,全县蔬菜栽培面积5903公顷(不含菜用大豆),其中栽培包心菜1000公顷、青菜及菜薹1867公顷、莴苣400公顷、芥菜类447公顷、花菜类200公顷、水生蔬菜560公顷、大棚设施蔬菜393公顷,总产量19.17万吨,总产值5.62亿元。全县瓜菜栽培总面积6409公顷,部分品种增长较快。其中:榨菜栽培面积266.67公顷,增长166.7%;莲藕栽培面积133.33公顷,增长53.8%;杜瓜栽培面积206.67公顷,增长209.9%。蔬菜规模基地和经营主体稳步发展,全县有3.33公顷及以上蔬菜规模基地88个、农民专业合作社21家、家庭农场63家,占全县蔬菜基地总面积的21%。

是年,全县食用菌品种有蘑菇、香菇、金针菇、平菇、姬菇等13种,总产量3281.7吨,比上年增加18.7吨;总产值2785万元,比上年增加498万元。

(姜伟锋 陈生良)

【推广和应用蔬(果)菜"六大"增效技术】 2016年,全县推广和应用蔬(果)菜"六大"增效技术,优良品种覆盖率不断提升。主推品种"红颊"草莓覆盖率100%,"苏州青"青菜、"浙农6号""台湾75"加工型春大豆和"金铭一号"红尖叶春秋莴苣覆盖率均在95%以上,"台松90""浙农50""浙017"等松花菜、"冬绿""冬升"冬春迟熟甘蓝、"早佳8424""蜜天下""西莫洛托""金比特""拿比特"等优质西甜瓜,以及"倍盈""中研红"系列优质硬果型无限生长番茄覆盖率均在90%以上。是年,近30个瓜菜良种品种种植面积5233公顷,占瓜菜种植总面积的81.7%。瓜菜主推技术取得较大发展,推广菜稻轮作栽培技术(菜用大豆—水稻、春莴苣—水稻、青菜—水稻、春包心菜—水稻、马铃薯—水稻、茭白—青菜、莴苣—慈姑)1467公顷;应用设施栽培技术400公顷;推广肥水同灌技术147公顷;应用穴盘育苗技术853公顷;推广安全生产技术,在秦山、通元组建瓜菜病虫害测报点各1个,全年发布防治信息8期,指导防治面积3500公顷次。

【杜瓜特色产业】 2016年,全县种植杜瓜206.67公顷,比上年增加140公顷,增长209.9%。种植面积居嘉兴市各县(市、区)首位,主要分布在元通街道和沈荡镇。是年,成立杜瓜专业合作社2家。全年瓜子产量230吨,药材根产量930吨,产值1423万元。

【服务蔬菜经营主体】 2016年,县农经局经作站以规模基地、示范户为重点,以蔬菜技术服务团队为载体,任命县、镇(街道)两级技术员13人,每人联系种植大户或蔬菜基地10个,进行面对面个性化指导。全年技术员下基地指导780人次,平均每个基地6人次。5月19日,组织50个蔬菜经营主体参加第八届中国·浙江瓜菜种业博览会。6月21日,召开第七届海盐县瓜菜新品种展示会,全县38个瓜菜经营主体参加。组织部分杜瓜经营主体到安徽考察学习,与平湖"阿奴"杜瓜子厂产销对接服务。通过手机微信群(海盐瓜菜群、海盐杜瓜群),及时交流蔬菜技术,指导服务菜农。年末,瓜菜群有成员138人,杜瓜群有成员146人。

【基地建设和社会化服务】 2016年,海盐申报并实施蔬菜类现代农业项目8个,面积197.14公顷,总投资777.39万元,其中财政补助356.59万元。是年,全县有3家商品化育苗场得到提升,分别为:秦山秦欣农场专业化育苗场,年培育草莓苗60万株;百步科新农场服务散户型蔬菜育苗场,年培育各类蔬菜商品苗50万株;海盐九丰农业科技有限公司集约化商品育苗中心,年培育各类蔬菜商品苗1300万株,已成为嘉兴市规模最大、设施最先进的集约化育苗中心,年可服务面积458公顷,服务农户及主体360户。

【自然灾害影响】 2016年,全县发生较为严重灾害性天气多次,蔬菜受灾面积3313公顷,经济损失2928万元。1月25日起,出现严重冰冻,包心菜、青菜等主栽露地蔬菜受到严重冻害,菌核病田块发生率接近100%,包心菜减产超过60%。6—7月上旬,连续梅雨,沈荡、百步、元通、通元等蔬菜基地不同程度受灾减产。7月中旬起,连续高温干旱52天,秋季早播蔬菜(大白菜、甘蓝、花菜、西兰花、儿菜、芹菜、大头菜)出苗差,成苗率低,移栽后蹲苗不发,出现减产和推迟上市状况。8—9月,夜蛾类害虫特大爆发,斜纹夜蛾和瓜绢螟发生量创历史最高值,斜纹夜蛾对豆类蔬菜,甜菜夜蛾对芦笋、豆类,瓜绢螟对瓜类均造成严重危害。9月下旬和10月中下旬连续秋雨,青菜、大白菜等绿叶蔬菜细菌性病害流行,本地蔬菜供应大幅减少,菜价上扬。

【蔬菜生产销售】 1月下旬,受寒潮侵袭,全县绝大多数露地蔬菜受到影响,其中包心菜减产4.45万吨,全年蔬菜产量只有19.17万吨。春季蔬菜价格出现近年少有暴涨态势,每公斤均价包心菜2.1元,小青菜、菜心2.6元,松花菜9元,涨幅分别为250%、116.7%和80%。全年蔬菜总产值5.62亿元。

【安全生产监管】 2016年,县农经局经作站开展蔬菜安全生产监管,出动人员28人次,抽检样品8大类178个批次,合格率100%。配合做好上级部门例行监测抽样检查:国家级抽检样品1次5个批次,省级抽检样品6次85个批次,市级抽检样品6次76个批次,合格率均为100%。发放《海盐县农产品生产记录表》《国家(农业部)公布的禁止和限制使用的农药名单》《海盐县农产品质量安全告知书》等资料650余份。强化节假日蔬菜质量安全监测,元旦、春节、劳动节、国庆节等节日期间共开展行动4次,抽检种植基地28家,产品59个批次,合格率100%。

(姜伟锋)

【食用菌生产】 2016年,全县食用菌品种有蘑菇、香菇、金针菇、平菇、姬菇等13种,总产量3281.7吨,比上年增加18.7吨,增幅0.6%;总产值2785万元,比上年增加498万元,增幅21.8%。其中:平菇生产投料量260吨,产量295吨,产值173万元;蘑菇生产面积9.22万平方米,产量1163吨,产值1044万元;香菇生产量24万袋,产量294.7吨,产值253万元;金针菇生产量69万袋,产量467吨,产值415万元;草菇生产投料量360吨,产量68吨,产值170万元;其他珍稀菇类产量994吨,产值730万元。 (陈生良)

林业与种植业

【概况】 2016年,全县新增平原绿化面积268.73公顷(城镇绿化50.27公顷、村庄绿化46.87公顷、通道绿化33.47公顷、河岸绿化47.40公顷、农田林网绿化17.07公顷、基干林带绿化13.53公顷、生态片林及经济林绿化60.12公顷),其中重点防护林工程沿海基干林带造林13.53公顷,全面完成省、市年度各项绿化任务。完成秦山大道、01省道二期绿化重点工程。武原街道金星村、于城镇鸳鸯村创建成为省级森林村庄。海盐县获得嘉兴市年度绿化工作考核优秀单位称号。

全县栽培水果总面积2695公顷,总产量7.75万吨,总产值4.95亿元。其中:葡萄栽培面积1867公顷(居全省第五位全市第一位,其中红地球葡萄栽培面积占全省60%以上),总产量5.63万吨,总产值4.17亿元;柑橘栽培面积447公顷,总产量1.5万吨,总产值0.37亿元;梨栽培面积152公顷,总产量0.44万吨,总产值0.22亿元;桃栽培面积142公顷,总产量0.15万吨,总产值0.1亿元。

【全民义务植树活动】 3月11日,县四套班子领导带领县绿委成员单位负责人、县交通运输局及秦山街道班子人员等150余人,在秦山大道庆丰社区中法合作产业园参加义务植树劳动;各镇(街道)也先后组织开展植树活动。团县委、县妇联等组织营建"青年林""亲子林"等各种纪念林。实施珍贵树种下乡和庭院水果经济发展行动,发动农户绿化、美化村庄,赠送各类苗木2.55万株,其中珍贵树种1.57万株、果苗0.29万株。

【森林资源管理】 2016年,县农经局核发林木采伐许可证45份(立木蓄积3563立方米),签发木材运输证898件、森林植物检疫证920件,办理征占用林地审批手续2件、林木种子生产经营许可证5份、陆生野生动物驯养繁殖许可2件。开展春季野生动物保护专项行动和秋季保护候鸟"清网行动",依法严厉打击非法捕猎、出售、收购、经营陆生野生动物违法犯罪行为,全年立案查处案件2起,结案4起,协助县公安机关办理涉陆生野生动物刑事案件3起。实施救助国家重点保护动物3次,救助国家二级动物3只。开展陆生野生动物疫源疫病监测工作,严格执行日报告制度,共巡护监测1200余人次,日均监测路径18公里,共监测野生鸟类21.97万羽。按照"三个到位"(组织领导、宣传教育、人员物资)、"三项机制"(火灾应急、扑救联动、排查隐患)、"三道关口"(上山火种关、人员关、入口关)要求,加强森林消防安全防控工作,完成G20杭州峰会和第三届世界互联网大会(乌镇峰会)期间森林消防安保工作,全年未发生重特大森林火灾,未发生人员伤亡事故。聘请专业公司开展松材线虫病综合除治,清理枯死木面积84.6公顷,安全利用疫木15吨,药剂注射防治1.3万支,噻虫啉喷粉防治400公顷,有效防治松材线虫病蔓延。适时开展松林林相改造,通过林地清理,补植珍贵树种、彩色树种等方式,提高林相品质。全县新一轮森林资源二类调查工作于上年年末启动,是年6月上旬开始外业调查,至8月27日结束,调查范围覆盖全县各镇(街道)。

【茶叶产业】 2016年,全县茶树种植面积163.33公顷,主要集中在秦山街道、澉浦镇和通元镇。全县有茶厂13家,以生产龙井茶、毛峰茶、红茶为主。是年,由于早春冻害严重,茶叶产量比上年略有减产,全年茶叶产量13吨,产值838万元。

【花卉种苗产业】 2016年,全县花卉苗木种植面积424.66公顷(种植切花切叶17公顷、盆栽植物1.13公顷、绿化观赏苗木338.53公顷、食药用花卉68公顷),销售额3043.6万元。是年,绿化苗木价格低迷,销售额有所下降。

【大王桥—东方桥段被评为"浙江十大最美绿化通道"之一】 2016年,在省绿化与湿地委员会等四部门组织的"浙江最美绿化通道"评选活动中,海盐县老沪杭公路(X331翁金线)秦山街道大王桥—东方桥段以其古树蔽天、苍翠挺拔的特有美景,被评为"浙江十大最美绿化通道"之一。

【林业有害生物普查】 2015年1月至2016年7月,海盐县完成林业有害生物普查工作。其间,编制完成《海盐县林业昆虫分科名录》;采集制作昆虫标本600余件,涉及10个目58科136种;制作病害标本20种、有害植物标本7种;拍摄昆虫、病害、有害植物等生态照片和标本照片2800余张。

(王金明)

【紧急防冻会议召开及防冻指导】 1月18日上午,县农科所在元通百合美农场召开葡萄防冻抗冻现场会,全县各镇(街道)及周边县(市)50余个葡萄种植户参加。会议要求种植户采取五项措施防冻抗冻。会后,县农科所派出多位专家走访农户,指导防冻抗冻,调查并掌握葡萄发生冻害规律,总结编写防冻实用技术资料。

【海盐葡萄获市精品果蔬展销会3个金奖】 7月16—17日,2016嘉兴精品果蔬展销会在嘉兴市国际会展中心召开,展销会由市农经局主办,五县(市)两区53家精品果蔬生产单位参加(海盐5家)。海盐葡萄产业协会选送的"光碳夏黑"葡萄、金斗笠农场选送的"夏黑"葡萄、八字葡萄专业合作社选送的"醉金香"葡萄均获金奖。

【中国农科院郑州果树研究所等专家到海盐指导葡萄生产】 7月,中国科学院郑州果树研究所水果产业体系主任陈锦永,河南省郑州市农科所所长王国杰、主任段罗顺,浙江省遂昌县农林局水果站站长鲍金平等组织10位葡萄种植户到海盐县农科所考察指导,交流葡萄种植技术。

【"夏黑"葡萄获省精品葡萄金奖】 7月27日,2016年浙江省精品葡萄评比会在嘉善县大云镇碧云花园举办,县农经局副局长张永华、县农科所领导王其松、陈哲,以及海盐县金斗笠农场、海盐县百合美家庭农场等领导参加。61家葡萄生产单位的84个精品葡萄样品参加评比,品种有"夏黑""巨峰""醉金香"

“巨玫瑰”“阳光玫瑰”等20余个。来自国家葡萄产业技术体系、浙江省农科院、南京农业大学的多位专家,从参评葡萄外观、风味、品质、包装等方面进行综合评比,共选出金奖产品10个。海盐县金斗笠农场选送的“夏黑”葡萄再次以较大优势获得金奖。“夏黑”葡萄已连续多年获得省精品葡萄评比会金奖、省精品果蔬展销会金奖和市精品果蔬展销会金奖。

12月8日,第九届全国葡萄培训班在海盐县农经局举办

【新型职业农民培训】 2016年,县农科所配合县农办开设海盐县新型职业农民培训班(葡萄),组织150人到玉环县凡海村等地葡萄园考察学习。种植户、科技人员现场互动,交流葡萄种植经验,商讨遇到问题的解决办法。县农科所所长王其松、葡萄专家杨治元对葡萄生产过程中出现的问题进行现场指导。

【新型职业农民技能鉴定】 11月9日,县农科所葡萄生产新型职业农民培训班学员在县农经局参加技能鉴定,鉴定工作由省特有工种技能鉴定站组织实施。省农广校副校长张新、市农经局科教处领导盛丽君、沈浪到海盐督导。考评员为胡施平、贾怀志和盛莉莉。学员通过理论考试,通过识别果树品种、葡萄常见病虫害和肥料种类等实践考试,90人参加鉴定,77人获得通过,合格率85.6%。合格者取得国家人社部颁发的职业资格证书。

【获得县、市多项农业丰收奖项】

县农科所申报实施的“红地球葡萄优质高效节本栽培技术推广”项目获得2015年市农业丰收奖一等奖、县农业丰收奖二等奖,“大棚葡萄肥料减量增效栽培技术推广”项目获得2016年县农业丰收奖一等奖。

【国家葡萄产业技术体系杭州综合试验站总结会在海盐召开】 11月29—30日,国家葡萄产业技术体系杭州综合试验站团队成员,以及温岭、浦江、长兴、余姚、海盐5个示范县技术负责人和核心示范基地成员、种植面积666.67公顷以上的20个葡萄县(区)特产站技术负责人50余人到海盐,参加国家葡萄产业技术体系杭州综合试验站2016年年终总结、培训与育种交流会。会议表彰获得成果转化奖12人,海盐县农科所所长王其松、海盐惠众农场主周卫中名列其中。与会人员参观海盐惠众农场,学习葡萄园三膜覆盖促早熟、葡萄大棚套种马铃薯、葡萄规模种植高效省工栽培等技术。

【第九届全国葡萄培训班举办】

12月8日,县农科所在县农经局七楼会议室举办第九届全国葡萄培训班,来自广西、四川、湖南、湖北、陕西、河南、福建、江西、安徽、江苏、上海、贵州等13个省(市)的葡萄专家、学者、种植户280余人参加。县农科所所长王其松为学员讲解“三减半”(种植株数、用肥量、用药量)及省工省力化栽培技术。葡萄专家杨治元介绍新品种“阳光玫瑰”,并讲解栽培技术。与会人员还到县农科所葡萄试验园实地考察学习。

(王其松)

植保　土肥

【农作物重大病虫灾害综合防治】 2016年,大小麦赤霉病在海盐大流行,全县种植大小麦面积0.85万公顷全部发病,5月6日病情稳定后调查,小麦不防治田块平均穗发病率91.7%,防治田块平均病穗率57.3%,早播小麦发病重，迟播小麦发病轻；大麦防治田块平均病穗率62.5%，县土肥植保站要求种植户在小麦初花期用药防治1次，隔7—10天抢晴天第2次用药，经两次防治，病情得到较好控制。是年，全县水稻病虫害属于中偏轻发生，草害属于重发生。病害中纹枯病后期较重，其他病害较轻；虫害中螟虫发生有上升趋势，其他虫害较轻。全县水稻病虫草害发生面积13.42万公顷次，防治面积16.20万公顷次。其中：虫害发生面积9.39万公顷次，防治面积6.72万公顷次，平均防效90%；病害发生面积2.68万公顷，防治面积6.12万公顷次，平均防效85%；草害发生面积1.35万公顷，防治面积3.36万公顷次，平均防效80%。全县纹枯病发生面积1.34万公顷（杂交稻0.17万公顷、常规稻1.17万公顷），防治面积3.44万公顷次。全县稻曲病发生面积0.67万公顷，防治面积1万公顷，甬优系列杂交稻发病严重，其他杂交稻和常规稻发病轻。恶苗病发病较轻。稻纵卷叶螟发生面积3.39万公顷次，防治面积2.93万公顷次：四(2)代属轻发生，弃治；五(3)代为中偏重发生，用长效药配方的防治1次，用短效药配方的防治2次；六(4)代为轻发生，弃治；七(5)代为轻发生，弃治。稻虱：苗期主治白背稻虱，穗期主治褐稻虱。白背稻虱发生面积1.34万公顷，防治面积1.64万公顷；褐稻虱发生面积1.34万公顷，防治面积1.30万公顷次。

【新农药等试验】 2016年，县土肥植保站测试新农药等产品24种（除草剂14种、杀菌剂8种、杀虫剂1种、肥药1种）。筛选出茎叶除草剂“优先”“灵斯科”“嗪吡嘧磺隆”3种，防治纹枯病和稻曲病杀菌剂“咪铜”“稻立峰”“安普博”“科思特”“健武”5种，杀虫剂“抑虫多杀素”1种。

【机械穴直播示范区建设】 2016年，县土肥植保站继续协助中国水稻研究所在武原街道华星村建立56.67公顷（杂交稻1.67公顷、常规稻55公顷）水稻机械穴直播示范区。该项技术引进于2014年，经过3年试验和示范，得到多数种粮大户认可。是年，全县有直播机13台，示范推广面积135.87公顷。

【春季农田等统一灭鼠】 2016年，全县春季农田灭鼠面积1.67万公顷，灭鼠覆盖面83.3%，农田鼠密度由灭前的5.1%下降至0.9%，防治效果84.9%；室内灭鼠6万户，灭鼠覆盖面82.6%，室内鼠密度由灭前的3.7%下降至0.5%，防治效果86.9%。全县消灭老鼠59.11万只，挽回粮食损失535.6万公斤，相当于增加收入1446.48万元。其间，使用大隆（溴鼠灵）成品鼠药9.3吨（18.6万包）计8.93万元，投入与产出比约为1∶162。

【阻截带建设】 2016年，县土肥植保站继续抓好阻截带建设，全县设立疫情监测点13个，其中省级4个，涉及水稻、梨、葡萄、柑橘、蔬菜等，面积546.67公顷。每个重点监测点采用GPS全球定位系统定位，建立档案，落实专人监测。

【疫情普查与监测】 2016年，县土肥植保站完成葡萄根瘤蚜、柑橘木虱、柑橘溃疡病、梨枯梢病等13种疫情普查与监测，普查面积4.72万公顷次。

【重大植物疫情防控】 2016年，全县抓紧重大植物疫情防控

清除加拿大一枝黄花

工作,建有专业防除队45个,人员236人。防控面积春季152.2公顷、秋季143.37公顷,均占发生面积的99.9%;果园铲除率、其他区域种子未成熟前地上部分清除率均为100%;复耕复种面积98.67公顷次。共投入资金36.52万元、人工5401人、草甘膦1.27吨,清除加拿大一枝黄花面积295.57公顷次。复耕复种区产量3680吨,总产值685.8万元,净收入164.92万元。

【产地检疫】 2016年,全县继续开展产地检疫工作,检疫面积226.4公顷,种子167.25万公斤,开具产地合格证15张。其中:水稻检疫面积158公顷,种子140.95万公斤;小麦检疫面积21.33公顷,种子6.4万公斤;大麦检疫面积14公顷,种子5.25万公斤;苗木0.4公顷,4.9万株。

【调运检疫】 2016年,全县调入种子21批次,其中省间调入7批次:小麦2批次12万公斤,蔬菜种子2批次1505公斤,水稻1批次1300公斤,棉花2批次143公斤。省内调入16批次:蔬菜种子9批次2.38万公斤,水稻2批次1.07万公斤,苗木4批次25.27万株,油菜1批次3公斤。省内调出5批次1.75万公斤,全部为水稻种子,省间无调出。

【植保社会化服务】 2016年,海盐县友邦植保专业合作社、秦山街道秦农粮油生产专业合作社、西塘桥植保专业合作社、五圣农机专业合作社、西塘农机合作社等7个农业主体和规模种植大户等共有机手565人。全县水稻病虫害专业化统防统治面积0.77万公顷。

【标准农田质量提升项目与有机肥推广】 2016年,县土肥植保站实施标准农田质量提升项目,完成项目区(面积0.12万公顷)有机肥、专用配方肥、钙镁磷肥等配送。完成年度秸秆还田、土壤翻耕等工作。全年推广商品有机肥1.5万吨,应用面积0.3万公顷。

【测土配方施肥和土壤分析化验】 2016年,全县推广测土施肥面积3.54万公顷,建立化肥减量示范方12个,面积0.23万公顷,脲胺替代尿素,化肥减量341吨。开展肥料试验,做好经济作物"2+X"(2为常规施肥、优化施肥,X为试验地区、土壤条件、蔬菜种类及品种等)试验和配方肥校正试验。全年分析土壤样品112个,植株样品16个,共656项次。为县内科技示范户、种植大户和农民专业合作社等提供免费检测服务,累计分析送检样品24个,分析项次120次,土壤取样376个。

【新增耕地后续管理与项目实施】 2016年,县土肥植保站实施新增耕地后续培肥项目,全县9个镇(街道)项目9个,面积293.33公顷。是年,嘉兴市农业丰收项目"农村统一灭鼠技术推广应用"完成验收。

(朱晓群)

畜 牧

【概况】 2016年,全县畜牧总产值8.3亿元,占农业总产值的26.8%。其中,养猪业产值4.45亿元,占畜牧总产值的53.6%。全县肉猪出栏9.10万头、湖羊8.10万只、家禽1093.42万羽。全年免疫猪口蹄疫浓缩疫苗33.84万头次、高致病性猪蓝耳病弱毒疫苗9.32万头次、猪瘟疫苗30.57万头次、羊口蹄疫苗9.65万只次、高致病性禽流感疫苗872.55万羽次,猪口蹄疫、蓝耳病、羊口蹄疫、禽流感应免率均为100%。全年在222个监测场点采集血样4656份,监测猪口蹄疫、猪瘟等血清抗体16185份次(重大动物疫病11683份次、布病2744份次、H7N9流感1758份次),所有检测指标均符合农业部相关要求,未检出布病和H7N9流感阳性病例。全县产地检疫生猪9.74万头、家禽1330.73万羽;屠宰检疫生猪90.88万头、牛2701头。检出病害猪及产品折合头数6562头,检出病害牛产品1231公斤,全部作无害化处理。备案调入动物67.71万头、动物产品884.59吨,未发生一例输入外源性疫情。全年处理各类病死动物849.28吨(猪49155头,羊2459只,禽143492羽,狗、猫、兔9345只),有效阻止因病死动物造成的疫情传播,维护公共卫生安全。全年立案查处违法行为12起,办结10起,移送市场监管局1起,收缴罚没款1.9万元。

2016 年畜牧生产情况表

表 9

项　目	单位	2015 年	2016 年	同比增减（%）	项　目	单位	2015 年	2016 年	同比增减（%）
生猪饲养	万头	25.06	14.30	－42.94	年末兔存栏	万只	6.58	5.78	－12.16
年末生猪存栏	万头	7.23	5.21	－27.94	年末家禽存栏	万羽	221.92	305.60	37.71
其中母猪	万头	0.71	0.42	－40.85	年内家禽出栏	万羽	970.90	1093.42	12.62
年出栏肉猪	万头	17.83	9.10	－48.96	肉类总产量	吨	30043	27149	－9.63
年末羊存栏	万只	5.87	5.53	－5.79	其中猪肉	吨	12035	6188	－48.58
年内羊出栏	万只	7.00	8.10	15.71	羊肉	吨	1490	1737	16.58

【镇（街道）畜牧兽医站资产移交基本完成】 3 月，经中联兴会计事务所现场实盘及账目核查，全县 8 个镇（街道）兽医站共有现金 1399.62 万元；房产 40 处，面积 1.46 万平方米，价值 1443.93 万元；办公设施设备 919 件；固定资产和账面资金准确无误。9 月，县财政局国资办主持，各兽医站资产移交给当地政府工作展开：移交房产 35 处，面积 1.11 万平方米，账面价值 1001.61 万元；移交办公设施设备 390 件。

【生猪散养户全面退养】 至 6 月 30 日，县内生猪散养户实现全面退养，剩余规模养殖场 7 家，控量指标 5.8 万头，年末存栏生猪 5.21 万头，其中母猪 0.42 万头。

【美丽生态牧场创建】 2016 年，全县美丽生态牧场创建工作扎实展开。10 月，浙江丰嘉牧业发展有限公司、海盐建华牧业有限公司、海盐海兴牧业有限公司和浙江青莲食品股份有限公司海盐海旺养殖场通过县级初验和市级现场验收。12 月，省畜牧局发文，浙江丰嘉牧业发展有限公司等上述 4 家公司（养殖场）创建成为浙江省美丽生态牧场。

【参加浙江智慧畜牧业云平台培训】 浙江智慧畜牧业云平台涵盖兽医站管理、畜牧业生产管理、动物防疫、动物检疫、无害化处理、屠宰管理、养殖污水预警、兽药饲料生产经销和畜禽出场调运等多项信息化管理，海盐县为省首批 11 个试点县之一。9 月，组织 7 家规模养猪场管理人员、定点屠宰企业技术人员、无害化企业技术人员、检疫人员、镇（街道）畜牧兽医人员、县畜牧兽医局人员共 88 人参加其首期培训，并陆续进行数据录入和测试操作。

【动物检疫模式创新】 2016 年，海盐县创新动物检疫模式：动物产地检疫采用统一电话申报、凭协检结果就近就便选择检疫点出证方法；生猪屠宰检疫采用物联网监管，从入场查验登记、检疫出证到分销换证，通过县动物防疫和畜产品安全追溯系统、省电子开证平台、企业 ERP 管理系统，实现全过程信息化管理。

（徐生良）

水　　产

【概况】 2016 年，全县海淡水养殖面积 2077 公顷（海水养殖面积 233 公顷、淡水养殖面积 1844 公顷），水产品总产量 14766 吨，渔业经济总产出 6.74 亿元，其中渔业总产值 4.31 亿元。渔业增加值 1.54 亿元。水产种苗产值 3205 万元。渔业总产值占全县农业总产值的 13.9%。

【渔业生产结构调整和优化】 2016 年，全县重点发展南美白对虾、罗氏沼虾、中华鳖三大主导品种产业，养殖南美白对虾与罗氏沼虾面积 730.2 公顷、中华鳖外塘养殖面积 541.27 公顷，配套鳖种培育温室面积 48.14 万平方米。名特优水产养殖总面积 1390 公顷，主要品种为南美白对虾、罗氏沼虾、中华鳖，其他品种有澳洲淡水龙虾、青虾和太湖白鱼、黄颡鱼、沙塘鳢、泥鳅、日本锦鲤等。全县虾蟹类、龟鳖类产业优势较明显，区域化基地不断形成，淡水区以武原街道、元通街道、沈荡镇、百步镇为主发展虾蟹类养殖；秦山街道、于城镇、通元镇为主发展龟鳖类养殖。全县拥有罗氏沼虾和南美白对虾育苗场3家、鱼苗种场3家。新建稻田养鱼稳粮增收工程面积104.67公顷，累计567.34公顷，推广稻鱼共生、茭白田养泥鳅、虾菜轮作等，提升种养综合效益。

【新品种新技术引进试验示范和推广】 2016年，围绕优势养殖与特色品种，海盐加大优质种苗引进、培育和推广力度，不断扩大良种覆盖率。罗氏沼虾"南太湖2号"、南美白对虾"禄泰""正大"等品牌一代苗应用率提高显著。是年，全县水产苗种产值创历史新高。海盐红宝石水产有限公司的"红宝石1号"虾苗出苗量增幅快，全年发售南美白对虾淡化苗4亿尾、罗氏沼虾苗3亿尾，实现产值1900万元。加大生态高效新技术新模式引进和应用力度，主推淡水池塘多品种生态混养、池塘生态健康养殖、稻渔(稻鳅、稻鱼、稻鳖等)综合种养技术与模式，推广"池塘南美白对虾罗氏沼虾生态混养""池塘南美白对虾、青虾、甲鱼三品种生态混养"节能减排技术与模式，促进渔业生产优质高产。

【渔业转型促治水工程】 2016年，全县建成水产养殖轮作减排工程面积104.64公顷(稻鱼共生15.34公顷、虾菜轮作89.3公顷)，累计567.31公顷，占水产养殖轮作减排建设总量的85.1%。是年，千亩荡水源保护区水域全面实施禁养，千亩荡一级、二级保护区完成外荡水域退养、甲鱼温室拆除及部分外塘甲鱼退养工作。继续实施"洁水渔业"，科学指导增殖放流工作。

【渔业园区建设】 2016年，县水产技术推广站继续抓好1个主导产业区(省级渔业示范区)和6个精品园(南美白对虾、罗氏沼虾、中华鳖、名优鱼类等)建设，组织渔技人员加强对各级园区示范点进行工作指导和服务。是年，全县通过省级渔业园区验收3个，县渔业科技示范基地——浙江三羊现代农业科技有限公司稻鳅共生立体种养基地被列入省农业"两区"(粮食生产功能区、现代农业园区)建设现场参观考察点。完成无公害基地复查换证1家，申报创建农业部水产健康养殖示范场1家。

【水产品质量安全管理及水生动物防疫工作】 县农经局制定《2016年海盐县水产品质量安全管理工作计划》，开展初级水产品质量安全整治专项行动和质量安全、规范用药等宣传指导，强化对质量安全隐患风险较大的养殖品种、养殖区域的管理督查。全年检查规模养殖场80家，排查走访350人次，发放质量安全宣传资料600余份。组织初级水产品质量抽检103批次，合格率100%。开展水产品质量安全管理体系建设，逐步完善生产可追溯、环境可监控、水质可监测、病害可远程诊断的"四位一体"水产品质量安全监管体系，至年末，全县共建成规模主体质量安全追溯点12个。落实主要养殖水产品疫情病害监测计划，设置部、省级测报点9个，监测南美白对虾、罗氏沼虾、中华鳖3个主导品种，开展疫情病害测报和防治，增强水产病害预警预报系统服务与生产指导功能。开展病害抽样检测10批次，无疫情发生。

【水产项目实施】 2016年，县水产技术推广站组织实施市、县推广项目"基于物联网技术的水产品生产质量管理体系在渔业生产中的应用与推广""罗氏沼虾优质种苗的引进与推广"、农业部下达项目"海盐县基层渔技推广体系改革与建设补助"等。完成省水产技术推广总站下达的池塘多品种生态混养水产养殖节能减排示范工作，推广"南美白对虾与罗氏沼虾生态混养""南美白对虾、青虾、甲鱼'三品种'生态混养"两种生态养殖模式与技术，并形成可操作宜推广的工作思路。

(杨卫明)

农　　机

【概况】 2016年，全县农机总动力13.58万千瓦(国家采取高能耗农业机械报废更新补贴政策，年内报废大量农田作业小型拖拉机、脱粒机，农机总动力同比下降0.96万千瓦)。拖拉机保有量1715台(大中型拖拉机531台，其中上道路拖拉机343台、农田作业拖拉机188台，小型农田作业拖拉机1184台)，联合收割机224台，植保机械5361台，高速乘坐式插秧机125台，粮食烘干机械128台，农副产品加工机械509台，运输机械508台。

是年，海盐县继续实施粮食机械收获、翻耕机械和粮食烘干机相关优惠配套政策，提高农民购买运用收获机械、大中型拖拉机、烘干机的积极性。全年申请农机具394台套，比上年增加80台套。其中，农用手扶拖拉机4台，机耕船1台，大中型轮式拖拉机30台，微耕机26台，田园管理机5台，秸秆粉碎还田机1台，各类配套农机具53台，全喂入联合收割机2台，半喂入联合收割机1台，粮食烘干机39台，四轮乘坐式水稻插秧机12台，水稻（水旱）直播机14台，配套育秧硬盘1.7万只，秧盘播种成套设备（含床土处理设备）3台，种子处理设备1台，动力喷雾机1台，喷杆式喷雾机1台，茶树修剪机1台，平田灭茬机3台，增氧机8台，热风炉188台。各级财政补贴总额576.55万元（中央财政补贴327.64万元、省补贴44.72万元、县配套追加204.19万元）。各类农机主体自筹2200万元。全县粮食生产耕种综合机械化水平79.2%，比上年增加3.4个百分点。

全年拖拉机耕地10984公顷，机械收获面积26840公顷（其中跨区作业2320公顷），机械插秧面积2742.53公顷，农作物机械植保面积5712公顷，农机节水灌溉面积2350公顷。全县主要粮食作物机收率100%，机械翻耕率98.9%，河道机械化疏浚率100%。实现农机经营总收入2.62亿元，净利润1.29亿元。

4—6月，开展上道路拖拉机、收割机集中年检。应检拖拉机352台，实检343台，年检率97.4%；联合收割机上牌率、年检率均为100%。1—9月，开展农业机械政策性保险，保险费县财政补贴50%，农机操作人员自负50%。全县共有366台农机装备参加政策性保险，参保率81.7%。其中，水稻插秧机参保率90.2%、粮食烘干机100%、大中型农田作业拖拉机93.2%、联合收割机43.3%。缴纳保险金额24.9万元，涉及保额1.01亿元。保险推进速度全省领先。5—10月，全县27台联合收割机跨区作业（大小麦跨区作业11台、晚稻跨区作业16台），累计面积2320公顷，农民增收207.11万元。

【机械化插秧、油菜机械收割技术示范推广】 2016年，完成机械插秧2742.53公顷，粮食增产21.86万公斤，增加效益46.07万元，节省成本7.36万元，节本增效累计53.43万元。插秧机作业收入419万元。是年，水稻机械化插秧示范方在全县铺开，实行统一优良品种、统一育秧技术、统一栽插质量、统一栽培管理。示范方最高每公顷产量13178公斤。

【农机社会化服务体系建设和技能培训】 2016年，全县建立面积62.8公顷机插秧育秧中心1个，面积117.1公顷机插秧育秧中心2个；新建烘干中心5个，全县烘干能力8.26万吨。是年，县农机部门组织久洋农机合作社社员27台收割机到安徽、江苏、上海、浙江宁波等地跨区作业（大小麦跨区作业11台、晚稻跨区作业16台），面积2320公顷，农民增收207.11万元。全年培训各类人员121人（农机两创人才51人、拖拉机驾驶员48人、联合收割机插秧机操作人员22人）。

【拖拉机安全专项整治】 2016年，拖拉机交通事故起数、死亡人数、直接经济损失3项指标实现零增长，发生上道路拖拉机交通死亡事故1起。4月1日—6月30日，县农机部门以“农机行业事故隐患排查整治”“农机安全生产专项治理”“农机行业安全生产年”为主题，对超范围从事农业机械维修经营、拖拉机未按时检验、拖拉机载人、无牌无证驾驶、严重超载、非法拼改装拖拉机、报废拖拉机上路、制售伪劣农机产品和配件等非法违法行为进行严厉打击、查处。其间，出动车辆66车次，出动人员281人次，检查拖拉机51台，查获违规车辆12台。张贴挂图54张，悬挂标语横幅12条，发放宣传资料2745份，巡回宣传2次，发送手机短信17112人次，电视、广播宣传4次，网络报道22次。12月，全县开展为期1个月的外省籍拖拉机专项整治，共登记外省籍拖拉机101台。

是年，海盐县继续实施高耗能农业机械报废补偿工作，全县报废拖拉机110台，109名农机操作人员享受省、县财政部门高耗能农业机械报废补偿资金26.9万元。报废更新农业机械2台，更新补贴资金（中央资金）0.71万元。

（陆国平）

农业气象

【概况】 2016年，全县单季晚稻生育期平均气温偏高,降水量、降水日数偏多,日照时数偏少。全县油菜生育期平均气温偏高,降水量、降水日数明显偏多,日照时数明显偏少。春蚕饲养期平均气温比常年略偏高,5月,多过程性降水,气温上升,空气湿度大,潮闷天气易诱发蚕病。中秋蚕饲养期,先出现连晴天气,桑叶无降水冲刷,叶片质量受到影响,后遇两个台风影响,雨水较多,桑叶面污染减少,叶质转好。

【晚稻期】 2016年,全县单季晚稻生育期(5月21日—11月10日)平均气温偏高,降水量、降水日数偏多,日照时数偏少。其中:积温2607.8℃,比常年多175.4℃;日照862.2小时,比常年少135.6小时;雨量1050.3毫米,比常年多289.0毫米;雨日84天,比常年多18.4天。播种育秧期气象条件基本正常,多过程性降水,单季晚稻播种和生长较好。移栽分蘖拔节期经历梅汛期和阶段性高温天气。6月11日入梅,7月5日出梅,入梅时间接近常年(6月12日),出梅时间较常年(7月8日)偏早,梅雨期24天,接近常年。梅汛期雨量270.5毫米(观测站),略超过常年(223.8毫米),全县面雨量254.1毫米,比较大的降水过程有4次,分别出现在6月12日、6月15日、6月20日和6月24—26日。单季晚稻生育期内≥35℃高温日共18天,最高气温39.1℃(7月27日)。高温日主要分布在7—8月,7月20—29日连续10天最高气温≥35℃。移栽分蘖拔节期光温充足,长势较好,分蘖、拔节较快。孕穗抽穗期多强降水天气,并遭受3个台风影响,对处于抽穗扬花期晚稻有一定影响。9月14—16日,受第14号台风"莫兰蒂"影响,全县出现暴雨,部分地区大暴雨,面雨量140.0毫米。9月27—29日,受第17号台风"鲇鱼"影响,全县出现大雨局部暴雨,面雨量53.3毫米,沿海出现8级阵风。10月21—22日,受第22号台风"海马"减弱后低压环流与冷空气共同影响,全县普降暴雨,面雨量77.0毫米,气象观测站24小时降水122.2毫米,为大暴雨级别,创全年单日降水量之最。灌浆成熟期出现连续阴雨寡照天气,对晚稻产量影响较大。

【油菜期】 2016年,全县油菜生育期(2015年9月下旬—2016年5月中旬)平均气温偏高,降水量、降水日数明显偏多,日照时数明显偏少。其中:积温2349.3℃,比常年多238.3℃;降水量1179.6毫米,比常年多532.0毫米;雨日108天,比常年偏多18.8天;日照932.3小时,比常年少137.1小时。1月下旬受寒潮影响,出现强降雪,最大积雪深度7厘米,雪止转晴后持续降温,最低气温−7.0℃,油菜受到不同程度冻害。2月中旬—3月上旬,气象条件基本正常,油菜生长良好,期间多晴好天气,气温回升,间有降水,温高光足,适合油菜抽薹开花,长势逐渐转好。3月中旬初,受强冷空气影响,气温大幅下降,出现霜冻,油菜遭受花期冻害,对产量有一定影响。开花结荚期多阴雨天气,4月雨量创同期新高,气象条件偏差造成油菜根茎欠健壮,不利于开花结荚,影响产量提高。油菜成熟收割期气象条件基本正常,利于油菜籽收晒。

【蚕桑期】 2016年,全县春桑生长期(3—5月)雨量563.3毫米,比常年多224.6毫米,为历史同期最高;雨日42天,与常年基本持平。3月中旬,受强冷空气影响,气温大幅下降,最低气温−0.6℃(3月11日),对春桑生长有一定影响。3月下旬,基本无气象灾害天气出现,利于桑树生长。4月和5月多阴雨寡照天气,降水量均为历史同期新高,气象条件偏差,影响春桑质量。春蚕饲养期(4月下旬—5月),平均气温比常年略偏高,最高气温30.9℃(5月6日),最低气温12.9℃(5月7日)。5月,多过程性降水,气温上升,空气湿度大,潮闷天气易诱发蚕病,对蚕茧产量、质量都有一定影响。

7—9月,为中秋蚕饲养期。7—8月,气温较高,共出现≥35℃高温日17天,其中7月20—29日连续10天最高气温≥35℃,集中高温天气,导致部分桑树出现落叶现象。8月—9月中旬,正值中秋蚕饲养期间,8月中下旬出现连续晴朗天气,桑叶无降水冲刷,尘埃、氟化物等有害物质积累,叶片质量受到影响。9月14—16日、9月27—29日,先后有两个台风影响海盐,雨水增多,桑叶面污染减少,叶质转好,养蚕难度比前期有所降低。

(张珊珊)

水利　海塘

水　利

【概况】 2016年，全县投入水利建设资金3.75亿元（含争取到省级以上资金0.54亿元），实施项目18个（含新开工6个）。是年，海盐县被评为全国水利系统“六五”普法先进集体（全省唯一），获得省农田水利标准化建设优秀县、“十二五”期间农田水利标准化建设先进县、浙江省实行最严格水资源管理制度工作成绩突出集体、县级水行政主管部门工作考核优秀和市水文情报预测工作先进单位等省、市荣誉12项。

【防汛防旱】 2月中旬，县防指部署落实汛前大检查，重点检查海塘（含围垦工程）、城防工程、圩区工程等。3月初，由县分管领导带队，分6个检查组对各镇（街道）、地方海塘（含围垦工程）、城防工程、水文设施等进行重点检查。建立以行政首长负责制为核心的各项防汛责任制，4月14日（汛期前一日）签订防汛责任书，落实网格责任人和职责。修改完善县防汛防台预案、指挥部内部工作方案等，编制县抗旱应急预案。针对人员变动，及时调整各级防汛责任人，落实镇级责任人数218人次，村级972人次，网格1273个1730人次。建立各级防汛抢险队伍145支共2370人。落实抽水泵627台套、编织袋19万条、橡皮艇63艘、冲锋舟4艘等防汛物资。

是年，全县汛期降雨量1000.7毫米（历年921.7毫米）。6月11日入梅，7月5日出梅，梅雨期24天，接近常年，累计面雨量250.4毫米。6月，受梅汛期影响，降雨量最多，月雨量356.2毫米，突破历史同期值。全年集中降水4次，分别出现在6月12日、15日、20日和24—26日。入梅前，于城站平均水位1.43米（黄海高程），入梅后受降雨影响，河网水位快速上涨，最高水位1.89米（6月26日）。全年最高水位2.08米（9月16日），最低水位0.87米（3月5日）。7月，受1号台风“尼伯特”外围云系和太湖高水位影响，最高水位1.56米，转移船只30艘、人员60余人。按市长胡海峰“三张清单”（最不利工况清单、最充分准备清单、直接责任清单）要求，以2013年台风“菲特”和2015年台风“灿鸿”为例，编制《城防工程运行调度应急方案》《圩区调度预案》《防汛指挥部后勤保障应急预案》三大类预案。9月，受第14号台风“莫兰蒂”外围影响，全县面雨量115.9毫米，最高水位2.08米，超保证水位0.12米。

【城防工程建设与管理】 2016年，县城防管理站坚持半月一巡制度，动态掌握城防工程工况。投入27万元，对大曲泵站、大曲闸、点垢庵闸等8座闸站开展岁修养护工作。抓好城防闸站、堤防日常巡查及调度运行工作，针对梅汛期、台风“尼伯特”“莫拉蒂”及太湖流域高水位及时启动城防，累计单泵运行460小时，排出涝水828万立方米。投资14万元，继续采取市场化模式开展城防维修养护工作。是年，做好区域防洪一期工程及武通北闸站前期工作，完成区域防洪排涝工程可行性批复、一期工程初步设计批复，启动闸站土地征迁、招投标等前期工作。

【全国中小河流治理重点县建设】 2016年，全县投入4500万元，实施中小河流治理重点县沈荡和于城2个项目区建设，共整治河道157公里、岸坡214公里，疏浚河道104公里，新建护岸20公里等。

【骨干中小河流治理】 2016年，

5月25日，水利部太湖流域管理局副总工程师陈万军到海盐督查骨干中小河流治理工作

县水利局做好全县5个骨干中小河流治理工程扫尾工作：里洪塘茶院段和古荡河郊区段完成完工验收及工程审价，里洪塘大麻泾段完成竣工验收，里洪塘百步亭段完成完工验收，古荡河场前泾段完成主体工程建设。

【流域治理】 2016年，县水利局完成“十三五”中小流域综合治理规划及项目建议书、可行性研究报告编制与评审。编制古荡河流域城东、武原、县开发区和元通4个片区及里洪塘流域澉浦片区综合治理方案，完成初步设计招标工作。

【水文工作】 2016年，县水文站做好汛前检查和各项准备工作，校测水尺零高，对全部仪器进行维护保养和试运行，坚持“四随”(水文数据随测、随算、随整理、随分析)和“一算二校”(一人计算、两人校核)，做好日常测验、资料整编及电算工作。全年向省、市、县防汛指挥部发报1368份，其中上报洪峰信息22条。加强水文设施建设与管理，投资200万元，实施县域内中小河流巡测线建设；投资25万元，开展圩区水雨情系统建设；投资36万元，开展于城水文站与澉浦潮位站标准化管理工作，10月通过验收。

【圩区建设与管理】 2016年，投资1.3亿元，完成于城于北、沈荡五圣2个圩区单位工程验收和武原秦山富亭北桥、元通兴隆2个圩区工程审价结算，以及百步桃北、通元张桥2个圩区完工验收和秦山安静桥东、武原双桥、百步得胜、于城镇西4个圩区扫尾工作。是年，沈荡白洋、沈荡聚金、百步超同新升、通元三友4个圩区建设工作完成投资额的65%；开工建设武原华星和百步鹤塘桥2个圩区。

【扩大南排工程工作】 2016年，县水利局继续参与扩大南排工程政策处理工作，做好南台头排水泵站红线内农户拆迁与长山河沿岸坟墓迁移、杆线迁移、树木数量清点及施工借地等工作。投资7000万元，推进澉浦大桥、常绿桥建设；完成滨海大桥前期工作。

【河道“双清”与航道保洁】 2016年，全县投入2400万元，实施河湖库塘清淤工程，共清淤河道123.39公里、土方176.55万立方米。投入700万元，在全县11条132公里主要航道开展社会化保洁监督与考核，清理航道两侧、桥堍、码头边堆物等，确保航道清洁畅通。

【小型农田水利建设】 2016年，投资242.61万元，完成武原街道盐东村62.67公顷省级高效节水试点项目；投资1566.19万元，建设县级小农水工程，改善灌溉面积897.33公顷。

【水利工程标准化管理】 2016年，县水利局全面推行水利工程标准化管理工作，出台实施方案。投资63.5万元，选取水文、海塘2个单位实施标准化管理，并通过市级验收。

【海塘置换方案初稿形成】 2016年，县水利局与省、市水利部门对接，开展规划区海塘置换方案编制，多次召开专题专家咨询会，研究海塘置换的可行性及工作路径，形成海塘置换方案初稿，完成方案评审并报上级主管部门审批。编制一期海塘提标加固、古荡河流域城东片区治理项目方案，以及初步设计工作，并列入省水利项目建设计划。

【水资源管理】 2016年，全县有年取水10万立方米以上重点户32家（含新增取水入网企业5家），征收水资源费1259万元。在全县105个村开展地下水水质监测工作，在杨丰北、雨林园灌区安装用水实时监控系统，并开始试运行。制订规划水资源论证工作清单，做好水资源公报及用水总量统计编制工作。组织开展水土保持报告书评审15次，现场监督检查80余次，完成水土保持方案竣工验收5家，征收水土保持补偿费168.43万元。

【水政监察执法】 2016年，全县采取网格化方式开展水政巡查，县、镇（街道）、村三级共巡查2428次，发现并制止违法行为123起。与县综合执法局配合，开展综合执法试点工作，全年查处案件21起，下发限期整改通知书9份。开展主要河道沿线环境综合专项整治，整治点143个，面积8.89万平方米（其中拆违面积8.24万平方米）。

【水利工程质量与安全监督】 2016年，县水利局实施24个项目43个标段质量监督申报工作。开展专项质监和质量抽查130次，出具监督检查反馈单60余份，下发整改通知书3份。做好21个水利项目招投标监管工作，补充完善水利工程电子招投标评标办法，启动水利设计勘察、水利监理限额以上电子辅助招投标工作。探索安全生产市场化监管模式，开展冬春、汛前、“安全生产月”等安全生产专项检查，排查隐患，落实措施整改。

【水行政许可】 2016年，县水利局受理行政许可129件，准予许可129件，发布办结公告129份。其中，涉河涉堤建设项目审批（含占用水域审批）53件、取水许可（水资源论证）16件、开发建设项目水土保持方案审批60件，收取占用水域补偿费21万元。全年完成涉塘审查7件、外来单位涉水项目审查24件、水土保持备案1件。

（顾玉勤）

长山闸　南台头闸

【概况】 2016年，长山闸、南台头闸围绕防汛排涝、标准化建设和长山闸除险加固工程建设三大重点开展工作，合计开闸泄洪8次，安全运行318天，排放涝水26.03亿立方米。其中：长山闸开闸泄洪4次，安全运行142天，排放涝水12.75亿立方米；南台头闸开闸泄洪4次，安全运行176天，排放涝水13.28亿立方米。是年，管理所（站）参与制定《嘉兴市水利工程标准化管理实施方案》，完成人员定岗（编）前期测算工作。2014年启动的南台头闸除险加固工程，经过两年多施工建设，各项维修建设项目基本完成，管理房建设主体工程完工，进入粉刷、装修阶段。

2016年长山闸、南台头闸排放涝水情况表

表10

闸　名	起　讫　日　期	安全运行天数（天）	潮　数（次）	放水时间（小时）	放水量（万立方米）
长山闸	4月7日—7月28日	113	166	1072.06	97081.68
	8月4日—8月13日	10	18	118.67	8464.59
	9月14日—9月22日	9	16	103.73	10004.68
	10月22日—10月31日	10	18	119.43	11973.87
	小　　计	142	218	1413.89	127524.82
南台头闸	4月21日—7月28日	99	152	976.48	64539.09
	8月4日—8月7日	4	6	37.80	2525.22
	9月14日—10月14日	31	59	361.52	27224.94
	10月19日—11月29日	42	77	499.45	38502.79
	小　　计	176	294	1875.25	132792.04
合　　计		318	512	3289.14	260316.86

【工程建设管理与维修养护】 2016年，两闸管理所及早部署工程建设与维修养护工作，开展汛前自查、省市两级防汛指挥部检查、5月安全生产月检查、G20杭州峰会期间大检查、每周例行检查等，对所属2座大闸、18座节制闸、2座自备电厂、水文设施、启闭设备、机械及金属结构、液压系统、电气及控制系统、消防器材、排涝运行通信联络系统、库存备品备件等进行检查及试运行。重新校对、校准、清点相关数据和材料，快速上报发现的安全隐患，并采取措施及时整改。按操作规程管理闸门运行，掌握闸门运行和上下游行洪状况，做好抢修准备。落实防汛责任制，坚持24小时值班制度，联系渠道畅通。主汛期后，排查重点区域、重点险工隐患、排涝河道淤积和行水障碍等，汇总、分析查出的安全隐患，制订整改方案，落实措施，及早整治。是年，两闸共投入工程运行维修经费135.95万元。其中：长山闸投入77.68万元，完成一次性维修项目10项，主要为大闸左侧翼墙不锈钢栏杆安装、原广播线路拆除、大闸高压油管除锈防护、大闸液压系统软管更换、东门闸交通桥护栏修建、永明闸东门闸钢丝绳更换、四座节制闸启闭机专业维修保养、新华闸低压线路更换、水文缆道房维修、便携式高扬程消防泵购置等；南台头闸投入58.27万元，完成一次性维修项目2项，主要为蒋家汇闸、小麻泾闸、盐平闸、武通南闸、楞子港闸、和尚港闸8台启闭机专业维修保养，以及南台头闸仓库止水处理等。完成的常年性项目有：自发电机组日常维护和每月1次试运行，大闸、节制闸和水文设施维护、保养和经常性试运行，消防设施更新及年检，备品备件采购，两座大闸每月1次冲淤等工作。

【长山闸除险加固工程开工】 2016年，长山闸除险加固工程开工。11月5日，启动大闸枢纽大修工作，同步推进大闸上下游围堰、便道铺设、上游长山河清淤护岸工程，以及泵站管理房建设。至年末，完成围堰抽水、拆除闸站上部建筑和启闭机房等工作，投入资金1712万元(大闸主体建设750万元、启闭设备962万元)。长山闸于1977年7月开工建设，1981年8月首次开闸放水。2012年，长山闸在安检中被鉴定为二类闸，专家建议对大闸土建结构、液压启闭机设备和金属结构进行大修或更换。经过4年准备，除险加固工程开工。

【河道管理】 2016年，县河道管理站继续坚持每周1次河道巡查制度，做好记录及维修上报工作。是年，投入55万元，抢修南台头干河护岸113米，完成大横港河道段维修项目。做好临时利用河道和临时利用安全带单位(企业)占用水域、水资源补偿费收取工作，收取单位(企业)19家。协助做好扩大南排工程海盐境内沿河涉及单位协调工作，以及县对吊机码头及沙石堆场开展的专项整治，上报涉及单位，和县交通运输局、县航道管理处共同处理有关问题。严格控制海盐境内南排主干河道涉河项目审批，所有项目都需通过现场踏勘，签订码头安全生产管理协议后方可实施。做好河道安全保障工作，加强水政执法，对发现的水事违法事件，发现一起处理一起，确保行洪安全畅通。

(蒋云兰)

围　垦

【黄沙坞围垦区开发与管理】 2016年，县旅投集团修订《2015年黄沙坞治江围垦工程防汛预案》，与浙江钱塘江水利建筑工程公司签订《抢险人员、车辆、机械使用协议书》，落实日常保洁养护措施。开展海塘大堤及排涝闸巡防，加强水闸启闭值守，汛前、汛期隐患排查。委托第三方开展排涝闸质量检查、标注海塘横断面高程测量、沉降监测等。制订《黄沙坞治江围垦工程竣工验收》日程表，完成标准海塘两个标段、堤顶道路单位工程、法人合同等的验收，以及环保设施竣工验收。10月27—28日，浙江省围垦区竣工验收委员会对总面积为1500公顷的黄沙坞治江围垦工程进行竣工验收，同意通过验收。 (袁毅春)

【东段围涂一期排涝沟工程通过竣工验收】 东段围涂一期排涝沟工程东临东隔堤，西至中隔堤，南靠新建一期围涂海塘，北至场前老海塘。工程新开或改造集水沟6条，总长8.64公里；在西场河与海塘河交叉处设置3×2.5米穿塘箱涵1处。工程总投资987.92万元，于2015年4月开工建设，12月竣工。2016年5月3日，通过由县开发区、县发改局、浙江省钱塘江管理局勘测设计院、浙江新华工程监理咨询有限公司、海盐县海塘管理所等11个部门专家组成的验收组的竣工验收。

【新获两宗海域使用权】 1月，完成《海盐经济开发区杭州湾大道以南、海港大道以东区块东宗海填海竣工验收资料汇编》《海盐经济开发区杭州湾大道以南、海港大道以东区块西宗海填海竣工验收资料汇编》，并获嘉兴市海洋局批复。9月，县政府同意收购海盐经济开发区杭州湾大道以南、海港大道以东区块东宗海域和西宗海域使用权87.84公顷(东宗海域48.24公顷、西宗海域39.60公顷)。

(郑伍明)

海　　塘

【国家海塘】 年初，省钱塘江管理局嘉兴管理处(简称管理处)及时调整防汛组织机构成员，与各科室签订防汛防台责任书，明确防汛防台工作内容和职责。及时编制辖段《省管海塘防汛防台应急处置预案》等技术资料。更新防汛编织袋6.8万条、救生衣200件。树立联动联防理念，与海盐县防指建立防汛防台工作联络协调机制，有序开展防汛指导服务工作。

与地方水利部门联合开展汛前、汛中、汛后检查，向地方塘、企业塘管理单位及时反馈检查中发现的安全隐患和管理上的薄弱环节，提出整改意见，并督促整改。台汛期与主管局防办、辖区地方防指办就工情、汛情、雨情互通信息，发挥管理处防台技术优势，为辖区地方政府防台决策提供技术支持。有序应对1号超强台风“尼伯特”、14号台风“莫兰蒂”和16号台风“马勒卡”。

开展海塘监测、日常巡查、维修养护管理工作。省管海塘海盐段投入维护经费154.31万元。其中，投入一线海塘及二、三线海塘日常养护费133.79万元，其他零星维修工程17.69万元，公共安全设施运行维护费2.83万元。完成的主要工程量有：抛填块石370立方米、C30混凝土浇筑320立方米、勾缝6060平方米、水泥基勾缝170平方米、浆砌石(花岗岩)100立方米、土方回填碾压25930立方米等。海塘工程年度管理省水利厅综合考核为优秀。

按照省政府办公厅《关于全面推行水利工程标准化管理的意见》和水利厅《全面推进水利工程标准化管理实施方案(2016—2020年)》要求，管理处以“两册一表”(制度手册、管理操作手册，岗位事项人员对应表)、“一平台”(运行管理平台)、“一设施”(标志标牌设施)、“一方案”(工程划界方案)、“一工程”(创标工程)等为主要内容，开展省管海塘工程管理标准化建设工作，至年末，该项工作已具备验收条件。

是年，管理处水政监察大队处理海盐县群众信访举报3件，查处水事案件5起(一般程序2起、简易程序3起)，处罚款9万元；已结案3件，收缴罚款4.5万元。在处理较大案件及取土项目监管过程中，与当地政府、公安、海事、水利以及综合行政执法部门加强联动，解决单一水利部门调查取证难、执法威慑低等问题。结合标准化建设，整合管理处巡查资源，推行综合巡查体系，规范巡查流程，提高发现问题的时效性，并形成巡查发现与执法处理相互监督格局。

全年审批海盐段项目5个，包括中交上航局航道建设有限公司钱塘江取土、海盐城市建设有限公司钱塘江取土、海盐盐北路涉堤建设、秦山街道汤家浦桥改建、海盐东段临时防护网等，依法征收占用水域补偿费65.1万元。

(沈　捷)

【地方海塘】 2016年，县海塘管理所巡查海塘50余次，并联合省钱塘江管理局嘉兴管理处开展汛前、汛中、汛后检查及钱塘江北岸海塘护航G20杭州峰会水政联合检查。利用海塘“全球眼”监控系统开展监控巡查，发现问题及时反馈处理。投资104.6万元，开展地方一线海塘沉降、黄沙坞围垦塘浸润线、水闸丁坝水下地形、滩地冲淤变化和青山—杨柳山外江水下地形观测等。投资28万元，实施青山—杨柳山段、长山段标准海塘日常管护项目。投资9.6万元，开展场前二线海塘后坡勾缝修补、塘顶砼路面局部修复等零星岁修工程。投资17万元，首次开展海塘标准化管理工作，开展地方一线标准海塘划界、青山—杨柳山段标准海塘管理手册编制、标示牌设置和海塘监控高清改造等。

(顾玉勤)

工　业

综　述

【概况】　2016 年,全县实现工业总产值 908.1 亿元。至年末,全县有年销售收入 2000 万元以上工业企业 475 家,其中产值超亿元企业 137 家,比上年增加 5 家。规模以上企业实现工业总产值 827.02 亿元,销售收入 787.72 亿元,利税总额 138.04 亿元,其中利润 87.89 亿元。在建项目 480 个,完成工业生产性投入 131.9 亿元,同比增长 3%。年内,南方水泥、嘉兴施耐德繁荣电器、吉仑高分子等一批大项目落户海盐。实到县外内资 90.1 亿元(为年计划的 163.9%),新增注册资本 38.7 亿元(为年计划的 155%)。是年,海盐县连续第四年被评为浙江省工业强县(市、区)综合评价考评先进单位,连续第二年名列全省工业“十强”行列,获长三角最强中国制造县称号。

【平台建设】　2016 年,全县投入各类工业园区基础设施建设资金 16.8 亿元(为年计划的 112.2%),拆(搬)迁农户 1116 户(为年计划的 124%)。重点建设欧洲(德国)工业园、北欧(丹麦)工业园、中法共建核能产业园和“两创中心”。欧洲(德国)工业园获得首批浙江省“国际产业合作园”称号,智能装备制造产业基地被认定为首批嘉兴市“新经济园”,核电小镇被列入首批省级特色小镇创建名单,集成家居时尚小镇被列入省级培育名单和市级创建名单。

4 月 15 日,2016 年海盐县工业大会召开,上年度十强纳税工业企业负责人获奖

【退低进高】　2016 年,县经信局对上年度 497 家规模以上、793 家规模以下企业实施工业企业绩效综合评价,倒逼企业树立创新发展理念。全年退低企业 27 家,腾退土地 75.64 公顷(为年计划的 113.5%),累计 388.51 公顷(2012 年起)。淘汰市级及以上落后产能项目 11 个(其中省级 2 个),完成自我加压项目 144 个,累计淘汰落后机器设备 1446 台套(为年计划的 103.3%),腾出用能 1.79 万吨标准煤,节约用水 7.9 万吨,涉及职工 2456 人。

【机器换人】　2016 年,全县通过任务分解落实、加大扶持力度、加强要素保障和强化分类指导等措施,推进“机器换人”工作。全年投入以“机器换人”为主技改资金 123.3 亿元,占工业投资总额的 93.5%;实施“机器换人”项目 338 个,投资额 85.7 亿元。

【节能降耗】 2016年，县经信局把节能降耗任务落实到镇（街道）和企业，签订节能降耗责任书，落实节能监察与考核。建立能源双控制度，发展循环经济，提高能源资源利用率。实施用能量市场交易机制改革，优化资源要素合理利用。是年，县内单位工业增加值能耗同比下降3%。持续开展清洁生产审核工作，完成审核验收企业14家，合计实施改进方案（中高费）40项，节约标准煤0.22万吨、水10.32万吨。实施节能改造项目19个，已竣工项目投入资金0.76亿元，每年可节约标准煤0.98万吨、水8.8万吨。实施"屋顶换能"项目，累计装机容量136.84兆瓦。发放新增用能指标配额证9份，收取申购金额218.2万元。

【"两化"融合】 2016年，海盐县加大"两化"（工业化、信息化）融合扶持力度，向上争取专项资金项目。组织开展各类"两化"融合活动，增强企业"两化"融合意识。是年，全县有信息化储备项目62个。浙江金元亚麻有限公司被列入工信部年度"两化"融合管理体系贯标试点名单，海盐海利环保纤维有限公司等5家企业被列入年度省级"两化"融合试点企业名单。

2016年度产值亿元以上工业企业名单

表11

序号	企业名称	序号	企业名称
1	国网浙江海盐县供电公司	27	海盐县秦山混凝土有限公司
2	浙江海利普电子科技有限公司	28	嘉兴多角电线电缆有限公司
3	海盐星宇钢材有限公司	29	海盐佳湖装饰材料有限公司
4	浙江一星实业股份有限公司	30	浙江联翔刺绣有限公司
5	海盐法狮龙建材科技有限公司	31	浙江协和首信钢业有限公司
6	浙江祥恒包装有限公司	32	吉安集团有限公司
7	嘉兴七色狼服饰有限公司	33	浙江海利控股集团有限公司
8	浙江海岩电子电缆有限公司	34	华润雪花啤酒（嘉兴）有限公司
9	嘉兴兴欣标准件热处理有限公司	35	海盐县造纸厂
10	浙江海盐力源环保科技股份有限公司	36	嘉兴猎风户外用品有限公司
11	恒锋工具股份有限公司	37	海盐哈特惠机械五金制品有限公司
12	丹佛斯微通道换热器（嘉兴）有限公司	38	海盐丽明木业有限公司
13	丹佛斯动力系统（浙江）有限公司	39	嘉兴美可泰科技有限公司
14	嘉兴兄弟标准件有限公司	40	意欧斯智能科技股份有限公司
15	海盐县天仙河自来水经营有限公司	41	海盐忠明机械有限公司
16	嘉兴海棠电子有限公司	42	嘉兴求新纺织有限公司
17	桑德兰紧固件（浙江）有限公司	43	海盐秦山南方水泥有限公司
18	海盐亿博皮业服饰有限公司	44	浙江秦山电缆有限公司
19	海盐汇祥新型建材科技有限公司	45	浙江连翔五金科技有限公司
20	浙江涵普电力科技有限公司	46	海盐县求新印染有限公司
21	浙江俊荣五金工业有限公司	47	海联锯业科技有限公司
22	海盐三环绢纺有限责任公司	48	海盐欧亚特汽配有限公司
23	嘉兴丰建五金制品有限公司	49	海盐县富宏紧固件有限公司
24	七丰精工科技股份有限公司	50	海盐振达汽配有限公司
25	嘉兴卡秋莎服装有限公司	51	嘉兴大洋纸业股份有限公司
26	嘉兴市中威印染有限公司	52	海盐县华联纸业有限责任公司

续表 11

序号	企业名称	序号	企业名称
53	浙江恒洋热电有限公司	91	浙江电渣核材有限公司
54	嘉兴市博莱特纸业有限公司	92	海盐众信电子有限公司
55	浙江民丰高新材料有限公司	93	浙江库柏特纳紧固件有限公司
56	嘉兴市光泰照明有限公司	94	浙江特力再生资源有限公司
57	浙江博莱特纸容器有限公司	95	浙江中晶新能源有限公司
58	海盐鼎盛机械有限公司	96	嘉兴金鹏工具有限公司
59	嘉兴永盛服饰有限公司	97	浙江埃米顿机电有限公司
60	海盐华帅特塑料电器有限公司	98	北新建材(嘉兴)有限公司
61	浙江三维大通冷挤压有限公司	99	海盐宏利达制衣有限公司
62	中达联合控股集团股份有限公司	100	浙江新航不锈钢有限公司
63	浙江好仕莱电器有限公司	101	嘉兴市安亿居塑业有限公司
64	浙江金达创业股份有限公司	102	浙江青莲食品股份有限公司
65	浙江友邦集成吊顶股份有限公司	103	浙江富丽华铝业有限公司
66	海盐三马发展有限公司	104	嘉兴市美克斯机械制造有限公司
67	浙江现代石泉新材料有限公司	105	海盐东海电器有限公司
68	嘉兴繁荣电器有限公司	106	海盐奇标经编有限公司
69	浙江通元饲料有限公司	107	嘉兴征宇混凝土制品有限公司
70	海盐海利废塑回收处理有限公司	108	浙江格莱美服装有限公司
71	海盐海利环保纤维有限公司	109	嘉兴佳源多彩铝业有限公司
72	浙江三江化工新材料有限公司	110	海盐得胜化工设备有限公司
73	浙江金达亚麻有限公司	111	浙江现代新能源有限公司
74	浙江伟博化工科技有限公司	112	嘉兴博隆铝装饰板有限公司
75	浙江泛洋特种装配设备有限公司	113	浙江华诚金属制品有限公司
76	浙江钱江明士达光电科技有限公司	114	海盐县石油化工有限公司
77	克劳斯玛菲机械(浙江)有限公司	115	浙江君悦标准件有限公司
78	嘉兴艾迪西暖通科技有限公司	116	海盐三马标准件有限公司
79	浙江博仕达作物科技有限公司	117	海盐兴原服饰有限公司
80	华业钢构核电装备有限公司	118	浙江艾能聚光伏科技股份有限公司
81	浙江鼎盛汽车紧固件有限公司	119	浙江亚磊型钢冷拔有限公司
82	海盐宇星螺帽有限责任公司	120	浙江溢闳光电科技有限公司
83	嘉兴金州聚合材料有限公司	121	嘉兴市北冶金属有限公司
84	浙江华兴玻璃有限公司	122	浙江欣兴工具有限公司
85	浙江东方大港大河工程塑料有限公司	123	浙江新豪吉电器有限公司
86	浙江阿尔法化工科技有限公司	124	嘉兴市申豪塑胶有限公司
87	海盐县精细化工有限公司	125	海盐新创制衣有限公司
88	浙江中航来宝精工科技有限公司	126	海盐变压器有限公司
89	海盐新奥燃气有限公司	127	海盐娜美服饰有限公司
90	浙江嘉化集团股份有限公司	128	浙江高得乐新能源有限公司

续表 11

序号	企业名称	序号	企业名称
129	浙江通元织造有限公司	134	浙江金霞新材料科技有限公司
130	嘉兴奥力弗光伏科技有限公司	135	海盐县天康肉类食品有限公司
131	海盐南方水泥有限公司	136	海盐钟海电线电缆有限公司
132	海盐汇通家具有限公司	137	海盐县盛安电器有限公司
133	海盐秦通矿业有限公司		

（苏益明）

农副食品加工业

【概况】 2016年，全县农副食品加工业有年销售收入2000万元以上企业7家，主要是谷物磨制、饲料加工、植物油加工、制糖、屠宰及肉类加工、水产品加工、蔬菜及水果和坚果加工、其他农副食品加工。实现工业总产值41.91亿元(占全县规模以上工业总产值的5.1%)，销售收入42.42亿元，利税总额2.01亿元，从业人员年平均人数1974人。

浙江一星实业股份有限公司

【浙江一星实业股份有限公司】 1989年成立，位于武原街道，占地15公顷，是一家以饲料生产为主，涉足油脂加工、饲料科研、规模养殖、宾馆服务等为一体的多元化联动的国家级中型企业、省级诚信示范企业、省“五个一批”(大企业、大集团，高新技术企业，“小微巨人”企业，名牌产品企业，出口创汇企业)重点骨干企业和省名牌产品生产企业。拥有各类专业技术人员58人，其中高级职称3人，中级职称5人。拥有自动化饲料生产线9条，生产工艺先进，主要设备来自中国台湾、丹麦、瑞士等地，年生产各类饲料能力30万吨，主导产品有一星牌、富亭牌畜禽配合饲料、渔用配合饲料、虾蟹特种水产配合饲料、渔用膨化饲料、浓缩饲料和预混合饲料等。产品销售覆盖苏、浙、沪、皖、赣、闽、粤、豫等地。其中，主导产品一星牌饲料连续四届被认定为浙江省名牌产品。2003年，“一星”商标被认定为浙江省著名商标。2004年，一星牌猪饲料被认定为全国饲料行业信得过产品。2007年，“一星”商标被认定为中国驰名商标。2016年，公司生产各类饲料8万吨，实现产值4.14亿元，销售收入4.18亿元，利税总额0.26亿元。年末，公司资产总值3.97亿元，有职工173人。

（邢慧峰）

纺　织　业

【概况】 2016年，全县纺织业有年销售收入2000万元以上企业39家，实现工业总产值37.42亿元(占全县规模以上工业总产值的4.5%)，销售收入33.02亿元，利税总额4.03亿元。从业人员年平均人数7459人。

【浙江通元织造有限公司】 2003年5月成立,位于通元镇工业园区,占地1.91公顷,建筑面积1.85万平方米。主要生产设备有32针和28针德国进口卡尔迈耶高速经编机20台,主要生产麂皮绒、丝光绒、圈绒、金光绒和仿棉绒等高档织物面料,产品销往欧美、东南亚及全国各地。2016年,公司新增经编机6台,年生产能力提升10%;研发试制出平光短毛绒坯布、金光绒复合面料等产品。是年,公司参加上海、广东,以及越南、德国等多个国内外展会,加弹丝、成品布国内外销售良好。公司先后获得嘉兴市民营科技企业、市诚信民营企业、县纳税AAA级企业、县突出贡献企业、县百强企业、县出口重点企业等称号。是年,公司销售收入1.75亿元,出口创汇168万美元,上缴税收416万元。年末,公司资产总值1.31亿元,有职工150余人。

(陈璐昕)

纺织服装、服饰业

【概况】 2016年,全县纺织服装、服饰业有年销售收入2000万元以上企业51家,实现工业总产值27.32亿元(占全县规模以上工业总产值的3.3%),销售收入26.53亿元,利税总额1.18亿元;新产品产值7.52亿元;出口交货值10.73亿元。从业人员年平均人数7812人。

【嘉兴七色狼服饰有限公司】 2005年成立,位于武原街道盐东村,占地2.23公顷,建筑面积2.85万平方米,投资总额600万美元。公司拥有电脑缝纫机370台、电脑锁眼机4台、德国产全自动经编机12台,以及各类装钮机、拷边机50台。主要产品有纺织服装、PU人造革服装、针织布等。公司采用线上线下相结合营销模式,主推qssp7色上品高端童装品牌,在微信商城、京东商城、淘宝网均有qssp7色上品童装官方店。产品主要销往欧盟、美国等地。公司先后获得县五十强工业企业、县百强工业企业、省"壹加壹"慈善基金会"爱心大使"等称号。2016年,公司实现工业总产值2.6亿元,销售收入2.64亿元,利税总额0.22亿元。年末,公司资产总值1.34亿元,有职工445人。

(彭　娜)

造纸及纸制品业

【概况】 2016年,全县造纸及纸制品业完成行业污染整治工作,并实施常态化管理,全年无重大污染案件发生。是年,完成生产性投入0.7亿元,其中浙江祥恒包装有限公司年产2.7亿平方米预印纸版技改项目投入0.6亿元。全行业有年销售收入2000万元以上企业11家,实现工业总产值76.24亿元(占全县规模以上工业总产值的9.2%),其中新产品产值41.22亿元;销售收入62.25亿元;利税总额10.98亿元。从业人员年平均人数4030人。

【嘉兴市博莱特纸业有限公司】 2002年成立,位于沈荡镇工业园区,占地7公顷,建筑面积2.5万平方米。是一家专业生产牛皮箱板纸企业,为县民政福利企业、县"415工程"龙头企业。公司年产牛皮箱板纸能力10万吨,产品有牛皮箱板纸、瓦楞纸板、瓦楞纸箱等。公司先后获得市减排先进集体、县"415工程"龙头骨干企业、县工业企业纳税20强等称号。2016年,公司实现工业总产值3亿元,销售收入2.98亿元,利税总额0.6亿元。年末,公司资产总额1.38亿元,有职工234人。

(张国慧)

化学原料及化学制品制造业

【概况】 2016年,洛斯石油(浙江)有限公司在海盐投资建设的年产3万吨工业润滑油项目完成备案;项目为中外合资,注册资本3200万美元,用地3.33公顷,总投资5000万美元。是年,全县化学原料及化学制品制造业有年销售收入2000万元以上企业16家,实现工业总产值45.13亿元(占全县规模以上工业总产值的5.5%),销售收入45.74亿元,利税总额2.26亿元,出口交货值2.98亿元。从业人员年平均人数1569人。

【浙江伟博化工科技有限公司】 2008年成立,位于县开发区(西塘桥街道),占地8.33公顷,建筑面积2.3万平方米,注册资金2800万美元。公司由港商独资建立,是一家专业生产增塑剂的产业链企业。建有生产车间、脱盐水车间、苯酐主装置车间、电控楼、综合楼、仓库、宿舍等设施。主要生产 DOP、DOTP、TOTM、DOA、DOS 等各类增塑剂及苯酐、富马酸等其他精细化工产品。2013 年,公司已具备年产塑料增塑剂 18 万吨和邻苯二甲酸酐 5 万吨生产能力。公司先后获得县百强工业企业、县“415 工程”龙头骨干企业等称号。2016 年,公司实现工业总产值 9.18 亿元,销售收入 9.13 亿元,上缴税收总额 1465 万元。年末,公司资产总值 6.39 亿元,有职工 156 人。

(朱晓斌)

化学纤维制造业

【概况】 2016 年,全县化学纤维制造业有年销售收入 2000 万元以上企业 4 家,实现工业总产值 27.17 亿元(占全县规模以上工业总产值的 3.3%),销售收入 27.30 亿元,利税总额 1.93 亿元。从业人员年平均人数 2011 人。

【浙江金霞新材料科技有限公司】 1998 年成立,位于通元镇浦漾村浦漾桥,占地 3.35 公顷,建筑面积 3.52 万平方米,是一家专业从事绿色环保纤维生产和经营的特色企业。主要产品有常温常压可染加弹纤维、梦幻彩霞纤维、差别化有色阻燃加弹纤维、有色异型抗菌涤纶纤维、细旦有色涤纶加弹纤维等。产品商标“金霞”牌被评为浙江省著名商标。产品主要销往广东、福建、苏浙沪等地区,受到客户欢迎。公司连续多年被评为省信用示范企业、省工商 A 级守合同重信用企业、省高新技术企业,以及县“415 工程”龙头企业、县银行资信 AAA 级企业、县纳税信用 AAA 级企业。2016 年,公司实现工业总产值 1.2 亿元,销售收入 1.43 亿元,利税总额 0.14 亿元。年末,公司资产总值 1.42 亿元,有职工 300 余人,其中专业技术人员 50 余人。

(苏益明)

橡胶和塑料制品业

【概况】 2016 年,全县橡胶和塑料制品业有年销售收入 2000 万元以上企业 24 家,实现工业总产值 15.32 亿元(占全县规模以上工业总产值的 1.9%),其中新产品产值 4.5 亿元;销售收入 14.92 亿元;利税总额 0.55 亿元;出口交货额 2.02 亿元。从业人员年平均人数 2013 人。

【浙江东方大港大河工程塑料有限公司】 位于县开发区(西塘桥街道),2002 年 8 月成立,2004 年 12 月建成投产;占地 65 公顷,园区建筑总面积 35 万平方米,首期总投资 12 亿元。主要生产设备全部从德国、奥地利引进,年产塑钢型材(PVC 型材)8 万吨,生产的塑料异型材为行业知名品牌,产品有青白、共挤、覆膜、全色等中高档 10 大系列 300 余个品种。公司已通过 ISO 9001 质量管理体系认证、清洁生产审核,以及安全生产三级标准验收。产品“实德型材”先后获得国家塑钢行业驰名商标、国家康居示范选用产品、中国最受公众喜爱的十大民族品牌等荣誉。在做好主业(PVC 型材)的同时,重视发展仓储物流及其他业务。2016 年,公司主营业务收入 1.66 亿元,上缴各类税费 707.2 万元。年末,公司资产总值 3.55 亿元,有职工 151 人。

(彭 娜)

非金属矿物制品业

【概况】 2016 年,全县非金属矿物制品业有年销售收入 2000 万元以上企业 17 家,实现工业总产值 16.09 亿元(占全县规模以上工业总产值的 1.9%),销售收入 14.51 亿元,利税总额 1.38 亿元。亏损企业 3 家,亏损额 1062 万元。从业人员年平均人数 1863 人。

【新墙材生产】 2016 年,全县有墙材生产企业 8 家,其中烧结保温砖(非黏土烧结砖)生产企业 2 家、混凝土制品生产企业 5 家、黏土砖瓦生产企业 1 家。全年生产标准砖 3.54 亿块,其中新墙材标准砖 3.39 亿块,占标准砖总产量的 95.8%。是年,元通街道凤凰新村——新兴小区统拆自建项目因 52 户居民自愿使用元通达贝尔新型建材有限公司、平湖市中悦环保有限公司等企业生产的新型墙体材料,被评为省级农村使用新墙材示范小区。年末,全县最后 1 座砖瓦生产企业(嘉兴金氏建材有限公司)关停,淘汰黏土砖产能 0.55 亿块(标准砖),腾退落后产能用地 5.6 公顷。

【新墙材和利废专项补贴】 2016 年,全县获得省、市两级新墙材扶持资金 65 万元(省级 40 万元、市级 25 万元),按规定划拨给企业。是年,县墙改办继续利用墙改基金调节引领作用,提升墙材利废和农民自建房使用新墙材比例,共发放新墙材专项补助资金47万元(新农村农民建房示范项目2户2万元、利废专项补助企业5家45万元)。

【墙改专项基金】 2016年,受宏观经济影响,县内工程建设大幅减少,墙改专项基金征收额出现较大幅度滑坡,全年共征收63.9万元。按照省、市有关规定,结算返退墙改专项基金。是年,检查建筑工地49个,返退建筑项目46个,金额1159.57万元,同比增长71.2%。

【水泥产能下降】 2016年,县内水泥生产能力下降,年产98万吨的浙江齐家水泥有限公司因管理不善停产。全县有混凝土生产企业4家,年生产能力270万立方米;砂浆生产线1条,年生产能力30万吨。全年共生产水泥157万吨,同比下降28%;其中散装水泥129万吨,同比下降23%;散装率82.2%,同比上升近5个百分点。

【散装水泥专项基金停收】 2016年,财政部发文,明确将散装水泥专项资金并入新型墙体材料专项基金,停止向水泥生产企业征收散装水泥专项资金;将预拌混凝土、预拌砂浆、水泥预制件列入新型墙体材料目录,纳入新型墙体材料专项基金支持范围,继续推动散装水泥生产使用。

【嘉兴市五丰水泥制品制造有限公司】 位于百步镇五丰工业园区,1984年成立,原名海盐县五丰村水泥管厂,1991年5月更为现名;占地5.33公顷,建筑面积6.23万平方米,注册资金1001万元;是省农业科技企业和市专利示范企业,拥有省建设厅审批的混凝土预制构件专业承包二级资质,具有三级试验室检测能力,为专业从事混凝土制品研发、生产、销售企业。2014年,公司在原厂规模(占地3公顷,员工56名,以生产各类混凝土预制件为主)上,投资3000万元,新征土地2.33公顷,新建厂房2.98万平方米,引进美国贝塞尔全套全自动生产线及配套设备,用于新墙体材料生产。采用大型蒸汽养护,产品稳定性得到保证,合格率99.5%。2016年4月,公司生产的混凝土小型砌块通过省新墙办新墙材产品认定。全年实现工业总产值4150万元,销售收入4078万元,利税总额621万元。年末,公司资产总值1.34亿元,有职工93人。

(朱晓明)

黑色金属冶炼及压延加工业

【概况】 2016年,全县黑色金属冶炼及压延加工业有年销售收入2000万元以上企业18家,实现工业总产值81.57亿元(占全县规模以上工业总产值的9.9%),销售收入73.55亿元,利税总额5.75亿元。从业人员年平均人数1845人。

【浙江协和首信钢业有限公司】 位于县开发区(西塘桥街道),2011年2月成立,占地65.47公顷,厂房建筑面积19.24万平方米;注册资本6亿元,总投资35亿元。公司建成年产200万吨冷轧精品薄板生产线项目,建成有高效节能环保性能冷轧薄钢板、镀锌、镀铝锌及镀锡薄钢板、深冲碳钢、无取向硅钢、彩涂薄钢板生产线项目。拥有酸洗机组、冷连轧机组、镀锌、镀铝锌、镀锡、彩涂、冷轧退火、冷轧硅钢生产线等数十条,以及1450毫米冷连轧机组。2016年,公司投资建设年产230万吨酸洗钢板生产线、200万吨冷轧薄钢板生产线和40万吨彩涂薄钢板生产线,以及配套节能清洁煤制气项目。实施多级离心鼓风机设备技改项目,购置高效空气压缩机等设备,年节约用电85.54万度,相当于节省电费59.88万元,节约标准煤277.99吨,减少二氧化碳排放量739.45吨。是年,公司实现工业总产值63亿元,销售收入60亿元,利税总额0.51亿元。年末,公司资产总值26.65亿元,有职工600余人。

(王斌杰)

金属制品业

【概况】 2016年,全县金属制品业有年销售收入2000万元以上企业23家,实现工业总产值31.41亿元(占全县规模以上工业总产值的3.8%),销售收入27.91亿元,利税总额4.32亿元,出口交货值12.29亿元。从业人员年平均人数5066人。

【浙江欣兴工具有限公司】 位于澉浦镇六里集镇,1992年创建，占地2.53公顷，标准厂房面积2万平方米，注册资金2180万元，是一家集研发、制造高性能切削刀具的国家级高新技术企业。主要研制生产钢板钻、孔钻、精密数控刀具、金刚钻等各类高效精密刀具。高强度钢筋混凝土薄壁钻（简称金刚钻）是公司针对核电站核岛建设安装开发的核电关联产品，专门用于核岛高强度混凝土钻孔。拥有先进的CNC数控设备生产线、热处理技术和核心自主知识产权专利110余项，主导起草制定钢板钻行业标准，“创恒”商标被国家工商总局认定为中国驰名商标，产品被认定为省名牌产品，成为国内行业领军品牌。公司先后获得国家火炬计划重点高新技术企业、国家级守合同重信用单位、省五一劳动奖状、省创新型示范企业、省绿色企业，以及市精细化管理示范企业、市科技创新示范企业、市工业投资先进企业等百余项荣誉。2010年，公司获得核工业合格承包商资质证书，正式列入核电供应商名录。2016年，公司投入资金3.4亿元，建设占地6.67公顷新厂区，到时可年产高效精密数控刀具200万件。是年，公司被评为省隐形冠军企业；实现工业总产值1.98亿元，销售收入1.91亿元，上缴税收0.41亿元。年末，公司资产总值4.13亿元，有职工362人。

（顾　赢）

通用设备制造业

【概况】 2016年，全县通用设备制造业有年销售收入2000万元以上企业104家，有桑德兰紧固件（浙江）有限公司、海盐宇星螺帽有限责任公司等一批年产值超亿元百强企业。主要生产和销售机械设备、机械配件及紧固件等产品。拥有千斤顶、紧固件两个省级行业协会。海盐千斤顶行业发展势头趋旺，技术创新活跃，产业层次提升，是国内千斤顶生产基地之一；海盐紧固件为传统特色产业，全县已形成秦山、武原、于城（黄桥）和县开发区四大紧固件产业集聚区，并入选浙江省新型工业化产业示范基地省级试点单位名录，为全国第四大紧固件产业基地。是年，全行业完成工业生产性投入26.02亿元，实现工业总产值57.04亿元（占全县规模以上工业总产值的6.9%）。其中，新产品产值13.75亿元，销售收入55.0亿元，利税总额2.65亿元，出口交货值20.94亿元。从业人员年平均人数8296人。

【桑德兰紧固件（浙江）有限公司】 位于武原街道桑德兰路1号，占地7.8公顷，厂房面积2.69万平方米，2003年3月投资设立，2004年5月正式投产。公司是印度在海盐投资的一家专业生产销售高强度汽车紧固件及用于装配涡轮蒸压器精密机加工件的外资企业，拥有全自动冷镦机8套，热镦设备1套，热处理生产线2套，电镀、磷化和久美特表面处理设备各1套，以及进口全自动CNC加工设备47套。先后通过ISO 9001、ISO 14001、OHS 18000等管理体系认证。产品逐渐拓展至风电、铁路等特殊行业高性能紧固件，是CAT集团、CBI集团、VOLVO、CONMET等的稳定供应商，多次被客户授予金牌供应商称号。产品主要销往世界500强企业。2016年，引进丹麦全自动造型线和美国高性能中频电炉，设立全自动化铸造厂1座。新厂房征地2公顷，建筑面积1.2万平方米。开展“机器换人”技术改造，引进全自动精密加工生产线4条。是年，公司实现工业总产值1.34亿元，销售收入1.32亿元，利税总额0.17亿元。年末，公司资产总值1.79亿元，有职工260人，其中专业技术人员50人。

（张康明）

专用设备制造业

【概况】 2016年，全县专用设备制造业有年销售收入2000万元以上企业16家，实现工业总产值33.81亿元（占全县规模以上工业总产值的4.1%），销售收入33.25亿元，利税总额2.35亿元。从业人员年平均人数3084人。

【中达联合控股集团股份有限公司】 位于百步镇，1984年建立，占地46.67公顷，建筑面积13.1万平方米，是一家以特钢、造纸两大主导产业为龙头，外贸、建筑业为两翼，兼顾多元发展的集团型企业，下属子公司9家。公司已通过ISO 9001质量管理体系、ISO 14001环境管理体系、OHSAS 18001职业健康安全管理体系和测量管理体系认证，通过韩国、挪威、德国、美国等多家船级社认证，并获得民用核安全设备制造许可证。公司为国家级高新技术企业、国家工商总局守合同重信用单位公示企业、省文明单位、省“五一劳动奖状”获得者企业和省诚信示范企业、市五十强企业、市最具社会责任感企业。生产的中达牌不锈钢管为省名牌产品，“中达”商标为省出口名牌商标，“中达”字号为省知名商号。2016年，公司实现工业总产值31.25亿元，销售收入31.46亿元，利税总额3.8亿元。年末，公司资产总值20亿元，有职工2500余人。

（徐利英）

电气机械及器材制造业

【概况】 2016年，全县电气机械及器材制造业有年销售收入2000万元以上企业58家，实现工业总产值54.19亿元（占全县规模以上工业总产值的6.6%），销售收入52.56亿元，利税总额5.63亿元。从业人员年平均人数6846人。

【浙江佳乐科仪股份有限公司】 位于于城镇构塍村，2002年建立，占地0.8公顷，建筑面积0.8万平方米。是一家研发、生产和销售工业控制自动化仪器及核电综合运维服务企业，分核电、变频、智能电机、IOT四大事业部。公司为国家级高新技术企业，有发明专利2项、实用新型专利39项、外观专利7项、软件著作权8项、软件产品6项，并创立JAR-OL、JRACDRIVE两大自主品牌，其中的JRACDRIVE被评为嘉兴名牌、嘉兴市著名商标。公司年产变频器、机柜10万台，产品在石油、电力、塑料、纺织、水处理、木工、食品、石材、矿山等行业得到广泛应用及客户认可。2015年12月，公司在北京股转中心挂牌上市（股票代码835262）。2016年，新产品核级(1E级)变频机柜、永磁同步电机、水泵变频一体机等研发成功。公司获得国家火炬计划、省中小企业技术中心、省AA级守合同重信用单位、省科技型中小企业、市专利示范企业、市诚信民营企业等称号。是年，公司实现工业总产值9272万元，销售收入9272万元，利税总额1108万元。年末，公司资产总值16859万元，有职工180人。

（徐利英）

仪器仪表制造业

【概况】 2016年，全县仪器仪表制造业有年销售收入2000万元以上企业7家，主要生产和销售自动化仪表、电工仪器仪表、光学仪器、分析仪器、电子和通信测量仪器、钟表及定时仪器、专用仪器仪表、仪器仪表元器件、计量标准器具及量具等产品。实现工业总产值12.92亿元（占全县规模以上工业总产值的1.6%），销售收入12.91亿元，利税总额2.45亿元。从业人员年平均人数1512人。

【浙江涵普电力科技有限公司】 位于武原街道新桥北路176号，占地1.3公顷，标准厂房建筑面积9200余平方米。公司为中外合资企业，前身包含1992年成立的海盐普博电机有限公司和1995年成立的海盐涵普电测仪器有限公司，两家公司均为“浙江省高新技术企业”，且有多项产品获“浙江省高新技术产品”证书。2007年2月，公司将海盐普博电机有限公司、海盐涵普电测仪器有限公司、苏州祥正手普电力科技有限公司、杭州祥正电机有限公司4家公司合并，形成注册资本386万美元的浙江涵普电力科技有限公司。新公司于2009年通过高新技术企业认定。公司配有精度等级为万分之一的COM3003和万分之二的RMM3000等计量检测设备，主要产品为装置类和电表类，国内市场占有率均为前三名。装置类产品远销韩国、印度、巴西等30余个国家。公司拥有专利33项、软件著作权32项，被认定为国家级高新技术企业，建有省级研发中心、市级技术中心，连续多年被评为县技术创新工业企业。2016年，公司实现工业总产值1.18亿元，销售收入1.19亿元，利税总额0.38亿元。年末，公司资产总值1.76亿元，有职工355人。

（邢慧峰）

块状特色工业

紧 固 件

【概况】 2016年，全县有紧固件生产企业800余家，年产值亿元以上企业12家，年销售收入2000万元以上企业92家；行业固定资产总值30亿元，年产值80余亿元，从业人员年平均人数1.5万人。全年紧固件出口数量44.5万吨(比上年增长5.2%)，出口额41274万美元(占全县出口总额的28.1%)。在嘉兴市紧固件出口企业50强中，海盐企业占30家，出口额占54.5%。海盐紧固件同业商会(简称县商会)被县委社会工作委员会、县民政局评为海盐县十大名社会组织单位之一。

8月，县委办公室、县政府办公室印发《海盐县紧固件行业整治提升三年行动计划》，提出通过整治提升三年行动计划，完成提升一批、集聚一批、关停一批整治目标，确保相关企业用地合法、建筑合法、环保合法、形象整洁。全年关停企业49家。

是年，全县紧固件产业在建项目69个，批准总投资14.47亿元，实际投资11.71亿元，其中基本设备投资8.31亿元，分别比上年增长35.3%、22.6%、20.3%和0.5%。全县紧固件产品逐渐转向石化、汽配、航空航天、高铁和工程机械行业，产品档次得到提升，中高端紧固件产品比例不断提高。

县商会继续在紧固件企业中推广使用“海盐紧固件”浙江区域名牌，全年新获区域名牌使用企业2家，累计35家。6月，抱团参加上海紧固件展。10月，抱团参加美国西部紧固件工业展。全年组织212家企业参加国内外展会。年末，县紧固件商会有会员企业223家。

【海盐正茂标准件有限公司】 前身为原国有海盐无线电标准件总厂，1976年5月开始生产紧固件产品。1988年7月取得国家第一批自营出口权(原属国家第四机械部紧固件出口基地)。自营研发生产的牙条、墙板钉等产品填补国家出口空白。1998年转制为海盐县无线电标准件有限责任公司。2001年分设为4个公司(厂)。海盐正茂标准件有限公司即为其中之一。该公司位于武原街道城西北路162号，占地1.47公顷，建筑面积8500平方米。主要生产设备有拉丝机、冷镦机、搓丝机、铣槽机、自动包装流水线，及产品实验检测室，主要检测设备有硬度计、拉力机、投影仪、扭力机、螺纹中经检测仪、自攻钉攻速测试仪、工具显微镜、分析天平等。主要产品为各种制式机螺钉、三角牙自锁螺钉(获得国家专利)、自攻钉等，产品远销亚洲、美洲、中东、欧洲等地区。2003年，公司通过ISO 9001：2000质量管理体系认证；2005年，获得金蜘蛛紧固件网顾问专家企业称号；2006年，获得国家注册商标；2012年，被授权为“海盐紧固件”浙江省区域名牌使用权企业；2016年，获得浙江省科技型企业称号，至年末，共获得国家新型实用型专利11项。公司为省紧固件行业协会和县紧固件同业商会常务理事企业，连续数年被银行部门评为AAA级优质企业。是年，公司生产各类紧固件产品6500吨，实现产值5000万元，其中自营出口450万美元；税利总额650万元。年末，公司资产总值1800万元，有职工85人。

【浙江亦宸五金有限公司】 1987年成立，原名海盐羊眼五金塑料厂，2003年更名为海盐飞华紧固件厂，2013年更名为嘉兴飞华紧固件有限公司，2014年变更为浙江亦宸五金有限公司。位于秦山街道金平路18号，占地3.87公顷，标准厂房面积1.5万平方米，总投资1900万美元(折合人民币11780万元)。拥有智能冷镦机、智能搓丝机、全自动盒式磁排列包装机、仓储设备货架，以及产品检测实验室。主要产品有德标、美标、法标、英标等各种标准木螺钉、自攻螺钉、双线高低快牙钉、带垫螺钉、灯钩、羊眼、各式螺母、螺栓，及其他标准件和非标准件。企业拥有专利10余项。产品主要销往美国、加拿大、澳大利亚、西欧等地。公司为省紧固件行业协会、县紧固件同业商会常务理事企业，是海盐最大的标准木螺钉生产企业。2016年，公司产量12000吨，产值8000余万元，出口额900万美元，利税总额800万元。年末，公司资产总值1.1亿元，有职工90人。

(仇祥生)

千　斤　顶

【概况】 2016年，全县有千斤顶生产企业151家，比上年减少4家。其中，有年销售收入2000万元以上企业26家，比上年减少2家。全行业生产各式千斤顶及配件和液压机械、汽保类、工具类产品2100万台(套)。全年实现工业总产值23.1亿元，销售收入22.6亿元，利税总额9500万元。从业人员年平均人数4000人。全行业在建项目17个，计划投资3亿元，实际投资2.1亿元。

上半年钢材价格持续上涨(涨幅30%)，但出厂产品价格未同步上涨(涨幅7%)，大部分企业处于观望状态。西塘桥街道两家年产值在2000万元以上企业，由于新农村建设拆迁而外迁至平湖市。年内，浙江力浮液压机械科技创业园建设进入全面施工阶段，至年末完成工程总量的70%。

是年，省千斤顶行业协会组织海盐籍企业40家，参加在上海举办的第29届中国国际五金博览会，设摊位72个，意向签约近4亿元，获县政府相关政策补助59.8万元；组织海盐行业协会企业参加在广州举办的春季交易会和2016中国(嘉兴)紧固件博览会，共设摊位21个，意向签约近3亿元。　(李建平)

【嘉兴金鹏工具有限公司】 1993年10月创办，位于县开发区(西塘桥街道)西场路28号，占地3.6公顷，建筑面积2.5万平方米。公司为省科技型中小企业、出口工业产品一类企业，是一家专门研究、开发和制造各式千斤顶企业。拥有从中国台湾引进的2条全自动静电喷漆和烘干设备流水线，有各种机械设备228台(套)。公司已通过ISO 9001质量管理体系认证，并取得美国ANSI/ASME、德国GS和欧共体CE认证证书。生产的擎山牌千斤顶为嘉兴市名牌产品。产品全部远销美国、德国、中东、欧洲、南美洲等国家和地区。公司于2015年引进首个电焊机器人。2016年，公司又投入200万元，购买5个机器人及其配件，购买数控机械设备12台，重吨位压机2台；投入30余万元，改装排气、排污等环保设备。是年，公司出口千斤顶92.95万台、支架20万对、引擎支架3.1万台、吊机3.05万台，总产值超1.02亿元，销售收入1.01亿元，上缴国家税金752万元，在全县100家纳税大户中排名第41位，被县委、县政府命名为百强骨干企业，并获县开发区安全生产一等奖。全年提存职工养老金120余万元。年末，公司资产总值1650万元(扣除折旧)，有职工275人。　(戴炳荣)

通元灯泡

【概况】 通元灯泡是浙北乃至华东地区规模最大的灯泡生产基地之一。主要生产彩色灯泡、磨砂灯泡、聚光灯泡、LED平板灯、节能灯、卤素灯，以及工艺装饰灯泡系列。2016年，新增LED灯生产企业5家。产品遍布全国各地，远销美国、韩国、日本、中国台湾、西欧、中东等几十个国家和地区。通元灯泡商会组建于二十世纪九十年代初期，是全县最早组建的行业商会之一，为省电器照明协会成员单位。近年来，通元镇通过外出招商、以商引商、中介招商等方式，引进多家电光源生产企业。同时，鼓励企业实施“四换三名”(腾笼换鸟、机器换人、空间换地、电商换市，名企、名品、名家)、“机器换人”、“两化”(工业化、信息化)融合及互联网经济，先后引进国内外自动生产流水线85条(其中LED节能灯生产线27条)。嘉兴晶臣新能源设备有限公司、嘉兴市正大照明有限公司获得嘉兴市民营科技企业称号，嘉兴并升照明电器有限公司和嘉兴市正大照明有限公司被新认定为市级研发中心，嘉兴市鑫华照明有限公司等12家企业拥有自营进出口权。2016年年末，全镇有灯泡及配套生产企业71家，有职工2422人，年产各类灯泡13.10亿只，LED外延片1.35亿片。实现工业总产值5.31亿元(其中出口交货值3.05亿元)，自营出口1056万美元，利税总额6104万元。

【嘉兴力德尔照明科技有限公司】 位于通元镇工业园区，2015年11月成立，占地1.33公顷，建筑面积1.45万平方米，是1家以商引商转型企业(入驻企业购买原通元镇工业园区1家倒闭企业后由海宁市迁入)。公司拥有中国台湾产LED生产流水线5条，其他生产线3条，专业生产LED平板灯、LED仿古灯及工艺类特种电光源，年产LED外延片1000万片、各类灯泡600万只，品种上百种。公司实施ISO 9001质量管理体系认证，采用ERP管理，检测设备先进，技术力量雄厚(有研发团队1个)，并通过3C认证、UL认证等多项认证，部分产品出口东南亚和西欧。2016年，公司实现工业总产值1631万元，销售收入1509.25万元，自营出口41.5万美元，利税总额57.02万元。年末，公司资产总值3075万元，有职工80余人。

嘉兴中普照明电器有限公司生产车间

【嘉兴中普照明电器有限公司】 坐落于通元镇张桥村，2015年3月，由原海盐恒昌灯泡厂改制成立，占地0.65公顷，建筑面积8900平方米。改制后，企业加大投入力度，不断提高自主创新能力。产品涉及家庭卫浴、取暖、医疗美容、畜牧养殖、蔬菜培育等领域。公司采取自产自销和代加工生产两种模式运作，已与多家品牌照明企业建立合作关系，取得良好口碑。产品已通过CE认证、ISO 9001：2000质量管理体系认证，部分出口，主要销往欧美市场。2016年，新购置红外线灯生产线2条，日产灯泡4万只以上。是年，公司实现工业总产值1316万元，销售收入1225.3万元，自营出口50.25万美元，利税总额63.12万元。年末，公司资产总值936.7万元，有员工100余人。

(王叶祥)

百步小家电

【概况】 百步镇小家电企业群由近百家企业组成，是浙北最大的小家电生产基地。产品覆盖全国市场，并销往欧美、南非、大洋洲等地。2006年被评为嘉兴市厨卫小家电专业品牌基地。2016年，基地各企业获得专利授权205件，占全县的1/3以上；累计获得专利授权1007件，占全县的1/2以上。是年，百步镇小家电行业实现总产值23.85亿元，销售收入25.6亿元，利税总额2.68亿元；从业人员年平均人数2590人。

【海盐金龙塑业有限公司】 2006年4月成立，位于百步镇五丰园区，占地0.78公顷，建筑面积8000平方米。2012年，公司(一期)投资600余万元，建立高度自动化生产厂房5000余平方米(含2000平方米无尘车间)。公司主要产品为LED灯，产品销往北美、欧洲、日本等地。强化产品品质管控和内部流程管控，公司已通过CCC强制认证。2013年4月，公司新增LED灯具经营范围。2016年，公司实现销售收入3588万元，利税总额435万元。年末，公司资产总值9600万元，有职工235人。

(张建松　陈春圆)

横港商标印刷

【概况】 随着浙江汉坊产业园项目竣工及投产，百步镇横港成为全县印刷企业最集中区域。2016年，入园印刷企业403家(含个体经营户)，其中年销售收入2000万元以上企业11家。横港区域内有商标印刷个体企业475家，比上年增加15家；股份制企业65家，比上年增加2家。拥有各类商标印刷机368台(其中四色印刷机31台)，比上年增加6台。有职工6024人，比上年增加58人。是年，全行业实现工业总产值8.93亿元，比上年增加0.4亿元。62家股份有限公司上缴税金4932万元，比上年增加335万元。

【海盐西美印刷有限公司】 位于百步镇横港印刷园区，2007年成立，占地0.3公顷，建筑面积1300平方米，是一家专业从事各种吊牌、印唛、织唛、画册、说明书、袜卡、UV印刷、宣传品的生产企业。拥有先进的海德堡速霸五色XL—75—5、海德堡速霸五色XL75—5+L—F、海德堡CTP、双色海德堡胶印机、海德堡GTO、HP Indigo 5600数字印刷机，以及轮转机、模切机、覆膜机等印刷设备。公司已通过ISO 9001、GMI、FSC等多项认证。多次承接彪马、森马、巴拉巴拉、塔吉特等外企印刷业务。2016年，公司实现销售收入2823万元，利税总额182万元。年末，公司资产总值3200万元，有职工90人。

(张建松　陈春圆)

集成吊顶

【概况】 经过20余年转型发展，百步镇已成为立足本地、辐射周边、影响华东的中国集成吊顶源发产业基地。2016年，以集成吊顶产业为核心，推进中国集成家居产业园建设，打造全国集成吊顶产业第一镇工作全面展开。是年，全镇有集成吊顶生产企业和配套企业400余家，品牌企业18家，上市企业1家。全行业实现工业总产值31.2亿元，销售收入36亿元，利税总额3.62亿元；从业人员年平均人数5800人。中国·百步集成家居产业园规划用地200公顷，一期规划用地66.67公顷，其中浙江友邦集成吊顶股份有限公司13.33公顷、年产15万单(1单即1户的装修量)集成家居建设项目已开工建设，其展示厅和标准厂房2个项目主体竣工。

【浙江友邦集成吊顶股份有限公司】 2007年12月创立，位于百步镇横港五丰工业园区，占地4.82公顷，建筑面积1.15万平方米。公司专业从事以集成吊顶为核心的集成家居产品研发、设计、生产与销售，为《中国集成吊顶行业发展与消费白皮书》主编单位，全国规模最大集成吊顶研发和生产基地之一。2011年3月，公司向中国证监会提交上市申请材料。9月，友邦牌集成吊顶被认定为浙江名牌产品。公司已获得发明、实用新型及外观等国家专利200余项，掌握集成吊顶行业90%以上核心技术，是省高新技术企业、省专利示范单位及全国企事业知识产权试点单位。2014年1月28日，公司在深圳股票交易所上市，成为集成吊顶行业第一家。2016年，公司实现销售收入5.03亿元，实缴税金4576万元。年末，公司资产总值5.68亿元，有职工498人。

(张建松　陈春圆)

玩　具

【概况】 2016年，全县玩具生产年销售收入2000万元以上企业有嘉兴海利纺织有限公司、海盐博爱工艺纺织品有限公司2家，主要研发生产销售毛绒玩具、动漫玩具，产品销往美国、加拿大、日本和欧洲，以及中东等地区。全县出口毛绒玩具生产企业均获得出口毛绒玩具质量许可证。是年，全行业实现工业总产值10.65亿元，销售收入10.5亿元，利税总额1100万元；出口创汇3084.99万美元。年末，全行业资产总值6亿元，有从业人员1200人。

【海盐博爱工艺纺织品有限公司】 1997年成立，位于通元镇石泉工业园区，占地1.53公顷，建筑面积2.6万平方米，是一家专业从事玩具、家纺产品研发、制造、销售的企业，拥有绗缝、套被、裁剪、绣花等先进设备。能生产各类布娃娃、各种规格玩具、床上用品，以及宠物窝、宠物垫等，产品销往美国、欧洲等地。是年，公司实现工业总产值7611万元，销售收入7500万元，利税总额300万元；出口创汇769.09万美元。年末，公司资产总值1200万元，有职工200余人，其中专业技术管理人员20余人。

（朱晓斌）

丝　　绸

【概况】 2016年，全县丝绸纺织及精加工业有年销售收入2000万元以上企业10家（其中浙江金达创业股份有限公司、浙江恒越绢纺有限公司、海盐三环绢纺有限责任公司年产值均超亿元），实现工业总产值15.96亿元，销售收入10.11亿元，利税总额4.33亿元，从业人员年平均人数3430人。

【浙江金达创业股份有限公司】 1999年创立，总部位于百步镇，占地24.5公顷，建筑面积9.14万平方米。公司拥有4家子公司（浙江金元亚麻有限公司、浙江金达亚麻有限公司、江苏金元亚麻有限公司、江苏紫薇亚麻有限公司）和1个有机亚麻原料生产基地（新疆昭苏金地亚麻有限公司）。企业已形成规模、技术、品牌、管理四大核心优势。2006年12月，公司在香港联合交易所主板挂牌上市。2016年，公司亚麻纱出口量占全国出口总量的35%，占全国出口欧盟市场总量的50%，出口量连续第14年居全国第一。年内，公司在埃塞俄比亚投资6600万美元，建立年产5000吨亚麻纺纱项目，为海盐县最大境外投资项目（建成后每年可实现销售收入5500万美元）。是年，公司实现工业总产值11.6亿元，销售收入8.3亿元，利税总额2.1亿元。年末，公司资产总值14亿元，有职工2500余人。

（吴菊明）

饲　　料

【概况】 2016年，全县有饲料生产企业10家（其中饲料预混料生产企业1家），从业人员394人，每小时加工能力189吨，产品以畜禽水产配合饲料为主。全年生产各类饲料16.93万吨（猪饲料8.49万吨、家禽饲料3.99万吨、水产饲料3.91万吨、预混合饲料0.10万吨、其他饲料0.44万吨），实现工业总产值6.09亿元，销售收入6.05亿元。是年，饲料产量在1万吨以上的企业有4家，分别是浙江一星实业股份有限公司、海盐县通元饲料有限公司、海盐县金利达饲料有限公司和海盐滨海饲料有限公司。4家企业生产各类饲料15.52万吨，占全县总产量的91.7%。是年，继续调整畜牧产业结构，生猪等饲养提质减量，全县饲料产量、产值均比上年下降，猪饲料产量下降明显，家禽、水产饲料比上年略有增长。全县饲料生产企业单班生产能力与上年持平。

【海盐县金利达饲料有限公司】 位于沈荡镇，1991年5月建立，占地1.33公顷，建筑面积1.11万平方米，总投资6000余万元，市级农业龙头企业。2006年，公司在江苏省扬州市高邮市投资1500万元，建立扬州金利达饲料有限公司，开拓省外市场。企业坚持科技兴业创业宗旨，以虾饲料为主打产品，与科研院校合作，研制开发新产品，已获得国家发明专利2项，取得较好经济效益和社会效益。公司与产品先后获得浙江省农业科技企业、浙江省优秀科技产品等称号。是年，公司生产饲料1.57万吨。其中，水产饲料5469吨，比上年增加638吨，产量由26%提升至34.8%。全年饲料生产实现总产值5998万元，营业收入5847万元，利税总额68.25万元。年末，公司资产总值5684万元，有职工91人。

（虞伟祥）

新型建材

【概况】 2016年，全县新型建材行业年销售收入2000万元以上企业有浙江东方大港大河工程塑料有限公司、嘉兴佳源多彩铝业有限公司、海盐华帅特塑料电器有限公司等9家。主要产品为新型墙体材料、新型防水密封材料、新型保温隔热材料和装饰装修材料。是年，全行业实现工业总产值5.73亿元，销售收入5.68亿元，利税总额1543万元，从业人员年平均人数517人。

【海盐华帅特塑料电器有限公司】 位于沈荡镇，1998年11月成立，占地3.15公顷，建筑面积2.3万平方米。2016年，公司实施国内产品替代进口产品战略，加大新产品开发与市场拓展力度，有效克服原料价格波动等不利因素。全年申报实用新型专利3项，均已获得授权。参与制定JTT 646.4—2016公路声屏障第4部分：声学材料技术要求及检测方法行业标准。不断拓展工程市场,承揽供应郑州农业路高架桥、郑州陇海路高架桥、成浦铁路等各大工程用隔音通透板,实现销售收入6600万元。是年,公司实现销售总额1.2亿元,同比增长22.4%;实现利税总额1176万元,同比增长86.7%。年末,公司资产总值1.36亿元,有职工117人。

(朱晓明)

智能仪器仪表

【概况】 2003年,建立智能仪器仪表省级高新技术特色产业基地,产品主要有电能表校验装置、变频器、太阳能智能控制仪等。2016年,基地有企业69家(其中高新技术企业8家),分散在全县各地。是年,基地实现工业总产值26.4亿元,销售收入25.1亿元(其中高新技术产品15.1亿元),利税总额4.25亿元。从业人员年平均人数4881人,其中大专以上科技人员1036人,从事研究开发人员391人。

【海盐众信电子有限公司】 位于西塘桥街道(县开发区)刘庄村工业园区,2000年1月成立,占地0.52公顷,建筑面积6000平方米;同时租用海盐科技创业园3000平方米生产厂房。注册资金1000万元。主要从事磁保持继电器(为电子式电能表计量部件的一个重要器件,起到断路开关作用,能自动切断和闭合电源)的研发、生产和销售。产品主要应用于智能电能表、电力集中抄表系统、电力功率因数补偿控制设备、自动化控制设备等领域。公司拥有专利32项,其中发明专利2项。拥有三大系列40余种产品。公司在全国各地有客户130余家,磁保持继电器供货量占全省的75%。产品远销英国、印尼、土耳其、俄罗斯等国外市场。公司先后获得国家高新技术企业、国家星火计划项目、省科技型中小企业、省高新技术企业研发中心、省名牌产品、省著名商标等称号。2016年,公司投入研发经费564.9万元,申请专利4项,授权专利5项,其中发明专利1项,拥有注册商标1个。全年营业收入10179万元,上缴税金417.9万元。年末,公司资产总值8619万元,有职工204人(本科及以上学历人数占10%,专科及以上学历占45%)。

(李嘉渊)

船舶制造

【概况】 2016年,全县有嘉兴嘉海船舶制造有限公司、嘉兴东升船舶工程有限公司2家内河造船企业;另有2家船舶维修企业,分别为海盐县秦山镇官堂得胜船舶修理厂、海盐通达船舶修造厂。全年新建船舶1艘,维修保养上台船舶136艘次。是年,浙江林龙港口有限公司没有新建造船舶。

【海盐县秦山镇官堂得胜船舶修理厂】 位于秦山街道庆丰村胜利组,1993年成立,占地0.4公顷,厂房面积1200平方米,注册资本40万元。该厂以维修保养普通货船为主,设有40×11米船台2个、36×8米船台和35×7米船台各1个。2016年,修理厂维修保养上台船舶53艘次,实现总产值80余万元。年末,厂内资产总值45万元,有职工10人。

(支海霞)

秦山核电

秦山核电

【概况】 2016年，秦山核电基本保持秦山核电集团筹备组（简称筹备组）和中核核电运行管理有限公司（简称公司）两个单位运作模式（至年末，实现共同管理运作模式）。筹备组履行秦山核电有限公司、核电秦山联营有限公司、秦山第三核电有限公司3家业主公司法人资质，主要负责运行机组安全监督、经营管理、科技研发、后勤保障等工作；公司受托负责秦山一期（秦一厂）、秦山二期（秦二厂）、秦山三期（秦三厂）9台机组运行管理工作，以及巴基斯坦恰希玛核电站调试和运行支持等工作。秦山核电9台机组总装机容量654.6万千瓦，全年发电量500亿千瓦时，为国内机组数量最多、堆型最丰富、装机容量最大的核电基地。全年主营业务收入188.75亿元，上缴国税29.77亿元、地税4.6亿元。G20杭州峰会期间，圆满完成保安全、保发电任务。传播秦山核电品牌形象，大型纪录片《秦山核电》《解密中核》等在央视播出，收视量累计超过4000万次；微信公众号"核电头条"在国资委二级账号新媒体综合指数榜排名第31位。是年，秦山核电获得全国电力行业企业文化建设示范单位、第六届全国电力行业设备管理工作先进单位、浙江省"安康杯"优胜单位、年度风险评估优秀单位、年度内部控制评估优秀单位、离退休工作先进单位等称号，方家山核电工程获2015年度全省重点建设立功竞赛先进集体等称号；戚宏昶被授予全国技能能手称号，化学处化学分析三科化学运行班等获得浙江省工人先锋号称号，心灵港湾工作坊被浙江省委宣传部、省政研会命名为心灵港湾工作坊示范点，视频《核电小苹果》获首届中国核科普奖一等奖，公司代表队在2016中国技能大赛——全国核工业职业技能竞赛中获核反应堆核级设备检修工团体第一名，员工倪伟获辐射防护工职业决赛第一名。

7月29日，国际青年核能大会青年代表团一行到访秦山核电基地

【安全生产】 2016年，秦山核电9台在运机组安全发电503.64亿千瓦时，完成年计划的102.8%，创历史新高；7台存量机组平均能力因子实现"90"（90%）目标。9台机组未发生1级及以上核事件，安全、质量和环保指标全面受控。组织实施大修9次，年内完成7次；在确保安全前提下，大修工期比计划有所提前，秦一厂1号机组第17次大修、秦二厂4号机组第4次大修，均实现中国核电大修指

标“30”(大修工期控制在30天以内)目标。12月6日,巴基斯坦恰希玛核电站3号机组投入商业运行,12月28日通过巴方临时验收;12月18日,4号机组完成汽轮机非核蒸汽冲转节点目标。

【经营管理】 2016年,成立秦山核电技能培训中心、何少华工作室等专业中心20个,确定机构、职责、人员、编制、运作思路等方案,并开始运作。提升自主检修能力,确定自主核心检修项目55项,包括M100D型主泵检修等重大项目。承接和参加各项海外市场开发项目,包括巴基斯坦恰希玛核电站3号、4号机组调试,1号、2号机组运行技术支持,阿根廷重水堆项目前期技术支持服务及卡拉奇2号、3号机组培训准备等。与原子能院、国家核电、山东核电、沧州核电等单位签署战略合作协议,对外服务“朋友圈”增至20家;参与三代核电标准建设工作,与福清核电签署“华龙一号”项目建设合作合同。编制产品说明书87份,在国际核工展、国际核电运维大会、对外服务交流会等重大场合进行主题推介。

【科技创新】 2016年,秦山核电取得能源行业核电标准主编单位16项,获得计算机软件著作权登记8项、实用新型专利授权26项,完成国防科技成果技术鉴定19项。是年,“核电材料可靠性保障技术研究——孙玉发院士工作站”正式挂牌;项目“龙腾2020核电厂老化管理和运行许可证延续研究”实施方案及经费概算获得批准,工作全面展开;动态刻棒技术研究项目达到国际先进水平,成功推广至福清核电等单位,科技转化成果效益明显。

【改革与发展】 2016年,秦山核电按照中国核工业集团公司“集团化运作、专业化经营”总体思路,以及秦山核电专业化改革“三步走”战略,推进一体化管理工作。通过准备和沟通,方案最终获得上级部门、各股东方、国家核安全局、国家能源局,以及秦山核电干部员工认可。至年末,秦山核电具备管理切换条件,实现筹备组和公司两个管理团队共同管理改革方案。是年,中国核工业集团公司调整浙江联络部,依托秦山核电开展工作。完成浙江联络部运作模式方案、人员准备等工作和联络部制度建设,编制中核集团《“十三五”浙江区域规划》,建立与浙江省委、浙江省政府所属重要部门工作渠道,完成与浙江省高层多次会晤沟通协调。配合各在浙企业推进其依托项目工作进展,发挥浙江联络部应有作用。

(岳兴华)

12月2日,秦山核电对外服务经验交流会召开

核电场外应急准备工作

【核电科普宣传】 2016年,县核应急办启动中学生走进核电科普宣传活动,组织11700余名中学生参加第四届“魅力之光杯”全国中学生核电科普知识竞赛,首次实现全县初级中学参赛全覆盖和万名中学生参赛目标。海盐获奖学生112名,占全国获奖学生总数的20%以上,总成绩名列全国参赛县(市)前茅。县核应急办获得全国优秀组织奖,叶国文获得先进个人等称号。全年开展核电科普宣传活动80余项,走进社区15个,组织47批次重点人群3000余人次走进核电参观学习,发放资料3300余份,接受教育19000余人。投资90余万元,建成武原中学核电创新实验室和澉浦中学核电科普宣传室。是年,与国

际原子能机构(IAEA)、上海市核电办对接,交流核电科普经验;主任徐浏华为河北省海兴县、甘肃省金塔县等地政府部门作核电科普讲座,并筹备出版科普读本《徐主任讲核电》。核电科技馆被评为嘉兴市全民终身学习体验馆。

【核应急响应】 2016年,在秦山核电周边杨柳山、秦山、秦兴3个社区设立核应急撤离集结点19个。投资30余万元,建成杨柳山社区核应急撤离示范点,面积1200平方米。审议并通过《海盐县核应急预案2016年实施程序》。与秦山核电首次联合举行"场内外核电舆情应对"演习,参加秦山核电海上辐射监测演习,先后观摩2016秦山核电综合演习、广东省第九次核应急演习。派出人员专程赴省核应急办和三门县,支持省核应急办预案修订,指导三门县编制场外核应急演习预案。

【核应急道路建设及核应急工作】 2016年,秦山核电场外"三纵三横"应急道路体系建设取得重大突破。7月14日,海盐县与秦山核电签署秦山核电专用公路建设协议,秦山核电出资5.58亿元,新建武南线(武原街道百尺南路—澉浦镇南北湖大道)、核海线(秦山中学北侧路段),扩建秦核线(秦二厂4号门与武南线连接路段)、翁金线(南台头闸路段)部分路段。投资56万余元,完成县核应急指挥中心LED大屏、辐射防护服、海事卫星电话等应急设备采购任务,核应急响应能力得到进一步提升。G20杭州峰会和第三届世界互联网大会(乌镇峰会)召开期间,县核应急指挥中心强化管理,严格值班,确保专网安全性,得到国家核应急响应技术支持中心领导肯定。探索烟羽区网格化应急管理机制。召开全县核应急工作会议,开展核应急骨干培训活动。参加全国市(县)一级核应急建设现场会、全国涉核市(县)核应急联盟等会议,接待广东省深圳市、福建省福鼎市等地核应急部门人员到海盐考察。

(叶国文)

支援核电重点工程工作

【和谐共建】 2016年,县支核办认真谋划地方与核电各项事务对接,以整体打包、靠前服务等方式实现与核电共同发展。是年,县委、县政府与秦山核电高层召开联席会议,梳理出关于要求核电南苑宾馆改造为职工公寓、中核运行公司要求科技服务型高新技术企业认定、核电小区经济适用住房上市交易、秦山核电员工(引进人才)购买住房优惠政策支持,以及租住在核电生活区青年员工的孩子按划定学区入学等涉核事务5项,并协调相关县级部门妥善处理。协调核电住宅区"三供一业"(供水、供电、供暖,物业管理)移交、国际重大峰会维稳安保等涉核重要事务,推进问题的解决。

【交流对接】 2016年,县支核办接待来自全国各地、各级部门、社会组织、企事业单位、社会各界人士、新华社浙江分社调研组,以及韩国原子能文化财团理事长等共1200余人到秦山核电参观调研。是年,继续宣传地方与核电和谐发展的"海盐样本"。

(孙东魁)

核电关联产业

【产业联盟】 2016年,县核电关联产业联盟(简称联盟)组织11家重点核电关联企业赴北京,参加第14届中国国际核工业展览会。年内,县政府与上海市核电办公室签署《关于加强核电产业协同发展的战略协议》。第三届世界核电运维大会暨第二届核电海盐峰会在海盐召开期间,联盟组织近20家海盐企业参加会议,与中外来宾进行交流。组织部分核电关联企业管理人员,赴上海参加"CAP1400"和"华龙一号"核电技术培训班。承办2016年度浙江省核电设备交流会,组织12家地方企业负责人参加会议,吸引来自全省30家企业的近60人参加,省能源局、省经信委、中国核电工程公司、中核浙能能源有限公司等部门及秦山核电有关领导出席会议。

【产业政策】 2016年,县政府办发布《海盐县发展核电关联产业扶持政策》。与原政策比较,增加涉核人才、涉核培训奖励等内容,核电关联产业扶持范围进一步扩大。落实《海盐县发展核电关联产业扶持政策》,联合县财政局严格审核2015年度企业申报材料,并委托第三方机构实地审查企业涉核业绩。9月8

日，举行第四次联盟成员大会，奖励2015年度涉核关联企业18家(获得核电资质企业6家、获得核电业绩企业12家)，发放奖金150万元。

【产业突破】 2016年，全县有核电关联企业76家，产值230亿元，涉核销售与服务8亿余元。是年，嘉兴市美克斯机械制造有限公司与中核新能源公司合作，共同开发海上移动平台，为海上小堆提供支撑。浙江中达特钢股份有限公司生产的“825钢管”获省级科学技术创新奖，二期扩建工程完工并投入生产，全年产值超4亿元。浙江欣兴工具有限公司投资3.4亿元、占地6.67公顷、年产200万件高效精密数控刀具建设项目进展顺利，企业研究院被认定为省级企业研究院，完成主板上市所有前期工作，为海盐县重点上市企业，入选嘉兴市第二批“三名”(名企、名品、名家)培育试点企业名单，是省首批“隐形冠军”企业之一。嘉兴繁荣电器有限公司与施耐德浙江繁荣电气有限公司投资10亿元、占地6.67公顷的合作项目开工建设，项目涉及创新设计、制造生产、销售等多个方面。嘉兴市佳乐科仪有限公司拟定向新增1亿元，与中国核电工程公司合作，共同生产1E核级变频器柜(样机已成功制造)。浙江科路核工程服务有限公司与中国核电工程公司签订服务合同，金额8.25亿元，为全县核电关联产业获得的最大合同。意欧斯智能科技股份有限公司与秦山核电仓储中心合作开发仓储铲车电子管理系统，项目正在推进中。

(许国初)

中国核电城

【对外宣传】 4月，中国核电城领导组团参加第14届中国国际核工业展览会，全国政协副主席齐续春到展览会参观海盐·中国核电城展馆，对中国核电城和核电关联产业联盟发展给予肯定。其间，县委、县政府在京举行中国核电城建设汇报会。是年，核电城领导出席中国核学会、中国核能行业协会、浙江省核学会年会及相关活动，宣传推介中国核电城。

【招商引资与产业集聚】 1月29日，在海盐举行“2016年核电关联产业招商引资(智)”推介会，在海盐核电系统单位、有投资意向客商、已落户企业，以及11家县内核电关联重点企业领导参加。4月19—20日，日本核电设备和零部件企业联合会代表团到海盐访问，就投资和合作进行交流考察，双方成立工作组，签订《海盐核电关联产业联盟与日本技术者联盟合作备忘录》。9月21—22日，在海盐召开第三届世界核电运维大会暨第二届核电海盐峰会，来自20多个国家和地区的500余名代表参加会议。接待法中电力协会MACHENAUD主席一行22家企业访问团。组团或随团到日本、美国、法国、瑞士招商。是年，全县共有核电关联产业联盟企业76家，门类涵盖第一产业、第二产业、第三产业。其中，世界500强企业2家，核电系统企业20余家，规模以上企业37家，挂牌新三板或省股权交易中心企业8家，产值超亿元企业10家。拥有省、市级技术(研发)中心19个，中核二三东方公司彭存利工作室成为国家级技能大师工作室，浙江电渣核材公司拥有省级院士工作站，中国核工业二三建设有限公司秦山分公司、浙江中达特钢股份有限公司2家企业获得核安全许可证，20余家企业入围中核集团合格供应商名录，30家企业获非核级供应商资格。企业产品获中国驰名商标1个，获省、市级著名商标22个。全年核电关联企业实现产值230亿元。其中，县内核电关联产业规模以上企业总产值65.63亿元。涉核销售与服务总额8.52亿元。核电关联产业已成为全县经济增长的一支重要力量。

【国际国内合作】 2016年，中法合作共建示范区建议得到县委、县政府及省发改委、法国驻华大使馆高度重视。是年，法国COFELY ENDEL公司与博凡动力合资合作项目进入尽调阶段；日本国际原子力发电设备及零部件联合会贸易公司(事务处)正在筹备中；西屋公司办事处成立；宝马格(中国)工程机械有限公司项目跟踪中；中核集团质子治疗仪高端医养项目，以及中国核工业二三建设公司秦山分公司支吊架项目、上海晨晓电子科技有限公司项目洽谈中。

(陈梦晓)

开发区　工业功能区

海盐经济开发区

【概况】 2016年,海盐经济开发区(简称县开发区)85家年销售收入2000万元以上企业实现工业总产值285.98亿元,其中新产品产值149.66亿元。战略性新兴产业产值163.41亿元。实现销售收入281.96亿元,出口交货值28.67亿元,产品销售率98.6%。万元工业增加值能耗同比下降0.4%。财政收入15.45亿元,同比增长8.8%。农村居民人均可支配收入31171元,增长8.8%。

搭建以创客中心、智能创新中心为平台的智能产业孵化生态圈,以浙江(海盐)智能制造创新研发中心、智能制造(浙江)技术研究院、印刷电子工程中心为平台的智能产业服务生态圈,以总规模15亿元的中传福旺(上海)股权投资基金和总规模5000万元的海盐冲锋号股权投资基金为平台的智能产业扶持生态圈的做法,被省政府办公厅《浙江政务信息》刊发后,获副省长冯飞批示。创新工作获省领导批示尚属首次。

新增年产值亿元企业3家,累计35家,其中浙江协和首信钢业有限公司、吉安集团有限公司、海利控股集团有限公司等3家企业年产值之和超50亿元。实施小微企业成长计划,新增科技型小微企业7家,“个转企”(个体工商户转为独资企业或有限责任公司)25家,“小升规”(年销售额达到2000万元及以上企业升格为规模以上企业)9家,集聚入园19家;淘汰关停小微企业13家,腾退低效土地9.72公顷。实施“四换三名”(腾笼换鸟、机器换人、空间换地、电商换市,名企、名品、名家)工程,引导企业投入技改资金28.34亿元。浙江协和集团获2016年省百强民营企业称号;海利环保纤维有限公司被评为全国化纤行业最具社会责任先进企业,获绿色化纤金钥匙奖。

新增省级研发中心1家、市级研发(技术)中心3家。通过平台引才、产业聚才、柔性用才等多种措施,已集聚各类人才2146人,其中硕士及以上学历158人、“国千人才”5人、“省千人才”6人、“市级领军人才”13人。是年,海利环保纤维有限公司研发的“高品质差别化再生聚酯关键技术及装备”项目,获得中国纺织工业联合会科学技术进步一等奖;嘉兴资源循环环保科技有限公司和上海第二大学合作的“磷化渣处置与再生利用”项目,已立项备案,进入中试阶段。被认定为省级新产品39项,申报专利525件,其中发明专利67件。海盐海利环保纤维有限公司的再生聚酯涤纶长丝、海盐众信电子有限公司的磁保持继电器等2个产品获浙江省名牌产品称号。浙江森友环保成套设备有限公司的废弃砼回收筛分装置、海盐佳业机械工具有限公司的千斤顶等2个产品,获嘉兴市名牌产品称号。浙江博仕达作物科技有限公司主导制定国家标准1个,海盐宇星螺帽有限责任公司参与制定国家标准9个,浙江埃米顿机电有限公司参与制定行业标准5个。

委托浙江大学生态工业和环境研究所对区内17家重点废气排放企业,制订“一企一策”提标改造整治方案。13家企业实施废气整治项目。至年末,吉安集团有限公司投资1500万元污水处理站臭气整治、浙江阿尔法化工科技有限公司安装RCO废气焚烧装置等5个项目竣工。通过县级“美丽厂区”认定企业73家。

【房屋拆迁】 2016年,县开发区农房拆迁签约101户,面积39168.28平方米。其中:东港村新区85户,面积32771.6平方米；东港村老区遗留户9户，面积3382.49平方米；修筑清湖路拆迁5户，面积2426.24平方米；危房提前拆迁2户，面积587.95平方米。拆除小企业海盐森泰钢管有限公司、西塘桥镇电器附件厂、新星包装有限公司3家厂房，面积24555.86平方米。10月，实施刘庄村、永宁社区土地整治二期项目，搬迁农户174户，面积73631.15平方米。其中，永宁社区95户，面积40026.24平方米；刘庄村79户，面积33604.91平方米。

【基础设施建设】 2016年，县开发区投入基础设施建设资金10.4亿元，其中园区建设投入8.5亿元。是年，先后开建智能创新中心一期A组团6.14万平方米、B组团6.4万平方米标准厂房项目，至年末，A组团项目主体竣工。建成欧洲（德国）产业园、新经济产业园研发楼和标准厂房面积共10.5万平方米，在建标准厂房面积18万平方米。建成新经济产业园区一期、二期、清湖路（中乐路—杭平申线、中乐路—长浜浪河）等道路4条，总长1.49公里。启动仁安路（西场路—清湖路）、银克爱薇北侧道路（原新城路）、西场路北延伸段等3条道路建设。建成二级管网2093米。投资400万元，启动西塘福利院区块9万平方米截污纳管工程建设。投资170万元，修补路面坑洞9056平方米，更换各类井盖520套、路面窨井防坠网308套，处置裂缝8066米。投资1250万元，分两次对棕榈路（富奥厂区段）、滨海大道（嘉化厂区段）、九场线、东海大道、海港大道5条道路进行大中修，面积11.47万平方米。

【安置房建设】 2016年，县开发区投入9亿元，建设安置房和公建配套设施。至年末，竣工安置房73幢756套16.7万平方米，其中三期建造排屋26幢140套、高层4幢384套共10万平方米，四期南区建造排屋43幢232套6.7万平方米。二期公建配套设施竣工7500平方米。是年，在建安置房111幢2277套39.47万平方米。其中，五期建造高层15幢1224套18万平方米，至年末，完成单体结顶。六期分东、西区两个区块建设，共建造排屋58幢274套8万平方米，至年末，东区完成工程量清单，西区主体2层施工完成。六期建造高层5幢、多层2幢共383套5.67万平方米，至年末，完成地下室基础浇筑。七期建造排屋28幢124套、高层3幢272套共7.8万平方米，至年末，完成排屋2层及高层5层施工。

11月，欧洲（德国）产业园景观河道工程完工

【招商引资】 2016年，县开发区先后与德国中小企业联合会、德国联邦采购物流协会、中国法国工商会、工业4.0俱乐部、中国电子学会等建立战略合作伙伴关系，并利用通泰国际控股平台，在法国设立招商机构，开展以商引商。引进美国500强美铝集团下属威莱克高洁净度半导体材料等外资项目9个，合同利用外资和港澳台投资21221.51万美元，实际利用外资和港澳台投资9585.83万美元。引进县外内资项目22个317556万元，其中注册资本129061万元。完成年度招商引资各项指标，获县招商引资综合考评一等奖。招商引资显现特色园区受客商青睐、智能装备制造产业快速集聚和上海投资项目增多3个新特点。建成的10.5万平方米欧洲（德国）产业园、新经济产业园研发楼和标准厂房，全部入驻企业；在建的18万平方米标准厂房，50%已被企业签约预租。引进智能装备产业项目21个（制造业项目6个、生

产性服务业项目15个)。引进县外合同内资3.14亿元,合同外资5000万美元。引进上海地区投资项目14个,总投资7.77亿元,包括总投资2500万美元的U掌柜增资项目、总投资1亿元的山鹰集团国家印刷电子工程中心项目等。

【项目建设】 2016年,县开发区投入工业生产性资金32.65亿元,其中技改资金28.98亿元,占投资总额的88.8%。全年新开工建设工业重大项目32个:用地项目5个(跃鑫厂房建造、力浮千斤顶园区厂房建设、大宁紧固件厂房建设等),技改项目27个(摩根厂房建设、协和港务物流仓库建设、吉安环保设施技改、康柏特建设项目等)。竣工项目21个:用地项目6个(北新建材、朗骏科技、宇星螺帽、协和港务物流仓库建设等),技改项目15个(实德光伏、金达光伏、地矿机械、金欣新材料、兴余化工、克玛技改等)。新开工项目3个(澳燕幼儿园、复星商业中心、西塘信用社大楼),竣工项目3个(杭州湾北岸财富广场、铂宫酒店、西塘信用社大楼)。

【产业发展】 2016年,县开发区实现地区生产总值(GDP)48.05亿元,高于全县1.9个百分点。其中,第一、第二、第三产业分别实现增加值2.21亿元、38.14亿元和7.7亿元。是年,县开发区四大(县定)传统产业实现总产值75.09亿元(纺织服装行业8.63亿元、紧固件行业8.51亿元、造纸及纸制品行业57.33亿元、食品药品行业0.62亿元),五大(县定)新兴产业实现工业总产值166.99亿元(临港产业113.12亿元、装备制造产业17.72亿元、电子电器产业6.19亿元、节能环保产业16.48亿元、核电关联产业13.48亿元),战略性新兴产业(国家标准)实现工业总产值163.41亿元(节能环保产业93.44亿元、第一代信息技术产业1.09亿元、生物产业12.60亿元、高端装备制造产业2.19亿元、新能源产业6.42亿元、新材料产业47.65亿元、核电关联产业0.02亿元);生产性服务业主营业务收入(限上)9648万元。

(郑伍明)

百步经济开发区

【概况】 2016年,百步镇工业功能区扩区,规划总面积从4.96平方公里增至8.4平方公里,名称改为浙江百步经济开发区(简称百步开发区),为省级经济开发区、嘉兴市甲级工业功能区、中国集成吊顶源发基地、浙江省集成吊顶检测基地和嘉兴市智慧示范园区。核心区位于百步镇中心区域,东至百步亭港,南至杭平申线,西至嘉绍高速公路,北至堰桥港、老黄里,形成"一园三片"(集成家居产业园,印刷创意产业片、高端纺织产业片、装备制造产业片)空间结构。区域内工业发展迅速,经济活力强劲,已成为海盐县域重要工业增长极。

是年,百步开发区晋升为省级经济开发区。依托其特色和实力,所在镇被评为省级特色小镇培育镇、嘉兴市特色小镇、第二轮嘉兴市小城市培育试点镇,并获得嘉兴市工业强镇进步奖、市级小城市培育试点考核先进等称号。全年实现地方生产总值25亿元,同比增长7.8%;公共财政预算收入1.5亿元,同比增长16%。新开发土地面积33.5公顷,累计395.03公顷。新入区工业企业26家,累计243家,其中有年销售收入2000万元以上企业54家,年利税总额100万元以上企业49家;有职工20356人。全区实现工业总产值91.2亿元(占全镇工业总产值的81.4%),销售收入82.63亿元,利税总额9.6亿元。

实施"新上规"企业1万元奖励扶持政策。依托嘉兴市派利企业管理顾问有限公司,开展企业"小升规"培训工作,培育"小升规"企业累计36家,新培育上市企业1家,培育省股权交易中心挂牌企业累计2家。同步推进小微企业三年行动计划,完成集成家居、印刷产业"两创中心"规划设计。镇商会为企业融资担保3.7亿元,获得省工商联规范化建设示范商会称号。浙江中达特钢股份有限公司生产的核级仪表管供货至福建福清核电站和海南昌江核电站;浙江金元亚麻有限公司的"机器换人"项目,被列入浙江省"机器换人"示范项目名单;浙江友邦集成吊顶股份有限公司已成为国家行业发展核心领军企业。累计培育中国驰名商标7个、中国名牌产品1种、省著名商标1个、省名牌产品2种,战略性新兴产业产值年均增长10.2%。

【房屋拆迁与土地征用】 2016年,百步开发区完成房屋拆迁171户,征用土地面积116.21公顷。其中:拆迁百联村西6组房屋30户、西7组29户、西12组18户、西13组32户、西14组21户,征用土地面积分别为20.09公顷、19.04公顷、16.43公顷、18.44公顷和17.64公顷;拆迁横港村长岸12组房屋20户、18组21户,征用土地面积分别为11.8公顷和12.77公顷。

【基础设施建设】 2016年,百步开发区投入1623万元进行基础设施建设。其中:投入道路建设1023万元,完成金山路南段(盐湖线—百兴路)工程、纬九路路基工程、金家浜路段工程、仙坛庙路路基(海棠路—百步大道)工程、钱王路路基工程等施工,启动金山路北段(百兴路—仙坛庙路)、仙坛庙路(海棠路—百步大道)等道路建设;投入安置点基础设施建设600万元,完成百联社区69幢室外配套施工,铺设道路路基面积2200平方米,浇筑道路面积7000平方米,完成卢许门社区、得胜社区室外配套施工,浇筑道路面积分别为4500平方米和7300平方米。

【安置房建设】 2016年,百步开发区投入2.03亿元,建设安置房和公建配套设施。其中:建设百禾花苑三期安置房22幢480套,总建筑面积5.3万平方米,总投资14273万元,至年末,全部完工并交付使用;建设百联社区安置房30幢60套1万平方米、卢许门社区安置房52幢104套1.7万平方米、得胜社区安置房18幢36套0.6万平方米,总投资6000万元,至年末,全部竣工。

【招商引资】 2016年,百步开发区实施接轨沪杭、对接广深战略,全年举办中国集成家居产业园专题推介会、对接沪杭产业洽谈会等招商活动6次,接待客商40批(次),获取有效信息12条。引进时时发数码、圣峰建材、无极科技、派米雷投资、巨上电器等重点项目7个,与毕马威企业咨询有限公司、上海市青浦区印刷技术协会等4家机构建立交流合作关系。全年实到内资9.52亿元(完成率253%),新增注册资金4.04亿元(完成率260.8%),合同利用外资和港澳台投资5000万美元(完成率263.2%),实际利用外资和港澳台投资2078万美元(完成率218.7%),浙商回归资金3.2亿元,接轨上海资金1.78亿元,各项指标均超额完成。

【项目建设】 2016年,嘉兴市"双推"(推进重点工作、推动争先晋位)活动现场观摩"浙江友邦集成吊顶产业运营总部基地"项目成为全市双推样本。是年,友邦、久康、金达等重点工业项目生产性投资共7.57亿元(占全镇工业投资总额的48%)。百商公寓(人才公寓)等项目基本竣工,小镇客厅(玉梳馆)、云鼎文化广场项目即将开工建设,全年实现服务业投资6.16亿元,同比增长21.2%。家庭农场提升、粮食增产、农综开发等农业项目稳步推进,"彩虹源现代农旅"项目签约,全年农业投入7200万元(完成率120%)。完成人行道路面改造、雨污水管网改造等工程。建成居家养老服务中心2个,新建或提升村文化礼堂5个,百禾花苑三期安置房全部建成并交付使用,全年政府建设项目投资2.5亿元。

【产业发展】 2016年,百步开发区呈现核心产业源发领先、重点产业同步发展两大特点。全区有集成吊顶生产企业650余家,各类品牌160余个,国家专利3000余项,国内市场占有率40%以上,已形成完备的集成家居产业链,为集成吊顶产业源发基地,被誉为中国集成吊顶第一镇。与意大利、德国等国际著名设计机构及美国吊顶和幕墙工业协会总部建立合作关系,友邦集成吊顶产业总部运营基地携手8位国际顶尖设计师亮相第15届威尼斯建筑双年展。占地200公顷、总投资200亿元的中国集成家居产业园启动建设,已入驻企业8家,正在办理供地手续6家;省重大产业项目——浙江友邦产业运营总部基地项目,已投资4.2亿元,云馆基本竣工,厂房土建基本结束;浙江友邦集成吊顶股份有限公司牵头制定的"集成吊顶'浙江制造'团体标准"正式发布并实施。全国首个吊顶产业指数——"百步·中国集成吊顶产业指数"在广州正式发布,集成吊顶国家证明商标注册完成。海盐百步集成家居被评为浙江省专业商标品牌基地,海盐集成家居时尚小镇入选第二批省级特色小镇培育名单，全行业全年实现工业总产值31.2亿元，销售收入36亿元。重点产业纺织化纤业有生产企业115家，全年实现工业总产值38亿元，销售收入40.6亿元；机械装备（核电关联）业有生产企业78家，实现产值35亿元，销售收入37亿元；印刷业有生产企业226家，实现产值11亿元，销售收入12.6亿元。

（陈春圆　张伟忠）

镇、街道工业功能区

【武原街道工业功能区】 功能区以古荡河、六平申线、盐平塘、东西大道、团结港为界，面积7.06平方公里。按照“区城建设互动、产业发展融合、体制机制完善、管理水平提升”目标，围绕新城区、产业区产城融合、互为依托、共同发展思路，坚持生态立区、品质建区、产业强区三大战略，加大开发建设力度。2016年，功能区发展空间得到拓展，产城联动得到深化。全年投入园区基础设施建设资金1.23亿元。“两创中心”一期标准厂房投入使用，面积3.78万平方米；创意园主体结顶，面积0.78万平方米；“两创中心”二期（中小企业集聚园标准厂房）开工建设；占地10公顷的变频器产业园正在方案设计和招商。完成联丰村北荡片7组、8组，多角电缆，联丰村集体房屋，以及南洋村5～7组共168户腾空交房工作。启动联丰村北荡片9组23户模拟征迁、10～12组103户，以及建丰片37户征地工作。启动联丰村北荡片4～6组93户评估工作。至年末，累计开发面积507.82公顷，用地192.02公顷，基础设施建设投入9.42亿元，企业固定资产投入53.50亿元。进区企业147家，有职工5730人。其中，有年销售收入2000万元以上企业64家，年利税总额100万元以上企业35家。实现工业总产值60.06亿元（占全街道工业总产值的67.3%），销售收入60亿元，利税总额3.84亿元。区内特色主导产业造纸及纸制品业、纺织服装业、通用设备制造业实现产值37.47亿元（占功能区工业总产值的62.4%）。

（王博文）

【元通街道工业功能区】 以元通集镇为中心，辖凤凰、新兴、电庄3个社区，规划面积2.42平方公里，主要为一、二类工业用地。功能区突出征地拆迁和基础设施投入两大核心任务，按照“统一规划、分步实施、滚动开发”总体思路和“扩容、升级、整合、提高”总体要求进行开发建设。先后引进华润雪花啤酒（嘉兴）有限公司、嘉兴美可泰科技有限公司、意欧斯仓储设备股份有限公司等一批知名企业。至2016年年末，累计预征土地209.2公顷，拆迁农户804户，基础设施建设投入4.63亿元，区内供电、供水、供热、通信、道路、桥梁、排污等基础设施配套到位。进区企业193家，其中年销售收入2000万元以上企业33家，年利税总额100万元以上企业24家；有从业人员8022人。功能区已形成食品医药、纺织服装、机械五金、电子电器四大主导产业，企业集中度、产业集聚度不断提高，已成为元通街道工业经济发展的主平台和招商引资的主战场。是年，功能区实现工业产值57.8亿元，利税总额4.68亿元。其中，四大主导产业实现产值57.7亿元，占比99.8%。

（王昕伟）

【秦山街道工业功能区】 位于秦山大道东西两侧，紧靠秦山核电基地，规划总面积6.64平方公里。2008年，在功能区内筹建秦山核电关联产业园。2016年，功能区引进内资8.91亿元；进区企业完成生产性投资11.89亿元（占全街道工业投资总额的84.6%）；主导产业通用设备制造业、纺织服装业、核电关联产业完成固定资产投资5.78亿元（占功能区投资总额的48.6%）；新征土地37.3公顷，出让土地8宗40.56公顷，引进1家外资企业——浙江康盈五金科技有限公司。至年末，区内修建道路面积累计10.5万平方米，绿化面积6.7公顷；开发土地面积累计3.9平方公里，出让土地面积171.43公顷；入区企业84家，其中核电关联企业33家；有年销售收入2000万元以上企业21家，年利税总额100万元以上企业11家；完成企业项目投资累计28.9亿元。是年，功能区实现工业总产值18.38亿元（占全街道规模以上工业总产值的64.1%），销售收入11.85亿元，利税总额1.31亿元，出口交货值4.26亿元。

（周其明）

【沈荡镇工业功能区】 沈荡镇工业功能区位于沈荡镇东侧，规划总面积6.77平方公里。2016年，完成土地征用1.61公顷，基础设施建设累计投入7.35亿元;在建项目53个,完成投资22.29亿元;实到县外内资5.58亿元;合同利用外资和港澳台投资4500万美元,实际利用外资和港澳台投资1304.15万美元。新增内资注册资本1.62亿元,浙商回归资金2.51亿元。功能区创业中心完成标准厂房及职工宿舍建造,累计面积15.85万平方米,至年末,功能区累计开发土地面积298.2公顷,出让土地面积176.46公顷。进区企业155家,其中已形成生产能力140家;有年销售收入2000万元以上企业38家,年利税总额100万元以上企业18家;有职工7492人。功能区主要支柱产业有造纸及纸制品业、汽车配件业等。是年,功能区实现工业总产值46.34亿元(占全镇工业总产值的88.4%),销售收入44.5亿元,利税总额3.77亿元。（张祥林）

【于城镇工业功能区】 位于于城镇海王公路沿线黄桥至鸳鸯村6公里区域内,由黄桥工业区、三联电子工业区等组成,规划总面积2.7平方公里。2016年,投入基础设施建设资金0.65亿元,累计4.28亿元;新开发土地17.57公顷,累计141.5公顷;新增用地17.57公顷,累计114.62公顷;新增建筑面积5.1万平方米,累计99.37万平方米;固定资产投入3.82亿元,累计30.54亿元。合同利用外资和港澳台投资3500万美元,实际利用外资和港澳台投资1080万美元,引进内资43850万元。功能区已形成以紧固件、印刷、包装、纺织、服装、印染为主导的优势产业,有饲料加工、电子仪表等新兴产业。进区企业96家,有职工4650人;有年销售收入2000万元以上企业32家,年利税总额100万元以上企业19家,其中浙江华诚金属制品有限公司、海盐三马标准件有限公司、浙江君悦标准件有限公司、海盐兴原服饰有限公司、海盐县石油化工有限公司5家企业总产值均超亿元。区内企业获省高新技术企业称号1家,获省科技型中小企业称号4家,获市著名商标1个、市级技术中心称号1家,获省级新产品立项19项,申报专利202项。是年,功能区实现工业总产值27.27亿元(占全镇工业总产值的74.2%),销售收入26.69亿元,利税总额1.23亿元,出口交货值8216万美元。（郭佳佳）

【澉浦镇工业功能区】 澉浦镇工业功能区分东、西两块,总规划用地面积11.15平方公里。西块为六里工业功能区,坐落于六里集镇西北部,规划用地面积3.99平方公里;东块为长墙山工业功能区(原临港产业区),坐落于澉浦长山,规划用地面积7.16平方公里。2016年,园区工业基础设施建设投入1.81亿元,拆迁农户255户。至年末,累计开发面积283.6公顷(六里工业功能区107.67公顷、长墙山工业功能区175.93公顷),累计出让土地面积155.08公顷,完成基础设施投入9.09亿元。是年,工业功能区内有企业111家,其中年销售收入2000万元以上企业32家,年利税总额100万元以上企业23家;有职工5800人。进区企业全年完成固定资产投资11.59亿元,累计61.83亿元;实现工业总产值29.14亿元(占全镇工业总产值的72.5%),销售收入28.38亿元,利税总额3.29亿元;出口交货值3.25亿元。（屠稽元）

【通元镇工业功能区】 通元镇工业功能区是嘉兴市乙级转型升级工业园区,由位于01省道南北侧、石泉大道两侧的工业小区和位于通元大道两侧的工业小区组成,规划总面积5.89平方公里。功能区有新材料装备制造业、电子设备与机械制造业、化纤与纺织制造业3个产业集中区。2002年,功能区开始开发建设,随着功能区和通元新市镇联动开发不断深入,园区内生产、生活配套及基础设施建设日趋完善,承载能力大幅提升。至2016年年末,累计开发土地面积307.9公顷,出让土地239.95公顷,完成基础设施投资5.93亿元,形成纺织服装、灯泡、电子电器、新型建材等主导特色产业。产业集聚度不断提高,企业实力和创新能力不断增强。年末,入区企业203家,有职工9569人;区内有年产值亿元以上企业9家,有年销售收入2000万元以上企业35家,年利税总额100万元以上企业23家;拥有国家级高新技术企业2家、省中小型科技企业13家、市级专利示范企业4家、县级亿元企业研发(技术)中心11家。是年,入区企业实现工业总产值43.09亿元(占全镇工业总产值的73.9%),销售收入41.11亿元,利税总额1.21亿元,出口交货值5313万美元。（高雨佳）

国内贸易

综　　述

【概况】 2016年，全县社会消费品零售总额124.37亿元。其中：城镇零售额100.74亿元，乡村零售额23.63亿元；批发业4.26亿元，零售业97.39亿元，住宿业1.32亿元，餐饮业15.37亿元。全县批发与零售业实现增加值26.26亿元，住宿与餐饮业实现增加值3.33亿元。全县城镇居民人均可支配收入50216元，人均消费性支出30615元；农村居民人均可支配收入29606元，人均消费性支出20814元。

2016年海盐县部分大型商场、超市情况表

表12

单位名称	营业面积（平方米）	职工人数（人）	2016年销售额（万元）	比上年增减（%）	单位名称	营业面积（平方米）	职工人数（人）	2016年销售额（万元）	比上年增减（%）
海盐世纪联华超市有限责任公司新桥南路店	9995	150	12678.5	−23.61	海盐县现代百货有限公司(共1家直营店和1家配送中心)	3500	40	4118.9	−5.34
海盐世纪联华超市有限责任公司勤俭路店	4700	69	—	—	海盐大润发商业有限公司	12560	330	30243.4	−1.31
农工商超市集团海盐有限公司(共11家直营店)	4854	161	2771.9	−9.59	海盐物美超市有限公司	9000	190	4426.2	—

说明：2016年，海盐世纪联华超市有限责任公司勤俭路店销售额未统计；4月，海盐物美超市有限公司开业

【重点商贸服务设施项目建设】 2016年，全县续建及新建商贸服务设施项目10个，计划总投资15.5亿元、总用地15.43公顷、总建筑面积32万平方米。是年，实际投资3.7亿元，易购MORE二期、北岸财富广场、嘉兴市机动车驾驶员考训服务中心、金汇智博广场、百商大厦等项目建成并投入运行；润家广场建设项目外墙装饰施工中；复星商业中心开工建设，二层施工中；德信滨海广场完成方案设计并开工建设；禾众汽车商贸园二期建设项目完成项目核准。

【县域电子商务发展】 2016年，海盐县连续第三年获得“中国电子商务发展百佳县”称号。是年，全县实现网络零售额26.73亿元，同比增长45.8%，增速位居嘉兴市第一。

（朱水良　丁志平）

【生猪定点屠宰量下降菜牛增长】 2016年，全县有2家生猪定点屠宰场和1家菜牛定点屠宰场。全年屠宰生猪90.88万头，同比下降3.6%。其中：县内产生猪3.44万头，占总量的3.8%；县外产生猪87.44万头，占总量的96.2%；省外调入70.56万头，占总量的77.6%，主要来源地为福建、江西、江苏、安徽和河南等省。生猪宰后县内供应量11万余头，同比下降22.8%；供应上海市场17万余头，同比下降7.8%；其余供应县外其他地区。全县生猪定点

屠宰率100%;生猪定点屠宰场瘦肉精宰前抽检比例6.18%,抽检结果均为零。检出病害猪及产品折合头数6562头,全部作无害化处理。全年屠宰菜牛2701头,同比增长13.4%,菜牛主要来源地为辽宁省,宰后供应以嘉兴地区为主。菜牛定点屠宰场瘦肉精宰前检测比例100%,检测结果均为零。检出病害牛产品1231公斤,全部作无害化处理。（黄黎辉）

供销合作商业

【概况】 海盐县供销合作总社(简称县供销总社)与海盐县农村合作经济组织联合会(简称县农合联)合署办公。全系统有基层供销社16家、社有企业11家。2016年,县供销总社(农合联)认真贯彻中央《关于深化供销合作社综合改革的决定》,围绕全省供销社“三位一体”综合改革目标开展工作,较好完成全年任务,并获得省供销社系统综合业绩考核特等奖、市供销社系统工作业绩考核优秀奖。

【综合改革】 2016年,县供销总社深化改革,完善治理结构。是年,恢复实行“三会”领导管理体制,召开县供销社第六次代表大会,选举产生新一届理事会、监事会,健全决策机构、执行机构和监督机构,推进依法办社治社工作。

【剥离资产监管】 2016年,县供销总社制定《基层社福利资产经营管理考核办法》,细化年度考核指标,建立绩效考核机制。全县所有基层社均纳入新的管理体制,实行“收支两条线”管理模式,强化资产管理中心主体地位,统一管理,统一运营,扭转改制以来对基层社资产管理的被动局面,改造危旧资产,提高资产收益,化解安全隐患。

【项目建设】 2016年,县农批市场迁扩建项目被列为年度县政府投资前期项目和全县服务业重点项目。做好项目申报、土地对接及项目考察、可行性研究等前期工作。加强与各镇政府(街道办事处)沟通联系,结合新市镇总体规划和建设进度,腾退社有城镇低效用地,参与新市镇建设,增强为农服务功能,开发建设汇金大厦等一批经营服务综合体项目。

【农产品服务】 2016年,社属全资企业市场开发公司加强企业管理,抽检农产品质量常态化,杜绝不合格农产品流入市场。全年农产品交易区成交额5.45亿元,同比增长11.4%。通过举办产销对接会、采摘游、农博会等方式,为农业龙头企业、专业合作社免费提供特色优质农产品展示销售平台。帮助专业合作社、农产品生产基地对接蔬菜、水果批发市场和大型超市,密切双方互联、互通、互补。组织六里鸿安精制茶厂参加由省社等部门联合组织的2016年“浙茶杯”优质红茶推选活动,提升企业知名度。

【兴农担保助农服务】 2016年,兴农担保公司为全县农户和小微企业担保,总额1.5亿元,累计9.5亿元(成立6年)。公司每年为全县农户和小微企业减轻融资成本300万元以上,有效缓解农民和小微企业融资难、融资贵问题。加强风险防控,公司深入企业、农户,协调化解多起担保风险,涉及金额600余万元。

【农产品经纪人协会】 2016年,召开县农产品经纪人协会换届大会,选举产生新一届协会领导,研究部署会后工作任务和措施。是年,协会与海盐职成教培训中心、通元成校、于城成校联合承办海盐县首期中级农产品经纪人培训班,并完成学员考核鉴定工作。选取海盐县6家开展电商工作的农产品经纪人,使其成为嘉兴市供销社系统电商协会第一批会员和理事。

（彭晓瑾）

粮食商业

【概况】 2016年,全县粮食订单数量19000吨,其中省级小麦订单3000吨、省级晚粳谷订单6000吨、县级晚粳谷订单10000吨。省级小麦订单与157户农户签订,面积3868公顷;省级晚粳谷订单与157户种粮农户签订,面积5255公顷;县级晚粳谷订单与272户种粮大户(含农场、公司)签订,面积6069公顷。为12户农户发放预购定金36万元。确定符合中等质量标准以上晚粳谷价每50公斤155元,县级储备订单内价外补贴每50公斤12元,省级储备订单内另行奖励每50公斤20元。小麦收购价每50公斤118元,省级储备订单内省财政给予每50公斤30元奖励。全年收购粮食28314吨(小麦548吨、晚粳谷27766吨),收购资金9120万元。通过网上竞价形式,交易晚粳谷19695吨。全县轮换储备晚粳谷12000吨、成品大米200吨,补库晚粳谷12000吨。新增县级晚粳谷储备6900吨,至年末,县级储备规模29400吨,其中原粮28900吨、成品粮350吨(折原粮500吨)。

【晚粳谷订单与种植品种挂钩】 2016年,海盐县首次推行签订晚粳谷订单与种植品种挂钩方法。省级晚粳谷订单为县内晚粳谷种植面积13.33公顷及以上、种子购买800公斤及以上种粮大户(含粮食种植专业企业、家庭农场),县级晚粳谷订单为县区域内麦稻复耕面积3.33公顷及以上种粮大户(含粮食种植专业企业、家庭农场)。为确保储备粮安全,经县粮食、县农经部门抽检,农药残留超标或使用禁用农药的主体,取消订单。粮食订单主要推广"秀水134"和"嘉58"两个品种,种粮农户凭县农经供种部门购种发票签订晚粳谷订单,其他品种均不在订单签订范围。

【县中心粮库建成并投入使用】 2016年,县中心粮库项目主体工程及配套码头工程完成竣工验收并投入使用。是年,县中心粮库配套码头创建成为省级五星级美丽码头。工程于2013年8月18日正式开工建设;共征地5.9公顷,总建筑面积1.87万平方米,储备仓容规模5万吨;同步建设300吨物流码头及相关配套设施;总概算投资9515万元,项目一次规划设计,分两期实施。项目被列入省重点工程,是集粮食仓储、粮食收购、粮食烘干、粮食中转等为一体的综合性粮库。

【完成2015年度粮情调查】 2016年,县商务局(粮食局)完成2015年度粮情调查,粮食供需主要呈现"一稳二减"特点:"一稳"是粮食生产保持平稳。全县粮食种植面积31868公顷,粮食总产量20.45万吨,种植面积和总产量与2014年基本持平。"二减"是粮食消费数量和粮食对外依存度减少。受"生猪退养"政策影响,粮食消费数量和粮食对外依存度均减少。全县粮食需求33.19万吨,粮食消费21.42万吨,粮食产量20.45万吨,对外依存度4.5%,比2014年下降27%,缺口大幅缩小。

【县粮食局所属国有企业优化整合】 2016年,县商务局(粮食局)成立新的粮食收储公司,优化整合、兼并重组原县粮食收储有限责任公司、原粮食资产管理有限公司。建立一级法人体制,规范企业经营行为,按公司制完善财务、购销、人事、资产、分配、内控,以及考核等制度。

(朱建新)

成品油供应

【概况】 2016年,全县有成品油批发企业1家,加油站点44座。其中:中石化所属加油站23座、加油点1座,中石化所属高速公路加油站2座,中石油所属加油站3座,中海油所属加油站1座,民营加油站8座、加油点6座。全年44座加油站点汽、柴油零售总量12.27万吨(汽油7.76万吨、柴油4.51万吨)。中石化所属加油站点零售量约占全部零售量的67%。是年,国内油价调整25次(上调10次、价格实际未变10次、下调5次)。年末(12月29日)同比价格,累计汽油每升上调0.87元,柴油每升上调0.84元。

(朱水良　丁志平)

医药商业

【概况】 2016年,县医药有限公司主要经营药品药械批发业务,所属健民大药房有限公司23家连锁药店主要经营药品零售业务;公司共有员工161人,其中执业药师19人。全年实现销售总额24667.06万元(含税),完成年计划的110.5%。其中,批发销售20215.07万元,零售销售4451.99万元。实现利税总额322.46万元(其中利润76.10万元,完成年计划的152.2%)。完善医保定点药店日常管理监督制度,所属23家医保定点药店全部通过县社保中心年度考核,由于医保定点药店扩容,医保销售额同比下降0.8%。是年,公司药品流通行业统计工作受到浙江省商务厅通报表扬;公司被省食品药品监管局评为药品质量信用等级AA级(诚信)企业,被嘉兴市市场监管局评为市医疗器械经营诚信企业(所属健民大药房有限公司被评为市药品零售连锁诚信企业);公司经县精神文明建设委员会复查继续保留县级文明行业称号,被县慈善总会评为慈善捐赠一星级单位,公司工会在县总工会年度重点工作考核中获优胜奖。

【药品管理】 2016年,县医药有限公司健全药品管理机构,明确管理职责,及时补充岗位人员。更新维护设施设备,定期对相关设施设备进行校准和验证,确保药品合理安全储存。加强对药品采购、验收、储存、销售、运输等经营环节全过程质量控制,开展法律法规、药品专业知识和质量管理制度培训,严格购销方资格和购进药品合法性审核,并进行动态管理。按照药品质量状态实行色标管理,根据药品质量特性,采用常温、阴凉、冷藏等方法储存。建立健全药品经营信息化系统,不断更新系统硬件设施,及时升级,完善系统功能。建立预警机制,实时控制并记录药品经营各环节和质量管理全过程,使药品来源可查,去向可追,责任可究。实施药品储存温湿度在线管理,实时自动监测、记录和上传温湿度。加强药品品种在线监管系统、特殊管理药品系统、药师指纹签到系统管理,做好在线填报。根据国家食药监管总局《关于整治药品流通领域违法经营行为的公告》和《关于整治医疗器械流通领域经营行为的公告》要求,开展自查整改工作,落实药品安全主体责任。配合省、市药监部门开展药品经营企业GSP飞行检查,列出问题,及时整改。

【药品经营】 2016年,县医药有限公司按国家有关规定经营各类药品。加强冷链药品、麻黄碱复方制剂和中药饮片等重点品种管理。强化药品资质证明资料风险管控,确保购销方资质资料完备、手续齐全。以“稳定现有客户,挽回流失客户,开发潜在客户”为目标,按市场需求适时调整、增加经营品种。制订OTC药品管理制度,规范折扣让利,全年低价购进适合市场销售药品40余种,销售按季度结算奖励。配合做好省二轮基本药物、全品种招标配送服务和大标品种配标衔接等工作,协调上游供应商和各医疗机构,保持配送区域和配送数量稳定。督促业务员下基层、跑客户,上门联系,解决相关问题,拓展经营范围。按市场和医疗用药需要组织货源,合理储备应对县内突发事件公共应急和医疗抢救急需药械。配合县卫生计生局,直接配送药械至全县各社区医疗服务站,配送站点共96个。做好省、市、县食药监管部门行政监督,规范经营行为,防控经营风险。

【特色服务】 2016年,县医药有限公司履行社会责任,全年捐助武原街道文昌社区3000元,捐助澉浦镇镇中村慈善帮扶基金6000元,捐助县“心连心”慈善总会27533元。以每月25日为固定服务日,组织党员志愿者在公司门口设立便民服务点,开展免费为群众测血压、中药材切片碾粉、测身高体重、家庭过期药品回收登记等服务。组织党员定期到社区为居民义务测量血压、清理家庭小药箱、普及安全用药合理用药实用知识,受益群众约850人次。健康药店不计成本、毛利,为群众提供各类服务,保障病患特需药品供应;为民药店继续对外开放中药煎药服务,全年煎药34957帖。

(祝艳芳)

烟草专卖

【概况】 2016年,县烟草专卖局(分公司)销售卷烟1.58万箱,实现销售总额7.54亿元,利税总额2.13亿元。是年,县烟草专卖管理部门查获违法案件131起,查获各类卷烟1.01万条,案值183万元。辖区市场净化率连续四个季度位列全市第一。抓好分层对标管理,在全省分层对标17家县级局(分公司)综合排名中,海盐县烟草专卖局(分公司)位列第四。在省、市公司组织的8次满意度测评中,海盐5次位列全市第一、1次位列全市第二。全年保持零信访、零投诉。编制的《海盐县烟草专卖局对俞某某未在当地烟草专卖批发企业进货案》被评为海盐县年度优秀行政执法案卷。

【市场营销】 2016年,县烟草专卖局(分公司)经济运行好于全省同行。全年销售重点品牌卷烟1.47万箱,占总销量的93%。单箱销售额为4.76万元。

【市场监管】 2016年,县烟草专卖局(分公司)建立重点监管对象信息库,全面实施APCD工作法,运用数据和模型分析,实现对市场有效监管。全年查获

查获1起5万元以上真烟非流案件

违法案件131起(同比增长67.9%)。其中,案值5万元以上案件17起。是年,“1·4”案件成功申报省标网络案。

(范敏芳)

盐与食盐专营

【概况】 2016年,省盐务管理局盐产品调拨计划只下至嘉兴市,不再直接下达到海盐县。年内,嘉兴市盐业有限公司以吸收合并方式,吸收合并海盐县盐业有限公司,成立浙江省盐业集团嘉兴市盐业有限公司海盐分公司(简称海盐分公司)。是年,县盐业有限公司(海盐分公司)实际调入盐产品6697吨,其中食用盐2482吨(含碘盐1061吨)、饲料添加氯化钠200吨、水产养殖盐330吨、工业盐3685吨。全年供应盐产品7286吨,其中食用盐2822吨(含碘盐1600吨)、饲料添加氯化钠196吨、水产养殖盐459吨、工业盐3809吨。盐产品销售总额1095万元,实现利税总额31.7万元。县盐业有限公司(海盐分公司)食盐储备平均月库存628吨,其中碘盐平均月库存306吨。

【盐业体制改革】 2016年,嘉兴市盐业有限公司吸收合并海盐县盐业有限公司,成立浙江省盐业集团嘉兴市盐业有限公司海盐分公司。至2月29日,海盐县盐业有限公司停止经营。3月1日起,海盐分公司正式营业。4月22日,国务院发布《国务院关于印发盐业体制改革方案的通知》,重点推进四项改革:改革食盐生产批发区域限制,允许现有食盐定点生产企业进入流通销售领域,不再核准新增食盐定点生产企业,确保企业数量只减不增。改革食盐政府定价机制,自2017年1月1日起,放开所有盐产品价格。改革工业盐运销管理,放开小工业盐及盐产品市场。改革食盐储备体系,建立由政府储备和企业社会责任储备组成的全社会食盐储备体系。

【盐业市场整治和监管】 2016年,县盐务管理局(海盐分公司)组织开展盐政检查496人次,被检单位(经营户)1150家,未查获盐业违法案件。专项检查有:春节前后,开展以排查假冒小包装碘盐、其他用盐违法购销为重点的市场安全用盐检查;3月,开展食品加工盐市场检查,重点检查加工户集中村小店、各镇(街道)、集镇农贸市场、各区域食盐零售大户供应点、仓库,出动检查人员25人次,检查单位(经营户)67家,未发现违法行为。

【碘盐配送直达零售点】 2016年,武原街道各食盐零售点所供应的碘盐由县盐业有限公司(海盐分公司)盐产品配送中心直达配送,其他镇(街道)各零售点仍由各镇(街道)食盐配送点转配送,县盐业有限公司(海盐分公司)全年配送碘盐1574吨,占年度碘盐供应量的98.4%。

(毛永良)

市　　场

中介机构

【概况】 2016年，全县新增中介机构56家，减少2家，累计294家。

2016年新增中介机构情况表

表13

企业名称	负责人	经营范围	经营地址
嘉兴壹号房产营销策划有限公司	张振杰	房地产营销策划、咨询，房产中介服务，房地产销售代理，房屋租赁，物业管理	武原街道团结港28号绿城花苑西区团结港营业房31号
嘉兴尚盟房地产经纪有限公司	郗菁懿	房地产中介服务，市场营销策划，企业形象策划，会议及展览服务，企业管理，市场信息咨询与调查，图文设计	武原街道海丰西路211号新城海丰综合楼2幢203室
海盐县武原好再来房产中介服务部	徐小慧	房产中介服务，家政服务，婚姻介绍服务	武原街道新桥南路81号新桥花苑7幢
海盐县武原安心房产中介服务部	刘晓雅	房产信息中介服务	武原街道城北小区213—1幢102室
海盐县武原恋家房产中介服务部	王保妹	房产信息中介服务	武原街道新城花苑5幢3号商铺
海盐县西塘桥老街房产中介所	张会华	房产、二手车中介服务	西塘桥街道淘泾南路东侧
海盐处处美房产中介服务部	沈　勤	房产中介服务	武原街道勤俭路250号绿城花苑东区勤俭路15号
海盐县武原家缘房产中介服务部	郑　佩	房产中介服务	武原街道梅园路104号
海盐县武原翀卿房产中介服务部	沈翀卿	房产中介服务	武原街道梅园路45号
海盐县武原国娟房产中介服务部	王国娟	房产信息中介服务	武原街道谢家路1205号浅水湾物业商铺1—2室
海盐鼎顺房地产营销策划有限公司	王惠洲	房地产营销策划、咨询，房产中介服务，房地产销售代理，房屋租赁，物业管理	武原街道昭君弄恒隆广场A幢1001室
海盐县友缘房地产中介服务有限公司	朱国庆	房地产中介服务，保洁服务，商务咨询，设计、制作、代理、发布国内各类广告，企业营销策划，互联网信息服务	武原街道新桥北路155号
海盐县澉浦镇浩达托运中介服务部	吴志浩	货物托运中介服务	澉浦镇永新村吴家埭107号
海盐县武原美居房产中介服务部	韩晓锋	房产中介服务	武原街道朝阳东路66号朝阳府商务楼2幢207室
海盐横通汽车贸易有限公司	胡鑫涛	汽车销售，二手车中介服务	百步镇横港集镇汉坊印刷产业创意园8号楼汉坊大街10号

续表 13

企业名称	负责人	经营范围	经营地址
浙江中熙房地产营销策划有限公司	张　义	房地产营销策划，网络技术研发，酒店管理，商业运营管理，发布、制作国内各类广告，房产中介服务	西塘桥街道（县开发区）海港大道1817号易购铂宫大酒店202室
海盐易家物业有限公司	马晓捷	物业管理服务，停车管理服务，室内外保洁服务（不含高空作业），河道疏浚，房屋维修，水电安装，园林绿化，安防监控，网络，楼宇智能化工程施工（均凭有效资质证书经营），服装清洗服务，车辆保洁服务，家政服务，证照代办服务，房屋租赁，房地产中介及信息咨询服务	百步镇农丰村2幢
海盐县武原方便房产中介服务部	楼建平	房产中介服务	武原街道团结港28号绿城花苑西区29幢
海盐县武原众益二手车信息咨询服务部	张国君	二手车信息咨询服务，二手车调剂信息咨询服务，汽车信息中介服务，代办汽车上牌、过户、年审服务	武原街道宜家花城商铺（一）幢101、201室
海盐县武原蜜糖婚庆工作室	杨晓明	婚庆服务、婚庆策划，庆典服务、庆典策划，场地出租中介服务，图文设计制作	武原街道金源花苑5号楼01号
海盐县武原凯盛房地产信息中介服务部	陈玉妹	房地产中介咨询服务	武原街道方池路29号103室
海盐天祥广告传媒有限公司	徐世峰	设计、制作、发布、代理国内各类广告，房产租赁中介服务	武原街道城北东路88号
海盐县武原淘房房产中介服务部	韩晓锋	房产信息中介服务	武原街道城东路233号巴黎都市6幢202室
嘉兴市东菱汽车销售服务有限公司海盐分公司	罗晓刚	吉利品牌汽车、全球鹰品牌汽车、英伦品牌汽车、南汽新雅途品牌汽车和摩托车、助动车、电动自行车、三轮车及配件与机电设备销售，一般商品中介服务，二手车中介置换服务，与汽车销售、售后服务有关的市场营销及咨询服务，化工商品（不含危险化学品）、百货、建材、五金、家电、金属材料销售	武原街道海兴西路255号1—2幢
海盐县沈荡镇申博房屋中介服务部	王良志	房屋中介服务	沈荡镇镇东路西侧
海盐县武原康诺汽车用品商店	李哲元	三类机动车维修，汽车膜、汽车内饰品、润滑油批发、零售，代办车辆年检，二手车信息中介服务	武原街道工业新区一星路1号2幢
海盐县武原美莎二手车信息咨询服务部	金晓锋	二手车信息咨询服务，二手车调剂信息服务，汽车信息中介服务，代办汽车上牌、过户、年审服务	武原街道海兴西路208号
海盐县武原文曲房产中介服务部	朱　平	房屋信息中介服务，代办房屋过户	武原街道长安北路558号海逸豪园11幢202室
嘉兴品味汽车销售有限公司	沈亚伟	汽车销售，汽车装潢服务，二手车中介服务，代理收取保险费，代办汽车上牌和年检服务	沈荡镇镇东南路西侧
海盐县通元韩通房屋中介经营部	鲍建新	房屋中介服务	通元镇通元村连心组生产用房57号
海盐县武原真心真意房产中介服务部	徐爱萍	房产中介服务	武原街道方池路26号101室
海盐县武原伟民二手车信息咨询服务部	王伟民	二手车信息中介服务	武原街道宜家花城商铺（一）幢104、204室
海盐县武原万兴房产中介服务部	胡　斌	房地产中介服务	武原街道西南河滩9号
海盐县武原圆梦房产中介服务部	袁小红	房地产中介服务，家政、婚姻介绍服务	武原街道方池路42号二轻公寓102室

续表 13

企业名称	负责人	经营范围	经营地址
海盐县武原燕燕房产中介服务部	孙　燕	房地产信息中介服务，婚姻介绍服务	武原街道富水路 40 号 103 室
嘉兴美联航训有限公司	肖海乐	飞行员(私照、商照)出国培训中介、飞行员培训中介咨询服务，航空人力资源服务，航空职业介绍，飞行爱好者模拟飞行体验	武原街道共富路西侧 1 幢
海盐县武原蔡琼房产中介服务部	蔡仕琼	房产中介服务	武原街道盐湖西路 125 号 7 幢 203 室
海盐县武原徐公顺房产中介服务部	黄玉珍	房产信息中介服务	武原街道联丰村徐公顺 39 号
嘉兴利云房地产经纪有限公司	徐云锋	房地产中介服务，房地产销售策划及销售代理服务，物业管理咨询，建筑物装饰装潢施工，代办贷款手续，国内各类广告策划、制作、代理、发布	武原街道城西北路 138 号
海盐县武原红红房产中介服务部	王小红	房产信息中介服务	武原街道枣园新村 11 幢 403 室
海盐县武原欢欢房产中介服务部	李英根	房产信息中介服务	武原街道长潭路 90 号 1 单元 302 室
海盐县沈荡镇海红房屋中介服务部	崔海红	房屋中介服务	沈荡镇中钱村 21 组
海盐县武原融合房产中介服务部	刘　强	房产中介服务	武原街道方池路 30 号
海盐县沈荡镇万程货运信息部	程国平	货运信息中介服务	沈荡镇董司村工业园区
海盐县武原城东房产中介服务部	陆叶萍	房产信息中介服务	武原街道城东路 2208 号盐平秋月小区
嘉兴孝尔养老服务有限公司	忻丽娜	养老服务，第一类医疗器械、第二类医疗器械、日用品、纺织品、塑料制品、皮革制品、纸制品、工艺品、文具用品、金属材料(不含稀贵金属)、化工产品及原料(不含危险化学品、易制毒化学品、化学试剂)批发、零售，企业形象策划，市场营销策划，会议及展览服务，礼仪庆典服务，计算机软件开发，网络工程安装，设计、制作、代理、发布国内各类广告，建筑装饰工程设计与施工，园林绿化工程施工，房地产中介服务，物业管理，货运代理，货物进出口和技术进出口服务(国家限定公司经营或禁止进出口的商品及技术除外)	通元镇育才路 45 号 205 室
嘉兴比格广告传媒有限公司	胡　斌	设计、制作、代理发布国内各类广告，会议及展览服务，企业形象策划，产品包装设计，影视剧策划，庆典礼仪服务，市场营销策划，房产中介服务，舞美设计及舞台搭建服务，户外广告安装服务，婚庆礼仪服务	武原街道海兴西路 218 号
嘉兴正弘房地产营销策划有限公司海盐分公司	李乾梁	房地产营销策划，房地产中介服务，设计、制作、代理国内各类广告	武原街道长安北路 382 号盈都·海棠湾 14 幢 105 室
海盐县武原百信房产中介服务部	张利军	房产信息中介服务	武原街道枣园东路 97 号 601 室
海盐万企金联房产营销策划有限公司	沈群勇	房产营销策划，房地产中介服务，房产销售代理	武原街道方池路 42 号二轻公寓 307 室 43 号汽车库
海盐县武原小陆房产中介服务部	陆姣婷	房产中介服务	武原街道西南河滩 8 号

续表 13

企业名称	负责人	经营范围	经营地址
海盐县武原好友房产中介服务部	沈运良	房地产信息中介服务，保洁服务，搬家服务，建筑工程施工	武原街道枣园路 93 号
嘉兴市至诚物业管理有限公司海盐分公司	陈　艳	物业管理，劳务派遣业务（以总公司名义），绿化养护，花卉租赁，小区机电、弱电系统集成，建筑物清洁服务，会议及展览服务，家庭服务（涉及许可证除外），火车、汽车专业清洗和消毒清洗，汽车代驾服务，停车场管理服务，房地产中介服务，家用电器销售	于城镇邮电路 32 号
嘉兴赢翔信息科技有限公司	陆云祥	信息、网络、电子领域技术研发、技术咨询、技术服务、技术转让，日用品、床上用品、玩具、工艺品、五金产品、建材、汽车零部件网上经营、批发、零售，家政服务，房屋维修服务，企业形象策划，企业管理咨询，商务信息咨询，房地产中介服务，物业管理，法律咨询服务	西塘桥街道（县开发区）海港大道 1817 号易购铂宫大酒店 202—3 室
海盐县武原臻臻房产中介服务部	许擎天	房产中介服务	武原街道朝阳府商务楼 2 幢 307 室
海盐县武原月盛园房产中介服务部	陆徐华	房产信息中介服务	武原街道长邮路 13 号 106 室

（张大堂）

商品交易市场

【概况】　2016 年年末，全县有各类商品交易市场 28 个（农贸市场 21 个、农副产品综合市场 1 个、生产资料市场 6 个），其中已获得星级市场称号 14 个（四星级 1 个、三星级 5 个、二星级 8 个）。各类商品交易市场总建筑面积 21.21 万平方米。全年市场成交额 31.51 亿元（农副产品 18.05 亿元、生产资料 1.05 亿元、工业消费品 4.01 亿元、农村农贸市场 8.4 亿元）。

【“智慧市场”“放心市场”建设】　2016 年，县政府把“智慧市场”建设列入十大民生实事工程之一。石泉农贸市场、南环综合农贸市场和武原庆丰好邻居 3 个农贸市场被列入“智慧市场”试点建设计划。年内，3 个农贸市场完成智慧消费环境、电子支付平台、食品追溯平台、监控监管网络等建设，并全部通过考核验收。县市场监管部门为经营户举办《食品安全法》《食用农产品市场销售质量安全监督管理办法》等培训，普及法律法规知识。加快农产品快检体系建设，在全县 21 个农贸市场中，接受业务培训 19 个，建立快检室并开展工作 18 个。全年抽检农产品 71609 批次（其中接受市民免费检测 314 批次），快速检测农药残留、甲醛、吊白块、二氧化硫、亚硝酸盐等，农产品合格率 99.9%。加大对食用农产品市场监督抽检力度，全年抽检 246 批次，合格率 97.8%。加强索证索票、入市凭证管理和农产品市场准入追溯机制建设，城区农贸市场质量追溯体系建成率 70%以上。全县 12 个农贸市场 821 户经营户使用省农贸市场信息化综合监管平台，录入检测记录 40706 条、准入台账 327633 条、采价信息 110195 条。是年，南环综合农贸市场、武原庆丰好邻居、通元镇农贸市场 3 个农贸市场创建成为省“放心市场”。

（张大堂）

人力资源市场

【概况】　2016 年，县人力社保局举办常规招聘会 49 次，参加单位 2138 家，提供就业岗位 23626 个。开展人才交流洽谈活动，组织企业外出招聘 22 次，117 家用人单位携 2206 个岗位赴江西南昌、江苏南京、四川成都、上海、辽宁、黑龙江等地开展对接洽谈。在举办好人力资源市场招聘的同时，发挥县、镇（街

到四川成都招聘人才

道）两级人力资源市场服务平台作用，及时发布企业用工需求信息。依托海盐县人事人才网开展网络招聘，全年新增年会员168家，月会员208家；求职者通过网站平台投递简历52138份，网站日访问量5000余次。通过海盐手机报和新浪微博，发布招聘信息企业160家，岗位772个。

联合县教育局，调查2016年度海盐籍高校毕业生数量、专业、就业意向等，整理归类后建立其信息库。建立2017届2043名海盐籍应届高校毕业生信息查询系统，企业可看谱点才，主动联系，提升人岗匹配度和引才主动性。6月和8月，分别举办“2016年海盐籍高校毕业生就业服务月”活动（每周五举办专场招聘会，共7次，参加单位284家，提供就业岗位2873个，初步达成意向169人）。组织企业赴浙江机电职业技术学院，洽谈校企合作事宜。参加2016年实习生校园招聘会，11家企业推出实习岗位196个，收到简历279份，初步达成意向153人。

调查464家规模以上工业企业用工需求，开展“助企聚才·转型发展”大型招聘季活动。安排引才专线7条，携41家企业赴高校和人才密集地区开展组团招聘。外出引才收到求职简历1080份，达成明确录用意向243人，高校毕业生当场签订就业协议25人。注重后续服务，对有意向到海盐就业的人才，根据其专业特点、就业意愿等，向县相关企业进行就业推荐。同时，提前布局2017年企业人才储备工作。

联合县劳动保障监察大队、县劳动关系科，召开关于开展清理整顿人力资源市场秩序专项行动及规范劳务派遣工作专题会议。专项检查12家人力资源机构，审核其提交的资料。走访、调查部分人力资源机构，召开人力资源服务业座谈会。完善企业用工监测，74家省级重点监测企业用工监测数据实行网上直报，审核后上报嘉兴市就业局，规模以上企业用工监测数据完成网上直报。（俞丽峰）

公共资源交易

【概况】 2016年，海盐县、镇（街道）两级公共资源交易平台组织各类交易活动1071场次，交易额59.06亿元。其中：建设工程224场次，交易额23.26亿元，节约率18.6%；政府采购92场次，交易额1.11亿元，节约率8.8%；资源要素交易41场次，交易额30.74亿元（土地交易28场次，交易额30.72亿元，增幅35.9%；产权交易1场次，交易额20.19万元，增幅45.0%；用能指标交易12场次，成交标准煤6.42万吨，成交价231.11万元，增幅80.1%）；镇（街道）、部门平台组织小型工程交易活动714场次，交易额3.95亿元，节约率23.8%。6月，海盐县公共资源交易平台实现与省公共资源交易平台对接并上线运行，成为全省首批、全市首家与省平台对接并上线运行的县级平台。8月31日，县公共资源交易中心增挂“嘉兴市公共资源交易中心海盐分中心”牌子，海盐公共资源交易市、县一体化改革进程增速。10月起，海盐县取消招标文件收费，成为全市首个实行招标文件“零收费”县。12月，海盐县公共资源交易平台通过中国招标投标公共服务平台交易数据交互推广验证审核。

【电子招投标系统建设】 2016年，全县电子招投标平台完成建设工程、水利工程、交通工程和政府采购四大模块电子招投标系统及其子项开发。是年，进入县级平台交易的项目均可实施电子招投标，全县所有镇（街道）公共资源交易平台全部实现小型工程电子招投标。海盐县电子招投标工作得到副市长祝亚伟批示肯定，要求在全市推广实施。

【小型工程交易电子招投标工作】　9 月起，全县小型工程取消人工报名，实现投标企业库网上注册，招标文件网上下载，投标单位网上报名、网上提疑，招标人网上答疑、网上公示等流程的半电子化招投标模式。至年末，全县完成电子招标小型工程交易项目 216 个，其中通过全流程电子招标项目 13 个。

【"两评合一"评审方法实施】　2016 年，县公管办联合县财政局，对全县各行政事业单位采购货物在 100 万元以上、服务 50 万元以上的政府采购项目实施"两评合一"评审方法。主管部门提前介入采购事项，编制好招标文件，把分开的"招标采购文件评审""财政采购预算评审"两个评审合并成一个评审进行评审。全年实施"两评合一"采购项目 9 个，政府采购效率得到提高。

（叶　锋）

房地产市场

【概况】　2016 年，全县完成房地产投资 25.57 亿元（房管部门口径，含拆迁安置、保障性住房）。全年完成备案 7665 份，备案面积 80.01 万平方米。其中商品住房预售备案 6658 套，商品住房备案面积 73.05 万平方米。商品住房成交均价每平方米 7032 元。

2016 年楼市开盘情况表

表 14

楼盘名称	开盘日期	开盘面积（平方米）	楼盘名称	开盘日期	开盘面积（平方米）
海景广场	1 月 8 日	8793.22	尚品公馆 9、11～13 幢	8 月 23 日	18409.32
海伦花城西区 1～6 幢	1 月 27 日	26271.12	金汇奥园地下室 A、B	9 月 1 日	8355.26
民乐苑	2 月 14 日	4050.02	碧桂园 7、8 幢，地下室 A、B 区	9 月 13 日	70009.62
碧桂园 13、17 幢	3 月 16 日	29817.59	金色海岸 1、3、6、7 幢	10 月 11 日	29518.64
金汇奥园 1～3、11 幢	4 月 19 日	23154.57	复星商业中心项目	10 月 14 日	12100.35
金汇奥园 4、6、9、14 幢	5 月 25 日	25864.93	金色海岸 2、8、9 幢	11 月 7 日	22138.99
金汇奥园 5、7、8、10、12、13 幢	6 月 3 日	47571.53	金色海岸 10～12 幢	11 月 15 日	22392.45
尚品公馆 6～8、10 幢	7 月 8 日	27837.2	金色海岸 15～20 幢	11 月 30 日	44296.35
百商公寓 1、2 幢	7 月 21 日	13318.79	金色海岸 4、5 幢	12 月 7 日	14056.56
尚品公馆 14～17 幢	8 月 2 日	12499.41	金色海岸 21～24 幢、地下车库 C	12 月 16 日	48667.07

【房地产市场管理】　2016 年，县住建局对符合预售条件的 9 个房地产开发项目核发商品房预售证 20 份，预售面积 50.91 万平方米，其中住房面积 40.04 万平方米。会同相关部门加强商品房预售资金监管，推行"一房一价"，加大对商品房销售价格监管力度，规范房地产交易秩序。

【危旧房屋管理】　2016 年，县住建局牵头做好全县城镇住房解危工作，累计 147 幢 3.06 万平方米，超额完成省、市下达的 70%的任务。按解危幢数和面积计算，完成率分别为 76%和 73%。海盐认真探索城镇住房保险工作，为全市唯一试点县，是年完成方案完善稿。

【农房登记】　2016 年，全县累计完成农房测绘 56880 户，建筑面积 1577 万平方米；新增农房登记申报 9255 件，累计完成农房登记发证 33597 件、归档 33597 件。会同县档案局、县不动产登记中心，完成档案验收，并做好档案及资产移交工作。

【物业行业管理】　2016 年，全县收缴物业专项维修资金 5113 万元，累计 2.83 亿元；当年使用 96 万元，累计支出 543 万元；当年归集物业保修金3208万元，累计1.2亿元；当年退还保修金173万元，累计179万元。是年，对37家物业企业、104个物业项目加强监管。拟定物业政策修改意见，明确县、镇(街道)、社区三级管理职责，提出物业管理补助与奖励措施、住宅电梯维修更新办法、镇(街道)物业管理工作综合评价办法、物业企业诚信考核办法、物业服务示范文本等。制作电视专题、征集金点子，开展线上线下物业宣传。其中：线上收集问卷1541份，征集网民物业金点子104条；线下发放调查问卷3400余份，涵盖9个镇(街道)、51个政府部门及单位、武原街道18个社区及45个业主委员会，回收问卷2714份(含72份金点子问卷)，回收率79.8%。

(杨叶丽)

建筑市场

【概况】 2016年，全县建筑业施工企业完成产值34.77亿元；完成施工许可审批130项，建筑面积214.16万平方米，合同造价30.6亿元；完成施工招标43项，中标金额12.5亿元；完成其他类型招标备案45项。办理房屋竣工验收备案101项，建筑面积149.5万平方米，工程造价19.98亿元。改造既有公共建筑节能2万平方米，完成用能监管示范项目1个。实施可再生能源应用面积40万平方米，完成星级绿色建筑4项。

【建筑企业发展】 2016年，全县完成35家施工企业资质换证工作。新设立建筑业企业6家，企业资质增项2家。是年，全县取得“秦山杯”优质工程奖项目9个，市级标准化工地项目9个、县级40个。

【建筑市场管理】 2016年，县住建局加强招投标管理，妥善处置相关投诉并完善招投标实施细则。全年办结投标投诉3件。及时修订电子施工招投标实施细则，调整信用评分及商务标评分部分内容，实现招投标过程公平公正公开。开展工地巡查205次，查实不到岗不到位项目经理25人次、项目技术负责人37人次、项目安全员28人次、项目总监15人次、项目专监27人次。处理民工讨薪事件18起，协助讨薪1700余万元。实施工程款及民工工资两条线支付方法。6月16日，出台《海盐县建设领域民工工资支付管理实施细则(试行)》，7月16日起正式施行。6月，出台工程建设领域保证金清退方案，并开展清退工作。退还民工工资保证金项目46个291.77万元，剩余175.84万元；退还安全风险金项目8个56万元；无法办理款项清退手续5万元。

(徐勤华)

土地市场

【概况】 2016年，全县供应土地136宗，面积308.17公顷(包括代征地)。其中：商服用地10宗，面积26.07公顷，合同成交价4.49亿元；工业用地42宗，面积107.79公顷，合同成交价4.88亿元；住宅用地13宗，面积35.10公顷；公共管理与公共服务用地12宗，面积63.68公顷；交通运输用地59宗，面积75.53公顷。

【经营性用地】 2016年，全县挂牌出让经营性用地19宗，面积51.57公顷，收取土地出让金20.47亿元。其中，挂牌出让普通商品住房用地9宗，面积25.50公顷，收取土地出让金15.98亿元，平均成交地价每平方米6265元。(经营性用地统计数据中不包括工业用地)

2016年经营性土地使用权挂牌出让情况表

表15

出让日期	用地单位	地点	出让面积(公顷)	规划用途	出让年限(年)	成交价(万元/公顷)	出让金总额(万元)
1月23日	浙江山水六旗文化旅游投资有限公司	武原街道	1.8818	商服	40	1605	3020.2890
2月29日	海盐县神舟开发投资有限公司	武原街道	0.599	商服	40	1485	889.5150
5月23日	海盐县秦山房地产开发有限责任公司	武原街道	5.0176	普通住宅	70	4875	24460.8000
5月23日	海盐县秦山房地产开发有限责任公司	武原街道	4.8516	普通住宅	70	4770	23142.1320

续表 15

出让日期	用地单位	地　点	出让面积（公顷）	规划用途	出让年限（年）	成交价（万元/公顷）	出让金总额（万元）
7月15日	海盐大诚置业有限公司	武原街道	1.0712	批发零售	40	2415	2586.9480
7月15日	海盐县城市建设投资发展有限责任公司	武原街道	1.0938	批发零售	40	3420	3740.7960
7月18日	海盐成成油脂有限公司	武原街道	0.3333	批发零售	40	2385	794.9205
9月30日	海盐县秦山房地产开发有限责任公司	武原街道	2.1012	普通住宅	70	9750	20486.7000
9月30日	嘉兴滨力网络科技有限公司	武原街道	0.8326	住宿餐饮	40	1515	1261.3890
10月9日	海盐县秦山房地产开发有限责任公司	武原街道	4.0839	普通住宅	70	7440	30384.2160
10月9日	海盐县祥源房地产开发有限公司	武原街道	5.9134	普通住宅	70	8655	51180.4770
12月5日	海盐三联鑫工程管理有限公司等11家公司	武原街道	0.7575	商务金融	40	1830	1386.2250
7月4日	海盐禾众汽车商贸园投资管理有限公司	县开发区	1.7637	商服	40	1125	1984.1625
12月26日	嘉兴熠欣置业有限公司	西塘桥街道	1.6419	普通住宅	70	3930	6452.6670
1月28日	海盐县秦山兴农供销社有限公司	秦山街道	0.4976	商服	40	1530	761.3280
11月10日	嘉兴市博雅置业有限公司	沈荡镇	0.641	普通住宅	70	1830	1173.0300
12月19日	浙江百商投资有限公司	百步镇	0.3253	普通住宅	70	2625	853.9125
11月10日	婺兴（海盐）健康产业发展有限公司	澉浦镇	17.238	商服	40	1650	28442.7000
12月19日	嘉兴复星房产有限公司	通元镇	0.9283	普通住宅	70	1785	1657.0155

（向　威）

消费者权益保护

【概况】 2016年，县市场监管局消费者举报申诉指挥中心受理消费者来电、来信、来访1662件（投诉289件、举报401件、咨询972件），处理率100%，为消费者挽回经济损失182.88万元。是年，全县共有消费义工240人，实现各行各业及镇（街道）全覆盖，4名消费义工参加省消费维权骨干义工培训活动。全年开展各类消费义工活动12次。跨省维权调解一起群体消费纠纷，为647名消费者挽回经济损失28.26万元。

【“3·15”活动】 3月15日，由县市场监管局、县消保委主办的“新消费 我做主”、“3·15”国际消费者权益日宣传咨询活动在海盐大润发商业有限公司东门广场举行，县市场监管、质监、发改、司法、卫生、住建、农经等部门，以及人行海盐支行、县个私协会、移动海盐分公司等单位和群众消费维权义工组织等参加。县人大副主任朱引良、副县长高海华、县政协副主席陆建根等县

“3·15”国际消费者权益日宣传咨询活动

领导出席活动。各参与单位以设置宣传展板、展品,发放漫画等多种形式,向广大消费者宣传消费维权法律常识,介绍识别商品真伪方法和服务知识,引导消费者科学合理消费。设置咨询台和投诉台,接受咨询,受理投诉和举报,为消费者解答疑难问题。共发放宣传单4626份、宣传手册2628册,接待消费咨询543人次,受理消费投诉10起,当场处理2起,为消费者提供服务902人次,吸引数千名群众参与。是日,县消保委所属9个分会分别在各镇(街道)开展"3·15"纪念活动。

【健身会所关门跑路案】 2月,海盐爱玛会健身会所关门跑路,许多消费者陆续向县消保委投诉,说在会所办理的健身年卡余额无法消费,要求维权并退回卡内余额。接到投诉后,县市场监管局、县消保委立即组织人员,开展调查。该健身会所是南通某文体产业有限公司在海盐开设的一家分公司,有持卡会员647人,预收会员费50万余元,其中未消费28万余元。县消保委及时向市消保委汇报,并启动跨省维权机制,与南通市消保委取得联系,两地合作维权。5月中旬,县消保委派出工作人员到南通某文体产业有限公司调查取证,并与该公司主要负责人面对面调解。经过多轮艰苦谈判和电话沟通,南通某文体产业有限公司才委托海盐县消保委为消费者办理退卡退款手续。由于案件涉及消费者众多,退款过程十分困难。县消保委多措并举联系持卡消费者办理退款手续,620名消费者共退款27万余元(除无法联系到的27人外),使该起群体性消费纠纷得以圆满解决。此案例被评为浙江工商2016年度全省12个消费维权典型案例之一,位列第二。

【保健食品夸大宣传案】 7月26日,有群众向县市场监管局、县消保委投诉:百步镇百步亭酒店二楼正在进行保健品讲座,活动打着健康讲座名义,高价推销保健食品"安通胶囊",已有许多老年人上当受骗,希望帮助维权。接到投诉后,县消保委立即会同县市场监管局、县公安局执法人员到现场核查。经查明:百步镇某虫草经营部租用百步镇百步亭酒店经营场所,召集老年消费者至该酒店内,以宣传讲座、发放小礼品等方式进行"安通胶囊"推介活动。讲座以"投资健康 增值财富"为题,通过PPT形式向与会老年消费者讲述"癌细胞几乎人人都有""癌症十个早期症状"等内容,宣称"安通胶囊"具有排除体内毒素、治疗癌症、糖尿病、风湿病等功效。受夸大宣传影响,已有52名老年消费者购买"安通胶囊",付款15.51万元。执法人员责令百步镇某虫草经营部当场退回15.51万元,发还给购买者。案件由县市场监管局立案查处后,处罚款1.5万元。此案例被评为嘉兴市2016年度消费维权十大案例之一。

【糖果被换案】 2月25日,消费者陈先生向县市场监管局元通所、元通消保分会投诉:因喜得大胖孙子,特地在元通街道某糖果店订购喜事礼盒200盒(计1100元)。为借着"旺仔"讨个好口彩,特意挑选"旺仔"牛奶糖加入礼盒中。喜事办完后,一家人欢欢喜喜准备吃喜糖时,却发现原约定礼盒中四种糖果被换,尤其是事先千叮咛万嘱咐的"旺仔"牛奶糖居然变成"喜之郎"果冻,这可把陈先生气坏了。接到投诉后,县市场监管局元通所、元通消保分会工作人员当即联系某糖果店店主,组织双方进行现场调解。在调解过程中,陈先生认为糖果店未经同意,擅自将喜糖种类更换,并且未告知当事人,属于欺诈行为,应承担赔偿责任。而糖果店周老板表示,因春节期间喜糖礼盒订单比较多,在包装礼盒时员工将订单搞错了。了解事情全过程后,负责调解的工作人员向店方说明利害关系,明确这次消费纠纷责任在店方,消费者提出的赔偿要求合理合法。同时,要求店方诚信守法,秉承市场经济的契约精神,主动承担责任。经现场调解,双方自愿达成协议,某糖果店补偿给投诉人500元。此案例被评为嘉兴市2016年度消费维权十大案例之一。

(张大堂)

开放型经济与区域合作

综　　述

【概况】 2016年，全县开放型经济工作实现三个增长(外资信息、外资信息占比、内外资招引)，三项创新(平台建设、央企合作、专业招商)，以及网络零售额增长45.8%的良好态势。全年合同利用外资和港澳台投资5.8亿美元，实际利用外资和港澳台投资2.1亿美元；自营进出口总值126.83亿元(自营出口总值96.86亿元、自营进口总值29.97亿元)；全县实现服务外包合同金额22199.61万元，合同执行金额16152.17万元，离岸外包执行金额2017.15万美元。引进外县内资项目100个，实到县外内资90.13亿元，新增注册资金38.7亿元。

2016年开放型经济完成情况表

表16

所在地	外资和港澳台投资					外贸			
	新批“三资”企业(家)	合同利用外资和港澳台投资		实际利用外资和港澳台投资		进出口		其中：出口	
		实绩(万美元)	同比增减(%)	实绩(万美元)	同比增减(%)	实绩(万元)	同比增减(%)	实绩(万元)	同比增减(%)
武原街道	3	5351.25	-2.1	1834.18	2.8	402731	5.1	354040	3.8
县开发区(西塘桥街道)	5	21221.51	0.2	9585.83	-2.0	402070	5.7	199663	2.1
元通街道	1	4542.6	-57.9	1518.7	-16.2	74058	-0.5	67871	-1.0
秦山街道	2	6767.37	310.1	1474.06	4.1	68619	3.0	66442	1.5
沈荡镇	2	4492.32	178.2	1304.15	60.4	35220	-8.8	30693	-6.3
百步镇	2	5000	212.5	2155	109.8	158102	5.5	124553	6.3
于城镇	3	3505.91	94.8	1080	21.3	59722	-10.3	58110	-8.8
澉浦镇(南北湖风景区)	1	2500	-48.1	1260.26	—	18076	25.8	17847	25.9
通元镇	2	3600	6.5	1057.33	2.5	49696	-10.3	49345	-9.9
其他	1	1400	16.7	—	—	—	—	—	—
全县合计	22	58380.96	9.1	21269.51	14.6	1268294	3.2	968564	1.6

(张佳怡)

对外贸易

【概况】 2016年，全县自营进出口总值126.83亿元(自营出口总值96.86亿元、自营进口总值29.97亿元)。是年，中达联合控股集团股份有限公司、浙江海利普电子科技有限公司、浙江金达创业股份有限公司、吉安集团有限公司、浙江鼎盛汽车紧固件有限公司、浙江海岩电子电缆有限公司、丹佛斯微通道换热器(嘉兴)有限公司、海盐宇星螺帽有限责任公司、嘉兴海利纺织有限公司、克劳斯玛菲机械(浙江)有限公司10家企业被县委、县政府命名为重点出口工业企业。

据海关统计,2016年,全县一般贸易出口89.71亿元,来料加工贸易出口1.89亿元,进料加工贸易出口5.22亿元,其他方式出口0.04亿元;全县一般贸易进口28.09亿元,来料加工进口0.79亿元,进料加工进口1.01亿元,其他方式进口0.08亿元。

说明:经国务院批准,自2016年1月起,全面发布以人民币计价的海关统计数据。

【外贸出口多元化】 2016年,全县新办理对外贸易经营者备案登记企业107家,累计1152家。专业外贸公司出口25.37亿元,自营进出口生产企业出口46.59亿元,外商投资企业出口24.90亿元。新发生出口业务企业72家,出口额1.85亿元。全县有出口实绩企业572家(含58家外商投资企业),其中出口总额超1000万元企业187家。全县出口总额超5000万元企业52家,出口额582918万元,占全县出口总额的60.2%。

海盐出口市场有158个国家和地区。其中,市场规模在1000万～5000万元的30个,5000万～1亿元的13个,1亿～5亿元的19个,5亿元以上的2个。海盐县十大出口市场依次是美国、日本、德国、韩国、意大利、丹麦、英国、印度、澳大利亚和俄罗斯,出口值占全县出口总值的60.5%。在出口总值中,对美国的出口比重比上年提高,对日本的出口比重比上年略有下降,分别为30.9%和6.1%。

全县出口商品品种1137种。三大主要出口产品钢铁制品、纺织服装数量下降,机械电气产品增长,出口产品结构进一步优化。从出口商品看,有机化学品出口13789万元,塑料及其制品出口21297万元,蚕丝类出口14478万元,亚麻类出口38480万元,化学纤维短纤出口1729万元,针织物及钩编织物出口8623万元,针织服装出口27496万元,梭织服装出口61617万元,钢铁制品出口313373万元,镁及制品出口719万元,贱金属工具、器具出口19626万元,机械设备及零件出口90511万元,电气设备及零件出口149810万元,家具类出口78194万元,玩具类出口18425万元。

2016年自营出口5000万元以上企业情况表

表17

序号	企业名称	出口额(万元)	比上年增减(%)	序号	企业名称	出口额(万元)	比上年增减(%)
1	浙江海利普电子科技有限公司	43060	13.5	15	嘉兴希斯伦通用紧固件有限公司	12670	25.1
2	嘉兴市中达进出口有限公司	41678	44.6	16	浙江中航来宝精工科技有限公司	12427	9.1
3	浙江金元亚麻有限公司	37203	−18.1	17	海盐三环进出口有限公司	12191	−3.2
4	嘉兴市锋捷贸易有限公司	22092	−6.0	18	嘉兴艾迪西暖通科技有限公司	11871	32.3
5	吉安集团有限公司	18554	6.6	19	嘉兴猎风户外用品有限公司	10866	0.1
6	浙江鼎盛汽车紧固件有限公司	17626	575.7	20	浙江俊荣五金工业有限公司	10846	7.1
7	浙江海岩电子电缆有限公司	15653	19.1	21	嘉兴兄弟标准件有限公司	10368	7.8
8	丹佛斯微通道换热器(嘉兴)有限公司	15424	76.8	22	嘉兴市双华进出口有限公司	10286	−7.5
9	海盐宇星螺帽有限责任公司	15294	5.7	23	嘉兴市光泰照明有限公司	10207	5.3
10	嘉兴海利纺织有限公司	14049	60.5	24	浙江连翔五金科技股份有限公司	9919	−0.9
11	克劳斯玛菲机械(浙江)有限公司	13748	155.4	25	嘉兴绿安制衣有限公司	9366	−5.8
12	嘉兴海发进出口有限公司	13161	−24.9	26	海盐安博外贸有限公司	8902	−38.2
13	嘉兴海棠电子有限公司	12973	−18.1	27	海盐兴原服饰有限公司	7731	7.1
14	浙江君悦标准件有限公司	12760	1.9	28	嘉兴美可泰科技有限公司	7703	2.4

续表 17

序号	企业名称	出口额（万元）	比上年增减(%)	序号	企业名称	出口额（万元）	比上年增减(%)
29	海盐三环绢纺有限责任公司	7449	−23.5	41	七丰精工科技股份有限公司	6056	57.4
30	浙江阿尔法化工科技有限公司	7302	−6.0	42	海盐南圣服饰有限公司	5709	−13.9
31	浙江巴路漫服饰有限公司	6944	−28.5	43	海盐县富宏紧固件有限公司	5596	15.7
32	海盐三马标准件有限公司	6899	−23.4	44	海盐杰圣进出口有限公司	5568	0.2
33	海盐得胜化工设备有限公司	6718	15.2	45	海盐新华电器有限公司	5165	29.6
34	海盐钟海电线电缆有限公司	6644	−19.2	46	浙江天开实业有限公司	5154	−5.3
35	浙江秦山电缆有限公司	6562	−0.1	47	嘉兴拓肯进出口有限公司	5148	57.0
36	浙江泛洋特种装配设备有限公司	6498	−68.8	48	海盐达益贸易有限公司	5114	11.5
37	浙江博仕达作物科技有限公司	6496	76.2	49	嘉兴海发家具有限公司	5069	−9.3
38	嘉兴聚阳服装有限公司	6396	19.4	50	海盐博爱工艺纺织品有限公司	5067	−23.4
39	浙江天使特种织造有限公司	6332	238.5	51	嘉兴宝欧进出口有限公司	5060	18.4
40	嘉兴太平洋能源设备有限公司	6328	24.5	52	嘉兴海富塑胶劳保用品公司	5016	0.2

2016 年海盐商品对主要国家(地区)出口情况表

表 18

序号	国家(地区)	出口额（万元）	比上年增减(±%)	序号	国家(地区)	出口额（万元）	比上年增减(±%)
1	美国	299497	10.2	18	比利时	13147	7.4
2	日本	59527	−0.8	19	南非	12693	5.7
3	德国	43292	−0.9	20	印度尼西亚	11178	6.6
4	韩国	34846	−8.1	21	阿联酋	10158	−23.8
5	意大利	33984	−0.4	22	马来西亚	9251	15.7
6	丹麦	33974	15.2	23	加纳	8854	17.0
7	英国	30913	−3.6	24	波兰	8276	15.2
8	印度	29114	−12.4	25	越南	7799	49.5
9	澳大利亚	27395	1.0	26	中国香港	7647	−21.8
10	俄罗斯	23724	−10.7	27	中国台湾	7438	−24.8
11	加拿大	17895	−15.8	28	沙特阿拉伯	7360	−29.0
12	土耳其	17391	−17.2	29	新加坡	7318	18.2
13	墨西哥	16962	7.9	30	尼日利亚	6540	−42.7
14	荷兰	15783	−4.6	31	巴西	6472	−50.2
15	法国	14879	52.3	32	葡萄牙	6284	−0.4
16	智利	14336	38.3	33	秘鲁	5961	11.6
17	西班牙	13583	24.9	34	贝宁	5627	11.7

2016 年主要出口商品情况表

表 19

商品名称	出口额(万元)	比上年增减(%)	商品名称	出口额(万元)	比上年增减(%)
一、化学工业及其相关工业产品	16748	4.9	七、鞋、帽、伞,羽毛及制品,人造花	2292	17.1
其中:有机化学品	13789	21.0	其中:帽类及其零件	1573	16.4
杂项化学产品	299	−88.1	伞、手杖、鞭子及其零件	674	21.5
二、塑料及其制品,橡胶及其制品	21297	−11.2	八、矿物材料制品,陶瓷品,玻璃及制品	1344	−16.9
其中:塑料及其制品	20476	−10.8	九、贱金属及其制品	366343	0.5
三、皮革、毛皮及制品,旅行箱包	12012	2.4	其中:钢铁	3027	89.5
其中:皮革制品,旅行箱包	12012	2.4	钢铁制品	313373	−0.6
四、木及制品,植物编结材料制品	142	153.0	铜及其制品	6052	41.8
五、木浆,回收纸,纸、纸板及制品	22008	9.4	铝及其制品	10394	20.6
六、纺织原料及纺织制品	176145	−8.5	镁及其制品	719	−83.4
其中:蚕丝	14478	−23.5	贱金属工具、器具	19626	11.0
棉花	708	3.9	贱金属杂项制品	12661	1.1
其他植物纺织纤维(亚麻)	38481	−17.8	十、机械、电气设备及其零件	240321	11.9
化学纤维长丝	5391	170.6	其中:机械设备及其零件	90511	27.4
化学纤维短纤	1729	−47.8	电气设备及其零件	149810	4.3
地毯及纺织材料其他铺地制品	3619	416.9	十一、车辆、船舶及有关运输设备	10107	−59.7
特种机织物,簇绒织物等	321	52.7	其中:集装箱	6498	−68.8
浸渍、涂布、包覆纺织物,工业用纺织制品	2185	81.3	车辆及其零附件	3544	12.1
针织物及钩编织物	8623	57.4	十二、光学、计量、检验、医疗等仪器,钟表	2521	−9.9
针织服装及衣着附件	27496	15.3	十三、杂项制品	97118	24.4
非针织服装及衣着附件	61617	−16.5	其中:家具,寝具,灯具	78194	19.6
其他纺织制品	11323	−25.2	玩具、游戏或运动用品	18425	53.1

【自营进口 29.97 亿元】 2016 年,全县有进口实绩企业 164 家,进口商品品种 712 种,自营进口总值 299729 万元。从企业类型看,专业外贸公司进口 3078 万元,自营进出口生产企业进口 163793 万元,外商投资企业进口 132858 万元。从进口市场看,共有 58 个国家和地区。进口市场主要集中在日本、美国、英国、法国、德国、墨西哥、意大利、丹麦、比利时和荷兰,占全县进口额的 80.2%。从主要进口商品看,有机化学品进口 33895 万元,塑料及其制品进口 4662 万元,木浆废纸等及制品进口 139885 万元,亚麻进口 27760 万元,化学纤维短纤进口 4214 万元,针织物及钩编织物进口 907 万元,机械设备及其零件进口 26076 万元,电气设备及其零件进口 37816 万元。

2016 年自营进口 1000 万元以上企业情况表

表 20

序号	企业名称	进口额(万元)	比上年增减(%)	序号	企业名称	进口额(万元)	比上年增减(%)
1	吉安集团股份有限公司	144154	15.9	3	浙江金元亚麻有限公司	29551	10.9
2	浙江海利普电子科技有限公司	31058	16.5	4	浙江三江化工新材料有限公司	28607	−5.8

续表 20

序号	企业名称	进口额（万元）	比上年增减（%）	序号	企业名称	进口额（万元）	比上年增减（%）
5	克劳斯玛菲机械（浙江）有限公司	15486	36.9	13	嘉兴鸿泰新材料有限公司	1748	655.6
6	丹佛斯动力系统（浙江）有限公司	6286	40.0	14	海盐精斌五金制品有限公司	1603	77.1
7	海盐丽明木业有限公司	5347	3.8	15	海盐南圣服饰有限公司	1495	－16.7
8	浙江伟博化工科技有限公司	5285	－58.9	16	嘉兴艾迪西暖通科技有限公司	1235	53.1
9	嘉兴绿安制衣有限公司	4867	17.2	17	阿海珐（中国）核电服务有限公司	1198	764.4
10	嘉兴拓纬商贸有限公司	3225	70.1	18	海盐安博外贸有限公司	1046	－24.6
11	浙江巴路漫服饰有限公司	2686	－13.4	19	浙江冲田电子有限公司	1023	22.0
12	海盐海利环保纤维有限公司	2237	－60.8	20	嘉兴市光泰照明有限公司	1007	219.1

2016 年主要进口商品情况表

表 21

商品名称	进口额（万元）	比上年增减（%）	商品名称	进口额（万元）	比上年增减（%）
一、活动物及动物产品	57	－63.9	化学纤维长丝	2158	－16.1
二、矿产品	679	－6.0	化学纤维短纤	4214	10.8
三、化学工业及其相关工业产品	34468	－18.6	毡呢及无纺织物	200	－20.5
其中：有机化学品	33895	34.3	特种机织物，簇绒织物	1284	72.3
杂项化学产品	53	－99.7	浸渍、涂布、包覆纺织物	2484	－8.1
四、塑料及其制品，橡胶及其制品	4662	－37.2	针织物及钩编织物	907	－14.6
其中：塑料及其制品	4197	－39.8	九、矿物材料制品，陶瓷品，玻璃及制品	226	－40.4
橡胶及其制品	465	1.3	十、贱金属及其制品	4024	16.7
五、皮革、毛皮及制品，箱包	432	36932.0	其中：钢铁	1381	68.1
六、木及制品，植物编结材料制品	6501	－1.3	钢铁制品	1984	60.1
七、木浆，废纸，纸、纸板及制品	139885	17.2	十一、机械、电气设备及其零件	63893	25.7
其中：木浆等纤维状纤维素浆	139712	17.2	其中：机械设备及其零件	26076	21.6
八、纺织原料及纺织制品	40330	2.8	电气设备及其零件	37816	28.7
其中：棉花	1168	－4.2	十二、光学、计量、检验、医疗等仪器，钟表	3082	42.4
其他植物纤维（亚麻）	27760	3.6	十三、杂项制品	1338	39.4

2016 年主要进口市场情况表

表 22

序号	国家（地区）	进口额（万元）	比上年增减（%）	序号	国家（地区）	进口额（万元）	比上年增减（%）
1	日本	48662	44.3	4	法国	33357	10.9
2	美国	44605	－32.4	5	德国	25841	24.0
3	英国	36159	36.7	6	墨西哥	11970	71.5

续表 22

序号	国别(地区)	进口额(万元)	比上年增减(%)	序号	国别(地区)	进口额(万元)	比上年增减(%)
7	意大利	10697	159.7	17	新加坡	3354	133.2
8	丹麦	10671	39.1	18	韩国	2919	112.8
9	比利时	9920	52.4	19	马来西亚	2770	100.4
10	荷兰	8376	29.2	20	巴西	1902	6700.0
11	中国(保税区)	7524	−8.8	21	瑞士	1738	3.4
12	中国台湾	7473	−11.5	22	爱尔兰	1450	−4.3
13	西班牙	5833	−17.0	23	加拿大	1434	−5.6
14	印度尼西亚	5480	−60.6	24	泰国	1351	−67.0
15	匈牙利	4305	3.1	25	斯洛伐克	1119	58.2
16	澳大利亚	3516	−37.2				

【参加国内外展览会】 2016年,县商务局组织企业参加国际性展会95次(境外展90次、境内展5次)。重点组织企业参加第26届华交会、第15届消博会、第119届和120届广交会、德国科隆国际五金工具展、中国香港春秋季电子展、中东迪拜五金展、美国拉斯维加斯五金工具展、墨西哥紧固件展等。组织25家紧固件企业抱团参加美国拉斯维加斯工业紧固件展,通过“集中参展,统一特装”方式,规避无序的价格恶性竞争。全年参加境内外展览会企业330家,设摊位470个。其中:参加国内展览会企业185家次,设摊位259个;参加境外展览会企业150家次,设摊位211个。第119届广交会海盐设摊位46个,29家企业参展,成交额2190万美元。第120届广交会海盐设摊位44个,29家企业参展,成交额2270万美元。第26届华交会海盐设摊位14个,12家企业参展,达成交易意向250万美元。第15届消博会海盐设摊位5个,5家企业参展,达成交易意向15万美元。

【外贸奖励和中小企业国际市场开拓资金管理】 2016年,全县有190家出口企业享受2015年度县级奖励补助,金额1271.97万元。经省商务厅和省财政厅联合审定,全县115家出口企业的283个项目获得2015年度国家中小企业国际市场开拓资金457.27万元,5家企业获得2015年度中央进口设备贴息资金189.47万元,国家标准件产品质量监督检验中心外贸公共服务平台获得项目建设资金143万元。是年,抱团参加美国工业紧固件展的企业获得奖励资金60万元。实施对小微企业出口信保政府联保,支持资金100万元。

【加工贸易管理】 1—8月,县商务局审批加工贸易合同227件(新批149件、变更78件)。9月1日起,取消商务主管部门对加工贸易合同审批和加工贸易保税进口料件或制成品转内销审批(商务部、海关总署2016年第45号公告),加工贸易企业经营状况及生产能力证明继续由商务部门出具。海盐加工贸易出口主要商品为变频器、梭织服装、塑料挤出机和五金阀门,出口值分别为22869万元、21441万元、9510万元和6555万元,占全县加工贸易出口总值的85%。开展加工贸易规模较大企业有浙江海利普电子科技有限公司(22869万元)、嘉兴艾迪西暖通科技有限公司(10930万元)、克劳斯玛菲机械(浙江)有限公司(10055万元)、嘉兴绿安制衣有限公司(9280万元)、浙江巴路漫服饰有限公司(6295万元)、海盐县南圣服饰有限责任公司(4766万元),6家企业加工贸易出口值64195万元,占全县加工贸易出口总值的90.4%。加工贸易主要出口市场及出口值:美国22093万元、日本18488万元、丹麦17606万元、英国3028万元、印度1649万元、韩国1448万元,占全县加工贸易出口总值的90.5%。

【出口信用保险】 2016年,县政府投入100万元保费,对在海盐县工商注册、2015年度出口额在200万美元以下(含)及2016年新成立的自营出口生产企业继续实行联保,企业可享受免费保险,受益企业224家。是年,全县参加出口信用保险企业116家,投保金额39.5亿元。18家企业32笔货款发生拖欠、拒收,可损金额232万美元,实际获得赔付68.7万美元,协助追回163.3万美元;政府联保项下报损2起,金额5.49万美元。

【应对国际贸易摩擦】 2月27日,欧盟委员会发布公告称,根据WTO争端解决机构相关裁决,决定自公告发布次日正式取消对原产于中国钢铁紧固件的反倾销措施,同时取消对来自马来西亚转口紧固件的反规避措施。至此,中国在WTO诉欧盟紧固件案获得全胜,也是中国入世后第一次取得WTO争端全胜案件。海盐县紧固件产品可重返欧盟市场。

5月13日,美国商务部对华钢制螺杆第六次反倾销行政复审作出肯定性初裁,裁定浙江新东方紧固件有限公司反倾销税率为12.1%,摩根紧固件有限公司反倾销税率为0,中国普遍税率为206%。7月4日,应澳大利亚Summit公司提出申请,澳大利亚反倾销委员会发布公告,对原产于中国的钢置物架(Steel Shelving)产品发起反倾销反补贴调查。7月下旬,中达金属制品有限公司聘请律师应诉,9月,向澳大利亚反倾销委员会提交问卷。

【品牌与出口基地】 2016年,浙江金元亚麻有限公司申报列入浙江省首批"品质浙货"出口领军企业名单(次年2月获得批准)。是年,海盐紧固件外贸公共服务平台——紧固件检测中心获得国家外贸公共服务平台建设资金143万元补助,检测中心汽车、风电、航空航天紧固件检验分析能力得到提高。

(范李明)

利用外资和港澳台投资

【概况】 2016年,全县新批外商和港澳台商投资企业22家、增资项目9个、股权转让项目4个,合同利用外资和港澳台投资58380.96万美元,实际利用外资和港澳台投资21269.51万美元。在全县合同利用外资和港澳台投资中,来自中国香港的有47487万美元,占81.3%;来自中国台湾的有4396万美元,占7.5%;来自英国的有2768万美元,占4.7%;来自英属维尔京群岛的有2100万美元,占3.6%;来自萨摩亚的有241万美元,占0.4%。在实际利用外资和港澳台投资中,来自中国香港的有18111万美元,占85.2%;来自英属维尔京群岛的有788万美元,占3.7%;来自丹麦的有750万美元,占3.5%;来自日本的有397万美元,占1.9%;来自法国的有306万美元,占1.4%。从行业看,第二产业、第三产业合同利用外资和港澳台投资分别为32361万美元、26020万美元,占55.4%和44.6%;第二产业、第三产业实际利用外资和港澳台投资分别为16221万美元、5049万美元,占76.3%和23.7%。

2016年新批外商和港澳台商投资企业及增资等项目情况表

表23　　单位:万美元

类别	序号	项目名称	批准日期	投资总额	注册资本	合同外资和港澳台投资	所在地
新批企业	1	嘉兴环盛商务服务有限公司	2016年1月	15.4	15.4	15.4	县开发区
	2	浙江凯源塑业有限公司	2016年2月	700	500	500	武原街道
	3	海盐新皓节能科技有限公司	2016年3月	3000	3000	3000	百步镇
	4	海盐美健金属有限公司	2016年3月	2000	1800	1800	通元镇
	5	海盐致成科技有限公司	2016年6月	3000	2500	2500	沈荡镇
	6	无极科技(嘉兴)有限公司	2016年6月	2000	2000	2000	百步镇
	7	嘉兴汇金核能装备有限公司	2016年6月	1400	1000	1000	县开发区

续表23

类别	序号	项 目 名 称	批准日期	投资总额	注册资本	合同外资和港澳台投资	所在地
新批企业	8	海盐银方紧固件有限公司	2016年6月	4500	4500	4500	县开发区
	9	嘉兴合盐环保科技有限公司	2016年7月	1650	1600	1600	于城镇
	10	海盐风合科技有限公司	2016年8月	1950	1900	1900	于城镇
	11	海盐县吉康医院管理有限公司	2016年8月	3000	3000	3000	武原街道
	12	浙江凌通科技有限公司	2016年9月	2000	2000	2000	沈荡镇
	13	托克(嘉兴)科技有限公司	2016年11月	29.57	29.57	5.91	于城镇
	14	浙江洪扬汽车零部件有限公司	2016年11月	887.03	495.26	99.05	武原街道
	15	海盐广益建材有限公司	2016年11月	2000	1800	1800	通元镇
	16	海盐县益彩环保科技有限公司	2016年12月	2500	2500	2500	澉浦镇
	17	浙江康盈五金科技有限公司	2016年12月	600	600	600	秦山街道
	18	嘉兴威斯特纳米技术有限公司	2016年12月	2500	2000	2000	县开发区
	19	海盐佩奇贸易有限公司	2016年12月	1600	1600	1600	县城投集团
	20	港创科技(海盐)有限公司	2016年12月	5000	5000	5000	秦山街道
	21	海盐建利汽配有限公司	2016年12月	4680	4380	4380	元通街道
	22	海盐禄琴融资租赁有限公司	2016年12月	5000	5000	5000	县开发区
	小 计			50012	47220.23	46800.36	
增资企业	1	浙江优展信息科技有限公司	2016年3月	2500	2500	2500	县开发区
	2	浙江银克爱薇实业有限公司	2016年5月	4000	2100	2100	县开发区
	3	海盐衣好时时装有限公司	2016年6月	1000	1000	1000	秦山街道
	4	浙江亦宸五金有限公司	2016年6月	167.37	167.37	167.37	秦山街道
	5	克劳斯玛菲机械(浙江)有限公司	2016年6月	1248.16	501.49	501.49	县开发区
	6	桑德兰紧固件(浙江)有限公司	2016年6月	1538	768	768	武原街道
	7	丹佛斯动力系统(浙江)有限公司	2016年7月	1450	750	750	武原街道
	8	嘉兴环宇商务服务有限公司	2016年11月	3104.62	3104.62	3104.62	县开发区
	9	海盐银方紧固件有限公司	2016年12月	500	500	500	县开发区
	小 计			15508.15	11391.48	11391.48	
股权转让	1	浙江巴路漫服饰有限公司	2016年1月	0	0	−7.68	沈荡镇
	2	优一工业设备有限公司	2016年4月	0	0	146.71	元通街道
	3	浙江荣亿精密机械有限公司	2016年11月	0	0	15.89	元通街道
	4	海盐天成制衣有限公司	2016年11月	0	0	−6.8	武原街道
	小 计			0	0	148.12	
其他	1	浙江元拾镁合金科技有限公司	2016年4月	0	0	241	武原街道
	2	海盐中颐置业有限公司	2016年8月	0	0	−200	县城投集团
	小 计			0	0	41	
合 计				65520.15	58611.71	58380.96	

2016年利用外资和港澳台投资分国别和地区情况表

表24

国别和地区	项目数（个）	合同外资和港澳台投资（万美元）	外商和港澳台商实际出资（万美元）	国别和地区	项目数（个）	合同外资和港澳台投资（万美元）	外商和港澳台商实际出资（万美元）
中国香港	19	47487	18111	法国	0	100	306
日本	0	-15	397	俄罗斯	0	-100	0
新加坡	0	0	205	英属维尔京群岛	0	2100	788
中国台湾	1	4396	207	美国	0	147	0
丹麦	0	750	750	马绍尔群岛	0	0	265
萨摩亚	0	241	241	澳大利亚	1	6	0
英国	1	2768	0	合　计	22	58381	21270
德国	0	501	0				

2016年利用外资和港澳台投资分行业情况表

表25

行　业	项目数（个）	合同外资和港澳台投资（万美元）	外商和港澳台商实际出资（万美元）	行　业	项目数（个）	合同外资和港澳台投资（万美元）	外商和港澳台商实际出资（万美元）
一、制造业	13	32361	16221	三、房地产业	1	2800	0
其中：纺织业	0	0	1001	其中：房地产开发经营	0	-200	0
化学原料及化学制品制造业	1	2000	705	四、租赁和商务服务业	2	8120	2339
通用设备制造业	3	3547	1709	五、科学研究、技术服务和地质勘查业	3	8500	1686
专用设备制造业	0	501	0	合　计	22	58381	21270
二、批发和零售业	3	6600	1024				

（徐忆欣）

【海盐·北京招商推介会】 1月9日，海盐县在北京召开海盐·北京招商推介会，北京山水文园集团、碧水源股份有限公司、丹佛斯集团、中国节能集团、核电能源相关企业等70余名客商参加会议。县委书记沈晓红，县委副书记、县长章剑，县委常委顾秋莉，县开发区、县商务局、县核应急办及有关镇（街道）、部门领导参加会议。县委常委、副县长王坚主持会议，县委副书记、县长章剑致欢迎词并作海盐基本情况介绍，县商务局局长朱建忠介绍海盐概况、“十三五”发展前景，以及县开发区、中国核电城、武原新区、海盐科技城、百步中国集成家居产业园等平台建设和六旗乐园、南北湖旅游等基本情况。

【海盐·上海招商推介会】 1月15日，海盐县在上海召开海盐·上海招商推介会，美国百全投资上海公司、立邦涂料、巨科电子、柯马工程、复星集团、中船重工等项目的120余名客商参加会议。常务副县长孙雄伟，县开发区、县商务局、县核应急办及有关镇（街道）、部门领导参加会议。会议由县委常委、副县长王坚主持。县领导孙雄伟致欢迎词并作海盐基本情况介绍，县商务局局长朱建忠介绍海盐概况、“十三五”发展前景，以及县开发区、中国核电城、武原新区、海盐科技城、百步中国集成家居产业园等平台建设和六旗乐园、南北湖旅游等基本情况。

【"4·15"工业大会签约】 4月15日，全县召开"4·15"工业大会，集中签约27个项目(2个战略合作框架协议、2个基金项目，计划募集资金35亿元；1个院校合作项目、22个内外资项目，投资总额88.6亿元)，其中外资项目6个，总投资2.1亿美元；内资项目16个，总投资74.95亿元；产业园项目6个，总投资56.1亿元。项目涉及产业园、智能装备机械制造、新材料、智能集成家居、新型船舶、智能机器人、现代农业、融资租赁等领域。

【参加浙洽会和嘉洽会】 6月8—12日，第18届浙江投资贸易洽谈会在宁波举行，同期举办第2届中国—中东欧国家投资贸易博览会和第15届中国国际日用消费品博览会。县商务局组织镇(街道)和有关部门人员参加开幕主题论坛、浙江产业·特色小镇与资本对接峰会等，并到消博会参观。在主题论坛，签约外资项目1个，总投资3000万美元；县开发区中法合作产业园和浙江海利普电子科技有限公司优秀管理人员分别被授牌表彰。11月8日，"2016嘉兴创新发展投资贸易洽谈会"在嘉兴富悦大酒店开幕，县领导章剑、王坚及县政府办、县商务局、县科技局、县经信局、县开发区等有关领导，以及10名客商参加会议，银克爱薇现代创意家居和豪晟科技产业园2个项目签约。

【2个跨国项目签约】 7月13日上午，在总理李克强和欧盟委员会主席容克见证下，"2016中欧城镇化伙伴关系务实合作"项目签约仪式在北京人民大会堂举行，全国共有12个项目签约，海盐丹佛斯科技乐园共同开发合作协议、中瑞低碳环保技术展及研究中心合作项目框架协议2个项目签约。

【伍尔特大中华区供应链中心(CDC)开幕】 11月22日下午，县开发区德资项目伍尔特大中华区供应链中心(CDC)开幕仪式在欧洲产业园伍尔特工厂内举行，县委书记沈晓红致辞并与伍尔特集团执行总裁共同开幕。县委常委、常务副县长王坚，县开发区(西塘桥街道)党工委书记陈峰，以及县商务局、县经信局等部门主要领导参加仪式。

【参加2016厦门国际投资贸易洽谈会】 9月8—11日，2016厦门国际投资贸易洽谈会举办，100余个国家(地区)、5000余家企业近12万名境内外客商参加，项目对接3000余场次。县开发区、县商务局参加活动并洽谈项目。

【国外招商活动】 7月，县核应急办联合日本技术者联盟和太比雅株式会社，在日本东京中央大学举办中国海盐核电招商推介会，日本技术者联盟邀请日本伊藤忠商社、双日商社、东亚阀门、东芝集团、三菱重工集团、ANEX株式会社等30余家核电关联企业的50余位企业领导参加。10月18日，县商务局、县核应急办在法国巴黎举办招商推介会，邀请20位商界嘉宾出席。县政协副主席郑其良作海盐总体情况简介，县商务局局长朱建忠介绍海盐产业布局和招商现状。

【2016深圳·海盐工业自动化控制产业招商推介会】 12月23日，县商务局、县科技局与工控网联合举办"2016深圳·海盐工业自动化控制产业招商推介会"，邀请深圳工控产业关联企业120余家。县领导王坚、傅方正、肖钰鑫及各镇(街道)、相关部门负责人参加。副县长傅方正主持会议，县委常委、常务副县长王坚致辞，县商务局局长朱建忠作海盐环境推介和工控产业基础介绍及规划，浙江海利普电子科技有限公司副总裁卢中平现身演讲，工控网总裁李小勇作工控产业主题演讲。是日，县商务局与工控网合作框架协议及县科技城、武原街道、秦山街道等5个项目签约。

【招商引资业务培训】 3月23—25日，海盐县在杭州与商务部国际贸易经济合作研究院联合举办招商引资引智业务培训班，镇(街道)、有关部门分管领导及招商员近90人参加培训。培训班就招商原理、招商策略、实务操作、招商经验、园区建设、经济新常态等进行讲解，并介绍海盐人才政策、海盐招商微信平台。12月27—29日，海盐县在苏州大学举办招商引资引智业务技能研修班，镇(街道)、有关部门分管领导及招商员60余人参加培训。邀请苏州大学教授、原苏州高新园区招商局、中国工控网集团有关专家授课，内容有城市定位、招商策略、实务操作、工控产业介绍等，并实地参观考察苏州市工业园区，听取有关规划与发展介绍。

【蹲点挂职招商】 2016年，全县从各镇(街道)、各有关部门抽调人员，组建上海地区蹲点招商小组13个、深圳蹲点招商小组1个。全年共有蹲点招商人员30余人，有13人次在上海川沙新镇经济园区、莘庄开发区、张江高科、核电办、永嘉商会等8个单位挂职。13个驻沪蹲点招商小组在沪1872天，外出招商1354天，拜访企业1225家次，接待377家次，获取首报信息80余条，比上年增加10余条。

（徐董伟）

引进内资

【概况】 2016年，全县实到县外内资90.13亿元(为年计划的163.9%)，实到注册资金38.74亿元(为年计划的155%)，新引进项目97个，实到县外内资29.68亿元、注册资金22.51亿元。全年新引进总投资5000万元以上项目32个，实到县外内资21.5亿元，占县外内资总额的23.8%。实到注册资金3000万元以上项目28个，实到注册资金16亿元，占全县注册资金总额的41.3%。

2016年新引进总投资5000万元及以上内资项目情况表

表26

序号	投资项目名称	引进时间	投资领域	计划投资总额（万元）	其中县外内资（万元）	项目计划注册资金（万元）	年末实到内资（万元）	项目地
1	海盐县祥源房地产开发有限公司	2016年9月	房地产业	103000	103000	5000	5000	武原街道
2	浙江玖鸿印刷有限公司	2016年4月	制造业	32000	28800	12000	14400	百步镇
3	嘉兴意欧斯投资合伙企业(有限合伙)	2016年11月	非生产性服务业	20000	20000	20000	5000	县开发区
4	嘉兴璐萍钢材贸易有限公司	2016年10月	贸易公司	19800	19602	19800	19602	武原街道
5	嘉兴菲斯格乐电器有限公司	2016年2月	制造业	17100	13500	3800	12713	沈荡镇
6	浙江丽尚建材科技有限公司	2016年5月	制造业	15700	15700	5000	9760	武原街道
7	浙江嘉化新材料有限公司	2016年10月	制造业	14800	14800	14800	14800	县开发区
8	博盾科技(浙江)有限公司	2016年1月	制造业	14000	14000	11888	17472	通元镇
9	海盐碧水源水务科技有限公司	2016年2月	基础建设	12030	12030	12030	6010	县开发区
10	海盐锦好新能源有限公司	2016年6月	制造业	10500	10500	3000	7000	澉浦镇
11	中咨华放股权投资海盐合伙企业(有限合伙)	2016年6月	非生产性服务业	10010	8510	10010	151	武原街道
12	海盐鸿禧电力有限公司	2016年6月	制造业	10000	10000	10000	10000	县开发区
13	海盐宏达小额贷款股份有限公司	2016年12月	非生产性服务业	10000	5600	10000	5600	通元镇
14	海盐玖隆贸易有限公司	2016年4月	非生产性服务业	9000	6000	9000	9000	百步镇
15	浙江义腾特种钢管有限公司	2016年4月	制造业	8700	8700	2000	8534	沈荡镇
16	浙江浩杰环保科技有限公司	2016年6月	制造业	8080	2100	8080	100	县开发区
17	嘉兴捷运科技有限公司	2016年6月	制造业	8000	8000	5000	1000	县开发区
18	浙江欣莱科包装科技有限公司	2016年7月	制造业	8000	6400	8000	6400	沈荡镇
19	海盐玖汇易有限公司	2016年7月	非生产性服务业	8000	8000	6000	6000	百步镇
20	海盐天盛新能源有限公司	2016年4月	新能源	7423	7423	1000	7423	于城镇
21	海盐晨飞电器有限公司	2016年2月	制造业	7200	6120	2000	6011	沈荡镇
22	嘉兴麦瑞经编有限公司	2016年8月	制造业	6500	5850	3000	2700	通元镇
23	浙江波拉波拉食品股份有限公司	2016年11月	食品业	6010	2705	1500	3245	元通街道

续表 26

序号	投资项目名称	引进时间	投资领域	计划投资总额(万元)	其中县外内资(万元)	项目计划注册资金(万元)	年末实到内资(万元)	项目地
24	海盐欧宁商贸有限公司	2016 年 10 月	非生产性服务业	6000	6000	6000	6000	百步镇
25	海盐顺锦达物流有限公司	2016 年 10 月	非生产性服务业	5800	5800	5800	5800	百步镇
26	嘉兴慧星科技有限公司	2016 年 7 月	制造业	5500	5225	3000	2850	通元镇
27	浙江佳乐科仪股份有限公司	2016 年 8 月	制造业	5004	5004	3149	5004	于城镇
28	嘉兴锦荣贸易有限公司	2016 年 4 月	非生产性服务业	5000	5000	5000	5000	武原街道
29	中印科技股份有限公司	2016 年 8 月	制造业	5000	4000	5000	4091	县开发区
30	嘉兴任享保温科技有限公司	2016 年 10 月	制造业	5000	5000	5000	4000	县开发区
31	海盐驰诚光电科技有限公司	2016 年 4 月	制造业	5000	5000	1000	1000	百步镇
32	浙江瑞霖医学科技发展有限公司	2016 年 9 月	制造业	5000	5000	5000	3250	于城镇

(徐董伟)

对外与港澳台经济技术合作

【概况】 2016 年,全县新批境外投资企业 5 家,批准中方投资额 1490.41 万美元。5 家企业投资地和投资额分别为:海盐昊瑞科技发展有限公司在缅甸投资 166 万美元设立睿宁(缅甸)服装有限公司,网壳智能科技有限公司在美国投资 774.41 万美元设立尖峰数码有限公司,海盐县通惠地质矿山机械有限公司在埃塞俄比亚投资 50 万美元设立埃塞通惠矿山机械有限公司,海盐海欣房地产开发有限公司在美国投资 100 万美元设立海欣集团有限公司,恒锋工具股份有限公司在美国投资 400 万美元设立恒锋工具(美国)有限公司。(徐忆欣)

区域合作

【概况】 2016 年,县合作办围绕科学发展主题和转变经济发展主线,支持浙商创业创新,深入开展接轨上海、推进国内区域合作交流、对口帮扶和山海协作等工作,国内合作交流工作进一步拓展,全县经济社会发展平稳较快。

【国内经济合作交流】 2016 年,海盐县继续把支持浙商创业创新,促进海盐发展工作作为各级党委、政府经济建设"一号工程"。年内,县主要领导拜访对接上海奉贤区温州商会 2 次,为回归企业解决实际困难 9 次。9 月 12 日,组织县部分回归浙商参加市第二届浙(禾)商大会。9 月 13 日,召开海盐县浙商回归投资洽谈会,杭州、嘉兴商会等 80 余位客商参加。是年,海盐籍在外投资浙商数据库累计企业和客商及知名人士共 1782 家(人)。全年新发布重点推介项目 45 条,累计 123 条。浙商创业创新盯引库新增盯引项目 36 个。上报浙商回归项目 81 个,完成市定任务的 111.5%。

成立由县委书记、县长任组长的深化接轨上海工作领导小组,县人大、县政协主要领导任工作顾问,下设"一办七组",分管县领导任办公室主任。将接轨上海工作纳入党政目标责任制考评体系。设立市政府驻上海联络处海盐工作部,县合作办承担相关信息收集、服务联络等工作职能。6 月 26 日,成立上海嘉兴商会海盐分会,县政府主要领导每半月一次到上海对接招商。县政府与上海市核电办签署《关于加强核电产业协同发展的战略合作协议》,在海盐中国核电城创设核电产业协同创新实践区。选派 12 名后备干部在上海有关单位挂职锻炼,聘请 5 名上海高层次人才担任海盐"引智大使"。18 个招商小组外出招商 4753 天 4530 人次,走访企业 2487 家次,接待企业 1890 家次,累计首报信息 225 条,在谈项目 260 个,累计签约项目 83 个,总投资 170.85 亿元,引进来自上海的总投资 5000 万元以上项目 5 个。通过上海或从上海引进高层次人才 43 人,组织与上海科技对接活动 20 次,邀请专家136人次，参加企业218家，解决技术问题36项，共建创新载体2个，合作签约项目12个。对接上海人才新政策30条，出台海盐县人才科技新政策。教育系统组织教师到上海培训交流274人次。卫生系统组织医生到上海交流培训58人次，邀请上海专家讲学11次。海盐医疗机构与上海合作项目3个。与上海交大附属新华医院、解放军455医院达成点对点互联结算协议，完成专线布置和结算系统测试。12月，海盐实现嘉兴市民卡、上海公交卡在嘉兴市和上海市两地公共交通领域互联互通。推出"上海迪士尼+海盐3日自由行"旅游线路，引进"驴妈妈"国际旅行社在海盐开设门市部。

8月4日，海盐、景宁产业投资合作对接座谈会召开

【援疆援藏等工作】 2016年，继续完善《海盐县鼓励企业对口支援新疆沙雅县产业发展的若干政策意见》，鼓励海盐企业到沙雅县投资创业。6月11日和9月8日，海盐县党政代表团先后到新疆阿克苏地区沙雅县和西藏那曲县，看望、慰问援疆、援藏干部，考察援疆、援藏项目。是年，补助西藏那曲县帮扶资金50万元。

【深化"山海协作"工程】 2016年，海盐县"山海协作"结对对象由龙泉市调整为景宁畲族自治县(简称景宁县)。2月29日，景宁县党政代表团到海盐对接"山海协作"事项，商讨结对帮扶协议。6月2日，县委副书记孙雄伟、副县长钱学勤率团到景宁县，签订新一轮"山海协作"合作协议，对口扶持项目13个，到位资金150万元。8月4日，县经信局组团到景宁县，开展"山海协作"产业合作对接活动，实地考察丽景园等相关园区建设情况，双方就如何深入推进景宁县产业发展进行探讨和交流。

【低收入农户收入倍增计划】 1月25日，县府办相关领导带队赴龙泉市交流互访。是年，海盐县"低收入农户收入倍增计划"帮扶对象仍为龙泉市龙南乡9个村和查田镇2个村共11个村。以"消除4600"(年收入4600元以下农户)为重点，落实"低收入农户收入倍增计划"帮扶项目11个，到位资金65万元。帮助发展龙南乡底村村食用菌和四季豆高山蔬菜基地、蛟垟村食用菌和高山蔬菜基地扩建项目等特色产业基地，面积133.33公顷，直接受益农户320户。通过帮扶，蛟垟村、上兴村、五星村等11个村集体经济增加总收入37余万元。走访慰问低收入农户助学帮扶9户，发放慰问金0.5万元，巩固消除4600元以下低收入农户龙南乡30户80人、查田镇25户58人。10月9日，龙泉市龙南乡新一届党政领导一行到海盐对接"低收入农户收入倍增计划"工作。11月3—5日，海盐县代表团一行到龙泉市龙南乡、查田镇开展"低收入农户收入倍增计划"对口帮扶工作交流。总投资156万元的龙泉市龙渊社区龙渊居家养老服务照料中心项目进展顺利。

【开展对口支援活动】 2016年，海盐县加大与对口支援地区经济、社会、技术、人才交流合作力度，实现双方共赢和发展。继续支持重庆市涪陵区蔺市镇南方早熟梨等项目，到位帮扶资金51万元。12月12—14日，重庆市涪陵区蔺市镇党政代表团一行5人到海盐交流互访，商讨下年度对口支援工作。12月29日，省委、省政府召开全省东西扶贫协作工作专题会议，自2017年起，海盐县与四川省宜宾市屏山县开展东西扶贫协作工作。

(吴国锋)

旅　　游

综　　述

【概况】 2016年,海盐县实施"文旅兴县"战略,建立起县、镇(街道)、村三级旅游管理网络,各镇(街道)成立旅游工作领导小组和旅游工作办公室,明确文化专管员负责开展旅游工作,强化旅游工作考核。以南北湖景区国家AAAA级旅游景区评定性复核为重点,对全县A级及以上景区开展综合整治。全年接待国内外游客713.18万人次,同比增长20.3%;实现旅游总收入64.38亿元,同比增长21.3%。以自驾游为主的散客比重占八成以上,游客结构渐趋合理化。在市对县有关旅游指标考核中,海盐县位列全市第一。

项目建设

【景区整治与提升】 2016年,海盐县开展综合整治A级及以上景区工作。南北湖景区围绕国家AAAA级旅游景区评定性复核工作,加快核心景区居民征迁工作进程,建成景区智慧票务系统,完成荣昌度假村改造、游步道等工程建设。开展景区交通秩序整治,3月,成立南北湖景区交通整治领导小组,完成主入口车辆管理系统建设,实现入区车辆管理自动化和智能化。绮园景区亮化、绿化、水系、广播系统工程得到提升,商业街休闲区块停车分流改造、景区票务电子系统提升改造工程完工,新增酱园、滴翠亭等景点。万奥农庄开展环境卫生专项整治,景区保洁水平得到提升。12月6日,嘉兴市旅游景区整治工作现场会在南北湖景区召开,市有关领导对海盐县开展的景区整治工作表示肯定。

【三毛乐园创建国家AAA级旅游景区】 2016年11月23日,嘉兴市旅游景区创建验收组到海盐,对创建国家AAA级旅游景区三毛乐园进行验收。12月19日,嘉兴市旅委发文,三毛乐园通过国家AAA级旅游景区验收。2015年初,三毛乐园创建国家AAA级旅游景区被写入海盐县政府工作报告。成立三毛乐园创建国家AAA级旅游景区领导小组,围绕景区基础配套设施提升、游客中心建设、A级厕所改造、原有配套基础设施修缮、生态车场改造、标志系统建设、出入口建设等开展工作。经过近两年建设,三毛乐园已初步成为集游览观光、文化体验、休闲娱乐、旅游购物于一体的文化旅游景区。

【旅游厕所AAA级创建】 2016年,海盐县在各大景区新建、改建旅游厕所17座。11月,嘉兴市旅委到海盐验收旅游厕所工作成果,符合旅游厕所AAA级标准的有南北湖湖山岭厕所、金牛山厕所、三毛乐园厕所3座,符合旅游厕所AA级标准的有南北湖北大门厕所等4座。

【完善旅游业发展扶持政策】 8月30日,县政府颁布《关于扶持旅游业发展的若干政策意见(修改补充条款)》,这是对照《嘉兴市级旅游业发展专项资金补助操作细则》,起草完成的县扶持旅游业发展的若干政策意见的修改补充条款。海盐县旅游业发展扶持政策进一步完善,扶持力度加大。

【重大项目进展】 10月,浙江山水六旗国际度假区外围基础设施配套项目初步梳理完毕,涉及交通、市政、生态环境建设等六大类44个项目,总投资约120亿元,部分交通基础设施项目开工。山水文园集团在海盐设立的浙江山水六旗文化旅游投资有限公司,完成工商登记,8月1

日开工建设展示中心。12月18日，开工建设六旗乐园，全年完成投资6.4亿元。南北湖影视文化、秦山核电科技馆、青莲猪文博园等项目建设进展顺利。

（郭砚涛）

市场促销

【季节性主题活动】 2015年12月28日—2016年2月28日，举办首届"年味海盐"旅游活动，初步形成"年味海盐"地方特色和品牌优势。"年味海盐"旅游活动分别在南北湖景区、绮园景区和文溪坞景区展开：南北湖景区推出"南北湖过大年约城里人一起玩"系列活动，绮园景区举办首届海盐吃货节和张乐平纪念馆迎新春剪窗花活动，文溪坞景区举办打年糕等活动，吸引大批游客前往体验。4月2日—5月2日，举办"踏春之旅"活动，内容有：文溪寻春（登隐马山、采文溪茶、挖山毛笋、做迎春DIY等）、玩转菜园子（野炊、骑马、放风筝）、紫金山赏花观影（春季赏花、观影遇星、乡村宿醉）等活动，吸引大批游客前往踏春。2月2日和8月11日，在文溪坞景区和绮园景区分别举办海盐旅游学生代言人活动，内容为文溪坞景区年味体验之旅、滚灯DIY制作、年味旅行分享会、游绮园等，吸纳第三批80余名学生代言人为海盐旅游代言。

【宣传推介活动】 9月24—25日，举办2016南北湖文化旅游节开幕式暨第三届中国（海盐）旅友大会启动仪式。开展首届全国旅游达人评选活动，评选出全国旅友达人10位、全国旅友达人提名奖10位。组织全国近200名大学生到海盐参与"'盐'遇，遇见海盐，遇见青春的你"活动，设置南北湖景区定向挑战赛、绮园景区城市趣味挑战赛、乡村帐篷音乐节等互动项目，把海盐展示给旅友。

【智慧旅游】 4月，海盐旅游旗舰店在携程网上线，内容含旅游产品推荐、交通、景点、住宿、美食、购物、游记、行程等8大块，涵盖全县主要旅游景点、酒店住宿、特色美食、出行交通等信息。9月，与旅友头条合作，开展网络微营销大赛。

海盐旅游学生代言人活动举办

【市场对接】 2016年，县旅委对接G20杭州峰会，参加"喜迎G20乐游嘉兴"诗画浙江旅游嘉年华活动。推出海盐旅游超级护照（家庭版），在旅游嘉年华活动现场赠送给杭州市民，市民凭照可享受南北湖、绮园、梦都影视基地、万奥农庄、祝家庄景区等门票对折优惠，享受海利开元大酒店、海盐宾馆股份有限公司、沈荡酿造等旅游饭店和旅游产品价格优惠。6月16日，上海迪士尼乐园开园。是日，"上海迪士尼+海盐3日自由行"旅游产品在携程旅行网同步上线，旅游线路与南北湖风景区、绮园景区、海利开元大酒店、南北湖湖光山居度假酒店、金牛山庄园酒店有限公司等贯通。推出三日游、五日游线路，为省内职工疗休养服务。3—7月，分别在上海市黄浦区、静安区、徐汇区，江苏省南京市、无锡市，浙江省杭州市、衢州市举办海盐旅游专场推介会。

（王会霞）

接待设施

【概况】 2016年，全县有旅游定点接待单位（旅游饭店）23家，其中星级饭店6家；有经营国内旅游业务和入境旅游业务资质旅行社15家，其中出境旅行社2家，星级旅行社8家。

2016年旅游定点接待单位(旅游饭店)、旅行社情况表

表27

单位名称	单位地址	总经理	联系电话	旅游涉外饭店		星级
				客房数	床位数	
杭州湾国际酒店有限公司	武原街道百尺北路168号	陆跃进	86668888	127	178	★★★★
国际大厦有限公司	武原街道新桥南路101号	范丽鸣	86023333	120	175	★★★
海盐宾馆股份有限公司	武原街道海滨东路35号	朱胜良	86598888	248	394	★★★
海盐香溢大酒店	武原街道枣园中路105号	殷新平	86051888	60	88	★★★
金牛山庄园酒店有限公司	南北湖风景区	顾雪英	86566777	92	168	★★★
月亮城堡酒店	南北湖风景区	王　平	86568888	51	98	★★★
海利开元大酒店	武原街道新桥北路349号	马进松	86688888	306	450	
新天地大酒店	武原街道百尺北路8号	叶新利	86055555	133	267	
海盐海外不夜城大酒店有限公司	武原街道百尺南路常绿桥北桥堍	王　平	86287777			
德顺源酒店	武原街道长安南路12号	孙君儿	86966661	77	119	
海盐县河畔春天时尚餐厅	绮园商业街	彭　霞	86868866			
南北湖湖光山居度假酒店	南北湖风景区	陈建军	86517777	70	126	
海盐南北湖桃源山庄有限公司	南北湖风景区	王　平	86566005	85	160	
隆聚酒楼	武原街道新桥北路142号	周　伟	86887777			
怡园酒店	武原街道城西北路118号	刘　英	86027777			
威廉酒店	武原街道百尺北路163号	陆培龙	86853333	40	52	
世纪海景酒店	武原街道新桥北路131号	王建莉	86186666	75	125	
泾海大酒店	海盐经济开发区西场路8号	黄群良	89051770	55	97	
花园酒店	武原街道盐湖路102号	吴梦婷	86023540	26	44	
商玉客栈	澉浦镇紫金山村	吴徐静	13750788353	31	45	
海盐宏诚商务宾馆有限公司	通元镇工业园区	苏菊会	13906836689	33	57	
海盐天都酒店管理有限公司	武原街道君原村东西大道旁	孙艳华	15988318156	76	120	
海盐元济商务宾馆	武原街道百尺北路251号	徐　芬	15068381703	35	51	
海盐县春秋旅行社	武原街道长安北路279号	张雪峰	86033311			★★★★ 出境社
南北湖旅游公司	武原街道新桥南路109号	王卫芳	86029951			★★★
海盐县云龙旅行社有限责任公司	武原街道新桥北路199号	庄海荣	86032058			★★★ 出境社
海盐滨海新城旅行社有限公司	武原街道勤俭北路448号	张永军	86056155			★★★
海盐县东方旅游有限公司	武原街道新桥南路46号	仇叶薇	86030919			
海盐县申港旅行社	武原街道金涌花苑1区4幢	李　明	86020077			★★★
海盐阳光假日旅行社有限公司	武原街道金涌花苑2区2幢05室	封林娟	86030799			
海盐县辰信旅行社	武原街道海滨西路168号	王仕军	86117257			★★★
海盐县金色假期旅行社	武原街道朝阳西路金源花苑商业城10号	朱红良	86922598			★★★
海盐国贸旅行社有限公司	武原街道友谊路37号鸿翔财富广场A幢801室	俞燕红	86058908			★★★

续表 27

单　位　名　称	单　位　地　址	总经理	联系电话	旅游涉外饭店		星　级
				客房数	床位数	
海盐科路旅游有限公司	恒隆广场 A 幢 1109 室	王雅骞	86166225			
海盐漫漫游旅游公司	百步镇工业园区 1 号	周卫东	13857335052			
海盐艾特时代旅行社有限公司	武原街道勤俭北路 2016 号	宋叶娟	13586373275			
海盐遨游天下旅行社有限公司	武原街道勤俭北路金涌花苑二区 2 幢 04 室	顾春霞	13967337005			
嘉兴光大旅行社有限公司	武原街道朝阳东路 101 号	陈惠芬	13867333536			

说明:2016 年,南北湖湾景宾馆两星级摘牌,新增花园酒店、商玉客栈、海盐宏诚商务宾馆有限公司、海盐天都酒店管理有限公司、海盐元济商务宾馆 5 家旅游饭店;新增海盐艾特时代旅行社有限公司、海盐遨游天下旅行社有限公司、嘉兴光大旅行社有限公司 3 家旅行社,海盐滨海新城旅行社有限公司、海盐县申港旅行社 2 家旅行社被评为三星级旅行社

行业管理

【安全生产管理】 1 月 19 日,县旅委召开 2016 年度安全生产工作会议,部署安全生产工作,与旅游企业签订消防、食品安全生产责任书,下发安全生产考核办法。在元旦、春节、五一、国庆节、G20 杭州峰会和第三届世界互联网大会(乌镇峰会)期间,分别联合有关部门开展安全生产和旅游市场秩序大检查。8 月 23 日,组织召开全县旅游安全工作会议,强调旅游安全生产工作,县安监、县市场监管、县交通运输、县消防大队等部门就G20 杭州峰会期间各自领域安全生产工作提出相关要求。10 月 31 日,联合县交通运输、县卫生计生等部门,组织全县旅行社、A 级及以上景区等企业开展旅游道路运输事故应急演练。

【从业人员素质提升】 2016 年,县旅委开展企业人才开发紧缺目录调查,确定年度旅游类企业人才开发紧缺目录。依托浙江旅游职业学院,启动一年两次,以及全县涉旅领导、涉旅企业和涉旅主体的主题班次培训。邀请北京巅峰智业旅游文化创意股份有限公司博士刘峰进行全域旅游为主题的专题培训。组织 22 人分 4 批到市参加平安护航 G20 杭州峰会和第三届世界互联网大会(乌镇峰会)旅游行业应急救护和疫病防控培训班。组织参加市导游大赛,海盐选手金燕文获得一等奖。

【监管与服务】 县旅委制定《海盐县 2016 年旅游市场秩序专项整治行动方案》,开展以宣传广告、旅游合同、旅游用车等为重点的专项检查。24 小时接听旅游投诉热线,全年处理旅游投诉案件 6 件,及时结案率、游客满意率均为 100%。开展文明旅游宣传活动,全年发放宣传资料 6000 余份。加大对旅游饭店、旅行社监管与服务力度,南北湖景区等 4 家单位被命名为实际疗休养基地,新认定海盐元济商务宾馆等 5 家饭店为旅游饭店,新评定海盐滨海新城旅行社有限公司等 2 家旅行社为三星级旅行社,新命名香溢大酒店等一批县级疗休养基地,新增海盐县春秋旅行社、海盐县云龙旅行社有限责任公司为具有经营出境旅游业务资质旅行社。指导国际大厦有限公司等 3 家星级宾馆迎接星级复评工作,推动海利开元大酒店争创国家金叶级绿色饭店。全年新吸收县旅游产业联盟单位会员 4 家,累计 48 家。

(单邵伟)

南北湖风景区

【概况】 2016 年,南北湖风景区接待国内外游客 253.1 万人次,县旅投集团旅游经营收入 2431 万元。各项旅游投入 8.52 亿元。新增银行授信 16.26 亿元,贷款到位 8.38 亿元。引进县外资金 1.22 亿元,实到注册资金 4700 万元。是年,景区被列入嘉兴市首批职工疗休养(推荐)基地、浙江省科技体育航海模型运动训练基地和南北湖网

络文学创作基地。县旅投集团获2015年度中国旅游总评榜年度模式创新旅游企业称号。

【规划编制】 2016年,《南北湖风景名胜区湖塘及山林景区详细规划》通过省级评审,并上报省建设厅;《澉浦镇影视小镇控制性详细规划》完成县级评审,上报市发改委。《海盐县南北湖风景名胜区钱江潮源湿地公园详细规划》完成规划文本编制,待县级审查。《澉浦镇南北湖(紫金山)影视基地控制性详细规划》,经县政府审查同意获批复。

【开发管理】 2016年,南北湖景区通过国家AAAA级旅游景区评定性复核。以改造交通管理硬件设施、强化管理措施、提升服务保障为目的,实施景区交通秩序整治,景区道闸管理系统、电子智能票务系统、无障碍扫码入园、观光车扫码购票等智慧景区设施设备陆续上线。委托专业公司开展景区"四位一体"智慧旅游方案整体设计。完成荣昌度假村改造,金牛山、奕仙城厕所改建,东大门入口道路两侧绿化整治,核电取水口—迎宾桥段、蝴蝶岛—九曲径游步道工程等。启动换乘中心扩建工程、谈仙石城广场工程、百花谷等建设,为提升景区品质、增强客户体验奠定基础。6月,经县政府同意,原县旅投集团下属子公司海盐县南北湖旅游资产经营管理有限公司、海盐县南北湖旅游营销策划有限公司、海盐县南北湖旅游客运有限公司整合重组,组建海盐县南北湖景区投资管理有限公司,实现对南北湖景区统一管理。

【平台建设】 2016年,完成南北湖核心景区第一轮第二批6个承包组223户征迁工作,共征收土地203.55公顷,旧房签约腾空210户,面积6.7万平方米;提前签约及拆迁62户,面积1.8万平方米。旅游小镇安置小区完成三期建设;四期房屋主体建成,附属及景观工程进场施工。纵三路拓宽改造工程正在施工中。完成安置小区五期、支路三延伸段,以及纵三路建设农转用报批手续。完成山海湖大道、支路四等划拨土地成本结算。

【品牌宣传】 2016年,县旅投集团首次举办南北湖上海客户答谢会。全年举办或参与各类旅游推荐会50场,市场接待同比增长98%,收入增长60%。组织"5·19"万人游活动,一天吸引游客4万余人。是年,确定"中国唯一山海湖全景度假地"品牌定位和"南北湖,有生活"品牌口号,设计全新南北湖Logo,完成《多元度假时代南北湖品牌系统报告》,以及企业品牌视觉识别系统(VI)设计,丰富品牌故事、品牌主张等。9月,南北湖品牌形象在各大户外广告媒介、新媒体自媒体平台正式上线。

【节庆活动】 2016年,县旅投集团以"旅游+办节"模式,加快产业互动合作与融合发展,与博远将军、沈荡酿造、丰义牧业等涉文、涉旅企业,驴妈妈、同程网等OTA合作,取得较好成果,全年举办活动28场次。其间,参与人数同比增长385.7%,创历年新高。引入市场主体"筋斗云公司",开展旅游活动策划与承办,举办"喜迎G20杭州峰会瑜伽高峰论坛暨首届南北湖瑜伽文化交流节""2016跟奥运冠军跑起来——健康中国·南北湖半程马拉松""'筋斗云杯'全国航海模型公开赛(浙江南北湖站)"等赛事,促成省科技体育航海模型运动训练基地落户南北湖。

【融资招商】 2016年,县旅投集团新增银行授信16.26亿元,贷款到位8.38亿元。争取到政府债券资金1.3亿元。引进浙江博远将军文化传播有限公司、浙江谦宇养生服务有限公司等三产服务业企业19家。出让凤凰山南侧商服用地一块,上海婺兴投资管理(集团)有限公司竞得,每平方米价1650元,总面积17.24公顷,总价2.84亿元;投资方已办理项目公司工商注册,正在完善地块方案设计。与浙江明达意航控股集团签订《南北湖整体开发战略合作框架协议》。投入1700余万元,完成与艳阳山庄改造项目商务对接。引进海盐南环综合市场经营管理有限公司,完成澉浦农贸市场招商。弈仙城引进传统文化店1家、文艺创作室1家、民宿2家,总面积3108平方米,其中3家完成装修,并对外开放。

【影视产业】 2016年,南北湖影视产业投入资金2.48亿元(基础设施建设0.33亿元、影视

烟波峡影视基地

剧拍摄2.15亿元)。新设立畅春园、刺绣商行等拍摄点。实现影视剧制作销售6.89亿元,上缴税费88万元,享受产业优惠扶持政策计1253.67万元。引进影视相关企业,入驻15家,注册资本4.06亿元。3月,溆浦影视小镇入选第一批市级特色小镇创建名单。是年,《玄武》《无心法师2》等20个影视剧组到影视基地取景拍摄。全年吸引游客和影迷22.2万人次。

【乡村旅游发展】 2016年,县旅投集团以商玉客栈民宿为乡村旅游建设重点,定位"民国余味,浪漫影视",推进民宿餐饮配套建设。5月30日,商玉客栈民宿游客接待中心正式启用。7月,紫云里77号餐厅建成并对外开放,餐厅配有烧酒酿造体验区、老电影观影区、私房菜、茶吧、庭院烧烤等。是年,商玉南苑改造工程基本完工。实施所属区域沿线绿化、亮化工程,水系、景观小品等整体得到提升,增设导览图、道路指示牌等标志。申请注册"紫云小烧""南北湖五味村"商标2个,图案"商玉客栈"已申报受理。

(袁毅春)

商玉客栈民宿游客接待中心

交通运输

综　　述

【概况】 2016年,海盐县实施交通基础设施项目40个,完成投资13.07亿元,投资额再创历史新高。年末,全县公路总里程985.51公里,其中国家高速公路40.40公里、普通国道(原S101杭沪线)30.87公里、县道326.15公里、乡道206.28公里、专用公路11.62公里、村道370.19公里。全县拥有营业性载客汽车513辆15815个客座,营业性载货汽车2397辆21573载重吨;全年完成公路旅客运输量214万人次,旅客周转量15481万人公里;公路货物运输量899万吨,货物周转量96790万吨公里。拥有运输船舶544艘27.30万载重吨;全年完成水路货物运输量1282.61万吨,货物周转量41.68亿吨公里。

全县交通基础设施建设稳步推进,海盐县杭平申线航道改造工程项目管理部、海盐县交通投资集团有限公司分别被评为2015年度全省重点建设立功竞赛先进集体、2015年度全市重点建设立功竞赛先进集体。其中,杭平申线(浙江段)航道改造工程海盐段主线航道完工,东塘桥、五联桥、海塘支线航道稳步推进。在武原—袁花公路工程一标段富新路—落许公路段4.5公里中,秦山段2.2公里道路和3座桥梁基本完成,武原段完成交地路段路基;其他标段完成招标。六旗大道工程(杭浦高速海盐互通改造及接线工程)完成初步设计评审,进行报批。翁金线拓宽改造(澉浦大桥—南北湖风景区北大门)工程完成交地路段路基和路面下部结构。澉浦大桥改建工程完成桥梁下部结构,桥梁上部结构(钢结构)加工制作中。沈荡大桥改造工程完成全部梁板架设。百尺大桥工程完成招标。水桥(暂名)工程获得工程项目可行性研究报告批复。

开展县内主要公路沿线环境集中整治,投资3.1亿元实施公路沿线绿化提升工程,涉及14个项目90余公里。县交通运输局被评为2015年度全市"公铁"沿线环境整治工作先进基层单位,翁金线大王桥—东方桥段获得"浙江省最美绿化通道"称号,杭浦高速南北湖出入口—01省道绿化提升工程试验段获得2016年度浙江省"优秀园林工程"金奖。开展码头堆场整治专项行动,完成全县码头堆场排摸工作150家,关停73家,完成率95%;提升26家,完成率36%;清理复耕60家,完成率82%。

开展百名市民乘公交、评公交和交通运输系统开放日两项互动活动,与"海盐发布"合作寻找景美、人美、行风美三大海盐交通亮点,完善微博、微信、网站发布和传统媒体四大信息发布制度,选出最美服务窗口、最美出租车队、最美客运班线、最美公路、最美航道等五大最美交通窗口,评出宋勤燕等六大最美交通人物。01省道海盐超限运输检测站获交通运输部全国交通运输行业文明示范窗口称号,海盐鸿远公交售票窗口获省级"巾帼文明岗"称号。

完善公交通村硬件,农村公路等级提升9.24公里,路面维修27.48公里,改造桥梁6座;新建成公交车停靠站30个、公共自行车站点11个(其中2个扩建),新增公共自行车300辆,更新1000辆;新购公交车22辆,其中油电混合公交车16辆;新开通公交线路2条,其中1条为绮园景区—南北湖·五味村;接轨上海,发行新版公交一卡通,市民卡新增公交功能,公交一卡通和市民卡均实现与107座城市互联互通。

全县交通运输行业安全形势稳定。县交通工程质量安全监督站受监的公路水运项目共30个，监督覆盖率100%，质监合格率100%。县机动车辆综合性能检测站全年检测车辆3880辆次（二级维护车辆1061辆次、等级评定车辆2819辆次），完成燃料消耗量检测车辆193辆次。

县交通运输局被省交通运输厅评为G20杭州峰会交通运输服务保障工作先进集体，被嘉兴市委、市政府评为嘉兴市保障服务重大国际峰会先进集体；海盐鸿远公共交通有限公司被省公安厅评为G20杭州峰会安保工作成绩突出的治安保卫重点单位。

交通运输行业办理审批服务事项27778件，当场办结率99%以上，其中办理行政许可366件，提速率及准确率分别为85%和100%。推动行业监管创新，县公路管理段、县公路运输管理所分别通过嘉兴市首个"天眼"系统和视频监控系统，加强非现场执法能力，办理行政处罚案件662件，收缴罚没款207.94万元，无行政复议或行政诉讼，案件正确率100%。县交通运输局被嘉兴市委、市政府评为嘉兴市"六五"法治宣传教育先进集体。

是年，县桥梁管理处更名为交通工程建设管理处，赋予交通重点工程建设施工管理职能，专门负责全县交通重点工程建设，拥有编制15人，实有25人，其中10人为原01省道嘉兴东西大道海盐收费所分流人员。县机动车辆综合性能检测站进行体制改革和人员分流安置，综合检测业务移交海盐众安机动车安全技术检测有限公司，18名工作人员带编分流至县发改局等7个部门的下属事业单位。

（姚刘权）

公　　路

【概况】 2016年年末，全县公路总里程985.51公里。其中国道40.40公里（国家高速公路），省道30.87公里，县道326.15公里，乡道206.28公里，专用公路11.62公里，村道370.19公里。全县等级公路总里程950.19公里，其中高速公路40.54公里，一级公路75.62公里，二级公路122.06公里，三级公路155.78公里，四级公路481.71公里，准四级公路74.48公里。全县等级公路密度184.3公里/百平方公里，晴雨通车率100%。全年接到县社会应急抢险联动系统指令260余条，均能在规定时间内赶到现场处理。

【01省道杭沪线海盐段大中修】 2016年，县公路管理段负责01省道沪杭线海盐段K84＋238～K84＋800左幅、K84＋582～K84＋800右幅，单幅计0.78公里路面进行养护大中修，并处治沿线平交口11个。项目于8月4日开工，11月3日完工，投资347万元。

【理洪塘桥（右）维修加固工程】 2016年，县公路管理段对01省道杭沪线海盐段理洪塘桥（右）实施维修加固工程：在该桥表面涂浆封闭梁板底面裂缝，重新浇筑桥面铺装及铰缝，梁板底面粘钢加固铰缝，竖向粘钢修复墩台盖梁裂缝，修复其他常规病害等。项目于11月21日开工建设，计划2017年2月完工。工程批准投资230万元。

理洪塘桥（右）维修加固工程

【农村公路等级提升工程】 2016年，全县农村公路等级提升工程分两块实施。县公路管理段负责X610南王线K0＋000～

K1＋118段,X104嘉盐线K33＋615～K34＋301段,X607王石线K7＋400～K8＋260段、K15＋600～K22＋000段,以及X331翁金线K75＋000～K77＋550(敕海庙—明珠生态园)段路面大中修,计11.61公里;各镇(街道)负责辖区内农村公路路面大中修,其中武原街道3.81公里、西塘桥(县开发区)街道8.83公里、元通街道1.99公里、秦山街道1.87公里、百步镇3.29公里、于城镇1.62公里、澉浦镇1.53公里、通元镇7.07公里,计30.01公里。县、镇(街道)共投入资金8487万元。

【西曹三号桥应急抢修工程】 2016年,县公路管理段应急抢修位于县道X509九场线K8＋626处的西曹三号桥:拆除老桥,新桥跨径为10＋16＋10米,桥面宽8米,桥梁上部结构为先张法预应力砼空心板,下部结构为柱式墩台、钻孔灌注桩基础。桥梁设计荷载为公路—Ⅱ级。项目于2月20日开工建设,6月8日完工,投资138.12万元。

【西曹一号桥重建工程】 2016年,县公路管理段负责重建位于县道X509九场线K11＋009处的西曹一号桥:拆除老桥,新桥跨径1×20米,桥面宽8米,桥梁上部结构为先张法预应力砼空心板,下部结构为柱式墩台,钻孔灌注桩基础。桥梁设计荷载为公路—Ⅱ级。项目于6月8日开工建设,9月26日完工,投资71.71万元。

【01省道杭沪线海盐段养护】 2016年,县公路管理段负责对01省道海盐段K78＋182～K84＋000段右幅,单幅计5.82公里路面进行预防性养护。项目于10月8日开工,11月7日完工,投资273万元。

【沈荡大桥改造工程】 工程位于盐百线K0＋530处,跨越嘉于硖线四级航道,全长720米,其中桥梁长328米,主桥为72米钢桁架梁桥,引桥为装配式后张法部分预应力砼组合箱梁,全桥配跨5×25米＋72米＋5×25米,桥梁主桥总宽29.7米,引桥总宽26.5米。项目概算总投资8790.5万元,上部结构变更增加投资1643.9万元,合计10434.4万元。项目于2014年8月15日开工建设,至2016年末完成全部基桩和墩台浇筑、全部梁板预制和架设、主桥钢桁架架设和桥面铺装施工,以及桥头引道路基路面工程的50%。

【路面维修养护】 2016年,县公路管理段组织人力物力,每月检查S101杭金线、X109湖盐线和X119嘉南线等的全线桥梁,每季度检查全县农村公路桥梁,每日巡查全县各条线路路况,发现病害和安全隐患,及时上报并组织力量抢修。全年修补路面坑洞8000平方米、封灌路面裂缝36000米、维修农村公路破碎水泥路面2300平方米。集中整治桥头跳车较严重的桥梁,完成桥头接坡2100平方米。全年维修更换警示桩398根、轮廓标247根、护栏181块、立柱188根。

(田素云)

水　　路

【概况】 2016年年末,全县有运输船舶544艘27.30万载重吨,其中内河个体船舶535艘17.73万载重吨(平均吨位331.44吨);海运企业5家,船舶9艘9.57万载重吨(平均吨位1.06万载重吨),占海盐水运总运力的35.1%。全年完成水路货物运输量1282.61万吨,同比增长0.5%;水路货物周转量41.68亿吨公里,同比下降6.9%。其中:内河货物运输量991.74万吨,同比增长1.4%,内河货物周转量14.70亿吨公里,同比增长3.3%;海运货物运输量290.87万吨,同比下降2.4%,海运货物周转量26.98亿吨公里,同比下降11.6%。

【水上交通安全管理】 2016年,县港航管理处加大水上交通安全监管力度,出动海事艇1200艘次、人员4436人次。全年接警43起(碰撞24起、搁浅6起、机损3起、其他救助10起),直接经济损失4.12万元。发生一般以上事故1起,溺水死亡1人。是年,受理船舶进出港签证20615艘,受理水上水下活动许可8件,其中本级许可2件。8月,在澉浦大桥改建工程开展一次施工人员落水抢救应急演练。G20杭州峰会期间,加强全县水上安保工作,共检查船舶1794艘次,出动海事艇254艘次、人员800人次。

【船舶污染防治及载运危险品等管理】 2016年,在全县码头设置"三桶一牌"(一个可回收垃圾桶、一个不可收回垃圾桶、一个油污水回收桶，一块垃圾、油污水收集告示牌），方便船舶垃圾、油污水定期交送上岸。全年各码头共回收船舶垃圾15.68吨、油污水288公斤。严格载运危险品船申报审查和适装管理制度，受理船舶载运危险品申报179艘次5.93万吨（进港81艘次1.34万吨、出港98艘次4.59万吨）。采用季度检查和不定期检查相结合方法，严格管理9座危险品码头。

【内河港口码头】 2016年，全县开展码头整治提升工作，关停一批，提升一批，至年末，共有内河码头78座、泊位131个。内河港口完成货物吞吐量1503.4万吨，同比增长9.9%；其中进港1018.4万吨、出港485万吨，同比增长15.7%和下降0.37%。海河中转货物运输量96.7万吨，同比增长6.8%。全年新增民丰特纸300吨级泊位2个，新增年吞吐能力10万吨。在建码头2个共4个泊位：浙江百亿控股有限公司500吨级泊位3个（其中改建1个），嘉兴武桂码头500吨级泊位1个；可新增年吞吐能力30万吨。完成社会化投资2000万元。

【行政执法】 2016年，县港航管理处办理本级行政许可93件（船舶载运危险货物适装许可91件、水下活动许可2件）。受理上级许可101件（运输经营许可39件、国籍证书签发50件、水上水下活动6件、建设港口设施使用港口岸线5件、港口经营许可1件）。办理行政处罚案件72件（海事67件、航道案件3件、港政1件、运政1件）。

【船舶检验】 2016年，县港航管理处检验各类船舶485艘，参与海船检验9艘次。县内船舶转户30艘，县外转入船舶9艘，转出船舶6艘。船舶AIS检验152台次。办理营运船舶水路运输开业许可44艘，运营证年审264艘，换证143艘，注销71艘。船员适任证书换证224本，办理服务簿6本，船舶IC卡47张。

【杭平申线海盐段建设】 2016年，杭平申线海盐段完成投资30045万元，其中海塘支线8916万元；累计118071万元，其中海塘支线20249万元；五长段完成投资3604万元，累计10468万元。累计完成投资12.85亿元，占全县总投资额的77.5%。是年，航道主线标段完工，一、二、五标段完成交工质量评定，待交工验收；三、四、六标段完成扫尾，待交工质量评定。东塘桥投资385万元，累计633万元，南岸完成灌注桩和盖梁施工，北岸主墩灌注桩进场施工；五联桥投资1460万元，累计2390万元，完成9个承台中的4个及南半幅81根灌注桩基础浇注；百尺大桥完成招标，12月开工；两侧绿化工程完成招标。白苎服务区、元通待泊区陆域工程完成招标，开展施工前准备工作；水桥建设方案确定。

【航道养护工程】 4月，大横线航道养护拼盘建设主体工程建成，并完成交工验收，共整治航道8.83公里，建成堤防14.04公里、护岸2.21公里，清淤30571.9立方米，累计投资3285.89万元。黄湾线养护工程四期、官堂线养护工程四期、年长港养护工程一期二期实施完毕，10月完成竣工验收。潭桥线航道养护工程一期总投资430万元，3月完成招投标，至11月主体工程完工；二期工程总投资725万元，11月开工建设，至年末完成总投资的50%。全年抢救性疏浚土方5000余立方米，打捞无主水泥船1艘。

（支海霞）

港口　码头

【概况】 2016年，全县有内河码头78座、泊位131个，完成货物吞吐量1503.4万吨，其中进港1018.4万吨、出港485万吨；有沿海码头7座，完成货物吞吐量465万吨（含集装箱8011标箱），其中进港435万吨、出港30万吨。（支海霞　唐海琴）

【4个泊位成为国家一类开放口岸】 12月，国家口岸办对嘉兴港区口岸扩大开放进行验收，海盐港区C区1～4号4个泊位，接受并通过口岸开放验收，海盐港区正式成为国家一类开放口岸。

【4个泊位年吞吐量152万吨】 2016年，海港集团收购海盐港区C区3号、4号泊位，由海盐码头统一管理。是年，C区1～4号4个泊位完成货物吞吐量152万吨，营业收入1812万元（1号、2号泊位1639万元，3号、4号泊位173万元）。

【2 个泊位年吞吐量 219 万吨】 C 区 5 号、6 号泊位是由浙江协和首信钢业有限公司投资建设的自用码头，2016 年建成，并完成货物吞吐量 219 万吨，实现产值 2000 万元。

（郑伍明）

杭州湾跨海大桥

【概况】 2016 年，杭州湾跨海大桥通行各类车辆 1188.48 万辆(省拆分流量)，日均 3.25 万辆；通行费收入 13.54 亿元，日均 369.97 万元。“海天一洲”接待游客 54 万人次，营业收入 4620.73 万元。南岸、北岸服务区营业总收入 9883.2 万元。是年，大桥范围内未发生较大及以上安全责任事故，“两区一洲”未发生等级火灾事故和群体性事件，桥区海域未发生船舶触碰大桥造成结构毁损事件。大桥主要结构技术状况等级继续保持一类，连续第八年获得全省高速公路养护管理目标考核第一名(96.21 分)，获得 2016 年度中国公路养护工程奖，蝉联宁波市“好路杯”金奖。大桥获得“中国最美景观高速公路・桥”，以及浙江省 2016 年度“最美公路”称号。南岸服务区创建成为浙江省高速公路首个五星级文明服务区。“海天一洲”获得宁波市旅游局年度“最佳旅游景区”称号。行政监管无有效投诉、无行政复议。大桥责任范围内未发生违法违纪案件，继续保持零违纪。大桥各项联勤指标保持优良水平，桥面事故和现场清障联勤到达时间合格率 99.6%(交警 100%、路政 100%、养护 99.1%、排障 99.3%)，监控中心电子巡逻事件发现率 88.9%，未发生人为原因引起的 2 公里以上堵车事件。路产损坏案件发现率、查处率、结案率均为 100%；货车超限率上、下行线均达到省级规定，卸载率 100%。4 月，杭州湾跨海大桥管理局(简称管理局)、宁波市杭州湾跨海大桥协会和宁波市杭州湾大桥发展有限公司(简称公司)整合资源，成立《大桥之声》编委会，合办期刊《大桥之声》；5 月 1 日，第 1 期(总第 100 期)《大桥之声》正式刊发。G20 杭州峰会期间，管理局与相关部门制定《大桥安全保卫应急处突工作方案》，抽调武装警力进驻辖区，执行桥面一级勤务期间交管工作方案，加大桥区水域交通管制力度。4 月 5 日，全国人大常委会原副委员长李铁映视察大桥；12 月 23 日，浙江省海事局局长何易培一行到大桥，考察调研大桥安全监管工作。

大桥获 2016 年度中国公路养护工程奖

【安全监管】 2016 年，管理局加强安全工作督查，组织灾害天气应对措施、监控调度指挥、应急物资装备、联勤联动执行情况等运管专项检查 10 次，重大节假日安全检查 7 次。开展桥区水域隐患、桥面作业、“三车治理”(大客车、超载货车和危化品车)等专项检查 18 次。是年，大桥启动应急响应 106 次(一级 31 次、二级 38 次、三级 37 次)，全线封道 48.19 小时(大雾封道 39 小时、冰雪天封道 9.19 小时)。与 8 家运营监管单位签订共创共建“平安大桥”协议书，2 次修订完善考核办法，动态掌握运营安全和联勤工作状况，及时协调解决存在的问题。高速交警五大队以节假日和重大活动安保工作为重点，应对冰雪及大雾等恶劣天气，严查“两客一危”(长途客运班车、旅游客车和危化品运输车)重点车辆和“三超一疲劳”(超速、超员、超载和疲劳驾驶)驾驶等重点违法行为，强化桥面秩序管控，全年开展服务区过滤整治 30 次，查处各类违法行为 8165 起。嘉兴海事局海巡执法支队以整治"两船"(海上运输内河船、砂石运输船)等专项行动为主,严格现场监管,桥区巡航检查579次,里程4812海里,查纠各类违章76起。路政七中队抓好涉路施工,并参与治超、联勤巡逻等工作,处理路产案件119起,收缴赔款56.14万元。消防中队重点组织灭火演练,全年接警出动149次,其中桥上火警13次,抢险救援26次,"两区一洲"消防检查48次。大桥警务站聚焦G20杭州峰会安保工作,接处警282起,其中治安案件2起,服务救助128起,配合协助38起,全年无刑事案件。南治超站以主线检查站为重点,结合收费站巡查、源头走访等形式开展治超,检测超限嫌疑车辆5713辆,处理超载车辆1428辆,卸载货物5862吨,非现场执法处理车辆645辆;北治超站配合相邻站点,开展"冬季""春季""超限百日整治"等专项行动,检测超限嫌疑车辆1866辆,处理超载车辆130辆,卸载货物1784吨。

【科学养护】 2016年,管理局按照"预防为主,防治结合"原则,科学开展养护监管工作。优化大桥养护检查考核细则,坚持每周两次现场巡查。全年开展养护专项检查36次,养护合同管理检查8次,发放整改通知书6份。督促公司根据路面性能检测报告和大桥现状,制定实施路面性能提升计划,完成混凝土桥面铺装4400平方米,航道桥罩面3700平方米。改造优化大桥防船撞设施和机电系统,开展桥面全寿命周期实验与研究、局部桥墩冲刷观测与防护措施研究。编制完成大桥专用养护定额和标准,深化资产管理系统、重点结构损伤应急预案等专项研究。引进三维探地雷达动态全息激光成像等先进检测技术,更新检测手段。开发钢管桩牺牲阳极保护系统远程监控,减少桥面作业时间和风险,提高养护效能。督促养护项目在开工前组织技术方案和安全保障方案论证。实施施工审批程序和信息报送制度,与交警、路政等部门沟通,简化审批手续,提高审批效率。落实各施工单位养护安全生产"一岗双责"措施,抽查作业控制区布设、养护人员防护工具配备等现状,确保桥面作业安全。加强大桥两侧陆地开发项目管理和协调,督促南岸海洋修复二期工程开展安全评估,协调杭州湾新区有关部门开展建塘江两侧围涂工程对大桥冲刷、承载力影响专题研究。关注杭州湾新区北出口互通立交进展状况,跟踪海盐山水六旗国际旅游度假区项目,参加海盐吸砂吹填听证会,提出意见建议。

【服务管理】 2016年,管理局在"两区一洲"开展以"三优一满意"(优良秩序、优美环境、优质服务和顾客满意)为主题的竞赛活动,促进服务品质提升。邀请杭州湾新区市场监管部门领导到"两区一洲"进行工作指导,确保春运、夏季食品卫生和G20杭州峰会期间食品安全。完成南岸服务区交通组织优化工程;召开北岸服务区交通事故分析会,做好标志标线完善方案设计工作。是年,南岸、北岸服务区分别获得省交通运输厅全省高速公路服务区服务质量考核第一名和第二名;南岸服务区获得浙江省交通运输系统"最美示范窗口"称号。

【全省高速公路首个五星级文明服务区落户南岸】 2016年4月15日,省交通运输厅命名杭州湾跨海大桥南岸服务区为浙江省高速公路五星级文明服务区,为全省首个,也是唯一一个。2011年,南岸服务区启动"创星"工作。经过几年努力,区内服务设施和环境卫生得到全面改观:双通风系统公共卫生间无异味;停车场整齐有序,道路标志明晰;快餐、面条、自助餐等各种档次餐饮齐全;超市方便面、矿泉水等36种商品与市区便利店同城同价;开拓的全国首个房车营地,为房车提供充电、加油、加水等补给;开启广场喷雾降温系统,区域内局部可降温5℃~6℃;为司乘人员提供第三卫生间(家庭式)、24小时温水龙头、太阳能热水淋浴间、大货车司机洗衣间、免费Wi-Fi网络、免费交通路网图,以及残疾人轮椅等免费和服务。

【大桥车流量过亿辆次】 至2016年10月27日,杭州湾跨海大桥车流量过亿辆次(2008年5月1日大桥建成通车)。宁波到上海经大桥与从杭州绕行相比,累计节省燃油9.95亿升,折合标准煤117.05万吨,相当于减少二氧化碳排放量287.57万吨。是日,管理局和公司在"海天一洲"召开新闻发布会,《浙江日报》、FM93浙江交通之声、《宁波日报》、宁波电视台、宁波

10 月 27 日，大桥通行第 1 亿辆车主获奖

电台、《嘉兴日报》等 10 余家媒体作现场报道。

（冯微红）

公路运输

【概况】 2016 年年末，全县拥有营业性客车 513 辆 15815 个客座（城市公交车辆 96 辆 5033 个客座，县内城乡公交车辆 108 辆 4895 个客座，城际公交车辆 35 辆 2453 个客座，客运班线车辆 25 辆 928 个客座，旅游包车 42 辆 1513 个客座，南北湖风景区定线旅游车 17 辆 233 个客座，出租汽车 190 辆 760 个客座）。营业性载货汽车 2397 辆 21573 载重吨，其中挂车 379 辆 12198 载重吨。全年营业性运输完成客运量 214 万人次，客运周转量 15481 万人公里；完成货运量 899 万吨，货运周转量 96790 万吨公里。有各类道路运输经营户 1781 户，其中客运经营户 13 户、货运经营户 1447 户、机动车维修户 239 户（一类维修企业 5 家、二类维修企业 21 家、三类维修经营户 176 户、摩托车维修户 37 户）、运输服务企业 82 家。从业人员 4837 人。全县有机动车驾驶员培训机构 7 家；有汽车教练员 375 人、教练车 355 辆，摩托车教练员 5 人、教练车 10 辆；全年汽车驾驶员理科培训 16258 人，术科培训 15760 人；摩托车驾驶员培训 109 人。有 A 级车辆综合性能检测站 1 家。

全县共开通城市公交线路 10 条（其中夜间线路 2 条），总里程 103.7 公里；开通城乡公交线路 40 条（跨县公交 9 条、县内公交 29 条、班线公交 2 条），总里程 1044.6 公里。全县有公交站点 969 个，其中港湾式及候车亭 318 个。是年，全县道路运输行业发生事故 13 起，死亡 1 人，受伤 12 人，经济损失 26 万元。全县道路运输行业行车责任事故率 0.21 次/百万车公里，经济损失率 0.445 万元/百万车公里。

【城乡公交一体化工作】 2016 年，全县新增城乡公交线路 2 条（旅游公交专线绮园景区—五味村、县城武原—西塘桥永宁村），延伸城乡公交线路 3 条，调整优化城市公交线路 2 条、跨县公交线路 3 条，因道路施工临时调整公交线路 22 条。建成港湾式停靠站 30 个。新增公交车辆 22 辆（其中插电式混合动力公交车 16 辆）。启动公交“一卡通”及市民卡接轨上海互联互通应用工作，完成公交 IC 卡系统及车载机具升级改造，换发新 CPU 芯片公交 IC 卡。

【G20 杭州峰会与第三届世界互联网大会（乌镇峰会）安保工作】 2016 年，县运管部门成立道路运输安全保障工作领导小组。召开货运企业安全工作会议和物流企业《中华人民共和国反恐怖主义法》宣贯会议，以及 G20 杭州峰会与第三届世界互联网大会（乌镇峰会）安保部署会议。为重点货运企业举办“反恐法”培训 2 次。做好货运实名制工作，与相关企业、个体货运经营户签订《海盐县货物实名制工作责任书》，共发送通知短信 6000 余条，签订责任书 1000 余份。成立 2 个检查组，上门指导和督促检查全县零担和联托运经营户 45 家。

【维修行业区域连锁品牌建设】 2016 年，县运管部门引导维修行业开展连锁品牌建设，扶持本地专业化品牌“漆博士”钣喷中心建设。项目由 7 家维修企业出资筹建，7 月正式投产运行。

【驾培行业“先培后付”收费模式推进】 2016 年，全县新增驾培机构 2 家（万兴驾校、信德驾校）。是年，继续推进驾培行业“先培训后付费”计时收费模式，6 月 1 日起，全县驾校全面施行银行托管资金“先培后付”模式。

（顾雯雯）

交通管理

【概况】 2016年，全县道路交通事故死亡33人，伤117人；死亡逃逸事故侦破率100%。是年，县交警大队圆满完成G20杭州峰会及第三届世界互联网大会（乌镇峰会）安保工作。

【道路交通专项整治】 2016年，县交警大队全力整治交通隐患，持续开展每月两次集中查处酒驾、醉驾、毒驾统一行动，突出涉酒事故易发、多发点段，以及城郊接合部、农村县乡道路、重要村镇和集市周边道路执法管控，严管严查酒驾醉驾行为。全年查获饮酒驾驶826起、醉酒驾驶185起、毒驾23起。以“高峰保点、平峰保线”工作方式，加大对S101省道重点路段、时段的检查管控力度，遏制超限超载违法行为，形成长效机制，全年查处超限超载877起。落实“黄标车”淘汰责任人、责任区、责任量，全年“黄标车”淘汰165辆，完成率99.4%。

交警对驾驶员进行酒精测试

【峰会期间交通安保工作】 G20杭州峰会召开期间，县交警大队全警投入，在辖区各主要路段设置卡点12个，成立12个巡逻查控组，抽调4个中队警力驻守高速卡点，加强路面卡点巡逻管控，形成高压严管态势。全体民警连续工作40余天，圆满完成G20杭州峰会安保任务，得到上级部门高度肯定。其中，民警夏王华、张静涛获浙江省公安厅G20杭州峰会安保工作成绩突出个人表彰，民警金生良获浙江省公安厅交通管理局G20个人表扬，民警沈晓锋获嘉兴市公安局G20个人表扬。第三届世界互联网大会（乌镇峰会）召开期间，县交警大队抽调48名警力至乌镇，增援峰会交通安保工作，民警虞焕良获嘉兴市公安局交通警察支队第三届乌镇峰会安保工作表现突出个人表彰。

【执法质量提升】 2016年，县交警大队以“执法质量年”活动为契机，推进执法规范化建设，制定执法办案积分考核办法，加强民警法制培训，转变错误执法办案理念。至年末，共办理刑事案件204起（危险驾驶159起、交通肇事45起）、行政违法案件1818起、道路交通事故案件219起，在全市交警系统执法质量考评中名列第二。

【安全隐患排查整改】 2016年，县交警大队加大道路安全隐患排查整改力度，在S101省道姚桥岔口加装红绿灯，在盐平塘大桥东侧小岔口加装隔离设施。全年排查路段214处，发现交通设施安全隐患137处，修复和翻新损坏、模糊不清标志标线102处，增设禁止停车标志25处。

【“礼让斑马线”活动开展】 2016年，县交警大队在新桥路、勤俭路、百尺路、朝阳路、海滨路、枣园路“三纵三横”6条主干道设置文明示范路标牌，开展“礼让斑马线”文明劝导活动。在枣园路县政府西侧斑马线路段安装首套“礼让斑马线”电子抓拍系统。发挥党员先锋带头作用，向全社会倡导文明行车、文明走路新风尚。借助县文明办、团县委、县教育部门，组织志愿者开展“礼让斑马线”宣传活动。至年末，全县共有文明交通志愿者800余人。

【文明交通社会化宣传】 2016年，县交警大队继续发挥自身优势，创办交通安全公益期刊《畅安》，为广大交通参与者提供专业咨询，为管理部门提供权威参考，至年末共发行8期。发挥海盐交警官方微博、微信作用，营造文明交通氛围，是年，“海盐交警”被县委宣传部评为年度十佳政务微博。

（卢　岚）

信息化建设与信息产业

综　　述

【概况】　2016年,成立海盐县CIO俱乐部,融合先进企业、服务商,增强指导企业力量。加大“两化”(工业化、信息化)融合财政扶持力度,建立项目储备库,推动信息技术应用。是年,全县有信息化储备项目62个,规模以上工业信息经济实现产值54.27亿元,同比增长13.8%;增加值11.37亿元,增长13.7%;软件业务收入(嵌入式产品)5.37亿元,增长23.7%。是年,浙江金元亚麻有限公司被列入工信部“两化”融合管理体系贯标试点名单,海盐海利环保纤维有限公司等5家企业被列入省级“两化”融合试点企业名单,全县规模以上企业开展“两化”融合工作的占总数的70%以上。

坚持以电能测量仪器仪表、数字化智能控制设备等为发展重点,加快向数字化、智能化方向过渡。推动企业与国内知名高等院校、科研机构建立长期稳定合作关系,共同开发新产品,提升自主创新能力。实施智能产品和智能装备“千百十”(1000种智能新产品、100种智能新机器、10套成套智能新装备)开发计划,创建“机器换人”、“厂联网”(工厂间通过互联网连接,实现产品交易和生产合作)等示范工程。提高ERP、SCM、MES、CAD等系统普及率,在部分骨干企业推广物联网、云计算、大数据等。年内,浙江涵普电力科技有限公司再次入选省电子信息50家成长性特色企业名单,海盐美捷测试仪器有限公司年产250台套流量标准装置异地技改等7个项目被列入嘉兴市信息产业重点项目计划表,浙江青莲食品股份有限公司肉品分割智能化仓储系统等44个项目被列入嘉兴市“互联网+”工业投资项目。

升级改造骨干网、城域网和接入网,完成基础通信网络向高性能互联网转型等工作,建成宽带、融合、安全、泛在的下一代信息基础设施。四大运营商全年投入光网和4G网络建设资金超亿元。新增重点公共场所(博物馆、部分医院、部分菜场、学校和便民服务中心等)免费无线AP点219个,实现免费无线上网覆盖。

加强信息安全管理,全县网络与信息安全协调小组办公室牵头组织网络与信息安全应急演练,模拟处理各类网络故障、网络威胁,提高应急水平和处置能力,确保网络及设备安全运行。　（姚　芸）

电子信息产业

【概况】　2016年,全县电子信息产业(电子元件及组件制造、电线电缆制造、电光源制造和电工仪器仪表制造等)以电能测量仪器仪表、数字化智能控制设备为发展重点,加快向数字化、智能化方向过渡。优化发展环境,推动企业与国内知名高等院校、科研机构建立长期稳定合作关系,共同开发新产品,提升自主创新能力。以海盐创新科技园为产业孵化培育载体,培育和发展以变频器和智能电子仪器仪表等为重点的高新技术产业,海盐已成为国内重要的电能表校验装置生产基地,产品畅销全国,远销海外,已跻身海盐县第七大工业品出口行业。浙江海利普电子科技有限公司和浙江涵普电力科技有限公司等企业,为海盐电子信息产业龙头骨干企业。

【浙江海利普电子科技有限公司】　位于武原街道新桥北路339号,2001年4月成立,2005年11月被丹麦最大企业丹佛斯公司纳入旗下,成为其全资子公司。公司是一家集科研、生产、销售为一体的国家级高新技术企业,专业生产销售以变频器为主的工业自动化控制产品。企业占地4.95公顷，建筑面积3.8万平方米，注册资金2436万美元，银行信誉等级AAA级。2014年，公司被列入省电子信息产业重点企业、成长性特色企业。拥有国家专利24项（发明专利2项、外观专利12项、实用新型专利10项）、软件著作权15项、主要高新技术产品23个。产品销往韩国、印度、丹麦、美国、泰国、中国台湾等国家和地区。2016年，公司所属浙江省海利普智能变频技术研究院，拟列入省级企业研究院名单；全年实现销售收入9.55亿元，利税总额3.03亿元；软件业务收入3.26亿元。是年，公司资产总值6.70亿元，有职工495人。

（姚　芸）

软件业及信息服务业

【概况】 2016年，全县信息传输、计算机服务和软件业有规模以上企业1家，为海盐华数广电网络有限公司。是年，公司实现增加值1112.6万元，同比增长29.4%；实现业务收入4900.2万元；上缴税费226.99万元；从业人员166人。年末，全县有固定电话用户数10.16万户，移动电话用户数47.18万户，互联网用户数13.47万户。

【海盐华数广电网络有限公司】 2012年成立，位于武原街道枣园西路199号。占地1.4公顷，总建筑面积0.48万平方米。服务范围涉及广播、数字电视信息服务及相关技术服务，有线广播、电视网络建设与维护管理，以及计算机、广播电视网络设备、数字音视频产品、电子产品、办公自动化设备的安装、销售。2016年，公司实现业务收入4900.2万元，上缴税费226.99万元。年末，公司资产总值1.7亿元，有职工166人。

（姚　芸）

通　信　业

【电信海盐分公司】 2016年，中国电信股份有限公司海盐分公司（简称分公司）有支局6个，营业网点16个，员工122人；拥有固定电话、移动电话和宽带用户30余万户，主营收入1.5亿余元。年初，与县政府签订《加快“十三五”信息化建设战略合作协议》。为提升网络运营能力，分公司于6月30日前完成61局、63局2个母局和所属局站传统交换设备退网割接及用户光网迁移工作，7月20日传统交换设备下电退出运营。推进“宽带中国·光网城市”建设，至年末，分公司所属宽带用户全部接入光宽带，并提供百兆宽带接入能力。打造百兆4G网络，新开通4G基站75个，累计283个；在第三方三网信号测评中，电信4G网络信号质量和上网速率居首。继续建设和优化城域网，安装60局、61局城域网虚拟化交换机，新增出口总带宽60G，累计260G，提升网络安全性。完成61局直流电源系统改造工程，解决该局直流供电系统紧张问题，为后续机房设备建设创造有利条件。年内，分公司独家承建县公共场所无线上网扩面工程（县十大民生工程之一），签订嘉兴市政务云海盐分中心、政务专有云服务升级扩容等项目协议。县电子政务管理办公室已将部分业务系统部署至政务云，12345新业务系统全部部署至政务云，并做好该系统搬迁技术支持。和县卫生计生局签订医疗云合作协议，做好医疗信息容灾备份项目测试上线工作。与县民政局共同搭建智慧养老平台。做好各村文化礼堂“爱WIFI”无线上网项目建设。开

宽带升光提速改造

展宽带服务、4G服务、星级服务再升级和总经理接待日等一系列客户服务活动。落实“首问责任制”,减少客户咨询、投诉处理环节,压缩处理时限。参与“3·15”县消保委组织的国际消费者权益日宣传咨询活动。分公司与各部门、各支局签订G20杭州峰会、第三届世界互联网大会(乌镇峰会)安保、维稳和反恐工作责任书,加强人防、技防、物防等工作。组织员工开展安全、消防、道路交通、信息保密等培训和逃生灭火,以及通信保障暨防汛防台应急演练。是年,分公司获得省电信工人先锋号及海盐县第十二届消费者信得过单位等称号。（李　震）

【移动海盐分公司】 2016年,中国移动通信集团浙江有限公司海盐分公司(简称分公司)有营业网点9个,员工116人。用户总数33万余户,运营收入17138万元,上缴地方税金135万元。2月1日,分公司办公地从勤俭路中茂花苑18幢迁至勤俭南路165号颐高中心13—15楼。加大4G网络建设和优化力度,采用与铁塔协同建设和自主开展微站建设两种方法,重点解决居民小区、高层楼宇、风景区等的深度覆盖问题,并完善VoLTE质量运维体系,保障VoLTE业务发展。至年末,全县共有移动4G站点464个,室分站点172个,实现村以上区域室外连续覆盖和室内重点覆盖。加大有线宽带光纤到户覆盖力度,完善网络基础设施建设,驻地网累计覆盖17.5万户,海盐境内基本实现全覆盖。在G20杭州峰会及第三届世界互联网大会(乌镇峰会)召开期间,配合做好各项通信保障工作。整合行业资源,以移动互联网应用为主线,运用物联网、云计算、大数据等新一代信息技术,推动海盐智慧城市建设,推进移动信息化在各个行业的应用。开通全县视联网点位52个、镇(街道)和公路段点位122个,以及景区大数据管理平台、秦山核电应急平台等项目。建设南北湖景区停车管理系统、县公共自行车三期视频监控项目。开发“检务通”“平安通”“流管通”等行业工作机,提升政府相关部门管理及服务能力。建立“政务云”“阳光厨房”“智慧校园”“文化信息平台”等特色项目,为基层社会服务。开展新春三进(进村、进社区、进集团)服务、4G广场手机节、宽带上楼下乡等特色活动,以及城乡“互联网+”智慧生活概念传递,推动城乡宽带普及和提速工作。参与文明规劝、爱心捐款、共建共创和谐社区、爱心献功臣慰问、抗洪救灾、关爱空巢老人、军民共建、扶贫助残、公益助学、道德讲堂等各种形式的公益活动,履行企业社会责任。（胡建芳）

【联通海盐分公司】 2016年,中国联合网络通信有限公司海盐分公司(简称分公司)有员工56人,在县城区开设营业厅3家;有移动电话用户和固定电话用户总数6.1万户。全年业务收入2627万元。年内,分公司围绕客户感知、故障管理等重点工作,加大光纤接入网建设及改造力度,完成光纤化改造区域4个、楼宇9个,累计新建端口2300个。继续提升3G、4G网络覆盖率,新增3G站点31个、4G站点26个,建成室分站点11个,完成海盐所有OLT节点双路由改造工作,双上联率100%,网络安全得到提升。是年,分公司与县政府签订信息化合作框架协议,参与县智慧城市项目建设;与县公安局沃警务防控云项目,百步镇集成吊顶产业指数项目,海盐县蓝天幼儿园、百步镇横港中心幼儿园等7家幼儿园幼教云等信息化项目签约。完成G20杭州峰会、第三届世界互联网大会(乌镇峰会)、全省“互联网+智慧农业展览会”等各项通信安全保障工作。按《电话用户真实身份信息登记规定》要求,多措并举,完成老用户实名补登记工作,对拒不登记的用户作停机处理。严把用户入网关,新增用户实名登记率100%。（陆丽娟）

农业与农村信息化建设

【概况】 2016年,海盐农业信息网收到各类稿件1728篇(农业快讯1637篇、当前农事24篇、农业科技6篇、典型事例42篇、参考信息19条)。全县深入推进万村联网工程建设,共建站105个,建站率和规范率均为100%。全年发布信息18304条,累计50707条;23个村被省农业厅信息中心评为万村联网季度之星。

【农技110】 2016年,依托“农技110”专家平台和农业信息网网络咨询模块及农民信箱农技咨询模块,答复各类农业咨询电话285人次,网络咨询答复10次。

【农业信息网】 2016年，海盐农业信息网网站“名优农产品”栏目开发设计成手机版界面，通过手机扫一扫二维码即可访问海盐名优农产品页面。是年，县农办、县农经局成立网络信息安全工作领导小组，出台网络与信息安全应急预案。

【农业信息化村创建】 2016年，全县有农业信息服务示范点115个，其中村级示范点105个、农业企业和农民专业合作社示范点10个。

【农民信箱建设】 2016年，全县有农民信箱注册用户28749户，启用率88%。举办新版农民信箱培训班，培训366人，手机APP用户登录2287人，发放宣传单1500余份，发布公共信息231条，买卖信息572条，联系农产品发布点29个，发布农产品价格信息1355条次。新版网上农博会地方馆发布农产品信息275条。开展“每日一助”活动，宣传推广“每日一助”服务信息，全年发布“每日一助”230次，发送手机短信480万余条，接到反馈电话2000个；达成买卖成交420余笔400万元，主要涉及苗木、水果、养殖类，及招聘、招租、收购等信息。

【现代农业地理信息系统建设】 2016年，海盐整合县农经、水利、国土和农综开发等部门资金4946万元，建成粮食生产功能区35个，面积1226.8公顷，上图入库率100%。实施标准农田质量提升工程土壤培肥项目，面积1533.33公顷，总投资464.9万元（省级投入115万元、县镇二级投入192.9万元、农户自筹157万元），上图入库率100%。

（钱林芳　陶海锋　李　辉）

【农产品监测预警工作】 2016年，县农经局调整并落实农产品物价监测点22个，根据监测数据信息，及时撰写4个季度粮食、生猪、蔬菜等农产品物价趋势分析文章4篇，上报省农业厅并发表于海盐农业信息网。落实成本核算户45户，开展对小麦、油菜、晚稻、棉花和葡萄5种农产品成本核算工作，撰写小麦、油菜、晚稻、棉花和葡萄等成本核算对比分析材料5篇，上报省农业厅并发表于海盐农业信息网。累计完成农产品监测预警分析材料9篇，为全县及全省农产品监测预警提供较为准确的信息和分析材料。（马建林）

电子政务

【概况】 2016年，全县有电子政务外网开通接入单位196个，接入用户近5000个；机关协同办公系统开通使用单位130个，用户账号5305个。是年，实施部门子站集约化建设，基于政府网站平台建设的部门子站有28个。完成电子政务项目预审139项。

【政府网站管理】 2016年，继续开展政府网站普查工作，受理政府网站永久关停申请2个，至年末，全县纳入普查的政府网站共有32个。是年，收到上级部门督办事项15件、网民对政府网站纠错事项3件，及时处理和答复率均为100%。优化网站栏目设置，增设国务院、省政府政务信息专栏。海盐政府网全年发布政务信息7587条、英文信息194条，组织开展意见征集9次。

【浙江政务服务网海盐平台建设】 2016年，县政府办公室（简称办公室）按照浙江政务服务网建设工作要点、“互联网+”行动计划，以及促进大数据发展实施计划等工作部署，深入开展浙江政务服务网海盐平台建设。全县37个部门基于浙江政务服务网海盐平台提供对外服务事项5365项，9个镇（街道）通过政务服务网镇（街道）网上服务站公开行政权力事项156项、公共服务事项77项，121个村（社区）依托镇（街道）网上服务站村级专栏公开公共服务事项18项。8月，办公室集中开展浙江政务服务网宣传推广活动，统一制作和提供政务服务网名片、三折页、海报、易拉宝等宣传资料，在全县各政务服务窗口、公共服务场所、县级服务部门、重点缴费项目单位等处张贴主题海报，发放政务网名片和宣传折页，向服务对象宣传推广浙江政务服务网。在2016浙江政务服务网服务窗口年中排行榜中，海盐县的“基层覆盖情况——乡镇（街道）事项平均纳入量”和“互动回应情况”工作考评，分别位列全省90个县市（区）第四位和第七位。

【市、县两级信息资源共享交换平台一期项目建成使用】 11月24日，由市政府办公室牵头，按照“1+7”（1个市本级+7个县市区）共建模式建设的市、县两级信息资源共享交换平台一期项目建成,通过验收并投入使用,为全县各级政府机关提供数据共享交换服务。是年,县人力社保局完成社保审批业务系统与县级共享交换平台对接开发,实现社保审批办件信息向省、市、县三级办件库数据推送目标,解决社保审批信息两次重复录入等问题。

【电子政务视联网建设】 2016年,办公室印发《关于开展全县电子政务视联网平台建设的通知》,按照"统一领导、统一规划、统一标准、统一管理、统一采购、分步实施"原则,由办公室负责协调、组织推进全县电子政务视联网建设,移动嘉兴分公司作为项目中标供应商负责县级视联网平台和各接入单位线路、终端、网络设备的安装与集成,提供系统技术支持、日常运维、故障处理和重要视频会议保障等服务。年末,全县开通视联网接入点50个,完成省政府办公厅规定的建设任务。

【政府信息公开】 2016年,全县政府信息公开工作全面推进,50个信息公开主体公开信息13360条。受理政府信息公开申请79件,办结79件,其中主动公开信息37件、非本机关政府信息6件、信息不存在21件、不予公开2件、部分公开6件、已经公开7件,内容涉及保障性住房、征地拆迁、行政执法等。每季度开展政府信息公开工作情况检查,印发工作通报4期。编制《海盐县人民政府2016年政府信息公开年度报告》,3月前依法通过县政府门户网向社会公布。4月28日,办公室举办政务公开业务专题培训班,邀请市政府法制办处长阮煤作"政务公开实践与依申请公开事项案例分析"专题讲座,全县50个单位的业务分管领导和工作人员参加。7月27日,办公室印发《2016年海盐县政务公开工作要点》,将全年政务公开重点工作分解细化为"围绕深化改革推进公开"等4个方面,以及"深化权力清单和责任清单公开"等具体工作29项,明确牵头单位、时间节点和具体要求。11月,组织全县10个单位工作人员参加市政府法制办组织的专题业务培训。是月,组织开展重点领域政务公开工作督查。

(韩建根)

邮　　政

【概况】 2016年,全县有城乡邮政营业网点15个、村邮站105个。是年,邮政海盐分公司实现业务总收入4485.66万元(代理金融收入2555.87万元、包裹收入530万元、函件收入439万元、集邮收入238.6万元、其他收入722.19万元),同比增长14.4%;利润294.37万元,增长7.3%。10月9日,在县城秦山广场设点,开展第47个世界邮政日宣传活动。全年21名员工无偿献血6700毫升,其中5人每人献血400毫升。

【"E邮柜"建设】 2016年,全县新建成"E邮柜"20个,累计50个。3月2日,县电视台在武原街道上城春天里小区E邮柜现场,就海盐"E邮柜"建设使用状况作专题采访,并进行存件、取件操作。年末,县城区已初步形成智能投递服务网络。

【邮件传递时限缩短】 2016年,邮政海盐分公司升级改造投递网(三轮电动车和投递PT车替代自行车),并通过省公司验收。县城区划分为南、北2个片区,农村成立快递包裹投递中心4个支局,开展邮件传递工作。新增揽投人员11人、PT车9辆、电瓶三轮车17辆、PDA46台,以及安检机等设备,缩短邮件传递时限,实现当日妥投率93.6%、省内件95.3%、投递信息实时反馈率97.5%。

【开展书刊捐赠活动】 4月22日,邮政海盐分公司在城西小学第七届读书节开幕式上举行"书香润泽童年,阅读丰富人生"书刊捐赠仪式,共捐赠书刊1000册,价值5000元。

【拓展农村电商业务】 7月6—7日,邮政海盐分公司联合县农办,举办农村电子商务领军人才暨"邮掌柜"培训活动。学员们听取邮政嘉兴市公司、电视大学等名教师讲座,并进行面对面交流。7月20日,副县长高海华到澉浦镇六里村村邮站调研,肯定村邮站在代缴、代投等方面工作。7月22日,市商务局副局长陈峰到"邮乐购"电商点——秦山街道现代超市(官堂路口),调研邮政农村电商工作,了解"邮掌柜"系统,以及网络代购、商品批销、便民充值等情况,并对下阶段工作提出要求。

(王卉莉)

城乡建设与生态环境

综　　述

【概况】 2016年，县住建局完成滨海新城山水六旗控规单元编制及海盐县城0573－HY－CD－05单元控规修编。推进“山水六旗”项目展示中心、金色海岸住宅小区、工人文化宫、向阳小学北校区等工程开工建设（均按照最新绿色建筑标准建设），建筑面积共54.8万平方米。启动规划设计村庄62个，完成规划设计村庄评审54个。指导秦山街道永兴村创建国家级美丽宜居示范村试点工作，指导武原街道金星村、于城镇江渭村创建省级美丽宜居示范村试点工作。至年末，县主城区（武原街道）建成区面积扩大到17.8平方公里。

是年，县主城区（武原街道）建成区有城市主干道9条、次干道13条，以及支路、巷弄，总长167.28公里，总面积372.63万平方米，人行道铺装面积92.75万平方米，人均拥有城市道路面积27.08平方米。已建市政桥梁89座。绿化覆盖面积678公顷，园林绿地面积648公顷，绿地率33.7%。

是年，县开建办（县城投集团）实施政府投资项目54项，实际投资289953万元。县水务集团实现城乡安全供水5001.44万吨，水质、水压合格率均100%，收集污水3446万吨。全县（除县开发区外）用电量29.17亿千瓦时，供电量27.28亿千瓦时，售电量26.61亿千瓦时。全县普遍使用瓶装液化气和管道天然气，建有液化气储备站2家，储气能力4785吨，年供气能力14453吨。全县建成天然气供气管道长357.69公里。

是年，县环保局立案查处环境违法案件200件，发出行政处罚决定书189件，罚款935.9万元；移交公安刑事案件7件、行政拘留案件5件。全年征收排污费835.28万元。全县城市空气环境质量总体尚好，全年优、良天数297天。全县11个地表水常规监测断面中，水质符合Ⅱ类1个、符合Ⅲ类2个、符合Ⅳ类8个，无Ⅴ类及劣Ⅴ类水质断面。在全省跨行政区域河流交接断面水质保护管理考核中，海盐县为优秀。饮用水水源地千亩荡断面水质符合Ⅲ类水水质标准。城市各功能区环境噪声基本达到标准要求。辐射环境较好，辐射安全保证率100%。　（徐国洪）

县主城区（武原街道）建成区一角

规划编制与管理

【概况】 2016年，县住建局以县委、县政府就地城镇化和绿色发展战略为中心，坚持规划引领、管理创新，推进“多规合一”、绿色生态示范城区国家级试点、美丽宜居示范村省级试点工作。围绕打造产业优质、生活优雅、环境优美的“三优”海盐指导思想，开展县域规划编制和管理体系建设。加快中心城区控规编制覆盖，推进重大规划编制。完善城乡规划管理制度体系，完成县级重大课题研究。

【城乡规划编制】 2016年，海盐县作为嘉兴市国家级“多规合一”试点单位之一，按照“多规合一”工作要求，完成县域城乡规划梳理。县住建局牵头推进滨海新城绿色生态示范城区创建，迎接住建部对创建中期的评估考核。编报城市设计详细规划和专项规划、围垦区即浙江山水六旗国际度假区(城东02、03、07)单元控规，以及县城区城南04、城西06等单元控规。修改报批县公安局周边、县科创园等单元控规。调整完善滨海新城(城东04、05、06、08)单元控规。编制全县首个工业文化遗产保护利用城市设计(棉纺厂周边地块城市设计)。编报《海盐县通信基站布点规划(2015—2020)》《全县幼儿园设施布局专项规划》。指导各镇(街道)做好规划编报。完成县级课题《“十三五”期间海盐主城区开发建设目标和政策机制研究》。

【规划管理与项目审批】 2016年，县住建局制定《关于城乡规划编制实行项目化管理的通知》《海盐县建设工程施工图设计文件审查合格后勘察设计变更管理办法》《海盐县临时建设用地、临时建设工程规划管理规定》。全年核发房屋建设项目选址26件，面积92.9万平方米；核发道路选址30件，道路长45.4公里；核发管线选址31件，管线长42.3公里；办理农转用项目186项，面积397.9万平方米；核发规划条件106件，面积300.2万平方米；完成金色海岸住宅小区、优优滨海住宅小区等15个县城重点地块规划评估分析报告和评审；选址论证项目10个，审查建设项目方案30项；核发建设工程竣工规划核实确认书142项，建筑面积190.1万平方米，其中管线核实确认33项(管线长49.7公里)；核发±0.00验线单140份。全年信息通报违法行为25起，违法案件调查函复171份；日常巡查及执法检查项目232个，发出整改通知书86份，其中要求企业停工3家、约谈企业14家、警告企业2家、通报处罚企业2家。召开业务例会41次，推进落实项目325个。

(蔡剑清)

城市开发建设

【概况】 2016年，县开建办(县城投集团)实施政府投资项目54项，其中拆迁项目6项、征地项目5项、土地收储项目19项、安置房工程1项、社会事业项目1项、市政道路和园林绿化项目19项、代建项目3项。计划投资250473万元(含代建项目投资4506万元)，实际投资289953万元。其中，拆迁投资132640万元，征地和收储投资95393万元，安置房和社会事业投资7700万元，市政道路和绿化投资49714万元，代建投资4506万元。是年，引进县外内资40821万元，新增注册资金35321万元；新引进浙商创业创新资金76447万元。

【房屋拆迁】 2016年，县开建办(县城投集团)围绕浙江山水六旗国际度假区建设、滨海新区开发建设、重要交通基础设施建设、城市建设投资和经营性土地开发等方面开展工作。全年实施房屋拆迁项目6项，完成房屋拆迁1027户，拆除房屋面积25.68万平方米，投资额132640万元。其中，杭嘉湖南排工程区块项目拆迁6户，海塘支线和六旗大道土地整理项目拆迁566户，武袁公路土地整理项目拆迁53户，县城中心城区农房提前拆迁355户，各项目后续扫尾拆迁11户，危房解危拆迁36户。

【土地征收】 2016年，县开建办(县城投集团)土地征收投资额95393万元。其中：涉及征地项目5项，投入资金76040万元；涉及国有土地收储项目19项，投入资金19353万元。

实施征地项目5项，征地面积472.8公顷，安置劳动力2603人，投入资金76040万元。其中：杭嘉湖南排工程区块项目征地4.92公顷，安置劳动力1人；海塘支线和六旗大道土地整理项目征地210.83公顷，安置劳动力2160人；武袁公路土地整理项目征地60.67公顷，安置劳动力442人；旅游集散中心土地整理项目征地73.45公顷；山水大道区块项目征地122.93公顷。

实施土地收储项目19项，投入资金19353万元。完成6个地块14宗国有土地收储签约工作，收储面积 7.63 公顷，分别为嘉兴六和日化辅料有限公司、海盐成成油脂有限公司、海盐星湖贸易有限公司、海盐海达饲料有限公司、海盐华晨化纤有限公司、海盐红心器具有限公司、海盐成益达电脑绣花厂、海盐方正制衣有限公司、海盐县基层供销资产经营管理中心（海滨西路 396 号）、海盐县实验幼儿园部分资产、海盐县天宁寺油脂食品综合经营部、海盐县供销总社（秦山路 70 号）、海盐县物资回收有限责任公司、武原街道枣园中路 177—179 号；完成 4 个地块 5 宗集体土地地面附着物补偿签约工作，分别为原五团村经济合作社部分办公楼、原五团小学、明珠村经济合作社部分资产、明珠村仓库、武原街道部分资产。

实施房屋拆除项目 7 项，拆除面积 9400 平方米，分别为海盐县光明加油站房屋拆除工程、原海盐汽车站房屋拆除工程、原现代百货商店房屋拆除工程、原城郊中学房屋拆除工程、海盐杭州湾渔人码头（北区）演艺广场舞台钢结构拆除工程、原嘉兴万华家具有限公司门楼拆除工程，以及县金粉厂、县粮食局油库（停驾桥油库）、原县教育局等拆除工程。

【安置房工程】 2016 年，县开建办（县城投集团）实施安置房建设工程 1 项，为长安景苑住宅小区建设工程。位于武原街道，东临香樟雅苑住宅小区、南临庆丰路、西临长平路、北临海丰农贸市场，总用地面积 1.98 公顷，总建筑面积 3.54 万平方米，住宅总数 217 套，总投资 12080 万元。是年，工程中间结构验收完成，室内外粉刷施工中，完成投资额 7400 万元。

【社会事业类工程】 2016 年，县开建办（县城投集团）实施社会事业类工程 1 项，为三毛乐园创建国家 AAA 级旅游景区工程。该工程含新建游客接待中心，新增游乐设施和景区标识系统，改造停车场和园内道路等配套基础设施，总投资 300 万元。是年，项目完工。

【市政道路工程】 2016 年，县开建办（县城投集团）重点围绕浙江山水六旗国际度假区，优化路网结构，推进“断头路”建设。年内，建成道路 9 条，里程 3.99 公里；在建道路 6 条；完成土地整理工程 1 项；全年完成投资额 48432 万元。

建成道路 9 条，分别为：富新路（百尺路—武通路）工程，路宽 16 米，路长 300 米，完成投资额 755 万元，是年完工；富新路（曲秀路—联翔路）工程，路宽 16 米，路长 860 米，完成投资额 2200 万元，是年完工；楞港路（环城南路—富新路）工程，路宽 36 米，路长 260 米，完成投资额 389 万元，是年完工；华丰路（新桥路—谢家路）工程，路宽 32 米，路长 300 米，完成投资额 2124 万元，是年完工；外百可路（盐平塘西路—百可路）工程，路宽 16 米，路长 300 米，总投资 704 万元，是年完工；庆丰路（香樟雅苑住宅小区南门—长宁路）工程，路宽 16 米，全长 360 米，总投资 1088 万元，是年，完成投资额 688 万元，工程完工；长宁路（华丰路—盐北河）工程，路宽 16 米，全长 229 米，总投资 500 万元，是年，完成投资额 150 万元，工程完工；城东路（海丰路—庆丰路）工程，路宽 24 米，全长 220 米，总投资 718 万元，是年，完成投资额 371 万元，工程完工；海丰东路（新桥路—滨海大道）工程，路宽 30 米，全长 1160 米，总投资 8426 万元，是年，完成投资额 61 万元，工程完工。

在建道路 6 条，分别为：华丰路（谢家路—滨海大道）工程，

楞港路建设工程竣工通行

路宽32米，全长1020米，总投资7394万元，是年，开工建设，完成投资额2025万元；盐北路（海兴路—围垦区）工程，路宽48米，全长430米，总投资5381万元，是年，道路路基基本完成，完成投资额4460万元；河南西路（中兴路—东西大道）工程，路宽20米，全长1700米，总投资5567万元，是年，道路主体完成，完成投资额5000万元；朋来路（联翔路—河南西路）工程，路宽16米，全长807.2米，总投资2648万元，是年，水稳基层铺设完成，完成投资额1000万元；盐平塘东路（庆丰路—山水大道）工程，路宽16米，全长3420米，总投资13242万元，是年，庆丰路至海兴路路段开工建设，完成投资额3000万元；海兴路（观海路—创业路）工程，路宽36米，全长1410米，总投资17000万元，是年，道路开工建设，完成投资额3100万元。

完成土地整理项目1项，为东段围涂（二期）区域土方整理（吹填）项目，2015年，开工建设，总面积254.67公顷，总投资23405万元。2016年，完成投资额22405万元，工程完工。

【园林绿化工程】 2016年，县开建办（县城投集团）实施园林绿化工程3项，城市道路绿化配套工程7项。全年完成绿化面积17.72公顷，完成投资额1282万元。

完成园林绿化工程3项，总绿化面积16.40公顷，总投资1015万元。分别为：杭浦高速公路两侧绿化（二期）工程，全年完成投资额317万元；“一清二绿三整治四提升”项目（河滨支路两侧绿化工程、楞港路南侧绿化和零星工程、中兴路两侧绿化整治工程、盐平春晓住宅小区东侧整治工程、明珠苑住宅小区南侧整治工程及零星绿化整治项目），全年完成投资额593万元；长宁路东侧苗圃项目，全年完成投资额105万元。

完成城市道路绿化配套工程7项，总面积1.32公顷，总投资267万元。分别为富新路（百尺路—武通路）、富新路（曲秀路—联翔路）、楞港路（环城南路—富新路）、武通路（富新路—环城南路）、华丰路（新桥路—谢家路）、城东路（K0＋000—K0＋680）、庆丰路（香樟雅苑住宅小区南门—长宁路）绿化工程。

【代建项目】 2016年，县开建办（县城投集团）实施代建项目3项，分别为县老年公寓三期建设工程、县工人文化宫建设工程和县政府周边景观改造工程，共完成投资额4506万元。

县老年公寓三期建设工程，总建筑面积2.2万平方米（地面部分面积1.84万平方米、地下部分面积0.36万平方米），总投资7500万元。2013年，开工建设；2016年，完成投资额500万元，项目交付使用。

县工人文化宫建设工程，总建筑面积1.20万平方米（地面建筑面积0.84万平方米、地下建筑面积0.36万平方米），总投资7008万元。是年，主体工程结构封顶，完成投资额3500万元。

县政府周边景观改造工程，总面积1.34万平方米，主要建设包括围墙砌筑、道路建设、停车场建设、苗木种植、亮化和智能化工程等，全年完成投资额506万元。

【招商引资】 2016年，浙江山水六旗度假区项目范围内征地、拆迁全面启动，“展示中心”“六旗主题乐园”工程，以及基础配套工程陆续开工，共完成投资额16.64亿元。全年完成土地招商8宗，其中住宅用地5宗、商

县老年公寓三期建设工程竣工

业用地2宗、“六旗主题乐园”用地1宗。全年引进县外内资40821万元，新增注册资本35321万元，引进合同外资1600万美元，新引进浙商创业创新资金76447万元。

（肖娟华　戴海潮　奚　能　邹　俊　褚素群）

村镇建设

【村庄规划】 2016年，县住建局完善《海盐县村庄布点总体规划》，至2030年，全县村庄布点总数284个。其中：在城镇规划区内新市镇社区38个；在城镇规划区外城乡一体化新社区54个，规划用地519.2公顷；规划保留传统自然村落192个，用地1436.5公顷。全年村庄规划报批69个，全县村庄规划达到全覆盖。新增农房设计图集25套，汇编下发供农户选用。

【农房建设管理】 2016年，县住建局推进“两新”工程建设，督导农村住房改造建设项目。全年农房改造集聚1249户，农村困难家庭危房改造25户。选取于城镇江渭村、澉浦镇六忠村作为农房设计试点村。严控规划点外建房，全年未发生规划点外审批建房事项。

【“美丽乡村”建设】 2016年，于城镇鸳鸯村、百步镇农丰村通过省级美丽宜居示范村验收。申报秦山街道永兴村为国家级美丽宜居示范村试点，申报武原街道金星村、于城镇江渭村为省级美丽宜居示范村试点。

（俞皓天）

测绘与地理信息

【测绘管理】 2016年，县住建局根据《海盐县基础测绘“十三五”规划》，编制基础测绘计划。全年提供基础测绘资料60次；测绘项目备案530件（县内509件、县外21件），合同总金额2151.7万元。开展涉密测绘成果保密检查，确定自查单位15家，其中抽查3家。开展地图市场监管，对海盐县新华书店、蓝色书店等进行检查，经核实符合规范要求。加强测量标志管理，普查测量标志点200个。联合省质检站对县属2家测绘单位开展测绘成果质量监督检查，检查结果良好。开展测绘资质巡查，检查单位2家，对发现的问题要求整改。在全国测绘法宣传日、全国科普日开展宣传活动，以展板、调查问卷、现场交流等形式宣传测绘知识，发放测绘知识竞答卷200份、浙江省交通旅游地图300张。

【基础测绘】 2016年，县住建局与县财政局联合出台《海盐县测绘项目采购暂行规定》，开展2016—2017年测绘项目入围单位招标采购试点。加大基础测绘项目实施力度，完成县城区1∶500地形图更新测量及建库、县域卫星影像更新、通元镇2000万平方米1∶500地形图测制及入库等11个项目工作。对全县城市地下管线进行测量更新，总长约50公里。

【数字海盐维护及建设】 2016年，县住建局对运行的海盐县规划管理系统等10个系统进行维护，继续对海盐县数字民政管理系统（二期）、测绘管理系统、网上展示厅阳光规划系统进行建设。

【地理国情普查及推广应用】 2016年，县住建局根据《海盐县第一次地理国情普查实施方案》，完成城市建成区“一区两率”（城市建成区，城市建成区绿地率、绿化覆盖率）调查和监测，将成果汇缴省测绘资料档案馆。完成地理县情普查，在全省率先通过专家验收。完成普查系统开发、普查成果统计分析、图集编制等工作。推广应用地理国情普查成果：结合城市地区泊车位专题普查，开发停车诱导系统；结合“五水共治”专题调查，开发地面沉降信息系统；城市建成区“一区两率”普查成果应用于城建年报统计；利用普查数据，开发天地一体全景影像系统。

（顾栩冰）

市政公用事业

【燃气行业管理】 2016年，县住建局按照《海盐县燃气行业诚信体系评价办法》，开展燃气行业年度考核。督促企业自查自纠；组织由部门、企业安全主管等人员组成的专家组开展节前、季度安全检查。开展燃气管道占压及安全保护范围内作业排查。安全保障G20杭州峰会，开展燃气行业安全专项执法检查。通过电视、微信、网络等媒体宣传瓶装燃气整治规范、钢瓶“实名登记”工作，编印《瓶装燃气整治规范管控须知》,拍摄《关于钢瓶二维码管理》专题节目,开展燃气安全教育。与县综合执法局开展联合执法,处置瓶装燃气违规经营、存放、运输等行为。

【液化石油气与天然气供应】 2016年,全县普遍使用瓶装液化气和管道天然气,建有液化气储备站2家,储气能力4785吨,年供气能力14453吨。全县建有天然气供气管道长357.69公里,其中新建56.32公里、通过液化石油气管道改建167.10公里。完成县主城区天然气置换,全年完成置换片区19个,置换用户29802户。县域天然气输配项目获得省发改委核准批复,5月,该项目获批省重点建设项目。开展瓶装燃气行业安全整治,建立配送体系,实现"户户实名登记、钢瓶去向精准"的实时查询和追溯的系统化管理。

【道路、桥梁建设和维护】 2016年,县住建局完成年度县城区道路维修工程招标,全年完成道路市政维修面积18999平方米。全年新建及更换桥栏杆55米,对4座桥栏杆进行刷油漆保养。委托浙江大学对南排河上5座桥梁进行桥梁墩台水平位移和沉降监测。

【雨水管网建设和维护】 2016年,县住建局更换雨水井圈井盖210套;清理窨井4100座;清淤下水管道长65公里。"小包围"工程落实专人维护,雨水泵站全年排水459.29万立方米,保证"小包围"内及时排涝。

【水务行业管理】 2016年,县住建局推进二级污水管网建设,全年铺设污水管线长36.42公里,投资7780万元;实施雨污分流改造工程,落实全县各镇(街道)雨污分流改造项目10个,总投资3823万元,完成雨污分流改造面积960.80万平方米;加快污水处理厂建设进程,可研文本初稿编制完成,选址论证报告通过评审和公示,环评陆域调查已委托,完成海洋春季调查,社会稳定风险评估工作通过县长办公会议决策。开展排水设施工程普查,普查面积761万平方米;推动排水许可实施,强化事后监督。督促县水务集团加大水源保护和水污染防治,开展《千亩荡水源地保护中期评估》。落实供水管网建设,全年新建供水管道长18.5公里,改造供水管道长476公里。举办广场节水宣传活动,开展城市节水宣传进校园;在全县团员青年中征集城市节水建议和意见,收到作品100余件。建设雨水利用系统60处,一户一表改造1000户。出台《海盐县农村生活污水治理设施运行维护管理办法(试行)》《海盐县农村生活污水设施运行维护管理考核办法(试行)》,建立农村生活污水设施运行维护管理体系,编制管理技术要求和主要内容,12月,完成农村生活污水设施运行维护招标工作。

(褚丽君)

城乡水务

【概况】 2016年,全县实现安全供水5001.44万吨,水质、水压合格率均100%。全年完成一户一表改造1000户。全年收集污水3446万吨,其中生活污水2024万吨、工业污水1422万吨;新增污水入网单位171家,累计1718家,新增污水入网小区23个,累计173个。千亩荡应急备用水水源工程,完成堤岸建设工程和水生态修复工程,全年完成投资2383万元,累计11892.45万元。县水务集团为省级文明单位,全年举办道德讲堂2次,聆听人数150余人;是年,被评为海盐县服务"五水共治""三改一拆"工作优胜单位和县级职工书屋。

【水务管网建设与设施改造】 2016年,县水务集团启动全县城乡供水管网改造提升工程,该工程分三年进行,年内,完成沈荡镇、百步镇供水管网改造476公里。全县累计铺设一、二级污水管网及农村生活污水治理工程输送管线长395.31公里,完成污水提升泵站80座,共投入建设资金8.04亿元。新建、续建、代建水务管网及"五水共治"建设项目,全年总投资2.68亿元。继续实施农村生活污水治理工程建设,实现城乡污水治理一体化发展目标。海盐县城乡污水处理厂项目完成注册,项目启动建设,完成投资7000万元。

【水务运行与服务】 2016年,县水务集团加大自来水源水、出厂水、管网水、龙头水检测力度,全年供水水质持续稳定,出厂水水质综合合格率100%。利用县水务集团覆盖各镇(街道)的"保尔热线"小分队,加强供水管网巡检,全年管网暗漏查实数562处,处理违章用水行为245起。走访用户及客户满意度调查1350人次，处理县长公开电话86件、信访9件、数字城管采集交办问题151件、社会应急联动求助事件380件，处理率100%。

【污水收集与监管】 2016年，县水务集团加强污水水质入网指标检测，通过定期、不定期对全县污水入网单位排放水质进行抽样检测，监控排放企业总有机碳（TOC）指标，与嘉兴市联合污水处理公司做好数据比对，全年4号泵站化学需氧量（COD）平均值为271毫克/升，进网水质达标率100%。全年收集污水3446万吨，其中工业污水1422万吨、生活污水2024万吨。全面履行“河长制”责任单位工作职责，巡检河道28次，采样化验24次，出动巡检人员139人次，发现和整改问题33项。

【履行社会责任】 2016年，县水务集团连续第十一年组织义务献血，30人献血11200毫升。以“保尔热线”服务队、青年志愿者服务队等为载体走访慰问空巢老人、结对学生、结对离退休人员和贫困老党员等，参与人数100余人次。开展心连心慈善募捐26081元。

（万　希）

电力供应

【概况】 2016年，全县除县开发区外，全社会用电量29.17亿千瓦时，供电量27.28亿千瓦时，售电量26.61亿千瓦时，线损率2.48%；全年最高负荷51.8万千瓦；电力销售收入（不含税）15.68亿元，电费回收率100%。综合电压合格率99.93%，A类电压合格率99.87%，D类电压合格率99.97%；供电可靠率99.91%。全年受理客户11100户，通电户数10616户（含上年末累计结存），通电率95.64%，新增容量16.92千伏安。至年末，全县营业户数173333户。

年末，县供电公司管辖区域有220千伏变电所2座，主变4台，容量78万千伏安，110千伏变电所13座，主变26台，容量124.45万千伏安，35千伏变电所4座，主变8台，容量13.6万千伏安；35千伏线路12条，总长127.25公里，20千伏线路15条，总长148.86公里，10千伏配电线路230条，总长2033.75公里，低压线路7711条，总长3141.75公里；10千伏配变台数4968台，容量188.01万千伏安，其中公用2814台、容量102.27万千伏安，20千伏配变台数294台，容量12.33万千伏安，其中公用192台、容量6.58万千伏安。

至12月31日，县供电公司安全生产日累计4804天。全年未发生输变电考核事故，未发生电力生产和非电力生产人身事故，未发生一般火灾事故，未发生负同等以上责任重大交通事故，未发生信息安全事件，未发生环保投诉、纠纷及处理事件。

【电网建设】 2016年，县供电公司完成固定资产投资1.39亿元，其中配网基建项目投资1.35亿元。配网建设项目36项，其中续建项目24项、新建项目12项，投产26项。全年投产10千伏、20千伏中压线路共98.74公里，投产低压线路107.93千米；投产配变台区304个，投产变电容量10.05万千伏安。10月19日，110千伏沈荡变电站投产运营，是浙江省首座采用模块化设计理念设计并顺利投产的变电站；年内，投入主变2台，每台50兆伏安；10千伏侧采用单母线四分段接线，出线24回。11月23日，500千伏洪明变电站投产运营，是海盐首座500千伏变电站；年内，投入主变2台，每台1000兆伏安；500千伏出线6回，220千伏出线7回。实施220千伏五圣变电站和110千伏百步变电站前期建设工作。分布式电能发展迅速，全年并网分布式光伏项目122个，并网容量63.41兆瓦；低压居民光伏打捆项目并网容量1.84兆瓦；全年光伏发电量2160.08万千瓦时，上网电网423.05万千瓦时。

【配电网规划】 2016年，县供电公司制定《海盐县配电网“十三五”发展规划（2016）》，并通过嘉兴市供电公司审查。编制《百步集成吊顶特色工业小镇配电网专项规划》《滨海新城配电网专项规划》，落实该区域配电网布局。完成2017年23项配网项目储备库的筹划和可研编制、评审、入库，新增储备项目估算总投资1.44亿元。完成2016年电网迎峰度夏诊断分析报告。

【电网运行】 2016年，县供电公司落实上级关于电网稳定运行要求，合理安排运行方式，未发生因运行方式不当引起的电网事故，设备保持安全稳定运行。线路专业：执行配电线路第一种工作票623张、第二种工作票74张，带电作业票114张，操作票1365张，故障抢修单81张，合格率均100%；出动巡视人员4122人次，进行线路设备红外测温298次，涉及接点13259个、线路交跨测量点6925个，处理存在缺陷线路设备142处。变电专业：执行工作票496张，操作票1281张8787步，合格率均100%；出动巡视人员840人次，进行变电所设备红外测温420余次，测温点1988个。全年为35千伏线路杆塔登杆清扫185基、更换避雷器8只，补装和调换线路杆塔、台区命名牌、警告牌、相位牌等共6325块，为161条拉线补装防撞红白套管，为312基电杆补装防撞标识，对145条1452处配电线路通道(树、竹)进行处理。全年处理各类配电线路设备接地被盗和改做共35处，处理各类配电线路雷击、外力破坏故障共38起，其中各类配电线路断线、断杆故障共25起。

【电力服务】 2016年，县供电公司建立95598质量问题和投诉、回访满意度“日监控、周分析、月通报”机制，客户满意率持续提升。推行主动预约服务、客户专属服务、“零往返”服务制度，累计完成预约服务5443次，预约成功率和用户回访满意率均100%。扩大“大用户”直接交易试点，助力企业节省电费。推行“掌上电力”APP线上办电业务，结合“一岗制”快速响应作业机制，构建低压“线上全天候受理，线下一站式办电”服务模式，提升办电便捷度与客户满意度。推广电子服务渠道，新增微信公众号、“掌上电力”APP、支付宝缴费等电子服务渠道用户6.8万户。深化短信互动平台应用，全面推行电子账单，纸质账单投递数量由高峰时期的5万余户下降到184户。加快电动汽车充电网络建设，建成海兴东路充电站1座，设置充电桩8个，建成海盐鸿远公共交通有限公司位于百可停车场的专用充电站1座，设置充电桩3个。全年电动汽车充电量13.04万千瓦时。推进“多表合一”建设，协商签订《海盐县水、电表集采集抄合作协议》，成为全省首家实现“水电合一”信息采集县，惠及用户1399户。推广“流动表箱”，解决临时用电难题。

(徐悦红)

2月3日，海盐首个电动汽车充电桩通电

住房保障和公积金管理

【保障性住房管理】 2016年，县住建(房管)局完成4期保障房配租配售工作，分配经济适用住房实物配售157户，武原街道公共租赁住房实物配租15户，沈荡镇公共租赁住房实物配租39户，新增新居民享受租赁补贴119户，新增常住户居民享受租赁补贴27户。全年新开工建设棚改安置住房8544套(含上年结转的1585套)，其中货币化安置5742套；基本建成、竣工棚改安置住房7975套，交付使用7261套。

(杨叶丽)

【落实房改政策】 2016年，县住房委员会办公室审批房改房上市交易325户，建筑面积20235.98平方米，交易金额7865.8万元；受理审批出售公有住房36套，建筑面积1835.08平方米，交易金额38.02万元；受理审批发放住房公积金补贴491人12.68万元；受理审批发放一次性住房补贴68人22.41万元；受理审批企业房改房维修项目611个，主动上门维修项目704个，支出维修金额共69.32万元；受理经济适用住房查档204户。

【住房公积金管理】 9月，公积金海盐县分中心转发《关于调整我市住房公积金政策的通知》，10月9日起，暂缓受理商业贷款转住房公积金贷款，实行期房贷款轮候制，执行住房公积金贷款预售楼盘审批规定。创新延伸服务范围，推动公积金服务进镇(街道)，建成建行经济开发区支行、秦山支行，农行通元支行、百步支行，县信用联社沈荡支行公积金贷款业务服务网点，其中建行经济开发区支行和秦山支行分别于4月、9月拓展为办理公积金综合业务便民网点。全年归集住房公积金9.81亿元，提取住房公积金6.76亿元，发放住房公积金个人贷款2026户6.35亿元，收回住房公积金个人贷款本金2.7亿元。年末，住房公积金余额2.21亿元，个人贷款运用率96.4%。全年住房公积金业务收入7135.11万元，实现增值收益3502.8万元。

【宣传扩覆工作】 2016年，公积金海盐县分中心拍摄《规范管理 合规提取住房公积金》专题宣传片。以镇(街道)公积金便民服务网点、社会经济服务中心为宣传支点，推进公积金政策宣传。实施村(社区)干部建缴政策，将全县463位村(社区)干部纳入公积金建缴范围。全年新增缴存住房公积金人数3771人。

(姜 治)

园林绿化

【园林行业管理】 2016年，县住建(园林市政)局修订《海盐县城市绿化管理办法》《海盐县城市绿化补偿费收费标准》。加强工程项目规划设计管理，全年审查公园绿地建设方案9项。在全县开展园林绿化建设优质工程评比，申报项目10个，获评7个。承办嘉兴市"大地杯"花卉工技能竞赛。组织义务植树200余棵。推进园林镇(街道)创建工作。

【县城公共绿地管护】 2016年，县住建(园林市政)局根据《县城城区绿化养护检查办法》《县城城区公共绿化养护标准》，对县城225万平方米绿化养护标段进行网格化管理。开展鲜花上街工作，在县城区主(次)干道交叉口、公园节点共栽植草花4500平方米，更换花钵20万盆次。

【园林绿化工程建设】 2016年，县住建(园林市政)局推进并完善绿道建设，逐步形成以点、线结合的绿道网络系统。抓好省域绿道建设技术指导和项目推进(秦山大道绿道、01省道澉浦段绿道)。开展河道水生植物种植，治理水域面积3.75万平方米。委托开展盐嘉塘(东起市河东闸，西至同安桥)水生态修复工程设计，明确修复范围，种植荷花、菖蒲等挺水植物，以及浮水植物共1万平方米。围绕文明县创建、国家卫生县复评等工作，对城市边角地和废弃地进行环境整治和生态修复。开展对老旧小区、公园、道路、绿道等裸地，以及空地调查摸底，排摸出裸地(空地)102处3万余平方米，已全部整改。

(褚丽君)

城市管理

【概况】 2016年年末，县综合执法局有持执法证队员130人；有行政处罚权453项，涉及行政处罚职能43类。全年一般程序案件立案427件，其中安全生产类44件、规划类36件、国土类20件、环保类158件、水利类9件、城市管理类158件、工商类2件，罚款526.89万元。全年办理简易程序案件12040件，罚款175.49万元。

白洋河湿地绿道全景

垃圾分类试点

【垃圾分类试点】 2016年，全县开展“美丽镇村”“清洁家园”项目建设，县综合执法局牵头实施农村生活垃圾分类收集处置试点工作。制定垃圾分类工作方案，确定“美丽乡村”6个、试点村(社区)13个参加垃圾分类试点，按照可堆肥垃圾和不可堆肥垃圾在19个村(社区)进行分类处置试点。

【“三改一拆”工作】 2016年，县综合执法局配合县“三改一拆”办公室推进“无违建县、镇(街道)、村(社区)”创建。建立巡查机制，加强管控，全年无新增违法建筑、违法用地。对已建违法建筑物进行拆除，建立“回头看”机制，杜绝反弹。全年对违法建筑执法检查642次，拆除面积104万平方米。在全县“一绿、二清、三整、四提升”集中攻坚大会战中，牵头组织开展清障专项行动，成立清障组，拆除一批影响县重点项目建设和环境建设的征迁遗留户。至年末，全县134户遗留户中拆除107户。

【秸秆禁烧执法检查】 2016年，县综合执法局开展秸秆禁烧专项执法，特别在农作物收割时节加大执法检查力度。推广“天眼”安装，利用高科技手段弥补执法时间差，进行24小时实时监控。全年出动巡查人员15531人次，发放宣传告知书5280份；发现起火点173处，过火面积2.53万平方米；立案查处122起，罚款6.29万元。

【农村环卫保洁】 2016年，县综合执法局推进农村环卫保洁工作，完善各项机制，修订考核办法，《海盐县农村环境卫生基础设施设置规范》《海盐县农村保洁服务和管理规范》被申请确定为市级标准。结合“美丽集镇”专项整治行动，对各镇(街道)集镇、垃圾中转清运站(点)、道路及河道进行督查，发现问题94处；对道路沿线环境卫生开展督查，发现问题85处；对检查情况进行通报和整改。

【市容市貌管理】 2016年，县综合执法局开展市容市貌整治，全年整治“马路市场”20余次，发出整改通知书60余份，发放宣传资料300余份；整治活禽交易市场28次，出动执法队员480人次，发放通知书230份，暂扣物品62件，取缔活禽交易摊145个；整治夜宵摊11次，突击检查17次，发出整改通知书110份，

秸秆禁烧宣传

暂扣物品74件，取缔夜宵摊75个；整治城区悬挂(张贴)破旧(过期)广告10余次，整改破旧门头、灯箱等户外广告设施289个，暂扣移动式灯箱13个。加大文明养犬宣传力度，开展文明养犬进社区宣传活动3次，接受群众咨询150余人次，发放宣传资料250余份。推进城区犬类登记上牌，全年城区内犬类登记上牌380只、办证1280只。

【餐厨油烟监管】 2016年，县综合执法局加大对地沟油、餐厨垃圾统一回收和由此产生对大气污染的监管，县建城区需安装油烟净化器的餐饮店和机关单位食堂共587家，至年末，已安装油烟净化器475家。全年处置餐厨垃圾9000余吨。处理县城区涉油烟类举报139件，满意率100%。

【建筑渣土监管】 2016年，县综合执法局对随意倾倒和偷倒建筑垃圾、未经核准随意处置渣土及建筑垃圾的违法行为加大监管查处力度。全年抓获夜间偷倒建筑垃圾行为6起，教育处罚8人次；查处随意处置和倾倒建筑垃圾案件，发出处罚决定书85份；处理渣土、建筑垃圾类投诉200余起。在渣土扬尘污染防治工作中，通过日常检查发现问题18起，处理投诉245起，立案查处29起，罚款5.12万元。

【环卫保洁】 2016年，县综合执法局环卫中心通过服务外包形式保洁道路面积272万平方米、河道面积86万平方米、池塘74个、小区住宅670幢1354梯、停车场4处，以及对公厕55座、垃圾房20座、果壳箱830只、垃圾桶2500只中日常生活垃圾的收集与清运。全年清运生活垃圾16万余吨、粪便8000余吨、建筑垃圾45000余吨、渣土18余万立方米；收取渣土费50余万元、卫生费789万元。

【便民停车管理】 2016年，县综合执法局按照疏堵结合原则，开发停车泊位，全年新增泊位238只，修补停车位179只，增设停车方向箭头，引导车主规范停车；开展对泊位检查，取消不合理泊位11只。新增朝阳路(翰林广场西侧)1处、新桥路(秦山大厦北侧、海盐地税局北门处)2处、文昌路(张元济图书馆东、西二侧)2处，共5个停车收费点，增加泊位数69只。全年道路泊入车辆229.69万辆次，其中免费停车150.84万辆次、付费停车65.82万辆次；停车场泊入车辆13.34万辆次。停车车位包月431只，其中道路车位包月173只、停车场车位包月258只。

【数字城管工作】 2016年，数字城管利用“空间一张图”“监管多张网”机制，将分散在各个部门的职能整合，形成一支新的城市管理组织力量，初步建立整体联动城市管理大框架。全年立案10916件，结案10491件，结案率96.1%。其中：部件1594件，结案1527件，结案率95.8%；事件9322件，结案8964件，结案率96.2%。

【安全生产监管】 2016年，县综合执法局与县安监局联合制定安全生产工作计划，联合印发《关于开展2016年安全生产一号行动工作的通知》《关于开展2016年安全生产二号行动工作的通知》《关于开展安全生产经营单位主要负责人、安全管理人员履行法定职责专项执法行动工作方案》。开展安全生产“一号行动”“二号行动”“三号行动”，以及安全生产百日执法专项行动、印刷业联合执法行动、群租房小型企业安全生产专项行动等。全年查处安全生产案件52件，其中简易程序处罚案件2件、一般程序处罚案件50件。

【土地行政执法】 2016年，县综合执法局开展土地卫片执法工作，遏制违法用地行为，规范土地管理秩序，促进保护耕地和节约集约利用土地。将土地卫片执法与“三改一拆”“四边三化”等中心工作融合，提高执法能动性。全年办理土地违法案件33起，发出处罚决定20起，涉案面积7.8万平方米，处罚金额105.72万元，结案15起。其中：国土卫片执法发现案件11起(结案10起，发出处罚决定1起，共处罚款45.23万元，涉案面积3.09万平方米)；国家土地上海局开展土地督查发现案件9起，自查发现案件13起(结案5起，发出处罚决定7起，共处罚款41.96万元，涉案面积3.77平方米)。

(王　燕)

环境保护

【概况】 2016年，县环保局出动执法人员13902人次，检查企业

4608家次，立案查处环境违法案件200件，发出行政处罚决定书189件，罚款935.9万元。移交公安刑事案件7件、行政拘留案件5件。全年征收排污费835.28万元。清理“未批先建”“未验先投”违法违规建设项目484项。处理信访376件。新增环境监察中队4个，至此，全县各镇(街道)全部设立环境监察中队。海盐县环境科学学会在县监测站挂牌成立。是年，被县委、县政府评为工作目标责任制考核优秀部门，被嘉兴市环保局评为工作目标责任制考核优秀单位。

1月26日，全县环境状况白皮书新闻发布会召开

【环境质量】 2016年，全县城市空气环境质量总体尚好，全年优、良天数297天，优良率81.6%，均列全市第一。全年降水pH值范围4.12～6.95，平均值4.91，酸雨频率75.8%。全县11个地表水常规监测断面中，水质符合Ⅱ类1个、符合Ⅲ类2个、符合Ⅳ类8个，无Ⅴ类及劣Ⅴ类水质断面。在全省跨行政区域河流交接断面水质保护管理考核中，海盐县为优秀。饮用水水源地千亩荡断面水质符合Ⅲ类水水质标准，首次实现全年水质29项指标年均值全部符合国家GB3838—2002《地表水环境质量标准》Ⅲ类水标准。城区声环境较好，城市各功能区环境噪声基本达到标准要求。辐射环境较好，辐射安全保证率100%。1月26日，县环保局召开新闻发布会，正式公开发布《2015年海盐县环境状况白皮书》，是全国第一部包含“十二五”期间环境质量状况的县级白皮书。

2016年县城大气质量监测情况表

表28

项　目	SO_2	NO_2	PM10	PM2.5	CO	O_3最大8小时滑动平均	AQI
	μg/m³	μg/m³	μg/m³	μg/m³	mg/m³	μg/m³	
日均浓度值最小值	4	3	14	2	0	18	21
日均浓度值最大值	44	87	213	152	2	217	202
年均浓度值	12	27	73	38	0.7	93	
年均浓度值质量级别及超标倍数	一级	一级	劣于二级(0.042)	劣于二级(0.086)	/	/	/
特定百分位数浓度值	37	62	149	84	1.2	152	/
特定百分位数浓度值质量级别及超标倍数	一级	一级	二级	劣于二级(0.12)	一级	二级	/
IAQI 0～50天数	365	308	114	199	365	228	75
(占有效监测天数百分比)	100%	84.4%	31.2%	54.8%	100%	62.5%	20.6%

续表 28

项目	SO_2	NO_2	PM10	PM2.5	CO	O_3最大8小时滑动平均	AQI
	μg/m³	μg/m³	μg/m³	μg/m³	mg/m³	μg/m³	
IAQI 50～100 天数	0	56	233	130	0	108	222
(占有效监测天数百分比)	0	15.3%	63.8%	35.8%	0	29.6%	61.0%
IAQI>100 天数	0	1	18	34	0	29	67
(占有效监测天数百分比)	0	0.3%	4.9%	9.4%	0	7.9%	18.4%
有效监测天数	365	365	365	363	365	365	364
日达标率	100%	99.7%	95.1%	90.6%	100%	92.1%	81.6%

说明:①按 GB 3095－2012、HJ 663－2013、HJ 633－2012 标准评价;②特定百分位数:SO_2、NO_2 24 小时平均的第 98 百分位数,PM10、PM2.5、CO 24 小时平均的第 95 百分位数,O_3 最大 8 小时滑动平均的第 90 百分位数

2016 年盐嘉塘、盐平塘和长山河水质比较表

表 29　　单位:毫克/升

项目	盐嘉塘		盐平塘		长山河	
	平均值	单项评价	平均值	单项评价	平均值	单项评价
溶解氧	5.8	Ⅲ类	5.3	Ⅲ类	5.3	Ⅲ类
高锰酸盐指数	5.3	Ⅲ类	5.4	Ⅲ类	5.1	Ⅲ类
化学需氧量	22.1	Ⅳ类	21.7	Ⅳ类	20.0	Ⅲ类
五日生化需氧量	4.11	Ⅳ类	4.28	Ⅳ类	4.02	Ⅳ类
氨氮	0.86	Ⅲ类	0.92	Ⅲ类	0.70	Ⅲ类
总磷	0.187	Ⅲ类	0.236	Ⅳ类	0.172	Ⅲ类
石油类	0.032	Ⅰ类	0.039	Ⅰ类	0.029	Ⅰ类
河流评价	Ⅳ类水质,轻度污染		Ⅳ类水质,轻度污染		Ⅳ类水质,轻度污染	

2016 年盐嘉塘、盐平塘和长山河监测断面水质比较表

表 30

河流名称	监测断面	监测项目(单位:毫克/升)							水质类别
		溶解氧	高锰酸盐指数	化学需氧量	五日生化需氧量	氨氮	总磷	石油类	
盐嘉塘	尤甪村	5.8	5.3	22.4	4.1	0.91	0.193	0.033	Ⅳ类
	沈荡大桥	5.9	5.4	22.3	4.2	0.99	0.180	0.033	Ⅳ类
	三环洞	5.7	5.3	21.5	4.1	0.69	0.187	0.030	Ⅳ类
盐平塘	东塘桥	5.8	5.5	22.1	4.3	0.89	0.242	0.044	Ⅳ类
	庆丰桥	4.9	5.3	21.3	4.2	0.96	0.230	0.034	Ⅳ类
长山河	长山闸一号桥	5.6	4.9	19.1	3.86	0.61	0.153	0.030	Ⅲ类
	水北大桥	4.9	5.3	21.0	4.2	0.80	0.192	0.028	Ⅳ类

说明:①毫克/升(指含量);②溶解氧指标数值大的质量好;③数值为年平均值;④评价以单因子评价

【主要污染物减排和控制】 2016年，全县每日新增入网生活污水8055吨(上级下达任务1000吨/日)；全县电煤用量82.35万吨，控制在83万吨目标以内。县环保局在原化学需氧量和二氧化硫基础上，首次将氨氮、氮氧化物两项指标纳入有偿使用范围，有偿使用企业293家，有偿使用金额4506.66万元。全年对35个新建项目实施排污权交易，交易金额195.09万元。全年核发排污许可证105份。刷卡排污系统运行正常，发现超总量排放企业3家，实施排污租赁9家次，金额102万元，实现对企业排污浓度、总量"双控制"。是年，全县主要污染物化学需氧量、氨氮、二氧化硫、氮氧化物最终排放量分别为1509.94吨、118.13吨、3298.42吨、974.41吨，均有一定程度的削减。

【项目审批】 2016年，县环保局审批项目194个，涉及投资额123.10亿元，其中环保项目投资额7.84亿元。否决高污染项目10个，否决资金2.68亿元。办理危险废物转移计划审批578起，办理建筑工地夜间施工审批52次，核发辐射安全许可证12份，发放排污许可证133份。新《中华人民共和国环境影响评价法》实施后，进行环境影响登记备案19个，进行工业企业"零土地"技改项目备案9个。

【排污收费】 2016年，县环保局按照国家排污费征收政策，强化排污申报和排污收费工作。全年依法开展排污申报和收费493家次835.28万元，其中排污水收费65.99万元、排废气收费623.31万元、噪声收费145.98万元。开展石油化工和包装印刷试点行业新增挥发性有机物(VOCs)排污费申报收费工作。

【水环境综合治理】 2016年，县环保局牵头抓好治理污水工作。启动跨行政区域交接断面水质自动监测考核，加强交接断面水质保护管理，改善出界断面水质。开展工业污水入网"回头看"行动，确保污水全入网全达标。开展涉磷涉锌行业整治，促使污水泵站入网，总磷、总锌浓度下降。制定"水十条"断面水质稳定方案，实施入海排污口和六大涉水行业排摸调查。牵头首次实施千亩荡饮用水水源地保护生态补偿，对沈荡镇、百步镇、于城镇分别下发补偿金152万元、12.15万元、49.5万元。

【大气环境综合治理】 2016年，制定"年度大气污染防治实施计划""年度大气污染防治工作考核办法"，启动编制《海盐县"十三五"大气污染限期达标规划》《海盐县"十三五"大气污染治理规划实施方案》，完成大气污染源排放清单调查。指导浙江恒洋热电有限公司改造超低排放锅炉4台、吉安集团有限公司启动改造锅炉5台；治理3家耗煤万吨以上企业的窑炉达标排放；淘汰10蒸吨及以下燃煤小锅炉113台，整治提升涂装行业企业7家；落实机动车环境监管工作要求，淘汰黄标车165辆，审核补助材料272份，发放补贴135万余元。开展县开发区废气污染综合整治，对产生重点废气企业进行整治提升。

【土壤污染防治】 2016年，县环保局抓好工业固体废物管理，促进土壤污染防治。指导155家重点污泥和危险废物产生单位完成网上固体废物申报登记。督促200余家企业落实"六个规范化"制度。排查5家印染企业污染场地。完成9家企业的危险废物及污泥全过程监控接入、统一结算平台任务接入、固体废物出入口建设等工作。推进4家重点产废企业完成"存量清零"工作。与县公安局联合开展对危险废物专项执法检查，查处违法处置固体废物20起，罚款53.4万元。

【环保执法】 2016年，县环保局开展百日执法、对涉气企业环境执法月、对电镀行业专项检查等专项行动10余次，出动执法人员13902人次，检查企业4608家次；立案查处环境违法案件200件，发出行政处罚决定书189件，罚款935.9万元；移交公安行政拘留案件5件，行政拘留处罚4人，移交公安刑事案件7件，刑事拘留处罚4人。

【环境信访处理】 2016年，县环保局受理信访376件，其中反映大气污染217件、水污染73件、噪声污染35件、固体废物污染19件、建设项目及其他污染32件，处理率100%，满意率96%。

【重要时期环境质量保障】 2016年，县环保局在G20杭州峰会和第三届世界互联网大会乌镇峰会期间，制定环境质量保障方案，会同县综合执法局、县经信局、县交通局、县水利局、县农经局等部门，对烟囱冒黑烟、重点企业生产安全、饮用水水源安全、秸秆焚烧等进行重点巡查，发现问题及时整改，确保大会期间全县环境质量稳定。县环保局被评为海盐县保障服务重大国际峰会先进集体。

【环境质量监测】 2016 年，县环境监测站完成地表水常规监测 12 期、太湖流域水质监测 12 期、城市集中式饮用水水源水质监测 12 期、浙江省交接断面联合监测 4 期（五月份后采用水质自动站数据）、入海河流水质监测 12 期、近岸海域水质监测 2 期、降水监测 91 期次（逢雨必测）、降尘监测 12 期；完成城市区域环境噪声监测 1 期、道路交通噪声监测 1 期、功能区噪声监测 2 期；完成春蚕期间桑叶氟化物监测。获得环境质量手工监测数据 1.03 万余个、水质自动站监测数据 15.4 万余个、空气自动站监测数据 1140 万余个。编制《环境监测月报表》12 期、《海盐县环境质量情况》12 期，以及《2015 年环境质量公报》《2015 年度环境质量报告书》《2015 年度环境监测年鉴》。

【污染源监测】 2016 年，县环境监测站完成污染源监测 639 家次（包括执法监测、浙江省重点污染源监督性监测，以及其他废水、废气、噪声等监测），完成 40 余家水污染企业和 3 家气污染企业在线监控设备每季度比对考核监测 164 家次（其中国控水污染企业 7 家、省控水污染企业 10 家、国控废气污染企业 2 家、省控废气污染企业 1 家、国控危废企业 3 家、省控危废企业 6 家），完成建设项目“三同时”（与主体工程同时设计、同时施工、同时投产使用）设施验收监测 95 家次。实施环境辐射委托监测 11 家次、企业自查和企业上等级监测及其他委托监测 90 家次。全年获得污染源监测数据 2.42 万余个。编制《重点污染源评价报告》4 期，出具监测报告 1381 份。

【环保宣传】 2016 年，县环保局利用网络平台，及时发布和更新行政处罚、行政审批、项目验收、环境质量等环保工作信息。全年发出微博 300 条，推送微信 217 条。海盐环保微信公众号在“中国政务绿色公众号”评比中多次获得县级第一，海盐环保政务微博被评为海盐县“十佳政务微博”之一。开展各类环保宣传活动 16 次，参与人数 2600 人次。扩大环保志愿者队伍，首次聘请环境敏感区域环保特约监督员 20 人。

6 月 4 日，全县生态文明宣传月启动仪式举行

2016 年工业“三废”排放、处理情况表

表 31

指　标　名　称	单　位	2016 年	比上年增减(%)
一、工业废水			
1. 工业废水排放量	万吨	2366.42	7.76
其中：排入污水处理厂	万吨	2261.42	68.16
直接排入环境	万吨	105	－87.39

续表 31

指标名称	单位	2016 年	比上年增减(%)
2. 工业废水中污染物去除量			
(1)化学需氧量(COD)	吨	14338.02	−5.52
(2)氨氮	吨	823.62	18.37
3. 工业废水中污染物排放量			
(1)化学需氧量(COD)	吨	1509.94	−55.26
(2)氨氮	吨	118.13	−69.66
二、工业废气			
1. 工业废气排放量	万立方米	1945896.05	52.97
其中:燃料燃烧过程中排放量	万立方米	1945896.05	52.97
生产工艺过程中排放量	万立方米	0	0
2. 二氧化硫(SO_2)	吨	3298.42	−48.42
其中:燃烧过程中排放量	吨	3298.42	−48.42
生产工艺过程中排放量	吨	0	0
3. 二氧化硫(SO_2)去除量	吨	15601.88	313.24
4. 烟(粉)尘去除量	吨	193533.82	−30.42
5. 烟(粉)尘排放量	吨	978.87	−24.15
三、工业固体废物			
1. 一般工业固体废物产生量	万吨	146.89	9.59
2. 一般工业固体废物综合利用量	万吨	142.73	7.02
3. 工业废物综合利用率	%	94.52	−5.01
4. 固体废物排放量	吨	0	0

(王萍萍)

生态建设

【概况】 2016 年,海盐县开展“生态环境年”活动,国家生态县创建通过考核验收,滨海新城绿色生态示范城区创建通过住建部中期评估。新增省级生态文明教育基地 1 个、省级绿色学校 2 所、省级绿色家庭 3 户、市级生态村(社区)9 个,全县 105 个村(社区)实现市级生态村全覆盖。澉浦镇入选第一批浙江省“美丽乡村”示范镇。全县有省级现代生态循环农业示范主体 18 个、省级现代农业综合区 2 个、省级生态循环农业示范区 1 个、省级特色农业精品园 11 个。出台全省首个《海盐县水资源公报(2015)》。打造绿色发展“海盐样本”,发布《海盐县绿色发展报告(2015)》及全国首项县域绿色发展地方标准《DB 330424/T48—2016 县域绿色发展评价指标》。

成立“美丽海盐”建设领导小组及办公室,明确各部门工作职责。各镇(街道)设立环保办和环境监察中队,落实属地政府环保主体责任,健全环保网格化管理队伍。成立海盐县环境科学学会,助力生态环境保护科技事业。建立污染源日常监管动态信息库,实行“双随机一公开”(随机确定抽查对象、随机选派执法抽查人员,向社会公开抽查结果）执法模式。

落实县、镇（街道）、村（社区）三级河长全覆盖工作机制，绘制全县河道“清三河”防反弹责任图，与南湖区、海宁市建立联动机制。出台《海盐县千亩荡饮用水水源地保护生态绩效补偿考核办法》，完善“镇（街道）村（社区）水质考核办法”。开展农村河沟治理、中小河流治理（于城镇、沈荡镇项目区）、航平申线拓宽改造等3项清淤工程。完成县城区截污改造工程13项，全年建成污水管网长36.4公里、改造雨污分流管网长23.64公里、清淤排水管网长65公里。新增农村生活污水治理村（社区）20个，新增受益农户9690户。巩固节水型社会建设，全年完成一户一表改造1000户，新建供水管网长18.5公里，改造供水管网长476公里。

发展清洁能源，新建天然气管线长56公里。2家热电企业开展烟气超低排放改造，其中通过验收1家。完成113台燃煤小锅炉改造及7家企业挥发性有机物治理。淘汰黄标车165辆，更新公交车22辆，新增、扩建公用自行车租赁点11处，新增公用自行车300辆。2个在建工地通过市级绿色施工标准化工地验收，9个工地被评为市级文明标准化工地。完善“秸秆禁烧、秸秆综合利用考核办法”及“保证金制度”，秸秆综合利用率95%。在采矿山严格落实扬尘、粉尘控制措施，监测合格率100%。

启动紧固件行业三年（2016—2018年）整治提升行动，列入整治对象375家，关停41家。出台《海盐县扣板企业兼并重组及就地整治操作意见》，列入年度整治淘汰企业107家，均签订关停协议。开展涉磷涉锌行业整治提升，检查企业113家，立案查处环境违法企业19家。开展县开发区、秦山工业园区环境专项整治。

实施城乡环境综合整治，全年完成“三改”349.5万平方米、拆违134.2万平方米。开展“三比三看一规范”（比治乱治违，看谁的“三沿”〈公路沿线、铁路沿线、河道沿线〉更加整洁有序；比立面改造，看谁的“三沿”更加美观协调；比环境改造，看谁的“三沿”更加绿色生态。确保“三沿”区域建筑规划、景观设计、工程建设、物品堆放、矿山开采、墓地设置等行为和管理规范有序）活动，整治省级指定点位45处及“公铁”（高速公路、省道和重要道路）沿线自查自纠点位1934处，关停违法违规码头堆场73处，打造湖盐线、嘉盐线市级精品示范道路2条。实施杭浦高速元通出口连接线武原区段、秦山大道等绿化提升工程14项。翁金线海盐段获得浙江省最美绿化通道称号，杭浦高速南北湖出入口至01省道绿化提升工程试验段获得浙江省优秀园林工程奖。生猪散养户全面退养，7家畜禽养殖场完善污染治理设施。开展“清洁家园美丽镇村”专项行动，创建县级“优美庭院”2000户、“美丽村庄”20个。实施农村生活垃圾分类处置试点村（社区）19个。（俞　峻）

财政 税务

财 政

【概况】 2016年,全县实现财政总收入63.06亿元,其中一般公共预算收入35.18亿元,一般公共预算支出43.51亿元。全县新增财力用于民生支出比重继续保持三分之二以上。财政预算执行情况良好,收支平衡。

2016年一般公共预算收入执行表

表32

收入项目	2016年执行数(万元)	2015年执行数(万元)	同比增减(%)	收入项目	2016年执行数(万元)	2015年执行数(万元)	同比增减(%)
财政收入	630603	600077	5.1	农田水利建设资金收入	2848	2219	28.3
一、一般公共预算收入合计	351779	322700	9.0	森林植被恢复费	44		
(一)税收收入	313530	289664	8.2	水利建设专项收入	3556	5104	−30.3
1.增值税(50%)	121193	66107	83.3	2.行政事业性收费收入	600	1195	−49.8
2.营业税(50%)	35942	71101	−49.4	3.罚没收入	5538	8030	−31.0
3.企业所得税(40%)	54734	51708	5.9	4.国有资本经营收入	−10700	−18366	−41.7
4.个人所得税(40%)	14239	13095	8.7	其中:国有企业计划亏损补贴	−10700	−18366	−41.7
5.资源税	1236	1971	−37.3	5.国有资源(资产)有偿使用收入	2550	6150	−58.5
6.城市维护建设税	26860	23528	14.2	其中:国库存款利息收入	765	70	992.9
7.房产税	13555	13783	−1.7	6.政府住房基金收入	2738	835	227.9
8.印花税	4725	6081	−22.3	7.其他收入		314	
9.城镇土地使用税	5904	10505	−43.8	二、上划中央四税收入	278824	277377	0.5
10.土地增值税	12511	8893	40.7	1.增值税(50%)	166694	177198	−5.9
11.车船税	2751	2502	10.0	2.消费税	3109	2974	4.5
12.耕地占用税	6025	1376	337.9	3.营业税(50%)	5562		
13.契税	13855	19014	−27.1	4.企业所得税(60%)	82101	77562	5.9
(二)非税收入	38249	33036	15.8	5.个人所得税(60%)	21358	19643	8.7
1.专项收入	37523	34878	7.6	附列资料:增值税(100%)退税明细			
其中:排污费收入	776	1663	−53.3	1.福利企业增值税退税	0	−3525	−100.0
教育费附加收入	14401	12297	17.1	2.软件增值税退税	−1113	−829	34.3
地方教育附加收入	9608	8213	17.0	3.免抵调减增值税	−14447	−16500	−12.4
残疾人就业保障金收入	1840	1915	−3.9	4.出口货物增值税退税	−73637	−71101	3.6
教育资金收入	4450	3467	28.4				

2016 年一般公共预算支出执行表

表 33

支出项目	2016 年执行数（万元）	2015 年执行数（万元）	同比增减（%）	支出项目	2016 年执行数（万元）	2015 年执行数（万元）	同比增减（%）
一般公共预算支出合计	435080	400482	8.6	12.交通运输	14685	31103	−52.8
1.一般公共服务	36905	30587	20.7	13.资源勘探信息等事务	1441	3203	−55.0
2.国防	634	838	−24.3	14.商业服务业等事务	3035	2397	26.6
3.公共安全	26115	20792	25.6	15.金融	110	110	0.0
4.教育	111306	110987	0.3	16.援助其他地区支出	854	790	8.1
5.科学技术	21587	19241	12.2	17.国土海洋、气象等事务	3565	2220	60.6
6.文化体育与传媒	10812	8698	24.3	18.住房保障支出	21301	6997	204.4
7.社会保障和就业	28026	23732	18.1	19.粮油物资储备支出	1712	2734	−37.4
8.医疗卫生与计划生育	35501	31170	13.9	20.其他支出	24	32	−25.0
9.节能环保	12113	11669	3.8	21.债务付息支出	5742	1012	467.4
10.城乡社区事务	47626	32204	47.9	22.债务发行费用支出	157	130	20.8
11.农林水事务	51829	59836	−13.4				

【组织财政收入】 2016 年，县财政局围绕全年收入目标任务，加强收入考核和计划目标管理，加强与国税、地税部门数据对接和工作配合，实现财政收入按时间进度要求均衡增长。强化规费收入管理，完善社会保险费网上结算申报系统，加强社保费汇算清缴，全年入库社保费 18.95 亿元，同比增长 6.0%。加强非税收入征管，对财政票据和政府非税收入执收管理情况开展检查，推进非税收入征管信息化建设，实现教育收费电子化征缴，全年实现政府非税收入 3.82 亿元，同比增长 15.8%。

【支持县域经济发展】 2016 年，县财政局围绕供给侧结构性改革，实施一系列财政税收政策，助推企业转型升级，增强全县经济持续稳定增长动力。修订完善企业股改上市、发展核电关联产业扶持政策，修改补充工业、旅游业等行业扶持政策，促进实体经济发展。支持“小微企业三年成长计划”，安排财政专项资金 2500 万元，对小微企业贷款实施增信和风险补偿。增加政府产业基金投入，安排财政资金 5000 万元，吸引带动社会资本增加投入。

【保障改善社会民生】 2016 年，县财政局坚持公共财政理念，推进公共服务均等化进程，全县民生支出 36.63 亿元（比上年多支出 4.11 亿元），占一般公共预算支出的 84.2%。完善促进就业、鼓励创业、自主创业的体制机制，推动“大众创业、万众创新”。继续推进绿色发展战略，支持“三改一拆”“四边三化”“五水共治”“五气共治”和小城镇环境综合整治等重点工作。支持“平安海盐”建设，支持教育、文化、科技、卫生、社会保障等社会事业健康发展。

【深化财政管理改革】 2016 年，县财政局依法加强预算管理，加快公共财政体系建设，建立公开、透明、规范的预算制度。深化农村综合改革试点，是全省唯一获得扶持村级集体经济发展试点、深化农村产权制度改革探索实现农村产权权能试点、探索农村公共服务有效供给新途径试点三项改革试点县，获得省级以上财政补助资金 4600 万元。推进 PPP 试点改革，设立全市首个 PPP 管理中心，动态调整完善 PPP 项目库，完成浙江山水六旗国际度假区 PPP 项目实施方案及“两评报告”（财政承受能力论证报告、物有所值评价报告）论证。推进财政支农体制机制改革，完善补助政策，制订资金管理办法，加快项目储备，建立第三方监督机制，促进农业转型、农民增收、农村发展。

【加强财政监督管理】 2016 年，县财政局深化“四张清单一张网”

8月15日,全县行政事业单位内部控制建设动员会议召开

建设,建立并公布县级财政专项资金管理清单,涉企行政事业性收费、政府性基金等目录清单。推进政府采购,创新公共服务供给机制和方式,建立健全政府购买服务制度,引导社会力量参与提供公共服务。加强财政监督检查,开展绩效跟踪管理试点和县级部门(单位)绩效自评、非税收入和财政票据管理专项检查、财政资金安全自查等,严肃财经纪律,提高财政资金使用效益。推进财政内控制度建设,按照分事行权、分岗设权、分级授权要求,制定内控制度,强化内部流程控制,防范行政执法风险。

(崔海文)

国家税务

【概况】 2016年,县国税局完成国税收入55.43亿元。其中,县域税收完成25.78亿元,核电税收完成29.65亿元。国税收入体现县财政总收入39.55亿元,形成地方一般公共预算收入15.9亿元。是年,县国税局连续第十一年被评为县级机关部门(单位)工作目标责任制考核先进单位,连续第十二年被评为县依法行政工作先进集体,办税服务厅连续第十年获得省级青年文明号称号,俞坤明被评为全省系统"最美国税人",邱雅芬被评为海盐县劳动模范。县国税局郊区税务分局连续第五年被评为浙江省卫生先进单位,职工书屋获得省级示范书屋称号,县开发区税务分局办税服务厅获得浙江省工人先锋号称号。

【深化税制改革】 2016年,县国税局全面实施"营改增"试点,加强与财政(地税)等部门合作,做好试点纳税人户籍信息交接、政策培训、税控器具发放及发票准备等工作,实现税制转换。全年四大新扩围行业(建筑业、房地产业、金融业、生活服务业)实现增值税收入3.36亿元。推进金税三期工程建设,制定《金税三期工程优化版上线实施方案》,建立双轨运行人员配置及管理办法、双轨运行工作例会制度、中层干部大厅值班制度等,完成数据迁移、初始化、网络改造、终端配置、内部培训、业务验证、双轨运行、压力测试等工作,清理核实数据13030条,举办业务培训班7场次。10月8日,金税三期优化版系统上线。深化国税、地税征管体制改革和相互间合作,成立征管体制改革工作领导小组,完善联席会议机制,

5月1日,营业税改增值税零点行动首张增值税发票开出

落实征管体制改革举措58项及《国家税务局地方税务局合作工作规范》合作事项46项。

【落实税收政策】 2016年，县国税局依法落实各项税收优惠政策，促进实体经济转型发展。全年落实各类减免退税3.42亿元、各类法定直接减免税13.42亿元；办理小微企业多缴税金退税1537.5万元，惠及企业482户；办理出口退(免)税8.82亿元；办理固定资产进项税抵扣2.9亿元，其中县域(不含核电)2.42亿元。

【创新征管服务】 2016年，县国税局开展“便民办税春风行动暨助力招商引智年”活动，推出10大类50项便民措施。实施自助办税服务，建立全市首个24小时离厅式自助办税服务点。提请县政府出台《海盐县税收社会化管理服务实施意见》，促进堵漏增收，此项工作获得嘉兴市常务副市长楼建明批示肯定。5—12月征收外来建筑业税款7442万元，同比增长7.9%。实行“容缺受理”服务制度，为纳税人办税提供便利。与宁波市国税局签订税收合作备忘录，共同加强杭州湾跨海大桥税收征管。推行电子发票，节约纳税人开票成本。完善发票监管机制，严格发票发售管理，防止发票虚开。开通“税企E家”纳税服务微信公众号，宣传税收政策。推出“掌上自助点单”培训辅导服务，全年为纳税人提供点单培训7598户次。深化纳税人学堂建设，与地税部门联合开展税收培训。开展“啄木鸟”金税服务，县开发区税务分局分队被评为全县十大优秀志愿者服务组织之一。开展“万名党员进万企”活动，走访企业1027户次，发现问题29个，解决问题11个。

【严格依法治税】 2016年，县国税局推进简政放权、放管结合、优化服务改革，对审批审核事项实行前台受理、一窗统办、内部流转、限时办结服务模式，推进由事前审批向加强事中事后管理转变。落实税收执法责任制，规范进户执法，解决多头执法、重复检查问题。加强纳税评估工作，全年评估企业209户，补税1459.31万元。深化税务稽查改革，实行随机抽查制度和案源管理制度，开展税收专项检查和专项整治，打击发票违法犯罪行为和出口骗税违法犯罪活动。全年立案检查114户，入库税款9608.15万元，查处百万元以上大要案5件。加强廉政教育，深化风险提醒，全年开展廉政提醒38人次。

（宫　磊）

地方税务

【概况】 2016年，县地税局组织各项收入41.26亿元，其中税收收入18.80亿元、非税收入22.46亿元。地税形成一般公共预算收入17.89亿元。

2016年地方税(费、附加、基金)入库情况表

表34

项　目	2016年(万元)	2015年(万元)	增减额(万元)	增长率(%)	项　目	2016年(万元)	2015年(万元)	增减额(万元)	增长率(%)
总　计	412640	413976	−1336	−0.32	9.土地增值税	12512	8893	3619	40.69
一、税收	187971	201140	−13169	−6.55	10.房产税	13555	13783	−228	−1.65
1.增值税	1470		1470		11.车船税	2751	2502	249	9.95
2.营业税	38578	67393	−28815	−42.76	12.耕地占用税	6025	1376	4649	337.86
3.企业所得税	24903	13356	11547	86.46	13.契税	13855	19014	−5159	−27.13
4.个人所得税	35597	32737	2860	8.74	二、非税收入	224669	212836	11833	5.56
5.资源税	1236	1971	−735	−37.29	1.教育附加	26676	22788	3888	17.06
6.城镇土地使用税	5904	10505	−4601	−43.80	①教育费附加	16001	13663	2338	17.11
7.城市维护建设税	26860	23529	3331	14.16	②地方教育附加	10675	9125	1550	16.99
8.印花税	4725	6081	−1356	−22.30	2.文化事业建设费	12	30	−18	−60.00

续表 34

项目	2016 年（万元）	2015 年（万元）	增减额（万元）	增长率（%）	项目	2016 年（万元）	2015 年（万元）	增减额（万元）	增长率（%）
3.社会保险基金	189465	178715	10750	6.02	⑥其他社保基金	5365	5115	250	4.89
①养老保险基金	113448	107527	5921	5.51	4.地方水利建设基金	6466	9279	−2813	−30.32
②失业保险基金	8452	8397	55	0.65	5.残疾人就业保障金	2044	2017	27	1.34
③医疗保险基金	53981	48687	5294	10.87	6.税务部门其他罚没收入	6	7	−1	−14.29
④工伤保险基金	5682	6651	−969	−14.57					
⑤生育保险基金	2537	2338	199	8.51					

2016 年缴纳地税 500 万元以上企业情况表

表 35

单位:万元

序号	企业名称	缴纳全额	序号	企业名称	缴纳全额
1	中核核电运行管理有限公司	19469	24	海盐得胜化工设备有限公司	1196
2	核电秦山联营有限公司	9816	25	海盐秦通矿业有限公司	1122
3	秦山核电有限公司	8070	26	海盐建昌房地产有限公司	1117
4	海盐县统一征地办公室	6067	27	海盐景尚置业有限公司	1066
5	秦山第三核电有限公司	5930	28	浙江海利普电子科技有限公司	1041
6	海盐磊鑫房地产开发有限公司	5044	29	海盐欣兴小额贷款有限公司	1038
7	海盐县秦山房地产开发有限责任公司	4530	30	浙江美林房地产开发有限公司	973
8	浙江欣兴工具有限公司	2901	31	宁波市杭州湾大桥发展有限公司	922
9	海盐碧桂园房地产开发有限公司	2894	32	海盐秦山南方水泥有限公司	885
10	海盐盛建置业有限公司	2583	33	海盐海欣房地产开发有限公司	869
11	吉安集团有限公司	2485	34	嘉兴市远方房地产有限公司	829
12	海盐恒大房产有限公司	2472	35	浙江协和首信钢业有限公司	781
13	海盐紫元康嘉房地产有限公司	2318	36	海盐县佳源房地产开发有限公司	779
14	浙江秦山建设股份有限公司	2219	37	国网浙江海盐县供电公司	767
15	浙江友邦集成吊顶股份有限公司	1987	38	浙江嘉化集团股份有限公司	758
16	浙江海盐农村商业银行股份有限公司	1871	39	海盐县巨匠房地产开发有限公司	757
17	浙江嘉兴中达建设有限公司	1796	40	中国核工业第二二建设有限公司二工程分公司	725
18	海盐县城市建设投资发展有限责任公司	1651	41	海盐南方水泥有限公司	593
19	中国人民财产保险股份有限公司海盐支公司	1629	42	嘉兴华鼎房地产开发有限公司	573
20	海盐保利地产有限公司	1629	43	浙江鸿翔建设集团有限公司海盐分公司	532
21	中国核电工程有限公司	1616	44	海盐庆盛置业有限公司	530
22	恒锋工具股份有限公司	1545	45	浙江鸿翔建设集团有限公司	526
23	恒锋控股有限公司	1370	46	中国核工业第二二建设有限公司	521

【税收特点】 2016 年，受营业税改征增值税税制改革等影响，县地税局组织税收收入 18.80 亿元，同比下降 6.6%，同口径增长 11.2%，税收收入月增幅呈前低后高态势。第一产业、第

二产业、第三产业税收入库分别为155万元、88622万元、99194万元,分别减收421万元、6281万元、6467万元,分别比上年同口径增长-60.5%、5.1%、17.7%,产业结构比重为0.08∶47.15∶52.77,第三产业占比比上年提高0.2个百分点。是年,非税收入同比增长5.6%,低于税收同口径增幅,总量超过税收收入3.67亿元。

【征收管理】 2016年,县地税局贯彻《全国税收征管规范1.0》,落实省地税局关于重点税源监控报表制度,持续扩大重点税源监控范围,抓好月度、季度、年度预测工作。落实《海盐县税收征管保障实施意见》,推进税收征管保障和协税护税体系建设。加强与县市场监管局、县国税局联系,建立三方联络员制度,推进"五证合一、一照一码"(营业执照、组织机构代码证、税务登记证、社会保险登记证和统计登记证,由五证合成为一张证即营业执照包含统一社会信用代码)登记制度改革。完成金税三期工程数据清理、功能优化、宣传培训、人海压力测试等工作,10月8日,金税三期地税征管系统平稳上线。落实《国家税务局地方税务局合作工作规范》,全年开展国地税合作事项46项。

【税务稽查】 2016年,县地税局发挥稽查职能,查处各类涉税案件93件,入库地方税(费)、滞纳金和罚款共1911.51万元。对绿化业、交通运输业、房地产建筑业、印刷业、劳务派遣行业,以及多年未查工商业企业开展税收专项检查。打击发票违法犯罪活动,查处违法企业9户,查获非法发票788份,查补税款、滞纳金和罚款共215.03万元。受理来信来访举报案件2件,查补地方税(费)、滞纳金和罚款共23.58万元。

【纳税服务】 2016年,县地税局落实各项税(费)优惠政策,支持和引导企业转型升级,调整产业结构,培育地方可持续税源。全年审核办理企业所得税等税收减免13202万元,惠及企业3907户次。贯彻落实地方水利建设基金和基本医疗保险等社保费减负新政策,减征9455万元,惠及企业26798户次。全年审核办理税收减免13908万元,惠及企业3645户次。开展以"改革·合作"为主题的便民办税"春风行动",推出9类28项便民措施。健全纳税人学堂等纳税服务平台,联合县国税局开展纳税人培训。深化应用浙江地税视觉识别系统与办税服务厅综合管理系统,完善导税服务、预约服务、延时服务等服务举措。联合金融机构开展"银税互动"金融服务活动,为51户纳税人提供资金5004万元。

【依法行政】 2016年,县地税局规范和提高行政执法水平和管理能力,推进法治财税建设。开展行政规范性文件清理,分别对县地税局以县政府名义制发的行政规范性文件和县地税局制发的行政规范性文件提出清理意见。落实税收执法督察工作机制,将执法督察分解为自查、重点督察、总结整改三个阶段。召开重大税务案件集体审议决策会议,全年审理重大税务案件4件,补缴税款、滞纳金和罚款共443.91万元。推进涉税信息公开,在"海盐县人民政府信息公开"主页上发布涉税公告28条,在海盐地税微信公众号上发布图文信息46期153条,在浙江政务服务网站公开行政处罚结果52件。

【税收宣传】 2016年,县地税局围绕"聚焦营改增试点、助力供给侧改革"开展税收宣传活动。联合开展"十市联动、百城齐响、千户走访、万人宣传"活动,走访县域重点企业,了解企业经营发展状况,进行涉税指导。开展"地税直通车开进特色小镇和社区"活动,先后到"秦山核电小镇""百步集成家居时尚小镇""澉浦影视小镇"特色小镇,以及南门社区等开展税收政策宣传。继续向全县规模以上企业及缴纳地方税(费)大户投递感谢信。联合县交投集团在公共自行车租赁站(点)广告灯箱上张贴税收公益广告。

(崔海文)

金　融

综　述

【概况】 2016年,全县有银行业金融机构14家,营业网点96个。年末,全县银行业金融机构本外币各项存款余额544.06亿元、本外币各项贷款余额547.50亿元;县内贷款新增19.50亿元。县货币信贷运行总体平稳,对中小企业信贷支持力度加大。

【存款】 2016年年末,全县银行业金融机构本外币各项存款余额544.06亿元,比年初增加72.69亿元。其中:个人本外币存款余额293.98亿元,比年初增加25.11亿元;非金融企业本外币存款余额163.44亿元,比年初增加38.32亿元;广义政府存款余额83.95亿元,比年初增加9.64亿元;非银行业金融机构存款余额2.35亿元,比年初减少0.37亿元;境外存款余额0.34亿元,比年初减少0.01亿元。存款呈现全面增长态势,尤其是活期存款增长明显,非金融企业存款大幅增加。

【贷款】 2016年年末,全县银行业金融机构本外币各项贷款余额547.50亿元,比年初增加24.38亿元。工业企业贷款余额219.48亿元,比年初增加14.66亿元。其中,小微企业贷款余额127.64亿元,比年初增加16.06亿元。是年,全县货币信贷投放银行业间结构分化,个人住房按揭贷款增长明显。

【结售汇】 2016年,全县结售汇呈现增长态势。结售汇总量18.94亿美元,其中结汇12.34亿美元、售汇6.60亿美元。结售汇顺差5.74亿美元。

【外汇存贷款与外债】 2016年年末,全县外汇存款余额1.49亿美元,比年初增加0.34亿美元;外汇贷款余额1.88亿美元,比年初减少2.92亿美元。是年,全县新借外债365万美元,外债还本付息流出1243.75万美元。外债规模保持平稳。至年末,外债余额1446.03万美元,同比下降29.6%。全县对外举债情况总体比较健康。

（全文超）

【融资保障县域经济】 2016年,全县金融业实现增加值21.44亿元,占第三产业的14.5%,占GDP的5.3%,全县社会总融资余额734.31亿元。召开政银企项目融资对接会,银企现场签约、意向融资总额70亿元,向市级银行推介项目融资金额217亿元。引导金融机构加大对县域重大项目资金支持。推进PPP合作模式,签约文化旅游类PPP项目(海盐滨海国际度假区PPP项目)。年末,全县本外币各项存贷款规模突破千亿元,其中本外币各项存款余额544.06亿元、本外币各项贷款余额547.50亿元。

【地方金融】 2016年,推动地方法人银行发展,县信用联社12月改制为海盐农村商业银行股份有限公司,海盐湖商村镇银行在通元镇开设第2家支行。推进小贷公司平稳发展,海宁宏达小额贷款股份有限公司完成与海盐汇通小额贷款有限公司兼并重组。做好小贷公司年度监管评级,落实并优化小贷公司扶持政策,开展风险防控检查。年末,全县4家小额贷款公司贷款余额4.39亿元,7家融资性担保公司在保责任余额8.37亿元,3家典当机构典当余额2152万元。

【助力对接资本市场】 2016年,县金融办建立完善企业股改、上市后备库,对60家后备企业实行动态管理。出台并完善企业股改、上市扶持政策。多形式多渠道引导企业股改、上市,

5月6日，浙江盛迪科技股份有限公司挂牌"新三板"

分片区召开座谈会，邀请30家证券中介服务机构与70家企业参加县内企业资本市场对接活动。全年新增省股交中心"成长板"挂牌企业1家、"新三板"挂牌企业2家、股份制企业15家。引导上市挂牌企业运用并购重组和直接融资等资本运作手段做大做强，提升企业综合实力。

【保险证券业】 2016年，全县22家保险机构实现保费收入9.00亿元，其中财产保险保费收入4.70亿元、人寿保险保费收入4.30亿元，保险赔付支出4.25亿元。全县有证券公司2家，证券账户数继续上升，证券交易额有所下降，年末，有证券账户数12.10万户，全年证券交易额1379.49亿元。

【金融改革创新】 2016年，继续开展小额贷款保证保险试点工作，累计办理贷款88笔1.34亿元。建行海盐支行、嘉兴银行海盐支行和县信用联社参与实施"小微企业三年成长计划"融资服务，推出"助保贷"等金融产品，方便小微企业融资。继续推进科技金融六大信贷产品，县信用联社对62家科技型企业信用贷款授信1.67亿元，年末，贷款余额1.06亿元。推进全国农村承包土地经营权抵押贷款试点，制订"农钻通"流转土地经营权抵押贷款地方标准，"三权"(农村承包土地经营权抵押贷款、农民住房财产权抵押贷款、农村集体经济股权质押贷款)金融产品参与银行逐步增多，累计发放"三权"金融产品贷款3.31亿元。缓解企业贷款资金周转难问题，至年末，小贷公司转贷产品累计转贷金额92.37亿元。

【优化金融环境】 2016年，县金融办针对各行业潜在非法集资风险隐患开展排查，成立县打击和处置非法集资工作领导小组，开展打击和处置非法集资专项整治行动，重点排查投资理财咨询类公司，全年查处非法集资案件3起。开展互联网金融风险专项排查整治。加大防范和打击非法集资宣传力度，通过悬挂提示牌、在电视台播放公益宣传片等，增强公众风险意识，自觉抵制非法集资。重视"两链"资金风险化解工作，通过召开座谈会、推进会，提高金融风险防范化解处置能力。加大对恶意逃废债的重视程度，组织相关部门到上虞学习考察逃废债处置经验。年末，全县银行资产不良率0.44%，全年处置不良贷款4.97亿元。

(刘　杨)

2016年银行业金融机构本外币存贷款情况表

表36

机　构	存款		贷款		机　构	存款		贷款	
	余额(亿元)	比上年增加(%)	余额(亿元)	比上年增加(%)		余额(亿元)	比上年增加(%)	余额(亿元)	比上年增加(%)
人行海盐支行	3.22	203.58			农行海盐支行	87.36	11.51	81.19	3.72
工行海盐支行	90.56	14.25	110.77	8.20	中行海盐支行	49.89	10.58	75.51	−6.05

续表 36

机构	存款		贷款		机构	存款		贷款	
	余额（亿元）	比上年增加（%）	余额（亿元）	比上年增加（%）		余额（亿元）	比上年增加（%）	余额（亿元）	比上年增加（%）
建行海盐支行	62.46	6.14	94.60	9.20	中信银行嘉兴海盐支行	18.16	9.20	14.71	－23.62
农发行海盐支行	10.04	55.32	23.93	0.51	县农村信用合作联社	133.92	9.99	87.66	6.54
浙商银行嘉兴海盐支行	18.22	47.38	13.12	27.54	民生银行嘉兴海盐支行	1.32	35.13	0.49	－41.66
邮储银行海盐支行	26.81	17.97	9.62	48.30	海盐湖商村镇银行	2.49	85.82	2.60	147.62
嘉兴银行海盐支行	20.84	36.18	16.16	27.61	浦发银行嘉兴海盐支行	3.96		2.34	
交通银行嘉兴海盐支行	13.99	30.35	14.80	－21.22	合计	544.06	15.42	547.50	4.66

说明：表中存款余额合计数包括部分行代理财政性存款 0.42 亿元和委托存款 0.4 亿元

（朱　青）

银　行　业

【概况】 2016 年，全县有银行业金融机构 14 家，营业网点 96 个。年末，全县银行业金融机构本外币各项存款余额 544.06 亿元，比年初增加 72.69 亿元。其中，人民币各项存款余额 533.68 亿元，比年初增加 69.84 亿元。本外币各项贷款余额 547.50 亿元，比年初增加 24.38 亿元。其中，人民币各项贷款余额 534.16 亿元，比年初增加 42.42 亿元。全县金融运行总体平稳。

【人行海盐支行】 2016 年，人行海盐支行落实国家宏观调控措施和稳健的货币政策，推进金融服务创新，维护区域金融稳定，深化内控监督管理，支持地方经济建设。

发挥货币政策传导功能。推广农村承包土地经营权抵押贷款，全年发放承包土地经营权抵押贷款 119 笔 1.07 亿元，贷款余额 1.08 亿元。在全省率先建立由政府出资 3000 万元的农村“三权”金融产品风险补偿基金——“三权基金”，初步形成“确权先行、权能均享、标准引领、风险分担”的“海盐模式”。推动“小微企业三年成长计划”行动，举办“推进金融指导员服务实体经济”主题活动，开展“我是金融指导能手”劳动竞赛，建立金融指导员服务扶持小微企业对接机制，召开银企对接会 6 次，为小微企业提供差异化金融服务。年末，小微企业贷款余额 127.64 亿元，比年初增加 16.06 亿元。相关做法被推荐参与全省扶持小微企业成长十大创新举措评选。联合出台《海盐县创业担保贷款管理实施细则》，协调政府出资 500 万元建立创业担保基金，全年发放创业贷款 23 笔 525 万元。

推进金融生态环境建设。加强风险预警管理，守住不发生区域性金融风险底线。年末，全县银行资产不良率为 0.44%，金融生态环境保持稳定。参与地方有

6 月 30 日，海盐县金融助推农村产权制度改革推进会暨“三权”基金启动仪式举行

关企业经营困难、关停、破产等的协调,维护县域经济稳定。加强利率监测和自律机制引导,强化财政资金招投标利率指导。参与排查非法投资咨询类机构专项行动,严厉打击非法集资等违法违规行为。强化金融重大事项及重要信息报告制度,开展打击治理通信网络违法犯罪、非法买卖银行卡信息等专项行动。指导县信用联社股份制改革,推动股改有序进行。全年查处涉外汇案件8起,查处违法金额2211.25万美元,罚没收入212.3万元,查处违法金额和罚没收入均列全市首位。开展"金融知识普及月"宣传、"征信知识进校园"征文、反假币宣传、国债知识宣传等活动。

提升金融基础服务能力。做好国库预算收支核算,全年办理各级预算收入167.67万笔132.91亿元、预算收入退库26.84亿元、预算支出132.15亿元,其中办理国库直接支付44.63亿元、授权支付0.88亿元。全年发行凭证式国债4174.3万元。做好城乡一体化票据清算,全年办理9700笔19.79亿元,平均票据抵用率81.5%。选择公安部门交通违法处罚为试点项目,创新开展非税收入电子化征缴,增加支付宝、微信、财富通等电子化支付方式,全年非税收入电子收缴21895笔1014.41万元。开展电子支付应用示范县创建,制定三年规划(2016—2018年),召开创建专题会、现场动员会、进度分析会,百步镇创建成为市级电子支付应用示范镇。加强银行卡助农服务点业务管理,海盐现代超市官堂加盟店获得嘉兴市"十佳合作共建示范点"称号,42个银行卡助农服务点与村级电商合作共建,全年实现网上代购代销业务1598笔11.20万元。对申报县级人民币业务标准化管理示范营业网点开展现场验收,全县被评为AA级网点23个,被评为A级网点36个。

是年,支行被中国人民银行总行评为"标杆职工之家",被人行嘉兴市中心支行评为工作业绩综合考核"A等行",被县委、县政府评为工作目标责任制考核优秀部门、获得金融机构综合考核特别贡献奖等。

(全文超)

【银监办事处】 2016年,县银监办督促引导辖内银行业金融机构根据嘉兴市银监分局提出的"抓转型,促转升"活动,完善监管激励政策,采取组织推动、宣传引导、考核评价等多项举措,为金融服务中小企业创造条件。提出银行业金融机构对中小企业贷款增速要高于各项贷款平均增速,增量高于上年的目标要求。引导银行业金融机构从履行社会责任和实施经营战略转型的高度加大对中小企业金融支持力度,全面提升服务实体经济能力。

以降本增效和精准分类为重点,支持实体经济。开展金融指导活动,及时解决企业资金困难。全年百名金融指导员走访企业428家次,解决问题84个,新增企业授信56亿元;责成辖内2家法人机构(县信用联社、海盐湖商村镇银行)创新企业贷款还款方式,受惠企业280家。配合县内大型项目实施,推动辖内银行业金融机构开展银团贷款工作,实现银团贷款4个21.1亿元。督促银行业金融机构加强与县科技局等职能部门联系,探索科技金融工作,支持企业产品转型升级,全年发放科技金融贷款6.83亿元,受惠企业109家。

以抓住风险源和协调各方为重点,防范化解风险。指导县信用联社和海盐湖商村镇银行按时上报机构和业务新准入计划,为科学持续支持县域经济发展奠定基础。会同县公安局对全县银行业金融机构营业网点金库和安防设施进行安全专项检查。继续有序引进商业银行到海盐设立分支机构,年内,浙江泰隆商业银行到海盐筹建分支机构。

在嘉兴市银监分局指导下,对县信用联社开展监管评级,督促按照上级要求对上年净利润触及预警指标制定措施,并制定当年分层预警指标,下发年度监管意见书,提出监管要求;进行审慎监管谈话,指出存在不足,监督落实整改;督促启动股改工作,在全省率先上报申请资料,并获得浙江省银监局筹建批复。县银监办要求海盐湖商村镇银行严格执行监管政策,控制信贷投向和风险,开展"重点业务回头看"和"两个加强、两个遏制"专项检查,促其合规经营。

把防范化解风险放在首位,维护金融稳定。针对县内3家较大企业形成的金融风险,责成各银行业金融机构密切关注宏观调控政策和县域经济战略,加强信贷管理,严格执行监管政策,深入企业开展调研,结合监管部门提出的专项活动,创新金融产品,提升金融服务水平,实现经济和金融良性发展。对其中1家涉及金融风险企业重组工作给予指导,召开

专题会议，以维护银行合法权益，并对企业给予信贷支持为原则，采取灵活付息和贷款保证等方式化解金融风险。（朱　青）

【工行海盐支行】 2016年年末，工行海盐支行有营业网点7个，职工148人；本外币各项存款余额90.56亿元，本外币各项贷款余额110.77亿元；中间业务收入1.13亿元，净利润2.21亿元；不良贷款余额19万元，不良率0.002%，低于全市工行系统和全县同业平均水平。是年，加大信贷投放力度，服务实体经济健康发展，本外币各项贷款余额在县内同业是唯一一家超百亿元银行。对接政府重大战略和重点领域改革，发放政府贷款14.16亿元。破解中小企业融资难、担保难、融资贵等难题，全年与16户中小企业新建信贷关系，发放融资近1亿元。满足消费结构升级和扩大消费需求，个人贷款较年初增加1.82亿元，其中发放个人住房按揭贷款4.26亿元。适应“互联网+”时代金融服务新要求，借助“融e购”“融e联”“融e行”产品，为客户提供购物、社交、结算等金融服务。协助县开发区易购农贸市场实施“智慧市场、智慧支付”便民支付工程，通过“工银聚”特色电子商务平台，帮助企业完成“线上”订单处理、贷款和货款结算，促进“线上线下”全方位发展。配合政府民心工程而投产的“工银聚”发放民工工资监管项目，协助遏制建筑领域群体性欠薪纠纷。提升网点服务效能，全年改造成智能化网点3家(含金融便利理财店1家)，智能化网点占57%。开展公众教育、特事特办、志愿者服务等活动，深化以客户为中心服务理念。是年，支行经营绩效考核在工行嘉兴分行各县(市)支行中列第2位，在工行浙江省分行14家县域重点支行考核中列第3位；被评为浙江省治安安全单位；被工行浙江省分行评为县域重点支行“三强”单位、信贷资产质量管理优秀支行、内控和案防工作先进支行；被工行嘉兴分行评为党建工作先进单位、先进职工之家；在海盐县金融机构综合考核中获得一等奖。（张震毅）

【农行海盐支行】 2016年年末，农行海盐支行有营业网点12个，职工213人；本外币各项存款余额87.36亿元，本外币各项贷款余额81.19亿元。是年，加大信贷投放，支持实体经济发展，全年发放贷款51.62亿元，月均贷款余额81.7亿元。服务政府融资平台，全年获批棚改项目3个，发放贷款10.2亿元，其他项目7个，发放贷款8.4亿元；落实农村小城镇综合整治贷款，授信30亿元。发挥国有大银行资金优势，贷款利率优惠定价，可比同行业最低，减轻客户经营成本。加大中小企业支持力度，全年新增小企业贷款13家，新增贷款2.8亿元，对16家中小企业发放“无本还贷”贷款1.2亿元，对6家小微企业下降贷款利率，对部分企业通过争取农行嘉兴分行政策支持，采用重新约期、收回再贷等一系列政策。创新服务“三农”，推出“农村土地承包经营权抵押贷款”“农房财产权抵押贷款”“惠农互联网贷款”等业务，年末，涉农个人贷款余额9.4亿元，同比增加3.5亿元。通过走村入户、整村推进，建档农户9317户，构建“惠农网贷”网络平台，授信农户600户，发放无抵押无担保“惠农快贷”240万元。推进“三权抵押”贷款，授信农户3户650万元。履行社会责任，农行4名干部继续挂职，分别参与沈荡镇、通元镇、澉浦镇、于城镇经济建设，分管金融，落实普惠金融服务措施。开展文明创建活动，组织送戏下乡和送电影下乡，有18位员工参与义务献血，全年募集善款21830元。是年，支行获得各类荣誉51项。（王　望）

【中行海盐支行】 2016年年末，中行海盐支行有营业网点7个，职工126人；本外币各项存款余额49.89亿元，本外币各项贷款余额75.51亿元。是年，发挥金融指导员作用，对涉及金融指导员服务的14家重点企业进行走访，为企业提供金融服务。调整和优化授信结构，支持地方经济发展。重视政府类项目贷款授信，通过联动中行省、市分行，采用绿色通道模式，加快审批流程，获批多个政府类项目，授信金额19亿元；重视中小企业授信结构调整，利用中行贸易融资业务优势，拓展供应链融资业务，解决中小企业授信客户融资难问题；重视个人贷款业务发展，年末，代办住房公积金贷款余额1.50亿元。利用金融创新平台，助推业务良性发展。针对客户风险偏好和实际业务需求，量身制定方案，推广运用创新产品，为企业降低融资成本；针对企业具体情况，为多家企业降低贷款利率，针对汇率波动加剧现象，及时为进出口企业提供汇率避险建议。主动把控授信风险，提高信贷资产质量。关注宏观环境、行业发展和授信客户变化，加强对企业产业链了解与掌握，加强预警排查，提高风险防范能力和主动有效化解风险能力；坚持“区别对待，有保有压”原则，防范和清退高危过剩行业贷款，主动压缩、清退限制类客户贷款；对于遇到暂时经营困难企业，继续给予合理审慎授信支持，帮助企业渡过难关。推行综合柜员制，促进服务效能提升。通过大堂分流，为客户提供全方位服务。（潘雪明）

【建行海盐支行】 2016年年末，建行海盐支行有营业网点8个，职工147人；本外币各项存款余额62.46亿元，本外币各项贷款余额94.60亿元；资产质量不良率0.01%，资产总额95.31亿元；全年实现中间业务收入3567万元（县内四大银行占比列第4位），其中个人中间业务收入2445万元（县内四大银行占比列第2位）；实现税前利润1.78亿元。是年，优化金融资源配置，支持县域政府规划、建设重点等投资方向，推进储备转化及落地投放。实现广电扩建、核电服务产业园、海盐山水六旗度假区配套基础设施建设、水务管网提升、新城建设棚改项目等5个政府项目贷款投放，以及中核集团方家山核电工程国际商业转贷款的投放，全年新发放固定资产贷款17.25亿元。融入海盐深化改革、创新驱动、绿色发展、民生建设等各项工作，南北湖国家AAAA级旅游景区整治提升、武原街道和县开发区土地综合整治等项目贷款投放进入审批阶段。县开发区、百步镇、沈荡镇小城镇环境整治项目贷款投放进入评估阶段。完成单笔跨境人民币境外放款业务，向总行级战略客户秦山核电有限公司发放22亿元国际商业转贷款的首笔款项13.5亿元，这是建行总行设计方案，国内四级行联动，借助海外分行服务大客户的成功范例。为新城建设棚改项目资本金“搭桥”，引入建行总行资产池理财资金2.7亿元，该笔业务为全省建行系统首笔，为项目主体拓宽融资渠道，是建行海盐支行首次运用投行产品。在嘉兴市建行系统发放首笔“房押贷”。创新运用国际业务产品，完成首笔跨境受托代付业务500万元。新增机关事业单位养老保险支出专户。开通财政非税电子化缴款业务支付宝付费渠道。建立小企业贷款中心，配备专业化服务团队，与各镇（街道）开展银企对接金融推介活动，全年召开座谈会12次，产品推介会7次，联系走访新办企业278户次，新增信贷企业77户，完成拓展小企业客户情况在全市建行系统中列第1位。中小企业信贷余额超18亿元。票据贴现完成4.1亿元，在全市建行系统中列第1位。开展“一个加强、两个遏制”专项行动“回头看”等活动，完善不良贷款压降工作机制，处置不良贷款9303万元，其中分别处置拖欠时间12年和拖欠金额118万元的2笔个人贷款。开设建行海盐经济开发区支行为小微企业特色支行，选派专业客户经理，增强对中小企业服务能力。建行海盐新桥路支行转型为轻型网点。是年，支行被评为2015—2016年度总行级平安创建先进单位、护航G20杭州峰会安保先进单位。（沈飞舟）

【农发行海盐支行】 2016年年末，农发行海盐支行有营业网点1个，职工16人；本外币各项存款余额10.04亿元，本外币各项贷款余额23.93亿元，实现利润5349.09万元。是年，做好传统信贷业务，推进棚户区改造、农村公路改造等抵押贷款（PSL）项目。“投贷结合”支持政府重点项目，投放贷款12.72亿元。其中：县域就地城镇化提升项目3.65亿元；海盐千亩荡应急备用水水源地保护工程项目0.3亿元；全县水环境整治及农村生活污水治理项目0.5亿元；粮油购销储类贷款1.27亿元，涉及各类粮油产品2.79万吨；武原街道城东区棚户改造项目3亿元；武原街道至海宁袁花公路工程（海盐段）项目4亿元。优化债务期限结构，全年债券置换9.19亿元，其中定向发行地方债务置换金额6.63亿元、公开发行地方债务置换金额2.56亿元。加强基础管理，有效防控风险，全年无不良贷款，无结算差错。在全省系统业务考核中列第3位，继续被省分行评为文明单位。（舒 议）

【邮储银行海盐支行】 2016年年末，邮储银行海盐支行有营业网点3个，职工55人，有储蓄代理网点 13 个,从业人员 70 人;本外币各项存款余额 26.81 亿元,本外币各项贷款余额 9.62 亿元。是年,支行以消费贷款带动业务发展,加强楼盘准入,全年发放一手房贷款 2.9 亿元。服务"三农",增加农村市场份额,举办小额贷款现场会,建设信用村,拓展小额信贷市场,全年发放农场贷款 1952 万元。小企业贷款发展良好,比上年同期净增 7050 万元,贷款发放和净增总量在全市系统中列第 1 位。创新产品,推出"小企业保证金贷款""税贷通"等产品。开展金融知识普及月、金融知识进万家、网络安全宣传周、《中华人民共和国反洗钱法》颁布实施十周年宣传等活动,发放宣传资料 6500 余份,发送宣传短信 3000 余条,走访企业 10 余次,到农村(社区)宣传 35 次。在海盐县金融机构综合考核中获得优胜奖。 (沈笑琴)

【嘉兴银行海盐支行】 2016 年年末,嘉兴银行海盐支行有营业网点 3 个,职工 57 人;本外币各项存款余额 20.84 亿元,其中个人存款余额 5.2 亿元,本外币各项贷款余额 16.16 亿元。经营绩效考核在全市系统中列第 1 位。支行围绕嘉兴银行总行工作要求,以市场为导向,以客户为中心,坚持"抓两头,带中间"工作思路,加大与政府合作力度,坚持小微化市场定位。强化业务营销拓展,重点支持小微企业和中小型科技企业。创新金融产品,服务实体经济,支持县域经济建设发展。完善内部管理,加大风险管控力度,加强平安金融网点建设。是年,支行被评为嘉兴市银行业金融机构现金服务示范网点、嘉兴市工人先锋号、海盐县金融机构基础服务考评二等奖、海盐县国库业务工作优胜单位。 (章宇黎)

【中信银行嘉兴海盐支行】 2016 年年末,中信银行嘉兴海盐支行有营业网点 1 个,自助银行 6 处,职工 34 人;本外币各项存款余额 18.16 亿元,本外币各项贷款余额 14.71 亿元;有零售客户 17975 户,企业客户 790 户。是年,成立帮助贫困学生专项助学基金,长年资助结对学生。参与资助抗战老兵、退伍军人"爱心献功臣"帮扶结对活动。举办首届中信杯"海盐梦·创业梦"摄影大赛、"菁英跑"健身活动、财经大讲堂等社会公益活动。构建综合金融服务平台,为客户提供专业化、个性化、综合化金融产品和服务,打造优质综合融资服务银行。是年,支行在海盐县金融机构综合考核中获得贡献奖。 (陆　芸)

【交通银行嘉兴海盐支行】 2016 年年末,交通银行嘉兴海盐支行有营业网点 1 个,自助银行 3 处,职工 28 人;本外币各项存款余额 13.99 亿元,其中个人储蓄存款余额 3.11 亿元、企业存款余额 10.88 亿元,本外币各项贷款余额 14.80 亿元。全年新投放信贷 11.6 亿元。配合地方政府做好政府债置换,金额 3.44 亿元。对存量中小企业增加贷款投入,全年新增用信 4400 万元。新增小微企业客户 11 户,投放贷款 6200 万元。为县开发区、元通街道招商引资项目提供信贷支持 5000 万元。加强风险控制,全年处置不良资产 3812 万元。举办金融知识普及月、金融知识进万家宣传月、征信知识宣传月、反洗钱宣传月、金融消费者权益保护宣传和"走进交行,感受温馨"等活动,传递金融信息,推广金融产品。开展结对帮扶、义务献血、卫生清扫、文明规劝、学雷锋等公益活动。落实"平安网点"各项建设措施,全年无案件发生。是年,支行获得海盐县金融系统基层工会联合会"健康伴我行"气排球比赛团体冠军,员工王泓斐、卫咏虹代表交通银行省分行参加交通银行总行举办的"家年华"体育文化艺术节——气排球比赛,获得总决赛第一名。 (卫咏虹)

【浙商银行嘉兴海盐支行】 2016 年年末,浙商银行嘉兴海盐支行有营业网点 1 个,职工 31 人;本外币各项存款余额 18.22 亿元,比年初增加 5.86 亿元,增幅 47.4%;本外币各项贷款余额 13.12 亿元,比年初增加 2.83 亿元,增幅 27.5%。其中,工业性贷款余额 9.9 亿元,比年初增加 3.31 亿元,增幅 50.3%。贷款指标增量和增幅在浙商银行杭州分行辖内及县内金融系统中名列前茅。严控业务风险,无不良贷款,授信风险总体可控。定期开展业务自查和检查,定期举行安全保卫、消防、防抢防诈骗等演练,提高员工风险防范意识。是年,支行被浙商银行杭州分行评为先进支行,在海盐县金融机构综合考核中获得二等奖。 (张　昊)

【民生银行嘉兴海盐小微企业专营支行】 2016 年年末,民生银行嘉兴海盐小微企业专营支行有营业网点1个，自助银行2处，职工18人；本外币各项存款余额1.32亿元，本外币各项贷款余额0.49亿元。是年，坚持“小微支行”和“两小金融”经营理念，明确市场定位和客户定位，扶持小微企业。全年走访小微企业300余户，提供适合企业发展的信贷产品，帮助缓解资金压力，授信及贷款惠及小微企业（个人）130余户。针对小微企业无抵押资产、担保难、融资难等问题，创新融资方式，根据企业日常结算情况为企业提供最高授信额度50万元的无抵押、无担保信用贷款。运用移动办公设备，工作人员上门为企业办理银行卡和贷款业务，通过快速审批机制，完成贷款审批和发放。对于固定群体推出“存贷合一卡”，帮助客户解决短期资金周转难题，全年提供消费贷款500余万元。在居民住宅小区营销是支行一大特色，全年在小区举办宣传活动40余场，发放宣传资料1000余份，并通过反假币宣传、征信宣传、金融消费者权益保护宣传等活动，普及金融知识。（郑明芝）

【县信用联社】 2016年年末，县信用联社下辖营业部1个，支行11个，分理处22个，营业网点34个，在岗职工446人；资产总额153.01亿元，入股股东2263户，注册资本4.02亿元；本外币各项存款余额133.92亿元，本外币各项贷款余额87.66亿元；五级不良贷款余额1.22亿元，不良率1.40%；各项业务收入7.35亿元，各项业务支出5.89亿元，实现账面利润1.46亿元。主要监管指标达到国际“好银行”标准。是年，县信用联社围绕拓宽客户基础、构建便捷渠道、创新特色服务、实现高效经营等核心能力建设，把全县所辖农信机构全面转型为社区银行。召开第四届社员代表大会第三次会议，审议通过利润分配办法，分配利润12656万元，其中向投资者按12.5%分配利润4873万元。

年末，涉农贷款余额86.83亿元，比年初增加5.46亿元。全年发放“农钻通”流转土地经营权抵押贷款78户5682万元；发放“农宅通”农村住宅抵押贷款65户1218万元；发放“新家园”农房改造集聚专项贷款403户5318.7万元；发放“党群创业扶助一体化”贷款72户424万元；支持村级集体经济组织4个，发放“强村惠农”专项贷款621万元；支持就业人员创业21户，发放贷款133万元；支持家庭农场（含农场主）122户，发放贷款7900万元；支持农业龙头企业31家，发放贷款24266万元；支持农民专业合作社14家，发放贷款3145.10万元；支持专业合作社社员215户，发放贷款1968万元；发放粮食生产贴息贷款60户2622万元；发放扶贫小额信用贷款4户22万元。推进农村信用体系建设，开展第八轮信用评定工作，获评信用镇（街道）2个、信用村（社区）77个、信用户5.90万户；对信用户集中授信54.18亿元，其中信用贷款授信5.37万户28.86亿元，发放农户小额信用贷款30万元（含）以下4389户4.49亿元。年末，小微企业贷款余额75.23亿元（按人行口径），比年初增加4.82亿元。加大“续贷通”产品投放，全年发放贷款468户8.27亿元。与县内担保公司合作，推出“续转贷”产品，让小微企业以较低利率实现周转贷款，全年发放贷款1898户32.56亿元。与科技局加强合作，增强科技金融服务能力。全年支持县内科技型企业85家，发放“科技金融”专项信用贷款和“专利权质押”贷款70笔1.28亿元，其中投放科技型企业科技创新专项贷款48笔8855万元、高新技术企业专项贷款9笔1700万元。参与“小微企业三年成长计划”，帮助企业缓解担保难问题，全年授信16240万元，发放专项贷款68户1.35亿元。做好金融市民卡上线发卡工作，全年发放金融市民卡11322张，激活1747张。推广高速公路ETC业务，全年ETC签约12030户。

是年，县信用联社启动股份制改革。7月9日，县政府成立县信用联社股份制改革工作领导小组，县长章剑任组长。7月15日，成立筹建工作小组，常务副县长王坚任组长。7月18日、20日，举行第四届社员代表大会第四次、第五次会议，审议通过股份制改革、筹建浙江海盐农村商业银行股份有限公司等决议。9月23日，浙江银监局批复同意筹建海盐农村商业银行股份有限公司。10月11日，省政府金融办复函同意股改总体方案。11月17日，中介公司出具验资报告，股份总额为401608062股。12月3日，浙江海盐农村商业银行股份有限公司召开创立大会暨第一次股东大会。12月14日，浙江银监局批复同意浙江海盐农村商业银行股份有限公司（简称海盐农商银行）开业，批准支行11家、分理处 22 家,同时开业。12 月 20 日,嘉兴银监分局颁发海盐农商银行金融许可证。12 月 25 日,嘉兴市市场监管局颁发海盐农商银行营业执照。

是年,县信用联社"农宅通"农村住宅抵押贷款产品获得浙江农信创新大赛铜奖;于城信用社被评为浙江省农信系统文明规范服务示范单位,澉浦信用社通过浙江省农信系统文明规范服务示范单位复检验收;县信用联社营业部被评为嘉兴市现金服务示范网点;县信用联社获得县级金融机构综合考核二等奖、县级银行机构金融基础业务考评一等奖。

(梁敏超)

【海盐湖商村镇银行】 2016 年年末,海盐湖商村镇银行股份有限公司有营业网点 3 个,职工 72 人;本外币各项存款余额 2.49 亿元,其中单位存款余额 1.40 亿元、个人存款余额 1.09 亿元,本外币各项贷款余额 2.60 亿元,贷款户数 682 户。是年,坚持"以客户为中心、以市场为导向、以效益为目标"经营理念和"立足海盐、服务三农、支持小微"市场定位,依法合规经营。通过创新服务方式和业务产品,为海盐新农村建设和小微企业发展提供优质、高效金融服务。根据人行海盐支行关于开展对农村承包土地经营权抵押贷款试点工作要求,推出流转土地经营权抵押贷款业务,为农村经营主体提供资金保障,全年发放流转土地经营权抵押贷款 4 户 515 万元。对接县有关部门,争取到创业担保贷款经办行资格,推出小额创业贷款业务,该贷款由县财政局根据具体情况予以全额或部分贴息,减轻自主创业者前期资金压力,全年发放创业担保贷款 4 户 110 万元。实施小额循环贷款和金融指导员服务重点企业等多项措施,加大对小微企业信贷支持力度。开展公议授信活动,增强金融普惠效益。以百步镇为试点,走访采集农户基本信息,建立图文档案,开展信用评级,全年公议授信 2400 户。举办金融知识宣传月、金融知识进万家、平安志愿者交通护航等金融宣传活动,普及金融知识。注重团队内部管理与培养,定期开展学习培训,提升员工业务素质。每月开展应急预案演练,提升员工应急实战能力,增强员工安全防范意识。 (张 辉)

保 险 业

【概况】 2016 年年末,全县有财产保险四级机构 12 家,比上年减少 1 家(都邦财险海盐营销服务部注销);在岗营销人员 988 人,比上年增加 226 人。全年实现保费收入 47001.21 万元,增速比上年同期下降 0.8%,增速进一步减缓;赔款支出 22695.33 万元,简单赔付率 48.3%,简单赔付率连续两年呈现大幅减少趋势。业务总量在嘉兴五县(市)区中列第 4 位,保费收入增速低于全市平均增速 2.6%。

年末,全县有人寿保险四级机构 10 家,与上年持平;在岗营销人员 1152 人,比上年增加 430 人。全年实现保费收入 43038.25 万元,同比增长 9.9%;赔款支出 1025.41 万元,同比下降 17.3%。业务总量在嘉兴五县(市)区中列第 5 位,保费收入增速连续两年正增长,但与全市平均增速差距较大。

2016 年财产保险机构业务情况表

表 37

单　　位	保费收入（万元）	市场份额（%）	赔款支出（万元）	单　　位	保费收入（万元）	市场份额（%）	赔款支出（万元）
人保财险海盐支公司	24072.74	51.22	11650.99	永安财险海盐支公司	1531.88	3.26	916.67
太保财险海盐支公司	5664.11	12.05	2665.23	安邦财险海盐营销服务部	798.53	1.70	359.72
平安财险海盐支公司	4764.78	10.14	1840.50	阳光保险海盐支公司	1895.37	4.03	773.52
天安财险海盐支公司	896.96	1.91	447.20	国寿财险海盐支公司	2801.87	5.96	1715.46
中华联合财险海盐支公司	1162.58	2.47	732.52	安诚财险海盐支公司	880.94	1.87	192.48
华安财险海盐营销服务部	811.59	1.73	591.54	合　　计	47001.21	100.00	22695.33
大地财险海盐支公司	1719.86	3.66	809.50				

2016年人寿保险机构业务情况表

表38

单　　位	保费收入（万元）	市场份额（%）	赔款支出（万元）	单　　位	保费收入（万元）	市场份额（%）	赔款支出（万元）
中国人寿海盐支公司	28742.74	66.78	893.06	农银人寿海盐营销服务部	0.00	0.00	0.00
太保寿险海盐支公司	8505.68	19.76	129.48	人保人寿海盐支公司	1642.97	3.82	1.21
平安人寿海盐营销服务部	3261.36	7.58	0.00	信泰人寿海盐支公司	142.02	0.33	0.00
新华人寿海盐营销服务部	680.74	1.58	1.66	华泰人寿海盐营销服务部	62.74	0.15	0.00
泰康人寿海盐营销服务部	0.00	0.00	0.00	合　　计	43038.25	100.00	1025.41
富德生命人寿海盐营销服务部	0.00	0.00	0.00				

（李　月）

【人保财险海盐支公司】 2016年，人保财险海盐支公司实现签单保费24072.74万元，实收保费23810.27万元；全年已决赔款18865件，赔款支出11650.99万元；实现考核利润2307万元。

把车险作为全年业务发展重点，推进“四位一体”工作法和续保辅助管理平台等工具的应用，加强过程管理。出台次新车续保、转保车营销业务考核办法，激励工作热情。设置保费增长率、简单续保率等考核指标和设立增速奖、转保奖、组织奖等奖项，开展竞赛活动。推进电网销，提高电网销业务占比。深化与4S店、二级经销商合作，搭建邮政合作平台，加强与修理厂合作，拓宽销售渠道。突出重点业务维护，巩固与大车队、公交公司和秦山核电车友会合作。深入机关、企业、农村、社区，发展分散性保险业务。全年实现车险保费收入16321.35万元。

围绕服务民生和社会关注的热点，发展商业非车险业务。加强与政府合作，全面启动生产安全责任保险试点工作；续签老年人意外伤害保险；实施村镇公路养护责任保险；全县校园食堂食品安全责任保险实现全覆盖；农业普查人员、南北湖马拉松赛人员等意外伤害保险项目再次签约。加强与银行合作，探索互惠互利合作途径，与交行海盐支行开展高端航延险（航空延误损失综合险）业务合作。参与全市“千万赢家”意外伤害保险手机销售竞赛活动，推广“悦享人生”“无忧卡”等保险产品。全年实现商业非车险保费6415.49万元。获得市级商业非车险重点项目最佳创新奖。

制定农险发展计划，落实大棚、葡萄、湖羊等10种农险产品续保工作。加强与县农险办协调沟通，解决全县水稻扩面承保问题。根据农业设施保障需求，发展农机具保险。扩大农村保险指导员队伍，配套保障政策，壮大保险力量。执行《全县农村保险业务考核办法》，下发农村保险工作经费，激励协保员工作积极性。实施农村保险培训“春泥计划”，扩大公司品牌在全县农村影响。全年实现农险保费收入1335.89万元。在全市农险项目考核中获得发展奖。

出台《业务承保违规操作责任追究暂行办法》，对代客户签字等7类违规行为加强问责，明确处罚标准。实施风险评估与现场验险制度，执行未经验险或无风控报告不得出单规定，强化承保质量管理。深化理赔提质增效管控举措，重点把握人伤降赔。探索与法院协同调查防骗赔新模式，试行自助定残，提升理赔专业能力。组织全员学习财产险风控知识，推行承保企业和农险防灾防损安全检查常态化。推进理赔服务标准化建设，注重5000元以下案件快速处理客户体验和出险报案后五分钟联系客户满意度。关注现场查勘和合作修理厂送修直赔服务。继续推行微信在线理赔，加强与交警联动，提高查勘定损效率。及时处理3家企业重大火灾事故，完成小麦赤霉病和“鲇鱼”“莫兰蒂”台风灾害理赔。筹划“车联网、云服务”活动，构建客户服务新模式。探索“保险＋服务”模式，安排第三方服务机构参与生产安全责任保险试点。为投保出口信用险客户举办对外贸易风险管理讲座，上门为核电车险客户、车商讲解“商车费改”和保险理赔专业知识，参与核风险检验，助力核电企业提升风控水平。推进客户俱乐部建设，开展感恩客户自驾游活动和端午酬宾活动，改善特约洗车点服务设施，加强服务管理，落实保证金制度。是年，获得全市系统金牌服务标兵单位综合奖，承保服务窗口获得全县巾帼文明岗称号。

开展教育培训，全年举办各类学习培训班19期，参加员工1076人次。参加中国人民保险集团股份有限公司举办的征文活动，《对新形势下开展职工群众工作的一些建议》被中国人保集团公司期刊刊发。组织参加全县道德讲堂活动，加强对员工道德情操和职业操守培养。开展义务植树、慰问失独家庭和福利院老人、无偿献血、慈善捐款等活动，参与创建省级示范文明县、交通行为文明规劝等活动。

(胡剑雄)

【人寿保险海盐支公司】 2016年，人寿保险海盐支公司有营销服务部5个，职工40人，在岗营销员695人。全年实现保费总收入2.87亿元，其中长期险首年标准保费收入2589万元、短期险保费收入2499万元。新单保费收入14590万元，其中新单期交保费收入6473万元(含十年期及以上期交保费收入3261万元)。全年赔款支出893.06万元。是年，支公司围绕强化对标、夯实队伍、创新驱动、合规经营方针，在关键指标增长、市场对标和绩效排名方面都有突破，三大业务(个险、银保、团险)取得均衡发展。做好管理人员的充实和销售人员的新增，增强管理能力和业务员拓展实力。开展防范和打击非法集资宣传教育活动，以及非保险金融产品销售清查工作。加强风险管控，开展反洗钱工作，严格按反洗钱规定对客户身份进行识别，对可疑交易进行分析。是年，人寿保险海盐支公司客户服务中心在全市柜面服务技能竞赛中获得团体一等奖。

(王　华)

证　券　业

【中信证券海盐营业部】 2016年，中信证券海盐河滨西路证券营业部有员工31人，均有证券从业资格证。是年，营业部重新装修，营业面积3000多平方米，大厅内安置自助委托机30台，并设有业务办理处，客户室设贵宾室12间、大户室3间、中户室1间。使用的电脑主机采用目前国际尖端服务器和千兆网络交换设备，买卖委托采用一流高速单向卫星自动报盘，交易快速安全。营业部经营沪深两市A股、B股、基金、权证、三板、开放式基金、融资融券、沪港通、深港通等业务，以及一些金融理财服务产品，为投资者提供电话、自助、网上、手机等多种委托方式，并与建行、农行、工行、中行、农村信用联社等开通第三方存管和银行转账业务。营业部以公司投资顾问部对大势的判断为基础，分析股票池和研究报告，每日早盘发送短消息。客户经理一对一服务，根据投资者不同风险偏好，提供不同投资方案和最佳增值建议。每周四晚上举办股民学校，内容涵盖宏观经济、新业务介绍、板块介绍、操作理论讲解、投资者风险教育等，力争实现客户账户稳健增值。至年末，营业部A股开户数48372户，股票市值和股东账户可用资金30.46亿元。全年成交量1074.01亿元。

(汪　晟)

【财通证券公司海盐营业部】 2016年，财通证券股份有限公司海盐秦山路证券营业部有员工29人，其中后台管理服务人员10人、理财经理13人、经纪人6人；设有开户、IB、交易、视教、机房及办公六大区域，其中有大户室9间、中户室1间、散户大厅1间，能同时容纳200人进行现场交易。营业部经营沪深两市A股、B股、权证、基金、三板、IB期货、融资融券、期权等业务，提供电话、自助、网上、手机等多种证券交易委托方式，与中行、农行、工行、建行、中信银行、交通银行、邮储银行、农村信用联社等银行保持长期合作关系。为方便广大投资者，推出手机和网上开户、改密、身份证有效期变更等业务。营业部秉承规范经营、稳健发展、务实创新、追求卓越经营理念，配有专职客户顾问，定期举办投资者教育培训班，提高投资者防风险控制能力。至年末，营业部开立证券A股账户2.66万余户、B股账户120余户、基金账户2万余户，全年交易量305.48亿元，销售理财产品10亿元，客户权益资金25亿元。

(王学峰)

经济管理监督与服务

综合管理

【年度计划编制】 2016年3月，县发改局起草的《关于海盐县2015年国民经济和社会发展计划执行情况、2016年国民经济和社会发展计划草案的报告》，经县第十四届人民代表大会第五次会议批准实施。是年，全县以“创新、协调、绿色、开放、共享”五大理念为引领，开展特色平台年、招商引智年、生态环境年、作风效能年活动，落实保稳求进各项举措，保持国民经济和社会发展平稳较好发展局面。县十四届人大五次会议确定的主要预期目标，除县内投资、进出口和城乡居民收入外，均完成年度目标。

是年，全县实现地区生产总值414.90亿元，同比增长8.2%(剔除核电工业，生产总值302.32亿元，同比增长6.9%)；全社会固定资产投资(县内)271.82亿元，同比增长11.1%；一般公共预算收入35.18亿元，同比增长9%；社会消费品零售总额124.37亿元，同比增长10.8%；进出口总额19.22亿美元，同比下降3.0%；实际利用外资1.65亿美元，同比增长7.5%；城镇居民人均可支配收入50216元，同比增长7%；农村居民人均可支配收入29606元，同比增长8.2%；城镇新增就业岗位12780个，城镇登记失业率2.9%；人口自然增长率3.83‰。

【综合规划管理】 3月，县发改局组织编制的《海盐县国民经济和社会发展第十三个五年规划纲要》，经县第十四届人民代表大会第五次会议审议通过，5月，由县政府正式发布实施。推进专项规划编制的规范化、制度化管理，增强“十三五”专项规划的科学性、可操作性，县发改局根据《海盐县“十三五”规划编制体系目录》，组织职能部门和相关专家，完成对《海盐县“十三五”工业发展规划》《海盐县“十三五”现代农业发展规划》《海盐县“十三五”科技创新发展规划》《海盐县“十三五”社会养老服务发展及养老服务设施建设规划》等15项专项规划的评审。

【政府投资项目管理】 2016年，县发改局进一步创新项目推进机制，继续开展重大项目模拟统计和评价预警，完善县领导联系重点项目、投资排名、项目推进会和联络员会议等制度。出台《海盐县加快政府投资项目审批工作的意见》《海盐县政府投资项目变更管理办法补充规定》《海盐县政府投资项目竣工验收实施意见》《关于加强重大政府投资项目科学决策的办法(试行)》等文件，提高政府投资效益。推进建设项目审批机制，优化审批流程，推行项目模拟审批和全程代理服务机制，通过代办审批服务、简化审批程序，缩短审批时间。加大资金争取力度，全年获得6个批次中央或省专项资金8458万元，获得棚户区改造及农村生活污水治理国家专项建设基金2.3亿元。

【基础设施建设】 2016年，通过加强组织领导、优化项目服务、破解用地保障和项目资金筹措，全县重大政府投资项目进展顺利。是年，全县列入重大政府投资项目计划57个，总投资104.5亿元，年度计划投资20亿元，实际完成投资20.6亿元。其中：续建项目35个，年度计划投资11.2亿元，实际完成投资13.4亿元；新建项目22个，年度计划投资8.8亿元，实际完成投资7.2亿元。东段围涂(二期)区域土方整理项目、城东路(盐平塘东路—海兴路)、海丰东路(新桥路—滨海大道)、楞港路(秦联路—河南路)、元济高级中学扩建工程、官堂小学迁建工程等全面完成。长安景苑安置房小区、县工人文化宫等建造基本完成。杭平申线(浙江段)航道海盐段改造工程、武原街道至海宁袁花公路工程、城乡供水管网改造提升工程、海盐科技检测大厦工程、武原街道社区卫生服务中心新建工程等加快推进。百尺大桥、河滨圩区项目(城南区块排涝工程)、盐平塘东路(庆丰路—山水大道)工程、海兴路(滨海大道—创业路)工程等开工建设。

(张振华)

体制改革

【县域经济体制综合改革】 2016年,县政府出台《关于深化"退低进高"加快工业转型升级工作的实施意见》,全面实施"亩产效益"综合评价,建立排序机制。对全县纳入评价的1256家企业,根据评价指标进行排序,分为A、B、C三类。对C类企业实施差别化电价、水价、用能政策,促使企业自觉淘汰落后产能。推进"腾笼换鸟"工作,全年通过闲置低效土地回收、关停淘汰、兼并重组、技术改造等途径"退低"企业36家,腾退面积75.64公顷。6月,资源要素交易综合平台正式运行,满足用能指标、排污权、土地等要素一、二级市场交易需求,并将要素交易的流程、规则向社会公开。全面推进行政审批制度改革,全县各相关部门完成审批项目"六统一"(统一审批内容、申报材料、审批条件、审批流程、审批时间、审批收费)标准工作。完善企业投资项目并联高效审批机制。印发《海盐县工程建设领域集中受理实施办法》。开展"一窗服务、联审联办"工作,实现审批服务一体化、审批办理网络化、审批材料电子化。推进中介服务市场化改革,做好中介机构监管工作。

【特色小镇创建和市级小城市试点培育】 2016年,推进特色小镇梯度培育和创建,构建省、市、县三级特色小镇建设体系。"海盐核电小镇"列入浙江省第一批特色小镇创建名单,"海盐集成家居时尚小镇"列入浙江省特色小镇培育名单,"海盐集成家居时尚小镇""海盐影视小镇"列入市级特色小镇创建名单。"海盐山水六旗小镇"申报第三批省级特色小镇,"海盐美食健康小镇"申报第二批市级特色小镇。加快推进小城市培育发展,百步镇入围嘉兴市第二轮市级小城市培育试点镇。

【基本公共服务均等化改革试点】 2016年,海盐县编制《海盐县基本公共服务均等化改革试点2016年度工作计划》和14个部门年度工作计划,推进人力社保基层平台规范服务建设等8项重点改革任务、海盐县社会福利中心项目等8项发展提升类工作任务,对35项重点建设项目和70项指标体系设定相应的年度工作目标,分年度根据完成情况进行量化。开展基本公共服务均等化改革试点亮点工作评议和征文活动,加强实践探索与理论探讨。

【公务用车制度改革】 2016年,海盐县全面启动公务用车制度改革,成立改革领导小组及办公室。开展海盐县公务用车制度改革重大决策社会稳定风险评估。制定出台《海盐县公务用车制度改革方案》和相关配套政策。9月14日,召开全县公务用车制度改革动员大会。至9月19日,所有取消的公务用车停驶封存。转发《中共嘉兴市委办公室嘉兴市人民政府办公室关于进一步严明公务用车使用管理纪律的通知》作为公务用车使用管理纪律政策依据。封存上缴车辆按车辆情况分别进行公开拍卖、报废等处置。

【政策性涉农保险】 2016年,完成政策性农房保险续保工作,全县参保农户59924户,参保率100%,保费收入59.92万元,其中省、县财政补助共41.95万元。完成政策性农业保险工作,保费收入2033.91万元,其中中央、省、县财政补助共1820.32万元。印发《关于做好2016年政策性农业保险工作的通知》,调整政策性农业保险政策。提高水稻、大麦、小麦、大棚、大棚蔬菜、露地蔬菜、葡萄、露地西瓜、大棚西瓜、肉鸡、林木等险种保障水平,扩大水稻、大麦、小麦、油菜、生猪等险种保险责任范围,降低水稻、大麦、小麦、油菜等主要粮食作物险种保险费率,加大大棚、大棚蔬菜、葡萄等种植业保险财政补贴力度。继续开展家庭农场保险、政策性湖羊保险等地方特色险种。

【中欧城镇化伙伴关系合作】 2016年,海盐县深化中欧城镇化伙伴关系合作工作,成为全国首批(共4对)中欧城镇化伙伴关系示范区之一。扩展和深化与丹麦、德国、法国、瑞典等欧洲国家合作，打造北欧(丹麦)工业园区、欧洲(德国)工业园区、中法核电关联产业园等三大特色工业产业园。丹佛斯科技乐园正在规划建设中，北欧(丹麦)工业园落户丹弗斯集团旗下企业6家。与丹麦、德国等欧洲多个国家在科普教育、经贸文化等领域开展合作。在中欧城镇化伙伴关系论坛——务实合作项目签约仪式上，与合作方分别签订中丹海盐丹佛斯科技乐园项目、中瑞环保低碳技术展及研究中心项目。10月13日，中欧城镇化伙伴关系示范区建设交流会在海盐举行，国家发改委与欧盟驻华代表团共同宣布首批包括海盐在内的4对中欧城镇化伙伴关系示范区，并举行授牌仪式。借助中欧城镇化伙伴关系平台，海盐入选“全球100韧性城市”项目名单。

（王培军）

物价管理

【价格管理】 2016年，县发改局根据《浙江省物价局关于降低企业用气价格的通知》，4月20日起，下调非居民用管输天然气供应价格，销售价格上限调整为3.37元/立方米，下浮幅度不限。煤改气用户天然气价格上限调整为2.79元/立方米。完善保障和改善民生的价费政策，县委常委会议讨论通过，调整县老年公寓床位费和护理费标准：床位费每床提高80元/月，护理费每人提高70—150元/月；具体标准为标准间每床480元/月；护理费分别为三级护理每人250元/月、二级护理每人350元/月、一级护理每人550元/月、特级护理每人800—1600元/月，在上述收费标准基础上，可在上下10%幅度内自主确定具体收费标准。根据《嘉兴市建委等六部门关于进一步规范商品房销售管理的通知》，落实商品房销售价格备案制度。对海盐县广丰学校学费、住宿费进行成本监审，综合各方面因素，驳回海盐县广丰学校要求调整学费、住宿费申请。是年，居民消费价格指数为101.8%。

2016年居民生活用管输天然气阶梯价格表

表39　　单位：元/立方米

气　　量	价　　格
一、分档气量	
1.第一级(每户每年300立方米及以下的用气量)	3.15
2.第二级(每户每年300至480立方米的用气量)	3.78(按第一档气价1.2倍)
3.第三级(每户每年480立方米以上的用气量)	4.725(按第一档气价1.5倍)
二、学校、社会福利场所、宗教场所、城乡社区居委会、公益性服务场所等执行居民气价的非居民用户	3.465(按第一档气价1.1倍)

2016年主要农副产品和农业生产资料零售价格表

表40

品　　名	规格或产地	单　　位	价格(2016年12月)
晚粳米	地产	元/500克	2.46
菜油	四级散装	元/500克	5.60
鲜猪肉	精瘦肉	元/500克	15.45
鸡	白条鸡、开膛、上等	元/500克	13.00
鸡蛋	新鲜完整	元/500克	5.00
石油液化气	14.5公斤+0.5公斤(不含送气费)	元/罐	82.50
碳酸氢铵	含氮17%以上，水分≤3.5%，国产	元/500克	0.43

续表 40

品　　名	规格或产地	单　　位	价格(2016 年 12 月)
尿素	含氮 46%,国产	元/500 克	0.90
过磷酸钙	含氮 12%,国产	元/500 克	0.25
三元复合肥	含 P、N、K 各 15%,国产	元/500 克	1.45
高压聚乙烯棚膜	折径 1 米厚 0.1mm±0.02	元/500 克	7.25
杀灭菊酯		元/500 克	20.00

2016 年居民(非居民)用电、用水等收费标准

表 41

项　目	收费项目	收费标准
居民用电	居民生活用电	第一档:年用电≤2760 千瓦时:0.538 元/千瓦时
		第二档:年用电 2761－4800 千瓦时:0.588 元/千瓦时
		第三档:年用电≥4801 千瓦时:0.838 元/千瓦时
		合表居民用户电价:0.558 元/千瓦时
农业用电	农业排灌、脱粒用电	0.477 元/千瓦时
	农业生产用电	0.728 元/千瓦时
数字有线电视	有线数字电视入网费	300 元/户
	基本收视维护费	每月 14 元/户

项　目	收费项目	收费标准
城乡居民生活用水	供水价格	1.80 元/吨
	污水处理费	0.90 元/吨
出租车	起步价(2 公里)	7.00 元/次
	超 2 公里里程价	2.20 元/公里
	空驶费	超 4 公里部分加 50%
	等候费(免费等候 5 分钟)	1.00 元/2.5 分钟
	燃油附加费	1.00 元/次
	夜间补贴	21:00－5:00 补贴 20%

说明:第一档电量峰、谷电价仍按每千瓦时 0.568 元、0.288 元执行,第二、三档电量峰、谷电价在第一档电价基础上均同步加价 0.05 元、0.3 元。农业用电价格:依申请分时电价

【收费管理】 2016 年,县发改局加强教育收费行为监管,继续实行教育收费公示,规范公办中小学服务性收费和代收费管理。贯彻落实价费减负政策,清理收费项目,要求各收费单位在收费窗口公示有关收费项目、标准、依据等。

【价格检查】 2016 年,县发改局查处价格违法案件 2 件。对医疗机构收费、药品价格、涉农涉企收费,以及对餐饮、房地产等行业开展专项检查,其中检查医保定点零售药店 115 家次。执行省物价局关于节日期间对市场商品价格及收费进行监督检查的制度,在元旦、春节、五一等节日,组织行政执法人员对大型商场、超市、农贸市场、汽车站、景区等进行检查。

【价格服务】 2016 年,县发改局开展“3·15”消费者权益保护日宣传、《中华人民共和国价格法》宣传等活动。加强社区价格监督网络建设,提倡价格诚信,引导企业按规经营。全年“12358”受理价格举报投诉 33 件,主要涉及网络购物、药品价格、宾馆住宿价格、物业管理服务收费、停车收费、燃气管道维修收费、明码标价等事项,办结率、群众满意率均 100%。电话受理咨询 164 件,主要集中在管输石油液化气置换天然气价格、商品价格方面。价格认证中心全年承办涉案财物价格鉴定 176 件。其中:出具价格鉴定结论书 148 件,标的总额 166.81 万元;审核并出具有关违法主体建筑用石料(凝灰岩)价格认证

意见书2份，标的金额80.27万元。加强对“米袋子”“菜篮子”等群众关心的热点商品进行价格监测，完善价格监测预警报告制度。继续以海盐大润发超市、海盐农工商超市、武原农贸市场、县农资公司、县煤气公司、部分生猪养殖企业等10家单位作为重点监测对象，每月月初和月末，对30多种重要商品和10种重要农业生产资料，以及生猪、禽蛋出场价格等进行监测、记录与分析。

（顾　虹）

服务业管理

【概况】 2016年，海盐县制定服务业工作要点，并将目标任务细化分解到县级有关单位（部门）。依照《海盐县“十三五”规划编制体系目录》要求，组织开展服务业“十三五”发展规划编制。实施服务业优先发展战略和服务业倍增计划。全年新增服务业单位4646家，其中服务业规模以上企业12家。全年兑现服务业扶持资金1009.29万元。全县22个重大服务业民间投资项目完成投资17.8亿元。全年实现服务业增加值148.06亿元，可比增长8.8%，增加值占GDP比重36.3%。

【招商引资】 2016年，县发改局参与到杭州、上海等地开展服务业招商，举办“海盐·上海物流项目对接会”，接待企业100余家次，引进海盐久邦实业有限公司、海盐顺锦达物流有限公司等30余家（项）物流企业（项目）。全年实到注册资本11.3亿元，实到县外内资12.7亿元；合同利用外资1.1亿美元，实际利用外资3725.8万美元。引进浙江博衍影视文化有限公司等影视相关企业15家，实现影视制作销售额6.89亿元。全年出让服务业经营性用地103.62公顷。

【楼宇经济】 2016年，海盐县多举措推进楼宇经济发展，全县纳入嘉兴市楼宇经济考核的17幢楼宇（成熟楼宇）入驻面积17.46万平方米，入驻企业392家，入驻率89.1%（列全市第一），注册企业389家，注册率97.8%（列全市第三），全年实现税收1.1亿元；新增的3幢楼宇入驻面积3.0万平方米，入驻企业59家，注册率100%，实现税收825.9万元。全年申报创建特色楼宇2幢，其中：海盐网商大厦被列入嘉兴市第一批特色楼宇创建名单，海盐“东门坊·婚博汇”被列入嘉兴市第二批特色楼宇创建名单。海盐富民创业实训基地被认定为2015年度嘉兴市第二批重点楼宇。全年实现税收超千万元楼宇4幢，较上年增加3幢。

【“退二进三”工作】 2016年，全县服务业“退二进三”（在产业结构调整中，缩小第二产业，发展第三产业）工作共腾退土地8宗，面积19.15公顷。其中县城区域5宗、县开发区1宗、澉浦镇2宗，涉及海盐红心器具有限公司、海盐星湖贸易有限公司、嘉兴六和日化辅料有限公司、海盐华晨化纤有限公司、海盐海达饲料有限公司、嘉兴天源药业有限公司、海盐县森泰钢管有限公司、海盐山海湖建材有限公司等8家企业。全县“退二进三”新增商业房产及生活性服务业项目5个：新萌海丰大厦建设项目、海盐和和商贸有限公司、石泉百姓超市、欧艺茄大食堂、海盐斯翼汽车维修有限公司。其中，新萌海丰大厦建设项目作为海盐县私营小区“退二进三”试点，至年末，原建筑物已全部拆除，完成土地平整，并取得“建设工程规划许可证”。

（魏明珠）

统计管理

【概况】 2016年，县统计局围绕县委、县政府中心工作，加强统计基础建设，提升统计队伍素质，提高统计数据质量，优化统计咨询服务，有序完成各项统计任务。是年，县统计局获得全市统计系统综合考评一等奖，统计“双强”（加强统计基层基础，增强统计工作能力）行动、第三次全国农业普查工作分别获得全市统计系统第二、第三名，五项统计专业业务工作列全市统计系统前三名；被国家统计局嘉兴调查队评为先进单位，四项单项业务工作列国家统计局嘉兴调查队条线前三名；第五年被评为县级机关部门（单位）工作目标责任制考核优秀部门。

【第三次全国农业普查】 2016年，县统计局根据嘉兴市统计局统一部署，做好第三次全国农业普查工作。该项工作被列入年初县政府工作报告，并以县政府1号文件形式明确普查目的、内

10 月 24 日,第三次全国农业普查清查摸底培训班举办

容、职责分工等工作要求。组建各级领导小组,成立普查办公室,落实经费保障。开展"三毛话农普""送戏下乡"等宣传活动,提升普查知晓率,提高普查对象配合度。县农业普查办公室选聘镇(街道)和村(社区)两级调查人员,加强培训,开展县级综合试点,实时跟进调查进度,及时解决问题。在全县进行清查摸底和入户登记,加强普查数据审核与评估,确保数据质量真实可信。

【统计"双强"行动】 2016 年,县统计局开展强基础、强能力的"双强"行动。实施"领头雁"工程,全面提升各统计中心业务主任综合能力。建立镇(街道)统计中心星级评价动态管理机制。创新开展统计工作规范化示范点建设,制定工作手册,按照"一镇一村、一业一企"要求,择优确定先进单位,召开现场会,向全县推广先进工作经验。定期召开统计"双强"工作交流研讨会。创新开展镇(街道)组团互助行动,以 2 个省级统计工作示范点和 1 个四星级统计中心为牵头单位,建立互动机制,提升统计管理水平和工作能力。争取县领导支持,将经济转型与统计支撑培训纳入县委主体培训班。举办统计大讲堂、岗位知识培训班、规模以上企业新任统计人员专题培训班、统计专业人员定期培训班。继续开展"传帮带"工程,通过一对一结对,培养各镇(街道)统计业务骨干,全年帮助人员 107 人次。

【统计服务】 2016 年,县统计局继续加强预警监测,优化统计咨询服务。围绕战略性新兴产业、高新技术产业、重点服务业、文化产业、海洋经济等重点产业发展,建立健全统计监测制度,做好统计监测评价服务。以小调研形式作书面分析报告供各级领导参阅,为科学决策提供预警服务。全年形成小调研 30 余篇,获得县领导批示 7 篇。围绕经济社会发展,做好统计解读服务。全年完成镇(街道)"五星制"重点调研课题 9 项;县统计局重点调研课题 7 项,其中《海盐县海洋经济发展状况研究》被列入县委、县政府 2016 年度重点课题计划。建立主要统计数据定期公报制度。召开海盐县"十二五"经济社会发展成就新闻发布会。加强对统计制度、统

2 月 4 日,海盐县"十二五"经济社会发展成就新闻发布会召开

计指标等的解读，提升统计知识知晓度。

【加强部门统计工作】 2016年，县统计局提请县政府办出台《关于进一步加强和完善服务业统计工作的通知》，以此推动全县部门统计数据质量提高。完善与县级单位（部门）之间联席会议制度，加强工作协调，推动统计工作流程规范化。完善部门统计工作考核评分细则，重点关注数据质量，以考核提升部门统计工作。

【统计法治】 2016年，县统计局制定“七五”统计普法规划。结合第三次全国农业普查，开展科普宣传。举办统计法律法规知识有奖问答活动，强化公众依法统计意识。建立以70余家单位为对象的重点稽查库，按照“双随机”要求抽选稽查人员和稽查对象，全年稽查单位40家，查处统计违法行为10起，其中当场警告6起、警告并罚款4起，将行政处罚结果在浙江政务网公开。推进统计诚信单位创建，评选出统计诚信单位6家。

（曹　恒）

国土资源管理

【土地利用总体规划】 2016年，县国土局调整完善土地利用总体规划。县级及中心城区土地利用总体规划调整完善方案获得省政府批复，8个镇（街道）土地利用总体规划调整完善方案获得市政府批复。永久性基本农田数据库通过省国土资源厅质量检查。到2020年，全县耕地面积保有量不少于2.58万公顷，永久性基本农田保护面积不少于2.14万公顷，城乡建设用地规模控制在1.05公顷，规划新增建设用地规模面积2800公顷。

【耕地保护】 2016年，县国土局推进全县永久性基本农田及示范区划定工作，划出“十三五”期间需要建设的各类用地面积594.2公顷，划入永久性基本农田面积295.27公顷，落实永久性基本农田保护面积2.14万公顷。全年农村土地综合整治项目立项8个，完成土地复垦面积72.33公顷，完成土地开发面积125.73公顷。全年完成7个高标准基本农田建设类项目及1个提升类项目，共建成高标准基本农田面积790.8公顷；新立项高标准基本农田项目7个，其中完成整治并通过验收项目2个，建成高标准基本农田面积387公顷；完成认定类项目2个，认定高标准基本农田面积467.13公顷。完成“旱改水”土地改造立项4个，其中通过验收项目3个，新增水田38.67公顷。

【用地管理】 2016年，全县供应土地134宗，面积330.67公顷。其中：供应集体土地16宗，面积20公顷；供应国有建设用地118宗，面积310.67公顷，收取合同价款30.57亿元。挂牌出让土地55宗（经营性用地17宗、工业用地38宗），面积201.67公顷，合同成交价款28.37亿元；划拨供地62宗，面积109公顷，划拨价款2.21亿元。租赁土地1宗，面积4.5公顷。全年保障浙江山水六旗国际度假区项目用地55.8公顷（展示中心1.87公顷、乐园一期53.93公顷）；9月，省国土资源厅下达浙江山水六旗国际度假区项目外围配套8个项目专项新增建设用地指标，面积110.87公顷，其中农用地面积82.27公顷（包括耕地面积67.4公顷）。

5月25日，浙江省国土资源厅厅长陈铁雄到海盐对“山水六旗”项目推进工作进行调研

【土地节约集约利用】 2016年,县国土局完善《海盐县推进城镇低效用地再开发工作实施意见》。完成中国核电工程有限公司等13个地块的低效用地再开发,面积71.07公顷。盘活存量建设用地面积162.93公顷,腾退低效用地面积67.75公顷,检查发现闲置土地1宗,面积2.31公顷。全年列入开工建设项目88个,其中已开工84个。全年列入竣工建设项目92个,其中已竣工73个。

【地质矿产资源管理】 2016年,县国土局开展矿山企业采矿权开发利用年度检查和矿产资源统计,全年开采矿产资源223万吨,收缴矿产资源补偿费143万元。对矿山企业粉尘、扬尘防治工作进行日常监管,联合县环保局开展矿山粉尘防治专项行动,完成在采矿山粉尘防治和废弃矿山治理任务。出台《海盐县地质灾害危险点排除工作方案》,将排险工作纳入"2016年镇(街道)生态建设工作考核"中,对县内5个地质灾害点设置6块警示牌。完成治理通元镇不稳定边坡1处,开工治理澉浦镇不稳定边坡3处。实行地质灾害评估告知承诺制项目99个,总面积249.07公顷。

【不动产统一登记工作】 2016年,县不动产登记服务中心实现登记机构、登记簿册、登记依据和登记信息平台"四统一"。开展一站式、绿色通道、房屋权属证明网上申请服务,并在全市创新实施房屋交易与不动产登记业务合并办理,减少办证环节,提高办证效率。不动产权证办理、预告登记时间由原来的30天缩短为10天,抵押登记时间由原来的10天缩短为5天,遇特殊情况可以立等取证。全年办理各类不动产登记33933件,出具不动产查询证明11228件,发放不动产权证26670本。

【农业地质调查和成果转化运用】 2016年,县国土局加强土地质量调查成果转化运用,提升耕地质量。"海盐县土地质量地球化学调查"项目成果以优秀等级通过省级专家组评审,总投资295万元,完成海盐县1∶5万土壤地球化学调查58500万平方米和澉浦镇1∶1万富硒土壤详查6400万平方米,项目部分成果服务于海盐县土地利用规划调整完善、海盐县基本农田质量档案建设试点工作、县开发区表土剥离再利用工程、澉浦镇富硒土壤资源开发等。此项工作受到省政府领导和省国土资源厅领导的批示肯定。

【土地执法监察与信访】 2016年,国家土地督察上海局到海盐实施例行督察,实地抽查全县的基本农田和农村土地整治项目。督察发现需整改问题15个,涉及地块190宗,至年末,县国土局完成整改地块188宗。是年,推进临时用地专项整治,梳理2013—2016年的26宗临时用地和114宗设施农用地,整改临时用地7宗,面积2.8公顷,整改率100%。推进违法用地未依法处置集中整治,发现未依法处置违法用地303宗,面积67.27公顷,其中移交县"三改一拆"办公室共同推进整改230宗、拆除复垦45宗。全年办理群众来信来访53件,信访办结率100%。

【维护群众合法权益】 2016年,县国土局启动村级土地民主管理创建试点,出台《海盐县关于开展村级土地民主管理创建活动的实施意见》,全县10个村逐步建立符合当地经济社会发展实际的农村土地长效管理机制。继续推进和完善征地拆迁"阳光工程"建设,做好项目征地征收材料的审核、公告发布及项目实施。全年批准项目征地补偿安置方案18个,公告项目130个,涉及面积249.47公顷,安置农业人口2627人,支付征地补偿费37046万元。

【土地档案】 2016年,县国土局完成各类档案归档11591卷/件。其中,地籍管理类10176卷,计划财务类280卷,建设用地类420卷,地质矿产类2卷,电子声像类4件,综合类(文书)709件(永久性286件、30年期182件、10年期241件)。接待查阅档案4804人次,利用档案6321册。

(何　群)

国有资产管理

【概况】 2016年,完善国有资本布局,进一步界定国有企业功能分类,加快混合所有制改革进程。加强国有企业内控建设和国有企业债务监管。开展全县行政事业单位资产清查,推进县级行政事业单位房产集中统一管理。做好国有企业资产统计和财务预算编制工作。

【国资国企改革】 2016年，县国资办完善国有资本布局。推进国有资本授权经营体制机制改革，合理界定国有资产监管机构与国有资本投资、运营公司关系，提高国有资本配置和运营效率，实现国有资产管理从管人管事管资产转变为管资本为主。整合清理部分国有企业，保留具有主体核心功能的企业，优化资源配置。进一步界定国有企业功能分类。根据企业主营业务和核心业务范围，将纳入县国资办直接监管的县级国有企业界定为商业类和公益类。对商业类企业，以增强国有经济活力、放大国有资本功能、实现保值增值为主要目标，按照市场化要求运作，依法独立自主开展生产经营活动；对公益类企业，以保障民生、服务社会、提供公共产品和服务为主要目标；根据功能分类，实行分类考核。实施混合所有制改革。加快海盐民办教育发展进程，推进民间资金进入教育领域，促进民办教育优质快速发展。制定《海盐博才教育投资管理有限公司改制方案》，启动县博才实验学校改革工作；加快浙江国检检测技术股份有限公司上市进程，完善公司内外部监督机制，确保业务和运营质量同步提升。

【国有企业监管】 2016年，县国资办加强国有企业内控建设。在县发债组团体系国资公司（县国有资产经营有限公司）全面推行会计制度改革，实施会计准则转换，以适应资本市场新型融资渠道审核要求；强化财务预算管理，通过成本费用预算与实际支出对比分析，考核国有企业经营管理者管理水平和绩效。加强国有企业债务监管。印发《关于明确融资主体职责强化风险管控工作的意见》，编制全县债务收支计划并撰写分析报告，加强风险管控力度。

【国有资产监管】 2016年，县国资办对全县行政事业单位开展资产清查，制定资产清查实施方案，成立清查工作协调小组，举办操作业务培训班，以2015年12月31日为基准日，开展资产清查。通过县级行政事业单位房产统筹和管理创新，改进管理模式，实现行政事业单位房产集中统一管理。完成房产情况核查并形成书面报告，对县级部门（单位）留存在镇（街道）的房产进行甄别，提出处置建议。做好国有企业财务预算审核编制、国有资本经营预算编制，以及全县地方债务计划编制执行工作。

（沈霞琴）

市场监督管理

【概况】 2016年，县市场监管局落实省食安委委托试点（食品安全治理体系建设综合性试点和食品安全社会共治长效机制标准化建设试点）任务。护航G20杭州峰会和第三届世界互联网大会乌镇峰会，保障人民群众饮食用药安全。在全市率先出台助力小微企业发展十大举措。牵头开展“双对接”（民营企业对接科技、对接金融）活动。商标品牌建设实现新突破。“智慧市场”建设列入县政府十大民生实事工程之一，并获得成功。是年，扶持小微企业工作，分别被评为浙江省、嘉兴市扶持“小微企业三年成长计划”工作优秀县。

【扶持企业发展】 2016年，全县新增小微企业1328家、个体工商户升级为企业230家、规模以下小型微型企业升级为规模以上企业49家、科技型小微企业56家。县市场监管局开展“双对接”系列活动，举办小微企业专场培训班56场次，参加企业200余家；组织参加省、市举办的培训班，参加企业66家。推进企业股改上市，开拓资本市场“海盐板块”，该项工作得到副省长朱从玖批示肯定。是年，新增小微企业市级著名商标1件，被评为省级“成长之星”小微企业1家。

【规范市场主体行为】 2016年，县市场监管局推进市场主体申报年度报告工作，全县报送并公示年度报告的内资企业8399家、外资企业188家、农民专业合作社283家；报送年度报告的个体工商户17525家。加强投资类市场主体事中事后监管，会同县公安局、县金融办排摸投资类市场主体209家；与投资类市场主体主管部门联合开展法律法规宣讲活动。依法管理网络经营，通过重点抽查检查、经济户口信息比对、资质荣誉比对和关键词搜索、受理投诉举报等方法收集案源线索，查处网络经营违法行为；全年出动检查人员570人次，检查相关网站

900家次，书面行政指导1家，立案查处案件14起，案值27.25万元，罚款18.06万元。是年，评定守合同重信用企业方式改革为公示制，全县被评为守合同重信用企业AAAA级4家、AAA级37家、AA级48家、A级65家。

【食品安全监管】 2016年，县政府继续与9个镇(街道)、13个职能部门签订海盐县食品安全工作目标责任书。各镇(街道)与辖区内的各村(社区)、基层站(所)、下属企事业单位等签订海盐县食品安全工作目标责任书208份。各食品安全职能部门与主要食品生产经营单位签订"食品安全承诺书"3371份。县食安委制定《海盐县镇(街道)食安办规范化建设实施方案》，是年，全县有3家镇(街道)被命名为嘉兴市规范化镇(街道)食安办；制定《海盐县开展食品安全治理体系建设试点工作方案》，建立食品安全"四员"(协管员、协理员、网格员、信息员)队伍，开展食品安全社会共治长效机制建设。制定《海盐县食品安全隐患大抽检大排查大整治严打击专项行动实施方案》，开展食品安全整治专项行动，参与隐患排查网格员(协管员、信息员)494人次，排查各类经营单位1114户次，上报隐患38个；对规模以上食用农产品生产经营主体、重点食品生产经营单位进行排查，出动检查人员4024人次，检查养殖基地1825个、生产企业1529家，抽检重点品种98种(抽检批次606批次)，发现隐患56个；完成整治隐患52个，查处违法行为74起，约谈违规企业105家，公布企业黑名单1个；受理投诉举报22件，兑现举报奖励1.62万元；监管部门立案108起，移送公安案件1起，刑事立案2起；开展食品安全宣传教育培训1次，培训执法人员216人，培训生产经营人员1684人；举办科普宣传3场次；发放宣传资料1万份。县食安办制订《2016年度全县食品安全抽样检验计划》，开展食品安全检验检测，全年检测各类食品、食用农产品(含生猪、菜牛尿样瘦肉精)、食品相关产品共92599批次(其中生猪、菜牛尿样瘦肉精检测12100批次)，发现不合格食品59批次，抽样检验综合合格率99.9%。县食安办起草《海盐县创建浙江省食品安全县工作方案》，开展省级食品安全县和省级农产品质量安全放心县创建工作，协调相关部门做好创建验收资料的收集整理和创建成果的总结，9月，海盐县被命名为省级农产品质量安全放心县。

【食品生产、流通环节监管】 2016年，县市场监管局督促食品生产企业、小作坊、食品经营单位开展自查，完善和落实进货查验、出厂检验、索证索票、设置购销台账等制度，加强企业内部质量控制，确保企业持续保持生产许可要求。实施生产企业风险分类分级监管，对全县47家生产企业54种产品实施"低(A)、中(B)、高(C)"风险分类监管，其中A类12家、B类20家、C类15家。严格生产企业准入审查，加强证后监管，全年对取得生产许可证后现场监督评审16家，督促落实整改100余项。参与全市性开展的食品生产环节随机交叉检查，检查企业15家，发现隐患48个，均发出责令改正通知书。强化监督抽检力度，全年监督抽检食品生产行业产品110批次，合格率97.8%。整治提升食品生产加工小作坊，制定《海盐县食品生产加工小作坊许可与建档登记工作指导意见》《海盐县食品生产加工小作坊申报登记备案程序》；全年取缔小作坊7家，发证2家，备案登记3家。推进农贸市场快检达标建设，全县有农贸市场21家，其中已建立快检室并开展农产品快检18家。全年农贸市场农产品快检抽检71609批次，合格率99.96%，为市民免费检测314批次。市场监管部门加强索证索票、入市凭证管理，加强农产品市场准入追溯机制建设，全县12家农贸市场中有821家经营户使用浙江省农贸市场信息化综合监管平台，开展信息化录入，全年录入检测记录40706条，录入准入台账327633条，采价信息110195条。对农村食品安全开展"净流""扫雷"专项行动，查处"三无"、假冒伪劣食品2起，虚假宣传1起，取缔无证无照经营户3家。在节日期间开展食品安全大检查，有效净化节日市场。督促做好亮照经营、索证索票、定期自查等日常工作。其中：流通环节查获无法提供月饼进货凭证、无生产日期或生产日期标识不清食品经营户6家；生产环节查获无证生产月饼作坊1家，查扣违法加工月饼35桶，查封关停生产场所。对校园周边食杂店进行清查摸底建档，全年建档111家；开展校园周边小食杂店整治，查处经营户2家。

【餐饮食品安全监管】 2016年，县市场监管局将2454家餐饮单位纳入动态等级管理，其中A级单位36家、B级单位1012家、C级单位1406家。办理（含变更）食品经营许可证997份。整顿与提升持证餐饮单位1382家，其中改造提升684家、无证整治297家，查处违法行为20起。强化学校食堂食品安全监管，开展学校（含幼儿园）食堂及校园周边餐饮单位食品安全专项检查，出动执法人员440人次，检查餐饮单位336家次，发出责令改正通知书34份，整改率100%。出台《餐饮服务食品安全双随机抽查工作方案》，全年开展抽查2次，抽查餐饮单位54家，立案查处3家，警告7家，责令改正17家，整改率100%。完成G20杭州峰会、县"两会"、公务员考试、中高考、南北湖旅游节等10余次9997人次活动期间饮食食品安全保障。推进餐饮单位"阳光厨房"质量提升和养老机构"阳光厨房"创建。全年建成"阳光厨房"64家，其中餐饮单位20家、学校食堂31家、养老机构食堂2家、托幼机构食堂7家、企业职工食堂4家。出台《海盐县餐饮服务食品安全平安食堂创建工作方案》，引导学校（含托幼机构）、机关企事业单位食堂争创海盐县级、嘉兴市级"平安食堂"，是年，通过县级"平安食堂"验收16家。

【药械安全监管】 2016年，县政府与各镇（街道）及相关部门签订"海盐县药品安全工作目标责任书"，并纳入工作综合目标责任制考核。县市场监管局推进药械企业分类分级监管；全县药械生产企业被嘉兴市市场监管局评为诚信企业2家；药品零售企业被县市场监管局评为守信企业107家、警示企业14家、失信企业2家；医疗机构被县市场监管局评为A级16家、B级3家；发放信用等级公示牌，向社会公示评定结果。将全县153家医疗器械经营企业按规定分类，其中三级监管（每一年检查1次）143家、二级监管（每两年检查1次）6家、一级监管（每三年检查1次）4家。加强药械质量抽检与药械不良反应监测；全年抽检药品100批，合格率96%；完成国家级监督抽样医疗器械1批、省级抽检7批；上报药物不良反应报告555例，其中新的、严重的222例；上报医疗器械不良事件69例，其中严重的9例。开展对全县14家疫苗配送、使用单位进行检查，将检查结果向卫生部门进行反馈。加强对使用环节药械质量安全监督，重点对体外诊断试剂、无菌医疗器械、中药饮片等药品医疗器械的采购、储存等环节检查。对药品制剂生产企业开展监督检查，检查药用辅料生产企业2家、医疗器械生产企业4家。出台《2016年海盐县保健食品化妆品监管工作计划》，对美容院及流通环节化妆品监督抽样14批次，对保健食品流通环节监督抽样18批次。

【商事登记制度改革】 2016年，扩大除县市场监管局武原分局外的8个所（分局）职能权限，以县市场监管局名义直接受理、核准有限责任公司（分公司）（注册资本500万元以下且无前置审批项目的公司）的设立、变更、注销登记。食品生产许可证的办理，县市场监管局相关科室与各所（分局）间承接协调有序。服务窗口继续执行"容缺受理"制度，落实一口受理、限时办理、网上办理等制度。开展"五证合一、一照一码"（营业执照、组织机构代码证、税务登记证、社会保险登记证和统计登记证，由五证合成为一张证即营业执照包含统一社会信用代码）换照工作，全年换照5970家。实施食品经营许可证"两证合一"（餐饮服务许可证和食品流通许可证合并成食品经营许可证）改革，全年发放2336本。3月起，嘉兴市市场监管局受理的食品生产许可证职能下放到县市场监管局受理并发放，全年办理22户。开展省级知名商号申报工作，建立培育库，全年新增省知名商号企业2家，累计11家。

【维权维序监管】 2016年，县市场监管局开展巩固无传销县创建工作。印制打击传销宣传折页3万本、公开信1.93万份、工作联系卡2.42万张、宣传海报606张，开展宣传活动。全年处理涉嫌传销举报13件，查处窝点16处（立案2处），遣散涉嫌传销人员97人。加大经济违法案件查办力度，全年立案查处199件（其中大要案45件）、简易案件23件，罚款181.40万元。与县公安局等单位联合查处省食品药品监管局督办的销售有毒有害食品舒立轻减肥胶囊案,捣毁生产窝点 3 处,查扣各类非法减肥类产品约 100 万粒,抓获犯罪嫌疑人 4 人。与县公安局联合在南湖区查获一起假冒知名品牌制假点,追究刑事责任 6 人。开展无证无照经营综合整治,结合开展“零无照”示范街和“零无照”示范路创建,出动检查人员 618 人次,发现无证无照经营户 103 家,补办证照 57 家,立案查处 35 家,罚款 20.35 万元。

【商标品牌建设】 2016 年,全县被评为省级著名商标 4 件,被评为市级著名商标 6 件;百步镇被认定为集成家居浙江省专业商标品牌基地,恒锋工具股份有限公司被认定为浙江省商标品牌示范企业。全县有有效注册商标 10247 件,其中新增注册商标 1183 件(海盐县集成吊顶协会成功注册地理标志证明商标 2 件)。开展商标专用权质押融资,金额 1.12 亿元。

【广告行业监管】 2016 年,县市场监管局结合投资理财咨询行业整治,开展对重点领域、重点行业广告大清查。全年出动检查人员 120 人次,检查投资理财咨询类公司 209 家次、重点新闻媒体及广告经营单位 45 家次、食品药品经营单位 50 家次。督促各市场主体对广告发布进行自查,对不符合法律法规的广告,要求予以整改或停止发布。约谈广告行业企业 22 家、集成家居和小家电行业企业 20 家。查处广告违法案件 9 起,罚款 5.87 万元。

【服务企业】 2016 年,县市场监管局行使注册登记职能,依法依规开展行政审批工作。至年末,全县有各类市场主体 35324 户,注册资金 811.85 亿元。全年新增市场主体登记 6064 户,注册资金 135.77 亿元。全年办理变更登记 6959 户、注销登记 2671 户、行政许可审批事项 2576 件、医疗器械备案 31 件。全年办理动产抵押登记 270 件,主债权金额 35.29 亿元;办理拍卖备案 60 件(前期备案 30 件,后期备案 30 件),拍卖成交额 7986 万元。

【食品安全法规宣传】 2016 年,县市场监管局组织讲师团举办食品安全学习培训。利用微信公众号、村(社区)电子宣传屏、电影下乡等载体开展法规宣传。印制《中华人民共和国食品安全法》和法规宣传资料 5 万份。建立食品安全志愿宣传员队伍,不定期开展食品安全宣传。开展食品安全“你点我检进家庭”活动,执法人员与消费监督义工、志愿者、媒体记者等一起进行现场检查与检测。

(张大堂)

质量技术监督管理

【概况】 2016 年,县质监局围绕县委、县政府重大工作部署,推进“三个时代”(质量时代、品牌时代、标准时代)全面建设,探索供给侧改革新路径,提升抓发展、保安全、促改革能力与水平,取得新成绩。

【质量强县】 2016 年,县质监局制定《2016 年海盐县质量强县工作要点》,召开质量强县工作座谈会。修订《海盐县政府质量奖管理实施细则》,指导 15 家企业预申报县政府质量奖、1 家企业申报嘉兴市市长质量奖。指导县气象局申报嘉兴市中小学质量教育社会实践基地。组织“质量智囊团”专家,为 2 家行

6 月 17 日,执法人员上街为群众免费检测蔬菜农药残留

业龙头企业开展创建“浙江制造”品牌辅导。在“质量月”期间，开展质量宣传、质量提升、质量整治、群众性质量等4个方面10个系列活动。在全县30家先进制造业企业中，开展调查摸底走访活动，对科技含量高，技术水平处于领先地位的产品作重点培育。全年新增名牌产品24个，其中浙江名牌产品5个、嘉兴名牌产品19个；通过浙江名牌产品复评7个，通过嘉兴名牌产品复评12个；全县共有省、市名牌产品93个。海盐县被列入第二批“浙江制造”品牌培育试点县之一，恒锋工具股份有限公司和浙江友邦集成吊顶股份有限公司主导的2个“浙江制造”团体产品标准正式发布实施。实施“标准化＋”战略，“全国农综改标准化试点（美丽乡村建设）”通过验收，累计发布实施农综改地方标准25项；5月，发布全国首个《海盐县绿色发展评价指标体系》；《就地城镇化评价指标体系》中的2项标准送审国家标准；结合全省基本公共服务均等化试点工作，完成县级标准体系编制。推动企业产品标准自我声明公开工作，全县69％规模以上工业企业完成产品标准自我声明公开，在全省名列前茅，该项工作得到省长车俊肯定。

【安全生产监管】 2016年末，全县有特种设备使用单位1835家，拥有特种设备11495台，其中锅炉318台、压力容器3942台、电梯2468台、起重机械2899台、场（厂）内专用机动车辆1859台、游乐设施9台。县质监局构建“三维一体”（建立组织机构、明确监管职责、强化以考核落实责任、行政约谈治理隐患）系统工作模式，确立日常监督检查单位和重点监督检查单位各115家，围绕“清网整治”“三非两超治理”“G20杭州峰会安全护航”“两单一预警”等行动要求，结合元旦、春节、五一等重大节日，对公共场所电梯等特种设备安全开展专项检查。全年检查企业755家，抽查设备1110台，排查隐患291项。举办18期744人参加的特种设备作业人员培训班，完成农村劳动力转移培训203人，发布安全风险预警3000余条。年内，确定重点监管产品15种，涉及生产企业154家。开展重点产品质量问题和隐患排查治理、重点产品生产许可企业自查自纠等专项行动，巡查重点监管企业297家次，发现隐患11起。完成县级监督抽查产品18类176批次，其中合格173批次。对全县56家工业产品生产许可获证企业开展年审监督检查，出动执法人员39人次，抽查企业9家。要求12家食品生产相关企业开展自查自纠，提交自我声明书及企业生产状况报告。

5月30日，《海盐县绿色发展报告（2015年度）》新闻发布会召开

【依法行政】 2016年，县质监局连续第14年被县政府评为依法行政先进单位；梳理事中事后监管制度13项，部门直接提供公共服务10项。严格执行案件法制审查和集体审议制度，召开案审会18次，结案59起。强化处罚教育，全年下发责令整改通知书22份、行政告诫书3份，约谈企业30家，将15家罚款3万元以上的企业名单抄送所属镇（街道）、村（社区），有54家企业纳入负面企业名单。加强稽查执法，开展“民生计量”专项执法、“打假保农资”专项行动、检查特种设备专项行动、检查重点消费品专项行动、“纤检保健康”执法行动，受理投诉59件，接受咨询36次，立案查处63件，罚款130余万元。在网站公开信息87条。缩短审批时间（由35个工作日缩短为15个工作日），

全年办理行政审批事项4090件，其中网上办理796件。

【技术推动企业发展】 2016年，国家标准件监督检验中心完成“事改企、企转股”改革，分别在成都、上海、武汉、江苏建立分公司4家，检测项目涉及标准件、军工、航天、发动机等领域，年业务收入4000万元，利税900万元。计量检定测试所，业务主要涉及民生计量、能源计量等方面，实现“五免费一降低”服务全覆盖，为全县19家医疗单位及其下属卫生服务站的在用医疗计量器具、35家集贸市场及自产自销点在用计量器具、4家出租车运营公司的190辆出租汽车的在用计价器、3家燃气充装单位的4000个民用燃气表，以及用于安全防护的1053个压力表实施免费计量检定和维修服务；对生产企业使用的强制检定计量器具的检定费按标准收费降低30%收取，全年为全县工业企业减免检定费7.71万元。

【牵头紧固件行业整治提升】 2016年，县质监局牵头有关职能部门完成紧固件行业摸底调查，起草的调研工作报告获得县委、县政府主要领导批示肯定；牵头起草《海盐县紧固件行业整治提升三年行动计划》，以居民区内、基本农田内、重要道路两侧、水源地保护区内、中心城区内为整治范围，以提升一批、集聚一批、关停一批为整治目标，以用地合法、建筑合法、环保合法、形象整洁为整治要求，实现改善环境、拆除违建、提升产业。全年关停企业49家，入区入园企业2家，其他(异地搬迁)企业14家，完成全年整治提升任务。

2016年获得名牌产品称号企业名单

表42

序号	企业名称	产品名称	商标	级别
1	法狮龙建材科技有限公司	多功能集成吊顶装置	Fsi/on 法狮龍	浙江名牌
2	海盐海利环保纤维有限公司	再生聚酯涤纶长丝	海利通	浙江名牌
3	海盐众信电子有限公司	磁保持继电器		浙江名牌
4	嘉兴市光泰照明有限公司	道路机动车辆灯泡	光泰照明 GUANGTAI	浙江名牌
5	浙江高得乐新能源有限公司	太阳能热水器		浙江名牌
6	中达联合控股集团股份有限公司	不锈钢无缝钢管		浙江名牌(复)
7	浙江海利普电子科技有限公司	变频器	海利普 HOLIP	浙江名牌(复)
8	浙江一星实业股份有限公司	饲料	一星	浙江名牌(复)
9	海盐宇星螺帽有限责任公司	螺帽		浙江名牌(复)
10	浙江青莲食品股份有限公司	鲜猪肉	膳博士	浙江名牌(复)
11	浙江金元亚麻有限公司	亚麻纱	紫薇®	浙江名牌(复)
12	国家标准件产品质量监督检验中心	标准件检测服务	SPT	浙江名牌(复)
13	浙江联翔刺绣有限公司	无缝刺绣墙布	领绣	嘉兴名牌
14	浙江海盐力源环保科技股份有限公司	凝结水精处理系统装置	HYPSR	嘉兴名牌
15	法狮龙建材科技有限公司	多功能集成吊顶装置	Fsi/on 法狮龍	嘉兴名牌
16	海盐美捷测试仪器有限公司	音速喷嘴式燃气表检验装置		嘉兴名牌
17	海盐县武原兔业合作社	兔毛	Cynthia ella	嘉兴名牌
18	海盐县秦万芦荟专业合作社	芦荟鲜叶		嘉兴名牌
19	浙江秦山橡胶工程股份有限公司	公路桥梁支座	昇 ShengSheng 晟	嘉兴名牌
20	海联锯业科技有限公司	锯条	HAILIAN	嘉兴名牌

续表 42

序号	企业名称	产品名称	商标	级别
21	海盐新跃电器有限公司	单/三相电能表校验装置		嘉兴名牌
22	海盐佳业机械工具有限公司	千斤顶		嘉兴名牌
23	浙江森友环保成套设备有限公司	废弃砼回收筛分装置	森友	嘉兴名牌
24	嘉兴市中达金属制品有限公司	金属置物架	佳业具	嘉兴名牌
25	嘉兴国松衣架有限公司	衣架	国松	嘉兴名牌
26	海盐华帅特塑料电器有限公司	PMMA 复合浇注板		嘉兴名牌
27	嘉兴光泰照明有限公司	道路机动车辆灯泡	GRANT	嘉兴名牌
28	浙江煜腾新能源股份有限公司	免维护抗冻高效平板太阳能集热器系统		嘉兴名牌
29	嘉兴繁荣电器有限公司	高压开关成套设备		嘉兴名牌
30	海盐钟海电线电缆有限公司	BV、RV 电线电缆		嘉兴名牌
31	海盐县绿健禽业专业合作社	鸡蛋		嘉兴名牌
32	浙江高得乐新能源有限公司	太阳能热水器		嘉兴名牌(复)
33	海盐县通元镇联丰林场	茶叶		嘉兴名牌(复)
34	嘉兴多角电线电缆有限公司	电线电缆		嘉兴名牌(复)
35	浙江海岩电子电缆有限公司	数字通信用实心聚烯烃绝缘水平电缆		嘉兴名牌(复)
36	海盐三马标准件有限公司	螺母	SHM	嘉兴名牌(复)
37	嘉兴市布雷塑胶新材料有限公司	聚氯乙烯人造革		嘉兴名牌(复)
38	嘉兴迈思特管件制造有限公司	管接头	ZK	嘉兴名牌(复)
39	嘉兴繁荣电器有限公司	低压成套开关设备(低压固定式开关柜、动力配电柜)		嘉兴名牌(复)
40	浙江通元织造有限公司	涤纶针织面料		嘉兴名牌(复)
41	法狮龙建材科技有限公司	室内加热器	FSi/on 法狮龙	嘉兴名牌(复)
42	浙江埃米顿机电有限公司	电子商务服务	优供网	嘉兴名牌(复)
43	意欧斯智能科技股份有限公司	手动托盘搬运车	Eoslift	嘉兴名牌(复)

(张志来)

安全生产管理

【概况】 2016 年,海盐县安全生产工作围绕全年工作总体目标和要求,强化安全生产责任体系建设,推进依法治安,狠抓责任落实,深化隐患治理,推进重点攻坚,创新监管方式,突出宣传教育,提升安全生产保障能力和事故防控能力。是年,县安监局被评为安全生产月活动省级优秀单位、市级安全生产目标责任制考核优秀单位(考核分数位列全市第一)、市级安全生产先进集体(2015 年度)、市级“六五”法治宣传教育先进集体、县级保障服务重大国际峰会先进集体、县级落实党风廉政建设责任制优秀单位等;许和根被评为浙江省“六五”普法先进个人。

是年,全县发生各类事故(不含火灾)123 起,死亡 42 人,受伤 117 人,直接经济损失 516.3 万元,其中道路交通发生事故死亡 33 人、工矿企业发生事故死亡 8 人、水上交通发生事故死亡 1 人。全县发生生产经营性火灾事故 11 起,无人员死亡,直接经济损失326.15万元。未发生较大及以上生产安全事故。

【运用“互联网+”安全生产监管模式】 2016年,县安监局运用“互联网+”模式,加强安全生产和职业健康监管。启动“智慧安监”安全隐患排查治理信息系统建设,投入资金近百万元,建立完善全县安全生产基础数据库,完成企业基础信息、行政许可、职业安全健康、隐患排查治理、安全培训教育等管理软件系统的开发和硬件设施的采购,全年进行在线注册和隐患信息申报的企业608家。在全省“2016安全科学与工程技术暨智慧安全与职业卫生”专题研讨会上,县安监局“智慧安监”建设经验获得国内外专家充分肯定。

【危险化学品安全监管】 2016年,县安监局编制《海盐经济开发区新材料及化工园区区域风险评价报告》《海盐县化工行业安全发展规划(2016—2020年)》。建立危险化学品生产(储存)企业安全风险划分(橙色等级企业1家、黄色等级企业10家、蓝色等级企业22家)及六类重点企业名单(一类企业10家、三类企业21家、五类企业1家、六类企业2家)。在三年(2014—2016年)整治过程中,关停危险化学品生产企业8家,淘汰落后设备340余套,核减危险化学品重大危险源3个,淘汰甲基氯化物、甲胺磷2种剧毒产品和1个重点监管危险化工工艺。与嘉兴市安监局及县域周边安全监管部门建立“滨海联动”应急救援机制,实行救援资源跨区域联动,补足应急救援力量不足问题。

【群租厂房企业安全生产专项整治】 2016年,县安监局按照严格执法和与社会化服务结合,采用分行业推进等方式,对全县4个群租厂房(房屋)片区的67家群租企业(单位),开展为期5个月的安全生产专项整治。建立出租厂房(房屋)基本档案,逐家进行安全生产评估,开展安全隐患排查治理。发出责令限期整改指令书67份。

【职业卫生健康监管】 2016年,县安监局完成用人单位职业病危害项目网上申报447家,其中新增申报439家,申报数和新增数列全市第一。全年参加职业病健康体检单位288家,体检劳动者6802人。6月,开展对金属铸造、汽车修理、船舶制造等行业职业病危害治理专项行动,至年末,完成对全县金属铸造行业19家用人单位的职业病危害现状评价、汽车修理(A类、B类)行业24家及船舶制造行业2家用人单位的职业病危害项目检测申报。严格执法,全年检查企业1869家次,发出职业卫生告知书270份,发出整改指令书28份,处罚用人单位2家。强化宣传教育,举办培训班8期,参加人数1910人次。强化服务,打造职业病防治样板企业45家。

【安全生产监察执法】 2016年,县安监局对违法生产行为立案查处31起,移送公安机关追究刑事责任4人,处罚231.64万元,配合县综合执法局办理案件50起,处罚41.3万元。严厉打击无证焊工违规动火作业和非法销售、储存烟花爆竹等违法行为,移送公安机关治安拘留14人。对职业卫生类案件,立案2起,处罚6万元。在“安盾2号”“护航G20杭州峰会、第三届世界互联网大会乌镇峰会”活动期间,开展安全生产专项整治,对8家存在严重安全隐患的企业采取强制停电措施;执行安全生产约谈制度,对11家事故发生单位的辖区政府、主管部门和事故单位负责人进行约谈。

【创新安全生产社会化服务模式】 2016年,县安监局在县开发区(西塘桥街道)开展安全生产责任保险试点工作。企业投保安全生产责任险,由保险公司聘请第三方中介机构对参保企业定期进行隐患排查治理、隐患整改指导、应急演练等服务指导。12月,在县开发区(西塘桥街道)举行“安全生产责任保险+社会化服务”启动仪式,签约企业33家,总保额150余万元。

【用电安全隐患远程监控】 2016年,县安监局在全市率先在医院、养老机构及救助福利机构等人员密集场所启动“智慧式”安全用电工作。7月,下发《关于推广使用智慧式用电隐患监管服务系统的通知》,召开专题会议部署;8月,组织教育、卫计、民政、民宗、消防等相关部门及有关镇(街道)人员到衢州市

8 月，考察学习使用“智慧式”用电安全隐患监管服务系统工作

柯城区考察学习“智慧式”用电安全隐患监管工作。至年末，在医院、养老院、农贸市场、电影院等人员密集场所安装“智慧式”安全用电系统 38 套，投入资金 10 余万元。

【安全生产宣传教育】 2016 年，县安监局投入经费 60 余万元，宣传“两法一条例”，举办安全知识微信大赛、电视大赛，在安全生产月期间，设立安全生产互动体验馆。创新建立“点单式”安全培训服务企业制度，全年到核电工程县外项目部 2 次，复训与考核特种设备作业操作人员 240 人。举办“送百场新安法讲座进企业”活动。5—12 月，开展安全生产宣传教育进企业、进乡村、进社区、进学校、进家庭活动 76 次，参与人数 5000 余人次。3 月起，对特种设备作业人员取证理论考试全面实行机考。全年举办各类培训 58 期，培训人数 4990 人。

（诸梦佳）

审计监督

【概况】 2016 年，县审计局完成审计项目 32 个，查出管理不规范金额 11.60 亿元，核减工程造价 1.17 亿元。在全市审计系统工作目标责任制考核中获得一等奖。编写的《关于查处违规减免地方水利建设基金情况的计算机审计方法》入选浙江省审计厅计算机审计方法目录。2015 年实施的“2014 年度海盐县本级预算执行和其他财政收支情况审计”项目被评为省级优秀审计项目。

【财政审计】 2016 年，县审计局以预算执行、资金分配和行政审批为重点，依法对公共资金、国有资产、国有资源审计监督全覆盖，对重点领域、重点部门、重点资金、重大政策执行情况进行审计，提出意见建议。通过审计，追缴入库预算收入及税（费）5.64 亿元。首次采用分报告形式反映小型工程招投标、交通绿化工程建设管理情况等专题调查报告，得到县政府主要领导批示后督促整改，促使足额收取应收未收绿化工程履约保证金 1386 万元。反映国有资产收益未按规定计提社会保障资金问题，促使县财政局从 2016 年起将收缴的国有资产经营收益按 30% 比例用于充实社会保障资金。反映非税收入及财政票据管理有待加强问题，推动县财政局开展专项检查，加强财政票据

2 月 2 日，浙江省审计厅副厅长陈焕昌到海盐调研

管理,强化政府非税收入征收。开展2015年公务支出、公款消费审计调查,推动公务卡管理和结算力度,公务卡结算额同比增长7%。

【经济责任审计】 2016年,县审计局推进机构编制审计制度化、规范化,与县编委办联合印发《海盐县机构编制审计实施办法》,增加领导干部经济责任审计条款。根据《海盐县领导干部经济责任审计评价办法》,对2015年度实施审计的9家单位12名领导干部履行经济责任情况进行等次评定。受县委组织部委托,全年实施经济责任财务收支审计项目9个,涉及领导干部13人次,反映问题179项,查出问题金额2.55亿元,提出审计意见建议32条。加强审计现场管理,实施审计人员编写审计分方案,规范报告内容和格式,提升审计效率和质量。对54家单位开展2015年度领导干部经济责任内审,反映问题及情况170项,查出问题金额7330万元,提出审计意见建议(整改措施)136条。

【投资审计】 2016年,县审计局对老年公寓三期建设项目、海盐众安机动车安全技术检测有限公司迁建项目(一期)预算执行情况进行审计。组织中介机构审计工程结算项目334个,送审金额16.45亿元,核减工程造价1.15亿元。通过审计,促使相关部门出台《关于进一步加强海盐县政府投资项目管理的补充意见》。审计反映县级行政事业单位零星工程定点采购存在违规确定定点企业和超范围确定中标供应商问题,得到县政府主要领导批示,促使县财政局修订《海盐县县级行政事业单位零星工程定点采购管理暂行办法》。审计反映小型工程存在未批先建、邀请招标、预算超概算等问题,得到县领导批示和相关监管部门重视,县发改局制订出台《关于进一步加强小型工程管理的通知》。

【专项审计调查】 2016年,县审计局对政策措施落实情况跟踪审计。结合全县财政预算执行情况及其他财政财务收支审计,对财政存量资金、促进对外贸易稳定增长政策措施落实情况进行专项审计,反映外贸出口持续下行压力较大、外贸政策支持未覆盖贸易流通企业、政策针对性不强、支持力度相对较小、政策设置“门槛”偏高等问题。实施“五水共治”政策执行情况跟踪审计,重点关注饮用水水源保护和医疗废弃物处置管理情况,反映水源地规划不合理、水源地保护工程进度滞后等问题,审计报告得到县领导批示。联合县财政局开展农药质量安全保障工程专项审计调查,发现个别农药未执行零差价政策出售、部分网点存在大量刷卡现象、个别网点未经批准进行废弃农药包装物回收等问题,县全面推进农药质量安全保障工程工作小组根据审计发现问题进行整改。联合县财政局对全县农民专业合作社申请发放的财政扶持资金开展专项监督检查,发现有的合作社主体不符合扶持规定、虚假申报骗取财政补贴、侵占合作社社员利益等问题,促进农民专业合作社规范运营行为。开展物业维修基(资)金筹集、管理、使用情况专项审计调查,促使县开发区创业公寓缴纳欠缴的物业维修资金293.52万元,反映物业维修资金管理较为分散,资源、信息统筹协调机制有待健全问题,引起县政府主要领导重视。受嘉兴市审计局委托对2015年海宁市保障性安居工程进行跟踪审计。

【内部审计】 2016年,县审计局加强审计业务指导,提高内部审计工作质量。采取发放辅导资料、讲解审计案例、上门指导等方法推动各单位内审工作质量不断提高。全年被市内审协会评为优秀审计项目3个。推进民营企业内审工作,帮助1家企业完善内部审计制度。加大内审人员培训力度,全年组织348人次参加省、市内审协会组织的业务培训。有11人报名参加国际注册内部审计师资格考试。

(钱鸿飞)

中国共产党海盐县委员会

重要会议

【三级干部大会暨"四个年"活动动员大会】 2月19日由县委、县政府召开。会议学习贯彻中央和省、市有关会议精神，贯彻落实县委十三届九次全会确定的各项目标任务，县委书记沈晓红作动员讲话，动员全县各级党组织和广大干部群众，深入解放思想，全力改革攻坚，狠抓工作落实，以"四个年"活动为重要抓手，统筹推进各项工作，努力推动海盐经济社会发展迈上新台阶。

【"整乡推进、整县提升"基层党建专题工作会】 2月23日由县委召开。会议听取镇（街道）党（工）委抓农村基层党建工作和部门有关工作汇报，专题研究全县"整乡推进、整县提升"工作。

【政法综治暨信访维稳工作会议】 3月30日由县委、县政府召开。会议传达上级政法工作和信访工作会议精神；回顾总结2015年工作，表彰先进；分析形势，研究部署2016年政法和信访工作各项任务，签订责任书。

【工业大会】 4月15日由县委、县政府召开。会议表彰2015年度优秀企业、企业家和领军人才，签约2016年重大投资项目，部署2016年全县工业经济工作；省经信委领导到会讲话。

【庆"五一"暨2012—2016年度劳模颁奖典礼】 4月29日由县委、县政府召开。会议表彰2012—2016年度劳动模范。

【"两学一做"学习教育部署会暨环境整治动员会】 5月9日由县委、县政府召开。会议学习贯彻省、市"两学一做"专题党课暨学习教育部署会精神，部署全县"两学一做"学习教育活动和环境整治工作。

【旅游业发展暨服务业大会】 5月19日由县委、县政府召开。会议总结回顾全县"十二五"服务业和旅游业发展情况，部署2016年服务业和旅游业发展重点工作，寻找并补齐短板，加快服务业和旅游业发展，推进"文旅兴县"战略的深入实施。

【庆祝中国共产党成立95周年大会】 6月30日由县委召开。会议表彰在全县各条战线做出突出贡献，在推进"三优"海盐建设过程中涌现的先进基层党组织、优秀共产党员、优秀党务工作者。

【教育现代化创建暨中小学德育、职业教育工作推进会】 7月8日由县委、县政府召开。会议传达贯彻浙江省教育现代化创建工作推进会精神，部署教育现代化县创建工作；传达贯彻省、市职业教育工作会议精神，部署加快发展现代职业教育工作；传达贯彻全省中小学德育工作会议精神，部署全县中小学德育工作。

【科技人才大会】 7月19日由县委、县政府召开。会议贯彻国家、省、市有关会议文件精神，回顾总结近年全县科技和人才工作，部署下阶段工作，加快科技和人才事业发展，推进"创新驱动""人才强县"战略的深入实施。

【县委十三届十一次全体（扩大）会议】 8月8日由县委召开。会议贯彻落实习近平总书记在庆祝中国共产党成立95周年大会上的重要讲话精神和省委十三届九次全会精神，回顾总结上半年工作，部署下半年任务，动员全县真抓实干补短板，克难攻坚求突破，完成年度各项目标任务，确保实现“十三五”发展良好开局；审议通过《中共海盐县委关于补短板的实施意见》。

【平安护航G20杭州峰会暨“一二三四”集中攻坚大会战工作例会】 8月18日由县委、县政府召开。各镇、街道汇报G20杭州国际峰会维稳安保工作情况，县公安局汇报“平安海盐大走访、社会治安大清查集中统一行动方案”，县领导部署维稳安保相关工作。

【县委十三届十二次全体会议】 9月20日由县委召开。会议讨论并通过《中国共产党海盐县第十三届委员会第十二次全体会议关于召开中国共产党海盐县第十四次代表大会的决议》。

【小城镇环境综合整治动员部署会】 11月30日由县委、县政府召开。会议贯彻落实省、市有关会议精神，动员部署全县小城镇环境综合整治工作。

【中国共产党海盐县第十四次代表大会】 12月25—29日由县委召开。沈晓红代表中共海盐县第十三届委员会作题为《同心聚力谋跨越，担当实干谱新篇，为建设产业优质、环境优美、生活优雅的现代化滨海城市而努力奋斗》工作报告。大会选举沈晓红为县委书记，王碎社、孙雄伟为副书记，沈晓红、王碎社、孙雄伟、李乐伦、王坚、顾秋莉、于智勇、陆忠祥、宗晓慧、黄华忠为县委常委；大会通过关于中共海盐县第十三届委员会工作报告的决议、关于中共海盐县第十三届纪律检查委员会工作报告的决议。

（周晓洁）

重要决策和活动

【开展“四个年”活动】 2016年，县委、县政府部署开展特色平台年、招商引智年、生态环境年、作风效能年活动。特色平台年活动重点是通过特色平台能级提升、环境提升、产业提升，以产业带动平台，以平台提升产业，实现工业特色平台转型升级，服务业特色产业集聚提升等。招商引智年活动重点是强化“资智”融合引进发展，加快产业转型升级，依托全县各产业平台，深化巩固“三外三城”招商引智网络，突出接轨上海战略，打开国际化招商招才新局面，实现招商引智同部署、同推进、同考核。生态环境年活动重点是深入开展“五水共治”、“五气共治”、土壤污染整治、城乡环境综合整治等工作，加强环境监管执法，改善全县生态环境质量。作风效能年活动重点是巩固和深化作风效能建设成果，实现党员干部精神状态再提振、思想作风再改进、工作效能再提质、发展环境再优化。是年，全县实现生产总值407.76亿元，同比增长7%，连续第四年获评省工业强县（市、区）综合评价考评先进单位，百步经济开发区跻身省级经济开发区；海盐县通过国家级生态县创建考核验收。

【扩大有效投资】 4月5日，县委、县政府下发《关于2016年海盐县扩大有效投资工作的实施意见》。《意见》指出，要组织开展“项目推进提速、招商选资提质、投资结构提效，确保扩大有效投资工作争先晋位”的“三提一争先”专项行动，着力推进投资领域的供给侧改革，加快实施一批促进“稳增长、调结构、惠民生”的重大项目建设，推动全县扩大有效投资再上新水平。是年，累计完成县内固定资产投资291.25亿元，其中工业投资151.38亿元，分别同比增长15.7%、12%。

【实施基层党建工作三年行动计划】 4月5日，县委下发《海盐县“整乡推进、整县提升”基层党建工作三年行动计划》，要求各级党组织以党建工作标准化方式指导和规范基层工作，开展规范组织生活、加强班子建设、深化联系服务、壮大集体经济、提升活动阵地等五大专题行动，着力推进农村基层党建工作均衡发展、全面过硬，同步提升社区、“两新”组织、机关事业单位等各领域的基层党建工作。

【深化“四个平台”建设】 5月18日，县委、县政府下发《关于深化“四个平台”建设，推进基层治理体系和治理能力现代化的实施意见》。要求各级各部门围绕推进基层治理体系和治理能力现代化，不断创新基层社会治理管理理念、管理制度、管理手段、管理方法，深化各镇（街道）综治工作、市场监管、综合执法、便民服务等“四个平台”建设，通过不断创新工作机制，打破系统壁垒，加强资源整合，优化资源配置等，有效提升各镇（街道）管理服务功能、基层治理水平。

【开展“一二三四”集中攻坚大会战】 5月23日，县委、县政府下发《海盐县“一绿、二清、三整、四提升”集中攻坚大会战行动方案》，在全县开展绿化，清障、清洁家园美丽镇村，整治“蓝色屋面”、整治企业环境安全、整治码头堆场，提升公民文明素质、提升企业发展能力、提升生态环境质量、提升社会平安和谐的集中攻坚大会战，补齐城乡建设、环境保护和城乡文明建设的短板，优化布局、优美环境。截至2016年底，全县拆除违法建筑134.25万平方米，整治“蓝色屋面”227.98万平方米，关停码头堆场73家，全县实现生猪零散户目标；12个县控以上断面水质继续保持在Ⅳ类水以上；空气优良率81.6%，居全市前列。

【完成维稳安保任务】 5月27日，县委、县政府下发《海盐县“平安护航G20大会战”实施方案》。年内，海盐县相继组织开展反恐防爆、矛盾纠纷排查化解、治安问题整治等12个专项行动，最大限度消除各种社会不和谐、不稳定因素，完成各项维稳安保任务。

【“美丽乡村”建设】 6月15日，县委、县政府下发《海盐县美丽乡村建设实施意见(2016—2020)》，提出要按照“四美三宜两园”(布局美、环境美、生活美、素质美，宜居、宜业、宜游，幸福生活家园、休闲旅游乐园)和水净、人文、村美、民富的建设要求，推进农村环境连线成片综合整治，统筹推进物质文明、精神文明和生态文明建设，发展现代农业、乡村旅游业等特色产业，推进城乡基本公共服务均衡化发展，改善农村环境面貌和农民生活品质，力争到2020年，全县基本实现所有建制村(社区)美丽乡村建设全覆盖，90%以上保留自然村落成为美丽乡村，建成至少10个以上“美丽乡村”升级版示范村，建成“一带两区三线”(滨海产业提升带，生态农业经济发展区、现代农业与休闲旅游示范区，水乡风情线、乡风文明示范线、农耕文明线)美丽乡村空间格局，创建浙江省美丽乡村示范县。至年末，全县启动建设“美丽乡村”基础版示范村18个、升级版示范村6个。

【补齐十大“短板”】 8月8日，县委十三届十一次全体会议审议通过《关于补短板的实施意见》。《意见》指出，全县各级各部门要以“五大发展理念”为指引，坚持目标导向、问题导向、效果导向，突出高质量、均衡性、可持续，强化理念创新、工作创新、载体创新和体制机制创新，重点补齐产业平台、科技创新、服务业竞争力、对外开放、城乡生态环境、交通基础设施、镇村建设和管理、公共服务有效供给、基层社会治理、干部担当有为等十大“短板”，加快“三优”海盐建设。

【部署小城镇环境综合整治行动】 11月30日，县委、县政府召开全县小城镇环境综合整治动员部署会。要求各级各部门贯彻落实省委、市委相关会议精神，全面实施以“一加强三整治”为主要内容的小城镇环境综合整治行动，力争用三年左右时间，使全县所有镇(街道)环境质量全面改善、乡容镇貌大为改观，推动小城镇健康可持续发展。

(高　健)

办公室工作

【概况】 2016年，县委办公室起草和修改县委领导报告、讲话稿、工作汇报，以及其他材料共270多篇，约180万余字。做好县委常委会会议、书记专题会议记录和整理工作，编发《常委会议纪要》21期、《书记办公会议纪要》3期、《书记专题会议纪要》8期。完成2015年度1400余份文件立卷归档工作。承办各级大小会议100多场次，参与接待中央、省、市等各级领导，以及兄弟县(市、区)领导到海盐县视察、参观30批次。做好调研服务工作，切合海盐县大背景拟定“中欧合作”“农村综改”2个县级重点调研课题，并撰写调研文章；挖掘海盐县发展的亮点和特色，将好经验好做法向省、市上报，有5篇文章被市委政研室录用。分阶段开展“两学一做”4个主题的学习。落实县委“基层日”制度，每月定期走访结对联系村，定期与共建社区开展活动，做好联系基层、服务基层的工作。

【信息服务工作】 2016年，县委办公室确立党委信息系统“信息总汇”地位，发挥主渠道作用，实现“第一手情况”“第一道研判”“第一时间报送”的工作目标。调研全县经济社会发展的新思路、新经验,提炼、挖掘海盐县在全省、全市范围内,具有领先地位、学习借鉴意义、宣传推广价值的工作特色与亮点。全年编发各类信息简报237期,其中《近日动态》119期、《情况反映》21期、《工作情况交流》12期、《专报》16期、《业务通讯》9期、《五水共治动态》15期、《三改一拆动态》45期。向上级部门报送反映海盐县重要工作情况和主要特色经验信息1061条,被录用348条,其中被省委办公厅采用1条,上报中共中央办公厅专件1条,被市级以上领导批示9件。关注经济发展中的新现象新问题,关注民生诉求,关注网络舆论动向。是年,在保障服务G20杭州国际峰会期间,实行24小时信息值班工作制,有效掌握、及时报送各类相关信息。

【开展保密检查】 2016年,县委保密办(县保密局)贯彻执行上级保密部门各项工作部署,组织开展有关保密工作的宣传学习教育和各类检查工作。县保密局开展定期检查2次,不定期抽查2次,并结合"机关单位自查自评标准及得分表"检查141家单位,在G20杭州国际峰会期间,实地检查49家单位,检查各类计算机600余台,以及各类保密台账资料和涉密纸质文件1600余份,收缴违规硬盘13个。

(陆卫华)

纪检监察工作

【概况】 2016年,全县各级纪检监察组织执行监督执纪问责,落实"两个责任"(党委负党风廉政建设责任制主体责任,纪委负监督责任),深化"三转"(转职能、转方式、转作风),推进纪律检查体制改革。强化机关党建工作,以"党性最强、规矩最严、学风最实"为目标,开展"两学一做"学习教育活动。制定镇(街道)纪委书记和县纪委派驻纪检组组长提名考察办法,选举产生新一届镇(街道)纪委委员。举办专题培训班、清风讲坛、啄木鸟论坛,开展业务学习和理论研讨,提高纪检监察干部综合素质。制订纪检监察干部负面行为清单,严明审查、信访、保密等纪律,严格内部管理,强化自律意识。海盐县纪检监察工作获市纪委考核一等奖。

2月24日,县纪委十三届六次全会召开

【开展监督检查和审核工作】 2016年,县纪委围绕护航G20杭州国际峰会、世界互联网大会乌镇峰会等重大国际会议安保工作,以及生猪退养、"一二三四"集中攻坚大会战等县委中心工作,加大监督执纪问责力度。出台《关于建立改革创新容错免责机制的实施办法(试行)》,建立容错免责机制,宽容干部在推动改革发展过程中的失误、错误和无意过失,明确6种免责情形。监督检查"九个严禁"等换届纪律执行情况。严把干部选拔任用党风廉政意见审核关,全年对302名拟提任和转任重要岗位的干部进行廉政把关,对2188名各级"两代表一委员"进行资格联审。开展"谈心式"纪律教育活动,各级纪检监察组织共开展"谈心式"纪律教育69场次,参与843人次。

【落实"两个责任"】 2016年,县纪委实行廉政责任谈话制度,将"两个责任"压实到基层一线。全县各级党组织共开展责任谈话4000余人次。启用"两个责任"工作互动平台系统,用数据记录责任落实过程"痕迹",确保责任的传导压实。召开主体责任落实情况专题汇报会,听取16家单位"一把手"的情况汇报。改进党风廉政建设责任制考核办法，鼓励镇（街道）纪委自办案件并实现“零突破”。坚持“一案双查”（既追究当事人责任，又倒查追究相关领导责任），对4名因落实责任不力的党员干部进行问责。在微信公众号开设《普纪微讲堂》专栏，营造从严治党良好氛围。

【开展正风肃纪检查】 2016年，县纪委常态化开展正风肃纪工作，查处违反“中央八项规定”问题4起，处理9人。针对党政机关存在的吃喝玩、庸懒散、节日病、奢靡风等突出问题，开展各类正风肃纪明察暗访325次，检查单位576家次，发现问题164个。根据省委巡视组在海盐县巡视的反馈意见，查处党员干部特别是农村普通党员的赌博问题。联合县财政部门对23家单位公款竞争性存放情况开展专项检查。整治侵害群众利益的不正之风和腐败问题，全年对35个村（社区）开展作风巡查，发现问题23个，查处违纪案件33件。

【践行监督执纪“四种形态”】 2016年，县纪委践行监督执纪“四种形态”（“红红脸、出出汗”是常态；党纪轻处分、组织调整是大多数；党纪重处分、重大职务调整是少数；涉嫌违法立案审查是极少数），加强和改进执纪审查工作。全县纪检监察组织受理群众信访举报220件次，立案审查92件，其中涉及科（局）级领导干部6人；处分违纪党员干部87人；涉嫌违法被移送司法机关5人。年内，重点查办县综合执法局原党委书记、局长苏建良严重违纪案件。发挥县委反腐败协调小组作用，定期互通信息，加强协作配合。开展问题线索“清库行动”，处置积存的问题线索108条，立案审查党员干部9人，为40名党员干部澄清问题。建立涉刑党员情况报告制度，专项清理涉刑党员，对24人作出纪律处分。制定《海盐县纪检监察信访举报工作实施细则（试行）》《海盐县纪检监察信访监督实施办法（试行）》，提升信访工作标准化水平。开展党纪政纪处分决定执行情况检查，发现并纠正问题7个。

2月24日，县委书记沈晓红与各镇（街道）负责人签订党风廉政建设责任书

【开展综合巡察】 2016年，海盐县启动监察体制改革试点工作，县委出台《关于开展县委巡察工作的实施意见》，党委巡察工作实现制度化、规范化。年内，县纪委分两批对县农经局等8家单位开展综合巡察，并对全县5万元以下村级小型工程开展专项巡察。县委办公室出台《关于全面推行镇（街道）、县级部门（单位）主要负责同志“五不直接分管”制度的实施意见》，即党政“一把手”不直接分管财务、人事、工程建设项目、行政审批、物资采购等工作，规范“一把手”的权力运行。县委办公室下发《关于明确县纪委派驻机构驻在部门若干事项的通知》，全年各镇（街道）纪委和派驻机构共提供廉情信息232条。

（黄敏琦）

组织工作

【概况】 2016年年底，海盐县有党的基层组织1341个，其中党委47个，党总支133个，党支部1161个，另有工委3个。全县有党员25284人。其中：预备党员365人，占党员总数的1.4%；女性8085人，占党员总数的31.9%；少数民族56人，占党员总数的0.2%；35岁及以下6296人，占党员总数的24.9%；60岁以上7606人，占党员总数的30.1%；大专以上学历10618人，占党员总数的41.9%。2016年，县委组织部推进党员志愿服务，建立“红立方”党员志愿服务驿站，开展“红动全城·文明海盐”党员志愿服务主题活动，有6500多名党员在党员志愿者网注册，累计开展各类志愿服务1000余次。有5000名在职党员到社区报到，共认领“公益微心愿”858个，筹建项目善款5.7万元。开展党员志愿服务需求征集和项目领办活动，征集到领办项目58个、服务需求8个。建立红色公益创投基金，首批14个企业党组织参加，创投4个公益项目。开展基层党组织和党员先锋承诺，以及民生实事项目领办工作。规范党员组织关系接转，坚持“六问一必查”，做好退伍军人党员档案和党员身份的调档核实。完成党员组织关系集中排查等“7＋2”(7项重点工作、2项重点任务)基层党建工作。

【“两学一做”学习教育活动】 2016年，县委组织部制定全县“学党章党规、学系列讲话，做合格党员”学习教育实施方案和分领域方案，选编“三微”(微党课、微视频、微故事)教材。以县委书记“千人党课”开局，105名“第一书记”和66名“党务红领”为学习教育指导员，结合全县“一二三四”集中攻坚大会战，加强工作指导。开展“五个一”(每月一次集中学习、一部党性教育片、一次党员志愿服务、一次联系走访，每两月一次主题讨论)主题大讨论。实施“红色蓄力”工程，组建“红色教员”队伍，促使县级领导干部到联系点、镇(街道)党组织负责人和党代表进村、村干部“三定直联”(定户、定时、定向，直接联系群众)进中心户、“党务红领”(退出现职科级领导干部担任党建工作指导员)进企业上党课。举办“千名党员党性提升示范班”，组织千余名普通党员参加“看三优·提党性”现场教学主题培训。开展县级领导干部下镇下村下企业，以蹲点调研指导的形式了解民意、化解矛盾、破解难题。实施农村党员联户“三五”工作法(五必访、五知晓、五服务)，全县8000多名农村党员联系7.1万农户，基本实现联户全覆盖。推进网格党建和党员先锋站标准化建设，建成269个党员先锋站。

7月21日，开展“提升素质，服务基层”主题实践活动

【县、镇(街道)换届】 2016年，县委组织部对县级机关部门、镇(街道)进行届末回访考察，研判县管领导班子运行情况、结构状况，以及县管干部的履职表现。出台镇(街道)干部人事调整方案，县委常委会讨论并通过137人的任免决定。其中：平职交流64人，轮岗(不含转任重要岗位)13人，转任重要岗位或提拔37人(转任重要岗位8人，提拔副职19人、正职10人)；提前退出领导岗位18人，免去兼职2人，挂职3人。推行换届纪律承诺制，组织专题谈心谈话。完成县、镇(街道)党代表选举工作。对镇(街道)党委换届进行督查，指导镇(街道)开好党代会。承担县“两代表一委员”候选人考察审查工作。完善党代表作用发挥平台，落实党代表列席党内重要会议制度，开展党代表调研视察活动。10月，镇(街道)党委完成换届，各镇(街道)共选举产生党委委员64人、纪委委员40人，出席海盐县第十四次党代会代表183人。12月26日，海盐县第十四次党代会举行，选举产生新一届县委常委会。

【干部挂职锻炼和教育培训】 2016年，县委组织部把中心一线、重点工作一线作为干部累积担当素质、磨炼担当品质的重要环节和条件，共选派380多名干部挂职参与招商引资、“三改一拆”、信访维稳、“两员一书记”

（农村工作联络员、农村工作督导员，“第一书记”）等工作。实施干部“三位一体”（到招商前沿破难锻炼、到中心工作领题锻炼、到难点工作压担锻炼）挂职计划，其中选派干部到北京挂职3人、到上海挂职12人、到省级机关部门挂职5人、到市级部门挂职12人，选派26名年轻干部挂职锻炼1年。制订干部教育培训计划，举办科级领导干部专修班、金融生态建设研修班等重点班次；县委党校安排主体班次29期。落实领导干部上讲台制度，充实师资力量。更新海盐干部教育网网络学习平台课程，维护手机等移动终端学习平台，加强科级领导干部学分制考核。

7月1日，“两优一先”评比表彰会召开

【完善现职干部退出机制】2016年，县委组织部在年度考核和届末回访考察时实施正向、反向推荐胜任和不胜任干部。开展“三超两乱”（超职数、超机构规格配备提拔干部、超审批权限设置机构，擅自提高职级待遇、设置职务名称）集中整治，全年消化超配职数27人，完成157名超职数配备干部的消化任务。举办“退出现职干部”读书会，让他们作“二次择岗”意愿填报，全年选派100多名“退出现职干部”参与山水六旗项目征迁、干部考察、中心工作督查、社区工作指导、企业党建指导等工作。

【建立干部管理和监督制度】2016年，县委组织部加强县管后备干部信息库工作，实行动态管理。在全县集中性中心工作中，对优秀后备干部进行同步跟踪考察，在整治、拆违、清障、重点工程建设等一线工作中，重点观察干部现场协调、执行力，以及处理解决复杂问题的能力等情况。实行科级干部任职意向申报登记制度，建立健全组织意图、群众意见、个人意愿相结合，干部品行、才能、资历与任职岗位相匹配的工作机制。执行“干部选拔任用工作有关事项”报告制度。领导干部填报个人有关事项，健全联审机制。县委组织部和县人力社保局联合制定《公务员平时考核工作实施意见》，推行工作日志式管理。设立67个干部工作观察点、聘请17名干部工作监督员，建立领导干部年度监督情况“一表式”反馈制度。做好领导干部离任经济事项交接工作。对县管干部因私出国（境）进行集中报备管理，做好干部人事档案审核等工作。修改并完善《干部监督工作联席会议制度实施办法》，增补县国土资源局、县市场监管局等5个部门为联席会议成员单位。

【实施基层党建三年行动计划】2016年，县委组织部制定“整乡推进、整县提升”基层党建工作三年行动计划，开展规范组织生活、加强班子建设、深化联系服务、壮大集体经济、提升活动阵地等5个专题行动。建立“周月季年”督导通报机制。每季度召开“第一书记”片会，更新梳理“中心户联系表”，巩固“三定直联”制度。举办村党组织书记专题培训，举办村干部论坛，开展第九批村干部挂职锻炼工作，举办“大学生村官”能力提升培训。县委办公室出台《优秀社区党组织书记到龄后参照享受事业单位退休人员生活补贴暂行办法》。开展“两新”组织“两个覆盖提升、两个作用发挥”专项行动，成立社会组织综合党委，新建“两新”组织党组织9个，发展党员143人；选派“两新”组织中11名优秀青年到部门学习锻炼。选派第八批“党务红领”，制订“党务红领”积分管理制度。完善“海盐县企业事马上办”平台功能，建立干部联系走访机制。开展远程教育终端站点“两查两提高”专项活动,对121个基层站点进行宽带升级。依托时代先锋网、红船党建云平台、“海盐党建”微信公众号组织基层党员学习。举办海盐县第二届“三优·印象海盐”纪念建党95周年微视频大赛,举办“建党95周年·寻找身边的党员故事”活动。

【实施科技强企人才强企三年行动计划】 2016年,县政府办公室印发《海盐县科技强企人才强企三年行动计划》,县委组织部牵头制定“镇(街道)和县级机关有关部门党政领导科技进步与人才工作目标责任制考核办法”。建立人才工作奖励制度,建立镇(街道)人才项目首报制和通报制。组建“双招双引”小分队,开展产业招才、驻点引智工作。举办“智赢海盐”新兴产业人才·项目·资本对接大会,70余名海内外高层次人才应邀与县内100多家企业对接。在深圳、杭州、上海分别建立人才工作联络站。与上海浦东留学人员联合会、中法青年企业家协会分别签订合作协议;聘请6名在海盐县的“国千人才”、行业专家为海盐县引智大使。全年申报浙江省“千人计划”人选10人,领军人才项目58个。开发建设海盐县科技城,探索“孵化器+加速器+产业园”一体化模式,创建国家级科技企业孵化器。完善智能装备产业园发展布局,建设“浙江(海盐)智能制造创新研发中心”、国家级印刷电子工程中心、国家包装产业技术研究院。全年引进高层次人才项目22个。有3家企业成功创建省级企业研究院,青莲食品公司获评省级院士工作站。考核评估2016年度领军人才项目。建立联合创业助理团队,选派20名干部成为驻企创业助理。选送领军人才参加德国“工业4.0”专题研修班。完善领军人才生活绿卡制度,建立县领导联系优秀人才制度。

(陶妲虹)

宣传思想工作

【概况】 2016年,全县宣传思想文化工作贯彻中共十八大和十八届四中、五中、六中全会精神,以及习近平总书记系列重要讲话精神,抓意识形态工作,适应新常态,树立新理念,为海盐经济社会健康发展提供精神动力和舆论支持。海盐新闻网获评2015年度浙江在线优秀新闻网站,在2015年度浙江省基层公共文化服务评估中,海盐县位列全省县(市、区)第十名,其中文化活动指标排名第三。

【学习型党组织建设】 2016年,县委宣传部组织各级党委(党组)中心组,以健康产业发展、全域旅游创新发展等为专题,开展23次学习活动。发挥“海盐大讲堂”效应,重点以人文海盐讲坛、涵芬讲坛、盐博论坛、道德讲堂等为载体,搭建干群学习新阵地,共举办讲座250场次。举办海盐县第六届张元济读书节,以“让阅读成为习惯,让书香润泽人生”为主题,组织开展“与书本为友倡导读书人生”“与经典同行滋养人生底色”等5大系列23项阅读活动。

【组织主题宣讲活动】 2016年,县委宣传部在全县开展党中央治国理政新理念、新思想、新战略重大主题宣讲活动。结合全县“两学一做”学习教育活动的开展,以红色教员、红色课堂、红色回忆为载体平台举办微宣微讲活动,举办“十三五,话担当”全县微型党课比赛。年内,各级领导干部送党课下基层,到联系村文化礼堂、中心户,以及相关企业共送党课320场次。组建党的十八届六中全会精神宣讲团,下基层举办宣讲活动。

【对外发稿保持较高水准】 2016年,海盐县各家媒体对外发稿保持较高水准。《海盐——当好“店小二”打造世界级主题乐园》在浙江卫视新闻联播头条播出,浙江卫视采用海盐新闻稿110条,排名全省27名。被《浙江日报》录用稿件34篇,其中《海盐农业“两区”提升集约化水平,集聚区农业亩均产值超万元》等4篇报道登在《浙江日报》头版。《嘉兴日报》头版登载海盐县稿件40篇,其中头条18篇。

【媒体融合发展】 2016年,“海盐发布”微信订阅数突破7万个,在“海盐发布”微信号上开设周末互动栏目《白云阁》,邀请市民创作反映海盐新人新事的图文稿件,由专业编辑加工制作后发表。手机报用户保持20

万户，在全省领先，手机新闻客户端“爱海盐”上线试运营；微信推送平均阅读量4000人次。实施媒体融合工作，整合广电、报社、新闻中心等县内新闻单位资源，合力打造新闻网、手机报、APP客户端、政务发布微信微博新媒体矩阵，初步建设新闻采集发布“中央厨房”模式新闻分发体系。

【被评为浙江省农村文化礼堂先进县】 2016年，县财政补助农村文化礼堂建设经费1616.44万元。推行农村文化礼堂独立法人理事会制度，制定“星级文化礼堂评定标准”。日常化管理农村文化（科教）示范户。加强“两员”队伍培训和管理工作，县政府办公室下发《关于调整海盐县村、社区专职文化管理员工作职责及工资待遇的通知》。至年底，全县建成农村文化礼堂97家，实现全覆盖，海盐县被评为2016年度浙江省农村文化礼堂建设先进县。

10月21日，“一人一艺”公益大培训首演在元通青莲寺文化礼堂开演

【开展“三千三进”文化惠民活动】 2016年，海盐县启动文化惠民服务工程，以千场演出进百村、千场培训进基层、千场活动进礼堂为载体，推出17类803项供给菜单，实现文化服务从“单向配送”到“按需配送”的转变；全年配送演出745场次，培训1466场次，文化礼堂活动1776场次。成功举办2016中国·海盐南北湖文化旅游节，策划5大板块12项子活动。

10月，通元镇滕泾村文化礼堂落成

【发展文化产业】 2016年，编制《海盐县文化产业发展“十三五”规划》，县政府出台《关于进一步加快影视文化产业发展的若干政策意见》。绮园文化区和南北湖影视文化产业园等2个市级文化产业园区，以及“澉浦码头”文化旅游区等9个重点文化产业项目，入选《2016嘉兴文化产业推介项目》。向上级部门申报2015年度文化产业资金扶持项目、文化产业项目奖励项目，绮园文化区和南北湖影视文化产业园分别获10万元资金奖励。整合全县文化产业资源，成立海盐县文化产业协会。是年，完成文化服务业投资额20.83亿元，同比增长104.3%。

【落实意识形态责任制】 2016年，县委把意识形态工作作为党的建设和政权建设的重要内容，纳入党建工作责任制和领导班子、领导干部目标管理。县委宣传部坚持意识形态工作“一盘棋”，履行导向之责、壮大巩固主流思想之责、打赢网上舆论攻坚战之责、加强意识形态阵地管理之责、配优配强领导班子之责和处置意识形态领域问题之责等6个方面责任，形成党委统一领导、党政齐抓共管、宣传部门组织协调、有关部门分工负责，上下联动、齐抓共管的工作合力和格局。是年，在G20杭州峰会前夕，海盐县召开落实意识形态领域工作会议并作出具体部署和要求。海盐县通过2015年度意识形态责任制省对市考核。

（沈　甜）

统战工作

【概况】 2016年，海盐县4个民主党派组织全部升格为基层委员会，即民盟海盐县基层委员会、民进海盐县基层委员会、农工党海盐县基层委员会、九三学社海盐县基层委员会。7月29日，召开民主党派换届暨基层委员会成立大会，选举产生第一届基层委员会领导班子。4个民主党派组织共有成员207人。在全县党政机关中有副科级以上党外领导干部22人。做好非公有制经济人士综合评价工作，在248名评价对象中，A类212人，B类22人，C类14人。经县委统战部部务会议商议、县委常委会审议，确定县工商联(总商会)第十一届执行委员会主席(会长)、副主席(副会长)、秘书长等候选人，12月8日，举行县工商联(总商会)换届大会。县工商联(总商会)有会员企业1200家，镇(街道)基层商会9个。11月，县侨联、县台联、县留联完成换届，分别选举产生县侨联第八届委员会、县台联第七届理事会、县留联第四届理事会。全县有批准开放的宗教活动场所14处，教职人员51人，在省里登记编号的民间信仰场所有26处。全县有少数民族常住人口1376人，涉及32个少数民族；有少数民族新居民5359人，涉及36个少数民族。年内，结合综治网格，在各镇(街道)建立136个城市少数民族嵌入式管理网格，建立微信群和QQ群，完成“四微”(微窗口、微热线、微组织、微平台)覆盖。确定武原街道小曲社区、沈荡镇永庆村、百步镇五丰村为城市民族工作培育点。春节前走访慰问少数民族困难户。办理少数民族高考生加分初审15件。

【多党合作和政治协商】 2016年，县委统战部实施交友谈心、对口联系、情况通报、征求意见、党派主委联席会议等制度。县政府的中共领导分别与30名党外代表人士谈心交友。4个民主党派与8个联系部门开展交流互动。县委、县政府向党外人士通报党风廉政和反腐败工作情况和全县经济社会发展情况。县委就践行“三严三实”等多项议题向党外代表人士征求意见，听取建议。定期召开民主党派主委联席会议，研究探讨相关课题，交流部署工作。4个民主党派共有县政协委员42人、市政协委员6人，县人大代表3人、市人大代表4人。4个民主党派共向县政协提交集体提案17件、个人提案41件，向市政协提交提案15件，向市人大提交建议3件。共有35名党派成员被派驻县政府相关部门担任民主监督员。开展“不忘合作初心，继续携手前进”专题教育活动，在民主党派基层委、支部、全体成员大会等各个层面，组织学习中共十八大及历次全会报告、习近平总书记系列重要讲话、中央统战工作会议精神，以及《中国共产党统一战线工作条例》。

【宗教领域平安维稳工作】 2016年，在重要会议、重大节日等时段，县委统战部制定工作方案，加强与有关部门配合，排查和处置涉及民族宗教领域的各种矛盾隐患。对全县14处宗教活动场所和26处登记编号的民间信仰场所开展消防安全检查，发现问题即督促整改落实。严格审查宗教场所举办的宗教活动，加强现场指导。关注海盐云岫庵、古罗禅寺、金粟寺等场所的在建工程，帮助协调解决困难和问题。4月15日，成功举办海盐县第二届汉传佛教讲经交流会；10月28日，省民宗委副主任陈振华应邀到海盐县讲解宗教工作。组织全县宗教活动场所负责人学习全国、全省宗教工作会议的精神，举办最新的宗教事务行政许可业务培训，提高县宗教界人士法律观念和行政许可申请的意识。组织宗教活动场所和宗教团体负责人，参加市宗教教职人员培训班暨浙江省宗教界“国法与教规”巡讲活动，带领部分宗教教职人员赴福建龙岩、江西瑞金开展“同心同行，共建和谐”革命传统现场教学。

【指导推进工商联工作】 2016

年，县委统战部积极推进县工商联（总商会）组团赴外参展等外联活动，与京沪甬多个异地商会和上海各区的温州商会建立互访和信息互通机制。举办在外异地商会海盐籍会长恳谈会，建立深圳海盐商会、上海嘉兴商会海盐分会、北京海盐商会。组建拟上市企业顾问团，重点服务县内18家非公有制企业。组建海盐县涉企法律政策讲师团，引导企业用足用好政策，依法治企。

【关怀统一战线各界人士】 2016年，成立县委统战工作领导小组，完善大统战格局。县委常委会学习习近平总书记在参加全国政协十二届四次会议民建、工商联界委员联组会时发表的重要讲话，以及在全国宗教工作会议上讲话精神。全县统战系统各部门在春节和中秋节前夕走访统一战线各界人士代表、看望老同志、慰问结对帮扶的困难群众。对老工商业者予以经济补助并上门看望。组织非公有制经济代表人士、宗教教职人员免费参加体检，为宗教场所参加社保提供经费。创建“海盐统战”微信公众平台，将宣传统一战线方针政策与统战工作等相结合，办好《海盐统战》简报。香港海盐同乡会采用慰问老年乡亲、编印同乡会台历、组织乡亲回乡探亲等形式开展乡亲联谊活动，县委统战部组团到香港参加乡亲联谊会，帮助同乡会开展活动。

（谭泽芳）

机构编制管理

【概况】 2016年，县编委办优化机构编制资源配置，严格和规范机构编制管理。会同县审计局制定《海盐县机构编制审计实施办法》，参与领导干部经济责任审计工作。完善机构编制数据库建设，将全县机关事业单位机构编制台账和历史沿革文件依据纳入系统。健全实名制数据库管理及协调配合机制，建立县机构编制实名制管理联席会议制度，组织召开实名制联席会议。与县委组织部、县人力社保局、县财政局等部门加强协调配合，开展用编用职数审核工作。规范街道乡科级领导职数的管理，下发《关于核定街道领导职数的通知》。完成348家事业单位法人年度报告公示工作，实现事业单位统一社会信用代码全覆盖。全年设立登记3家，变更登记62家，注销登记14家。印发《关于开展县级机关、群团统一社会信用代码赋码工作的通知》，对41家机关及10家群团组织进行统一社会信用代码赋码发证。做好中文域名注册管理工作，实现中文域名全覆盖。

【抽查监管“双随机”工作】 2016年，为贯彻落实党中央、国务院关于深化简政放权、放管结合、优化服务改革工作部署，县编委办制定《海盐县全面推行“双随机”抽查监管的意见》，召开培训会，细化任务安排；会后，各有关部门制定“双随机”（随机抽取检查对象、随机选派执法检查人员抽查监管工作）监管工作实施方案。

【推动政府职能向社会组织转移】 2016年，为着力推进政府职能向社会组织转移，县政府办公室下发《关于推进政府职能向社会组织转移的工作意见》，公布《县政府向社会组织转移职能具体事项目录（试行）》。涉及24个部门167个事项，内容涉及基本公共服务事项、社会管理事项和政府履行职能所需要的服务事项等三大类。

【县镇两级权责清单网上公开】 2016年，由县编委办拟文，县政府办公室下发《海盐县人民政府部门权力清单管理办法》《关于深化权力清单责任清单工作的通知》。县政府办公室召开深化权责清单工作会议，会上，县编委办公布责任事项，清理、规范镇（街道）行政权力，并公布镇（街道）权责清单。年内，县、镇两级权责清单全部在浙江政务服务网上公布。突出政府部门履职重点，将部门年度重点工作目标纳入责任清单。全县41个单位共公开年度重点工作目标233项，梳理主要职责571项、具体工作事项2596项。

【“一主两配”行政执法体制改革】 2016年，县编委办着力于“一主两配”（综合行政执法体制改革，统一政务咨询投诉举报平台、行政执法协调指挥机制）行政执法体制改革。编制《推进综合行政执法工作实施方案》上报嘉兴市编委办，共划转行政处罚事项758项。制定相关人员编制划转方案及其他配套措施，建立健全联合执法协调指挥机制。县政府办公室下发《海盐县统一政务咨询投诉举报平台建设实施方案》，以“12345”政务服务热线及政务服务网为基础，整合

17 个部门 21 条热线电话，建设统一政务咨询投诉举报平台。

【镇(街道)“四个平台”建设】 2016 年，由县编委办拟文，县委办公室出台《关于深化“四个平台”建设，推进基层治理体系和治理能力现代化的实施意见》，县政府办公室下发《关于加强县级部门派驻镇(街道)机构管理的意见》等政策文件。召开“四个平台”(综治工作、综合执法、市场监管、便民服务)建设工作推进会，分解落实各单位工作任务，并对重点示范街道加强工作指导，以确保海盐县“四个平台”建设工作能通过省平安建设考核。

【在相关领域实施体制改革工作】 2016 年，县编委办完善澉浦镇(南北湖风景区)镇、区合一有关工作机制，突出澉浦镇(南北湖风景区)党委、政府在景区开发建设中主体责任。将县风景名胜区管理局承担的“风景区规划管理”等职责划入县住建局。整合车辆检验检测机构，海盐众安机动车安全技术检测有限公司增加“运营车辆综合性能检测(技术评定业务)”的职责，并由县交通运输局实施行业管理。出台文件，正式实行县属公立医院编制备案制管理。年内，镇(街道)均建立环境监察中队，在各镇(街道)经济发展办公室增挂“环境保护办公室”牌子，与环境监察中队合署办公。5 月 30 日，海盐县举行不动产登记服务中心授牌暨不动产权证书首发仪式，在嘉兴市率先进入“不动产统一登记”时代。

(周肖雅)

老干部工作

【概况】 2016 年底，海盐县有离休干部 88 人。其中：厅(局)级 2 人，县(处)级 50 人，科(局)级及以下 36 人；易地安置去外地的有 3 人，省属、市属单位代管的有 4 人，外地安置到海盐县的有 2 人。

【学习贯彻《意见》精神】 2016 年，县委老干部局组织老干部工作者、老干部学习中共中央办公厅、国务院办公厅《关于进一步加强和改进离退休干部工作的意见》，把《意见》作为全面做好离退休干部工作的政策依据和行动指南。通过《老干部园地》、县委老干部局网站等媒介，宣传中组部负责人就《意见》答记者问，并联合县委组织部转发《学习辅导提纲》，印发至每个老干部和老干部工作者。

【落实老干部政治待遇】 2016 年，县委老干部局通过专题辅导会、报告会、座谈会、读书会，以及送学上门、家人助学等多种形式，结合县委部署的“两学一做”学习教育活动，组织老干部学习中国特色社会主义理论体系，特别是习近平总书记系列讲话精神。办好县老干部党校时政班、读书会等理论学习活动，组织老干部学理论学党章，听报告了解海盐县发展状况，为经济社会发展建言献策。开展离退休干部党建工作调研，掌握全县 46 个离退休干部党支部、1000 多名离退休老干部党员基本情况，并撰写《海盐县离退休干部党建工作的调研与思考》。为规范离退休干部党支部管理，编发《离退休干部党支部工作手册》给每个支部。建立嘉兴港海盐码头、文溪坞“美丽乡村”等 18 个党员教育活动基地，编印《海盐县离退休干部党员教育活动基地汇编》。

【落实老干部生活待遇】 2016 年，贯彻落实省委老干部局《关于提高我省部分离休干部医疗待遇的通知》，县委老干部局根

10 月 9 日，老干部祝寿会集体照

据文件精神落实部分离休干部医疗待遇。组织开展节日慰问、住院慰问、重阳祝寿等各种精神慰藉活动。为离休干部发放“96345”离休干部家政服务券，依托“96345”信息中心等社会化服务平台完善服务功能，满足老干部需求。完善老干部医疗保健服务体系，将体检与医疗解读咨询相结合，发放“诊疗服务卡”，提高医疗保健的针对性和有效性。设立“情暖老干部志愿者服务站”，实施“4＋X”（每季1次大型志愿服务活动，X指不定期向结对老干部提供志愿服务）志愿服务，开展小家电维修、拍摄全家福、重阳送糕点，以及自来水管道维修等服务。组织在职干部与离休干部结对送温暖，共结对12对。针对离休干部“双高期”（高龄期、高发病期）特点，重视做好“一人一事”服务工作，落实首问责任制，定期走访慰问离休干部。

【开展“四大行动”发挥老干部作用】 2016年，县委老干部局以“四大行动”为载体，组织和引导老干部为海盐县建设做贡献。红色典藏行动。策划建党95周年纪念活动，拍摄系列专题片《那年，我入党了》《忆峥嵘岁月，传红色精神》访谈特别节目；宣传3名离休干部和1名离退休干部党支部书记的红色精神和理想信念；举办大型书画展，在《嘉兴日报》等媒体上刊登老干部书画作品。“走基层、看变化、促发展”行动。依托县内18个党员教育活动基地等平台，组织老干部开展“走、看、促”活动，让老干部体察海盐县的发展变化，激发助力党委政府中心工作热情；引导老干部为全县“美丽乡村”“五水共治”“三改一拆”等中心工作建言献策，发挥智囊团作用。争做最美老干部行动。在全县寻找最美老干部，弘扬他们的优秀事迹。银色人才志愿行动。各志愿团队开展送教入校、进村、进社区、进企业等各类宣讲活动；组织开展各类免费体检、敬老服务、结对帮困、义务劳动等志愿服务活动，县老年大学慈善义工队到县老年公寓、乡村为老人送服务，老干部书画组下乡送春联、书画给结对村。

3月2日，“情暖老干部志愿服务站”揭牌

【两个阵地建设】 2016年，县老干部活动中心每月安排法律咨询、心理咨询以及亲情交流活动，消除老同志心理顾虑和疑惑，安排理发、修剪指甲等活动，为老干部生活提供便利；举办建党95周年庆典，组织猜灯谜、文艺演出、电影月等文体活动，满足老干部精神文化需求。县老年大学着力于课堂教学管理、教师队伍建设、教学理论研究等，提升教学质量；开展“党在我心中”主题征文等活动，完成《为霞2015》图书编辑、出版工作，评选“十佳”学员，设立图书馆。是年秋季，县老年大学开设54个班级，在校学员1321人2365人次。

（富慧琴）

党校工作

【干部教育培训工作】 2016年，县委党校完成主体班培训29期共3140人次。其中，县纪委派驻纪检组干部业务培训班42人，“农村淘宝”合作人培训班280人，村（社区）党组织书记培训班113人，“资智融合招引”专题研修班90人，水环境综合整治培训班114人，第八期退出领导岗位干部读书会122人，“两新”党务工作者培训班303人，重点制造业企业转型发展专题培训班27人，经济转型与统计支撑培训班79人，“清华·海盐”创新发展专题研修班65人，信访干部培训班70人，县直机关基层党组织书记培训班49人,“两员”素质提升工程培训班102人,村(社区)党组织书记“两学一做”专题培训班105人,第一期千名党员党性提升示范班454人、第二期449人,全域旅游经济专题研讨班38人,舆论引导能力提升专题培训班31人,公务员、事业人员岗前培训班125人,金融生态建设研修班暨中层干部培训班60人,第四期“一把手”研修班30人,“大学生村官”培训班29人,年轻干部能力提升培训班45人,“三强一制造”专题研讨班37人,村庄规划与“美丽乡村”建设专题研修班38人,第十七期科级干部进修班40人,婚姻家庭咨询师培训班82人,乡村旅游发展专题研讨班43人,新常态下招商转型升级专题研修班78人。与县人力社保局等单位联合办班10期共4050人次:专业技术人员继续教育公需课目培训班7期共3728人,县直机关发展对象培训班67人,非公有制企业党组织书记培训班200人,县个私协会“两学一做”专题培训班55人。全年接待外培班29期1699人次。县委党校获2016年度全省党校系统先进集体称号。

【科研决策资政工作】 2016年,县委党校服务县委、县政府中心工作,结合海盐县“基本公共服务均等化改革”等中心工作开展科研工作,形成一批科研成果。省级(含副省级)课题结题7项,立项11项;市级课题结题27项,立项26项;县级课题结题16项,立项16项。在省级(含副省级)理论研讨会上获奖9篇,入选6篇。全年印发《领导参阅》6期,在各级各类刊物上发表论文20篇。

【送课下基层工作】 2016年,县委党校开展“送课下基层”工作,为基层干部群众提供“菜单式”宣讲服务。“送课下基层”活动在以往公益性宣讲基础上有所创新,开展按需宣讲,开设宣讲菜单、“两学一做”专题菜单、“党的十八届六中全会”专题菜单。全年举办宣讲活动105场次,受众8058人次。

【理论教育和党性教育】 2016年,县委党校创新理论教育和党性教育的教学方式。健全培训计划生成机制。专项调研党的理论教育和党性教育的教学内容、培训方法、教学载体,把握全县党员干部的现实需求;根据不同班次,设置不同的教育专题,优化教学布局和课程体系。以教研沙龙活动为载体,初步形成具有一定规模、结构层次较为合理的理论教育和党性教育课程体系,既有经典著作导读课,又有相关基础理论课,也有创新教学方法的党性教育案例分析课。创新教学方式方法。开展案例式、研讨式、现场体验式、情景模拟式等现代教学方式方法,利用现场教学基地,采取课堂教学与课外教学相结合,重点开发新四军海北支队旧址、县法纪教育基地等地方党性教育现场教学基地。建立和完善教学管理制度。通过理论知识评价、实践行为评价两个层面,对学员党性教育成效进行综合评价。在科(局)级干部班开展“党的基础知识测试”活动,在部分主体班实施“学员自评、学员互评、群众点评、组织考评”的学员党性考评机制。

(洪燕青)

史志工作

【概况】 2016年,县史志办贯彻落实全国党史研究室主任会议精神、第五次全国地方志工作会议精神,以及《全国地方志发展规划纲要》,以党史专题编纂为抓手,启动海盐县改革开放新

7月1日,副校长陆云良在百步中达集团上党课

3 月 6 日，县史志办向县“两会”代表、委员赠书

时期党史专题第三卷编写准备工作，以《海盐年鉴（2016）》编纂为重点，深化地情研究。加强对部门（专业）志、镇（街道）志编纂工作指导，拓展二轮修志成果；以史志宣教为平台，普及地方历史文化。是年，县史志办编辑出版 6 册约 330 万字的史志书籍，影印出版清乾隆《海盐县续图经》。在县“两会”召开之际，向县人大代表和县政协委员及列席人员赠送《海盐年鉴（2015）》。整理 18 套共计 900 多册史志书籍赠送 9 个镇（街道）的 18 个村“文化礼堂”。全年赠送各类史志书籍 4000 多册。县史志办获评“十二五”时期嘉兴市史志工作先进集体。

【《改革之路——海盐县改革开放新时期党史专题集（二）》出版】 2016 年年初启动海盐县改革开放新时期专题集（二）的编纂，11 月，由中共党史出版社出版。该书约 38 万字，收录海盐县历次党代会、党风党纪、各时期主题教育活动、社会综治工作、群团工作，以及教育、社会保障、金融、核电事业起步、开发区建设、民营经济发展等 22 个专题，由 65 个部门（单位）承编。

【编印《〈浙江日报〉话海盐》丛书】 2016 年，县史志办整理、编辑 1949 年 5 月至 1978 年 12 月期间《浙江日报》报道海盐县的文章、图片等，约 109 万字，内容涉及经济、政治、军事、科教文卫等领域。7 月，该书内部出版。至此，1949—2014 年《〈浙江日报〉话海盐》系列丛书（5 册）编印工作全部完成。

【编辑《中共海盐县委文件选编》】 2016 年，由县史志办整理、编辑的《中共海盐县委文件选编（1979—1995）》《中共海盐县委文件选编（1996—1999）》内部出版。文件选编工作始于 2014 年。两册《选编》选录 1979—1999 年共 207 个县委重要文件。文选篇目按时间顺序排列，内容涉及学习贯彻中央文件、干部教育、小康建设、普法工作、政治经济建设工作等。

【步鑫生遗物捐赠】 6 月 6 日，县史志办举行步鑫生遗物捐赠仪式，接收步鑫生之子步爱群捐赠的步鑫生遗物，包括步鑫生的身份证、市民卡、日记本等共 14 项 35 件。自 2014 年以来，县史志办受县政府委托，接收步鑫生个人收藏物品捐赠 3 次。原海盐衬衫总厂厂长步鑫生于 2015

7 月 26 日，举办党史专题编写培训

6月6日,县史志办接收步鑫生遗物捐赠

年6月6日去世。作为改革开放先锋人物,是党史研究中重点关注人物。

【《海盐年鉴(2016)》出版】 12月,《海盐年鉴(2016)》由中华书局正式出版,是1994年编纂年鉴以来第二十部《海盐年鉴》。该书着重突出2015年度海盐县经济、政治、社会、文化等各方面工作。其框架结构在保持连续性和稳定性基础上,根据地方特色和年度特点,对部分分目作了适当调整。全书91万字,共设37个栏目261个分目,有彩页52页,新闻及随文图片210幅;涉及撰稿单位130个。

【《海盐县城乡建设志》出版】 2016年,《海盐县城乡建设志》由浙江人民出版社正式出版。该志以2013年为下限,设“综述”“大事记”,以及专志17编72章227节,约84万字,附彩页及插图共450幅。该书由县住建局组织编纂,启动于2014年3月。该志书是海盐县第一部城乡建设专业志,也是全县二轮修志中正式出版的第五部专业志。

【《探索与实践——〈海盐县志(1986—2005)〉编修文集》出版】 1月,由方志出版社正式出版,全书15.7万字,分县志编纂大事记、续修县志文件、评论文章、修志体会等四个部分,附彩页图片30幅,反映海盐县历经8年修志成书的主要工作内容和编纂经验。《海盐县志(1986—2005)》于2013年11月由浙江人民出版社正式出版。海盐县是全省二轮修志创优工程试点单位、全国第二轮修志工作试点单位,修志期间,获评全省和全国地方志工作先进集体,是全省首批地方志示范单位之一。根据试点单位出精品、出经验要求,县史志办编纂此文集。

(姚虎良)

政策研究工作

【概况】 2016年年初,县委政研室拟定“中欧合作”和“农村综改”2个县级重点调研课题,通过深入调研,撰写《中欧城镇化合作背景下海盐提升自身发展水平的路径选择》《深化农村改革,推动城乡统筹发展》2篇调研文章;其中“中欧城镇化合作调研材料”在全国中欧城镇化伙伴关系示范区建设交流会上成为海盐县的主旨发言材料。是年,县委政研室组稿宣传海盐县发展的亮点、特色经验和做法。其中,《以村庄有机更新为抓手,打造美丽乡村升级版》《积极探索社区治理新模式》2篇文章被省委政研室录用刊登在《政策瞭望》上,《海盐县积极探索社会组织发展新模式》《把握关键点,找准着力点,全力补齐经济发展短板》等5篇文章刊登在《新嘉兴》上。编辑《调研与参考》《海盐县党政系统优秀调研成果汇编》2个县级刊物。《调研与参考》精选《关于进一步促进我县企业股改上市的思考》等10篇调研文章,评选表彰40篇优秀调研成果,并汇编成书印发至全县各单位。完成重要文稿起草,服务县委、县政府决策。4月,县委政研室走访调研部分镇(街道),并赴嘉善姚庄考察交流,撰写《当前我县农村工作中需要关注的几方面问题》供县委领导参阅。结合“平安护航G20”工作,起草《“三下三解三助”蹲点调研指导》,由县领导带头帮助基层化解矛盾。针对梳理出的全县十大“短板”,起草《关于补短板的实施意见》。11月，召开县委读书会，并赴嘉善县、桐乡市学习考察互联网经济发展、小城镇环境综合整治等工作。

【基本完成78个项目年度改革任务】 2016年，海盐县在经济体制改革、社会体制改革等8个方面确定22个重点项目。对其中新启动的改革举措或改革试点，以及部门难以协调的改革难点，提交县委改革领导小组会议和县委常委会讨论，并加大督查力度，确保取得成效。年内，县委常委会、县政府常务会、县委改革领导小组会议研究改革工作33次。6月7日，县委全面深化改革领导小组专项小组召开会议，审议通过《全面深化改革领导小组各专项小组工作计划》，涉及78个改革项目。抓考核，确保各项改革取得成效。出台《全面深化改革镇（街道）考核实施办法》《全面深化改革县级部门（单位）考核实施办法》，考核结果纳入综合绩效考核，组织督查考核18个改革项目。年内，海盐县新增省级以上改革试点15个，其中国家级3个。经济体制改革、农村改革、司法体制改革、基本公共服务均等化改革、生态文明和文化改革、党建和纪律检查体制改革等多项改革成效显著。至年底，78个改革项目基本完成年度改革任务，其中22个重点改革项目，除个别因上级原因滞缓外，其余全部按计划完成。

【县级重点课题调研】 2016年初，县委政研室根据县委全委会及县人代会确定的工作重点列出全县重点调研课题，县委办公室下发课题调研活动的通知，对确定的19个重点课题进行任务分工，每个课题由1名县领导牵头，落实1个责任单位和责任人，明确课题调研时间和质量要求。年中，召开调研工作交流会，督查课题调研进展；年末，收集课题调研文章并校核、出刊。

2016年县级重点课题目录

1.深化农村改革，推进城乡统筹发展（县委政研室）

2.“十三五”期间海盐县主城区开发建设重点目标和政策机制研究（县住建局〈人防办〉）

3.发挥人大及其代表作用，助推海盐全域文明创建（县文明办）

4.农村土地经营权流转规范问题研究（县政协办公室）

5.强化责任履行，补齐工作短板，奋力夺取“平安金鼎”对策研究（县委政法委）

6.农村文化礼堂管理使用绩效评估（县委宣传部）

7.加强退出现职干部管理的实践与思考（县委组织部）

8.海盐县海洋经济发展状况浅析（县统计局）

9.城乡一体，重心下移——公共文化服务均等化的海盐实践（县文化局〈体育局〉）

10.关于加快集成吊顶产业转型升级的实践探索与思考（百步镇）

11.关于监督执纪“四种形态”的实践与思考（县纪委）

12.加强新形势下民兵预备役人员思想教育研究（县人武部）

13.安保新常态下社会治安掌控力的研究（县公安局）

14.推进我县中医养生保健普及工程的实践与研究（县卫生计生局）

15.生产性服务业发展对工业经济转型升级的影响研究（县发改局）

16.破解农民建房难，探索村庄有机更新（县国土资源局）

17.海盐县构建现代农业经营体系的实践与探索（县农经局〈农办〉）

18.新形势下推进海盐“全域旅游”的对策研究（县旅委）

19.海盐县接轨上海现状与对策研究（县发改局）

（刘崇杰）

信访工作

【概况】 2016年，海盐县信访局共受理信、访、电15992件（批），其中来访1157批3486人次，来信255件。来信中，网上信访104件、重复信48件、上级转办107件。县领导批示73件，其中县委书记沈晓红批示36件、县长章剑批示27件、代县长王碎社批示12件。复查信访件12件，复核市政府转来的信访件2件。赴京上访4批4人次，其中赴京非访1批1人次；到省上访20批45人次；去市上访43批176人次。未发生重大群体性越级上访情况。全年编发《信访快报》7期、《信访专报·来访专刊》11期、《来电专刊》10期、《集体访信息》26期，发出越级上访《预警信息》5期。在G20杭州峰会、中共十八届六中全会、第三届世界互联网大会乌镇峰会重要节点期间，编写《今日信访》50期。县委、县政府与各镇（街道）、县级有关部门签订信访工作目标管理责任书。县领导阅批群众来信、接待来访群众、下访约访、包案督办、县长电话值机等工作有序开展，县委书记专题召集会议研究重大信访事项，县党政领导带头督查督办、协调处理疑难信访问题,化解 20 件信访积案和突出问题,其他重大信访事项均得到稳控。是年,信访接待日共接待信访群众 380 批 716 人次,值机领导共受理县长电话 2465 个。实施多元化解矛盾纠纷制度,落实律师、信访监督员参与县领导信访接待日工作,在处理疑难信访事项时发挥律师等第三方协调作用。坚持问题导向,立足源头治理,抓好信、访、电、网等信访业务的规范办理,提高信访工作水平。

【推进信访工作改革创新】2016 年,县信访局贯彻国务院《信访条例》《浙江省信访条例》,推进信访工作改革创新。启用“浙江省统一政务咨询投诉举报平台”(简称“统一平台”),实现信、访、电、网同一平台办理。增设事业单位——海盐县“12345”政务咨询投诉举报中心(海盐县“12345”县长电话受理中心),承担“12345”政务热线的管理工作。以“12345”县长电话和海盐政务服务网为基础,除 110、120、119 等紧急类热线和“96345”社会事务服务热线以外,11 月底,完成 21 家单位共 27 条热线的整合工作,整合网上信箱、网民留言、政务微博等网络渠道,并完成与省“统一平台”对接。根据“诉访分离,分类处理”原则,有 23 个部门梳理和发布“依法分类处理群众投诉请求清单”共 2720 项。《浙江省信访条例》于 2016 年 8 月修订实施后,一般信访事项的办理期限由原 60 天缩短至 30 天,各事权单位均能紧跟工作要求,实现信访办理的提速增效。

【落实责任化解信访矛盾】2016 年,县信访局落实有权处理机关的责任担当,促进矛盾有效化解。发挥县信访工作联席会议作用,对重大和突出问题进行会商协调,成功化解稳控元通建设公司欠薪纠纷、“深圳国玺”集资案等信访事项。发挥县信访联席会议办公室协调督办职能,及时通报情况,开展调研分析,提出改进工作、完善政策等工作建议。开展以“补短板、化积案、创标杆”为主题的信访督查专项行动,化解信访积案和突出问题,排查出 54 件信访积案和突出问题,其中 21 件由县委、县政府领导包案督办,31 件由县级部门(单位)、镇(街道)领导包案督办。定期不定期检查信访事项办理情况,对群众评价不满意信访件进行核实、回访,发现问题即通报整改。开展带案实地督查工作,推动矛盾化解,落实稳控责任。做好越级访劝返工作,未出现倒流情况。依法处置非访人员,维护信访秩序。

【完成重点时段信访维稳服务保障工作】2016 年,在 G20 杭州峰会、第三届世界互联网大会乌镇峰会、各级“两会”、中共十八届六中全会等重要会议期间,制定信访工作方案,构筑安全防线。县、镇(街道)两级领导加强实地督导,信访专项组分工协作,责任主体之间加强联动,完成重点时段信访维稳服务保障工作,实现重点时段“零进京”“零上行”目标。县信访局获评嘉兴市保障服务重大国际峰会先进集体。

【提升信访干部工作能力】2016 年,县信访局在“两学一做”学习教育活动中开展“四讲四有”(讲政治有信念,讲规矩有纪律,讲道德有品行,讲奉献有作为)活动,推进信访干部队伍建设和党风廉政建设。开展“心系群众、阳光信访”主题教育实践活动,完善月度工作例会、县长电话受理中心周例会制度,在例会上交流工作,探讨疑难信访问题的化解对策。分析研判全县信访形势,及时报送信访信息,提出信访建议。举办为期 3 天的业务培训班,提高信访干部业务操作技能。开展信访干部到县信访局轮值工作,加强与部门的沟通交流,提高信访干部工作能力。县信访局在全市信访系统“迎七一、提素质、当尖兵”知识(技能)竞赛活动中获得第二名。

(黄保军)

机关党建工作

【概况】2016 年年底,县直机关工委下属 60 个机关基层党组织,有党员 2959 人。2016 年,理顺机关工、青、妇组织,举办“彩虹青年畅想青春”活动、“与你相遇”机关青年交友活动、机关女干部礼仪素质提升培训等活动。建立健全县级机关文体团队,开办书法、太极、摄影等文体培训班。根据全县“平安海盐”大走访、社会治安大清查工作安排,由县直机关工委牵头,抽调 52 个机关部门干部 610 人和党员志愿者,由各单位党组织书记担任队长,协助武原街道投入 G20 杭州峰会安保维稳工作。按照县委部署,开展“两学一做”学习教育活动。实施

"多彩党课",初步构建领导上党课、专家讲理论、党员谈心得的党员教育三级联动机制。举办第二届微党课大赛,提升学习实效。改进和完善民主评议党员方式,及时处置不合格党员。推行"智慧党建"管理新模式,推行"红船党建"云平台,定期开展"党性体检、民主评议"工作,加强党员"先锋指数"考评管理。排查党员组织关系,完成60个基层党组织2876名党员的排查,并按规定予以信息整合。

【"提升素质、服务基层"主题实践活动】 2016年,在县级机关部门中开展"提升素质、服务基层"主题实践活动。主要活动有:举办党员干部轮训、专题讨论、党课等教育培训,开展领导干部上讲台、干部日学1小时、岗位业务大练兵等活动;联合县委组织部,组织县直机关基层党组织书记及党员代表,赴湖州市吴兴区学习妙西镇干部"铁军精神";举办第四届机关基层党组织书记论坛。

【参与文明创建工作】 2016年,配合海盐县省级文明县创建和国家级卫生县城复评工作,县直机关工委以"机关先行、党员示范"理念,与县文明办、县联创办等单位联合,组织机关党员干部到县城主要街道路口开展交通行为文明规劝活动。组织各机关党员志愿服务队参与"红动全城·文明海盐"系列活动,开展"党员志愿品牌服务队集中服务""礼让斑马线·畅行你我他""文明停车·从我做起""文明经营·示范你我"等4项党员志愿服务活动。宣传绿色低碳环保理念,组织100余名党员干部骑游海盐美丽乡村。

【志愿服务活动】 2016年,发挥党员"一员双岗"作用,组织县直机关基层党组织党员开展认领"微心愿"等志愿服务活动,共有1863名在职党员到社区报到并认领微心愿。深化"1+X"结对活动,完善基层党组织、党员干部与困难家庭结对帮扶机制。有26个基层党组织开展党员志愿服务项目领办活动,其中县民政局的"爱心中转站"幸福小屋、县新居民事务局的"心新相印"关爱新二代,被列为市级党员志愿服务领办项目。

【机关党建工作】 2016年,建立健全部门党组(党委)负总责,党组(党委)书记带头抓,分管领导具体抓,机关基层党组织抓落实的机关党的工作责任落实机制。把机关党建工作列入县委、县政府对部门工作目标责任制考核范畴,实施机关党组织书记双向述职评议制度,促进机关党建工作有序开展。组织开展党支部活力设计大赛,引导基层党组织创新活动载体。培树机关服务品牌,县检察院"杜鹃姐姐工作室"和县文体局"文化惠民·幸福百姓"2个项目,被嘉兴市命名为第四批机关服务品牌。深化"规范化基层党组织""星级基层党组织"建设,完善考评机制,实行动态管理,执行一票否决制。按照中国共产党党和国家机关基层组织工作条例规定,选优配强党务干部特别是党组织书记和专职副书记。重视提升机关党务干部综合素质,建立机关党务干部教育培训机制,通过举办论坛和培训班、书记讲党课等形式,提高党务干部履行"一岗双职"能力。举办领导干部"立家规家训·讲家风故事"、机关干部书写家规家训等活动,并举办家规家训书法作品展。年内,有25个机关基层党组织换届,15个增补书记或委员。发展党员28人,预备党员转正27人,有2名发展对象因培训不合格暂缓发展。推进执纪办案工作,全年处理违纪违法党员17人,其中开除党籍5人。

(周　洁)

城镇企业党建工作

【概况】 至2016年年底,海盐县城镇企业直属党组织总数54个,其中党委2个。共有党员1138人,其中离退休党员657人,挂靠党员84人。年内,有33个企业党组织换届,新增支委成员12人。撤销沈荡酿造有限公司等2个党组织。2016年,县企工委在城镇企业中开展"党建引领·'双强'职工成长计划"创建活动,举办厂长(经理)培训班和工会干部培训班,举办"四讲四有"主题征文活动。组织"安康杯"竞赛,组队参加由县总工会组织的职工技能运动会。创建高技能人才创新工作室。6月,启动"美丽厂区"创建活动,提升企业文化内涵。举办海盐县第四届城镇企业职工趣味运动会和登山活动。在城镇企业中开展建党95周年系列纪念活动,主要活动有:新老党员"红色传承"座谈会,新党员集体宣誓,基层党组织专题组织生活会,"两优一先"(优秀党务工作者、优秀

浙江博远机械设备有限公司党支部集体承诺做合格党员

党员，先进基层党组织）评选推荐，“红色正能量”电化教育，“关爱党员、服务群众”走访等。是年，县企工会获县级产业、系统工会重点工作考核优秀奖。

【开展“两学一做”学习教育活动】 2016年，县企工委按照县委部署，以城镇企业党支部为基本单位，以“三会一课”等党的组织生活为基本形式，开展抄党章写体会、找“短板”、拍党员全家福、重温入党誓词等学习教育活动，并举办“两学一做”学习教育征文活动。专项检查党费收缴工作，全系统补缴党费9万余元。开展党员组织关系集中排查工作，以党支部为单位，通过“组织找党员、党员找组织、党员找党员”途径，理顺党员组织关系。

【党建阵地示范建设】 2016年，县企工委以示范带动、点面结合的办法，在城镇“两新”企业党组织中开展党建阵地试点示范建设。对照“七有三经常”（有党旗国旗、统一标识、党员活动室、电教及相关设施、活动计划记录、学习资料、专兼职管理人员，学习经常、活动经常、作用发挥经常）标准进行评比。经考核验收，有5个企业达到党建阵地建设示范标准。

【考核验收40个先进企业党组织】 2016年，县企工委深化城镇企业党建工作梯级递进考核机制。根据“分类指导、分层考核、分步推进”工作要求，修订和完善城镇企业“五好”党组织考核细则、城镇企业规范化党支部考核细则，以及城镇企业综合（退休、失业）党支部考核细则；在考核细则中增加以“四讲四有”为主题的“两学一做”学习教育活动内容。是年底，经考核验收，有11个示范党组织、14个“五好”党组织、15个规范化党支部达到考核要求。

【党员培养培训工作】 2016年，县企工委开展“双培养三推荐”活动，建立工、青、妇“三位一体”的新型推优机制，以及“把企业骨干培养成党员，把党员培养成优秀人才”的双向培养机制，做好党员发展工作。抓好党建指导员和“党务红领”工作。9月，在温州乐清市委党校举办城镇企业经营管理人才工作培训班；11月，组织部分“党务红领”赴金华浦江县郑宅镇“郑义门”参观学习。全年发展党员12人，转正16人，并对8名不合格党员作出除名处置。

（吴雪明）

9月21日，县企工委组织厂长经理参观浙江乐清市正泰公司

海盐县人民代表大会

综　　述

【概况】 2016 年,县十四届人大常委会围绕发展主题,促进经济社会发展。听取县政府关于"十二五"规划执行和"十三五"规划编制情况的报告,在"十三五"发展思路、重大项目安排等方面提出建议。听取和审议县政府关于上半年计划执行情况、预算执行情况、2015 年财政情况决算等报告,审查批准上半年计划执行情况报告、本级财政决算和上半年预算执行情况的报告。听取和审议本级预算执行和其他财政收支审计工作及审计整改落实情况的报告。听取县政府关于工业经济创新驱动发展的报告。按照《中华人民共和国预算法》规定,推动实施全口径预算,规范政府预算报告内容,实现部门预算审查全覆盖。听取和审议政府重大投资建设项目计划执行情况的报告,并视察政府重大投资建设项目,审议表决政府重大投资建设项目,通过 9 个,否决 1 个。视察并听取县政府关于浙江山水六旗国际度假区项目推进情况的报告。依法行使重大事项决定权,审议对外合作等工作,作出《关于批准海盐县与丹麦松德堡市建立友好城市关系的决定》等决议决定。

围绕法治海盐,促进社会公平正义。听取和审议县政府关于开展"六五"法制宣传教育工作和"七五"法制宣传教育规划编制情况的工作报告,依法作出《关于开展第七个五年法制宣传教育的决议》。组织开展大气污染防治执法检查,对食品安全"一法两规"(《中华人民共和国食品安全法》及其实施条例,《浙江省实施〈中华人民共和国食品安全法〉办法》)、饮用水水源地保护等法律法规贯彻执行情况开展跟踪问效。听取和审议县法院、县检察院关于深化司法体制改革试点工作情况的报告。听取县政府关于全县消防工作的报告。关注综合行政执法改革工作,听取专项工作报告。专题调研县看守所工作。常委会依法任免国家机关工作人员 64 人。落实宪法宣誓制度,对常委会任命国家机关工作人员进行公开宪法宣誓。对 26 件规范性文件进行备案审查。

围绕民生事业,推进民生问题持续改善。听取和审议县政府关于教育现代化工作开展情况的报告,提出继续落实教育优先发展战略,改进考核办法等意见建议。组织视察分级诊疗双向转诊工作。在全县开展大气污染防治执法检查和"五水共治"工作专项监督,听取和审议县政府关于开展"五气共治"工作情况的报告,推进大气环境和水环境质量改善。专题听取县政府关于基本公共服务均等化改革试点工作的报告。听取县政府关于农村房屋宅基地使用权证发放工作情况的报告。对"十三五"交通规划开展调研,听取相关职能部门工作汇报。

围绕代表工作,不断夯实基层基础。常委会扩大代表对常委会工作参与,邀请代表列席常委会会议,参加执法检查、调研等活动。丰富代表闭会期间活动内容,组织代表开展持证视察、约见地方政府领导和部门负责人、代表进社区、代表向选民述职、旁听法院庭审等活动。围绕县委中心工作,全县各级人大代表参与城乡环境整治等主题活动。重视代表建议办理工作,将建议与建议办理情况在选区公开。对本届以来建议办理情况开展"回头看"。首次召开建议办理工作专题询问会。12 月 20 日,依法选举产生县人大代表 211 人,镇人大代表 311 人,完成县、镇两级人大代表换届选举工作。

围绕自身建设,提高依法履职水平。常委会领导落实联系镇(街道)、"基层日"、"第一书记"、"河长制"等制度,参与和助推全县中心工作。围绕护航 G20 杭州峰会和第三届世界互联网大会乌镇峰会,协助抓好社会矛盾化解,维护社会稳定,促进社会和谐。改进调查研究的组织形式，开展重点课题研究和专项工作调研。编印《忠诚为民——海盐县第十四届人民代表大会回眸》。注重发挥老干部作用。强化对镇（街道）人大的联系与指导，坚持联席会议制度。

（吴徐锋　崔灵佳）

重要会议

【县十四届人大五次会议】 3月8—10日举行，会议应到代表203人，实到196人。会议审查并批准县政府工作报告，海盐县国民经济和社会发展第十三个五年规划纲要，2015年国民经济和社会发展计划执行情况、2016年国民经济和社会发展计划的报告，2016年国民经济和社会发展计划，2015年财政预算执行情况和2016年财政预算的报告，2016年县级财政预算，以及县人大常委会、县法院、县检察院3个工作报告。依法选举海盐县第十四届人民代表大会常务委员会主任和2名委员。会议期间，收到代表10人以上联名议案5件，另收到建议、批评和意见（简称建议）119件；经大会主席团研究决定，将5件议案全部转作建议处理，共计124件建议交政府有关部门办理，并负责答复代表。

海盐县十四届人大五次会议代表建议一览表

表43

编号	领衔人	代表建议提要
1▲	邱秀英	关于盐嘉塘东西大道以西至三环洞河岸加固防涝的议案
2▲	许建明	关于在重点行业重点企业中建立指导员制度的议案
3▲	吴岳平	关于适当延长女性职工工伤保险期的议案
4	沈其良	关于出台国有土地上居民自建房（危房）提前申请拆迁政策的建议
5	何　惠	关于“二孩政策”下适当放宽中小学专职教师编制的建议
6	沈雪平	关于解决“两新”建设中农房确权遗留问题的建议
7	钟其龙	关于解决农村发放房产证问题的建议
8	邱秀英	关于搬迁、扩建农副产品交易区的建议
9	沈雪平	关于调整经济适用房和保障房户口条件的建议
10	沈其良	关于完善老旧小区房屋维修基金提取机制的建议
11	陈跃忠	关于重新划定盐东村农贸市场路口人行道的建议
12	叶敏华	关于公交车终点站延伸至澉浦长青路（镇中村村委会前）的建议
13	叶敏华	关于拓宽农贸市场南侧朝阳西路段及西侧秀水路段建议
14	邱秀英	关于因长期水淹拟提前拆迁或新建分水闸防涝的建议
15	沈其良	关于社区党组织书记退休后参照享受事业单位退休人员生活补贴的建议
16	沈雪平	关于增加5路公交车站点的建议
17	朱水忠	关于修改农民建房政策杜绝投机行为的建议
18	朱水忠	关于对秸秆耕作深埋的农户进行补助的建议
19	姚晋华	关于整修海滨公园地掷球场地的建议
20	王水根	关于扶持县城周边社区（村）集体经济发展的建议
21	姚晋华	关于东门社区8组尚存的农户养老保障问题的建议
22	姚晋华	关于县自来水公司抄表继续出具水费清单的建议
23	朱连萍	关于保障种粮大户粮食订购任务和粮食保护价的建议
24	任建芬	关于改造天宁寺路、百尺北路一带老旧小区的建议
25	罗小卫	关于机关事业单位房改房日常维修管理的建议
26	王红平	关于疏浚武通港北段河道的建议

续表 43

编号	领衔人	代表建议提要
27	倪凤生	关于盐湖路东段、马路北侧规划停车泊位的建议
28	徐新生	关于在中兴路北与海兴路丁字路口安装红绿灯的建议
29	吴岳平	关于企业绩效考核的几点建议
30	顾燕平	关于将类风湿性关节炎纳入居民医保特殊病种的建议
31	吴岳平	关于统一各部门“污水排放量许可证”的建议
32	蒋关良	关于改造盐嘉塘河道帮岸的建议
33	蒋关良	关于在盐于线丁家浜三岔路口安装红绿信号灯的建议
34	蒋关良	关于出台农村秸秆处理办法的建议
35	何全华	关于保留真君堂庙历史文化遗产的建议
36	何全华	关于百尺北路通酱油港道路建设的建议
37	冯桂芬	关于改善城东路京浦花苑周边交通设施环境的建议
38	李均敬	关于合理布局城区海丰中路街道路灯的建议
39	李均敬	关于落实政策解决老旧小区维修资金问题的建议
40	朱建中	关于启用浙江一星实业股份有限公司封存库房的建议
41	朱建中	关于收储原浙江富达油脂有限公司土地的建议
42	徐培琪	关于城市夜间道路亮化改造的建议
43	徐培琪	关于有效利用城区汽车泊位的建议
44	张　松	关于盐东村农贸市场路口重新划定人行道的建议
45	李均敬	关于解决城北西路盐棉新村拆除违章后续问题的建议
46	茹勤丽	关于解决方池西路南北两侧低洼地致居民出行难的建议
47	孟敏红	关于保留“西官路”有历史意义路名的建议
48	孟敏红	关于“城中村”有机更新的建议
49	孟敏红	关于土地工与企业职工同等享受退休政策待遇的建议
50	胡全法	关于社区卫生服务站药品结构的建议
51	陆晓弟	关于整治废弃杆线、路牌、路标、警示牌的建议
52	徐凤飞	关于集中整治温室甲鱼养殖的建议
53	方善良	关于建立健全老年人活动中心的建议
54	金勤萍	关于管理拆迁安置小区，完善撤村建居相关政策的建议
55	方士妹	关于解决杭州湾跨海大桥警报噪声问题的建议
56	方善良	关于对港区、县开发区内超载车辆加大查处力度的建议
57	叶巧英	关于电动自行车管理的建议
58	董叶珍	关于农村生活污水管网建设和管理并重的建议
59	董叶珍	关于提高村级文化专职管理员薪酬待遇的建议
60	钟全根	关于恒阳热电厂配备机组提高供气质量的建议
61	钟全根	关于厘清新农村建设点用电电价和用时的建议
62	吴燕平	关于丰富教职员工精神生活的建议
63	陈建明	关于整治农村环境给予经费补助的建议
64	胡少萍	关于解决秦山街道22万伏以上高压线20米内农户搬迁资金及土地指标的建议

续表 43

编号	领衔人	代 表 建 议 提 要
65	沈汉忠	关于提高城乡居民社会养老保险待遇的建议
66	沈汉忠	关于港湾式候车亭增设座椅及公交线农村段建港湾式候车亭的建议
67	吴利民	关于土地流转有序、持续、健康发展的建议
68	张正明	关于规范农村宗教信仰点的建议
69	谢华芬	关于恢复 K217 路公交运行的建议
70	朱建良	关于建设中低等级航道护岸的建议
71	林周忠	关于教育资源布点专题规划的建议
72	林周忠	关于建筑业企业资质换证工作的建议
73	朱建良	关于建立农村生活污水长效管理机制的建议
74	朱忠明	关于对县科技城在建项目加大政策扶持和招商力度的建议
75	陈旗红	关于尽快搬迁水源保护区内农户的建议
76	李彬新	关于完善县西北部交通路网建设的建议
77	李彬新	关于增加等外公路财政补助,并降低道路长度的建议
78	谢华芬	关于调整种粮户粮食订购任务的建议
79	朱炼挺	关于设立尚胥庙公交车站的建议
80	陈月祥	关于管理农村公共体育设施的建议
81	陈月祥	关于职业教育接轨核电关联产业的建议
82	储海锋	关于重建陶家桥的建议
83	张永妹	关于有效分流妇女“两癌”筛查的建议
84	张永妹	关于解决种粮大户卖粮难的建议
85	叶吴良	关于维护管理农村生活污水治理设施运行的建议
86	冯德良	关于完善农民建房相关政策的建议
87	冯德良	关于横港集镇有机更新的建议
88	王金凤	关于乡镇港湾式停靠站点建设的建议
89	左明珍	关于管理通村道路上重型自卸车行驶的建议
90	左明珍	关于培育“互联网＋集成吊顶”产业的建议
91	叶吴良	关于政策扶持镇(街道)公办中心幼儿园的建议
92	钟雪根	关于规范骨灰存放管理的建议
93	冯德良	关于重新开通 K217 路公交车的建议
94	冯德良	关于整治大横港河道的建议
95	金惠明	关于按设计的宽度浇筑嘉绍高速百步出口连接线的建议
96	储海锋	关于开通百步至沈荡公交线路的建议
97	储海锋	关于移动公司拉杆拉线要与所在村沟通的建议
98	鲍云庆	关于统筹解决各镇(街道)存量房与“两新”企业搬迁指标紧张两难问题的建议
99	曹建妹	关于推广秸秆堆肥的建议
100	曹建妹	关于职工医疗参保人员定期体检的建议
101	龚野法	关于新盐湖线到沈荡与海王公路交叉口圆盘改造红绿灯的建议
102	沈菊娥	关于盐于线(黄桥到于城段)道路亮化的建议

续表 43

编号	领衔人	代表建议提要
103	许加生	关于提升供气企业生产水平,确保用气企业正常运转的建议
104	朱金华	关于"两新"社区公共配套设施规划设计的建议
105	朱金华	关于文化礼堂运营管理的建议
106	朱金华	关于搬迁千亩荡饮用水水源一级保护区内农房的建议
107▲	朱龙训	关于连通南北湖黄沙坞与尖山围垦区交通道路的议案
108	李邵良	关于拓宽翁金线(西)公路的建议
109	陆云彪	关于增加种粮补助,稳定种粮政策的建议
110	王旭初	关于完善和稳定农民建房政策的建议
111	杨一帆	关于解决农村"两新"建设点农村生活污水治理工程建设经费的建议
112	周生林	关于解决土地流转中问题的建议
113	吴雪华	关于出台农村征地补偿款分配指导性意见的建议
114▲	沈惠明	关于推进 S207 道路建设工作的议案
115	谷社良	关于提高粮食收购和存储能力的建议
116	张惠芬	关于优化通元丰义村公交车线路的建议
117	张惠芬	关于村级 X 点建房基础设施建设的建议
118	黄国良	关于取消农村合作医疗门诊费报销限额的建议
119	许马平	关于增加航道桥梁建造补助的建议
120	张惠芬	关于治理村级道路超载的几点建议
121	殷雪明	关于设立通元镇联新村社区卫生服务站的建议
122	何前进	关于嘉南线通元集镇段道路(韩家桥)与海伦小区十字路口安全管理的建议
123	许马平	关于通元镇年长港两岸护岸维修的建议
124	胡刘明	关于农村公路两侧绿化建设补助资金的建议

说明:打▲的为议案转建议

【县人大常委会会议】 2016年,县十四届人大常委会召开例会10次。

第三十一次会议于1月28—29日举行。会议听取和审议县长章剑提出的人事任免议案、县检察院检察长宋跃提出的人事任职议案,经无记名投票表决通过各项议案。会议举行宪法宣誓仪式。听取和审议副县长孙雄伟提出的关于海盐县2015年地方政府债务限额的议案,以按表决器方式通过议案。听取和审议副县长孙雄伟所作的关于"十二五"规划执行和"十三五"规划编制情况的报告,建议完善"十三五"规划草案以提交县十四届人大五次会议审查。听取和审议县发改局局长蔡其良受县政府委托所作的关于海盐县2015年国民经济和社会发展计划执行情况、2016年国民经济和社会发展计划建议的报告,建议完善该报告以提交县十四届人大五次会议审查。听取和审议县财政局局长俞汉烈受县政府委托所作的关于海盐县2015年财政预算执行情况和2016年财政预算草案的报告,建议完善该报告以提交县十四届人大五次会议审查。听取和审议县发改局局长蔡其良受县政府委托所作的关于2015年县级重大政府投资建设项目计划执行情况和2016年县级重大政府投资建设项目计划建议的报告,并就拟安排的2016年亿元以上政府重大投资建设项目进行表决,以按表决器方式通过表决。分别听取县住建局(人防办)局长(主任)杨月明、县民宗局局长蒋菊斌、县质监局局长崔建明、县法院副院长俞朱明、县检察院副检察长陆蔚红所作的2015年度述职报告。

第三十二次会议于2月17日举行。会议听取和审议县人大常委会副主任崔用龙受主任会议委托提出的《关于举行海盐县第十四届人大五次会议的决定(草案)》的议案,以按表决器方式通过表决。听取和审议县人大常委会副主任崔用龙受主任会议委托提出的人事任免议案,经无记名投票表决通过各项议案。会议举行宪法宣誓仪式。听取和审议县人大常委会副主任朱蓓华受主任会议委托提出的关于补选黄江莺为嘉兴市第七届人大代表的议案,经无记名投票通过表决。听取和审议县人大常委会副主任崔用龙受主任会议委托所作的关于县十四届人大五次会议有关事项的说明,以按表决器方式通过表决。会议审议县人大常委会工作报告,以按表决器方式表决,同意将该报告稿提交县十四届人大五次会议审查。审议县人大常委会2016年工作要点和监督工作计划草案,经按键通过表决。

第三十三次会议于3月1日举行。会议听取和审议县长章剑提出的人事任免议案,经无记名投票表决通过各项议案。会议举行宪法宣誓仪式。听取和审议朱蓓华受县人大常委会代表资格审查委员会委托所作的关于第十四届人代会代表变动情况和补选代表资格的审查报告。

第三十四次会议于3月31日举行。会议听取和审议县法院院长宋健提出的人事任免议案,经无记名投票通过表决。听取和审议副县长胡燕萍提出的关于提请批准南排扩排海盐县综合整治项目向国开行融资的议案,以按表决器方式通过议案。听取和审议副县长胡燕萍所作的关于教育现代化工作开展情况的报告,会议提出审议意见。

第三十五次会议于5月31日举行。会议听取和审议副县长钱学勤受县长章剑委托提出的人事任免议案、县人大常委会副主任崔用龙受主任会议委托提出的人事任职议案,经无记名投票表决通过各项议案。会议举行宪法宣誓仪式。听取和审议县法院院长宋健、县检察院检察长宋跃所作的关于深化司法体制改革工作情况的报告,会议提出审议意见。

第三十六次会议于7月28—29日举行。会议听取和审议县长章剑提出的人事任免议案,以及陈国信提出的辞职事项,经无记名投票表决通过各项人事事项。会议举行宪法宣誓仪式。分别听取和审议县财政局局长俞汉烈受县政府委托所作的关于2015年财政决算情况的报告、关于2016年1—6月财政预算收支执行情况的报告,会议就报告提出的审议意见,以按表决器方式通过决议。听取和审议县发改局局长蔡其良受县政府委托所作的关于2016年上半年国民经济和社会发展计划执行情况的报告、2016年上半年县级重大政府投资建设项目计划执行情况的报告,会议提出审议意见。听取和审议县审计局局长胡玉明受县政府委托所作的关于2015年度本级预算执行和其他财政收支的审查工作报告,会议提出审议意见。听取和审议副县长王坚提出的县政府关于2016年地方政府债务限额及新增债券安排方案、2016年预算调整方案(第一批)、调整2016年度县级重大投资建设项目等3个议案,以按表决器方式通过《关于批准2016年地方政府债务限额及新增债券安排方案的决定》《关于批准2016年预算调整方案(第一批)的决议》,以按表决器方式对2016年度县级重大投资建设项目计划调整方案中的7个项目进行表决,通过6个,否决1个。

第三十七次会议于9月29日举行。会议听取和审议副县长王坚受县长章剑委托提出的人事任免议案、县人大常委会副主任崔用龙受主任会议委托提出的人事任免议案,以及卢卫提出的辞职事项,经无记名投票表决通过以上议案和辞职事项。会议举行宪法宣誓仪式。听取和审议副县长陈建平所作的关于海盐县"五气共治"工作情况的报告,会议提出审议意见。听取和审议副县长陈建平所作的关于法制宣传教育第六个五年规划实施情况和第七个五年规划的报告。县人大常委会副主任朱引良受主任会议委托作《海盐县人民代表大会常务委员会关于开展第七个五年法制宣传教育的决议(草案)》的说明,以按表决器方式通过决议。

第三十八次会议于10月24日举行。会议听取和审议副县长傅方正提出的县政府关于提请审议海盐县与丹麦松德堡市建立友好城市关系的议案,以按表决器方式通过相关决定。听取和审议县人大常委会副主任朱蓓华受主任会议委托提出的《关于县、镇两级人民代表大会换届选举有关事项的决定(草案)》《关于提请任命海盐县选举委员会组成人员的议案》《关于提请任命海盐县各镇(街道)选举工作机构组成人员的议案》，以按表决器方式通过相关决定和议案。

第三十九次会议于11月24日举行。会议听取和审议副县长王坚受县长章剑委托提出的人事任职议案、章剑提出的辞职事项，以及县人大常委会副主任崔用龙受主任会议委托提出的人事任职议案，经无记名投票表决通过各项人事事项。会议举行宪法宣誓仪式。

第四十次会议于12月15日举行。会议听取和审议代县长王碎社提出的人事任免议案、县法院副院长俞朱明受院长宋健委托提出的人事任职议案、宋健提出的辞职事项、县选举委员会和各镇选举委员会有关人员提出辞职请求，以及县人大常委会副主任崔用龙受主任会议委托提出的人事任职议案，经举手表决和无记名投票表决通过各项人事事项。会议举行宪法宣誓仪式。听取副县长王坚所作的关于2015年度本级预算执行和其他财政收支审计整改落实情况及审计意见办理情况的报告。听取和审议副县长王坚所作的县政府关于县十四届人大五次会议建议办理情况的报告。听取和审议副县长王坚提出的关于2016年预算调整方案（第二批）的议案，经举手表决通过相关决议。听取和审议县人大常委会副主任崔用龙受主任会议委托提出的关于提请审议《海盐县人民代表大会常务委员会关于举行海盐县第十五届人民代表大会第一次会议的决定（草案）》的议案，经举手表决通过相关决定。

【县人大常委会主任会议】 2016年，县十四届人大常委会举行主任会议22次。主要活动有：4月26日，听取全县农村房屋宅基地使用权证发放工作情况的报告；7月22日，听取全县消防工作的报告；8月25日，听取全县基本公共服务均等化改革试点工作情况的报告；10月28日，听取和讨论县政府关于工业经济创新发展的报告、听取浙江山水六旗国际度假区项目推进情况的报告。

（吴徐锋　崔灵佳）

主要工作

【视察和调研】 2016年，县十四届人大常委会组织视察组、调研组，采取听汇报、实地察看、现场调研等形式，对县政府及其有关部门、“两院”依法实施法律监督和工作监督，有针对性地提出意见和建议。主要活动有：5月份，视察分级诊疗、双向转诊工作情况；6月份，视察综合行政执法改革工作进展情况；9月份，视察政府重大投资建设项目进展情况。

【124件建议按时办结】 4月7日，海盐县召开十四届人大五次会议意见建议交办会，124件建议分别交给23个县级部门（单位）和3个镇（街道）办理。县人大常委会对124件建议以相关工委联系条线进行分类，开展重点督办工作。县政府对重点建议实行县领导领办督办制度。124件建议在法律规定期限内按时办结，满意率64.5%，基本满意率32.3%，解决一批群众关心的热点难点问题。

【办理工作“回头看”和专题询问会】 2016年，县人大常委会对县十四届人大以来代表建议办理情况开展“回头看”，整理出22件建议交政府进行再办理。10月24日，县人大常委会召开代表建议办理工作专题询问会，就县十四届人大四次会议上徐凤飞等8名代表提出的《关于加快撤村建居社区管理和服务工作的建议》、县十四届人大三次会议上李均敬等5名代表提出的《关于要求县城投安置小区充分利用物业用房开辟公共文体活动场所的建议》2件建议，依法开展询问。

（吴徐锋　崔灵佳）

5月2日，常委会视察分级诊疗双向转诊试点工作

海盐县人民政府

重要会议

【县政府常务会议】 2016年，海盐县十四届政府召开10次常务会议。

第三十九次常务会议于1月29日召开。会议学习研究《城镇排水与污水处理条例》。讨论研究县发改局《海盐县国民经济和社会发展第十三个五年规划纲要(征求意见稿)》、县住建局《海盐县城镇住房保障"十三五"规划》，会后修改完善后发文实施。听取《政府工作报告(讨论稿)》、《关于2015年国民经济和社会发展计划执行情况、2016年国民经济和社会发展计划草案的报告(讨论稿)》、《2016年度重大政府投资项目安排(讨论稿)》、《关于2015年预算执行情况和2016年财政预算草案的报告》，要求各起草组根据会议讨论内容修改完善。通报并原则同意县国资办《关于县城乡水环境建设公司向华夏银行融资事项的请示》《关于为百步镇下属公司流动资金贷款提供担保的请示》《关于县旅投集团下属子公司向恒丰银行不对应项目融资事项的请示》《关于为海盐县澉浦旅游文化发展有限公司贷款提供担保的请示》等事项。

第四十次常务会议于3月23日召开。会议讨论研究并原则同意县民政局《关于进一步加强社会工作专业人才队伍建设推动社会工作发展的意见》《养老服务补贴制度实施办法》《关于进一步推进"三社联动"完善基层社会治理的实施意见》，会后修改完善后发文实施。讨论并研究县农办《美丽乡村建设实施意见(2016—2020年)》，会议决定，县农办、县妇联、县综合执法局近期要筹备优美庭院、清洁家园等评比竞赛活动。讨论并研究县委宣传部提交的《进一步加快影视文化产业发展的若干政策意见》，明确当年度单个永久性影视设施项目一次性投资(不含土地)3000万元(含)以下给予5%的补助，企业上市补助参照最新的企业股改上市扶持政策。听取并研究县发改局关于老年公寓床位费、护理费调价问题，根据市场规律调整，暂定三年为一个调价周期。讨论研究并原则同意县人力社保局《关于支持大众创业促进就业的实施意见》。听取县财政局《南排扩排海盐县综合整治国开行融资项目方案》汇报。

第四十一次常务会议于4月19日召开。会议学习研究《浙江省重大建设项目稽察办法》，要求各有关部门抓好重大建设项目管理和稽察工作，整改、落实存在的问题。讨论研究并原则同意县交通运输局《划定公路建筑控制区公告》、县编委办《关于深化"四个平台"建设推进基层治理体系和治理能力现代化的实施意见》、县住建局《农村生活污水治理设施运行维护管理办法(试行)》、县环保局《关于进一步加强基层环境保护工作的实施意见》、县质监局《紧固件行业提升整治工作实施方案》，会后修改完善后发文实施。听取并原则同意县发改局(物价局)《关于要求制定南北湖景区内机动车停放服务收费试行标准的请示》，县总工会《2012—2016年度海盐县劳动模范候选人名单》。

第四十二次常务会议于5月10日召开。会议学习研究《浙江省审计条例》。讨论研究并原则同意县民政局《关于做好生猪退养生活困难人员帮扶工作的意见》《支出型贫困家庭救助办法(试行)》，会后修改完善后发文实施。听取县发改局关于县级重大政府投资项目的情况汇报，要求各有关部门做好项目前期各项工作，并反馈问题和困难，重大问题要提出解决方案并提交县长办公会议讨论；涉及环保项目的推进，要注重项目程序及政策把握。讨论研究并原则同意县经信局《2016 年推进光伏发电应用实施方案》。听取县国资办《关于为百步镇镇属公司贷款展期继续提供担保的请示》《关于为澉浦镇镇属公司流动资金贷款展期继续提供担保的请示》《关于组建中节能海盐绿色发展股权投资基金管理有限公司的请示》《关于千亩荡水源保护区水质提升项目融资事项的请示》《关于委托培养公交驾驶员实施方案的请示》《关于海盐鸿达工程咨询有限公司增员的请示》《关于县水利投资公司改革方案的反馈意见》《关于县旅投集团黄沙坞长寿谷融资项目有关事项的请示》等事项，并要求融资项目综合成本一般应控制在 6.5%以内。

第四十三次常务会议于 6 月 16 日召开。会议学习研究《嘉兴市秸秆露天禁烧和综合利用条例》。会议通报关于召开全省第七次农业“两区”建设现场会有关事宜以及全县黄标车淘汰工作的有关情况。讨论研究并原则同意县开建办《浙江省海盐滨海国际度假区政府和社会资本合作（PPP）项目实施方案》、县住建局《关于目前农民建房管理的若干意见》。听取并同意县环保局《关于撤销三环洞大桥饮用水水源地及水源保护区的请示》、县国资办《关于开发区（西塘桥街道）棚改项目政府购买服务有关事项的请示》、《关于县开发区（西塘桥街道）农村污水整治项目政府购买服务相关事项的请示》、县监察局《关于给予殳乃峰开除公职处分的请示》《关于给予朱晓芳开除公职处分的请示》《关于给予苏建良开除公职处分的请示》《关于给予许一平开除公职处分的请示》等事项。

第四十四次常务会议于 7 月 14 日召开。会议学习研究《中华人民共和国反恐怖主义法》。讨论研究并原则同意县财政局《2016 年“三保一联”考核办法》、县科技局《科学技术进步奖励办法》《科技强企若干政策意见》、县人力社保局《人才强企若干政策意见》、县市场监管局《关于落实“双告知”制度加强市场主体事中事后监管工作的通知》、县政府研究室《科技强企人才强企三年行动计划》，会后修改完善后发文实施。听取并同意县财政局《关于 2015 年财政决算（财政）的报告》《关于 2016 年 1—6 月份财政预算收支执行情况的报告》《关于 2016 年预算调整情况的汇报（第一批）》《关于 2016 年新增债券支出情况的报告》《关于 2016 年地方政府债务限额的报告》，要求县财政局将上述报告提交县人大常委会审议。

第四十五次常务会议于 8 月 1 日召开。会议学习研究《中华人民共和国保密法》。听取并分析上半年经济形势，要求下半年各级各部门把握趋势，积极有为，抓住机遇，加快发展。一要突出创新驱动，培育壮大经济增长新动能；二要突出项目为王，狠抓项目建设和招商引智；三要突出绿色发展，加大环境整治提升力度；四要加快城乡建设，促进社会和谐稳定；五要抓好干部队伍建设，激发干事创业热情。

第四十六次常务会议于 9 月 30 日召开。会议学习研究《中国共产党问责条例》及《行政机关公务员处分条例》。讨论研究并原则同意县水利局《水利发展“十三五”规划》，县国土资源局《关于开展村级土地民主管理创建活动的实施意见》，县法制办《县政府重大行政决策程序规定及配套制度》，县财政局《社会保险基金保值增值运作方案》，县民政局《关于全面建立困难残疾人生活补贴和重度残疾人护理补贴制度的通知》，会后修改完善后发文实施。听取并同意县国资办《关于设立城市停车场管理有限公司的请示》《关于联丰建丰片区（二期）和盐东路区块（二期）棚改项目政府购买服务事项的请示》《关于设立海盐南北湖酒店管理有限公司的请示》等事项。

第四十七次常务会议于 10 月 24 日召开。会议学习研究《浙江省消防条例》，要求各镇（街道）在年底前建立专职消防队，县公安局、县消防大队做好指导并检查消防队组建情况。讨论研究并原则同意县发改局《服务业“十三五”发展规划》，县教育局《住宅小区配套幼儿园建设管理实施办法》，县科技局《〈关于推进海盐创新科技园建设的若干政策意见〉的补充意见》，会后修改完善后发文实施。讨论研究并原则同意县治水办《2016 年“五水共治”“三改一拆”工作考核办法》，要求扩大饮用水水源地水质达标考核指标分值差距。通报并同意县外侨办《关于海盐县与丹麦松德堡市建立友好城市关系事宜》。

第四十八次常务会议于12月5日召开。会议学习研究交通运输部《网络预约出租汽车经营服务管理暂行办法》。讨论研究并原则同意县住建局(人防办)《海盐县小城镇环境综合整治行动实施方案》,县残联《关于加快推进残疾人全面小康进程的实施意见》,会后修改完善后发文实施。讨论研究并原则同意县人力社保局《2017年度海盐县社会保险费征缴标准》《城乡居民基本医疗保险2017年度征缴标准》,城乡居民基本医疗保险筹资额为年人均1200元,其中个人承担360元。讨论研究并原则同意县财政局《关于2016年县级政府投资预算的报告》《关于2016年预算调整情况(第二批)的报告》,县开发区《中节能海盐绿色发展科创产业园PPP项目初步实施方案》。讨论研究并原则同意县开建办《关于浙江山水六旗基础设施配套工程PPP项目相关工作的汇报》,要求对重大政府性投资项目遵循相应法定程序,会后将该项目提请县人大常委会审议。讨论研究并同意县纪委(监察局)《关于对方光辉严重违纪违法问题的定性及处理建议情况汇报》。听取县发改局《未开工及进度滞后的政府投资及重大产业项目情况》,对做好下一阶段项目推进工作提出要求。

【县长办公会议】 2016年,县十四届政府召开24次县长办公会议。

第八十二次县长办公会议于1月12日召开。会议讨论研究县经信局《关于下达2016年镇(街道)主要工业经济指标的汇报》,要求根据讨论内容修改完善后将任务下达各镇(街道)。讨论研究县民政局《关于进一步推进"三社联动"完善基层社会治理的实施意见》《关于进一步加强社会工作专业人才队伍建设推动社会工作发展的意见》,要求修改完善后提交县政府常务会议讨论。讨论研究并原则同意县环保局《环境保护综合督查整改方案》,县国土资源局《2015年基准地价更新成果汇报》。讨论研究2016年政府实事项目安排建议方案、《政府工作报告》(征求意见稿),要求在网络平台上征求市民意见。

第八十三次县长办公会议于2月15日召开。会议讨论研究并原则同意县国资办《关于县国资公司向交通银行融资担保事项的请示》《关于县滨海住房保障公司人才小区工程项目融资事项的请示》。讨论研究县发改局《关于反馈〈海盐县人大常委会关于第十三个五年规划及2016年国民经济和社会发展计划中重大项目安排审议意见〉的报告》,要求作进一步修改完善。会议对2015年各项工作进行总结,分析在产业基础、招商能力、环境治理等方面还存在一定差距,提出新的一年要在补短板、创亮点、抓改革、重落实上下功夫。

第八十四次县长办公会议于2月23日召开。会议讨论研究并原则同意县经信局《关于下达2016年工业经济预期目标的通知》,县水利局《开展〈生产建设项目水土保持方案审批〉情况说明》,县住建局《海盐县城镇危旧住房治理改造专项规划(2015—2017年)》。讨论研究并原则同意县国资办《关于落实南北湖石帆水镇旅游开发项目贷款事项的请示》《关于对华夏银行给予支持的请示》。讨论研究并原则同意县教育局《教育基本公共服务均等化改革试点工作实施方案》,县卫生计生局《卫生计生基本公共服务均等化改革试点工作实施方案》,要求根据讨论内容修改完善后发文实施。

第八十五次县长办公会议于2月29日召开。会议讨论研究并原则同意县人力社保局《就业与社会保障基本公共服务均等化改革试点工作实施方案》,县民政局《养老和社会救助基本公共服务均等化改革试点工作实施方案》,会后修改完善后报县政府审定。讨论研究县经信局《2016年工业"特色平台年"实施方案》,决定临港工业、核电关联、装备制造、节能环保、时尚家居为五大新支柱产业,紧固件产业、纺织服装产业、造纸及纸制品、食品为四大传统产业。讨论研究并原则同意澉浦镇《关于建立长三角(海盐)纳米镀膜科技研究院的总体方案》,明确长三角(海盐)纳米镀膜科技研究院为县级平台,主管单位为澉浦镇政府,业务指导单位为县科技局,同意进行事业单位法人登记。

第八十六次县长办公会议于3月14日召开。会议讨论研究县环保局《2016年"生态环境年"活动实施方案》,要求会后修改完善后报县委、县政府审定。

讨论研究并原则同意县开建办《2016年度县城中心城区征地拆(搬)迁工作实施计划》,县国土资源局《2016年度国有建设用地供应计划》《2016年土地储备计划》,县国资办《关于海盐滨海新农村建设有限公司项目融资有关事项的请示》《关于设立海盐县通元通创投资有限公司的请示》。

第八十七次县长办公会议于4月1日召开。会议讨论研究并原则同意县商务局(粮食局)《招商选资招大引强考核奖励试行办法》,县编委办《统一政务咨询投诉举报平台建设实施方案》,县"五水共治"办《镇(街道)、村(社区)镇级以下河道监测点水质考核办法》,澉浦镇《关于澉浦大桥改建工程对下政策处理中涉及部分国有出让土地处置方式的请示》。听取县综合执法局关于清障工作情况汇报,要求每周通报工作进度,审核各地上报的数据;2015年目标任务仍未完成的不予奖励,要予以倒扣。研究并原则同意县政府办《2015年度部门(单位)亮点工作》。

第八十八次县长办公会议于4月11日召开。会议研究并原则同意县治气办《2015年农作物秸秆禁烧和综合利用工作考核结果》,县科技局《海盐科技城移动互联网产业园合作方案》,县农经局(农办)《关于要求批准使用发芽率85%以下晚稻种子的请示》。研究县司法局《法律服务基本公共服务均等化改革试点工作实施方案》,县文化局(体育局)《海盐县文化体育基本公共服务均等化改革试点工作实施方案》,要求修改完善后予以实施。

第八十九次县长办公会议于4月26日召开。会议通报县垃圾焚烧厂项目有关情况,交流近期各条线重点工作。

第九十次县长办公会议于5月3日召开。会议交流近期重点工作安排,并对做好下一阶段工作提出要求。

第九十一次县长办公会议于5月26日召开。会议讨论研究并原则同意县交通运输局《公共交通基本公共服务均等化改革试点工作实施方案》,县公安局《公共安全基本公共服务均等化改革试点工作实施方案》,县质监局《基本公共服务均等化改革试点标准化工作实施方案》。讨论研究县国土资源局《地质灾害危险点排除方案》,要求重视地质灾害危险点排除工作,县、镇(街道)两级政府要抓紧排摸处理危险点,会后修改完善后发文实施。会议对做好下一阶段工作提出要求。

第九十二次县长办公会议于6月6日召开。会议讨论研究并原则同意武原街道《关于要求启动百尺北路(盐北路—新百尺大桥)建设的请示》,明确红线内新增建设用地指标由县级层面解决一半。讨论研究县城投集团《关于直管公房分类处置方案》,原则同意报告中提出的方案,会后修改完善后实施。听取并原则同意县城投集团《2016年度存量安置房拍卖实施方案》、人行海盐支行《农村承包土地的经营权抵押贷款试点方案》、县人力社保局《关于2016年度临时性下浮职工基本医疗保险费缴费比例的通知》、县财政局《"三权"基金管理办法(试行)》《关于用库款垫付"农发行滨海新城东门二期"2016年偿债资金的请示》。

第九十三次县长办公会议于6月27日召开。会议讨论研究并原则同意县教育局《关于进一步完善海盐县教育系统考核评估机制和引才强师工程的意见》。讨论研究并原则同意县财政局《县级财政专项资金管理办法》。听取并同意县国资办《关于县开发区智能制造创新中心一期项目交通银行融资担保事项的请示》《关于为海盐县松鹤公益设施建设投资有限公司向嘉兴银行展期贷款继续提供担保的请示》。会议交流政府各条线近期工作安排。

第九十四次县长办公会议于7月4日召开。会议讨论研究并原则同意县水利局《水利工程标准化管理实施方案(2016—2020年)》。听取并研究县政府研究室《海盐县科技强企人才强企三年行动计划》,县科技局《海盐县科技强企若干政策意见》,县人力社保局《海盐县人才强企若干政策意见》,要求相关部门根据讨论内容修改完善后,提交县政府常务会议研究。研究并同意县国资办《关于要求申报发行企业债券的请示》《关于为海盐鸿远公共交通有限公司向交通银行展期贷款继续提供担保的请示》《关于无偿划拨沈荡畜牧兽医工作站房产场地的请示》。会议对下一阶段政府工作进行安排。

第九十五次县长办公会议于8月3日召开。会议听取县经信局关于对C类企业电价征收变更的情况说明，原则同意其《企业投资项目负面清单(2016年本)》。听取并研究县民政局《关于进一步做好农村生活困难家庭帮扶工作的通知》，要求根据讨论内容修改完善后，由县委办、县政府办联合发文。讨论研究并原则同意县旅委《关于扶持旅游业发展的若干政策意见》，县工商联《关于海盐联海股权投资基金合伙企业(有限合伙)情况汇报》，县财政局《关于县级行政事业单位零星工程定点采购管理暂行办法》。会议交流县政府各条线工作安排并研究部分分管县长的分工调整。

第九十六次县长办公会议于8月18日召开。会议讨论研究并原则同意县国土资源局《2016年计划指标预分配、土地开发任务分解以及“山水六旗”项目配套设施耕地占补平衡保障方案》，会后请县国土资源局、县经信局、县发改局就项目用地指标与各镇(街道)再次对接。讨论研究并原则同意县国土资源局《关于于城工业公司地块低效用地开发出让的请示》，县城投集团《关于办理省钱塘江管理局嘉兴管理处等单位不动产权证书的请示》，县旅委《2016年度旅游产业发展综合考核办法》，县发改局《2016年有效投资考核办法》。

第九十七次县长办公会议于8月26日召开。会议讨论研究并原则同意县国税局《税收社会化管理服务实施意见》，县交投集团《公交“一卡通”及嘉兴市民卡接轨上海互联互通应用工作方案》，县人力社保局《2016年度企业紧缺人才目录》。听取并同意县国资办《县级国有企业公款竞争性存放管理暂行办法》《关于滨海新区征迁改造旅游配套工程建设项目融资事项的请示》《关于神舟开发投资有限公司土地整治项目融资事项的请示》。会议交流近期重点工作并对做好下一阶段工作提出要求。

第九十八次县长办公会议于9月2日召开。会议讨论研究并原则同意县“五水共治”办《2016年度“河长制”考核办法》。会议交流各条线政府投资项目推进情况、9月份政府工作要点，并对做好下一阶段工作提出要求。

第九十九次县长办公会议于9月14日召开。会议讨论研究并原则同意县司法局《关于法制宣传教育第六个五年规划实施情况和第七个五年规划编制情况》，县财政局《关于企业财政性扶持资金兑现请示(2016年第六批)》，县商务局《关于推进蹲点招商工作管理及考核办法若干修改意见》，县国资办《关于县城投集团人员招聘的请示》《关于百步经济开发区基础设施提升项目政府购买服务事项的请示》《关于改善收入结构提升经营能力的请示》。通报车改工作相关要求，县政府班子各成员要严格按照车改要求执行。

第一百次县长办公会议于10月9日召开。会议听取并同意县公安局《关于王志明见义勇为行为的审核情况报告》，县交通运输局《杭浦高速海盐互通改造及连接线工程社会稳定风险评估报告审查汇报材料》。会议交流各条线项目推进情况及近期重点工作，并对下阶段工作提出要求。

第一百零一次县长办公会议于10月24日召开。会议讨论研究并原则同意县商务局《2016年招商引智工作考核奖励办法》，县科技局、县人才办《2016年度镇(街道)和县级机关有关部门党政领导科技进步和人才工作目标责任制考核办法》，县交通运输局《关于机动车辆综合性能检测站体制改革相关事宜的专题会议纪要》，县开建办《关于浙江山水六旗乐园项目社会稳定风险评估的审查汇报材料》。

第一百零二次县长办公会议于10月31日召开。会议讨论研究并原则同意县环保局《第三届世界互联网大会环境质量保障方案》，会后修改完善后发文实施。讨论研究并原则同意县住建局(人防办)《关于“五水共治”建设工程工作情况的汇报》《县城夜景亮化管理方案》，县国资办《关于国有企业招聘管理工作的意见》。听取并原则同意县慈善总会《关于第四届海盐慈善奖评选工作的情况汇报》。

第一百零三次县长办公会议于11月16日召开。会议讨论研究并原则同意县发改局《关于办理2016年上半年国民经济和社会发展计划执行情况审议意见的报告》，县水利局《关于扩大杭嘉湖南排工程(嘉兴部分)海盐县城防武通北闸站工程社会稳定风险评估报告》，县水务集团《关于城乡污水处理厂(一期)工程社会稳定风险评估报告》。讨论研究并原则同意县财政局《关于涉农资金竞争性分配管理办法》,会后根据会议意见修改后发文。会议对下阶段政府工作提出要求。

第一百零四次县长办公会议于12月12日召开。会议讨论研究2017年经济社会主要指标目标安排,交流近期重点工作,并对下一阶段政府工作提出要求。

第一百零五次县长办公会议于12月21日召开。会议讨论研究并原则同意武原街道《关于对村级划拨用地办理协议出让供地等相关手续的请示》,县住建局(人防办)《关于城市节水创建工作实施方案》,县公安局《关于进一步推进户籍制度改革的实施意见》。听取并研究县人力社保局《关于机关事业单位工资制度和养老保险制度实施情况汇报》,会后根据讨论意见修改完善后提交县委常委会讨论决定。会议交流近期重点工作,并对下一阶段政府工作提出要求。

(许小丽)

重要决策和活动

【获得全省治水最高奖“大禹鼎”】 2月29日,在省委、省政府召开的“五水共治”工作总结表彰大会上,海盐县获得浙江省“五水共治”工作优秀县(市、区)“大禹鼎”。2016年,海盐县实施村村设“第一书记”、挂“作战图纸”、进行“水质公示”等基层治水工作举措,基层治水经验得到省政府领导批示并向全省推广。是年,海盐县连续第二年跨行政区域河流交接断面水质考核为“优秀”,11个县控以上断面水质全面消灭劣Ⅴ类、Ⅴ类。其中:Ⅱ类断面占比9.1%,Ⅳ类断面占比90.1%;千亩荡饮用水水源地水质首次实现29项指标全部符合国家环保总局《地面水环境质量标准》Ⅲ类水标准,成为嘉兴市首个不依赖外界优质水源补给而水质达标的在用水源;南北湖水质断面成为嘉兴市唯一的Ⅱ类水断面。

【出台三年强企养成计划】 7月,为推进全县企业科技创新驱动,引育优秀人才,加快经济结构转型升级进度,县政府办公室制定下发《海盐县科技强企人才强企三年行动计划》,配套出台《海盐县科技强企若干政策意见》《海盐县人才强企若干政策意见》。拟用三年时间(2016—2018年),着力实施高层次人才引育、基础性人才培养、创新载体建设、高新技术和科技型中小企业培育、科技人才服务保障等五大行动计划;实现高层次及基础性人才数量增加,引育高层次人才1000人,基础性人才10000人,优秀工匠1000人(其中杰出工匠100人);科技创新驱动能力增强,培育高新技术企业80家、科技型中小企业300家、新增上市(挂牌)科技型企业10家、省级企业研究院10家。

【“美丽乡村”建设标准化试点项目通过验收】 7月11—12日,海盐县承担的第一批农村综合改革标准化试点——国家级“美丽乡村”建设标准化试点通过国家标准化管理委员会考核组验收。该试点项目启动于2014年。海盐县组织12期调研,确定全县农村综合改革领域的标准化需求。以就地城镇化工作的实践经验为重要支撑,将“美丽乡村”建设与就地城镇化深度融合,以“大美丽乡村”概念,构建美丽乡村“生产·生活·生态”三大标准体系。2016年,县委、县政府印发《关于加快推进“美丽乡村”建设的若干政策意见》,县政府办公室印发《“美丽乡村”建设实施意见(2016—2020年)》。项目实施期间,海盐县发布并实施县级地方标准规范25项。

【第三届国际核电运维大会暨第二届核电海盐峰会】 9月21—22日,由上海市核电办公室、海盐县政府联合主办的第三届国际核电运维大会暨第二届核电海盐峰会在海盐县举行。来自20多个国家和地区的500多名代表与会,交流核电运维经验,创新供需对接模式。会议的成功举办,扩大海盐县“中国大陆核电发源地”的影响力,推动海盐生产性服务业提档升级。国际核电运维大会是亚洲地区唯一专注于核电运维领域的专业性峰会。

【整治城区交通秩序】 9月,县委办公室、县政府办公室印发《海盐县城区交通秩序整治提升专项行动总体方案(第一阶段)》,按照“全域治理、分步推进”原则,确定县城核心区块的“三纵三横”区域(新桥路、勤俭路、百尺路,朝阳路、枣园路、海滨路)为重点治理区域。理顺城区停车场建设和管理体制,科学增设停车泊位,整治乱停车行为,扩大机关停车场错时开放范围;开展文明示范路、文明示范区创建活动,加大综合执法力度,加大交警部门管理和处罚工作力度。是年,县城区停车难、停车乱、乱设摊等突出问题得到改善,交通秩序明显好转。

【入围全国首批中欧城镇化伙伴关系示范区】 10月13日,由国家发改委和欧盟驻华代表团指导、海盐县政府主办的"中欧城镇化伙伴关系示范区建设交流会"在海盐县举行。交流会上,国家发展改革委和欧盟驻华代表团共同宣布首批4对中欧城镇化伙伴关系示范区名单,并举行授牌仪式,海盐县与丹麦松德堡市是其中的一对。海盐县是全省唯一入选城市,也是入选城市中唯一县级城市。

【实施基本公共服务均等化改革】 2015年年初,海盐县被省政府定为全省基本公共服务均等化改革试点,是全省唯一的改革试点县;2015年12月,省政府办公厅正式批复海盐县基本公共服务均等化改革实施方案。2016年,县政府办公室针对不同领域制定下发16个"基本公共服务均等化改革试点工作实施方案",并以"就地城镇化"为载体,排定城乡人力社保服务体系项目、城乡教师带编轮岗交流工作项目、城乡医疗卫生机构标准化建设工程等36项重点建设项目,制定城镇登记失业率、基层医疗设备配备率等70项量化指标,并设定重点建设项目和量化指标年度进度,对各部门完成情况进行量化和考核。是年,有14个部门共制订15个改革试点工作子方案并全面实施。

【实施精准招商】 2016年,县政府结合区域发展规划,编制三次产业链招商图谱,锁定产业龙头企业和优质项目进行精准招商。实施专业招商、集中攻坚、驻外招商,在外资招引上实现新的突破,外资招商信息提升50%,欧洲招商主阵地项目占比提升。全年组织开展6次专场国际招商活动,实践驻外代表招商模式,分别在丹麦、德国派驻招商代表。是年,全县合同利用外资5.84亿美元、实际利用外资1.65亿美元,引进县外内资90.13亿元,浙商回归到位资金37.58亿元。

【完成10项民生实事项目】 2016年年初,县政府在海盐县第十四届人代会第五次会议《政府工作报告》中承诺实施10项民生实事项目。至是年底,10项民生实事项目基本完成。(1)公共场所无线上网扩面工程。在原开通的7个点140个AP基础上,在县博物馆等重点公共场所新建219个。(2)农村电商惠民工程。实施"农村淘宝"项目,成立海盐运营中心,建立30个村级服务点,建立农村淘宝农村服务点34个。(3)老年人关爱工程。完成清泉园等4个敬老院消防设施和环境改造,发放养老服务补贴61万元(受益451人);有700多名志愿者与646名老人结对,有1976名党员志愿者与676名空巢老人结对。(4)寄宿制学校热水淋浴工程。9所寄宿制学校热水淋浴工程竣工并投用。(5)公共自行车拓展工程。完成新建、扩建11个站点,新增300辆,更新1000辆。(6)智慧农贸市场建设工程。改造增设智能电子秤、监控系统等,建立完善电子支付系统、信用评价系统等,石泉、南环、庆丰3家智慧农贸市场投用。(7)县城城市河道水质提升工程。完成19个区块以及4个垃圾中转站、10个公厕的雨污分流改造,255处餐饮污染整治,市河试植挺水植物、浮水植物1万平方米。(8)雾霾治理工程。实施恒洋、吉安2个热电企业9台大型燃煤机组超低排放技术改造,年内完成4台;淘汰改造燃煤小锅炉113台,淘汰"黄标车",发布禁止烟花爆竹燃放通告,禁止露天焚烧秸秆。(9)绿道工程。建成团结港绿道、团结港西岸(县供电局侧)绿道、秦山大道绿道。(10)中医养生保健普及工程。建成中医药服务示范中心12家、中医养生保健示范服务站22家,中医智能云系统覆盖,成立中医养生保健讲师团。

(许小丽)

办公室工作

【概况】 2016年,县政府办公室围绕县委、县政府重点工作,致力于招大引强、工业强县、农业"两区"建设、"美丽乡村"标准化试点、新型城镇化、国际产业合作、特色小镇创建等重点领域工作。编发《县政府常务会议纪要》10期、《县政府专题会议纪要》50期、《县政府县长办公会议纪要》25期。办理县政府及其办公室文件发文519份，处理各类文件4686份，完成2016年度3616件文件资料归档立卷工作；办理人民群众来信11件。起草和修改县政府领导报告、讲话稿、工作汇报等452篇约353万余字，承办各级会议723场次；参与接待中央、省、市等有关领导，以及省内外县(市、区)领导到海盐县考察、调研113批次。

【调研工作和信息工作】 2016年，县政府办公室调研工作着力点放在为领导决策服务和工作部署的落实上，以全县工作重点定方向，抓敏感点、关注点。对工业企业运行状况、撤村建居等方面开展重点调研，并撰写调研文章。政务信息工作围绕县域供给侧改革、重点工作推进、创业创新、服务民生等方面，选编全县部门(单位)的工作亮点，并于第一时间编辑、刊发或上报。全年编发《海盐政务》26期，《海盐政务(增刊)》10期，《海盐政务(每日要讯)》249期，《海盐政务(专报)》78期，《海盐政务(政务交流)》11期，《海盐政务(政务交流增刊)》11期。本级信息被县领导批示126条次，上报的信息被国务院办公厅录用16条，被省、市政府办公厅(室)录用560条次。其中，《海盐县反映当前农村土地流转新情况新问题及相关建议》《海盐县调研显示猪价季节性上冲明显春节期间或破“十”》《海盐县民间投资进入体育行业的进展、存在问题及建议》《海盐县贯彻落实〈居住证暂行条例〉的情况》被国务院办公厅采用并批示，另有省领导批示12条次、市领导批示39条次。海盐县政务信息工作在嘉兴各县(市、区)中获评第一名。

【综合协调和督查督办】 2016年，县政府办公室对县“两会”期间收到的124件县人大代表建议、239件县政协委员提案进行分类交办；抓好“交办会后、办理过程中、临办结前”3个环节，定期发布提示通报、催办通报，推进办理工作。实施主办单位总协调的办理模式，促使主办单位及时与协办单位联系沟通，集体会商。实行县政府领导领办制度，选取群众关注、影响较大的建议或提案，由县政府领导领办；规范流程并开展全流程办理跟踪。会同县人大常委会代表与选举任免工作委员会，定期不定期对承办单位办理工作进行督促检查。办理答复工作实行网上和纸质双轨运行。通过专题质询、“回头看”和“自查评估”工作，提升办理实效，编发《县政府领导批示件办理情况反映》10期。由县政府办公室牵头协调的人大代表建议、政协委员提案办理工作，办结率100%，平均满意率99%。

【公共应急演练和宣传】 2016年，编制完成《信息化条件下海盐县人民防空行动方案》。开展防灾减灾、突发辐射污染事故、建筑工程深基坑坍塌突发事故、管道燃气泄漏保供市政综合应急演练等演练10次。依托海盐县公共安全基本公共服务均等化改革试点，推进社会应急联动工作向镇(街道)延伸，将全县9个镇(街道)纳入一级联动工作网络。利用110宣传日、“5·12”防灾宣传周、“安全生产月”活动等契机，开展应急处置、安全防范等知识普及宣传活动。举办安全知识微信、电视大赛。设立安全生产互动体验馆，开展卫生应急科普教育70次，组织核应急科普活动80多项。运用微博、微信、交通拍客、微电影等宣传道路交通安全。举办食品安全协管员应急知识培训、防汛业务知识专题培训、水泵操作现场培训等各类培训班。是年，全县整体联动报警量和处置量稳中有降，开展各类联动处置1.1万余次。成功处置“7·27”县开发区危化品车辆侧翻事故、“8·22”百步窨井施工作业事故、“11·8”武原文萃苑煤气火灾事故等突发事件。海盐县政府与秦山核电集团筹备组正式签署秦山核电专用公路建设协议。启动核应急指挥中心大厅大屏改建，以及防护服、海事卫星电话、辐射剂量监测仪等设备采购工作。

【安全隐患大整治行动】 2016年，开展安全生产大整治行动，重点整治企业607家，取缔、关停涉严重安全隐患企业7家。开展消防安全排查整治行动，发现火灾隐患623处，整改7处，督促整改616处；建立76个重点单位微型消防站和37个社区微型消防站。开展环保百日专项执法行动，采取“雷霆出击＋错时执法＋公众参与”结合“双随机”抽查工作机制，共检查企业1403家次，立案102件。开展“三大一严”(大抽检、大排查、大整治，严打击)专项整治，检查重点品种生产经营企业

604 家，排查出重点风险隐患 46 个，整治 39 个。开展地质灾害危险排查，治理 4 个不稳定边坡和1 个坡面泥石流。开展城镇危旧住房大排查，建立危旧住房“一户一档”制度。抓好省级危险化学品重点县攻坚工作，启动危险化学品安全视频在线监控系统建设工作，6 家重大危险源单位安装完毕。公布 16 家气象灾害防御重点单位，其中新增 5 家。

（陆永华）

县长公开电话工作

【概况】 2016 年，县长电话受理中心(简称受理中心)受理来电 14607 件，其中网络交办 4155 件，其余为直接答复。上级部门(市长电话)交办件 311 件。1—8 月，“海盐百姓事马上办”平台受理 88 件，交办 52 件；8 月份以后因该平台整合而暂停使用。上述来电中受理内容靠前的是：城市建设、城市管理、环境保护、农业农村、交通管理等。@海盐“12345”微博新增粉丝 615 人，发微博 935 条，转@相关部门 459 条，@我的微博 6151 条，收到评论 787 条，发出评论 400 条。实行县领导和县管领导到受理中心值机制度。来受理中心值机的部门(单位)领导涵盖县政府机构、县属单位、垂直管理部门、各镇(街道)等共计 40 家 146 人次，接听、受理来电 2079 个。9 名县领导到岗值机 17 人次，共接听、受理来电 193 个。

【整合 27 条热线】 2016 年，根据省政府办公厅《关于建设统一政务咨询投诉举报平台的指导意见》要求，海盐县制定实施方案，整合县内 24 个部门共 27 条热线。通过由受理中心统一接受、按职转办、限时办结、统一督办、评价反馈的业务封闭环节，形成一个号码对外、一个部门接受、一条龙监管的“三个一”服务模式。除县人力社保局“12333”、县市场监管局“12315”等 2 条热线因系统等客观原因实行双轨运行外，其余热线均整合到“12345”一个号码。为确保热线整合后对受理席位的要求，以及与省统一咨询投诉举报平台的对接，受理中心对“12345”受理系统进行升级改造。由最初的 2 门接入热线扩展为 10 门，并提升改造受理系统项目，座席端升级为 IP 电话接入接听，便于来电能及时切入座席。11 月底，“12345”受理系统与省统一咨询投诉举报平台实现对接，具体事项在省平台进行流转办理告知和答复，实现办理规范全省统一标准。

【设立“12345”政务咨询投诉举报中心】 2016 年，根据《海盐县统一政务咨询投诉举报平台建设实施方案》精神，以及县长电话受理中心并入县信访局后开展工作的需要，经县编委核准，设立海盐县“12345”政务咨询投诉举报中心。挂海盐县“12345”县长电话受理中心牌子，为公益一类事业单位，核定事业编制 4 人、股级领导职数 1 人，隶属县信访局管理。

【提升工作人员综合素质】 2016 年，县统一政务咨询投诉举报平台建立后，受理中心利用电视、网络、微信微博、报刊等媒体，宣传该平台的功能和作用，营造良好的舆论氛围。为保障该平台正常运行，对相关工作人员进行业务培训，利用每周例会学习和更新业务知识，借助“12345”微信群和 QQ 群交流平台，汇总、研讨工作中碰到的问题，沟通解决办法；学习和研究县人力社保局和市住房公积金管理中心海盐县分中心等新整合单位(部门)的业务知识，便于对反映此类事项的群众进行有效沟通。

【依法解决群众诉求件】 2016 年，受理中心响应群众呼声，以依法解决群众诉求件为根本，着力处理好每一个交办件，并逐一做到回访，核实部门的办理情况。在与群众交流中听取意见，收集社情民意，从中梳理出复杂问题或部门一时难以解决的热点难点问题，撰写信息上报领导参考。年内，编发各类信息 8 期，其中观海园和海滨公园的日常管理问题得到县长章剑的批示，相关部门根据县长批示进行改进管理，得到市民认可。

（徐春建）

法制工作

【概况】 2016 年，县政府法制办助力县内非机动车整治、码头堆场整治、非法辅托机构整治等疑难涉法事项处置，特别是对农房拆迁、环境保护、食品安全等易引发社会矛盾的领域，运用法治理念、法治思维和法治手段处理经济和社会事务，顺利解决涉法事件。全年参加县政府各类协调会议60余次，受理并落实信访复查案件12件。实施县政府常务会议学法制度，根据会议议题所涉及的法律问题，由县领导带头授课，或由县政府相关部门负责人讲解；并拓展外延，将国务院、省政府新出台的与经济、文化、社会事业等密切相关的政策性文件也纳入学法范围。是年，县政府常务会议学习《嘉兴市秸秆禁烧条例》《中国共产党问责条例》《网络预约出租汽车经营服务管理暂行办法》等几部最新法律法规。

【出台重大行政决策程序规定】 2016年，出台《海盐县人民政府重大行政决策程序规定》及"重大行政决策公众参与""专家论证""合法性审查""集体决策""实施后评估""责任追究"等6项配套制度，将"公开、透明、参与、互动"理念贯穿决策全过程，提升政府公信力，将决策过程纳入规范化、制度化、程序化轨道。

【严格法制审查】 2016年，为确保决策依法规范实施，海盐县发挥法制机构参谋作用，严把合法性关口。《县政府常务会议议题申报表》明确，所有提交县政府常务会议讨论的政策文件须经县政府法制办合法性审查，否则，不得提交讨论。建立法制机构负责人列席县政府常务会议、县长办公会议制度，全程参与重大行政决策的制定。县政府办公室出台《关于加强行政合同管理工作的补充意见》，规定行政机关合同订立的程序，突出合法性审查环节。编制《县政府行政合同签订呈批表》，实行起草部门法制机构和县政府法制办双重合法性审查机制，未经合法性审查的不得提交领导签批。

【清理规范性文件】 2016年，县政府法制办根据嘉兴市政府办公室《关于开展行政规范性文件清理工作的通知》，以及《海盐县行政规范性文件管理办法》的要求，对2015年12月31日前县政府制定的366件行政规范性文件进行清理。清理后，保留有效的263件，需要修改的25件，应予废止的78件，清理结果在县政府门户网站向社会公布，同时公布现行有效的行政规范性文件目录。7月起，对2015年度县政府及其办公室制定的95个行政规范性文件进行检查纠错。检查纠错的重点为用字是否规范、内容是否简洁、文种是否正确等，经过相关部门自行纠错、交叉纠错和集中核查，最终评选出10件相对规范的文件、10件规范性相对较差的文件，并在县长办公会议上通报。

【法律法规考试和测试】 2016年，对新提任的非县人大常委会任命的科级领导干部在正式任用1年内，进行法学基础理论和相关法律法规的考试。按《海盐县行政执法人员素质提升工程实施方案》，分阶段对行政执法人员开展不同形式的教育培训、实务考评、监督管理等，使其在法律素养、业务能力、执法规范、工作效率等4个方面得到提升。对行政执法人员开展法律素质测试，全县参加测试309人，其中副科级领导40人，一线执法人员269人，共303人通过测试，测试平均成绩为77.91分。

【行政执法督查和指导】 2016年，县政府法制办召开法制科长例会4次，举办行政执法案卷制作培训班2次，并组织相关人员参加庭审观摩以及各类法制研讨会等。举办执法办案能手评比，评出10名办案能手予以表彰。开展行政执法案卷评查。8月，抽查执法案卷57宗，对评查出的问题逐一反馈并要求限期整改；11月，各行政执法部门选送2016年度办结的执法案卷参加年度优秀行政执法案卷评选，对评选出的优秀案卷予以通报表彰。

【规范执法人员行政行为】 2016年，为提高行政执法人员依法行政的意识和能力，县政府法制办要求各执法部门编制"行政执法人员行为规范操作手册"，落实到本部门（单位）行政执法人员熟知运用。制定《规范行政执法文书邮寄送达工作的指导意见》，解决行政执法文书送达难、送达不规范的问题，提升执法效率。按照省政府法制办《关于开展行政执法证件清理工作的通知》要求，坚决清退执法部门内混编混岗、不在编人员，杜绝行政执法主体和执法资格不合格的问题。

【审结行政复议案】 2016年，收到行政复议申请16件，依法审查后全部受理，审结16件，其中维持3件，驳回1件，申请人撤回申请12件。推行行政复议听证审理方式，坚持把调解、和解贯穿于办案全过程，从“案结事了、定纷止争”目的出发进行调解，12件撤回复议申请的案件均是通过调解手段促成的。落实行政机关负责人出庭应诉制度，组织县内25个重点执法部门主要负责人或分管领导，以及法制机构负责人共100余人参加县法院庭审活动。

（沈张平）

行政审批服务

【概况】 2016年，县行政审批服务中心按照国务院“简政放权 放管结合 优化服务改革”、省政府“四张清单一张网”改革和行政审批层级一体化改革统一部署，实施行政审批制度改革和公共资源配置市场化改革，实行“互联网+”政务服务新模式。全年窗口受理审批服务事项13.4万件，县审批中心组织召开联审会议22次，共联审项目50个，计划总投资43.66亿元，新增用地97.56公顷。县审批中心被县委、县政府评为2016年度“服务有效投资优胜单位”。

【3项行政审批制度改革】 2016年，海盐县实施3项行政审批制度改革。实施商事登记制度改革。对企业注册登记实施“五证合一、一照一码”换照工作，全县应换照9076家，截至12月底，已换照5970家；按照“配套下放，权责一致，管理顺畅，便民高效”原则，将行政许可放权至各市场监管所(分局)，全年办理新设市场主体登记6064户，注册资金135.77亿元。实施工业企业“零土地”技术改造项目审批方式改革。完成备案项目408个，计划总投资77.26亿元，加快项目建设落地速度。实施不动产登记管理体制试点改革。海盐县是嘉兴市不动产登记体制改革试点县，5月30日，嘉兴市不动产登记改革推进现场会在海盐县召开，颁发全市首批“不动产登记权证”；海盐县不动产权证办理、预告登记由原30天缩短至7天，抵押登记由原10天缩短至3天，截至12月底，完成不动产登记业务32842件。

【建立政务服务网体系】 2016年，按照浙江政务服务网建设统一部署，海盐县依托“互联网+”政务服务体系平台推进政务服务网体系建设，全年在政务服务网录入办理1.94万件，占所有审批服务事项的14.5%。实施服务事项一站式“星级服务”网上办理。梳理确定行政许可事项“星级服务”类目，扩大网上审批服务覆盖面和使用率，在全县27个部门共569项行政许可事项中，“三星”级以上322项，占所有行政许可事项的56.6%。(三星级服务模式：网上预审、窗口报批、办结取件。)拓展网上便民服务。推进“互联网+政务服务”10项网上便民服务，实施“网上申请、在线办理、快递送达”服务新模式，会计从业资格证书申办、房产信息查询等事项均能在网上办理，证书等物件均由快递送达。建立“淘中介”服务网。按照全市统一部署，建设“淘中介”海盐站，全县备案的109家涉审批中介企业信息均入驻“淘中介”服务网平台。政务服务网向镇(街道)延伸。按照“四个平台”中便民服务平台职能，组织开展业务操作培训和指导，将镇(街道)权力和便民服务事项纳入平台运行。

【建立项目联审联办机制】 2016年，海盐县建立工程建设领域“一窗受理”服务机制。县审批制度改革领导小组办公室制定《海盐县工程建设领域集中受理实施办法》，精简建设项目审批流程，建立“延伸代办、一窗服务、联审联批、信息共享”的工程建设项目协同审批机制，解决工程建设领域审批周期长、申报资料多等问题，减少审批服务对象“多头跑”现象。年内，办理建设项目313个，项目审批提速30%左右。建立“项目咨询、项目审批、项目督查”等3项服务机制，把好项目准入关，协调解决审批过程中的问题，改进和调整审批服务流程，助力建设项目推进。创新再造审批流程。县住建局(人防办)打破原业务条线限制，在住建(人防)大窗口下设置“建设项目”“非建设项目”“征收发证咨询”等3个服务窗口，优化审批流程，实现资源共享、信息互通的窗口服务大整合。县发改局对非政府性投资建设项目不再审查初步设计环节，不再审批项目，实行备案制。县环保局将原“环评登记表”审批制改为备案制，既方便企业，又提高办事效率。

（叶　锋）

人力资源和社会保障

【概况】 2016年，县人力社保局新招34名人力社保专职协理员，共有专职协理员121人，组织协理员在县人力社保局11个科室(单位)上挂学习。职工医保报销业务下放至武原、百步、通元等6个镇(街道)。梳理和规范38项镇(街道)基层平台服务事项清单、21项村(社区)基层平台服务事项清单，每月累计办理2000多个事项。以“五一智慧人社”为总抓手推进“阳光政务”建设。完成核心系统“社保网上申报系统”升级和“居民医保并轨核三系统”工作。完成与“市阳光医保平台”“省全民参保实时系统”实时对接，完成与“省政务服务社保个人查询”无缝对接。应用“虚拟化桌面云技术”加快经办平台软硬件向基层延伸，下放“虚拟桌面一体机”32台。开发手机APP“掌上云平台”，实现社保信息查询功能。“海盐县打造‘五一智慧人社’立体服务，全面推进‘互联网+阳光政务’建设”的经验做法，被省人社厅以情况通报形式在全省推广。推进县人才市场、人才公寓两大民生工程建设，8号人才市场完成竣工验收，并通过嘉兴支队消防验收。

8月10日，省人力社保厅领导到海盐县督查阳光政务工作

【支持大众创业促进就业】 2016年，县政府出台《关于支持大众创业促进就业的意见》，并完善农村电子商务就业创业政策、创业担保贷款、就业见习管理办法等系列配套政策。县创业实训基地注册登记企业63家，有165名大学生开启创业之路，全年实现税收1500万余元。举办“互联网+”创业大赛，开展农村电商培训、引航培训等，扶持农村电商创业395人，农村电商创业带动就业3048人。推进农村劳动力转移就业，沈荡五圣劳务合作社示范点完成建设。嘉兴宜居物业管理有限公司被定为示范性家庭服务业。开发具有本土特色的公益性岗位项目，实有各类公益性岗位441个。出台城乡一体化失业保险制度，实施城乡统一的失业保险缴费和待遇标准。完成2014年度失业保险稳岗补贴的审核，为1165家企业发放稳岗补贴1638.37万元。2016年，新增城镇就业岗位12780个，帮助城镇失业人员再就业5584人，帮助就业困难人员再就业2072人。全年使用再就业专项资金2500万元，其中失业保险基金用于扩大支出范围2222万元。

【劳动保障事务代理】 2016年，县人力社保局对全县机关、事业单位中按企业办法参保人员、7人以下个体工商户、灵活就业人员开展劳动和社会保障事务代理工作。委托代理单位939家，共有参保职工6236人；代理灵活就业人员参保23597人，退休人员按月缴纳医疗保险22687人。代理参保总数52520人。1—12月，代缴各项社保费34270.05万元，其中养老保险费20398.9万元、医疗保险费13252.13万元、工伤保险费156.42万元、生育保险费95.67万元、失业保险费366.93万元；收取代理费259.55万元。为委托单位职工代办生育保险、工伤保险待遇结算共294人次。办理档案转入7118份、转出1550份，接待档案查询850人次。代办灵活就业人员退休1827人。

【社会保险】 2016年，海盐县实施机关事业单位养老保险制度改革。截至12月30日，367家机关事业单位共14491人纳入省养老保险系统。降低社会保险费，失业保险单位缴费的费率由原1.5%降至1%，6月，对部分企业减征医保单位缴费1个月。提高企业退休人员养老金，人均增资155元，人均待遇提高到2297元。贯彻医保生育新政策,从11月开始,生育待遇的享受条件调整为生育前连续缴费满12个月。新增23家定点社区卫生服务站,7家市异地、7家省异地刷卡医院,2家市异地刷卡药店,36家协议定点药店。全年接受新申报工伤案件2739件,受理2323件,认定2236件。是年,企业职工基本养老保险基金当年收入130943万元,支出148814万元,当年赤字17871万元,累计结余149042万元;事业单位养老保险基金当年收入1051万元,支出159万元,当年结余892万元,累计结余2855万元;城乡居民养老保险基金当年收入24412万元,支出20376万元,当年结余4036万元,累计结余57343万元;职工基本医疗保险基金当年收入56368万元,支出53507万元,当年结余2861万元,累计结余89456万元;补充医疗保险基金当年收入925万元,支出1303万元,当年赤字378万元,累计赤字23万元;公务员医疗补助基金当年收入4636万元,支出2845万元,当年结余1791万元,累计结余6955万元;工伤保险基金当年收入5689万元,支出5919万元,当年赤字230万元,累计结余23万元;生育保险基金当年收入2571万元,支出3789万元,当年赤字1218万元,累计结余885万元;被征地人员生活保障基金当年收入43497万元,支出7448万元,当年结余36049万元,累计结余110775万元。截至2016年年底,全县企业养老保险参保18.8万人,城乡居民社会养老保险参保7.5万人,职工医疗保险参保18.5万人,居民医保参保18.8万人,失业保险参保11.7万人,生育保险参保12.1万人,工伤保险参保17.1万人。

【城乡居民基本医疗保险】 2016年,全县参保总人数18.80万人,其中农村居民10.23万人,城镇居民8.54万人,新居民0.03万人。全县城乡居民基本医疗保险人均筹资水平提高至1000元,筹集基金总额2.22亿元。全年城乡居民基本医疗基金支出21098.71元。其中:住院补偿3.22万人次,补偿金额16103.68万元;普通门诊补偿267.59万人次,补偿金额4547.66万元;特殊门诊补偿1.01万人次,补偿金额447.37万元。全年大病保险支出617.42万元。是年,实施职工医保个人账户与居民医保支付共享政策,共享受5953人次,职工医保账户支出79.99万元。 (黄 欣)

【公务员管理】 2016年,推出48个职位招录66人。做好新录用人员岗前培训,通过理论培训、军训、拓展训练、基层实践锻炼等形式,提升新录用人员岗位适应能力。完成公务员职级晋升工作,135人符合晋升。规范公务员考核,出台《公务员平时考核工作实施意见》,建立以公务员日志式管理系统为主的平时考核制度。举办公务员“供给侧结构性改革”专题培训,共2463人参加。

【事业单位管理】 2016年,推出82个职位招聘93人,实际开考74个职位招聘84人。教育系统和卫生系统招录186人。做好事业单位岗位管理工作,严格控制岗位总量和结构比例。

【工资福利】 2016年,贯彻执行国家完善机关事业单位工资制度,1月起,执行调整后的基本工资标准。拟定机关事业单位工资制度改革和养老保险制度改革同步实施系列方案。机关事业单位离休人员增加离休费,人均月增资468元。首次实施机关事业单位退休人员与企业退休人员同步调整基本养老金。全年工资调整审批127件,机关工作人员正常晋升2699人,事业单位工作人员正常晋升7262人。开展企业和谐劳动关系指数测评,组织60家企业开展企业薪酬调查和人力资源市场指导价调查。

【人才工作】 2016年,县政府出台《海盐县科技强企人才强企三年行动计划》《海盐县人才强企若干政策意见》,以及系列配套政策,召开首届全县科技人才大会,有三批次企业优秀人才获得县委、县政府表彰。县人力社保局组织镇(街道)以及相关平台参加“2016年海外高层次人才嘉兴行”活动、第三届嘉兴国际人才交流与合作大会、“2016年海外学子嘉兴行”、“星耀南湖”等活动。入选市级以上创业创新领军人才项目11个,其中创业类9个、创新类2个。举办“智赢海盐”新兴产业人才项目资本对接活动。推进人才工作站建设,为浦东留学人员联合会、中法青年企业家协会2家人才工作站授牌;与“中国科学院上海微系统与信息技术研究所”签订产地合作协议，与上海环球金融俱乐部、浦发银行海盐支行签订领军人才创业服务协议。聘请向大林教授、潘斌教授等在盐创业创新人才为“海盐县引智大使”。评选非公有制企业专业技术拔尖人才、优秀人才，组织企业技术人才赴苏州大学举办创新研修班。

2016年度获得高级专业技术职务任职资格人员名单（167人）

1.高级工程师（32人）：徐军、冯金华、孙庆云、徐单丰、张伟峰、钱良军、朱冰林、崔祥明、王桢之、张凯锋、姚颖、王燕平、田智勇、高铭、戴海潮、董敏、王霁虹、浦海燕、卜群慧、徐月忠、杨杰、刘鹰、任鹏波、储勇军、邵高中、吴惠明、张永新、姜招喜、冯梅、陈琦峰、江纯伟、李建勋；

2.高级会计师（5人）：朱江伟、许佳文、李巧明、王颖红、周爱军；

3.高级经济师（3人）：汤岳莺、翁维烨、沈永平；

4.副研究馆员（2人）：宋兵、杨学军；

5.高级农艺师（1人）：姜春月；

6.高级畜牧师（1人）：朱军华；

7.高级教师（71人）：王胜英、胡湘洋、金月飞、汤吉、庄桂玲、陈芝英、汤明金、沈香香、孙丽敏、张爱华、赵宏峰、施彩娟、朱牡丹、李悦、马清勤、任国云、缪陈军、盛会青、李莉、刘亚芳、陆宏慧、干小玲、程丽华、胡春华、闯艳红、张娜、印吴妹、朱条红、沈海云、陈建国、陈燕平、周国萍、郑海英、黄敏华、夏群燕、许孝平、苏娟芳、吴亚萍、朱永军、连慧萍、储平华、董王华、赵建华、沈国凤、邱红革、朱佩芬、孙娟凤、孙琼芳、许勇、付太顺、夏军伟、许梅芬、林海明、周雪莲、陆雪群、郑敬风、费燕萍、沈海燕、陈水红、杨忠敏、王善英、甘建峰、顾小琴、倪海良、钱永明、王陈华、杨亚萍、周海红、周丽、蔡娟娟、姚霞红；

8.中专高级讲师（2人）：郭忠、张丹华；

9.副研究员（3人）：张水观、张建良、徐勤华；

10.主任医师（5人）：顾伟峰、顾建月、周一龙、步中琦、朱立军；

11.主任中医师（2人）：朱铭卿、周金贤；

12.主任护师（2人）：王大连、邬梅珍；

13.副主任医师（21人）：马刘根、王芳、王海丰、李凯江、陆娟英、朱雅平、苏忠伟、陆王英、刘爱华、黄林军、吕伟光、梁平、王年根、孙明、汪建军、吴永忠、伍学民、崔李金、杨爱萍、毛红英、李晓红；

14.副主任药师（1人）：周海平；

15.副主任护师（13人）：汪雪芬、张美华、张线英、宋海红、李雪芳、张彩卿、朱永花、王再英、钱雪琴、韩再英、杨晓晴、顾良英、汤利君；

16.副主任技师（2人）：熊利华、吴海平；

17.技校高级讲师（1人）：姜志友。

【职业技能培训】 2016年，县人力社保局下发《海盐县民办学校管理办法》，制定《海盐县“杰出工匠、优秀工匠”培育计划》。举办企业培训师培训，获得二级国家职业资格证书有98人，三级59人。对企业高技能人才开展直接评价工作，完成52家大中型企业高技能人才自主评价，共评价1845人，其中新技师81人。950名保安人员接受职业技能培训。承办全市维修电工技能比武。发挥技能大师、名师带徒作用，新增市技能大师工作室1家。至年底，创建国家级技能大师工作室1家，省级3家，市级3家，县级19家；1人获评市首席技师，1人申报国务院特贴；各级技能大师工作室共培育高技能人才60多人。全年培育高技能人才3505人，其中新技师310人，职业技能考核发证8826人次。全年创业培训780人，农村电子商务培训2136人。在省级综合性公共实训基地审批增设电子商务专项能力培训。

【劳动关系协调】 2016年，受理并调处劳资纠纷案件270起。

5月21日，企业培训师培训班在县委党校开班

其中:欠薪案件246起,群体性劳资纠纷案件28起;作出行政处罚案件17起,向公安机关移送拒不支付劳动报酬案8起,立案7起。专项检查人力资源市场秩序,调查排摸18家服务机构,走访抽查7家。专项检查失业保险,追回失业保险待遇9万余元。专项检查用人单位执行劳动用工和社会保险法律法规情况,排查587家企业,对3家作出行政处罚决定。对4604家用人单位进行书面审查及信用等级评价工作,向上级单位报送1290家信用等级评价企业。县人力社保局下发《海盐县建设领域民工工资支付管理实施细则(试行)》。对劳动密集型租赁企业规范用工开展整治行动,检查2100家次,发现问题并查处85家,向安监、消防部门移交存在安全生产及消防隐患企业52家。对494家企业开展问卷调查,收到各类意见建议8000条。全年接到"12333"咨询电话23740个。受理劳动争议159件,调解结案率98.7%。

【大学生就业】 2016年,举办春季大型人才招聘会、夏季人力资源交流大会暨"毕业季·新起点"海盐籍高校毕业生推荐会等各类招聘会49场次,参会单位2211家,提供岗位25852个,达成初步意向6037人。利用"互联网+"开展网络招聘,全年发布招聘企业160家,岗位772个。开辟7条赴外引才专线,组织县外招聘22次,参会企业117家次,提供岗位2091个,达成就业意向1871人。建立海盐籍高校毕业生信息库,开通海盐籍高校毕业生信息查询系统。

(骆 琰)

7月16日,举办夏季人力资源交流大会

档案工作

【概况】 2016年,海盐县档案工作以"五档共建"(法治档案、智慧档案、民生档案、平安档案、活力档案)为抓手,着力推进档案发展环境优化、档案行政执法、档案安全建设、档案资源建设、档案文化建设。做好档案利用工作,为全县编史修志、党史研究、经济工作,以及为企业职工提前退休、矛盾纠纷、办理公证等提供原始凭据。全年接待查档2055人次,调阅案卷3302卷次,出具"情况说明"70份;利用"嘉兴市民生档案利用平台"接待查档80人次,查阅民生档案113卷次。嘉兴市档案局、县电视台"海盐一家门"频道、县新闻中心等单位到县档案局利用老照片档案380张。以档案微博、微信、档案信息网等为平台开展档案信息宣传,"两美"浙江案例(海盐)和海盐市民朱琴芬家庭档案材料上报省档案局展览;在"6·9"国际档案日举办"'新欣杯'档案人看海盐"摄影比赛,以及档案法制广场宣传活动。与县电视台合作策划《收藏历史书画人生》档案专题节目6期,介绍县内6名民间收藏家、书画家的档案故事。编写《海盐档案大事记》6期。《凤凰山下十姑娘:峥嵘岁月中的植棉高手》等4篇文章在《中国档案报》上刊登。举办档案远程利用服务培训班2期,镇(街道)、村(社区)便民服务窗口工作人员128人参训;举办虚拟数字档案室系统操作培训2期,80多家单位档案员参训。开展名人建档和档案编研工作。召开县档案学会第七次会员大会,选举产生新一届理事会,周海军当选理事长,王惠华、黄传毅为副理事长。

【档案公共服务工作】 2016年,县委办公室、县政府办公室下发《关于加强和改进新形势下全县档案工作的实施意见》，县档案局和县发改局联合印发《海盐县档案事业发展“十三五”规划》。县档案局重点对“五水共治”“三改一拆”“山水六旗”“农村土地承包经营权确权登记”等全县中心工作进行建档指导。分步实施农村档案数字化，于城镇构塍村等20个村完成档案数字化扫描工作。按照省档案局关于“千村档案”历史文化村落建档要求，澉浦镇的澉浦村、永新村，秦山街道永兴村完成村落历史文化信息资源的采集，并建立实体档案和档案数据库。有序开展农村文化礼堂建档工作，完成3个村文化礼堂建设建档工作。

【档案行政监管】 2016年，县档案局对镇（街道）开展第二轮农村档案执法检查，其中百步镇、于城镇接受市档案局的执法检查，发现问题即发出《整改通知书》。为保证在机构撤并中档案的安全管理，监督指导县市场监管局、县商务局等撤并部门的档案处置工作。全县机关单位完成2015年度档案立卷归档和数字化工作，并开展2016年度涉民生专业档案和重点建设项目档案数字化工作，全年新增档案5.5万件，完成档案扫描37.28万页。县民政局等6家部门通过档案工作目标管理省级认定，另有7家通过县级认定；沈荡镇等3家通过省示范数字档案室认定，6家通过市规范化数字档案室认定。县教育局通过省级档案工作目标管理认定和市规范化数字档案室创建，秦山小学等3所学校通过县级认定。以实地检查与网上年检相结合方式，完成17家单位的档案年检工作。5月19日，在县城投集团召开现场会，推进重点建设项目和中央预算内投资项目档案管理和验收；年内，验收重点建设项目14个、中央预算内投资项目2个。

【征集档案资料】 2016年，为做好档案资料征集工作，县档案局与京、杭、沪海盐籍知名人士加强联系，拜访中国工程院院士沈闻孙、中国科学院院士杨玉良，国家轻工业部原部长、贵州省原省长陈士能，以及著名史学家朱希祖后人等一批海盐籍知名人士。3月，在县档案局举办“陈士能个人档案资料捐赠仪式”，共接收陈士能手稿、荣誉证书、毕业证书、照片等珍贵档案资料820件。年内，征集到中共十三大代表、原海军大连舰艇学院夏用泰副教授（海盐籍）个人珍贵档案资料20件，海盐籍教育学家周辛《周辛教育思想》1套，海盐籍陆雁（退休定居嘉兴）捐赠的民国时期海盐老照片18张，金公权捐赠的步鑫生题写的“放开领带”唐人牌领带1根，原海盐银燕啤酒厂各个时期的啤酒商标档案资料7册。为充实海盐图库，征集到各镇（街道）、各部门“三重一特”（重要人物、重大活动、重点建设项目，地方特色）照片5500多张。年内，县档案局编辑的《印象海盐·2016》和《海盐老档案精选（壹）》出版。

【智慧档案建设】 2016年，县档案局完成数字档案馆存储扩容项目。实施馆藏档案二期数字化，扫描完成馆藏档案3.08万卷59.27万件318.48万页，并做好人名补录入工作；裱糊破损的民国档案1.8万页，扫描完成55.25万页。实施RFID（电子标签）一期项目建设，完成馆藏4万卷档案电子标签的粘贴，安装、调试库房和办公楼门禁系统，实现对部分档案智能化安全管理。“档案信息系统安全保护”等级测评通过二级认定，完成数据保全系统搭建和数

3月1日，县档案局举办陈士能个人档案资料捐赠仪式

据的迁移。年内，重点开展企业知识产权、重点建设项目，以及涉及民生诸如社保、卫生、民政、国土等业务数据库的档案登记备份，数据达2658GB。12月，县档案局举办登记备份应急演练、档案与电子文件登记备份数据恢复应急演练活动。

(郑国和)

外事工作

【概况】 2016年，海盐县受理党政干部因公出国(境)初审24批61人次，其中县(处)级领导8人次，科(局)级领导31人次。接待重要外宾来访12批80人次。新增缔结友好交流关系城市3个：澳大利亚西澳洲考利郡、德国巴登—符腾堡州巴特梅根特海姆市、法国沙隆市。

【入选全球100韧性城市】 5月30日，在美国洛克菲勒基金会组织召开的“全球100韧性城市”选拔赛中，海盐县从全球80多个国家共325个申请城市中被选拔成为第三批37个韧性城市之一。洛克菲勒基金会为入选的100个城市准备1.64亿美元(每个城市平均100多万美元)的无偿经费资助，主要用于项目启动、人才培养、课题研究等工作。10月10日，洛克菲勒基金会“100韧性城市”考察组到海盐县考察，对制定“城市韧性战略”开展前期调研，并就海盐县“100韧性城市”进展和下一步工作进行商讨。

【对外经济合作】 7月13日，在2016中欧城镇化伙伴关系务实合作项目签约仪式(在北京人民大会堂)上，海盐县政府在国务院总理李克强和欧盟委员会主席容克见证下，与丹麦丹佛斯集团签署“丹佛斯科技乐园项目”，与瑞典太平洋能源股份有限公司签署“瑞典低碳环保技术展及研究中心合作项目”。10月12—13日，中欧城镇化伙伴关系示范区建设交流会在海盐县举行，会上，海盐县和丹麦松德堡市被国家发改委、欧盟委员会定为“中欧城镇化伙伴关系建设示范区”。其间，丹麦松德堡市副市长艾希・尼嘉达女士一行访问海盐县，县委书记沈晓红、县长章剑分别与艾希・尼嘉达女士进行会谈，双方就零碳屋(能源学校)合作、海盐理工学校与松德堡南方职业技术学院合作，以及丹佛斯科技乐园项目建设、丹佛斯集团在海盐县发展等议题进行探讨，并对两县市缔结国际友好城市达成共识。

【主要外事出访】 3月26日—4月10日，海盐县优秀制造企业的主要负责人、高端管理人员等组团赴德国参加“工业4.0”专题培训，团组在慕尼黑、柏林两地学习调研，现场考察德国知名企业辉柏嘉、德马吉、曼集团、宝马公司等，感受和学习先进企业的工艺流程自动化与管理理念的现代化。4月21—22日，海盐县友好访问团赴日本佐贺县小城市访问。小城市市长江里口・秀次与海盐县代表团就双方开展学校师生及市民交流、加强旅游合作、开展低碳环保合作等事宜达成共识，双方签署《会谈备忘录》；11月，双方按约定互寄小学生书画作品50幅，在对方城市举办书画作品展。4月26—27日，海盐县友好访问团应西澳洲西南区发展委员会邀请，访问西澳洲西南区考利郡，座谈会上，双方签署《谅解备忘录》，并就双方在经贸、教育、文化、旅游等方面加强友好交流达成共识。6月19—26日，副县长陆忠祥率海盐县项目推进办相关人员赴美国六旗集团、加拿大弗莱克设计公司，召开三方联席会议，会商山水六旗国际度假区项目设计、基础设施配套、沿海风情打造、延伸项目招商等内容。7月1日，县人大常委会副主任朱引良率海盐县代表团赴德国巴特梅根特海姆市访问，与市长乌多・格拉萨进行会谈，就建立稳定的交流机制，在经贸、教育、文化、旅游等领域开展经常性的交流互访活动进行探讨，并签订《会谈备忘录》。10月19日，海盐县政府代表团赴法国沙隆市访问，市长吉尔・普拉特雷及十多名市议员出席欢迎仪式，双方进行座谈，就缔结友好城市的细节交换意见。

【教育交流与合作】 2016年，海盐县与韩国、德国、丹麦相关城市在教育方面的交流与合作获得发展。4月，海盐高级中学16名学生赴韩国天安北一女子高中进行交流，德国霍恩韦斯泰特市高格斯特高级文理学校师生代表团访问海盐高级中学，丹麦南方职业技术学院3名教师到海盐县理工学校进行学习交流(时间两周)。11月，海盐县理工学校师生代表团(12人)赴丹麦南方职业技术学院参加学习培训（时间两周）。年内，全县有13人次教师赴外参加培训和交流。

（俞　凝）

侨务工作

【概况】 2016年，在春节、中秋等重要传统节假日期间，县外侨办、县侨联走访慰问全县重点侨眷，营造知侨、爱侨、护侨社会氛围。对困难归侨侨眷进行调查，走访慰问3户因病致贫侨眷家庭。做好侨务信访工作，依法维护归侨、侨眷、海外侨胞、港澳同胞合法权益。是年下半年，侨胞翻建祖屋问题依法得到解决。县外侨办及澉浦镇侨联将此精神传递给海外侨胞和海盐县侨眷，并为他们翻建祖屋办理手续出具身份证明。全年办理侨眷身份证明2宗，“三侨生”（指归侨青年、归侨子女、华侨在国内的子女）身份认定及华侨身份认定各2宗。

【侨务接待工作】 2016年，县外侨办与海盐籍重点海外人士加强沟通、交流，向他们传递家乡经济社会发展情况和侨界新动态，为海盐县引资引智做好牵线搭桥工作。接待回乡探亲的海盐籍侨胞，全年接待加拿大魁北克大学终身教授卢焕章、美国圣地亚哥辉瑞制药公司国际抗癌药物研究与开发部主管科学家王卉等海盐籍重点华人华侨共7批50余人次。帮助海盐籍华侨子女联系海盐县学校旁听课程，让他们体验中国校园文化。7月20日，2016年海外华裔青少年“中国寻根之旅”夏令营浙江嘉兴营到秦山核电站、张乐平纪念馆参观，并接受漫画培训，县外侨办协助做好接待工作。

【为侨服务工作】 2016年，县外侨办调整完善2015年年初成立的县侨商服务联盟领导小组。5月，举办“侨资企业服务月”活动，分组针对性地走访侨资企业，对企业反映的包括人才引进、人才购房、产品推广、技术研发等方面的问题和困难依法给予协调解决，无法解决的做好解释工作。会同县工商联举办股权架构和股权激励讲座，邀请侨商企业负责人参加，帮助企业提升管理水平。会同县青年企业家协会举办海盐县青企协第一期副会长沙龙，邀请市外侨办介绍APEC商务旅行卡，以方便企业赴国外开展商务活动等。

【县侨联和县留联换届】 2016年，县侨联和县留联完成换届工作。11月，召开海盐县第八次归侨侨眷代表大会、海盐县第四次留学人员和家属代表大会，选举产生县八届侨联委员会和县四届留联理事会，蒋云岚当选县八届侨联主席，张再生、陈建军为副主席；张再生当选县四届留联理事会会长，叶震洲、沈舜尧、陈建军为副会长。

（孙京梅）

台湾事务工作

【概况】 2016年，县台办在于城镇、武原街道百可社区举办2场台海形势报告会。依托县台商联谊会平台，联系在盐的台资企业和台商、台干（台商企业或其他企业中的台湾籍骨干）开展服务工作。8月，有6名海盐籍学生被台湾地区大学录取，赴台就读本科和硕士，海盐县赴台就读的学生累计32人。推出海盐统战“盐台微讯”公众微信号，宣传盐台经贸合作、交流交往，以及涉台教育、县台联会活动等情况。春节前夕，县台办联合县台联开展“帮困送温暖”活动，会同武原街道、西塘桥街道走访慰问20户困难户。3月、10月，县台办2次协助市台协妇委会，把爱心善款分别发放给县开发区滨海小学、于城小学的25名外来务工子女，2项公益活动共支出善款25000元。是年，接待到海盐县参观考察的台胞100余人次，走访慰问台属家庭20户次。向上级台办报送海盐县对台工作信息108条。

【召开台商投资对接会】 9月23日，在浙江·台湾合作周“创新嘉兴·合作共赢”系列活动中，海盐县有2个台商投资项目在活动开幕式上签约，总投资5800万美元的汽车零部件、新型建材台资项目落户武原街道。9月23日，海盐县召开台商投资对接会，15名台商应邀与会。副县长高海华向与会台商介绍海盐县经济社会发展情况，以及区位优势、人文特色等，县商务局作海盐经济社会发展、产业布局、重点发展项目的推介；与会台商与县经信局、县商务局等单位负责人进行交流，并实地考察县开发区规划展示馆、浙江海利集团环保纤维有限公司、浙江山水六旗国际度假区项目等。

11 月,市台办、台联领导走访调研海盐县台资企业

【“台资企业服务月”活动】 2016 年,县台办每月走访台资企业,收集、排查台商求助的问题,掌握台商思想动态、生活情况,依法为台商解决生产、生活中的困难和问题。为便利沟通联系,建立台商微信群。11 月,县台办开展“台资企业服务月”活动。市政协副主席、市台联会会长马邦伟,市台办主任张彤芳,以及副县长高海华等,走访调研海盐县台资企业,与企业负责人座谈交流,实地参观台资企业产品展示区、车间操作生产流水线,了解企业发展历程和生产经营情况,并听取企业反映的困难和问题;通过走访排查,受理台资企业求助件,依法帮助排忧解难。全年受理台商求助件 10 件,涉及消防、环保、道路改造、子女入学等诸多方面,均及时与政府相关部门协调沟通,依法帮助解决落实。

【赴台对口交流】 2016 年,海盐县文化、经贸、医学类 3 个因公赴台交流团共 20 人赴台对口交流,尤其是文化交流团,开启以海盐名人张元济和商务印书馆文化为纽带的交流合作新渠道。县台办为 50 多名企业界人士办理赴台商务考察和技术交流、项目洽谈的转报审批手续,其中有 15 家紧固件企业代表赴台参加在高雄举办的五金扣件展。澉浦镇台联第四次组团(42 人)赴台湾探亲旅游。

【台湾南投县考察团到海盐】 2016 年,县台办接待“情牵两岸·根系嘉兴”台湾嘉兴籍青少年学生夏令营 15 人到海盐县寻根访问,他们走进三毛故里,参观海盐博物馆、张元济图书馆、张乐平纪念馆,并浏览美丽乡村。12 月 23 日,台湾南投县副县长陈正升率考察团 20 人到海盐县交流考察,举办“两岸邻里节”活动,举行两地邻里友好结对交流会,南投县军功里与武原街道宜家社区签订《两岸邻里友好结对协议书》,并参观南北湖景区、海盐绮园景区和县博物馆。此次邻里节活动,开启海盐县和台湾南投县两地基层交流交往和合作新篇章。

(郑建军)

12 月 23 日,举办两地邻里友好结对交流会

中国人民政治协商会议海盐县委员会

综　　述

【概况】　政协海盐县第八届委员会由22个界别组成。至2016年年底，实有政协委员214人，其中主席1人，副主席5人，秘书长1人，副秘书长4人，常务委员33人。设专门委员会5个：提案委员会、经济科技委员会（简称经科委）、文教卫体与文史委员会（简称文教委）、社会法制与港澳台侨委员会（简称社法委）、委员工作委员会；设镇（街道）委员联络室9个、委员活动组10个。下辖政协之友社、政协书画联谊会、茶文化研究会。全年举行全体会议1次、常委会议4次、主席会议11次。完成调研报告40篇。收到委员和政协参加单位以提案形式提出的意见建议257件，立案239件；收到社情民意信息164件。

2016年，县政协针对基层群众关注的主城区停车场配套设施建设、医养结合养老服务建设、特色小镇建设、垃圾分类收集处置等问题，开展专题调研，向县委、县政府建言献策。有关专委会开展"实体经济发展""社会信用体系建设"等市、县联动课题调研工作，形成的调研报告在市政协有关会议上建言献策。各专委会围绕常委会议、主席会议协商议题组织调查研究，提交的8篇调研报告为针对性的协商意见奠定基础。组织县内"三胞"人士赴台交流考察。与海外人才经常性联系，参与举办"'智赢海盐'新兴产业人才·项目·资本"对接大会，为"汽车零部件""新型建材"2个台资项目落户海盐县牵线搭桥。支持政协书画联谊会、海盐县茶文化研究会开展联络联谊活动。注重发挥文史资料"存史、资政、团结、育人"作用，开展"三亲"（亲历、亲见、亲闻）史料征集工作，全年征集文史资料50多篇，编印《海盐文史》2期。编辑出版《海盐腔的兴衰》（约27万字）。组织编写有关党史专题1个。

（王哲丰）

重要会议

【县政协八届五次全体会议】　3月7—10日，政协海盐县第八届委员会第五次会议举行，应到委员214人，实到211人。会议同意主席蔡志昌所作的县八届政协常委会工作报告和副主席董雪明所作的关于提案工作情况报告。会议认为，过去的一年，县八届政协常委会履行政治协商、民主监督、参政议政职能，较好地完成各项工作任务，为推进"三优"海盐建设做出贡献。会议期间，与会人员列席县十四届人大五次会议，听取并讨论县长章剑所作的《政府工作报告》及会议的其他报告。会议审议通过《政协海盐县第八届委员会第五次会议提案审查情况的报告》。大会期间，大会提案组收到以提案形式提出的意见建议254件，经提案委员会审查，立案239件。会议通过《政协海盐县第八届委员会第五次会议决议》。会议强调，县八届政协常委会要在海盐县委领导下，坚持以"五大发展理念"为引领，围绕"五位一体"总体布局和"四个全面"战略布局，助推"四个年"活动，用好政协协商话语权，增强民主监督助推力，提高参政议政实效性，推动政协事业发展。

政协海盐县八届五次会议大会发言一览表

表 44

编　号	单　　位	题　　　目
1	民进海盐县总支	关于建立农村生活污水治理长效机制的建议
2	农工党海盐县总支	关于工商资本投资现代农业的建议
3	九三学社嘉兴市海盐支社	关于推进垃圾分类处理提高科学处置水平的建议
4	县工商联、工商组	关于制定实施制造业品牌战略的建议
5	西塘桥联络室	关于推进县开发区生态环境建设的建议
6	沈荡联络室	关于提高综合行政执法工作水平的建议
7	科技组	关于加强秸秆综合化利用的建议
8	侨台组	关于推进政府向社会力量购买服务的建议

【县政协常委会议】 2016 年，县八届政协举行常委会议 4 次。

第十八次常委会议于 2 月 17 日举行。会议听取十四届人大五次会议《政府工作报告》起草情况说明和县“十三五”规划编制情况介绍，讨论修改政协常委会工作报告和提案工作情况报告，协商通过县政协八届五次会议有关事项、县政协 2016 年工作要点、县政协有关人事事项，审议县政协各专委会 2015 年工作总结。

第十九次常委会议于 3 月 10 日举行。会议听取各组讨论提案审查情况报告(草案)和会议决议(草案)情况汇报，审议县政协八届五次会议提案审查情况报告(草案)和县政协八届五次会议决议(草案)。

第二十次常委会议于 6 月 27 日举行。会议协商讨论培育发展新型农业经营主体工作。经科委针对家庭农场发展情况提出意见建议，文教委围绕乡村旅游发展情况提出意见建议，社法委就农村电子商务发展提出意见建议。副县长陈建平以《以培育新型农业经营主体为抓手，促进海盐农业经济大发展》为题，通报近年全县培育发展新型农业经营主体工作开展情况。听取县政府关于县八届政协第十六次常委会议协商纪要办理情况的通报。

第二十一次常委会议于 9 月 26 日举行，会议协商讨论大气污染防治工作。经科委就县开发区大气环境治理，分析县开发区大气环境治理现状、污染成因，并提出相关建议；文教委梳理建筑扬尘现状和 6 大主要来源，分析控制建筑扬尘存在的主要问题，提出突出重点、有效监管、联动防治、宣传引导等 4 个方面的建议；社法委归纳天然气建设的主要举措，分析在天然气推广利用中的主要问题，提出加快管网建设、提高天然气利用比例、助推能源结构调整、促进环境改善等建议。副县长陈建平通报大气污染防治工作情况，详细介绍近两年来，政府关注大气污染防治、开展“五气共治”、推进生态海盐建设的主要工作举措，以及存在的主要短板和下一步工作打算。会议听取县政府“关于县八届政协第十七次常委会议协商纪要”办理情况的通报，听取县政府关于提案办理情况的通报。会议协商通过有关人事事项。

【县政协主席会议】 2016 年，县八届政协举行主席会议 11 次。

第 48 次主席会议于 2 月 5 日举行。会议审议第十八次常委会议有关事项。

第 49 次主席会议于 3 月 9 日举行。会议审议政协海盐县第八届委员会提案委员会关于提案审查情况的报告(草案)，协商提出政协海盐县第八届委员会第五次会议决议(草案)。

第 50 次主席会议于 3 月 30 日举行。会议协商确定县八届政协第二十次常委会议协商议题子课题及分工，审议并通过县政协各专委会 2016 年工作要点，审议并通过县政协 2016 年重点提案、跟踪提案目录和八届四次提案跟踪督办目录。

第 51 次主席会议于 4 月 27 日举行。会议视察金融支持全县经济发展情况。

第 52 次主席会议于 5 月 26 日举行。会议视察社会治安防控体系建设。

第53次主席会议于6月12日举行。会议视察重点提案办理工作。

第54次主席会议于7月26日举行。会议协商讨论全县特殊教育工作。

第55次主席会议于8月16日举行。会议视察全县农村电商工作。

第56次主席会议于9月9日举行。会议视察全县特色小镇创建工作。

第57次主席会议于9月26日举行。会议审议有关人事事项。

第58次主席会议于10月24日举行。会议协商讨论全县安全生产工作。

第59次主席会议于11月15日举行。会议视察青年创业工作。

第60次主席会议于12月23日举行。会议审议县政协年终评优评先工作。

（王哲丰）

主要工作

【协商工作】 2016年，县政协把拓展协商形式、丰富协商内容、完善协商机制、规范协商程序等制度性要求融入协商议政活动，全年专题协商4次、对口协商4次、界别协商6次、基层民主协商17次。专题协商机制完善选题、调研、协商、交办、跟踪、反馈等6个环节。年初，围绕新型农业经营主体培育发展、大气污染防治、特殊教育发展、安全生产等工作，由县委、县政府、县政协会商定题，相关专委会进行专题调研，并充分吸收会议协商成果，形成协商纪要交县政府办理；县政府就"创新社会治理""加强科技创新合作"两个方面的协商意见分别向县政协常委会作办理反馈。各专委会、界别活动组拓展内容，完善机制，增强对口协商、界别协商和基层民主协商实效。以工业特色平台建设、妇幼保健体系建设、旅游产业格局、特殊困难群体增收脱贫等四个方面作为对口协商内容；以落实基层安全生产主体责任、农业社会化服务体系建设、推进非公有制企业科技创新等内容作为界别协商主题；有关专委会和界别活动组开展协商工作，从专业性视角对界别共同关注的问题探讨、集思广益，提高协商议政的水平。各镇（街道）联络室围绕"美丽乡村"建设、小城镇环境整治、农村公交服务等热点问题确定协商内容，共向基层党委政府递交意见建议书15份。

1月28日，常委会会前集中视察环境建设

【督查中心工作】 2016年，县政协领导班子按照县委联系分工安排和阶段性重点任务要求，深入基层开展蹲点调研和联系服务工作，通过"第一书记"蹲点帮扶，为发展壮大村级集体经济、协调解决具体问题出谋划策。围绕有效投入、招商引资、接轨上海、浙商回归、村镇建设等重点工作，每月开展专项督查。是年，县政协机关配合做好2次重大国际峰会的安保维稳服务。全年开展各类督查50次，反映问题42个，提出建议34条，解决问题32个。

【民主监督"五水共治"】 2016年，根据省、市政协部署，海盐县政协民主监督县委、县政府"五水共治"工作，部署"万千行"（万名委员、千个小组，查访万里江河、万个村庄）活动，开展集中主题、集中时间、集中力量、集中智慧的专项活动。县政协组织5个监督调研组61名委员实地查看23条河道，指出涉及河道"双清"、水质水景提升等方面的问题16个，提出意见建议21条；

3月21日,嘉兴市政协主席高慧玲等领导到海盐县参加“万千行”活动

并对问题整改情况组织“回头看”,督促责任部门整改。以“巩固水环境治理成果”为课题,组织调研组在通元镇蹲点调研,对全县农村水环境治理长效机制建设提出对策建议。各基层联络室组织委员围绕“生猪退养”“生活污水治理”“美丽乡村”“水利工程建设”等课题开展各类民主监督活动。

【民主评议和民主监督】 2016年,县政协抓好民主评议工作。选择县公积金管理中心作为民主评议对象,组成评议小组,通过座谈、走访、问卷调查等方式收集社会各界的意见建议,就推进归集扩面、健全普惠机制、加强风险防控、完善管理流程等方面提出建议。是年底,评议组跟踪回访该部门对意见建议的整改落实情况。为保障委员知情权,县政协组织开展视察监督和派驻监督,针对新型能源利用、实体经济发展、农村电商发展等工作开展多层面的视察监督,对派驻10个部门的重点工作开展民主监督。

【合作共事】 2016年,县政协与各民主党派、工商联、人民团体及无党派人士密切联系,有计划地邀请他们参加各项活动,鼓励他们通过政协渠道议政建言。落实党派团体集体提案办理专题协商制度,办理有关意见建议。凝聚党派团体智慧,组织开展专题调研,向党委政府建言献策。发挥党派团体在民主监督中的作用。选派各民主党派和无党派界别的委员担任民主监督员,担任县纪委(监察局)特邀监察员;选调各民主党派、工商联界别的委员参加县政协民主评议、提案办理民主测评等工作。

【社情民意信息工作】 2016年,县政协拓展社情民意信息工作网络,健全工作机制,加强社情民意的收集和反映。对委员递交的社情民意信息都作了妥善处理,有的上报省、市政协,有的专报县级领导,有的转送县级部门,其中《关于加强对工商资本租赁农村土地监管的建议》被省政协“信息专报”采用。建立社情民意信息反馈机制,每一件社情民意信息处理情况都及时向相关委员告之。县政协社情民意信息工作获市政协年度考核一等奖。

【提案工作】 2016年,县政协收到以提案形式提出的意见建议257件,经审查立案239件。其中,委员个人或联名提案177件,集体提案62件,参与提案的委员144人,占委员总数的67.3%。有关经济建设方面的提案48件,有关政治、民主法制建设方面的10件,有关文化建设方面的28件,有关社会建设方面的122件,有关生态文明建设方面的31件。县委、县政府召开交办会议,将239件提案交44个部门(单位)办理。其中,提案所提的意见建议已采纳并落实或部分落实的有122件,已列入计划落实的有107件,因受条件限制或其他原因留作参考的有10件。县政协完善提案沟通协调,提高提案撰写质量、办理质量,以及政协提案机构工作服务水平。经主席会议审定,把“加快农村电子商务发展”等三个方面的14件提案列为2016年度重点提案,把“健全‘五水共治’长效机制建设”等两个方面的8件提案列为2016年度跟踪提案。

2016 年度政协提案目录

表 45

序号	组(室)别	提案者	案由
1	民盟海盐县总支		关于建立和完善内河水上应急救援机制的建议
★2	民盟海盐县总支		关于在县城区设立夜市的建议
3	民盟海盐县总支		关于提高教师职业自觉度,助推教师专业发展的建议
4	民盟海盐县总支		关于严厉打击赌博的建议
5	民盟海盐县总支		关于推动大众创业、万众创新健康发展的建议
★6	民进海盐县总支		关于杭州湾智能装备制造产业基地建设的建议
7	民进海盐县总支		关于建立农村生活污水治理长效机制的建议
8	民进海盐县总支		关于推广“以绿养绿”模式,助推“美丽乡村”河网绿道建设的建议
9	民进海盐县总支		关于职业教育主动对接山水六旗项目的建议
★10	农工党海盐县总支		关于促进工商资本投资农业的建议
11	农工党海盐县总支		关于加快稻麦秸秆肥料化利用的建议
12	农工党海盐县总支		关于统筹建设工业固废和生活垃圾处置基础设施的建议
13	九三学社嘉兴市海盐支社		关于研究承接千岛湖引水的建议
14	九三学社嘉兴市海盐支社		关于开通海盐至上海和杭州机场直达班车的建议
▲15	九三学社嘉兴市海盐支社		关于推进垃圾分类处理的建议
16	九三学社嘉兴市海盐支社		关于新闻发言常态化,助推政务公开的建议
★17	九三学社嘉兴市海盐支社		关于建立重大项目落地可行性综合预研机制的建议
★18	县工商联		关于发挥产业联盟作用建设旅游经济强县的建议
19	县工商联		关于促进限上商贸企业健康发展的建议
20	团县委		关于推动青少年事务社会工作发展的建议
21	县科协		关于配合“山水六旗”项目打造海盐“南京路商业区”的建议
22	经科委		关于推进工业有效投资的建议
23	经科委		关于开展羊定点屠宰管理试点工作的建议
24	文教委		关于开发澉浦历史人文资源,加快南北湖风景区建设的建议
25	文教委		关于监管建筑工程,禁止现场搅拌砂浆的建议
26	社法委		关于减轻基层社工机构税收负担的建议
★27	委员工作委		关于以供给侧改革思维强化农村文化服务的建议
28	委员工作委		关于建立基本公共服务均等化改革研究会的建议
29		朱学范	关于清理整顿民间理财公司乱象的建议
▲30	武原联络室		关于开展垃圾分类回收处理的建议
31	武原联络室		关于建设朱氏文化纪念馆的建议
32		黄雪军	关于建设百尺南路延伸段,缓减秦山大道及县城南部交通压力的建议
33		周海风	关于推行电梯安全责任保险的建议
34		张音华	关于启动鱼鳞石塘博物馆建设的建议
35		蒋海勤	关于禁止建筑工地现场搅拌砂浆的建议
36		张培良	关于村专职文化管理员队伍建设的建议

续表 45

序号	组(室)别	提案者	案　　由
37		张培良	关于打通新桥路与华丰东路三岔路口隔离带的建议
38		朱华君	关于居民小区消防通道管理的建议
★39	西塘桥联络室		关于建立工业固废填埋场的建议
40	西塘桥联络室		关于盘活闲置土地的建议
41		张岩枢	关于高端紧固件项目招商的建议
42		张珊珊	关于依法行政提高行政效率的建议
▲43		李　良	关于关注农村留守老人养老问题的建议
44		刘志海	关于东西大道外迁的建议
45		周进良	关于改造杭浦高速海盐元通出入口路段的建议
46		倪姚强	关于发展临港物流业促进港口经济发展的建议
47		李全发	关于缓解县城交通拥堵的建议
48	元通联络室		关于监管企业污水排放的建议
49	元通联络室		关于基层防汛体系规范化长效管理机制的建议
50		陆首萍	关于建立为民讲师团的建议
51		马朝晖	关于农村集中居住小区配套设施和物业管理的建议
▲52		孙伟祥	关于乡村电子商务体系化运营的建议
53		黄忠明	关于农村生活污水运行管理的建议
▲54		石爱萍	关于建立农村老人关爱服务体系的建议
55		黄文峰	关于推广秸秆堆肥发酵就地还田技术的建议
★56	秦山联络室		关于管控承租人流转土地风险的建议
57	秦山联络室		关于“美丽乡村”绿化建设的建议
58	秦山联络室		关于提高城乡居民社会养老保险待遇的建议
59	秦山联络室		关于遏制未成年人犯罪的建议
60		姚雪华	关于扩大县人才强企政策覆盖面的建议
61		宋周良	关于利用杭平申线航道改造开发旅游的建议
62		张云良	关于公共自行车互联网化的建议
63		张云良	关于帮扶中小企业发展的建议
64		徐金福	关于中小学生社会主义核心价值观教育的建议
65		徐金福	关于监管生猪养殖巩固“五水共治”成果的建议
66		汤晓明	关于农村文化礼堂运行管理的建议
67		缪春明	关于加强社会管理的建议
68		宋晓华	关于计划生育手术纳入新型合作医疗保险的建议
69	沈荡联络室		关于提高综合行政执法工作水平的建议
70	沈荡联络室		关于海盐县西北部交通路网建设的建议
71		吴永忠	关于建立县社会福利中心的建议
72		姜蒋荣	关于缓解种粮大户卖粮难问题的建议

续表 45

序号	组(室)别	提案者	案　　由
73		朱信全	关于管控土地流转风险的建议
74		许　伟	关于取缔无证废塑造粒企业的建议
75	百步联络室		关于拓宽百左公路北段工程的建议
76	百步联络室		关于小市镇市政规划的建议
77		吴其初	关于建立企业投资项目风险评估俱乐部的建议
78		任加林	关于规范在公路及乡镇主干道路旁开办物流公司(点)审批的建议
★79		高永林	关于加强交通设施建设,保障"山水六旗"项目的建议
80		徐介东	关于应对严寒天气的建议
★81		王方林	关于规范电梯管理的建议
82		吴李明	关于在嘉绍高速百步出口至08省道连接线两侧实施美化亮化工程的建议
83		吴李明	关于引导与监管水资源管理部门的建议
★84		孙淡民	关于倡导在重要场合奏国歌的建议
85		孙淡民	关于乡镇市容市貌管理的建议
86		孙淡民	关于在小市镇建造公厕的建议
87	于城联络室		关于职工医疗参保人员定期体检的建议
88	于城联络室		关于千亩荡饮用水水源一级保护区内农房搬迁的建议
89		陆玉平	关于群众性活动安全管理的建议
90		陆玉平	关于文化礼堂运营管理的建议
91		冯小燕	关于建设农村成人学校,提高农民就业技能的建议
92		冯小燕	关于整治温室甲鱼养殖的建议
93		孙国良	关于在新盐湖线至海王公路连接线(于城枫桥段)安装路灯的建议
94		张玉良	关于指导农村村庄规划与实施的建议
95		张永君	关于加强供气单位生产经营管理,确保用气企业正常运转的建议
96		徐菊英	关于规划管理农村杆线的建议
97		周海军	关于推广秸秆堆肥的建议
98	澉浦联络室		关于澉浦镇(南北湖风景区)道路交通建设的建议
99	澉浦联络室		关于农村生活污水治理工作的建议
100		潘　力	关于提升特色精品园功能及发展定位的建议
101		顾雪章	关于粮食收储政策性保险等问题的建议
102		孙祖林	关于配置教育资源,推进滨海新城建设的建议
103		曹　惠	关于解决老澉浦外部交通的建议
104		曹　惠	关于支持影视产业发展的建议
105		曹　惠	关于改造谭仙石城的建议
106		朱冬伟	关于设立有资质的危险废物处理企业的建议
107		卜雪芬	关于发展新材料与化工产业园的建议
108		曹秀明	关于开发农村旅游的建议

续表 45

序号	组(室)别	提案者	案由
109	通元联络室		关于整合医疗资源,拓展基层养老机构的建议
110	通元联络室		关于促进建材业与建筑业协同发展的建议
111		马伟华	关于"美丽乡村"建设与农业发展结合的建议
★112		王海军	关于镇(街道)安置小区物业管理的建议
113		苏菊花	关于青少年心理健康的建议
114		严利明	关于小区车位改造的建议
115		张志明	关于失土农民保障的建议
116		胡爱明	关于健全社区"老娘舅"队伍的建议
117		袁瑞良	关于农村泥工匠队伍管理的建议
118	经济组		关于合力招商引资确保投资稳定增长的建议
★119		梁建华	关于加快工业建设项目落地速度的建议
★120		曹土华	关于加快企业科技创新推进工业转型升级的建议
121		包永良	关于防范打击互联网金融诈骗的建议
▲122		陆近阳	关于加强农产品电子商务发展的建议
123		冯建章	关于加强引导与服务,防范企业经营风险的建议
124		沈明法	关于加强融资类 P2P 公司管理的建议
125		沈明法	关于自来水氯气消毒工艺改造的建议
★126		倪晓荣	关于"五水共治"工作的建议
127		赵建峰	关于加强泗海工业园建设,维护海盐企业利益的建议
128		赵建峰	关于引进高端物流地产的建议
129		李旻宇	关于在高峰时段推行错峰上下班的建议
130		毛碧姣	关于血常规检查列入中小学生体检的建议
131		沈雪娟	关于促进低收入农户增收致富的建议
132		江军延	关于加强综合交通管理,推动县域经济发展的建议
133	工商组		关于开展县外人才资源普查的建议
134	工商组		关于制造业品牌建设的建议
135		夏红平	关于加强东西大道及盐湖线有关路段交通管理的建议
136		王　平	关于创新农业产业化经营的建议
▲137		王　平	关于依托"互联网+"推动农村电商发展的建议
138		盛林君	关于完善交通基础设施的建议
139		盛林君	关于机关事业单位向社会开放停车泊位的建议
140		沈　刚	关于加强县看守所设施建设的建议
141		陆海平	关于改善百尺北路与东西大道汇合处面貌的建议
142		姚　华	关于打通百尺北路的建议
▲143		沈利英	关于推进城市生活垃圾分类收集和集中处理的建议
144		钟军芬	关于加强中小企业创新发展能力建设的建议

续表 45

序号	组(室)别	提案者	案由
145		吴裕金	关于规范户外广告的建议
146	科技组		关于发挥核电人才优势促进企业转型升级的建议
147	科技组		关于促进紧固件行业进入核电市场的建议
148		费海鸣	关于缓解朝阳路、海滨路行车难的建议
149	农业组		关于自来水供水系统应急预警方案的建议
150	农业组		关于解决卖粮难，保护农民种粮积极性的建议
151		陆国军	关于推进预拌砂浆推广应用工作的建议
152		郁晓燕	关于群体性欠薪事件处置工作的建议
153		吴强左	关于海盐“一带一路”建设的建议
154		阮立雄	关于植物引种管理的建议
★155		步铁钢	关于整治内河码头的建议
★156		范黄芳	关于基层防汛体系建设的建议
▲157		胡爱云	关于养老服务业发展的建议
158	教育组		关于出台政策调节教师男女比例的建议
159		李　俊	关于预付式消费管理的建议
160		李美娟	关于改善空气环境质量的建议
161		沈丽萍	关于政府和社会协同应对灾害发生的建议
162		周小军	关于中小学生抑郁症诊断及防治的建议
163		石火明	关于机动车夜间灯光使用管理的建议
★164		邱月亮等5人	关于建立城市地下管线综合管理机制的建议
165		邱月亮	关于在县城北片建造公办幼儿园的建议
166		邱月亮	关于在医疗机构的公共卫生间安装紧急呼救装置的建议
167		吴国金	关于武原城区严禁燃放烟花爆竹的建议
▲168		钱少林	关于建立“空巢老人”求助救助服务机制的建议
169		钱少林	关于行政事业单位实行错时上下班的建议
170		吴晓燕	关于改善城市窨井盖管理的建议
171		张一鸣　何柏根	关于义务教育拓展性课程建设的几点建议
172		康建兵	关于整治西塘桥小学校园周边交通环境的建议
173	医卫组		关于加强学校卫生室建设，推动学校卫生工作健康发展的建议
174		姜周明　吴学辉	关于对县康复护理院政策扶持的建议
175		马小董　张雪锋	关于增加城市公交路线运行密度的建议
176		马小董	关于启动沈荡齐家片新市镇平台建设的建议
177		张雪锋	关于扩展户外休闲运动的建议
178		沈志浩　马小董	关于制订家庭病房相关政策，助推社区居家养老的建议
179		徐刘根	关于配备专职协管员加强市场监管的建议
180		吴爱军	关于监管学校周边食品安全的建议

续表45

序号	组(室)别	提案者	案　　由
181		富守中	关于提升旅游交通服务水平的建议
182		王　敏	关于增加公共自行车站点和延伸公交线路的建议
183		苏传英	关于农民建房管理的建议
184		李跃良	关于完善村专职文化管理员队伍建设政策的建议
185		陆俊伟	关于保护海盐方言的建议
▲★186		陆俊伟	关于垃圾分类减量工作的建议
187		陆俊伟	关于打击破坏式捕鱼行为的建议
188		李　林	关于监管、引导尚胥庙民间信仰点的建议
189		宋乐明	关于现代物业服务业发展的建议
★190	社会组		关于县开发区废气污染治理的建议
191	社会组		关于农村新社区管理的建议
192		释晓明　蒋菊斌	关于宗教场所新(扩)建工程用地指标的建议
193		行学军	关于电动车管理的建议
194		杨莲娟	关于建立党员积分管理系统的建议
195		李　玮	关于垃圾焚烧场建设的建议
196		李　玮	关于监管长期占用消防通道行为的建议
197		李　玮	关于违章停车处罚信息联动的建议
198		李　玮	关于规划与落实停车场建设的建议
199		刘跃军	关于海盐基督教堂征地建辅助房的建议
200		徐剑波	关于非机动车道管理的建议
201		柏莉凤	关于海滨公园配套停车场的建议
202		汤　敏	关于发展公共交通服务的建议
203	法制组		关于加强工业污染治理工作的建议
204		吴忠耿	关于工业危险固废处理问题的建议
★205		王惠明	关于行人和非机动车交通管理的建议
206		陈　辉	关于城市公交回车场建设的建议
★207		徐阿毛	关于协辅警队伍管理的建议
208		施国庆	关于规范中介组织管理的建议
209		王永军	关于管理101省道两侧加油站内乱停车的建议
210		许进虎	关于加大投入实现海盐电视台节目高清化的建议
211		张云东	关于重视企业职工文化建设的建议
212		马洪培	关于加大武原城区非机动车管理力度的建议
213	侨台组		关于外资企业落实安全生产主体责任的建议
★214		赵荣华	关于村村通公交的建议
215		赵荣华	关于建设防汛封闭海塘的建议
216		赵荣华	关于基层侨联和台联组织人员编制的建议

续表 45

序号	组(室)别	提案者	案　　由
217		赵荣华	关于加强文保点长效管理与利用的建议
218		赵荣华	关于县城非机动车辆停放管理的建议
219		赵荣华	关于实施飚山路拓宽工程的建议
220		赵荣华	关于恢复重建悟空寺的建议
221		赵荣华	关于海外侨胞和港澳台同胞回乡翻建祖屋问题的建议
222		赵荣华	关于澉浦古城南北小街申报省级历史文化街区的建议
223		赵荣华	关于修建徐用仪名人墓的建议
224		赵荣华	关于解决退休后再就业职工工伤保险问题的建议
225		曹晓铭	关于重视历史文化街区保护和开发的建议
226		叶震洲	关于推进传统行业就地化转型升级的建议
▲227		朱晓轩	关于减量化资源化无害化垃圾分类工作的建议
228		张再生	关于在秦山大道(盐高中学南围墙路口)设置交通信号灯的建议
229		范彩华	关于旅游业人才培养和引进工作的建议
230		陈树理	关于公共自行车多元化借用的建议
▲231		肖春晖	关于提高生活垃圾分类收集处理水平的建议
232		倪永明	关于文昌路绮园文化广场周边停车问题的建议
★▲233		倪永明	关于农村电子商务发展的建议
234		陈子彦	关于绮园文化街和杨家弄老街一体化建设的建议
235		陈子彦	关于健全物业管理体系,扶持物业行业的建议
236		陈子彦	关于建立废旧家具等废弃物处理机制的建议
237		姚更跃	关于重视住宅电梯维修更新的建议
238		沈舜尧	关于监管武原城区违法营运机动车辆的建议
239	法制组		关于农村集体聚餐食品安全管理的建议

说明:打▲的为 2016 年度重点提案,打★的为 2016 年度优秀提案

(王哲丰)

民主党派与工商联

中国民主同盟
海盐县基层委员会

【概况】 2016年，发展盟员2人，盟员总数52人。其中：具有中级以上职称的48人(高级职称27人)；有市政协委员1人，县政协委员13人(常委2人)；担任县(处)级领导1人，科(局)级领导3人。7月29日，召开民盟海盐县基层委员会成立大会，选举产生第一届基层委员会，高海华担任主委；8月20日，召开全体盟员大会，选举产生4个支部正、副主委。年内，开展规范化支部、特色支部创建活动，综合经济支部获评民盟嘉兴市委会“规范化支部”。8月，在县博远将军文化传媒公司艺术会馆建立“海盐盟员之家”。是年，高海华获评民盟浙江省委会2015年度社情民意信息工作先进个人，陈辉获评民盟嘉兴市委会参政议政工作先进个人，石火明获评民盟嘉兴市委会2015年度思想宣传工作优秀通讯员。民盟海盐县基层委被民盟嘉兴市委会评为2015年度参政议政工作先进集体。

【参政议政】 2016年，民盟海盐县基层委向县政协大会提交5件集体提案、12件个人提案，市政协委员高海华、张云东向市政协大会提交7件个人提案。集体提案《关于加强海盐县农村文化礼堂建设的建议》被县政协评为优秀提案，钱少林撰写的《关于建立我县“空巢老人”求助救助等服务机制的建议》被列为重点提案。向盟省委、盟市委报送社情民意信息20多件。高海华撰写的《关于“五证合一、一照一码”登记制度改革存在的问题和建议》被全国政协采用，陈辉撰写的《关于尽快出台〈社会保险法〉实施细则的建议》被民盟中央采用；这两件社情民意信息入选盟市委《2012—2016年参政议政成果选编》。12名代表参加民盟嘉兴市第九次代表大会，高海华当选民盟浙江省第十二次代表大会代表、民盟第九届市委会委员。石火明被评为县优秀政协委员。组织盟员参加县委、县政府举办的读书会、座谈会、通报会，围绕县委、县政府“五大发展理念”和“十三五”发展规划，履行和发挥参政党的作用。完成调研报告《关于进一步提升海盐主城区停车场配套设施建设的建议》，参与盟省委关于“浙江农村电子商务的成长”“特色农产品流通体系的创新”等课题调研工作；完成盟市委“高考改革背景下我市中

11月5日，民盟海盐县基层委考察嘉兴新塍特色小镇

学教学组织中存在的问题及对策"课题的调研,形成的调研报告通过盟市委专家评审。有6名盟员被县政协委任民主监督员,对相关部门工作进行监督。参加县政协召开的委员约谈会和民主评议工作,参与县政协派驻县民政局民主监督小组对"县居家养老服务照料中心建设"项目的调研,以及县政协对嘉兴市公积金中心海盐分中心的民主评议工作。

【立足岗位奉献社会】 2016年,甘建飞撰写的论文《优化的方法未必是最好的方法》发表于《中学数学月刊》,石火明撰写的《母亲留下的山歌》获《中国校园文学》第二届教师文艺作品评选二等奖、第22届"中华圣陶杯"中学生作文大赛指导教师二等奖。韩璐撰写的论文《让"互动"激活音乐课堂》获市级二等奖,并获嘉兴市"石榴节"比赛指导铜奖。朱韬撰写的《"海盐朱状元"传说流变与文本考证》获嘉兴市第20届社科成果二等奖。陈辉6次被省地税局抽调负责"金税三期"社保费模块的开发运用,获评省地税局年度规费工作成绩突出个人。陈一佳获评嘉兴市新生代企业家联谊会优秀会员和"嘉兴市第五届十大创业风云人物"。高海华获评嘉兴市保障服务重大国际峰会先进个人。经济综合支部针对浙江科路核工程服务有限公司遇到的难点问题,向党委政府反映,为该企业解决实际困难。全体在职盟员为县慈善事业捐款45900元。

（孙晓梅）

中国民进促进会海盐县基层委员会

【概况】 2016年,民进海盐县基层委有会员66人,其中具有中级以上专业技术职称的57人(高级职称42人),有市人大代表1人,市政协委员3人,县人大代表2人,县政协委员9人(常委2人)。7月29日,召开民进海盐县总支换届暨基层委员会成立大会,选举产生第一届基层委员会,下设5个支部,陆其祥当选主委。是年,民进海盐县基层委被民进浙江省委会评为"民进浙江省先进集体"。

【参政议政】 2016年,民进海盐县基层委2次听取县政府工作通报,就全县"十三五"规划、城市发展,以及县委贯彻统一战线条例等事项建言献策。在县"两会"上,向县政协大会提交4件集体提案、11件个人提案。市政协委员陆其祥、张建根、陈月祥向市政协大会提交《关于助推"经绿养绿"模式,助推"美丽乡村"建设的建议》等3件提案。集体提案《关于加快推进杭州湾智能装备制造产业基地建设的建议》被县政协评为优秀提案。有8名会员被县政协委任民主监督员、行风评议员,对党委、政府和相关部门工作进行民主监督。参加县政协召开的委员约谈,参与县政协对嘉兴市公积金中心海盐分中心的民主评议工作。陆其祥撰写的《劳务(人力资源)服务企业对"营改增"后的纳税规定反响较为强烈》《政府急需重视政府工程受建筑业"营改增"的影响》等社情民意信息,对"营改增"后企业的反应及政府急需重视的方面进行反馈和建议。刘志海撰写的《关于加强镇区(街道)交通信号灯建设与管理工作的建议》,张建根撰写的《关于在我市范围内如何清理"盲道占用"的建议》,沈丽萍撰写的《关于建立海盐县自然学校的建议》等社情民意信息,均被县政协采用。王天宝针对城乡居民用水安全开展调研,撰写《加快供水工程改造,确保城乡居民用水安全》调研材料,为政府决策提供参考。

【立足岗位奉献社会】 2016年,陆其祥、张建根、吴裕金捐资1万元资助宜家花城雏鹰社工室"家庭教育质量提升"项目,张建根捐资1万元资助秀水社区乐群社工室"丰富和提升退休妇女生活品质"项目。各支部慈善捐款共26.98万元,其中陈月祥捐款11万余元,俞国平捐款8万元,张建根捐款5万元。陆其祥成立"营改增"志愿服务队,并举办5场专题培训。俞国平有2项绿化工程获评省优质工程、4项获评市"南湖杯"优质工程,张建根有2项获评海盐县"秦山杯"优质项目工程。邱月亮主持的课题"小学数学教师图形与几何专题培训的实践研究"被列为浙江省"十三五"教师发展规划课题,其撰写的《小学新教师数学素养的调查与分析》获全省教研员调研报告一等奖,"小学数学教师'统计与概率'90学时专题培训"被评为"全省首届中小学教师培训双百精品"项目,《先细分,再求和——微积分初步思

9 月 15 日，会员任凭送画给县老年公寓

想渗透的教学实践与思考》发表于《小学教学》杂志。吴伟撰写的论文《例谈驱动性问题教学在化学课堂中的应用》获全省化学会评比一等奖。程雪峰编印《教职工书画作品集》。汪晓华执教的安全课“远离火灾，安全常在”获海盐县中小学安全生产月“五个一”活动评比一等奖。何柏根指导元济中学桥牌队在省青年桥牌比赛中夺冠，带领县桥牌女子队在省女子体育节体育强县组比赛中取得一金一银。任凭的国画作品《海盐黄南瓜》入编《“两美”嘉兴画展作品集》，并在浙江美术馆展出。徐佳勤的画作《一晴方知夏深》在纪念建党 95 周年浙江省小幅油画展上获最高优秀奖。

（孙晓梅）

中国农工民主党海盐县基层委员会

【概况】 2016 年，发展新党员 4 人，总计 62 人。其中：具有高级职称的 27 人，中级职称 32 人；市人大代表 1 人，市政协委员 2 人，县政协委员 12 人（副主席 1 人）。7 月 29 日，召开农工党海盐县总支换届暨基层委成立大会，选举产生第一届基层委员会，董雪明当选主委，基层委设 5 个支部。全年召开总支和基层委会议 10 次，开展支部活动 12 次，组织党员参加县委、县政府举办的政情通报会、暑期读书会等大型活动 7 次。11 月，农工党海盐县基层委选举产生 10 名党代表、3 名提名党代表，出席农工党嘉兴市第八次代表大会。重新修订农工党海盐县基层委工作制度、会议制度、经费管理制度、优秀党员评选办法等 4 项制度。被农工民主党中央授予“中国农工民主党 2013—2014 年全国社会服务先进基层组织”称号，被农工民主党省委会评为 2014—2015 年度先进基层组织；董雪明、汤利忠、范黄芳受到农工民主党省委会表彰。

【参政议政】 2016 年，市政协委员徐刘根、浦云峰提交提案 3 件，市人大代表陈明提交建议 1 件。向县政协全会提交集体提案 3 件、个人或联名提案 9 件，其中 3 件被评为优秀提案。胡爱云代表农工党海盐县总支在政协全会上作题为《关于工商资本投资现代农业的建议》大会发言。向农工党嘉兴市委会、县政协共报送社情民意信息 15 篇，其中上报省政协 1 篇、市政协 8 篇、农工党嘉兴市委会 3 篇。完成 2 篇调研报告《关于加强我县工业固废处置工作的建议》《关于进一步推进我县医养结合工作的建议》。徐阿毛、徐雁鸣、林永华等 8 人参加嘉兴市委会举办的第十三期新党员培训班。徐刘根、徐阿毛、孙明华等 6 人被县政协委任民主监督员，参与县政府 5 个部门民主监督活动。徐阿毛参加县政协对嘉兴市公积金中心海盐分中心民主评议工作。孙明华参加县政协对县住建局（人防办）、县农经局（农办）提案办理工作的民主评议。

【立足岗位奉献社会】 2016 年，农工党海盐县基层委报送农工党市委会及县委统战部简讯 37 篇，在省政协《联谊报》上登载 1 篇，被浙江农工党微信公众号转载 8 篇，在农工党市委会网上登载 37 篇。马小董、肖春晖等举办健康讲座和社工义诊活动。组织医卫界党员在通元镇张桥村为村民提供义务健康咨询并展出宣传板 12 幅。向丽水市遂昌县山体滑坡灾民捐款 2900 元，有 37 名党员共向社会和个人捐款21690元。韩飞结对资助陕西省城固县贫困女生张玉婷，罗胡芬结对资助四川省平武县郭杨家庭，卢雪丽结对资助海盐县小学生，徐阿毛担任慈善义工机关事业队长，结对帮助生活困难老人；林永华向海盐益智托管所捐玩具及食品。浦云峰举办公益声乐大培训20多次，带领队员开展送文艺进文化礼堂巡展。退休医生张企雯、徐公达坚持为病人服务并参加义诊活动。马小董领导的神经内科团队获"浙江省脑卒中医疗质量控制中心2016年度溶栓先锋奖"，马小董被省卫计委授予"浙江省第五批县级医学龙头学科神经病学科带头人"称号，获第一届"浙江省优秀基层神经内科医师"称号。步中琦是县卫生系统第二批学科带头人之一，嘉兴市新世纪专业技术带头人后备人才之一。浦云峰被省音乐家协会评为浙江省优秀考级辅导教师，获2015年度"海盐县文艺人才"称号；他创作的歌曲《马头琴唱香大草原》《那缕炊烟如画》《中华之恋》等分别发表在国家级和省级刊物上，其组织和主演的表演唱《上梁》获长三角民歌节"最佳传承奖"和优秀组织奖。退休老党员封友道是中国国画家协会会员、《中国艺术家报》终身艺术委员，2015年被瑞典皇家艺术学院授予荣誉博士学位。

（董雪明　周文荣）

6月21日，农工党海盐县基层委党员下乡义诊

九三学社
海盐县基层委员会

【概况】 2016年，发展社员3人，共27人。其中：具有高级职称的12人，中级职称的10人；市人大代表2人，市政协委员1人；县人大代表1人，县政协委员5人；科(局)级领导3人。7月29日，召开九三学社海盐支社换届暨基层委员会成立大会，选举产生第一届基层委员会领导班子，黄健当选主委，张青春、周拯晔、李玮为副主委，选举产生3个支社委员会正、副主委。修订完善九三学社海盐县基层委2项规章制度。召开全体会议、开展活动共17次，召开基层委会议7次。九三学社海盐县基层委积极参加九三学社嘉兴市委，海盐县委、县政府，县政协举办的学习会、报告会、情况通报会、读书会等。与九三学社省立同德医院支社结对共建，在县中医院开展义诊、咨询等活动；邀请省级医疗专家与海盐支社医技人员一起在县老年公寓举办健康讲座和义诊。组织社员开展调查研究、了解社情民意，撰写调研报告等活动，以及参加九三学社嘉兴市委会、中共海盐县委统战部举办的政治理论培训。结合每季度全体会议开展"每季一讲"活动。九三学社海盐县基层委被九三学社嘉兴市委会评为2016年度先进基层组织。

【参政议政】 2016年，九三学社海盐县基层委8名市、县人大代表和政协委员共提交建议和提案18件。在县政协大会上，李玮代表海盐支社作题为《推进垃圾分类处理，提高科学处置水平》的大会发言。向大会提交集体提案5件、个人提案9件，其中集体提案《关于建立重大项目落地可行性综合预研机制的建议》被评为优秀提案，集体提案《关于推进垃圾分类处理，提高科学处置水平的建议》和倪永明撰写的《关于加快海盐县农村电子商务发展的建议》被列为重点提案。在嘉兴市"两会"上，俞晓叶提交的《关于进一步加强食品安全综合协调机构建设的建议》被评为优秀建议；周拯晔提交3件提案，其中《关于二胎政策实施后适时调整学前教育政策的

9月14日,黄健参加“浙江在线”九三学社界别政协委员“河长制建设”访谈活动

建议》受到关注。组织社员开展调研并撰写2篇调研报告,其中《“十三五”区域水运发展与海盐振兴机遇》被县政协评为优秀调研报告,梅菁主笔的《新体制下食品安全监管存在的问题与对策建议》被九三学社浙江省委会评为“2016年度参政议政调研成果二等奖”。6月初,陪同省政协“五水共治”专项集体民主监督第六监督组在海盐县蹲点调研;9月,黄健代表九三界别政协委员参加“‘浙江在线’九三学社界别委员‘河长制建设’访谈活动”。李玮等4人被县政协委派担任民主监督员,李玮参加县政协对嘉兴市住房公积金管理中心海盐分中心的民主评议。

【立足岗位奉献社会】 2016年,梅菁被社省委评为“2016年度参政议政工作先进个人”,李加薇家庭被省妇联评为2015年度“浙江省绿色家庭”;周拯晔被市七届政协评为优秀委员,黄健获评社市委会优秀社务工作者,李玮、周拯晔获评优秀社员。沈爱军获评2015年市住房公积金管理工作先进个人,黄健获评2015年度海盐县优秀公务员,李玮被县政协评为2016年度优秀政协委员,梅菁被县食安委评为2016年度先进个人。姜婕编导的《海盐抗日小英雄》获2015年度浙江省广播电视少儿节目奖广播专题二等奖,采写的《6岁弱视女转捐10万元善款》获2015年度嘉兴新闻奖广播新闻一等奖,撰写的调研文章《建设新媒体矩阵提升新媒体影响度》被评为2015年度海盐县党政系统优秀调研文章二等奖。俞晓叶被评为2015年度建设“三优”海盐重点工程立功竞赛先进个人,沈爱军带领的团队被命名为县劳模集体,应午宇被秦山核电基地工会评为2016热心社会公益事业先进个人。九三学社海盐县基层委向浙江遂昌灾区捐款8000元。

(黄　健　张掌根)

海盐县工商业联合会(总商会)

【概况】 截至2016年年底,县工商联(总商会)有会员1632人,有基层商会15个,其中镇(街道)商会9个,行业协会(商会)2个,异地商会4个。外地在海盐县建商会1个。2016年,县工商联(总商会)发挥党和政府联系非公有制经济的桥梁纽带作用,突出统战性、经济性、民间性,积极发挥“六大职能”,促进“两个健康”发展。县工商联获“浙江省首批‘五优’县级工商联”“全国民营经济新闻宣传工作先进单位”称号。按照上级统一部署,在全县非公有制经济人士队伍中开展以“守法诚信、坚定信心”为重点的理想信念教育实践活动,《创建理想信念教育实践活动长效机制》被《中华工商时报》评为2016年度创新中国特别奖。以县工商联执常委和县新生代创业联谊会2支队伍为重点,与浙江大学、浙江工商大学等高校合作,举办“企业家的人文修养”“股权激励”等专题培训,选送8名非公有制经济人士赴香港理工大学、中央社会主义学院学习培训。定期举办“财智沙龙”活动,让经济专家、部门领导与县内企业家面对面解疑释惑;组织部分企业家赴县外参观管理模式先进的企业,开拓创业思维。落实习近平总书记“3·4”讲话精神,构建“亲”“清”新型政商关系;与县法院联合建立诉讼调解与商会调解衔接机制,在县工商联和海利集团、中达控股集团等重点民营企业挂牌建立“检察工作服务站”。县工商联（总商会）配合县委组织部，选派 11 名“党务红领”参与基层商会规范化建设工作。县总商会联合各镇（街道）商会招聘 8 名社团专职工作人员，并于 8 月到岗工作。全年“知商汇”微信平台累计发送 47 期共 319 篇各类信息。以执常委群、新生代群、异地商会群等各类微信群为媒体，凝聚广大非公有制经济人士和新生代企业家，搭建政企沟通新桥梁。全年在省工商联网站、《浙江工商》、《中华工商时报》等平台上发表各类信息 100 余篇。

9 月 20 日，海盐联海产业基金成立仪式

【换届选举】 6 月 2 日，百步商会作为乡镇商会换届试点完成换届，其余镇（街道）商会于 8 月底前完成。12 月 8 日，县工商联（总商会）第十一次会员代表大会召开。大会听取、审议并通过县工商联（总商会）第十届执行委员会工作报告，选举产生第十一届执行委员会；浙江海利控股集团有限公司董事长方光明任县工商联主席，马建平、马雪明、王平等 23 人当选副主席，沈金良当选秘书长。

12 月 8 日，县工商联（总商会）第十一届执行委员会第一次会议召开

【联海产业基金成立】 9 月 20 日，全省第一支由工商联主导的产业引导基金——海盐联海产业基金成立。县内 20 多家拟上市挂牌的企业参加活动。主要开展普及经济学常识和财富管理知识，邀请银行、证券机构负责人列席主席轮值会议、参加执委分组活动，并开展银企对接等活动。10 月，省工商联党组书记李剑飞对海盐县工商联推动组建产业基金，推进财富管理服务作专题调研和重要批示。

【“美丽厂区”创建】 2016 年，按照全省集中环境整治攻坚大会战要求，县工商联牵头组织“美丽厂区”创建专项行动，发出创建倡议书。4 月 16 日，“创美丽厂区（企业）”现场会在浙江三维大通冷挤压有限公司召开。拍摄“美丽厂区”建设培训微视频，树立“金达亚麻”“三维冷挤压”等企业典型，推进全县“美丽厂区”创建。

【异地商会】 2016 年，县工商联（总商会）牵头建立深圳、上海、北京嘉兴商会海盐分会，以及生产性服务业联合会。4 月 10 日，杭州市海盐商会一届二次会员大会在杭州举行，嘉兴市政协副主席、市工商联主席薛佳平,县领导沈晓红等出席会议。会上,县领导为会长、理事单位授牌,县委组织部领导为“商会人才工作联络站”揭牌;大会举行“商会合作银行战略合作协议”签订仪式、“商会爱心扶贫项目”捐款仪式等。年内,县工商联举办在外异地商会海盐籍会长恳谈会,并分别与北京浙江商会、上海福建商会、上海闵行区九星商会,以及广东南海区工商联、江西乐平市工商联和宁波市多个异地商会,建立互访和信息互通机制。

【非公经济人士参政议政】 2016年,县工商联鼓励非公有制经济人士向党委和政府反映社情民意,有序参与政治生活和社会事务。会员企业非公有制经济人士中的县人大代表共提交建议46件,县政协委员共提交提案74件。县工商联向县政协全会提交集体提案4件,其中《关于发挥“产业联盟”作用努力建设旅游经济强县的建议》被评为优秀提案;完成调研报告3篇,其中《科学技术在我县民营企业发展壮大中的作用分析》《新常态下企业家人才队伍教育培训需求研究》被评为优秀调研报告。办理并答复县政府交办的《关于加强引导与服务,积极防范企业经营风险的建议》提案。县工商联每季1次开展主席轮值活动、工商界政协委员活动,引导会员企业和非公有制经济人士关注G20杭州峰会和世界互联网大会乌镇峰会安全保障工作,积极参与“五水共治”、“四边三化”、“四换三名”、“两美”建设、“浙商回归”,以及招商引资等县委、县政府中心工作。

【宣传企业家事迹】 2016年,县工商联联合县委人才办、县委宣传部等部门,经基层商会和县内主要经济职能部门推荐,筛选近百名先进企业家典型,将其中55名企业家故事汇集成《盐邑商海》一书,由吴越电子音像出版正式出版发行。年内,从企业创新、转型升级、企业文化、社会责任等方面采集并报道优秀企业家事迹,出刊《盐邑商海》杂志4期。

(李　霞)

6月26日,上海市嘉兴商会海盐分会成立大会

人民团体

海盐县总工会

【概况】 2016年，县总工会围绕“生猪养殖转产转型‘四助’”（助业、助困、助学、助医）“创美丽厂区（企业）、建快乐车间、做文明职工”“严防和处置企业欠薪，促进劳动关系和谐稳定”“深化‘两新’（新经济组织、新社会组织）工会组织建设”等中心任务，开展职工技能素质提升、劳动模范评选表彰、“美丽厂区”创建、职工医疗互助、助力生猪退养等重点工作。发动基层工会和广大职工献计献策，为推进“三优”海盐建设发挥作用。加强工会财务管理规范化建设和工会资产管理，工会经费依法足额收缴和稳定持续增长。推进经费审计工作，开展工会经费年度预（决）算编制规范性及年度工会经费使用情况绩效审计，对产业系统、直属基层工会开展年度工会经费收支审计，对县总工会本级及下属事业单位开展年度经济责任审计。加快县工人文化宫项目建设，至年末，土建完成。是年，县总工会获得浙江省“安康杯”竞赛优秀组织奖。

3月22日，县工人文化宫建设工程开工仪式举行

【开展劳动竞赛活动】 2016年，县总工会继续开展“两年一大赛，一年一小赛”劳动竞赛，组织全县9个不同行业近千名职工开展职业大练兵、大比武，入围决赛职工150人，晋升为中级工、高级工技术职称36人。在全县52个重大建设项目中开展“六比六赛”立功竞赛，选树8个建设项目申报省、市级先进示范工程。深化“安康杯”竞赛，开展安全生产合理化建议征集评选、班组安全建设成果展示、群众性隐患排查、工会劳动保护宣传等活动，全县在浙江省总工会劳动保护网登记在册的682家企业中有7.6万余名职工参加竞赛。开展“查事故隐患，提合理化建议”活动，全县1300余家企业6.7万余名职工参与，提出合理化建议278条，被采纳138条。

【推动职工技术创新】 2016年，县总工会开展寻找首批“海盐工匠”和评选第六批职业技能带头人活动，分别评选出优秀劳动者20人和10人。深化“工人先锋号”创建，新命名表彰县级先进集体22个。完善助力职工成长成才机制，加强高技能人才（劳模）创新工作室创建，新申报市级创新工作室3家，获得市级以职工名字命名的先进操作法2项。

【劳模评选和管理】 2016年，县总工会开展评选劳模活动，评选出2012—2016年度县级劳动模范20人、模范集体10个，推选李光华获得浙江省五一劳动奖章。拍摄《劳模风采》专题片，刻录光盘200份分发到基层工会，在海盐发布、海盐手机报、海盐电视台、《嘉兴日报》等平台开展宣传报道。召开在职劳模助力“美丽厂区”创建现场座谈会，号召全县劳模带头参与“美丽厂区”创建活动。配合省第七次农业“两区”(现代农业园区、粮食生产功能区)建设暨“互联网+”现代农业现场会，召开部分农业劳模座谈会，将全县农业劳模的座右铭和事迹成果做成展板进行展示。实施“215人才工程”，对由20位劳模建立的传帮带基地、10位高技能人才(劳模)设立的创新工作室、5位劳模创立的农业专业合作社培训基地进行督查。做好县劳模协会换届选举和劳模数据库动态管理。组织150位劳模健康体检、49位劳模疗休养。落实劳模待遇，按时发放荣誉津贴，全年为20位60岁以上农村无固定收入劳模发放困难补助款5.28万元，慰问困难劳模6人次，发放慰问款7200元，补助劳模医药费自负部分14万余元，看望生病住院劳模2人次。

6月15日，嘉兴市人大常委会副主任、总工会主席沈利农一行到海盐调研“美丽厂区”创建等工作

【创建“美丽厂区”专项行动】 2016年，县总工会牵头成立创建“美丽厂区”专项活动工作组，制定实施方案，部署活动环节，分组实地走访，分厂施策指导，强化督促检查。明确“整洁厂区”“美丽厂区”“优美厂区”三大创建标准。举行创“美丽厂区”启动仪式暨千名工会主席大课堂，发放倡议书，拍摄制作《我们一起改变》，刻录光盘《美丽厂区展示之美丽金达》，开展宣传发动。召开现场推进会，总结推广先进经验。联合县广播电视台开设专题节目，选树“优美厂区”20家，拍摄专题片《美丽厂区进行时》，在海盐新闻综合频道、海盐一家门频道分6个固定时段交替播出，每周1期，共4期。组织企业开展“我为美丽厂区献一策”“每天义务劳动半小时”等活动。全年评出“优美厂区”66家、“美丽厂区”120家、“整洁厂区”247家。

【基层工会干部和职工教育培训】 2016年，县总工会开展基层工会干部教育培训，邀请浙江工商大学王国安教授作“生态文明与精神文明”主题讲座，举办工会干部履职能力培训班2期，组织工会干部参加法律法规学习和参观“先进职工之家”，提升基层工会干部业务素质。依托县总工会职工学校，以“送教进企”模式开展公益系列培训，设置职业道德教育、心理健康辅导等课程7类，全年为14家企业1000余名职工开展“点单式”职业素质培训和职业技能培训。

【企业职工文化建设】 2016年，县总工会开展“读书·明理·圆满”职工读书征文活动，收到征文162篇。选取省级职工书屋示范点3家，开展“世界读书日”赠送图书活动。成立县职工业余合唱团，招募合唱团团员近50人。配合县文化旅游节，牵头开展“五味村”假日绿色骑行活动，组织产业系统、直属基层工会10支代表队200名职工参加。举办“建功‘十三五’唱响好声音”海盐赛区选拔赛、复赛，推选7名选手参加“嘉兴市首届职工好声音”比赛，选送《小镇菜娘子》参加“纪念建党95周年嘉兴市职工文艺汇演”(获得金奖)。举办“咱们工人有力量”海盐县职工业余艺术团迎新慰问演出、庆“五一”职工文艺汇演、第二十五届职工乒乓球比赛等活动。

【参与构建和谐稳定劳动关系】 2016年,县总工会开展劳动保护分级管理工作,推动镇(街道)工会实施分级抓、分层管、分类查模式。完善县、镇(街道)两级工会与政府联席会议制度和劳动关系三方协调制度。全年参与处置劳动争议2起,参与鉴定评审职工劳动能力4次,参与处理海盐丝厂关闭事件。组织工会工作者参加省、市工会举办的培训班,26人经考核取得工会法律监督员证。全年县职工服务中心接待来人来电来信咨询12人次,处理率100%;各镇(街道)职工服务站(点)、企业职工服务室共接待职工法律咨询586人次,法律援助11人次,受理劳动争议、拖欠职工工资、工伤赔偿等案件161起,调处成功161起,涉及金额794.9万元。

【推进工资集体协商】 2016年,县总工会加强工资集体协商指导员队伍建设,抓好工资集体协商协议到期续签或重新签订工作,培育工资集体协商示范点。全县单建企业工会597家,签订集体合同、工资集体协商568家。开展行业性工资集体协商4家,树立通元灯泡行业和住建系统园林绿化行业作为工资集体协商示范典型。落实《浙江省非公企业职代会操作指南》,提高以职代会为基本形式的厂务公开民主管理工作水平,全县非公企业厂务公开建制率保持90%,已建工会职代会建制率95%。

【工会"大服务"体系建设】 2016年,县总工会推进职工医疗互助,扩大职工医疗互助保障覆盖面。第三期职工医疗互助保障活动参保人数40079人,全年得到医疗报销职工1424人,发放医疗补助金217.19万元。其中,个人最高补助金额1.26万元,死亡一次性补助1人。实施"四季帮扶"行动,做好职工医疗互助日常补助、金秋助学、法律援助、"爱心透析"、临时救助工作。全年为192位困难职工、困难劳模送去节日慰问款共19.8万元;为13位困难职工家庭子女发放助学资金4万元;为13位困难职工发放"爱心透析"专项救助款5.85万元;为39户因大病致贫困职工家庭专项补助13.9万元;为11位临时性突发困难职工发放救助款3.35万元;"夏送清凉"慰问高温、露天作业企业122家,惠及职工5000余人。

【助力生猪退养百日攻坚战】 2016年,县总工会主要领导担任秦山街道庆丰村第一书记,并联系武原街道和于城镇,进村入户,开展督导。成立生猪退养集中攻坚工作小组,抽调工作人员8人,协助沈荡镇尤角村,做好农户生猪退养、违章猪舍拆除、违法排污消除等宣传工作。发挥工会组织优势,为生猪退养后转产转业人员提供助困、助业、助学、创业扶持帮助,建立和完善转产转业人员家庭困难档案,做到"一户一表"动态管理。对生活确有困难的163户退养养殖户给予生活救助,发放专项帮扶资金30万元。

【基层工会规范化建设】 2016年,县总工会开展基层工会规范化建设推进月活动,有序推进联合基层工会拆分单建基层工会。扩建一批非公企业、社会组织,以及服务业组建基层工会。强化基层小微企业组建工会,深化农民工入会,扩大基层工会组织覆盖面。选建一批楼宇(市场)工会,武原街道、秦山街道完成楼宇(市场)工会联合会试点组建筹备工作。至年末,全县组建基层工会889家,其中单建工会738家,覆盖法人单位4280家,工会会员12.6万余人。开展两年一次的县级各类先进评选表彰活动,评选出"职工之家"示范点和"职工书屋"示范点各50家、先进村(社区)工会和先进工会女职委各30家、优秀工会工作者(积极分子)80人、先进工会女职工工作者40人。组织参加市级以上各类先进评选,被评为市级"先进职工之家"2家、市级"职工书屋"7家。强化对基层工会工作指导,在全县建立基层工会工作联系点20个,将县总工会全体机关干部分成10个小组,帮助基层工会建章立制,推进规范化建设。指导各镇(街道)依法规范民主选举工会干部。

(徐卫菊)

共青团海盐县委员会

【概况】 2016年,团县委有直属基层团(工)委21个,其中团(工)委7个,团总支27个,团支部1084个,团员1.67万人;有1名金融系统团干部和1名镇(街道)团委书记培养人选到团县委挂职。创新团组织管理模式,在全市成立首家金融团工委。年内,重点对团县委直属的50家非公有制企业团组织加强指导。开展"用脚步丈量青情""百名团干联帮促"等活动。全年走访联

8月6日，共青团海盐县金融工作委员会成立大会举行

系创业青年、困难青少年、青年自组织等90余次，帮助解决问题29个。举办“团干部如何健康成长大讨论”4期，实施年轻干部培养“青马工程”，通过完善项目人才库、举办青年主题论坛和年轻干部培训班等，提升青年干部综合能力。控制学生入团比例，规范入团程序。加强少先队辅导员培养，雏鹰争章、中队活动课建设等工作得到深化。举办海盐县少先队辅导员论坛，元通小学少先队总辅导员孙亦华在浙江省少先队技能大赛中获得金奖。是年，团县委被评为嘉兴市团建工作先进单位。

【宣传教育活动】 2016年，团县委以纪念“五·四”运动、少先队建队节等为契机，开展“红领巾相约中国梦”“认星争优·做美德少年”“学习习总书记回信，弘扬大陈岛垦荒精神”等系列教育实践活动28场。在光明网、中国共青团网站、团中央手机报等国家级宣传平台发表报道39篇次，在《浙江团情》《浙江青年工作信息》等省级团属杂志刊登4篇次。“时光剪切师——美丽乡村行·情暖夕阳红”志愿服务项目受到《人民日报》报道。全年编印《青春海盐》杂志3期。微信公众号粉丝突破3.5万人，其中两期宣传阅读量近8万。在微博、“青年之声”等新媒体平台开展互动，在群众热议的网络舆论事件中，及时投入舆论斗争，传播正义信息。

【助力青年创业创新】 2016年，团县委继续实施《海盐县农村青年网上创业行动》，推进海盐县农村电子商务工作，举办县青农联盟盟友与农村淘宝合伙人联谊活动，使青农联盟产品与农村淘宝网络平台实现无缝对接，全年销售葡萄、草莓、甜瓜等农产品近万斤。在新媒体平台发布招募农村淘宝村级服务站合伙人信息8次。开展农村青年就业创业培训1330人次。主办“互联网+”创业创新大赛，对接优秀项目落户。全年为22位创业青年申请党群创业扶助贷款授信155万元，为336位创业青年发放创业小额贷款3240.5万元。召开“奋斗的青春最美丽”青工品牌分享会5次。与县委组织部等单位联合举办第二届“三优·印象海盐”微视频大赛，收集作品43部，其中县青农创业联盟参与拍摄的2部微视频分别获得金奖、银奖；金奖作品《“三优海盐致青春”之农场乌托邦》获得市级最佳创意奖。

【助力生态建设】 2016年，团县委通过共青团治水护水段长负责制和“五水共治”环保志愿者队伍，开展助力“五水共治”行动，成功创建第二批市级“共青

3月27日，锦鲤公益投放活动举办

示范河”。举办第二季锦鲤公益投放活动，投放治水锦鲤2万余尾。参与大气治理，组织各镇（街道）团委开展“秸秆禁烧·绿色骑行”活动，营造环保宣传氛围。参与垃圾分类行动，举办生态文明宣传月暨环保“益”起来、公益健步走、第六季微公益之“Let's恰，分开去旅行”全民垃圾分类宣传等活动8次，发放宣传册1万余份。在青年联合会委员、青年企业家群体中开展“绿色承诺”行动，扩大“青年林”“青联林”“亲子林”等绿色生态林建设规模。

【维护青少年合法权益】 2016年，团县委实施“五类重点青少年”（不良行为青少年、闲散青少年、流浪乞讨未成年人、服刑强戒人员的未成年子女、流动留守儿童）帮扶行动，结对帮扶率100%。联合县司法局、县教育局建立律师志愿者服务队，设立普法流动工作站，定期开展普法宣传和法律咨询。举办“法治进校园”主题宣讲活动18次，开展少儿“法治书法比赛”“法治承诺墙”，以及青少年书法展出等活动8次。推进12355青少年服务台建设，开展“心灵花园”体验、中（高）考学生减压“阳光行动”共32次。办结政协提案《关于青少年心理健康的几点建议》。县青少年综合服务中心招聘专职社工1名，以政府购买服务形式，实施“职来职往”“金色翅膀”“原力觉醒”等项目，全年开展创业培训、主题沙龙、“点对点”跟踪服务等29次，举办“核你同行”青年交流活动2次。召开县青年联合会四届一次委员会，建立青少年事务社工队伍，给予青少年教育、维权、关爱、帮扶等服务。

【青年企业家协会建设】 2016年，团县委利用县青年企业家协会第五次会员大会，扩充青年企业家队伍，有会员135名，其中80后青年企业家占71%。实施“启·业·家”（启智、乐业、做大家）工程，设立青年“众创空间”，作为协会开展活动和会员相互交流场所。举办“未来是我们的”“有志青年如何练就”主题沙龙，召开专场招聘会2场，实施“放飞职业梦想”青春助力工程2期。2位协会会员在全县“互联网+”创业创新大赛中对接项目4个。定期举办小组活动、行业分享交流会等。组织北京行、参观第三届世界互联网大会·互联网之光博览会等活动6次。举办“毅行东白山”“毅行大禹谷”“拥抱春天·感受自然”亲子活动等8次。

【青年志愿者服务活动】 2016年，海盐县志愿者协会第五次会员代表大会召开。年末，全县有注册志愿者5.1万余人。全年服务新居民子女486人次，参与服务的志愿者83人次。开展“时光剪切师——美丽乡村行·情暖夕阳红”“转角遇到爱”等活动。成立“志愿驿站”“情暖老干部”志愿服务站，定期提供行路指引、免费饮水、医疗急救、雨伞外借、家电维修等服务。组建平安志愿者队伍，人数1.2万余人，联合县委政法委等部门，开展平安巡防、邻里守望、平安出行等活动300余次。制定下发《“践行文明、担当示范，做有礼代‘盐’人”青年文明素质提升专项教育活动方案》，组建文明行动志愿者队伍，人数500人，开展文明劝导、文明引领、网络文明、用餐文明等活动130余次，举办“传播青春正能量”青年人才沙龙、“禾·青年说”分享会、“少儿故事大王”等主题分享活动12场。开展第四届志愿者嘉年华活动，以游园会形式，弘扬志愿文化。推进志愿服务培训工作，举办志愿服务管理平台建设、志愿者团队建设、志愿服务技能等专题培训13次。

（金兵兵）

海盐县妇女联合会

【概况】 2016年年末，全县有县属妇女组织13个，镇（街道）妇联9个，村（社区）妇代会121个。县妇女儿童活动中心为县妇联下属单位。是年，县妇联召开第十五届三次执委（扩大）会议，完善《海盐县妇联常委、执委工作制度》，编印《海盐县妇女儿童发展规划（2011—2015）终期监测评估报告》。召开县女企业家协会第三次会员大会，选举产生新一届理事会。组织各镇（街道）妇联干部参加嘉兴市妇联举办的新媒体宣传工作培训班、婚姻家庭矛盾调解员培训班、酵素制作培训班、婚姻家庭咨询师三级资质培训班等。举办女干部联谊会、女村干部联谊会。开展“一下移两下沉”（重心下移、力量下沉、服务下沉）活动，成立走访组3个，结合“基层日”推进走访服务活动，全年走访妇女群众400余人、家庭120户，征集意见建议56条。

【创建“优美庭院”工作】 2016年,县妇联继续实施“优美庭院”全民评创三年行动计划,全县参与创建的村(社区)有96个,共召开动员部署会议106次,并将创建标准纳入村规民约。全县建立“优美庭院”创建工作QQ群98个、微信群126个,通过微信公众号推送宣传信息180余条。建立“美丽党员先锋岗”6081个,党员与5.1万余户农民家庭结对,6291户党员家庭成为创建“优美庭院”样板。开展庭院集中整治1516次,以承包组为单位组建评审小组2136个,开展评比打分6377次。至年末,评选出县级“优美庭院”示范户2000户,镇(街道)、村(社区)级“优美庭院”先进户1.5万余户,其中被评为省级“绿色家庭”3户。全县有市级“优美庭院”示范村42个、县级“优美庭院”示范村27个,“优美庭院”示范户占全县总户数的15.6%。海盐“优美庭院”创建工作被推选参加省“三改一拆”主题成果展,县妇联应邀参加省“美丽庭院”创建工作推进会并作书面经验交流。

【服务女性创业】 2016年,县妇联举办第十三届女性劳动力招聘会,推出就业岗位109个,与用人单位达成就业意向女性46人。做好女性创业帮扶资金申领工作,为23位优秀创业女性提供贴息贷款100万元。开展第四轮第三产业“巾帼赛”活动,评选出第三产业女性带头人15人,共奖励资金12万元。实施农村女性实用人才培训项目,开设创业培训班6个,培训学员255人。全县有“农家女素质课堂”20家,全年开展学习活动105次,培训妇女1500余人。深化“双学双比”活动,全年培育并命名巾帼家庭农场10家。

【妇女儿童维权服务】 2016年,利用县、镇(街道)、村(社区)维权站及12338维权公益服务热线,为妇女儿童提供便捷的法律维权咨询服务。县妇联全年接待来访妇女40余人次,帮助妇女解决婚姻矛盾35起。开展平安家庭宣传月、不让毒品进我家、法律进家庭、新婚夫妇签订“平安家庭承诺书”等活动,参与群众1万余人。实施“特殊家庭”关爱工程,带领妇女参与平安建设,维护社会稳定。县婚姻家庭指导服务中心全年调解家庭矛盾64起,接受电话咨询35次,劝和夫妻43对。

7月25日,嘉兴市市委书记鲁俊一行到金星村视察创建“优美庭院”等工作

【评选“最美家庭”工作】 2016年,县妇联围绕省级文明县创建,开展“最美家庭”暨城乡户户创文明活动。全县被评为县级“最美家庭”106户、市级文明家庭12户、省级文明家庭5户、省级“最美家庭”2户。运用道德讲堂、农村文化礼堂等平台,推进家风家训进礼堂、挂厅堂、亮门墙活动,在文溪坞、紫金山村、澉东村等五味村,以及市级“优美庭院”示范村制作家风家训牌上墙。联合县纪委、县委组织部等开展“立家训、树家风、促党风、带民风”主题系列活动。

【开展家教工作】 2016年,县妇联开展“嘉兴记忆·亲子穿越”家庭教育主题实践海盐行活动,全县有20所小学的学生、家长、老师代表共100余人参加。开展“家庭教育城乡行”活动,组织讲座30场。开展“我爱我家·同悦书香”亲子阅读活动,传递科学家庭教育理念,1户家庭被评为嘉兴市“十佳书香家庭”,1名儿童被评为嘉兴市

“十佳阅读小达人”。继续实施亲子早教工程，县妇儿活动中心全年招收春季早教班 15 个 120 人，招收秋季早教班 18 个 140 人，联合上海宝山、奉贤等地早教指导中心，举办 0～3 岁亲子早教微展示暨研讨活动。悦家社工事务所开展“和谐一家亲”婚姻家庭关系调适项目和“悦满新灵・和谐一家”新居民家庭教育服务项目，全年开展个案 61 个、小组活动 29 次、社区活动 9 次，化解婚姻危机个案 18 个，受益 2000 余人。

【庆“三八”妇女节活动】 3 月，县妇联举办庆“三八”妇女节纪念活动。主要活动有：举办纪念“三八”国际劳动妇女节 106 周年暨“梦想的力量・与爱同行”文明家风展演会；开展“巾帼・家庭——绿色海盐”亲子植树活动，参加家庭 180 余户，栽种树木 500 余棵；开展“反家暴”宣传，组织预防和制止家庭暴力委员会各成员单位、各镇（街道）妇联、县属妇女组织参加《中华人民共和国反家庭暴力法》电视电话会议；借助微信、微博平台，开展“反家暴”联盟行动；开展以“反家暴”为主题的法制宣传月，参加巾帼志愿者 350 余人，发放宣传资料 2.4 万余份、宣传品 0.9 万余份；举办“魅力女性大讲堂——妇女法制、健康宣传城乡行”活动，组织讲师团成员 11 人，送课下乡 46 场次，发放宣传资料 0.4 万余份。

【“巾帼赛”活动】 6 月，县妇联召开“巾帼赛”工作会议，推进“巾帼赛”活动开展。拓展巾帼文明岗创建，完善创建机制，对 2014—2015 年命名的并有意争创岗位的进行专题培训与创建指导。年内，新申报命名省级岗 3 个、市级岗 4 个、县级岗 12 个，上报全国争创岗 2 个、市级争创岗 5 个。结合省妇联《关于开展“迎接 G20 家家见行动、岗岗展风采”活动的通知》，推出“迎接 G20・美丽庭院我先行”主题系列活动，巾帼志愿者队伍和市级以上巾帼文明岗与村（社区）结对，帮扶指导村（社区）开展“优美庭院”创建，共活动 200 余次。

【帮扶妇幼弱势群体】 2016 年，县妇联联合县慈善总会开展“百名贫困妇女慰问行动”，发放慰问品和慰问金共计 8 万元。母亲节走访慰问 8 位患宫颈癌和乳腺癌贫困妇女，发放慰问金 2 万元；联合县残联开展贫困母亲援助活动，为 25 位贫困残疾母亲提供创业物资援助计 2.5 万元，以及技术帮扶。开展表彰“百名励志儿童”活动，为 100 名贫困儿童赠送节日礼物计 5 万元。启动第二轮“两癌”免费检查项目，为 4.05 万位妇女免费健康检查。

（钱天艳）

海盐县科学技术协会

【概况】 2016 年，县科协召开八届四次全委扩大会议。编制起草《海盐县全民科学素质行动计划纲要实施方案（2016—2020 年）》。加强对学（协）会工作指导，提升办会水平。到上海、北京、杭州等地拜访周勤之、李德发、杨樵等专家院士，发挥院士对企业技术创新的参谋与引领作用。组织科技工作者健康体检，参加人数 5279 人。至年末，全县有县级学（协）会 29 家、企业协会 10 家，共有会员 4000 余人（家）。是年，海盐县获得首批 2016—2020 年度全国科普示范县称号；县科协被嘉兴市科协评为工作目标责任制考核优秀单位。

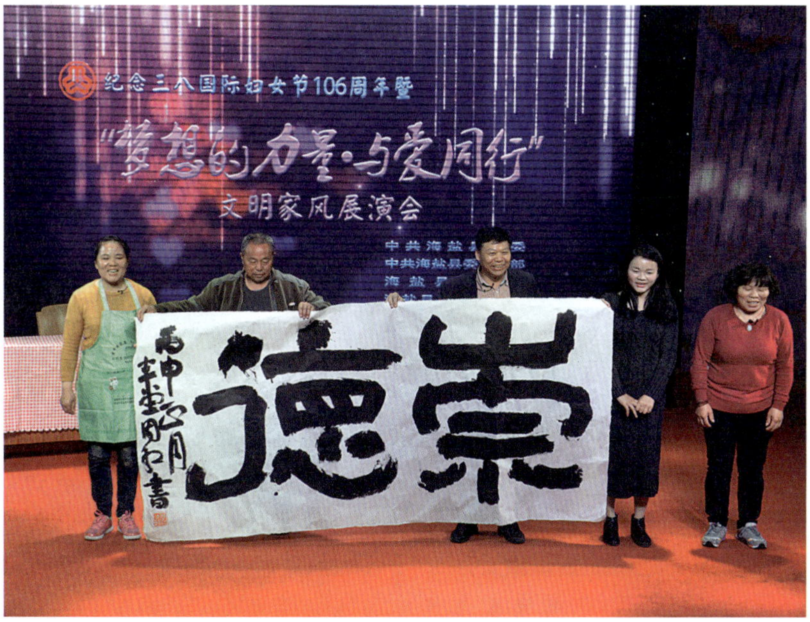

3 月 5 日，纪念“三八”国际劳动妇女节 106 周年活动举办

【院士专家工作站建设】 2016年,中核核电运行管理有限公司、浙江泓智新材料有限公司创建成为市级院士专家工作站;浙江青莲食品股份有限公司创建成为省级院士专家工作站。至年末,全县有院士专家工作站8家,其中省级2家、市级6家。

【推进科技服务企业】 2016年,县科协组织专家团队对相关企业开展技术培训,帮助企业解决难题、编写新产品鉴定验收资料、申报国家专利等。专家团队指导嘉兴市佳乐科仪有限公司将1台1E级变频器安装在核电运行的单元上,运行情况正常,为核级变频器安装、实验打下基础。

【重点课题调研】 2016年,县科协组织所属学(协)会深入基层,开展重点课题调研,全年被列为县重点调研课题22个,其中被评为A类课题3个、B类课题5个、C类课题10个。《开发应用分布式光伏发电、大力发展新能源产业》《海盐县老年医学保健教育现状调查与建议》调研报告得到县委、县政府主要领导批示肯定。

【创建全国科普示范县工作】 2016年,县科协围绕全国科普示范县创建成果,开展后续巩固创建工作。全年建成科普e站59家,新建科普画廊19处,修缮科普画廊12处;秦山街道秦兴社区、通元镇育才村文化礼堂科普馆,以及海盐县科普展示馆建造完成。全年创建成为省级科普示范街道1个、省级科普示范社区2个、市级农村科普示范基地1个、市级科普示范社区5个。摄制科普微电影《寻梦》。制作大型户外广告,在公交车候车亭等公共设施处张贴科普宣传资料。组织全县各镇(街道)科协、学(协)会、企业科协的秘书长培训,提升科普展教水平。

【科普宣传教育】 2016年,县科协组织开展科普活动周(日)活动、邀请中科院老科学家及核电老专家作专题讲座、组织"邵工话核电"进学校和社区作专题报告、送科普电影下乡等共26场次。组织开展海盐县第25届青少年科技创新大赛,选送优秀作品参加嘉兴市第31届青少年科技创新大赛,获奖作品53件;参加嘉兴市第二届青少年科普剧大赛,获奖作品3件,其中金奖1件、银奖2件;组织科普大篷车、流动科技馆进学校活动。在海盐电视台播放《科普大篷车》52期,合作拍摄、播放《科技之光》《科技之声》4期。定期邀请农技专家、医务工作者在海盐电视台、海盐广播电台的《希望田野》《健康知识》栏目中进行农业科技知识和健康知识讲座。加强海盐科协网站、科普微博、科普微信公众号运营管理。利用社区LED电子屏、科普画廊等,开展"绿色低碳"生活、安全知识宣传。加强核电科普宣传,通过组织参观、核电科普知识竞赛、科普讲座等普及核电知识。编印《桑的药食两用》1000册、《问道科普》1500册、《互联网+科普读本》1000册,向公众发放。

【县级"十佳科普达人"评选】 2016年,县科协联合《嘉兴日报》海盐分社在全县开展"十佳科普达人"评选活动。经过自主报名、单位推荐、记者寻访等方式,遴选出候选人20名。通过微信和报纸投票、专家评委评

9月22日,中科院老科学家焦维新到县博才实验学校作科普讲座

11 月 8 日，“十佳科普达人”颁奖仪式举行

定方式，评选出“十佳科普达人”10 人、“十佳科普达人”提名奖 10 人。

（朱梓颀）

海　盐　县
社会科学界联合会

【县重点课题及县级社科优秀成果评定】 2016 年，县社科联把县委、县政府提出的目标任务作为全县社科研究重大课题，组织哲学社会科学规划立项课题评审工作。拟定 2 个专项类课题选题方向和 16 个应用对策类课题选题方向，经评审，确定立项课题 64 项。年末，评出获奖课题 43 项，其中一等奖 10 项、二等奖 12 项、三等奖 21 项。开展哲学社会科学优秀成果评选活动，收到优秀社科成果（课题、著作）48 项，评出优秀成果奖 31 项，其中特别奖 3 项、一等奖 1 项、二等奖 8 项、三等奖 19 项。

【多项课题和社科优秀成果获市级奖】 2016 年，在嘉兴市哲学社会科学发展规划立项课题和重点课题评选中，县社科联有 4 项课题获奖。在嘉兴市优秀社科成果评选中，海盐县有 6 项入围嘉兴市政府第二十一届社会科学优秀成果名单。

【拓展县域特色社科研究】 2016 年，县社科联深化海盐历史文化系列研究，完成海盐社科丛书第四册《鹭过翠微翻素影——花鸟植物的盐邑识记》。与省委党校合作，做好《县域发展转型与治理创新的海盐样本——海盐践行习近平“三个示范”要求十年历程的启示》专项课题研究。浙江省县域综合改革试点专项课题《海盐县公共服务均等化改革试点研究》，通过立项研究。

【社科普及工作】 2016 年，县社科联继续培育“海盐大讲堂”宣讲品牌，巩固人文海盐讲坛、总裁讲坛、盐博论坛等经济文史类项目，搭建社科学习交流平台。举办以“坚定文化自信，共建‘两美’海盐”为主题的社会科学普及周活动，主要有社科知识宣传、专家咨询、社科知识有奖问答、宣传资料发放等。组织社科专家开展形势政策宣讲和社科理论普及活动，进村入企，丰富群众文化生活。邀请省、市等社科名家下基层工作指导。省社科联副巡视员周鹤鸣到县级社科普及示范基地沈荡酿造有限公司等单位开展调研活动，作考察指导。是年，新增县级社科普及示范基地 1 家，评选出县级先进社科普及示范基地 8 家。是年，县社科联开展的“海盐社

3 月 17 日，社科丛书进文化礼堂活动举办

科丛书进校园活动”被评为浙江省社科普及示范项目。

【社会科学管理工作】 2016年,县社科联开展先进学会评选活动,县教育学会等10家学会被评为先进学会。激励民间社科普及热情,授予海盐县人文社科讲师团、兰亭书院、世界名猪文博园、浙江云广印业股份有限公司、海盐沈荡酿造有限公司等5个民间社会主体和企业“人文社科普及创新奖”。

(干郑琴)

海盐县文学艺术界联合会

【概况】 2016年,县文联通过实施创作扶持、作品评奖和签约创作等形式,推进优秀文艺作品创作。全年扶持出版文艺作品集6本、文艺作品30件。培养文艺人才5人,其中加入中国民间文艺家协会1人、浙江省作家协会2人、浙江省摄影家协会2人。做好海盐县第九届文学艺术创作奖(海鹰奖)申报评选工作,评出金奖作品6件、银奖作品2件、铜奖作品6件。签约创编戏曲、音乐、舞蹈节目26个,其中包括《蚌精记》《晃花轿》《钱王射潮》等海盐腔节目。出刊《南北湖》《海盐人物》《海盐腔研究》,新创刊《民间海盐》。举办“海盐民俗”征文活动。作家协会会员吴松良、周明、何赟儿、蔡东升分别出版文艺作品集《海盐的味道》《神奇毛毛》《云和南山》《十二种孤独》。美术家协会会员冯鸣、洪惠杰的美术作品入展浙江省庆祝建党95周年优秀作品展。全年为新建农村文化礼堂派送照片260件、书画作品260件。开展送戏、送节目、送展览进文化礼堂活动,海盐腔艺术团送戏下乡演出63场次,演出节目189个;开展巡回展览活动,印制摄影作品1380件,制作“感动海盐”模范人物图板10套200件,创作美术作品6组130件;开展送春联下乡活动,创作并印制春联36000对。开展公益培训活动,开办书法培训班、摄影培训班、舞蹈培训班、海盐腔培训班、戏曲培训班。聘请上海戏曲学校教师给海盐的戏曲演员和戏迷作辅导。组织海盐腔艺术团、戏曲协会会员、倚晴楼曲社部分会员到上海同济大学聆听《昆曲不是戏》讲座。组织参加浙江省“非遗薪传”浙江传统戏剧展演活动,海盐腔折子戏《南西厢记·琴心写恨》获优秀展演奖。

【获得“戏韵禾风”传统戏曲陈列展金奖】 12月,县文联收集部分海盐腔戏曲服饰、乐器、道具等参加嘉兴“戏韵禾风”传统戏曲陈列展,并展演海盐腔传统戏曲。参加全市传统戏曲非物质文化遗产项目展示,海盐选送的海盐腔、海盐牌子获得金奖。

【举办书画展】 2月,县文联主办,美术家协会承办,县博物馆协办“丹风墨韵·优雅生活”海盐县文联美术家协会会员迎春美术展,展出作品68件。5月,县政府、上海书画院主办,县文联、县文化局承办“惊鸿雅观”上海书画院书画作品交流展,展出上海书画院近40位画师的50多件作品及海盐书画院优秀画师的作品。7月,县文联与县纪委、县文明办、县直机关工委联办“海盐县机关干部‘家规家训’书法作品展”,展出作品近100件。9月,县文联与县教育局联办“师情·画意”教职工书画作品展,征集作品130余件,展出作品80件。12月,县文联主办,美术家协会、书法家协会、张乐平纪念馆协办“优雅海盐迎新书画展”,展出作品85件。12月,

获得嘉兴市“戏韵禾风”传统戏曲陈列展金奖作品剧照

7月23日，孙永莹先生回乡藏玉展举办

县文联组织美术家协会会员30余人，出席“乡愁的维度”嘉兴市百年美术作品展开幕式，海盐美协有10位会员的美术作品参展。

【举办摄影展】 11月，县文化广电新闻出版局主办，县文联摄影家协会、县非物质文化遗产保护中心联合承办“盐韵千年”海盐地方民俗文化摄影展，收到作品339幅(组)，入选作品100幅(组)，其中参展作品70幅(组)。12月，嘉兴市文联、嘉兴市文化局主办，嘉兴市摄影家协会、县文联承办嘉兴市第三届摄影艺术展，收到作品3000余幅(组)，入选展览作品176幅(组)。

【主办各类活动】 3月20日，县文联举办花朝节祭祀活动，主要活动有学童启蒙仪式、花朝节祈福仪式、舞蹈和戏曲演出。6月9日，举办端午节祭祀活动，举行纪念“涛神”伍子胥祭奠仪式。7月23日，举办孙永莹先生回乡藏玉展，展出藏玉100余件。8月19日，举办“舞王第一季就是超级巨星暨一周年大型街舞公演”活动。9月11日，举办纪念吴越王秋祭庙会，主要活动有纪念吴越王钱镠祭祀大典、传统戏曲表演、民间手工艺制作与展览、民俗小吃品尝。9月22日，组织民间文艺家协会理事到嘉兴参观嘉兴市首届竹木雕刻展，海盐竹刻艺术家朱国柱入展竹刻作品4件。

（许　忠）

海盐县残疾人联合会

【概况】 2016年7月，占地面积1.54公顷，总投资7100万元的海盐县残疾人综合服务中心正式运行，康复及家庭模拟体验、辅助器具展示等设施处于全国先进水平，为全县残疾人提供康复体验、辅助器具展示、家庭模拟体验、职业培训、残疾人文体活动及法律援助等服务。是年，县残联联合县卫生计生局调整残疾鉴定专家库、残疾鉴定仲裁委员会部分成员，调整后有残疾鉴定专家库成员49人(新增13人)。全年在县人民医院组织6次残疾人集中鉴定，2次为卧床不起的申请人上门鉴定。新核发残疾人证731本，注销189本，全县有持证残疾人9956人。新核发爱心公交卡96张，核销219张，累计发放9686张。对31个村(社区)的220户残疾人家庭收入情况开展入户调查。举办残疾人文学沙龙活动，出刊《潮源》杂志1期。举办海盐县聋人运动会、第二届残疾人游

10月15日，海盐县残疾人游泳比赛举行

泳比赛、第二届残疾人摄影比赛。组织参加市残联举办的2014—2015年好新闻评选和嘉兴市第四届残疾人摄影比赛。是年,县肢残人协会主席万福根被评为嘉兴市"十佳最美残疾人"、会员褚建明获得提名奖;在"创新浙江"助残帮扶创业创新大赛中,嘉兴瑞兔雅针织科技有限公司(残疾人扶贫基地)参赛项目"巧手编织软黄金,造血扶贫暖人心"取得第五名,该扶贫基地被评为2016—2017年省级残疾人创业就业孵化基地。

【关爱残疾人贫困家庭】 2016年,县政府出台《关于加快推进残疾人全面小康进程的实施意见》《关于全面建立困难残疾人生活补贴和重度残疾人护理补贴制度的通知》。落实精神残疾门诊医疗费用二类对象补助政策。全年为全县284位二级及以上残疾人的低保户和低保边缘户单独提供全额施保,补助金额188.18万元;为5325位残疾人参加城乡合作医疗保险补助159.70万元;为1130位残疾人参加城乡居民养老保险补助39.46万元;投入13.32万元为4439名残疾人购买人身意外伤害保险,全年有21位残疾人获得人身意外伤害保险赔偿,获赔20250.21元。在春节期间,走访慰问困难残疾人家庭158户,发放慰问品和慰问金15.80万元。全年为1032位18～60周岁无固定收入持证残疾人每月发放补贴79.01万元;为73位残疾人提供临时救助3.36万元,为16位残疾人提供"爱心助残"特殊救助21.57万元;为646位残疾人开展托(安)养服务补助144.21万元;为6户列入危旧房改建的残疾人家庭进行资格初审;为有康复需求的残疾人适配助视、助听器、假肢。关注生猪养殖退养转产后的困难残疾人家庭,专项扶持帮助残疾人家庭平稳转型过渡。

【第26个全国助残日活动】 2016年,围绕第26个全国助残日主题"关爱孤残儿童,让爱洒满人间",县四套班子领导走访慰问海盐县育才学校、海盐社会福利中心特殊儿童,共42人。县残联为689户"一户多残"家庭送去慰问品和慰问金43.86万元。开展"助听五个一"系列活动,加强听力障碍预防和康复工作。举办"中国梦、两美情、残健行"残疾人文艺演出。联合县妇联举办"关爱母亲、共建和谐"残疾母亲家政服务(面点制作)培训班。联合人寿保险海盐支公司、浙江海威特律师事务所等单位开展广场法律咨询活动。

【残疾人教育就业】 4月28日,副省长黄旭明在县领导沈晓红、章剑等陪同下,考察海盐秦万芦荟扶贫基地,要求继续加大扶贫力度,促进残疾人就业,带动残疾人家庭增收。全年全县新增集中就业残疾人65人。举办就业招聘会,与企业达成用工意向残疾人28人。投入资金28.4万元,举办面点制作、网店设计与制作等技术培训班20期,培训残疾人565人。组织12位残疾人工作者参加市残联组织的手语、职业指导员等级考试。组织14位残疾人参加嘉兴市第四届残疾人技能竞赛,获得一等奖2人、二等奖2人、三等奖3人。至年末,全县有6～15周岁残疾儿童105人,通过随班就读、送教上门等多种形式,确保残疾儿童入学率100%。全年补助义务教育阶段残疾学生18人,金额18.40万元。协助做好海盐县益智托管所残疾儿童的分流工作。

【康复服务残疾人】 2016年,县残联、县民政局、县财政局、县卫生计生局联合出台《海盐县残疾儿童少年基本康复服务与补贴制度实施办法》。向托养康复中心赠送康复器材,加强对有康复需求的残疾人进行个性化、多样化的综合康复训练和治疗。至年末,托养康复中心入住残疾人26人。召开社区帮助残疾人康复工作会议,社区责任医生与持证残疾人签约,为他们提供免费康复服务。在"爱眼日"期间,通过政策宣传、义诊、免费咨询等宣传爱眼护眼知识。

(金海燕)

海 盐 县
台胞台属联谊会

【概况】 2016年,县台联召开台联理事会议4次。在春节、端午、中秋等传统节日期间,县、镇(街道)台联联动,开展走访慰问活动,为在海盐台胞台属送上节日祝福。县台联参与接待到海盐"寻根"的15位台湾嘉兴籍青少年组成的夏令营访问团、台湾南投县副县长陈正升一行20人组成的交流考察团。全年接待到海盐参观考察台胞100

余人,走访慰问台属家庭20户。3月,澉浦镇台联会长赵荣华一行42人第四次组团到台湾探亲旅游,得到台北澉浦联谊会、台湾元群建材股份有限公司、台湾享亿实业股份有限公司的热情接待。

【台联换届选举工作】 2016年,县台联开展台胞台属情况调查核对工作,至年末,全县有在台同胞家庭62户,在海盐台胞亲属家庭75户。11月21日,海盐县第七次台胞台属代表大会召开,大会听取和审议《海盐县台胞台属联谊会第六届理事会工作报告》,选举产生新一届理事、会长、副会长、秘书长,会长由赵荣华担任。配合县委统战部、县政协做好台联界别政协委员换届候选人的协商推荐。指导武原街道台联完成换届选举工作。

【组织参政议政】 2016年,县台联组织台联界政协委员参与县政协全体会议和学习日活动,鼓励政协委员开展调研、撰写提案,反映社情民意和台胞台属的意见建议。在县政协八届五次会议上,台联界政协委员提交提案15件、社情民意1件。县政协委员、县台联会长赵荣华提交提案11件,其中《关于要求兑现承诺,迅速重建澉浦大桥》的提案被采纳、《关于解决海外侨胞和港澳台同胞回乡翻建祖屋问题》的提案得到解决、《关于加快实现全县村村通公交》的提案被评为优秀提案。

【开展交流活动】 2016年,县台联组织理事会人员到浙江省天台县、江苏省宜兴市学习交流对台工作,实地考察“海峡两岸交流基地”(济公故里、大觉寺、苏州诚品书店)。与天台县台办、台联进行座谈交流,听取天台县在创建“海峡两岸交流基地”的工作经验和对台工作情况。春节、中秋等重大节日开展联谊活动和形式多样的走访慰问活动,特别是对回乡定居的台胞,每年上门探望2次。组织台属参加嘉兴“五芳斋杯”海峡两岸同胞裹粽子友谊赛等活动。

【对台宣传工作】 2016年,县台联利用互联网等新媒体平台,延伸对台宣传空间。把全县台属和定居台胞组织起来,建立微信群。组织台属参加市台办举办的培训班。为台属订阅统战相关宣传报刊,通过在海盐台属向台湾同胞传递乡情亲情。推出海盐统战“盐台微讯”公众微信号,介绍海盐与台湾经贸合作、交流交往、涉台教育、台联活动等情况。

(郑建军)

2月17日,嘉兴市台联领导到海盐走访台属企业

军　事

民兵　预备役　兵役

【概况】 2016年，海盐县召开全县党管武装工作会议，部署全年武装工作主要任务。在嘉兴市党管武装考核中总评成绩列第二位。是年，深化军民融合，推进国防动员工作科学发展。依托县委党校举办2期共100余位中青年干部参加的国防教育培训班。依托县青少年实践教育基地对全县2000余名中学生进行国防知识教育。投入40万元在"三毛乐园"进行国防教育主题公园建设。开设海盐国防微信公众号和国防教育网站。全年县政府对17家军民融合单位，发放涉核业绩奖励、资质奖励共150万元。投入11万余元建立新的民兵情报报知系统。抓好基层后备力量建设，组织专武干部、民兵连长、民兵应急连、民兵水上分队训练。组织参加军分区"百名红船民兵连长"比武竞赛和专武部长集训考核，均获得第一名。分2批选送民兵预设党支部书记参加军分区组织的培训。在护航G20杭州峰会、第三届世界互联网大会乌镇峰会期间，参加民兵3200人次。抗击台风"尼伯特"，集结民兵1520人次，以及冲锋舟、橡皮艇24余艘。建立帮带机制，县人武部4名党委委员分别与9个镇(街道)武装部结对，落实改进措施。根据城乡一体化安置保障新机制，退役士兵安置经济补助统一为每人42250元。县财政每年投入5万余元为民兵应急连官兵购买意外伤残保险。组织退役士兵开展职业技能培训。全年接收安置3名转业士官到事业单位和国企工作。开展"十佳创业退伍军人"评选活动。与2个贫困村(于城镇何家村、庄家村)、1个文化文明共建村(澉浦镇六忠村)、新居民子弟学校(行知小学)结对帮扶，送去慰问金和慰问品共4万元。

【民兵整组】 2016年，县人武部根据《嘉兴市2016年度民兵预备役部队整组工作实施方案》，开展民兵预备役部队组织整顿。整顿工作分筹划准备、部署任务、全面展开、巩固提高四个阶段，按照整组13项要求展开工作。是年，基干民兵队伍稳定，专业对口率高，能紧贴任务要求，发挥作用明显。

【组织参加大比武活动】 5月，县人武部根据《嘉兴市第二届"百名红船民兵连长"大比武活动方案》要求，通过集训选拔方式，遴选35名民兵连长参加嘉兴市第二届"百名红船民兵连长"大比武。比武设非整百米卧姿无依托精度射击、300米武装组合、手榴弹投远、手榴弹投准、3000米跑、军事三项对抗6个课目。县参赛民兵连长取得总评成绩第一。

【年度征兵】 2016年，县人武部牵头召开全县征兵宣传工作会议和征兵政治考核业务培训会，坚持依法征兵，创新征兵，廉洁征兵，确保为部队输送思想坚定可靠的优质兵员。征兵过程中，注重宣传发动，撰写稿件100余篇，其中被《嘉兴日报》、海盐电视台、海盐广播电台等媒体采用稿件30余篇；编发《征兵工作简报》7期，印发《征兵宣传报》1000份；开展上街宣传咨询活动，接受群众咨询500余人次，发放宣传资料4500余份。严密组织网络化体检，投入13万元，建立网络化体检平台。严格体检标准，县征兵办在镇(街道)初定兵和县定兵前后对所定新兵进行多次身体复检，有效保证新兵身体素质。严格政治考核把关，坚持村(社区)、镇(街道)、县三级政治考核制度、区域横向联考制度、集体会审制度和谁考查、谁签字、谁负责制度。圆满完成新兵征集任务，其中大学生占 85.3%。

【国防动员潜力数据调查统计】 10 月，根据浙江省国防动员委员会统一部署，海盐县国动委召开办公室主任会议，专题研究部署国防动员潜力数据调查统计工作。召集县国动委"八办"(综合办公室、人武动员办公室、政治动员办公室、经济动员办公室、交通战务办公室、人民防空办公室、科技动员办公室、信息动员办公室)专职副主任、成员单位联络员开展业务培训。10 月底，对"八办"潜力数据进行实力会审，确保 7 个方面 44 类潜力数据完整准确。

（熊定辉）

【义务兵家属免费体检】 4 月，县人武部会同县民政局为 2015 年夏、秋季入伍的现役义务兵父母亲开展免费体检，参加人数 280 人。体检分内外科、心电图、甲状腺彩超、腹部彩超等 7 大类 16 项，女性增加 3 项妇科项目。通过切实关心现役义务兵父母身体健康，鼓舞和激励现役义务兵在部队安心服役、建功立业，并进一步落实党和政府拥军优属政策，营造参军光荣良好社会氛围。

【纪念长征胜利 80 周年活动】 7 月 15 日，县人武部参与举办纪念长征胜利 80 周年春泥杯"红色小卫士"军事夏令营活动，开展"新长征 · 新三毛"漫画比赛，获奖作品在全县 47 个村(社区)文化礼堂巡展，组织 52 名获奖学生到张乐平纪念馆、秦山核电武警大队和文溪坞，接受爱国主义国防知识教育。

【人武部停止有偿服务】 2016 年，县人武部根据省军区、军分区统一部署与要求，停止有偿服务活动。按照区分类别、梯次展开、全面落实要求，对于房屋承租户，县人武部采取上门宣讲，个别约谈等形式，全年关停所属承租户 7 家。

（邵 晖）

武装警察

【概况】 2016 年，武警嘉兴市支队直属大队(简称武警大队)迎接武警总部副参谋长苏德利、武警总队司令员白海滨等首长视察指导。完成 G20 杭州峰会、第三届世界互联网大会乌镇峰会安保任务，高质量实现"两个确保"(确保以执勤处突为中心各项任务圆满完成、确保部队内部高度稳定和集中统一)。武警大队连续第七年被武警浙江总队(简称武警总队)评为基层建设先进大队，被海盐县政府评为双拥共建先进单位。所属一中队被武警总队评为基层建设先进中队。所属二中队探索"兵言兵语""一兵一课"教育模式，得到武警嘉兴市支队(简称武警支队)推广；创新"影幕戏"等半小时文艺节目，受到上级肯定；被武警总队评为基层建设标兵中队，荣立集体三等功 1 次；政治指导员龚大威被武警总队评为"十佳政治四会教员"，并荣立二等功 1 次。一中队连续第 29 年、二中队连续第 24 年、三中队连续第 18 年实现执勤安全无事故目标。全年为困难官兵申请军地补助费 1.2 万元。

【完成训练和执勤处突任务】 2016 年，武警大队抓重大节日和敏感时期值班备勤工作。落实恶劣气候条件下执勤工作措施，制定量化考核细则。开展勤务包值抽组演练和"五小练兵"活动。每周六下午组织干部骨干教学能力培训，每周督导检查，每月集中会操。制定"补课赶队"计划，实施"砍尾巴"工程。全年官兵完成多次核燃料押运任务。按照军事训练要求，改造规范训练场地。所属中队在武警支队比武中名列前茅，在武警支队举办的第 25 届"五四青年杯"万米长跑赛中，一中队获得团体第二名。

【从严治警】 2016 年，武警大队开展"百日安全竞赛""学法规、用法规、守法规""作风纪律暨勤务教育整顿"等活动。开展安全教育、安全训练、安全隐患排查治理。加强干部、士官、后勤人员管理，以"三值"(作战勤务值班员、值班员、值日员)管理模式为抓手，提高经常性基础性工作落实质量。对"人、车、枪、弹、酒、财、色、密"等安全管理问题和官兵内部关系，采取滚动式纠治方式，确保部队内部安全稳定。

【后勤保障建设】 2016 年，武警大队加强后勤规范化建设，提高后勤综合保障能力。坚持勤俭建队传统，合理开支经费，抓好伙食调剂和实物验收。争取秦山核电业主公司支持,配发执勤特种电瓶车,为官兵节假日外出开设"市区班车"。基本完成四中队各项营建工作。

(夏国强)

人防工作

【概况】 2016年,县人防地下基本指挥所、元通街道民防应急指挥中心、于城镇民防应急指挥中心完成建设并投入使用。南北湖人口疏散基地指挥信息保障中心完成设备安装调试。县住建局(人防办)修订《海盐县信息化条件下人民防空行动方案》,出台《海盐县人民防空(民防)事业发展"十三五"规划》,组织编制的《海盐县人民防空专项规范(2015—2020)》《海盐主城区地下空间规划(2016—2030)》通过专家评审。在国家一类重要经济目标单位成立人防机构,明确工作职责与任务。组织海盐县人民防空行动检验性演习。完成人防专业队整组训练。利用"国际民防日""防灾减灾日"开展人防宣传。

【组织"浙江金盾—16"演习】 9月14日,县人防指挥部组织海盐县人民防空行动检验性演习(浙江金盾一16)在县人防基本指挥所举行。县人防指挥部、9个镇(街道)人防指挥部和秦山核电基地人防办参加演习。主要演练人民防空临战准备时指挥所开设与隐蔽,筹划人防应战行动时召开作战会议和指挥控制人防行动时人口疏散安置、重要经济目标伪装防护与遭袭后抢险抢修等。

【人防警报建设】 2016年,在县应急指挥中心新增防空警报器1台,全县共有防空警报器21台,其中电声警报器18台、电动警报器3台,基本覆盖县城、镇(街道)城镇建成区。5月12日,进行防空防灾警报试鸣,21台警报器在试鸣中全部正常鸣响,信号规范。同时,联合民政、地震、气象、消防等部门在宜家社区和县商贸学校开展防灾减灾应急疏散演练。

9月14日,海盐县人民防空检验性演习举行

【人防宣传教育】 2016年,县住建局(人防办)抓好以增进互动为目的的人防宣传教育。3月1日,联合武原街道人防办和虹桥社区开展"国际民防日"广场宣传活动;5月12日,联合县民政局等部门开展"防灾减灾日"广场宣传活动。抓好人防宣传教育互观互检活动,4月26日,桐乡市人防办工作组到海盐检查人防宣传教育进企业情况,到县水务集团和秦山核电基地实地查看;县住建局(人防办)分别与嘉善县、平湖市、海宁市人防办开展人防宣传教育进小学、进党校、进防护目标等互观互检活动。开展示范点创建活动,海盐县获得人防宣传教育进企业市级示范点称号。

(吴群超)

国防教育

【"军事日"活动】 5月,县国教办组织县四套班子领导,县国动委、县国教委部分成员单位领导,以及镇(街道)党委书记共50余人,到驻衢州空军某部,开展"军事日"活动。听取介绍部队发展历程,参观部队部分装备和连队内务,观看军体操表演,体验军营生活,接受国防教育。

【开展国防教育】 2016年,县国教办加强国防教育阵地建设。创新拓展"互联网+国防教育"路子,利用海盐网《海盐国防教

学校设立军人荣誉榜

育》专栏、海盐电视台、海盐手机报等载体，扩大国防教育影响力。在全县中小学校建立军人荣誉榜、设立军人荣誉墙，宣传现役军人和退役军人优秀事迹，引导学生关心国防建设，培养爱国热情，年末，该项工作通过嘉兴市国教办考核。“八一”建军节前后，通过媒体宣传“八一光荣榜”，介绍全县现役军人中立功受奖人员先进事迹。

【开展纪念长征胜利 80 周年活动】 2016 年，纪念中国工农红军长征胜利 80 周年，以及纪念张乐平先生创作《三毛从军记》70 周年，县国教办举办由全县中小学生参加的“新三毛 · 新长征”国防教育主题漫画比赛；评出一等奖 5 名、二等奖 10 名、三等奖 15 名，评出优秀辅导奖教师 5 名；获奖作品在张乐平纪念馆展出。7 月 15 日，举办纪念长征胜利 80 周年春泥杯“红色小卫士”军事夏令营，参加学生 50 余人，到张乐平纪念馆、秦山核电武警大队和文溪坞，接受爱国主义国防知识教育。

【开展初高中新生军训】 8—9 月，在全县高中学校开展新生军训；初中学校开展综合素质实践基地轮训；小学高年级结合各校实际情况，组织学生参加少年军校活动。通过军训及军校活动，培养学生吃苦耐劳优良品质，锻炼学生坚强意志，增强学生身体素质，提高学生爱国意识。

【开展专武干部和民兵连长集训】 3 月 22—24 日，县国教办组织全县 9 个镇（街道）专武干部和民兵连长进行集训，提高综合素质和履职能力。集训内容主要为队列训练、理论辅导、集中授课。大家在理论和实践考核中均取得优良成绩，圆满完成集训任务。

（姬福良）

政　　法

综　　述

【概况】 2016年，全县政法部门排查矛盾纠纷6172件，成功调处6160件，破获刑事案件1673件。县法院受理各类案件10315件，结案10207件。县检察机关批准逮捕298件389人，依法提起公诉574件736人。是年，县政法综治部门以确保实现平安创建十二连冠“夺金鼎，满堂红”为总目标，为全县经济社会平稳较快发展提供保障。

【护航两大峰会】 2016年，海盐县根据省委“管好难事、办好急事、防好小事、不出大事”总要求，将平安护航G20杭州峰会和第三届世界互联网大会乌镇峰会分为“备战、临战、实战、决战”四个阶段，落实维稳安保各项任务。组织开展“三查三清”（查责任落实清职责、查重点工作清任务、查舆论管控清网络）“四进驻”（县级领导进驻联系镇〈街道〉，县级机关、相关部门、单位由一名科局级领导干部带领一名工作人员进驻联系村〈社区〉，城市社区指导员进驻城市社区，31个县级部门抽调人员驻点巡逻）“三集中、一确保”（集中精力、集中兵力、集中视力，确保绝对安全）等工作。健全完善涉恐基础大排查、涉恐关注人员“四见”、涉恐要素联管联控、重点人员分级动态管控等机制。实行12项涉恐敏感物资管控和12项实名登记制度。落实反恐怖工作责任制和暗访问题整改追责机制。在两大峰会期间，实现重点信访人员“零”通报，重大案事件“零”发案，重大交通火灾事故“零”发生，圆满完成维稳安保任务。

11月23日，浙江省委政法委副书记马以一行到海盐调研平安综治工作

【服务全县经济社会发展】 2016年，县委维稳办制定全县“一绿二清三整治四提升”集中攻坚大会战和保障生猪退养、“山水六旗”项目征迁等重点工作的维稳工作方案。组织各镇（街道）和部门对政府投资项目建设计划和其他重点工作进行社会稳定风险评估，全年立项评估100项，其中准予实施95项、暂缓实施4项、不予实施1项。强化执法监督工作，开展集中治理涉法涉诉信访问题专项行动、民事裁判执行情况专项执法检查和案件评查工作。县法院出台《关于立足审判职能、助力供给侧结构性改革的十条意见》；县检察院

12 月 23 日，海盐县法学会成立暨第一届会员代表大会召开

出台《全力护航特色小镇建设十条意见》《浙江山水六旗国际度假区项目廉政风险防控机制》；县公安局严打涉众型经济犯罪，挽回经济损失 4500 余万元；县司法局启动“七五”普法，推进公共法律服务体系建设。成立政法系统慈善义工小分队，开展扶贫帮困活动。成立县法学会，是全市首家群团性质的县级法学会。

【基层社会治理“一张网”建设】 2016 年年末，全县有社会治理网格 523 个，其中行政村网格 375 个、城市社区网格 107 个、单独专属网格 41 个，有专（兼）职网格员 1792 名。是年，县平安办编发《平安护航你我共携手——基层网格员应知应会工作手册》，组织网格员对浙江省平安建设系统和平安浙江考评管理系统的应用进行操作培训。

【综治信息采集体系建设】 2016 年，县综治办完成县、镇（街道）两级平安建设信息系统、综治视联网平台、公共视频监控与指挥平台联网运用三项建设任务。按照“四有”（有专门场地、有大屏幕或显示屏、有 2 名以上专职人员、有完善机制）标准开展指挥中心规范化建设，健全信息采集流转制度。构建县、镇（街道）、村（社区）、网格四级信息采集和事件处置“网上网下”联动工作体系。实施基层社会治理信息采集上报“以奖代补”制度，全年县级财政保障 50 万元、镇（街道）级财政保障 5 万元，对有效信息提供者分 5 元、20 元、50 元三个档次给予奖励。通过专（兼）职网格员，借助 562 部“平安通”和 25000 余个“平安浙江”APP，收集和传递各类公共安全隐患和信息，建立随访随录、即录即报、即拍即传的实时互动信息采集机制。全年通过浙江省平安建设信息系统平台上报信息 2 万余条，办结率 100%。

【社会治安防控体系建设】 2016 年，海盐县实施《海盐县社会治安防控体系建设实施意见》，围绕“五张网”（社会面治安防控网、重点行业和重点人员治安防控网、乡镇（街道）和村（社区）治安防控网、机关和企事业单位内部安全防控网、信息网络防控网）建设和 33 个重点项目（健全社会治安防控运行机制、有序推进完善巡逻防控机制、完善公共交通安保机制、完善重点场所安全防范机制、完善邮件、快件寄递安全管理制度、完善依法治网管理机制等），采取分步实施、有序推进的方法，明确责任单位、时间进度和工作目标，并整体纳入全县总体工作规划及国民经济和社会发展第十三个五年规划，构筑点线面结合、网上网下结合、人防物防技防结合、打防管控结合的立体化社会治安防控体系。

【群防群治工作】 2016 年，县综治委制定《海盐县群防群治工作组织实施方案》，建立平安志愿者组织架构，全县有县级平安志愿者大队 1 支、镇（街道）级中队 9 支、部门级分队 30 余支、村（社区）级小队近 300 支，共有平安志愿者 2.6 万余人。组织平安志愿者参与治安复杂时段和区域的治安巡逻，参与当地镇（街道）、村（社区）组织的治安巡逻等群防群治活动。全年出动志愿者 15 万人次，维护社会安定。

【严重精神障碍患者救治救助】 2016 年，县综治委出台《关于在全县组织开展严重精神障碍患者专项排查活动的通知》。县综治办出台《关于进一步落实我县严重精神障碍患者以奖代补监护责任的通知》,会同公安、卫生计生、民政等部门确定奖补对象名单,由各镇(街道)与被确定的奖补对象签订监护协议。至年末,对27名一类奖补对象予以每人每月300元补助,对78名二类奖补对象予以每人每月100元补助。

【平安宣传工作】 2016年,县委政法委牵头开展"平安法治建设城乡行七个一"(制作发放一本法治教育读本、举办一次"百场政法微电影下基层展播"活动、发放一封《争做文明守法好市民倡议书》、开展一次宣讲活动、开展一次开放日活动、开展一项群众举报有奖活动、开展一批庭审直播活动)活动,编发《以案说法》读本3000余本,印发"平安倡议书"10万余份,向镇(街道)、村(社区)、企业、学校赠送政法微电影光盘300份,展播500余场次。推广"平安海盐"微信公众号和推广注册"平安浙江"APP。创作编排歌舞《平安海盐之歌》和歌曲《平安谣》,参加全市平安文艺作品大赛,分别获得二等奖和三等奖,县平安办获得组织奖。开展"我为平安建设献一计"金点子征集、平安文艺作品及平安摄影作品征集等活动,营造平安建设共建共享氛围。是年,平安建设群众知晓率和参与率居全市前列。

(廖　琛　何丽丹)

公　　安

【概况】 2016年年末,县公安局有民警(含职工)487人、协辅警855人。全年刑事立案4024起,同比上升8.2%;破案1710起,同比上升1.1%;移送起诉888人,同比上升7.5%。全年接报刑事警情2900起,同比下降11.9%,连续第五年下降。是年,严打盗抢骗、黄赌毒等违法犯罪,刑事打击813人,同比上升30%。全县发生破获命案4起,实现命案"连续十年全破",被市公安局评为命案侦办综合成绩优秀单位。迅速查清"8·26"疑似不明飞行物真相,消除影响,被省公安厅授予集体二等功。护航两大峰会,参与"五水共治""五气共治""三改一拆"等全县中心工作。以"互联网+"为载体,方便群众办事。深化公安改革,探索建立民警综合评价体系,全面推进辅警队伍规范化建设。县看守所坚持"监管无小事,责任重泰山"工作理念,实现22年无安全事故。是年,县公安系统荣立集体一等功1个、二等功2个、三等功11个;个人二等功6个、三等功48个。全县发生交通事故113起,死亡33人,受伤117人,直接经济损失16.3万元;发生火灾事故179起,无人员伤亡,直接经济损失755.28万元。至年末,全县户籍人口380260人,流动人口147741人;因私出国(境)申请29226人次。

【护航两大峰会】 2016年,全县公安机关全力应对G20杭州峰会和第三届世界互联网大会乌镇峰会安保重任,兑现县域"不出事不惹事"承诺。持续推进"春雷""清雷""净雷"系列行动,对12类敏感物资,12项实名制,11类重点行业,明确主体责任和监管责任。快速查清"8·26"疑似不明飞行物专案。成功抓获桐乡"10·18"命案嫌疑人。抽调警力增援杭州130余人、增援乌镇150余人。在两大峰会期间,实现重点信访人员"零"通报,重大案(事)件"零"发案,重大交通火灾事故"零"发生。

【深化公安改革】 2016年,确定"公安改革年"作为"四个年"(基层基础年、公安改革年、执法质量年、队伍建设年)活动之一,制定"公安改革年"建设实施方案,确定17个重点改革项目和14个微改革项目。5月26日,由县委办和县政府办制定下发《海盐县公安局三年强警计划(2016—2018年)》,明确基础设施、警用装备、治安防控、网络信息和公安队伍等5大类24个重点项目,为全面深化公安改革提供保障。警务辅助人员管理改革、武原派出所勤务机制改革被列为省公安厅试点项目。

【推进警务辅助人员管理改革】 2016年,县公安局被省公安厅列为警务辅助人员管理改革试点单位之一,探索入职有标准、在职有规范、技能有提升、职业有保障、发展有空间的辅警职业生涯新路径,形成辅警管理"海盐模式"。推行分层分类管理机制,建立相应工资福利标准,同步规范职务序列。制定完善招录、着装管理、岗位风险、记分办法、绩效考核等制度体系,统一规范服装、标识及证件,推进辅警队伍职业化、规范化。推出面向辅警招聘文职办法,将优秀辅警选聘到文职岗位上。文职置换出的警力，全部充实基层一线。全年置换出民警10名，全部安排到执法办案、社区警务等岗位。

【推出“微警务”建设】 2016年，县公安局以微信为载体，创新推出“微警务”建设，全面打造“指尖警务”。建设“微信警务室”，发放“微信通”手机72部，建立警务区永久微信号72个，组建单位、行业、居民微信群868个，收集群众微信号4.4万个，警民交流由“面对面”转变为“点对点”。在公安户籍窗口打造“掌上户籍室”，为群众办事提供方便。推出微信举报平台，设立专项奖励资金，对群众提供的犯罪线索、治安问题及“金点子”进行奖励。至年末，接收线索500余条，抓获犯罪嫌疑人38人，发放奖励资金5万余元。

【深化社会治安防控建设】 2016年，全县有社会治安动态视频监控点位4300个，高清监控比例100%；智能卡口406个，有效率97.8%；全年视频监控完好率99.1%；配套设置MAC采集点640个。全面推进“物联网”建设，安装RFID前端点位500个，逐步构建覆盖医院、学校、物业小区、电动车辆停放点等的“物联网”治安防控体系。完成350兆PDT数字集群对讲机项目建设，建成基站4个。

【建立“一长四必”现场勘查工作机制】 2016年，县公安局深化“侦勘一体化”工作模式，建立“一长四必”（局长对现场勘查负总责，现场勘查必勘、必采、必录、必比）新机制。全年勘查刑事案件现场905起，勘查“十五类案件”现场888起，勘验率100%。利用DNA技术破获元通街道系列攀爬钻窗入室盗窃案等，利用指纹技术破获武原街道系列砸汽车玻璃盗窃案件等。

【完成公务用车改革】 2016年，县公安局制定《海盐县公安局公务用车制度改革实施方案》，车改人员包括在编在岗机关公务员和行政编制工勤人员，取消一般公务用车，保留必要机要通信、应急、调研、特种专业技术用车和符合规定的一线执法执勤岗位车辆。参改人员498人，其中处级2人、科级232人、科级及以下（含行政编制工勤人员）264人。公车共185辆，其中封存车辆49辆、保留运行车辆136辆。

【推进打黑除恶工作】 2016年，县公安局出台《关于进一步加强打黑除恶工作机制》《关于进一步规范涉黑涉恶案（事）件初查初侦及信息流转工作意见》，建立“黄金24小时”案情分析制度，推动打黑除恶长效机制建设。全年打击黑恶势力团伙13个，涉黑涉恶人员100人。打掉一个以陈某（25岁，四川筠连县人）、詹某（26岁，云南盐津县人）为首的涉恶团伙，抓获团伙成员16人。

【禁毒工作】 2016年，县公安局禁毒部门以严打涉毒违法犯罪为重点，开展严控“毒驾”治理、踏勘铲毒等行动。全年破获毒品案件48起；抓获毒品犯罪嫌疑人54人，查获吸毒人员248人；强制隔离戒毒56人，社区戒毒92人，社区康复30人；捣毁聚众吸毒团伙11个。侦破“2015—302”省公安厅督办贩卖毒品案件，查扣毒品冰毒80余克，刑事打击犯罪嫌疑人8人。经省禁毒办综合评定，海盐县禁毒办达到二级禁毒办标准，通元镇达到省级社区戒毒、社区康复示范点标准。

【消防安全管理】 2016年，县公安局消防部门完善火灾事故防控综合治理体系建设。对劳动密集型企业、存放易燃易爆危险品场所、冬春季节火灾防控措施落实情况等开展消防安全专项行动。全年检查单位2818家次，发现火灾隐患3518处，督促整改3151处，下发责令改正通知书1391份，临时查封企业17家，责令“三停”企业18家，行政拘留7人。西塘派出所、沈荡派出所分别实现“保消分离”消防专职队员管理模式。

【开展城区道路交通秩序整治】 2016年，县公安局交警部门推进城区交通秩序整治，开展行车道停车位扩容、行车道乱停车整治、货运车辆闯禁整治、“僵尸车”排查整治、机动车“礼让斑马线”宣传，以及交通轻微违法行为劝导、暴光和处罚等六大专项行动，优化城区道路交通环境。全年查处道路交通违法行为54717起，其中饮酒驾驶826起、醉酒驾驶185起、“毒驾”23起。全年淘汰黄标车165辆。

【打击涉众型经济犯罪】 2016

年,县公安局依法严厉打击涉众型经济犯罪,维护全县经济和金融秩序。全年立经济案件62起,破案39起,抓获犯罪嫌疑人115人,挽回经济损失4500余万元。其中:破获深圳国玺华商文化发展有限公司海盐分部、南京易乾宁金融信息咨询有限公司海盐分公司等非法集资案件3起17人;破获涉假案件9起35人,海盐振达汽配制造厂的“秦燕”注册商标被假冒案,发起全国集群战役;破获涉税案件17起,打击海盐坤宇金属材料有限公司、海盐盛禾金属材料有限公司涉嫌虚开增值税专用发票案,涉案金额3.7亿元,被列为公安部督办案件。

【处置“4·21”群体性事件】 4月21日,西塘桥街道村民因不满县政府发布在西塘桥建造垃圾焚烧发电厂的选址公示,晚20时许,部分人员冲进县开发区管委会大院并发生打砸行为,扰乱公共秩序。在市公安局统一指挥下,市、县两级公安机关出动警力700余人,维持现场秩序,强制疏散清场,妥善处置并平息该起事件。

【破获一起特大生产、销售有毒有害食品案】 2015年12月,县公安局接到报警,被害人王某在淘宝网店铺番茄家美妆店内,通过网购方式购买一瓶舒立轻减肥胶囊试用装,服用后身体不适,后经检测认定该减肥胶囊为有毒有害食品。2016年1月20日,根据线索在江西省南丰县抓获犯罪嫌疑人罗某(女,24岁,江西南丰县人)。3月5日,抓获供货商3名,李某(男,40岁,山东枣庄市人)、吴某(男,30岁,广东深圳市人)、任某(男,33岁,山东济南市人),捣毁生产加工窝点2处,扣押减肥胶囊50余万粒,涉案价值200余万元。

【破获一起拐卖妇女儿童案】 3月1日,县公安局接徐某报警称:2月,其被卖到云南省,现被解救,但女儿也被卖,希望帮忙找回女儿。3月2日下午,分别在通元镇、秦山街道将犯罪嫌疑人常某义(男,40岁,云南镇雄县人)、常某魁(男,37岁,河南宁陵县人)抓获。经查,1月,犯罪嫌疑人经事先通谋,将徐某1周岁女儿以4.5万元,卖给常某魁的姐姐抚养,后又将徐某贩卖至云南省。

【侦破“6·16”故意杀人案】 6月16日21时许,县公安局接群众报警称:澉浦镇百姓超市附近六里桥出租房内,有1名女子无生命迹象。经初步勘查,被害人苟某(女,35岁,四川长宁县人)已死亡,系他杀。经侦查,6月18日12时许,在武原街道翁金线观海园段路旁灌木丛中,将犯罪嫌疑人彭某(男,42岁,四川高县人)抓获。

【破获“7·4”非法买卖枪支案】 3月,县公安局在侦办一起非法持有枪支案件中,发现网络非法买卖枪支线索。经侦查,7月3日,在温州市瓯海区抓获涉嫌贩卖枪支犯罪嫌疑人计某(男,27岁)、彭某(男,32岁),两人均为温州瓯海人。经调查,在两人使用的5家淘宝店铺后台及5个账户,共提取销售数据19313条,交易数据12114条,其中整枪交易数据1422条,销售涵盖全国31个省(自治区、直辖市)。县公安局立即成立“7·4”专案组,提请公安部发起全国集群战役。收网后,一案刑拘59人,治安拘留50人,收缴枪支493支、枪支配件975件、子弹1321发。“7·4”非法买卖枪支案专案组荣立集体一等功。

县公安局破获“7·4”非法买卖枪支案

【破获全市首例非法控制计算机信息系统案】 2016年，县公安局排查县域内互联网违法犯罪线索时，发现嫌疑人徐某(男，30岁，海盐人)多次利用黑客工具，非法控制大量计算机信息系统，实施网络攻击并非法牟利。8月17日，在武原街道金星村抓获犯罪嫌疑人徐某。经查，2015年1月起，徐某先后多次利用网络黑客工具，非法控制计算机信息系统140余台，后通过买卖“肉鸡”、攻击流量等非法获利近万元。

【查获一起特大通信网络诈骗团伙】 10月，县公安局接群众报警称：被人盗取QQ号并冒充亲友身份申请支付宝代付，被骗2.8万元。县公安局迅速成立专案组，10月25日，专案组先后在黑龙江省哈尔滨市阿城区、呼兰区、宾县等地，抓获以张某(29岁)、冯某(29岁)、王某(32岁)(3人均为黑龙江籍)等为首的犯罪嫌疑人22人，捣毁窝点5处，查获涉案电脑主机50余台，破获案件50余起，涉案价值100余万元。12月20日，专案组再次到哈尔滨，先后在平房区、松北区、南港区等地抓获孙某(19岁，安徽亳州市人)、刘某(17岁，黑龙江哈尔滨市人)、刘某(20岁，黑龙江哈尔滨市人)等犯罪嫌疑人11人。

【破获全市首起妨害信用卡管理案】 11月，县公安局在办理一起涉嫌妨害信用卡管理案中发现，翟某(男，32岁，山东新泰市人)、宋某(男，28岁，安徽合肥市人)等多人在使用他人身份证到银行办理信用卡，涉嫌妨害信用卡管理犯罪。11月7—17日，先后到上海，浙江金华、台州、湖州等地，抓获杜某(男，30岁，湖北枣阳市人)、周某(男，20岁，安徽寿县人)等犯罪嫌疑人9人，扣押身份证100余张、银行卡及U盾150余套、手机卡80余张。

(叶旭毅)

检 察

【概况】 2016年，县检察院立案查办贪污贿赂、渎职侵权等职务犯罪案件11件16人；受理侦查机关提请批准逮捕案件385件542人，依法批准逮捕298件389人；受理公安机关和检察院侦查部门移送审查起诉各类案件740件1059人。依法提起公诉案件574件736人，法院均作有罪判决。

【反贪污贿赂】 2016年，县检察院立案查办贪污贿赂案件6件9人，其中受贿案件2件2人、贪污案件2件5人、行贿案件2件2人，追缴赃款88万元。依法立案查办县综合执法局原党委书记、局长苏建良，原党委委员、副局长王永军两起现职科级领导干部受贿案。

【渎职侵权检察】 2016年，县检察院查办渎职侵权犯罪5件7人。立案查处县农机管理站原站长、农机技术推广站原站长叶益平玩忽职守案，县农经局产业科原科长陈小华、科员王彦民滥用职权、受贿案等，为国家挽回直接经济损失24万元。

【刑事检察】 2016年，县检察院贯彻宽严相济刑事司法政策，妥善化解社会矛盾。全年依法办理侵财型案件346人、“黄赌毒”案件207人、拒不支付劳动报酬案件8人、破坏金融秩序类案件25人、危险驾驶案件157人、电信网络诈骗案件17人。依法办理涉及人员1300余人、金额4500余万元的深圳国玺华商文化发展有限公司(后更名为深圳圣天实业有限公司)陆某等7人非法吸收公众存款案；骗取国家税款200余万元的王某等3人虚开增值税专用发票案；彭某、计某等9人通过网络售枪案，以及全县首例强制医疗案和全市首例非法控制计算机信息系统案。加强未成年人刑事检察工作，办理未成年人刑事案件20件24人，其中附条件不起诉1人、相对不起诉5人、考察期满作出不起诉决定2人，犯罪记录封存19人。2015年办理的龚某等8人拐卖儿童犯罪案件被评为全省十大精品案件之一。“杜鹃姐姐工作室”被评为嘉兴市第四批机关服务品牌。加强对刑事侦查活动监督，监督侦查机关立案8件9人，追诉漏罪漏犯10人，提出刑事抗诉1件。提前介入重大敏感案件办理，参与“4·21”妨害公务、寻衅滋事等案件讨论，引导公安侦查取证，参与或列席公安机关重大案件讨论40余件次。严把案件事实关、证据关、程序关和法律适用关，依法排除非法证据6份。

【民事行政检察】 2016年，县检察院受理民事行政申诉案件12件，发出民事行政执法监督检察建议6份，经再审调解改变原判决1件，向市检察院提请抗诉4件(均采纳)，完成市检察院交办案件9件。参与社会治理，开展行政执法监督，针对流动水果摊贩占用城市道路、阻碍交通、影响市容市貌现象，以及相关医疗机构对暂予监外执行罪犯病情诊断监管上存在不足，及时向相关部门发出检察建议，收到良好效果。

【监所检察】 2016年，县检察院加强刑罚和刑事强制措施执行监督，强化被刑事执行人合法权益司法保障，推进监所检察规范化。建议法院对审前未羁押判实刑罪犯3人收监执行，开展财产刑执行监督10件(其中一起财产刑监督案件被评为全省优秀案例)，进行捕后羁押必要性审查41人，采纳变更强制措施19人。加强社区服刑人员交付执行、监督管理、变更执行、终止执行等社区矫正各环节的检察，对社区服刑人员专项检查4次，谈话62人次，建议法院收监执行违规服刑人员3人，全部被采纳。

【控告申诉检察】 2016年，县检察院受理各类控告、申诉、举报122件，其中来信60件、来访56件、网络匿名举报6件，初核职务犯罪举报线索12件。开展以"加强举报人保护，惩治群众身边的腐败"为主题的全国第十八个举报宣传周活动，发放宣传资料1000余份，接受咨询500余人。设立县法律援助中心检察院工作站，探索建立律师参与化解和代理涉法涉诉信访案件工作机制，对姜某某刑事申诉案件首次尝试引入第三方参与化解，成功息诉罢访。

【职务犯罪预防】 2016年，县检察院关注重大项目建设，会同县纪委对浙江山水六旗国际度假区项目开展同步预防，出台《浙江山水六旗国际度假区项目廉政风险防控机制》。到中核机械工程有限公司、中国移动公司海盐分公司等单位开展职务犯罪预防宣讲5场。首次向社会公开发布《2012—2016年职务犯罪侦查预防白皮书》，向全县相关部门发放《职务犯罪预防手册》1000余册，推送"银卡"预防心语。加强预防调查和理论研究，撰写《2015年度海盐县惩治和预防职务犯罪综合报告》《海盐县近五年非公领域经济类犯罪综合分析报告》，得到县领导批示肯定。《打造"互联网+"预防宣讲新模式》《行贿犯罪档案查询问题的工作思考》等23篇文章入选省检察院"五库"(案件剖析库、检察建议库、应用理论研究库、预防调查库、预防宣讲库)考核建设。

【沈荡检察室】 2016年，县检察院沈荡检察室以巩固示范创建成果，打造"海盐检察·乡村版"为载体，服务地方党委政府工作大局。全年办理刑事案件22件(审查批捕4件、审查起诉18件)，刑事和解4件，初核、初查举报线索4件。妥善办理一起时间跨度近20年的百步镇徐某等人信访案件。在全省率先尝试将担保机制引入刑事和解程序，成功办理一起交通肇事致人死亡案件。

【护航非公有制经济发展】 2016年，县检察院落实服务经济转型升级工作机制，出台《关于依法保障和促进非公有制企业健康发展和非公经济人士健康成长的意见》，与县工商联联合出台《关于加强协作配合促进"两个健康"的意见》。在县工商

5月5日，全市首家检察机关进驻民营企业工作联络室揭牌

联设立检察服务站，并建立“检企直通车”微信群，在中达联合控股集团股份有限公司和浙江海利控股集团有限公司设立检察工作联络室，为企业提供法律服务。全年依法办理涉企案件42件77人。

【践行“绿色司法”】 2016年，县检察院成立践行“绿色司法”领导小组，以规范、理性、文明为核心，围绕司法公平、司法公正、司法公信力“绿色司法”本质要求，加强“绿色司法”探索与实践，开展“绿色司法”大讨论，提出“绿色司法”与新型办案模式思考。实施“绿色司法”高校引智工程，围绕司法为民、诉讼监督、制度建设、办案转型、刑事政策、综合效果、社会形象等重点，起草《海盐县人民检察院践行绿色司法行动方案》。陆某交通肇事案被省检察院评为践行“绿色司法”羁押必要性审查优秀案例。

（陈美群）

法 院

【概况】 2016年，县法院新受理各类案件10315件，办结10207件，解决争议标的20.69亿元，各项主要办案指标继续保持全省前列。护航G20杭州峰会和第三届世界互联网大会乌镇峰会，成立维稳安保工作领导小组，层层签订责任状，形成“一把手”任组长并总负责，分管领导协助配合，各部门积极参与的工作机制；强化矛盾纠纷和信访风险排查，加强对重点人群的关注，落实维稳责任，成功化解信访案件2起。是年，县法院被评为省级综合治理执行难先进法院、2011—2015年嘉兴市法治宣传教育先进集体。

【刑事审判】 2016年，县法院新受理刑事案件617件，审结617件，判处罪犯764人，其中判处五年以上有期徒刑28人、判处非监禁刑298人。探索以审判为中心的诉讼制度改革，严把刑事案件事实关、证据关、程序关和法律关，通知证人、鉴定人出庭作证，有效防范冤错案件发生。加强未成年人审判工作，不断健全心理干预、犯罪记录封存、回访帮教等工作机制，彰显人文关怀。注重保障被告人权利，为62名没钱请律师、可能被判处三年以上有期徒刑的被告人，通知法律援助律师出庭辩护。

2月29日，县检察院首批员额检察官正式宣誓就职

【民商事审判】 2016年，县法院新受理民商事案件6154件，审结6138件，解决争议标的金额16.27亿元。坚持调判结合，一审案件调撤率65.3%。对不宜调解或调解未成的案件，及时依法作出裁判，引导、规范社会行为。做好家事审判工作，妥善审理婚姻家庭、继承、赡养、分家析产等案件，调撤率80%以上。审理好各类商事案件，依法制裁违约行为，注重契约诚信，商事案件判决率50.7%。

【行政审判】 2016年，县法院新受理行政诉讼案件28件，审结22件。注重实质性化解行政争议，经协调促成和解撤诉率40.9%。审查非诉行政案件94件，准予执行率81.9%。推进行政机关负责人出庭应诉制度，行政机关负责人出庭应诉率100%。重视行政与司法良性互动，坚持政府与法院联席会议制度，加强对行政机关执法人员法律指导，促进法治政府建设。

【执行工作】 2016年，县法院新受理执行案件3358件，执结

3271件,执行到位金额3.45亿元。围绕用2～3年时间基本解决执行难问题工作目标,制定工作方案,召开新闻发布会,探索解决执行难问题。设立集中查控组,提升执行查控效率。落实24小时值班备勤制度,借助公安部门协控机制,查控被执行人238人次。加大拒执行为打击力度,采取司法拘留措施112人次,移送公安机关侦查1件。开展涉民生专项执行活动,全年执结欠薪、"三养"(赡养、抚养、扶养)、交通事故等案件748件,执行到位金额1600余万元。

【依法保障发展大局】 2016年,县法院出台《关于立足审判职能助力供给侧结构性改革的十条意见》,为海盐经济社会持续健康发展保驾护航。加强破产案件审理工作,依法受理破产案件2件。通过提前介入、发送法律意见建议、风险预警等方式,妥善处理涉重大项目纠纷,支持政府依法征迁拆违,保护相对人合法权益。加强对破坏环境行为打击力度,依法支持环保部门处罚环境违法行为,审结相关案件24件。

【推进司法改革】 2016年,县法院探索建立以员额法官为核心的"1+1+1"(员额法官、法官助理、书记员)模式为主的审判团队,实行审判团队办案责任制。建立以审判团队业绩考核与员额法官个人业绩考核相结合的工作机制,每月对审判团队和个人的相关办案数据指标进行通报和点评,审委会定期开展瑕疵案件评查,确保办案质效。强化院庭长办案,除履行好审判管理监督职责和综合协调工作外,在办案一线承办重大疑难复杂和有指导意义的案件,履行员额法官和合议庭审判长职责。全年员额法官人均承办案件176.62件,同比增加25.05件,签发法律文书6936份;院庭长办结案件3673件,同比增加720件。

2月28日,海盐首批员额法官检察官宪法集体宣誓仪式举行

【推进"三大"机制建设】 2016年,县法院建立健全"大立案、大服务、大调解"三大机制,提高诉讼服务质量,回应社会关切。通过完善便民设施、推广网上立案、聘请特邀调解员参与调解工作、建立律师参与涉诉信访工作制度等措施,推进一站式、立体化、综合性的新型诉讼服务中心建设。加强对弱势群体司法关怀,全年为经济确有困难当事人缓减免交诉讼费200余万元,发放司法救助金13万元。

【贩卖毒品案】 被告人刘某,男,1978年7月11日生,汉族,小学文化,住通元镇良贤村(户籍所在地云南省昭通市盐津县)。海盐县检察院指控被告人刘某犯贩卖毒品罪,2016年7月1日,向海盐县法院提起公诉。海盐县法院经审理查明:2015年2月至2016年6月间,被告人刘某与吸毒人员经事先联系,先后9次向吸毒人员出售毒品甲基苯丙胺(冰毒),总计约10.3克。2016年6月18日,民警在通元镇良贤村被告人刘某租房处将其抓获,并在其租房内查获疑似毒品的白色晶体2包及疑似毒品的红色颗粒3粒,在其右侧裤袋内查获疑似毒品的白色晶体1包。经检测,上述查获的白色晶体中均含有甲基苯丙胺成分,总重量为62.95克,查获的红色颗粒中含有甲基苯丙胺净重0.28克。海盐县法院认为,被告人刘某违反国家毒品管制法规,贩卖毒品甲基苯丙胺73克,其行为已构成贩卖毒品罪。被告人刘某在判决宣告后刑罚执行完毕前又犯新罪,应当实行数罪并罚。庭审中,被告人刘某认罪态度较好,可酌情从轻处罚。依照《中华人民共和国刑法》第三百四十七条、第七十一条、第六十九条、第六十四条之规定,做出判决:被告人刘某犯贩卖毒品罪,判处有期徒刑十五年,并处没收财产3万元,合并前罪尚未执行的有期徒刑六年十个月,并处罚金30万元,决定执行有期徒刑十七年,并处没收财产3万元、罚金30万元;作案工具予以没收。

【劳动保障行政确认纠纷案】 2014年8月初,王某与第三人浙江路航物流有限公司(简称路航公司)签订劳动合同,劳动合同中约定王某的工作内容为给路航公司的车辆遮盖雨布等。2014年8月26日,王某在工作时间内为号牌为鲁H7H629重型半挂牵引车遮盖雨布时,从该车辆上摔落受伤,后送医院。2014年11月11日,王某向路航公司出具确认书,确认其于2014年8月26日上班期间,趁工作场所内暂无路航公司车辆需要遮盖雨布,为赚取报酬,私自为号牌为鲁H7H629装货车辆遮盖雨布,并不慎从车上摔落受伤,该货车驾驶员将王某送医院并垫付部分医疗费用的事实。王某向路航公司承诺,其将申请工伤认定,如该事故被认定为工伤,王某承诺仅领取社保经办机构支付的工伤保险待遇,不向路航公司主张任何工伤待遇赔偿,如违反承诺,路航公司有权向社保经办机构披露全部事发经过。2014年11月13日,王某向被告申请工伤认定,申请表中陈述2014年8月26日晚6点左右,在上班时从车上摔下来,被送到海盐县人民医院住院治疗。路航公司于2014年12月20日向被告出具说明,认可王某所说情况属实。被告于2014年12月25日作出工伤认定决定,认定王某所受事故伤害为工伤。2016年1月26日,路航公司向被告举报,要求撤销王某的工伤认定决定,并提供确认书等证据。2016年3月8日,被告决定对王某工伤案件重新调查。2016年4月25日,被告作出《关于撤销王某的认定工伤(盐人社工伤认定〔2014〕2430号)的通知书》,并于2016年4月27日作出盐人社不予认定工伤决定。2016年7月8日,王某向海盐县法院提起行政诉讼,请求撤销被告作出的"撤销工伤通知书",责令被告重新作出认定原告受伤为工伤的决定。海盐县法院经审理认为:工伤认定是人力资源和社会保障部门的法定职权,其对错误的工伤认定决定予以更正是依法行使法定职权的体现。依据人力资源和社会保障部《关于执行〈工伤保险条例〉若干问题的意见(二)》第十条规定,因工伤认定申请人或者用人单位隐瞒有关情况或者提交虚假材料,导致工伤认定决定错误的,社会保险行政部门发现后,应当及时予以更正。根据查明事实,王某是因接私活不慎从号牌为鲁H7H629车辆上摔落受伤,并非因从事路航公司安排工作受伤,王某所受事故伤害不符合《中华人民共和国工伤保险条例》第十四条规定的认定工伤条件。王某提出其误认为号牌为鲁H7H629车辆为路航公司所有的主张与本案证据反映事实不符,法院不予采纳。王某向被告申请工伤认定之前,以确认书的形式要求路航公司在其申请工伤认定时隐瞒相关事实。王某向被告申请工伤认定时,提供的申请材料中隐瞒了其并非因工作原因受伤的事实。路航公司在明知王某并非因工作原因受伤的情况下向被告提供隐瞒事实的情况说明,导致被告作出错误的工伤认定决定。被告因接到路航公司举报,通过重新调查发现其作出的工伤认定决定错误并予以撤销,是对错误的工伤认定决定予以更正的行为,符合人力资源和社会保障部《关于执行〈工伤保险条例〉若干问题的意见(二)》第十条之规定。据此,依照《中华人民共和国行政诉讼法》第六十九条之规定,判决驳回原告王某的诉讼请求。

(朱 艳)

司法行政

【概况】 2016年,全县司法行政系统获得省、市级集体荣誉14项,获得省、市级表彰10人次,县司法局被评为省级法律服务"三改一拆""五水共治"工作成绩显著单位、2011—2015年省级法治宣传教育先进集体,县司法局党总支"党员律师先锋行"项目被省司法厅评为全省律师行业党建创新入围项目,县司法局宣教科科长徐苗被评为2011—2015年省级法治宣传教育先进个人,人民调解员陆勤华、吴敏佳、陈六宝、徐剑虹被评

8月17日,浙江省司法厅副厅长吉永根到海盐调研司法行政工作

为2014—2015年度市级人民调解先进个人。

【人民调解】 2016年,县司法局出台《关于进一步加强矛盾纠纷排查化解工作的意见》,不断规范、完善、创新人民调解工作。在G20杭州峰会、第三届世界互联网大会乌镇峰会期间,开展矛盾纠纷专项排查调处活动,及时化解不稳定因素。至年末,全县有调解委员会247个,专业调解员962人。全年各级调解委员会受理矛盾纠纷4473件,成功调解4442件,成功率99.3%。

【社区矫正与安置帮教】 2016年,县司法局加强对社会特殊人群管控,运用信息技术手段,推进社区矫正工作信息化建设,实现全县各司法所"司法E通"使用覆盖率和村(社区)矫正信息监管点建成率100%。以政府购买服务形式将社工组织服务引入社区矫正工作,首次举办全县社区服刑人员心理辅导讲座。开展大走访、大排查、大整治安保系列活动,社区矫正普法讲师团开展巡回讲座12场,受教育服刑人员1200余人次。至年末,全县建有社区矫正帮教工作站123个、刑释解教人员安置帮教工作站123个;有在册归正人员1292人,落实帮教1292人,已安置1276人。全年归正人员重新犯罪11人,重新犯罪率低于省控3%的考核标准。

【法治宣传教育】 2016年,县司法局做好"七五"普法启动工作,出台《海盐县法治宣传教育领导小组关于在全县公民中开展法治宣传教育的第七个五年规划》《海盐县全面落实"谁执法谁普法"责任制的实施意见》,完善《2016—2020年海盐县法治宣传教育工作责任分解》。推进"三改一拆""五水共治",以及秸秆露天禁烧等法治宣传教育工作。举办"我学法律,我守规矩"系列活动。开展"三毛学法"漫画比赛、第六届全省青少年"法在心中""宪法好声音"演讲比赛、青少年晨读宪法、律师志愿者"盐邑说法"等宣传活动。全年开展法治文艺下乡80余场次,举办法治辅导课180余次,接受法律咨询5000余人次。至年末,全县有省级民主法治村(社区)11个,市级民主法治村(社区)60个,市级诚信守法企业11家。

【公证工作】 2016年,县公证处在做好常规性公证的同时,配合"三改一拆""四边三化""五水共治",以及小城镇综合整治等全县中心工作,发挥法律服务保障作用,为群众提供公证法律服务。全年办结各类公证事项3026件,其中国内公证事项2242件、涉外公证事项738件、涉港澳台公证事项46件。

【法律服务】 2016年,全县6家律师事务所(海威特、海赛、海兴、泰嘉、海耘、罡乾)有专职执业律师43人,共受理刑事案件274件、民事案件2200件、行政诉讼代理33件、仲裁业务46件、非诉讼业务37件,办理法律援助211件。全县3家法律服务所(海圣、武原、百步)有基层法律工作者23人,共担任法律顾问43家,全年代理诉讼业务598件、仲裁案件12件、非诉讼业务44件,参与调解纠纷16起,办理法律援助22件,解答法律咨询900余人次。至年末,律师、基层法律服务工作者共担任企业法律顾问300余家,其中规模以上企业202家。全县85个村、40个社区聘请法律顾问,全年法律顾问在社区开展法治宣传31次，解答法律咨询900余人次，开展村（居）务法律体检51个，帮助修订完善村规民约、合同、协议等186件，办理援助案件23件，提供法律意见和建议78条，调解矛盾纠纷75起。在法律顾问进村（社区）集中服务月活动中，举办法治讲座31场次，发放宣传资料1000余份。

受援人向县法律援助中心赠送锦旗

【法律援助】 2016年，县司法局继续做好“法援律师由您点”“绿色通道伴您行”“148连心桥”三大惠民工程，促进解决就业、就医、劳动权益保障、社会保障等民生问题。简化援助程序、手续，降低援助门槛，加强对农民、新居民、残疾人、工伤职工、军人军属等群体的法律援助，由应援尽援向应援优援发展。全年县法律援助服务中心接待来电来访咨询2029人次，办理法律援助案件447件（其中刑事151件），受援1814人次，帮助挽回经济损失2861.6万元，群众满意率100%。

【法律援助外来民工工伤维权案】 2013年11月，海盐某重型机械公司员工张某，在操作过程中轧伤肢体。2014年4月，经劳动部门鉴定为十级伤残，并被认定为工伤。该员工多次找公司有关负责人及工程承包人，讨要伤残赔偿、补助、拖欠工资，但只拿到小部分。2016年10月，张某到县法律援助中心寻求帮助。工作人员先后6次找到公司法人代表、行政负责人和工程承包人，明确当事人的权利和义务。在赔偿数额及工资报酬有异议的情况下，为张某办理法律援助手续，指派资深律师代理申请仲裁，取得当事人满意的结果。

（张 艳）

教　育

综　述

【概况】 2016年,全县有独立设置幼儿园42所、小学21所、初中13所、普通高中3所、特殊教育学校1所、成人高校1所。全县有专任教师4195人,其中小学1478人、初中1027人、普通高中527人、职业中学335人、幼儿园795人、特殊教育8人、成人高校25人。

是年,全县教育经费总投入12.28亿元,其中国家财政性教育经费投入11.15亿元(公共财政教育支出9.69亿元、教育费附加支出1.44亿元、其他教育经费支出0.02亿元)。全年教育经费总支出12.30亿元,其中工资福利支出5.81亿元、商品服务支出2.01亿元、对个人及家庭补助支出2.40亿元、基本建设支出1.78亿元、其他专项支出0.30亿元。继续贯彻落实扶贫帮困助学政策,全年免除中职学生学费9562人次,免除学费1437.9万元;免除义务教育学生杂费69063人次,免除学杂费747.2万元;免除义务教育住宿费学生2848人次,免除住宿费88.6万元。免费提供国家课程教科书和地方课程教材,惠及学生69063人次,金额2171.2万元。免费提供午餐学生2027人次,资助金额91.31万元。实施普通高中国家助学和困难生补助856人次,涉及金额87.21万元。实施职业高中国家助学338人次,涉及金额34.66万元。实施学前教育困难生补助111人次,金额22.02万元。继续实行小班化、民办学校、初中免住宿费和接纳新居民子女等专项补助。教育装备统一配发,全年投入经费0.23亿元。

2016年各级各类学校情况表

表46

学校类别	学校数(所)	班级数(个)	毕业生数(人)	招生数(人)	在校学生数(人)	毕业班学生数(人)	教职工数(人)	
							合计	其中:专任教师
一、普通中学	16	434	5725	5521	16115	5407	1625	1554
1.高中	3	131	2004	1808	5229	1725	560	527
2.初中	13	303	3721	3713	10886	3682	1065	1027
二、职业中学	2	115	1692	1672	4753	1598	354	335
三、小学	21	604	3730	4164	23642	4012	1528	1478
四、幼儿园	42	432	4360	3889	13605	4249	1428	795
五、特殊教育学校	1	11	10	5	48	7	9	8
六、成人高校	1	91	480	589	2535	389	28	25

说明:1.特殊教育学校学生数不含随班就读人数;2.小学和初中含广丰学校学生数和教师数

(朱小燕　张新良)

基础教育

【概况】 2016年年末,全县有独立设置幼儿园42所,其中教育部门办5所、社会力量办26所、其他部门办11所。有班级432个,在园幼儿13605人。全县儿童学前三年入园率99.3%,农村儿童学前三年入园率97.5%。

全县有小学21所,班级604个,在校生23642人。全县小学学龄人口入学率、巩固率、小学升初中比例均为100%。

全县有初中13所，其中社会力量办校1所（博才实验学校）。规模均在13个班以上，其中16个班及以上有11所。初中班级303个，同比减少6个，在校生10886人。是年，有初中毕业生3721人，九年义务教育完成率100%，初升高比例99.3%。其中，升入普通高中1808人，升入中等职业技术教育各类学校1672人。

全县有普通高中3所，班级131个，在校生5229人。15年教育普及率99.4%。2016年应届高中毕业生升入普通高校2093人。

全县有特殊教育学校1所，班级11个，在校学生48人。另有各镇（街道）中小学随班就读残疾儿童少年42人。义务教育段送教上门残疾儿童少年10人。全县残疾儿童少年入学率100%。

【教学常规管理】 2016年，做好普通高中课改方案的完善与实施工作。适应高考招生制度改革，研究并调适“选择性教育教学”体系，制定课程规划与教学计划，实行分层分类走班教学，落实学生选课权。推进普通高中课改与学考选考工作，完善高中学生成长记录与综合素质评价工作，促进学生全面而有个性的发展，开展学生职业规划发展指导工作。是年，高考一本上线率23.9%，实现嘉兴市高考“八连冠”目标。推进义务教育课程改革工作，配套推进义务教育教学评价综合改革工作。4月19日，《中国教育报》以《浙江海盐：推进综合素质评价改革给学生更好选择》为题进行专题报道。9月22日，《浙江在线》记者就综合素质评价改革工作走访海盐实验中学、县博才实验学校和县教育研究与教师培训中心。启动与华东师范大学基础教育所合作项目前期工作，初步形成合作意向，并邀请市有关领导与专家进行专题论证。出台招生工作文件，做好各学段招生工作。公益性幼儿园儿童覆盖面由75%提升到91%，等级园儿童覆盖率提升到93.8%，幼儿教师持证率100%。出台《海盐县住宅小区配套幼儿园建设管理办法》及布局规划编审工作。制定《海盐县教育局关于区域推进活力校园建设实施意见》，全面启动活力校园建设。制定《海盐县教育局2016年校园文化建设工作实施意见》，有序推进校园文化建设工作。

【和谐德育构建】 2016年，开展德育主任、德育名师、班主任、中队辅导员培训，组织班主任基本功大赛、优秀少先队辅导员评比等活动，加强心理健康教育辅导，制定心理健康教育教师C证培训班规划，进行心理健康教育教师12学时培训，实施心理健康教育C证考试。在全市班主任基本功大赛中，获金牌2枚、银牌3枚、铜牌1枚；在全省第五届班主任基本功大赛中天宁小学裘佳妮获一等奖，元济高级中学许慧娟获二等奖。实验小学教育集团鲁琦获评省第三届“十佳智慧班主任”。开展德育教育和实践活动，主要有我们的节日（清明节、端午节、劳动节、儿童节）、“迎接G20争创省文明县——做文明有礼海盐人”等主题教育活动，举办“认星争优”美德少年校级、县级、市级评选活动，“童绘蓝天”——第三届全国中小学生环保绘画大赛，“争做文明小使者，我是嘉兴代言人”少儿故事大王比赛，优秀童谣征集活动，“老师您好，我的好老师”主题征文比赛，清明祭英烈活动等。通过规范家访工作、举办家庭教育讲座、开展“科学家教城乡行”等活动做好家庭教育工作。是年，继续在县广播电视台开设《菁菁校园》栏目，全年播出52期。

【体艺活动】 2016年，全县高校新生体质健康测试合格率95.7%，列全省第七名。博才实验学校被评为全国学校体育工作示范学校。是年，举行中小学生乒乓球、篮球、羽毛球、足球比赛，初中毕业生体育学业考试、中小学生田径运动会。组队参加省、市级足球、篮球、网球、游泳、田径比赛。其中县机关幼儿园“玩转篮球”获省特色体育表演大赛第一名及市特等奖；三毛幼儿园在全省幼儿足球表演大赛中获团体总分第一名。横港小学女子足球队获嘉兴市一等奖，男子足球队获嘉兴市二等奖；百步中学女子足球队获嘉兴市冠军；武原中学男女篮球队在市锦标赛中获第二名和第四名。实验中学在乒乓球联赛中获男子团体第一名，并代表市参加省决赛，获省总决赛初中男子组第六名，5名运动员获国家二级运动员资格。是年，组织开展普及化体育活动，形成秦山小学花样跳绳、县理工学校滚灯、通元小学空竹、六里小学武术、百步中学和横港小学足球操等一批体艺特色项目。

【科技教育】 2016年,组织参加第四届“魅力之光”杯全国中学生核电科普知识竞赛,参加人数突破1万人次。与县城投集团有限公司联合建立县中小学生绿色实践教育基地(能源学校“零碳屋”),制定《海盐县绿色实践教育基地实施方案》。10月,举办海盐县第二十五届青少年科技创新大赛,收到来自全县32所中小学的715件参赛作品,其中科技小发明275件、科技小论文136篇、科技实践活动119项、科幻画152件以及教师科技创新成果33项。在嘉兴市第三十一届青少年科技创新大赛中,获青少年科技创新项目一等奖6项、二等奖8项、三等奖6项;青少年科技实践活动一等奖3项、二等奖4项、三等奖3项;少儿科幻画一等奖8项、三等奖2项;科教创新成果(科技辅导员作品)一等奖2项、二等奖3项;优秀辅导老师16人。在嘉兴市第二届科普剧剧本创作大赛中,县博才实验学校创作的《互棉网》获金奖,向阳小学创作的《卖炭翁》和实验中学创作的《可能再也不会有交集》获银奖。组织学生参加嘉兴市青少年信息学比赛,比赛成绩在全市领先。在第二十二届全国青少年信息学奥林匹克联赛(嘉兴赛区)中,普及组,5人获一等奖、21人获二等奖、58人获三等奖;提高组,3人获一等奖、10人获二等奖、1人获三等奖。在嘉兴市青少年信息学(计算机)小学组竞赛中,79人获一等奖、87人获二等奖、119人获三等奖;在嘉兴市青少年信息学(计算机)初中组竞赛中,41人获一等奖、51人获二等奖、60人获三等奖;向阳小学等15所小学分别获得小学组团体一、二、三等奖,县博才实验学校等4所初中分别获得初中组团体一、二、三等奖。与县科协合作,在秦山小学、三毛小学、县博才实验学校开展中科院老科学家进校园开设科普讲座活动,联合县科技局、县科协等部门举行“防震减灾”模拟演练活动。

(胡东伟)

职业教育和成人教育

【中等职业技术教育】 2016年,全县有海盐县理工学校、海盐县商贸学校2所中等职业学校。年内,完成县内中职招生1673人,输送毕业生1694人。职业学校在校学生4754人。继续实施免除在校中职学生学费和家庭经济困难学生享受每年1500元国家助学金政策。是年,全县有594名学生参加省高职学校单考单招考试,上线584人,上线率98.3%。其中本科上线229人,上线率38.6%,占全市本科上线总数的30.1%。121名学生成绩名列相关专业全省前100名,有19名学生被高职院校提前录取,本科人数、上线率居全市第一。是年,在浙江省职业院校学生技能、职业能力大赛中获银牌3枚和铜牌12枚;在嘉兴市第十一届中职学校技能节上获金牌7枚、银牌18枚和铜牌32枚;在全省中等职业学校文化课、专业课教师教学设计和说课比赛中获三等奖2人;获嘉兴市职业教育教学成果奖一等奖1项、二等奖2项。年内,开展教师素质提升工程,选派优秀教师赴海外培训2名,参加各类省级培训34名。是年,海盐县理工学校和丹麦松德堡市南方职业技术学院(简称EUC)互访,并签订合作协议,派出9名学生赴丹麦进行教育教学交流。县教育局在全省课程改革工作推进会上作大会交流。海盐县理工学校通过省改革发展示范学校验收。年内,举办海盐县第二届职业教育活动周和海盐县第七届中等职业学校文化技能节。

【成人教育】 2016年,全县有镇(街道)成人文化技术学校9所,教师40人,实现各镇(街道)全覆盖,镇(街道)成校标准化率100%。是年,做好全县社区教育师资培训工作,依托“两网一报”开展社区教育宣传工作,营造终身学习氛围。开通“海盐社区教育微信公众号”,制作海盐社区教育宣传片,有10多篇报道被新华网、中国社区教育网、浙江社区教育网等网站录用转载。开展海盐县“全民终身学习体验馆”“社区教育品牌”“百姓学习之星”“乐学社团”“学习型社区”等评比活动,举办“笔墨飘香书海韵”书法比赛、社区象棋精英赛、老年书画摄影比赛。以职校、成校、社区学院“职成社”社会培训共同体为平台,全年完成各类项目培训12552人,其中农业实用人才培训1387人、农村实用技术培训1899人、农民转移就业技能培训2143人、新型职业农民培训100人、县内外务工培训282人、农民中专生培训133人、成人"双证制"培训1502人、后备劳动力培训231人、安全管理员培训4875人。年内,发放各类培训证书8654人,815人取得成人职业高中毕业证书。全年培训城乡居民7.35万人次,县社区学习网改版升级,举办以"发展全民继续教育,推进学习型社会建设"为主题的全民终身教育活动周,并向镇(街道)延伸,百步镇社区教育中心被评为市级第四批社区教育示范学校。是年,县教育局被评为浙江省扫盲工作先进集体,于城成校被授予省现代化成校称号。

(钟 飞)

高等教育

【浙江广播电视大学海盐学院】 2016年,学院开设国家开放大学开放教育、浙江大学远程教育、西南科技大学网络教育、大连理工大学网络教育、福建师范大学网络教育、中国医科大学网络教育共46个本科、44个专科专业,嘉兴城市大学业余城市中专1个专业。全年招收新生981人(开放教育681人、网络教育286人、嘉兴城市中专14人),毕业学生1357人,在校生2535人。成立浙江老年开放大学海盐学院,全年招生550人。是年,获浙江省现代远程教育学会立项课题2项,获市远程教学学会立项课题4项,获国家开放大学首届开放教育导学教师优秀论文评比三等奖1人,在嘉兴市远程教育学会2016年年会征文比赛中获一等奖1人、二等奖2人、三等奖1人,在全省电大网上教学活动比赛中获一等奖1人、二等奖2人。在全市电大青年教师教学技能比赛中获一等奖和全省电大系统青年教师教学技能比赛中获一等奖1人,在全省电大课程教学设计方案竞赛中获三等奖1人,在全省电大第五届多媒体学习资源比赛中获三等奖1人,在嘉兴市社区教育微课比赛中获三等奖1人。是年,学院被评为全省电大系统管理工作创新先进单位,全省电大系统招生工作先进单位,全省电大系统新闻宣传工作先进单位,全市电大系统教学与教务管理先进单位和技术支持与网站建设先进单位,被浙江广播电视大学奥鹏远程教育管理中心授予浙江奥鹏2016年秋季招生组织工作先进单位称号,被浙江大学远程教育学院授予2015年度浙江大学远程教育统考组织奖和2015年度浙江大学远程教育支持服务奖,被大连理工大学授予2015—2016年度招生组织工作激励奖,获嘉兴市2016年度社区教育考核一等奖。学院在全省电大教学工作会议和全省电大思想政治工作会议上作"开放教育教学工作和校园文化建设"经验交流,在全省社区教育工作会议和全省老年教育工作座谈会上作"社会培训和老年教育"经验交流。 (钟 飞)

【高等教育自学考试】 2016年,学历教育自学考试报考率为全县人口的3‰,学历报考率列全市各县(市)第三;非学历考试报考率为全县人口的19.8‰,列全市各县(市)第一。是年,学历教育自学考试1094人,全国英语等级考试1659人,剑桥少儿英语等级考试2325人,自学考试毕业生92人。 (夏建生)

教师队伍

【概况】 2016年,全县有中小学教职工4972人,其中专任教师4195人,包括小学1478人、

5月26日,海盐县义务教育课程改革推进会召开

初中1027人、高中527人、职业中学335人、幼儿园795人、特殊教育学校8人、成人高校25人。全县有在职特级教师9人,省名师、名校长培养人选3人,市名师21人、名校长2人、名校长培养人选7人,市级学科教学带头人44人,县名师91人、县名校长7人,县级学科教学带头人203人,县德育名师64人,县学科教学能手108人。全县在职公办教师中,高级职称888人,中级职称1976人。

【专任教师学历与专业技术职务】 2016年,全县有小学专任教师1478人,学历合格率100%。其中,大专毕业及以上1450人,高中(中专)毕业28人。小学专任教师中,高级教师86人,一级教师956人。

全县有初中专任教师1027人,学历合格率100%。其中,大学本科毕业及以上998人,专科毕业29人。初中专任教师中,高级教师293人,一级教师454人。

全县有高中专任教师527人,学历合格率100%。其中本科毕业及以上527人。高中专任教师中,高级教师250人,一级教师204人。

全县有职业中学专任教师335人,学历合格率98.5%。其中本科毕业及以上330人。专任教师中,副高级职称85人,中级职称123人。

全县有幼儿园专任教师795人,学历合格率100%。其中,专科毕业及以上740人,高中(中专)毕业55人。

(王永明)

教育科研

【概况】 2016年,课题立项321项,其中省规划课题2项、省教研课题5项、市规划课题30项、市微型课题27项、市教研员专项课题6项、市教改专项课题14项、县级课题237项,课题结题率100%。年度获课题成果奖60项,其中省职业教育教学成果奖1项、省优秀教科研成果奖1项、省教研课题成果奖1项、浙派名师名校长培养工程课题成果三等奖1项,市基础教育教学成果奖4项、市教科研优秀成果23项、市职业教育教学成果奖3项、市教育学会重点调研课题成果奖15项、市陶研课题成果奖11项。推行“教科研指导预约单”“两课两文两报告”等活动机制,下校调研督导,保证课题管理常态化、参与度和实效性。借助“定点指导、定向推荐”等方式,集中力量,助推内涵明显、价值突出的课题内涵发展。落实教科研培训工作,提升教科研负责人自我定位意识和专业指导能力。发掘本土专家优质资源,典型引领,现场示范。整合不同学校教科研基地优势,以点带面,分享智慧。通过考核成为新一轮嘉兴市教科研基地学校16所,4所学校获嘉兴市优秀教科研基地称号。是年,编辑《海盐教育》5期。

2016年教师参加省级及以上教学评比获奖情况表

表47

序号	学科	项目	单位	姓名	级别	颁奖单位	发证时间
1	高中政治	文化与经济、政治	元济高级中学	许剑琪	部级优课	教育部中央电化教育馆	2016.12
2	高中数学	解三角形——小结	元济高级中学	姜　巍	部级优课	教育部中央电化教育馆	2016.12
3	高中信息	城市映像——文本数据的可视化表达	元济高级中学	周加峰	部级特等奖	中国教育技术协会	2016.10
4	高中地理	环境监测基础	元济高级中学	贺旭东	省级特等奖	省教育厅教研室	2016.12
5	高中地理	数字地球	元济高级中学	贺旭东	省级优课	省教育厅教研室	2016.11
6	高中地理	地理信息系统及其应用	元济高级中学	徐海群	省级优课	省教育厅教研室	2016.11
7	高中物理	实验:用双缝干涉测量光的波长	元济高级中学	许伟光	省级优课	省教育厅教研室	2016.11
8	高中生物	高等动物的内分泌系统与体液调节	元济高级中学	赵小娜	省级优课	省教育厅教研室	2016.11
9	高中体育	原地额侧面头顶球	元济高级中学	李　翔	省级优课	省教育厅教研室	2016.11
10	高中美术	塑造灵魂的大师	元济高级中学	任万鸿	省级一等奖	省教育厅教研室	2016.11

续表 47

序号	学　科	项　　目	单　　位	姓　名	级别	颁奖单位	发证时间
11	高中地理	以淳安地区为例——说明水循环的地理意义	元济高级中学	贺旭东	省级二等奖	省教育厅教研室	2016.11
12	高中语文	为你长鸣——低层的光芒——品质	海盐高级中学	杨伟民	部级优课	教育部中央电化教育馆	2016.12
13	高中数学	直线与平面平行的判定	海盐高级中学	朱孟军	省级优课	省教育厅教研室	2016.11
14	高中英语	working the land——learning about language	海盐高级中学	柴建国	部级优课	教育部中央电化教育馆	2016.12
15	高中美术	浮雕艺术的基本特征	海盐高级中学	朱晓飞	部级优课	教育部中央电化教育馆	2016.12
16	高中数学	数学与密码	海盐高级中学	杨　晶	省级精品课程	省教育厅教研室	2016.11
17	高中地理	地理信息系统及其应用	海盐高级中学	徐海群	省级优课	省教育厅教研室	2016.11
18	高中信息	4.3　语句——选择语句	海盐高级中学	韩　浩	省级优课	省教育厅教研室	2016.11
19	高中通用	简单结构设计	海盐高级中学	周晓宇	省级优课	省教育厅教研室	2016.11
20	选修课程	我素描　我色彩	海盐高级中学	朱晓飞	省级精品课程	省教育厅教研室	2016.12
21	高中美术	砚边漫步	海盐第二高级中学	蔚玲妮	部级优课	教育部中央电化教育馆	2016.12
22	高中信息	解析算法、枚举算法的应用	海盐第二高级中学	刘　伟	省级优课	省教育厅教研室	2016.11
23	初中音乐	巴蜀山歌	武原中学	陈　洁	部级优课	教育部中央电化教育馆	2016.12
24	初中历史	民族危机与中国	实验中学	姚露艳	部级优课	教育部中央电化教育馆	2016.12
25	初中历史	甲午战争与列强瓜分中国的狂潮	实验中学	姚露艳	省级优课	省教育厅教研室	2016.11
26	初中体育	正面控球	实验中学	徐国栋	省级优课	省教育厅教研室	2016.11
27	选修课程	E—数探究	实验中学	王丹群	省级精品课程	省教育厅教研室	2016.12
28	初中科学	人类发展与环境问题	于城中学	沈　超	部级优课	教育部中央电化教育馆	2016.12
29	初中信息	电子商务	百步中学	薛鹏飞	省级优课	省教育厅教研室	2016.11
30	小学音乐	叮铃铃	向阳小学	叶聪娟	省级优课	省教育厅教研室	2016.11
31	小学综合	我是快乐小厨师成果展示评价课	向阳小学	孙美花	省级优课	省教育厅教研室	2016.11
32	选修课程	儿童成长营	向阳小学	林国会	省级精品课程	省教育厅教研室	2016.11
33	小学数学	统计图总复习	实验小学集团	杨忠良	省级优课	省教育厅教研室	2016.11
34	小学科学	声音的变化	实验小学集团	蒋云娟	省级优课	省教育厅教研室	2016.11
35	小学信息	第 9 课　制作通讯录	实验小学集团	李　剑	省级优课	省教育厅教研室	2016.11
36	小学数学	用百分数解决问题	实验小学集团	何月丰	省级一等奖	省教育厅教研室	2016.11
37	小学书法	跟夏老师学写字	天宁小学	夏海敏	省级一等奖	省教育厅教研室	2016.11
38	选修课程	阳光儿童实践课程	天宁小学	何金林	省级精品课程	省教育厅教研室	2016.11
39	小学数学	折扣	三毛小学	蒋　锋	部级优课	教育部中央电化教育馆	2016.12
40	小学美术	剪纹样	城西小学	夏茹心	部级优课	教育部中央电化教育馆	2016.12
41	小学语文	要是你在野外迷了路	城西小学	卢雪红	省级优课	省教育厅教研室	2016.11
42	小学语文	恐龙的灭绝	城西小学	许虹艳	省级优课	省教育厅教研室	2016.11
43	选修课程	躬耕乐道小农夫	齐家小学	王董华	省级精品课程	省教育厅教研室	2016.12

2016年教师获省教学论文奖情况表

表48

序号	学科名称	论文标题	单 位	姓 名	奖级	颁奖单位
1	高中数学	高中数学核心概念教学微探	元济高级中学	马喜军　赵琴学	一等奖	省教育厅教研室
2	高中数学	关注核心概念　培养核心素养	元济高级中学	姜　巍　卢　明	一等奖	省教育厅教研室
3	高中英语	基于思维素养培养的高中英语阅读教学实践与思考	元济高级中学	吴国军　王福良	二等奖	省教育厅教研室
4	高中政治	课堂教学中落实政治认同核心素养的有效途径	元济高级中学	陈喆蓉	二等奖	省教育厅教研室
5	高中信息	“7选3”背景下高中信息技术作业设计的研究	元济高级中学	孙悦敏	二等奖	省教育厅教研室
6	高中通用	有效引导设计活动　切实培养构思能力	元济高级中学	陈　颖	三等奖	省教育厅教研室
7	高中语文	基于共读:落实高中生整本书名著阅读的有效路径	海盐高级中学	杨伟民　郑月明	一等奖	省教育厅教研室
8	中学数学	有效设计微专题　让数学学习渐入佳境	海盐高级中学	张慧萍	一等奖	省教育厅教研室
9	中学数学	让学生成为有效教学的最大赢家	海盐高级中学	姜娟芳	二等奖	省教育厅教研室
10	中学数学	巧设“微专题”优化教与学	海盐高级中学	张　俊	三等奖	省教育厅教研室
11	高中英语	关于通过思维导图解决学生英语概要写作中常见问题的探讨	海盐高级中学	费丹丽	三等奖	省教育厅教研室
12	高中化学	课堂观察——化学课堂“师生言语互动有效性”的量化研究	海盐高级中学	王彦军　施彩娟	三等奖	省教育厅教研室
13	高中化学	创新实验让化学课堂焕发光彩	海盐高级中学	李　敏	三等奖	省教育厅教研室
14	中学通用	面向微信分众平台的《电子控制技术》知识重组	海盐高级中学	周晓宇	一等奖	省教育厅教研室
15	中学美术	谈高中美术鉴赏课“三依三定”教学策略	海盐高级中学	朱晓飞	一等奖	省教育厅教研室
16	高中信息	“7选3”背景下高中信息技术作业设计的研究	海盐高级中学	孙悦敏	二等奖	省教育厅教研室
17	综合实践	研究性学习为物理实验教学插翅添翼	海盐高级中学	李俊丽	三等奖	省教育厅教研室
18	高中英语	新课程理念下高中英语阅读教学中思维品质的培养	海盐第二高级中学	祝敏佳	三等奖	省教育厅教研室
19	初中英语	浅析初中英语阅读教学中深层思维能力的培养	秦山中学	李　洁	二等奖	省教育厅教研室
20	高中信息	基于省学科教学建议的上机操作与巡视指导解读与剖析	澉浦中学	贺剑夫	二等奖	省教育厅教研室
21	初中社会	注重“三史”　展“图”魅力	通元中学	汤其妹	一等奖	省教育厅教研室
22	高中英语	奏响初中英语阅读课活动设计的主旋律	沈荡中学	金雪妹　许燕凤	三等奖	省教育厅教研室
23	综合实践	综合实践活动:校本基地课程开发路径的实践与思考	沈荡中学	向尚劝	三等奖	省教育厅教研室
24	高中信息	基于省学科教学建议的上机操作与巡视指导解读与剖析	百步中学	薛鹏飞	二等奖	省教育厅教研室
25	小学信息	Scratch动画游戏拓展性课程开发的策略	向阳小学	夏军伟	三等奖	省教育厅教研室
26	综合实践	“综合实践活动成果展示评价课”之探索	向阳小学	孙美华	二等奖	省教育厅教研室
27	小学科学	科学实践思想在小学科学拓展性课程中的应用策略	实验小学集团	蒋云娟	二等奖	省教育厅教研室
28	小学美术	为学生的发展而评价	天宁小学	林益平	三等奖	省教育厅教研室
29	小学语文	自主质疑导学,亲历语用过程	行知小学	王红妹	一等奖	省教育厅教研室
30	教学评价	构建课外阅读评价体系,全面提升学生语文素养	行知小学	费燕燕	三等奖	省教育厅教研室

续表 48

序号	学科名称	论文标题	单 位	姓 名	奖级	颁奖单位
31	教学评价	低段“纸上微博”多元评价体系的构建与应用研究	行知小学	陶林超	三等奖	省教育厅教研室
32	小学英语	借思维支点，活化高段英语书写	西塘桥小学	刘 萍	三等奖	省教育厅教研室
33	小学校本	基于“农情乡韵”的学校拓展性课程的构建与实施	于城小学	肖金良	二等奖	省教育厅教研室
34	小学英语	浅谈 LET'S CHECK 习题植入英语课堂教学策略	百步小学	周春华	二等奖	省教育厅教研室
35	幼儿教育	基于“团队互助”的幼儿园健康教育初探	实验幼儿园	孙敏华	三等奖	省教育厅教研室
36	幼儿教育	浅议幼儿园数学区域活动的观察与识别	实验幼儿园	黄 迪	三等奖	省教育厅教研室
37	幼儿教育	“能”“乐”交融　快乐运动	实验幼儿园	宋琼妃	三等奖	省教育厅教研室

2016 年教师获省级以上科研成果奖情况表

表 49

序 号	成 果 名 称	学 校	负责人	奖项名称和级别
1	教学任务包为引领的汽修实训课程教改实践研究	海盐理工学校	曾飞玲	省职业教育教学成果二等奖
2	儿童成长营：“教育生命化”视野下活动类拓展性课程的样式研究	向阳小学	林会国	省优秀教科研成果三等奖
3	小学语文预后教学策略研究	县教研与培训中心	朱益群	省教研课题成果三等奖
4	“影音微作品”在初一英语拓展性课程中的开发与研究	武原中学	陈卫兵	浙派名师名校长培养工程课题成果三等奖

（丁光明　朱益群）

教育装备

【概况】 2016 年，教育装备继续采取政府集中采购、按比例配送的“阳光模式”，适度向薄弱学校和薄弱环节倾斜。全年完成招标项目 40 个，成交金额 1800 万元，更新教师计算机 335 台、学生计算机 300 台、电子白板 164 套、交互式大屏一体机 78 套、双面打印机 100 台、空调 157 套、课桌椅 3000 套、实验室设备 7 套、WAF 防火墙等，全县学校生机比 3.46∶1，电子白板占比 80%，实现宽带网络校校通和教学资源班班通。

【信息化工作】 2016 年，教育信息化投入 1200 万元，相继完成学生机房改造工程、电子白板推进工程和数字课堂、云端机房、电子书包、智能机器人实验室进学校工程等，教育信息化基础设施不断完善。重视教师教育信息化应用能力提升，开展“技术支持教学——课堂教学大赛”“一师一优课”项目工程等，探索现代教育新兴媒体与传统课堂教学的融合。是年，全县有全国“百所数字校园示范校建设项目学校”1 所（元济高级中学），省级示范性数字校园 3 所、嘉兴市中小学数字校园示范学校 7 所、嘉兴市中小学数字校园 17 所。

【图书馆建设】 2016 年，投入 150 万余元用于学校购置图书和添置图书馆设备，生均图书新增 2 册，达 50 余册。探索建设一批“借、阅、网、课、研、闲”一体化的现代学校图书馆，推进开放图书馆建设，延伸、拓展阅读环境，提高图书利用率。学校图书馆建有率 100%，数字化管理率 100%。所有学校安装区域图书信息系统，图书管理实现信息化、网络化、规范化。是年，全县有省中小学示范图书馆 5 个，市中小学示范图书馆 14 个，市开放式图书馆 2 个。

【实验室建设】 2016 年，经过

县级筛选,共申报嘉兴市创新实验室(含学科教室和实训基地)30个。推广实验室管理数字化,开展创新实验室、学科教室在教育教学中的应用研究,鼓励学校开展校本课程建设。确保学生分组实验和演示实验的正常开展,为学校更新仪器柜和实验器材,及时补充化学药品、玻璃仪器、普教仪器等易耗品,全县学校理科教学仪器全部达到省一类标准。年末,全县有省中小学示范实验室3个,市中小学示范标准化实验室5个,市中小学标准化实验室30个。

(方东明)

学校选介

【石泉中学】 位于石泉集镇盐石路1号,始建于1968年。学校建筑面积7307.62平方米,绿地面积14828平方米。现有13个教学班,在校学生420人,教职工59人,其中专任教师50人,高级教师11人,一级教师25人,二级教师14人。学校教育设施齐全,有教学楼和综合楼各1幢、环形塑胶田径场200米、篮球场2个、排球场1个。

学校以"绿色教育"为理念,围绕绿色课堂、绿色德育、绿色管理、绿色团队和绿色课程,积极开展学校各项工作。"德育为首树正气,精耕细作抓养成",学校在学习行为习惯和学习习惯的培养方面取得可喜成绩,学校高度关注学生综合素质提升,通过"绿色植物栽培小组""走进石泉灯泡特色企业"等综合实践活动,规划各类社团及兴趣小组,丰富学生的校园生活。在"以生为本"理念支持下,坚持"人文关怀下的严格管理,成功激励下的差异教学"办学方向,在德育工作课程化和学生个性化辅导方面进行积极的探索与实践。

学校先后获嘉兴市德育工作先进集体、嘉兴市禁毒示范学校、嘉兴市绿色学校、中小学生体质健康达标先进学校、海盐县教育系统平安校园、全县法制宣传教育先进集体、道路交通安全工作先进单位等称号。 (姜召军)

石泉中学

【西塘桥小学】 坐落于杭州湾跨海大桥北岸,建校有100多年。前身为清宣统元年(1909年)1月由黄伟伯创办的明强初等小学堂(私塾),1912年转为公立学校,校址在西塘桥镇北街黄浦弄口。2013年,学校更名为海盐县西塘桥小学。2014年12月实施改扩建工程,总投资2116.34万元,2016年9月新校舍投入使用,原有教学楼经整体修缮后继续使用。学校占地面积25211平方米,建筑面积10805.6平方米,绿地面积6000平方米。拥有可容纳36个教学班的教育楼、报告厅、图书馆、音舞室、创新实验室、心理咨询室、200米塑胶跑道、6个标准篮球场、计算机网络系统、多媒体教学系统、校园广播电视系统、智能安保监控系统等。

学校现有24个教学班,在校学生970人,在编教师61人,其中本科及以上学历42人,副高职称4人、中级职称44人,嘉兴市学科带头人1人,县名师2人、县学科带头人5人、县德育名师2人。

学校继承和发扬育人文化,结合教改和课改,提出"做阳光·丰润的教育"办学理念,围绕"培育阳光·丰润的学生"育人目标,实施"心育、智育、格育"教育,构建"明亮、快乐、向善、丰润"的育人文化,培育"外表阳光、内涵丰润"的少年儿童。 (钱永明)

【六一幼儿园】 位于县城朝阳东路34号,创建于1988年,是一所由县教育局主管的公立幼儿园,浙江省二级幼儿园。幼儿园现有11个教育班,在园幼儿300余人,教职工46人。幼儿园占地面积3454平方米,建筑面积2190.60

六一幼儿园

平方米，户外活动面积 1984.50 平方米，绿化面积 1450 平方米。幼儿园专用活动室齐全，有多功能室、美工室、角色游戏室、图书室、会议厅等，各专用活动室配备电子白板、一体机或电视等设备，班班通网络，班班有电脑、电钢琴、手机与电视互通盒等现代化教学设施。幼儿图书人均 20 册，教职工图书人均 25 册，有老师借阅的省级学前教育报刊 5 种。

幼儿园以“让谐、趣、乐伴随孩子”的“天童”文化为办园理念，围绕“一副健康的身体，一种良好的习惯，一种阳光的心态，一种诚实的品质，一片成长的沃土，一座温馨的家园”培养目标，全面优化管理、丰富办园内涵、提升办园品位。注重打造“绘本阅读”特色活动，在市级课题《幼儿园绘本课程“悟行式”建构的实践研究》引领下，以“悟”为基点，践行多元化的阅读活动，着力培养书香孩童，最终实现让孩子“爱上阅读、享受阅读”的目标。幼儿园先后获浙江省先进家长学校、嘉兴市教育学会实验幼儿园、嘉兴市绿色学校、海盐县文明单位、海盐县 AAAAA 级平安校园等称号。（许林芳）

【三毛幼儿园】 位于县城百尺小区，创建于 1995 年 9 月，是一所由县教育局主管的公立幼儿园。幼儿园有教职工 40 人，其中专任教师 28 人，副高级教师 1 人、一级教师 9 人、二级教师 13 人，有市级名师 1 人、县级学科带头人 1 人，县级以上优秀教师、优秀班主任、教学能手、教坛新秀等 12 人。幼儿园现有 11 个教育班，在园幼儿 365 人。幼儿园建筑面积 2308 平方米，每班均配备办公及教育电脑，实现办公、教育信息化。

20 多年来，在“三毛”品牌效应下，挖掘适合幼儿教育的小三毛精神，以“在探索发现中体验生活的智慧、在集体交往中享受生活的快乐、在和谐环境中感受生活的美好”为办园理念。确立以“快乐、平等、平安、平衡、平凡”的乐平文化为园所文化，幼儿园不断以“随风潜入夜、润物细无声”般的育人方式，以“落红不是无情物、化作春泥更护花”的师爱行为，以“小荷才露尖尖角、早有蜻蜓立上头”的童心活动来打造三毛品牌，让幼儿园真正成为孩子们心中象牙塔里的童话乐园。

幼儿园重视健康与艺术的培养，先后在省、市足球比赛中获一等奖，排练的艺术节目和创作的美术作品在县中小学艺术节活动中获一等奖。幼儿园先后被评为省二级幼儿园、学前教育学会实验幼儿园、省级体育特色幼儿园、市级陶研实验学校、省市县级绿色学校、“三八”红旗集体、县文明单位、县园林式单位。（谭卫群）

小三毛足球节开幕式

科学技术

综　述

【概况】　2016年，全县新增享受国家所得税优惠的高新技术企业18家、省级科技型中小企业56家、新增省级新产品232项，认定省级研发中心4家、市级17家、省级企业研究院3家；海盐科技创业园被认定为国家级科技企业孵化器。年末，全县有享受国家所得税优惠的高新技术企业64家，省级科技型中小企业253家，县级以上区域科技创新服务中心7个(省级3个、市级3个、县级1个)。全年专利申请3127件，其中发明专利581件。争取省级以上科技经费901万元。

(孙经纬)

【科技投入】　2016年，全县科技支出21587万元，占全县财政支出的5%。其中，县本级科技支出20023万元，占县本级财政支出的5%。全社会研究与试验发展经费11.24亿元，占全县国内生产总值的2.8%，R&D经费占规模以上企业产品销售收入的比重为1.4%。全年为科技型中小企业发放科技贷款1.63亿元。

(蒋正祥)

【科技企业认定】　2016年，认定享受国家所得税优惠的高新技术企业25家、省级科技型中小企业56家。至年末，全县有高新技术企业72家，省级科技型企业253家。

2016年新认定省级以上高新技术企业和科技型企业名单

表50

序号	企业名称	类别	序号	企业名称	类别
1	海盐理想电子科技有限公司	享受所得税优惠政策的高新技术企业	17	海盐桐基羊绒纺业有限公司	享受所得税优惠政策的高新技术企业
2	嘉兴海棠电子有限公司		18	浙江盛世嘉实业有限公司	
3	海盐精斌五金制品有限公司		19	法狮龙建材科技有限公司	
4	海盐普源电力科技有限公司		20	浙江易控电子科技有限公司	
5	网壳智能科技有限公司		21	浙江北光科技股份有限公司	
6	嘉兴博瑞涡轮增压技术有限公司		22	浙江三维大通冷挤压有限公司	
7	浙江风尚建材股份有限公司		23	海联锯业科技有限公司	
8	浙江云时代光电科技股份有限公司		24	嘉兴繁荣电器有限公司	
9	浙江艾能聚光伏科技股份有限公司		25	浙江创能新能源科技有限公司	
10	浙江三江化工新材料有限公司		26	浙江国检检测技术股份有限公司	省级科技型中小企业
11	海盐宇星螺帽有限责任公司		27	浙江天开实业有限公司	
12	浙江特力再生资源有限公司		28	嘉兴赛华电气有限公司	
13	克劳斯玛菲机械(浙江)有限公司		29	浙江保利钢能源科技有限公司	
14	海盐海管管件有限公司		30	嘉兴博林网络科技有限公司	
15	海盐康源医疗器械有限公司		31	浙江达胜健身器材有限公司	
16	嘉兴奥利伏光伏科技有限公司		32	嘉兴格勒集成吊顶科技有限公司	

续表 50

序号	企业名称	类别	序号	企业名称	类别
33	浙江君悦标准件有限公司	省级科技型中小企业	58	浙江巨森建材科技有限公司	省级科技型中小企业
34	嘉兴海格力思电子科技有限公司		59	浙江海迈材料科技有限公司	
35	嘉兴市正丰商标织造有限公司		60	海盐四通管件制造有限公司	
36	海盐县吉能生物质燃料有限公司		61	海盐县富建紧固件有限公司	
37	浙江通元饲料有限公司		62	海盐富鑫高强度紧固件有限公司	
38	中核机械工程有限公司		63	嘉兴新亚汽车零部件有限公司	
39	海盐西美印刷有限公司		64	浙江奥威狮集成家居科技有限公司	
40	浙江云时代光电股份有限公司		65	嘉兴市家友食品有限公司	
41	海盐普源电力科技有限公司		66	嘉兴鸿亮光电科技有限公司	
42	嘉兴市日丰金属制品有限公司		67	丹佛斯动力系统(浙江)有限公司	
43	嘉兴林升液压工具有限公司		68	海盐科电电子科技有限公司	
44	嘉兴市英伦电器科技有限公司		69	海盐张艺馨时装有限公司	
45	海盐艾可森紧固件有限公司		70	浙江德尔福新型建材有限公司	
46	嘉兴亨泰金属制品有限公司		71	嘉兴卡秋莎服装股份有限公司	
47	海盐爱华机械有限责任公司		72	嘉兴三官堂新材料科技有限公司	
48	嘉兴恒力建材科技有限公司		73	浙江金达亚麻有限公司	
49	海盐三田科技有限公司		74	海盐宝利机械有限公司	
50	嘉兴德力克斯科技有限公司		75	海盐金笔厂	
51	嘉兴亚莱特木塑科技有限公司		76	嘉兴奥拓迈讯自动化控制技术有限公司	
52	浙江昆仑电气有限公司		77	嘉兴新维液压缸有限公司	
53	海盐优品电子科技有限公司		78	嘉兴联赢科技有限公司	
54	嘉兴云木环保科技有限公司		79	沃尔科技有限公司	
55	海盐县桃源化纤有限公司		80	海盐光明五金制品有限公司	
56	海盐凯普电子科技有限责任公司		81	浙江义腾特种钢管有限公司	
57	海盐普博电机有限公司				

（李嘉渊　吴运惇）

机构与人员

【企业研发中心建设】 2016年，浙江友邦集成吊顶智能家居研究院、浙江海利普智能变频技术研究院、浙江省欣兴精密工具研究院等3家企业被省科技厅认定为省级企业研究院；浙江溢闳光电科技有限公司的"溢闳光电省级高新技术企业研究开发中心"、意欧斯智能科技股份有限公司的"意欧斯智能物流仓储装备省级高新技术企业研究开发中心"、海盐众信电子有限公司的"众信电子器件省级高新技术企业研究开发中心"、嘉兴迈恩特管件制造有限公司的"迈恩特新型管件省级高新技术企业研究开发中心"等4家企业被省科技厅认定为省级高新技术企业研发中心；17家企业被嘉兴市科技局认定为市级企业研发中心。至年末，全县有县级以上技术研发中心243家，其中省级44家、市级94家、县级105家。县级以上区域科技创新服务中心7个，其中省级3个、市级3个、县级1个。

2016 年新认定市级以上企业技术研发中心情况表

表 51

序号	机构名称	级别	认定时间	总人数(人)	本科及以上人数(人)	主要服务内容
1	浙江友邦集成吊顶智能家居研究院	省级	2016.11	50	32	智能家居集成吊顶技术
2	浙江海利普智能变频技术研究院	省级	2016.11	56	46	智能变频技术研究开发
3	浙江省欣兴精密工具研究院	省级	2016.09	52	32	精密刃具系列产品
4	溢闳光电省级高新技术企业研究开发中心	省级	2016.12	15	10	太阳能电池多晶硅原料生产
5	意欧斯智能物流仓储装备省级高新技术企业研究开发中心	省级	2016.12	21	14	智能物流仓储装备
6	众信电子器件省级高新技术企业研究开发中心	省级	2016.12	20	13	继电器电子器件
7	迈恩特新型管件省级高新技术企业研究开发中心	省级	2016.12	24	16	新型管件及风能基座连接杆
8	杰希希特种管道管件市级高新技术研究开发中心	市级	2016.12	11	9	特种管道管件
9	金利达特种水产饲料市级高新技术研究开发中心	市级	2016.12	11	6	特种水产饲料
10	孚邦精密机械市级高新技术研究开发中心	市级	2016.12	13	8	研发、制造精密机械
11	美可泰智能网络门锁市级高新技术研究开发中心	市级	2016.12	14	9	智能网络门锁等产品研发
12	艾能聚高效电池片市级高新技术研究开发中心	市级	2016.12	39	20	高效电池片生产
13	建鑫型钢冷拔市级高新技术研究开发中心	市级	2016.12	11	6	型钢冷拔技术
14	奥力弗高效光伏组件市级高新技术研究开发中心	市级	2016.12	19	10	高效光伏组件生产
15	金达亚麻市级高新技术研究开发中心	市级	2016.12	13	12	亚麻
16	金州聚合材料市级高新技术研究开发中心	市级	2016.12	14	11	聚合材料
17	金元亚麻纺纱市级高新技术研究开发中心	市级	2016.12	18	16	亚麻纺纱技术
18	国松高韧性环保衣架市级高新技术研究开发中心	市级	2016.12	11	6	高韧性环保衣架产品生产
19	风尚建材集成吊顶市级高新技术研究开发中心	市级	2016.12	12	7	集成吊顶
20	云时代光电技术市级高新技术研究开发中心	市级	2016.12	14	9	光电技术
21	德尔福绿色建筑节能新材料市级高新技术研究开发中心	市级	2016.12	15	9	绿色建筑节能新材料
22	绿能环保型塑粉市级高新技术研究开发中心	市级	2016.12	12	8	环保型塑粉
23	帅锋高速精密冲床市级高新技术研究开发中心	市级	2016.12	13	7	高速精密冲床制造
24	铭叶磁性材料市级高新技术研究开发中心	市级	2016.12	11	8	磁性材料研发生产

(蒋正祥)

【省级工程技术研发中心建设】 2016 年,浙江青莲食品股份有限公司承担的浙江省肉品加工与质量控制工程技术研究中心通过验收,成为县内首家省级工程技术研究中心。2012 年 9 月至 2015 年 9 月,研发中心建立集生猪屠宰加工、冷链物流输送及肉制品深加工质量安全控制技术为一体的研发体系,构建一个拥有自主知识产权的猪全产业链产品质量安全信息追溯平台。

【科技特派员制度】 2016 年,下达科技特派员项目 8 个,资助项目经费 26 万元。科技特派员引进、推广新技术和新品种 24 项;开展各类培训 27 次,培训人员 2350 人次,发放培训资料 6000 余份。至年末,全县有省团队科技特派员 1 名、省企业法人科技特派员 3 名、县科技特派员 9 名。

(吴运惇)

【企业科技联络员工作】 2016 年,全县有 300 家企业设立企业科技联络员。全年各镇（街道）组织开展企业科技联络员培训60次。是年，全县企业科技联络员组织申报省级新产品232项，各级各类科技计划项目300项，占全县总申报量的90%以上；所在企业获各级科技资金补助2189万元，占全县总量的90%以上，其中省级以上科技资金补助901万元。（裴咏雪）

科技合作

【概况】 2016年，全县新建"1+X"技术转移工作站2家，至年末累计建立"1+X"技术转移工作站10家。是年，全县开展科技合作活动20次，涵盖机械制造技术、高分子材料、热能技术等多个领域，邀请专家136人次，参与企业218家，解决技术问题36项，签订合同40项，合同金额5238万元。（蒋正祥　李嘉渊）

【大学研究生社会实践基地】 2016年，与浙江大学共建"浙江大学博士生社会实践海盐基地"。是年，有16名清华大学研究生和5名浙江大学研究生到海盐参加社会实践，分别到6个镇（街道）的12家企业和2个县级部门开展社会实践活动。共完成调研报告9个，科研项目15项，解决企业技术难题23项，开展技术培训7期、90人次，协助企业翻译外文0.7万字。（缪灵敏）

【昆明植物研究所海盐工程技术中心】 2016年，种植玫瑰苗近万余株，包括6个大田试验品种，30个温室小试品种；引种薰衣草、迷迭香和香根鸢尾等芳香植物近万余株进行试验示范并扩繁；组织芳香植物采摘、手工体验等活动；组织中小学生在试验基地进行科普宣传。是年，建立海盐县农业科技孵化器，重点支持农业创业创新，引进农业孵化企业2家。（吴运惇）

专利和知识产权保护

【概况】 2016年，对2015年符合条件的专利资助项目发放资助金，共计399.01万元。开展"4·26"知识产权宣传周活动，宣传国家知识产权战略纲要、知识产权相关法律法规、知识产权制度在建设创新型海盐过程中的重要作用和海盐县企业通过保护知识产权，增强企业竞争优势的典型事例。是年，全县专利申请3127件，其中发明专利581件；专利授权1861件，其中发明专利授权127件。全年每万人发明专利拥有量为10.02件。开展省级知识产权示范县创建工作，完成省、市两级专利示范企业复核工作。全年被认定为市级专利示范企业4家，认定为县级专利示范企业6家。

（胡徐艳）

防震减灾

【概况】 2016年，开展"5·12"防灾减灾宣传周系列活动。5月12日，县地震局与县民政局、县住建局（人防办）、县气象局在武原街道宜家社区和县商贸学校联合举办"2016年海盐县防灾减灾应急演练"，县国强减灾防灾教育中心、县消防大队参与演练，县交警大队现场协助交通指挥。其间，宜家社区居民150人和商贸学校2100余名师生参加演练。演练中做到疏散信号清晰、疏散路线明确、处置措施得当、应急保障有力。是年，采用政府购买服务方式，联合县民政局等部门，委托海盐县国强减灾防灾宣传教育中心开展系列宣传活动。县地震局与县国强减灾防灾宣传教育中心联合向阳小学开展暑期儿童防灾救护两日营活动；10月13日国际减

8月18日，浙江大学博士生社会实践海盐基地成立

5月12日,地震应急演练现场

灾日,邀请平湖曙光救援队讲师对宜家社区物业管理人员及社区工作人员培训应急救护技能,指导应急装备使用;启动向阳小学生命教育体验馆建设,到江苏盐城科技馆考察,形成建馆初步方案,添置部分地震科普设施。是年,建立海盐县地震局地震应急工作队,明确工作职责,配备应急装备。12月,海盐县地震局被浙江省地震局评为2016年度浙江省县级防震减灾工作先进单位。 (郑少强)

科技计划与产业化

【列入省级新产品项目】 2016年,全县列入省级新产品项目232项。

2016年省级新产品项目情况表

表52

序号	产品名称及型号	生产企业
1	F316嵌入式取暖器(集成吊顶用)	嘉兴宝仕龙集成家居有限公司
2	轻便型吊顶	嘉兴宝仕龙集成家居有限公司
3	分体式龙骨连接件	嘉兴宝仕龙集成家居有限公司
4	高均匀度、高透光性LED导光板	浙江云时代光电股份有限公司
5	低损耗、长寿命LED灯条	浙江云时代光电股份有限公司
6	高阻燃耐高温LED模组结构背板	浙江云时代光电股份有限公司
7	易组装牢固环保LED驱动器	浙江云时代光电股份有限公司
8	卡口式安装无损环保墙面板	浙江云时代光电股份有限公司
9	具有新元素节能高亮度LED平板灯	浙江云时代光电股份有限公司
10	带紫外线消毒装置的集成吊顶	浙江风尚建材股份有限公司
11	高舒适度节能型LED顶灯	浙江风尚建材股份有限公司
12	带灭蚊装置的集成吊顶	浙江风尚建材股份有限公司
13	基于边角一次成型技术的铝合金吊顶	浙江风尚建材股份有限公司
14	基于基板翻边技术的铝合金吊顶	浙江风尚建材股份有限公司
15	自清洁高结构稳固性铝合金吊顶	浙江风尚建材股份有限公司
16	复合保温吊顶	嘉兴市品鼎电器有限公司
17	照明换气多功能取暖器	嘉兴市品鼎电器有限公司
18	纳米级防油装饰板	嘉兴佳源多彩铝业有限公司
19	反射隔热水包砂多彩涂料	浙江德尔福新型建材有限公司

续表 52

序号	产品名称及型号	生产企业
20	民用钢结构用水性轻防腐涂料	浙江德尔福新型建材有限公司
21	一体化饰面板水性淋涂水包水多彩涂料调色底漆	浙江德尔福新型建材有限公司
22	无机粉状质感涂料	浙江德尔福新型建材有限公司
23	基于染砂法的反射隔热真石漆	浙江德尔福新型建材有限公司
24	无溶剂型紫外线 UV 光固化纹理漆	海盐三田科技有限公司
25	无溶剂型紫外线 UV 光固化水珠漆	海盐三田科技有限公司
26	SCB11－1000/20 干式电力变压器	海盐变压器有限公司
27	SCB10－630/10 干式电力变压器	海盐变压器有限公司
28	单相变压器 D11－M. R－80/10	海盐变压器有限公司
29	密封式电力变压器 S11－M－200/10	海盐变压器有限公司
30	正极图形防断栅设计的电池片	浙江艾能聚光伏科技股份有限公司
31	高方阻密栅线多晶太阳能电池片	浙江艾能聚光伏科技股份有限公司
32	正极分段侧连式多晶电池片	浙江艾能聚光伏科技股份有限公司
33	TC 倒角刀	浙江欣兴工具有限公司
34	高精度整硬铣刀	浙江欣兴工具有限公司
35	机夹式复合刀具	浙江欣兴工具有限公司
36	水性氟硅金属漆	嘉兴北大华丰新能源有限公司
37	高质量质感漆	嘉兴北大华丰新能源有限公司
38	水性建筑用环保型反射隔热保温涂料	嘉兴北大华丰新能源有限公司
39	水性仿花岗岩多彩环保隔热保温涂料	嘉兴北大华丰新能源有限公司
40	外侧清洗方便的窗户	浙江东方大港大河工程塑料有限公司
41	煤气泄漏自动打开的推拉窗	浙江东方大港大河工程塑料有限公司
42	带排露功能的窗扇	浙江东方大港大河工程塑料有限公司
43	环戊酮	浙江阿尔法化工科技有限公司
44	环戊醇	浙江阿尔法化工科技有限公司
45	苯甲酸十二/十四醇酯	海盐县精细化工有限公司
46	中碳链硬脂酸甲酯	海盐县精细化工有限公司
47	硬脂酸甲酯	海盐县精细化工有限公司
48	硬脂酸丁酯	海盐县精细化工有限公司
49	硬脂酸异辛酯	海盐县精细化工有限公司
50	月桂酸异丙酯	海盐县精细化工有限公司
51	三相智能电表用三相一体磁保持继电器 HZX－173FA－A	海盐众信电子有限公司
52	智能电表抗 0.5mT 用磁保继电器 HZX－131FA－A	海盐众信电子有限公司
53	在线无功功率自动补偿仪	海盐新跃电器有限公司
54	液体蚊香环保型溶剂(十四酸异丙酯)	海盐县精细化工有限公司
55	低温升单相磁保持继电器 HZX－181FA－A	海盐众信电子有限公司
56	34＃混合脂肪酸甘油酯	嘉兴明生生物科技有限公司

续表 52

序号	产品名称及型号	生产企业
57	36#混合脂肪酸甘油酯	嘉兴明生生物科技有限公司
58	38#混合脂肪酸甘油酯	嘉兴明生生物科技有限公司
59	40#混合脂肪酸甘油酯	嘉兴明生生物科技有限公司
60	活塞式多功能调压调流阀	浙江班尼戈流体控制有限公司
61	不锈钢户用型减压阀	浙江班尼戈流体控制有限公司
62	多喷孔型消音水力控制阀	浙江班尼戈流体控制有限公司
63	环保低铅黄铜材料系列产品	嘉兴艾迪西暖通科技有限公司
64	LED 轨道射灯	浙江北光科技股份有限公司
65	LED 无频闪驱动电源	浙江北光科技股份有限公司
66	LED 多功能照明组合灯	浙江北光科技股份有限公司
67	LED 面板灯	浙江北光科技股份有限公司
68	会堂宴会厅大型组合灯	浙江北光科技股份有限公司
69	定位锁紧螺栓	浙江新东方汽车零部件有限公司
70	100%全防紫外线汽车膜	浙江世窗光学薄膜制造有限公司
71	新型户外型景观式厢式变电站	琦州电气有限公司
72	防水散热的厢式变电站	琦州电气有限公司
73	户外型景观式厢式变电站	琦州电气有限公司
74	高处观光可调速的曳引式观光电梯	中都国脉电梯有限公司
75	新型故障紧急保护的曳引式乘客电梯	中都国脉电梯有限公司
76	新一代安全可保护乘客堕落井道的层门系统	中都国脉电梯有限公司
77	新型载重超 5 吨的曳引式载货电梯	中都国脉电梯有限公司
78	紧急救援用曳引式乘客电梯	中都国脉电梯有限公司
79	复合结构型预埋螺母	海盐机械设备制造有限公司
80	光学玻璃 11 槽全自动超声波清洗机	浙江博凡动力装备股份有限公司
81	核电站废物处理设施运输用屏蔽容器	浙江博凡动力装备股份有限公司
82	核电站废物处理设施用 400L 废物桶	浙江博凡动力装备股份有限公司
83	ECG－1 变频器	浙江易控电子科技有限公司
84	卡珠式防滑螺母	海盐县丰锐五金标准件厂
85	插销式稳固防松螺母	海盐县丰锐五金标准件厂
86	挡环式防滑螺母	海盐县丰锐五金标准件厂
87	电能表流水线智能检测系统	海盐新跃电器有限公司
88	柴油机用快速直管接头	嘉兴迈思特管件制造有限公司
89	新能源汽车用防密封圈掉落管接头	嘉兴迈思特管件制造有限公司
90	空压机用气动管接头	嘉兴迈思特管件制造有限公司
91	高强度变电站用地脚螺栓	海盐新跃电器有限公司
92	精密冷拉微型导轨	浙江建鑫型钢科技有限公司
93	抗耐磨旋挖机伸缩键	浙江建鑫型钢科技有限公司

续表 52

序号	产品名称及型号	生产企业
94	多功能滑块带球道型材	浙江建鑫型钢科技有限公司
95	精密冷拉不锈钢直线导轨毛坯	浙江建鑫型钢科技有限公司
96	高强度液压管件接头用六角钢	浙江建鑫型钢科技有限公司
97	大规格冷拉六角钢	浙江建鑫型钢科技有限公司
98	太阳能发电用压力表管件	嘉兴迈思特管件制造有限公司
99	JD－810/900－1 型卧式低压加热器	浙江博凡动力装备股份有限公司
100	工程机械用扩口式直角管件	嘉兴迈思特管件制造有限公司
101	工程机械用侧气阀总成	嘉兴迈思特管件制造有限公司
102	三密封可调向直角管接头	嘉兴迈思特管件制造有限公司
103	电子半导体用不锈钢无缝钢管	嘉兴市杰希希管道工程有限公司
104	汽车专用不锈钢钢管	嘉兴市杰希希管道工程有限公司
105	生物制药用不锈钢无缝钢管	嘉兴市杰希希管道工程有限公司
106	仪表用精密不锈钢无缝钢管	嘉兴市杰希希管道工程有限公司
107	石油钻采用管路系统用阀块式焊接接头	嘉兴市杰希希管道工程有限公司
108	防氧化阻燃无毒无烟的家用电缆	浙江秦山电缆有限公司
109	高阻燃高绝缘电阻的低烟无卤电缆电线	浙江秦山电缆有限公司
110	电能表流水线智能检测系统	海盐新跃电器有限公司
111	在线无功功率自动补偿仪	海盐新跃电器有限公司
112	多功能一体化三相便携式校验装置	海盐新跃电器有限公司
113	治理工业废水用生物基绿色絮凝材料	嘉兴赛维环保科技有限公司
114	汽车转向节衬套	海盐猛凌汽车配件有限公司
115	防松易安装吊顶	嘉兴赛华电气有限公司
116	自保护分区隔热室内加热器	海盐欧克斯电器有限公司
117	多功能碳纤维电取暖一体机	嘉兴赛华电气有限公司
118	汽车底盘用犬骨件	海盐猛凌汽车配件有限公司
119	汽车发动机活塞毛坯	海盐猛凌汽车配件有限公司
120	汽车底盘用大管子	海盐猛凌汽车配件有限公司
121	PJM1L－630/3N 智能型多功能漏电断路器	海盐电器厂
122	高精度自定位耐磨环	海盐鼎盛机械有限公司
123	高精度异型阀体	海盐鼎盛机械有限公司
124	多功能双向滑动轴承	海盐鼎盛机械有限公司
125	高精度通体电子阀体	海盐鼎盛机械有限公司
126	四向高精度连通阀体	海盐鼎盛机械有限公司
127	冷却液加热室内温度调节器	嘉兴凯兰智慧家居有限公司
128	6W 节能型宽电压恒流 LED 汽车辅助灯	嘉兴市光泰照明有限公司
129	长寿命 DOT 美标汽车卤素灯	嘉兴市光泰照明有限公司
130	双驱动恒流 LED 远近光汽车胶封灯	嘉兴市光泰照明有限公司

续表 52

序　号	产品名称及型号	生　产　企　业
131	有磨砂条防全透明型城市高架隔音屏障用 PMMA 复合浇注板	海盐华帅特塑料电器有限公司
132	地铁全封闭隔音屏障用弧型 PMMA 复合浇注板	海盐华帅特塑料电器有限公司
133	室内装饰用内嵌图案型 PMMA 浇注板	海盐华帅特塑料电器有限公司
134	弧型加筋防鸟撞 PMMA 复合浇注地铁用全封闭隔音屏障板	海盐华帅特塑料电器有限公司
135	醋酯纤维/真丝复合面料	海盐嘉源印染有限公司
136	启动电机壳体冷挤压件	浙江三维大通冷挤压有限公司
137	汽车减震系统用内管温锻件	浙江三维大通冷挤压有限公司
138	ATI 减速箱 50051 型空心传动轴冷挤压件	浙江三维大通冷挤压有限公司
139	蛋鸡复合饲料	浙江通元饲料有限公司
140	911 肉仔鸡用复合预混合饲料	浙江通元饲料有限公司
141	9852 肉鸭用复合预混合饲料	浙江通元饲料有限公司
142	通用跌落式熔管	嘉兴繁荣电器有限公司
143	新型变压器防盗装置	嘉兴繁荣电器有限公司
144	背包帐篷	嘉兴繁荣电器有限公司
145	高质量长路径软水机	嘉兴家乐福新能源有限公司
146	多重过滤结构的空气加湿净化器	嘉兴家乐福新能源有限公司
147	具有微生物过滤的空气净化器	嘉兴家乐福新能源有限公司
148	电动手持式细水雾泡沫联用灭火枪	沃尔科技有限公司
149	能量回收的高压柱塞泵	沃尔科技有限公司
150	装配方便的喷头	沃尔科技有限公司
151	集成式组合阀	沃尔科技有限公司
152	有效屏蔽电缆内外部电磁波通信电缆	嘉兴奥亿普数据电缆有限公司
153	3300Y 永磁同步变频器	海盐理想电子科技有限公司
154	SM－112125－A 铁硅铝磁芯	浙江铭叶磁材科技有限公司
155	SM－467060－A 铁硅铝磁芯	浙江铭叶磁材科技有限公司
156	SM－571060－A 铁硅铝磁芯	浙江铭叶磁材科技有限公司
157	FM－467060－A 铁硅磁芯	浙江铭叶磁材科技有限公司
158	高强度塑钢组合板桩及生态护岸	海盐汇祥新型建材科技有限公司
159	汽车转向器油缸总成 T126	嘉兴新维液压缸有限公司
160	MJ 螺纹十字槽盘头螺钉(MJ5×14)	七丰精工科技股份有限公司
161	MJ 螺纹六角厚自锁螺母(MJ10×1.25)HB8232	七丰精工科技股份有限公司
162	PC2－6 活塞螺栓(M22×1.5－4h×265)	七丰精工科技股份有限公司
163	建筑物抗震支架主吊螺杆顶压件	海盐海迈建筑工程技术有限公司
164	建筑用抗震支架斜拉连接件	海盐海迈建筑工程技术有限公司
165	HPU－DTU2200 自动化配电终端	浙江涵普电力科技有限公司
166	PTC－8300HS 交流采样及变送器检验装置	浙江涵普电力科技有限公司
167	PD6500 发变组综合电量测量装置	浙江涵普电力科技有限公司

续表 52

序　号	产品名称及型号	生　产　企　业
168	PD6710智能型直流油泵控制柜	浙江涵普电力科技有限公司
169	PTC－7100A智能电能表自动耐压测试装置	浙江涵普电力科技有限公司
170	PTC－8800A电能表接线智能仿真装置	浙江涵普电力科技有限公司
171	SSIG－2900变电站智能网关	浙江涵普电力科技有限公司
172	HS－6830I大功率直流电流源	浙江盛迪科技股份有限公司
173	HS－3303P三相电能表现场检验装置	浙江盛迪科技股份有限公司
174	HS－3103P单相电能表现场检验装置	浙江盛迪科技股份有限公司
175	HS－5103A高精度直流标准表	浙江盛迪科技股份有限公司
176	HS－6002多功能误差系统	浙江盛迪科技股份有限公司
177	HS－6193P交流充电桩现场测试仪	浙江盛迪科技股份有限公司
178	耐刮擦无卤阻燃电线电缆	嘉兴多角电线电缆有限公司
179	高阻燃数字通信传输电缆	嘉兴多角电线电缆有限公司
180	耐高温浸水聚氯乙烯电线电缆	嘉兴多角电线电缆有限公司
181	新型无卤阻燃环保电缆	嘉兴多角电线电缆有限公司
182	汽车用耐磨耐老化聚氯乙烯电线	嘉兴多角电线电缆有限公司
183	防鼠型PVC护套电缆	嘉兴多角电线电缆有限公司
184	液位计检定装置	海盐美捷测试仪器有限公司
185	活塞式液体流量标准装置	海盐美捷测试仪器有限公司
186	流水线式音速喷嘴法燃气表自动检验装置	海盐美捷测试仪器有限公司
187	(超声波式)燃气表温度适应性试验装置	海盐美捷测试仪器有限公司
188	D1P145TPSN重载开式泵研发	丹佛斯动力系统(浙江)有限公司
189	分体式花键搓齿刀	恒锋工具股份有限公司
190	硬质合金花键拉刀	恒锋工具股份有限公司
191	汽车发动机缸体油孔加工用深孔钻	恒锋工具股份有限公司
192	汽车发动机凸轮轴用高效干切盘铣刀	恒锋工具股份有限公司
193	RUF－1专用单项变频器	海盐瑞步电子科技有限公司
194	RUDL－1直流无刷控制器	海盐瑞步电子科技有限公司
195	ZSPQ－D－AA型水利灌溉单泵变频控制柜	嘉兴奥拓迈讯自动化控制技术有限公司
196	ZSPQ－S－FA型水利灌溉双泵变频控制柜	嘉兴奥拓迈讯自动化控制技术有限公司
197	ZSPQ－S－FB型水利喷灌/滴灌双泵变频控制柜	嘉兴奥拓迈讯自动化控制技术有限公司
198	ZSPQ－H型水利喷灌/滴灌三泵变频控制柜	嘉兴奥拓迈讯自动化控制技术有限公司
199	陶瓷粉末耐磨防护剂	嘉兴科瑞德防腐工程有限公司
200	陶瓷颗粒耐磨修复剂	嘉兴科瑞德防腐工程有限公司
201	防磨防腐蚀水下金属修复剂	嘉兴科瑞德防腐工程有限公司
202	高温鳞片防护剂	嘉兴科瑞德防腐工程有限公司
203	PYG－610发电机智能变送装置	海盐普源电力科技有限公司
204	48Nm/2斯科尔(Scole)针织纱	海盐桐基羊绒纺业有限公司
205	48Nm/2维特思(Vits)针织纱	海盐桐基羊绒纺业有限公司

续表 52

序号	产品名称及型号	生产企业
206	48Nm/2 斯摩卡(Smoca)针织纱	海盐桐基羊绒纺业有限公司
207	48Nm/2 思卡维(Scavi)针织纱	海盐桐基羊绒纺业有限公司
208	快速调节尺寸的伸缩扳手	海盐星辰工具有限公司
209	吸管式新型便携净水器	嘉兴市英伦电器科技有限公司
210	清洗更换方便的便携净水器	嘉兴市英伦电器科技有限公司
211	防松防盗螺母	海盐汇联通用配件有限公司
212	高强度球面齿螺纹螺栓	海盐汇联通用配件有限公司
213	左旋梯形螺母	海盐汇联通用配件有限公司
214	圆牙螺母	海盐汇联通用配件有限公司
215	结构稳定防脱落建筑脚手架螺丝	海盐远洋标准件有限公司
216	防滑抗震型健身器用螺丝	海盐远洋标准件有限公司
217	便捷式室外帐篷用螺丝	海盐远洋标准件有限公司
218	螺母料头自动筛选机	浙江荣亿精密机械有限公司
219	平板电脑用固定定位钢套	浙江荣亿精密机械有限公司
220	汽车传感器连接件	浙江荣亿精密机械有限公司
221	全自动螺母包装机	浙江荣亿精密机械有限公司
222	声波调解螺母	浙江荣亿精密机械有限公司
223	智能手机用高精密 Speaker 螺母	浙江荣亿精密机械有限公司
224	乳癖安片新药研究与开发	浙江泰利森药业有限公司
225	高精度车门铰链组成件	嘉兴亨泰金属制品有限公司
226	多功能支撑架	嘉兴亨泰金属制品有限公司
227	扣接式易拆卸安装的通风窗	嘉兴亨泰金属制品有限公司
228	加固型简易挂钩	嘉兴亨泰金属制品有限公司
229	高精度防锈尖尾干螺钉	浙江盛世佳实业有限公司
230	高耐候性闪电钻尾螺丝	浙江盛世佳实业有限公司
231	耐腐蚀性防变形钻尾螺钉	浙江盛世佳实业有限公司
232	高性能防磁扬声器	嘉兴市金利达电子有限公司

（李嘉渊）

【列入省级科技计划项目】 2016 年，全县列入省级科技计划 1 项。

2016 年省级以上科技计划情况表

表 53

序号	计划类别	项目名称	承担单位
1	省重大专项育种专项	浙江省地方猪种配套系选育与产业化—嘉兴黑猪配套系选育与产业化	浙江青莲食品股份有限公司

（裴咏雪　吴运惇）

【实施县级科技计划】 2016年，全县实施县级科技计划项目133项，其中县农业与社会类重点项目13项、一般项目14项、县农业种子资金项目2项、创新券86项(其中产学研项目19项)、县级农业中小企业创新基金11项、县农业科技特派员7项。

【争取省级以上科技经费】 2016年，全县18个科技项目共争取到省级以上科技经费901.4万元。从2000年起，海盐县累计为185个项目争取到国家和省科技经费8672.3万元。

2016年获得省级以上科技资金支持项目情况表

表54

序号	项目名称	承担单位	经费（万元）	项目类别
1	科创中心种子资金补助	县科技局	89	扶持专项资金
2	科技金融资金补助	县科技局	108	扶持专项资金
3	智能化带皮片猪胴体分级技术研究与开发	浙江青莲食品股份有限公司	71	重大科技专项
4	CAP1400第三代核电主管道国产化用110吨级电渣锭材料的研发及规模化	浙江电渣核材料有限公司	60	重大科技专项
5	一次拉削成型7级精度内齿圈加工用精密特大拉刀	恒锋工具股份有限公司	78	重大科技专项
6	猪肉质量安全控制与溯源技术体系研究及应用示范	浙江青莲食品股份有限公司	120	重大科技专项
7	2015年省知识产权区域示范创建单位及国内发明专利授权补助和团队特派员	县科技局	39.4	知识产权管理
8	2015年省专利示范企业补助经费	浙江博凡动力装备股份有限公司	5	知识产权保护
9	2015年省专利示范企业补助经费	浙江创能新能源科技有限公司	5	知识产权保护
10	省专利保护重点联系单位	浙江友邦集成吊顶股份有限公司	5	知识产权保护
11	浙江省海盐标准件技术创新服务平台	浙江国检检测技术有限公司	60	公共平台与载体建设
12	海岛核电及近海核电发展研究等2项目研究报告	秦山核电联营有限公司	20	院士补助资金
13	按照工业企业研发投入占主营业务收入比重排名及市县培育高企的工作绩效	县科技局	150	市县科技产出绩效挂钩补助资金
14	创新券绩效奖补	县科技局	13	第二批省级科技型中小企业扶持和科技发展专项资金
15	可瓷化环保耐火电缆	嘉兴多角电线电缆有限公司	21	第一批中小企业发展专项中央补助资金
16	高铁与城轨机车空气管路管接头	海盐管件制造有限公司	18	第一批中小企业发展专项中央补助资金
17	儿童排铅口服液—杞枣口服液	浙江泰利森药业有限公司	21	第一批中小企业发展专项中央补助资金
18	面向低品位铁矿的高效干选机组	海盐机械厂	18	第一批中小企业发展专项中央补助资金
合计			901.4	

（蒋正祥　吴运惇）

【安排县中小企业技术创新资金】 2016年，浙江欣兴工具有限公司等11家企业实施的11项技术创新资金项目列为2016年度海盐县技术创新资金项目，共安排资金356万元，其中年内拨付213.6万元。是年,验收合格的创新资金项目11项,补助经费112万元。至年末,全县已资助技术创新项目186个,累计安排创新资金3639.5万元。（裴咏雪）

科技成果

【科技进步奖】 2016年,海盐县获省部级科技进步奖2项,其中一等奖1项、三等奖1项。获市级科技进步奖8项,其中一等奖1项、二等奖2项、三等奖5项。有26个项目获县级科技进步奖,其中一等奖3项。

2016年获省部级科技进步奖项目情况表

表55

序号	获奖项目名称	获奖单位	获奖人员	获奖等级
1	高品质差别化再生聚酯纤维关键技术及装备研发	海盐海利环保纤维有限公司、中国纺织科学研究院、海盐海利废塑回收处理有限公司、北京中丽制机工程技术有限公司	陈浩、全文奇、方叶青、沈玮、金剑、蒋雪风、姜军、张昊芬、董凤敏、翟毅、朱华生、周晓辉、吴海良、刘永亭、吴昌木	一等奖(部级)
2	电力信息化智能设备关键技术与系统集成的研发及应用	国网浙江省电力公司湖州供电公司、浙江京禾电子科技有限公司、浙江涵普电力科技有限公司、湖州新荣机电设备制造有限公司、杭州西力电能表制造有限公司	王华文、张浩、王辉、田龙、王巍然、董寒宇、陈瑜、楼平、徐淦荣、徐新荣、陈水明、薛钦、虞建平、李国平、董哲峰	三等奖(省级)

2016年获市级科技进步奖项目情况表

表56

序号	获奖项目名称	获奖单位	获奖人员	获奖等级
1	核电1000兆瓦机组凝结水精处理系统装置	浙江海盐力源环保科技股份有限公司	沈万中、杨建平、屠新宇、沈健健、富伟峰、朱振佳、张彬斌、危波、周彦明、段冉、王联欢、吴德君、陆伟	一等奖
2	病死动物无害化处理设备	浙江明江环保科技有限公司	朱明江、蒋林祥、钱秋月、费波、朱富英	二等奖
3	自重法颈椎病、肩周炎康复功能锻炼装置的研发及临床应用	嘉兴市第二医院 嘉兴市兄弟标准件有限公司	雷龙、邹瑞乾、倪云建、顾旭东、杜炎芳、周红梅、周清河、张宏利、肖旺频	二等奖
4	基于嵌入式系统的电能表多工位校表装置的开发	海盐新跃电器有限公司 杭州电子科技大学	高明煜、吴勇华、张国明、曾毓、黄继业、黄益峰、吴晓良	三等奖
5	智能化带皮片猪胴体分级技术研究与开发	浙江青莲食品股份有限公司	李森、顾千辉、胡良飞、张晓军、董丙翠、张娜	三等奖
6	嘉兴市农田氮肥减量增效关键技术研究与示范	嘉兴市土壤肥料工作站 浙江省嘉兴市农业科学研究院 海盐县土肥植保站	石艳平、黄锦法、倪雄伟、王润屹、陆国军、吕芬华、谢建萍	三等奖
7	一种大豆乌鳢饲料的研制与开发	浙江一星实业股份有限公司	应乳良、浦琴华、周伦愉、朱葛忠	三等奖
8	机械通气在不同类型危重患者救治中的应用价值研究	海盐县人民医院	陆志华、张雪锋、顾永良、胡海敏、肖春晖	三等奖

（蒋正祥　李嘉渊　吴运惇）

【成果鉴定评审】 2016年,全县鉴定、验收、评审省级以上各类科技成果和科技计划5项,其中国家星火计划2项、省重大科技专项1项、省级农业科技成果转化资金项目1项、省茶产业转化工程项目1项;县级农业和社会发展项目24项、县级中小企业技术创新项目11项。

2016 年通过验收省级以上科技计划项目情况表

表 57

序号	项 目 名 称	计划类别	承 担 单 位	级别
1	安全优质型黄颡鱼专用膨化饲料的开发与产业化	星火计划项目	浙江一星实业股份有限公司	国家
2	五丰生态砌块产业化	星火计划项目	嘉兴市五丰水泥制品制造有限公司	国家
3	肉禽种苗健康营养的关键技术研究与示范	省重大科技专项	浙江一星实业股份有限公司	省级
4	海盐县茶产业升级转化工程	省茶产业转化工程	浙江青莲食品股份有限公司	省级
5	肉鸡无抗配合饲料的中试与示范推广	省级农业科技成果转化资金	嘉兴星健禽业养殖有限公司	省级

（裴咏雪　吴运惇）

科技金融工作

【概况】 2016 年，审核确定科技金融专项信贷企业 63 家，授信额度 16720 万元；发放科技信用贷款 47 笔、13856 万元，其中发放专利权质押贷款 1250 万元；发放高新技术企业专项贷款 7 户、2300 万元；发放科技型企业科技创新专项贷款 34 户、9251 万元；发放企业科技创新项目（计划）配套资金专项贷款 4 户、305 万元；发放企业科研机构建设专项贷款 2 户、750 万元。（裴咏雪）

技术市场

【概况】 2016 年，网上技术市场发布难题 61 项，拟提供资金 3473 万元，新注册企业 51 家，网上签约项目 16 项、金额 5040 万元。是年，全县开展科技对接活动 20 次，产学研合作签约项目 40 项，合同金额 5238 万元。组织 2 家企业参加浙江省网上技术市场活动周，网上科技成果竞拍活动现场签约金额 225 万元。（李嘉渊）

海盐科技城

【概况】 至 2016 年年末，海盐科技城累计完成基础设施投入 2.17 亿元，其中兴业路建设工程竣工，完成投资 3750 万元；创业路（原创智路）建设工程竣工，完成投资 4300 万元；谢家路延伸段工程路基及排水管网建设竣工，完成投资 500 万元；盐平塘西路建设工程已开工，完成投资 600 万元；科技城总部区绿化景观工程（一期）完成招标文件编制工作；科技检测大厦已建至地上 11 层，完成投资 1.17 亿元。科技城总部（研发）大楼建设项目，银都大厦已竣工，裙楼已入驻创客空间及科技城招商服务中心；恒科大厦竣工，县开发区国税分局租用 1000 平方米作为窗口及办公用房；联创大厦竣工。是年，海盐科技创业园被科技部认定为国家级科技企业孵化器，全年新引进入驻孵化企业 5 家，新毕业企业 4 家，在孵企业年销售额约 5000 万元。与上海豪晟投资有限公司合作，建立海盐科技城移动互联网产业园，注册资本 1000 万元，专注科技产业园的开发与建设；与中国网库集团公司合作，建立中国紧固件产业电子商务交易平台，注册资本 500 万元。（李　玲）

3 月 1 日，研发科技服务等项目投资协议签约仪式举行

文化　体育

综　　述

【概况】 2016年，全县有文化馆、博物馆、大剧院、展览馆、书画院各1个，藏书楼2个，纪念馆4个，电影院4个，影院放映厅19个，公共图书馆19个(县级总馆1个，镇、街道分馆8个，村、社区分馆10个)，镇、街道文化站9个。全县不可移动文物256处，其中县级以上文物保护单位55处，县级文物保护点81处。全年开展大型文化活动59次，送戏下乡、进企、入户366场，文化走亲21场；送讲座展览255场次，送书下乡10.82万册；放映农村电影1327场次，观众6.1万人次；4家城市多厅影院放映电影3.06万场次，观众49.9万人次，实现票房收入1589万元；举办万人公益大培训，培训学员2万余人次。配合嘉兴市以东部地区第一名的成绩创建为国家公共文化服务体系示范区，顺利通过浙江省体育强县复评验收。“两员”(镇、街道文化下派员，村、社区专职文化管理员)队伍建设成效凸显，城乡一体化图书馆、文化馆总分馆服务体系日趋完善，文化礼堂菜单式服务获得广泛好评。组织首届放映员技能比武大赛，实行电影放映计划网上公开预告制，推行“电影有约”。文物工作稳步推进，完成第一次全国可移动文物普查第三阶段工作，馆藏两张古琴基本修复。继续推进非物质文化遗产保护工作，成功申报第三批嘉兴市非物质文化遗产代表性项目代表性传承人。开展全民健身活动，主办、承办各类各级群体赛事活动，组队参加各类体育赛事和县级常规竞技赛事。做好省级体育休闲公园、省级村级体育俱乐部、省级体育示范幼儿园等创建工作。开展国民体质测试，测试人数1882人。是年，县文化局与县公安局共同办理的徐某、王某扰乱无线电通讯管理秩序案件列入全国文化市场十大案件，2015年度基层公共文化服务评估数据为全省第10名。　(沈玲丽)

群众文化

【概况】 2016年，配合嘉兴市以东部地区第一名的成绩创建为国家公共文化服务体系示范区。海盐县公共文化服务绩效评估系统通过动态评估，启动海盐县第三批公共文化服务创新项目研究。组织县级各类大型文化活动，参与2016中国·海盐南北湖文化旅游节相关活动。年内完成农村文化礼堂全覆盖，并试点文化礼堂独立法人理事会制度。发挥县、镇(街道)、村(社

10月30日晚，海盐南北湖文化旅游节闭幕式举行

区）、户四级文化阵地作用，“送、种”结合开展文化惠民工作。

【文化艺术活动】 2016年，以“优雅海盐、欢乐四季”为主旋律，组织开展2016海盐县庆元宵广场文艺演出、第五届“我们一家人”文化走亲、海盐——桐乡优秀青年歌手演唱会、首届主持人大赛等活动。加大“送文化”力度，实施文化礼堂订单式服务。是年，引导社会力量参与，通过政府购买服务形式开展“百场文艺演出下基层”活动；推进“种文化”活动，继续开展“一人一艺”公益性大培训。开展区域间文化交流，与多地开展文化走亲。“万册图书大家选”“涵芬”系列品牌服务影响力扩大，文化共享工程各项活动正常开展。

【文化阵地建设】 2016年，县开发区（西塘桥街道）综合文化站基本完成内部装修，武原街道综合文化站进入装修阶段。开展浙江省第六次文化站评估定级工作，全县9个镇（街道）综合文化站均达到一级以上，其中县开发区（西塘桥街道）综合文化站、澉浦镇综合文化站评为特级站。年末，全县建成农村文化礼堂97家，实现全覆盖。探索文化礼堂独立法人理事会制度，成立元通街道永福文化礼堂、百步镇得胜文化礼堂2家民办非企业单位。继续推进城乡一体化公共图书馆服务体系建设，提高7个镇（街道）图书分馆、10个村（社区）图书分馆效益，启动海盐县“汽车图书馆”流动服务，成立“涵芬”书站5个、诚信书站1个，加强农家书屋和公共图书馆资源整合。

（许睿吉）

非物质文化遗产保护

【概况】 2016年，全县新增市级代表性传承人14名，“文化遗产日”和节庆期间开展形式多样、内容丰富的展演活动，开展“非遗”进校园、“非遗”项目出县交流等活动，加大“非遗”培训宣传力度，获得多项荣誉。在嘉兴市“最美非遗人”颁奖典礼上，县“非遗”保护中心和县海盐腔研究会分获优秀组织奖、最具活力团队奖，赵祥松、陶维安、胡永良分获最佳传承奖、“非遗”保护杰出人物、特别贡献奖。经全市微信平台票选，海盐腔、海盐滚灯、海盐骚子、海盐牌子、海盐钱氏故事获评“我最喜爱的嘉兴非遗项目”，名列全市榜首。是年，澉浦镇获“浙江省民间文化艺术之乡（骚子演唱）”称号。

【“非遗”传承人】 2016年，做好第三批嘉兴市“非遗”代表性项目代表性传承人申报和评审工作。是年，海盐县入选14人，全县市级“非遗”传承人数增至17人，入选人数名列嘉兴市前茅。入选项目涵盖民间文学、传统音乐、传统舞蹈、传统戏剧、传统美术、传统技艺、民俗等7大类的12个国家、省、市级“非遗”项目。

【“非遗”系列活动】 2016年，庆祝全国第11个“文化遗产日”，开展10余项“非遗”系列活动，举办“欢乐四季　美丽非遗”——2016海盐县滚灯类节目展演、第一届“非遗”发展研讨会、“盐韵千年”海盐地方民俗文化摄影展、“三毛与滚灯”宣传品设计大赛等。是年，在传统节日期间开展“非遗”展演活动，举办庆元宵广场文艺演出、“浓情端午　魅力文坞”——文溪坞第二届端午民俗文化节等。

【“非遗”进校园工作】 2016年，县文化局和县教育局联合召开“非遗”进校园工作会议，全县10余所“非遗”进校园重点传承学校与会，总结交流“非遗”工作情况和“非遗”教育案例，公布上年度考评结果。县天宁小学的《少儿滚灯：一灯一世界》被评为浙江省非物质文化遗产传承教育基地优秀案例。是年，各学校制订“非遗”进校园实施方案，聘请相关“非遗”传承人和民间文艺工作者担任顾问或授课辅导，县“非遗”保护中心进校园举办讲座和图片巡回展览。年末，经考核评比有14所学校获奖，其中一等奖2所、二等奖5所、三等奖7所。

【建立“非遗”展览馆】 2016年，结合“美丽乡村”和文化礼堂建设，各镇（街道）、村（社区）和有关单位，挖掘当地优秀传统文化资源，建立多种形式的“非遗”展览馆（厅、室）和文化长廊。至年末，全县9个镇（街道）建立展览馆38个，县级展览馆的筹建工作提上议事日程。

【“非遗”项目出县展演】 2016年，选送多个“非遗”项目出县交流展演。是年，参加第十届嘉兴市乡村文化周暨村级民间精品文艺节目展演，澉浦镇的“非遗”情景剧《蚌精灯舞——赠珠劝学》获银奖；参加嘉兴市“戏韵禾风”传统戏曲陈列展，选送的海盐腔、海盐牌子实物获金奖；选送的海盐腔折子戏在“戏韵禾风”传统戏曲展演中获好评。选送4名学生参加嘉兴市“最萌非遗好声音”讲故事比赛，其中1名学生获最佳网络人气奖。武原街道的舞蹈《小镇莱娘子》参加嘉兴市第二届网络春晚。县文化馆《上梁》节目参加“张江杯”长三角民歌交流展演，获最佳创意奖、优秀组织奖。组织“非遗”节目到丽水景宁、温州平阳、衢州开化等地的“文化走亲”活动中展演。

【“非遗”培训宣传工作】 2016年，在全县文化下派员、村文化专管员素质提升班上开设“非遗”讲座，为农村文化礼堂配送“非遗”服务菜单、开设讲座、图片巡回展等。是年，与媒体合作，扩大宣传报道。其中，县电视台拍摄的《灶头画师傅赵祥松》《钱家祠堂》等4个节目被中国黄河电视台选中，在美国SCOLA卫星电视网频道《新唐风》栏目播出。在《嘉兴日报·海盐新闻》专版刊发《留住文化之根——海盐县非物质文化遗产项目展示》专题报道。向嘉兴市社区教育“百名工程”提供的10名民间艺人被分别入编市《名艺人篇》、县《社区教育读本“百名风采”》。编印《海盐县非物质文化遗产》(2016年版)口袋本3000余册。完成“非遗”丛书之《乡风民俗》付梓稿。

(杨　旸)

专业文化

【概况】 2016年，发挥县文化馆在培训、活动、辅导、创作、调研等方面的公共文化服务职能。全年主办、承办、协办各类文艺演出109场。举办各类艺术培训班116期，参加培训4886人次，业务干部参加省、市级培训112人次。全年出刊《海盐文艺》2期、《群文通讯》6期。获县级以上集体荣誉奖2项，个人理论研讨(论文)获国家级奖1篇、省级1篇、县级1篇；个人论文入刊和作品入展国家级2篇、省级9篇、市级1篇；个人成果获国家级奖1个、省级1个、市级6个、县级4个。

【基层文化队伍培训工作】 2016年，推出一系列公益培训班，开设各类艺术培训项目，有声乐、合唱、戏曲唱腔、戏曲表演、排舞、少儿排舞、葫芦丝、古筝、书法、篆刻、美术，新增国画、拉丁舞等项目。全年举办各类艺术培训班116期，参加培训4886人次。是年，开展“两员”队伍素质提升培训，县文化馆重点对镇(街道)文化下派员与村级专职文化管理员培训，每月确定一个主题，组织学员进行交流。由村级专职文化管理员、社会成员、业余文艺团队成员等组成的志愿者队伍，全年下基层举办培训班45期。

【表演艺术活动】 2016年，主办、承办、协办演出109场，有“送戏下村”巡回演出、“送戏进城”演出、“庆五一·迎五四”青年歌手演唱会、海盐县首届主持人大赛、海盐县排舞大赛、嘉兴市民族器乐大赛、嘉兴市五馆联动文化走亲文艺晚会、南北湖文化旅游节闭幕式演出、欢乐四季重大节庆演出等大型文艺演出。全年获省级银奖2个、铜奖4个，市级金奖1个，县级金奖3个。

【视觉艺术】 2016年，承办“特色小镇”浙江省群星楹联书法展暨海盐县第四届视觉艺术大展。

10月28日，海盐县第四届视觉艺术展开幕

视觉走亲《美丽海盐摄影作品展》在平湖文化馆展出摄影作品50件。全年举办镇(街道)书画巡展15场，举办“海盐文艺大讲堂”2期，组织摄影爱好者开展“走读澉浦”摄影采风活动。是年，作品获省级金奖1件、银奖1件、入展2件，市级金奖1件、银奖1件、铜奖1件、入展2件。

(步亚军)

文物　博物

【概况】 2016年，海盐县第一次全国可移动文物普查工作圆满完成。馆藏“赤城朱遠製”“慎庵居士義阳朱致遠製”款仲尼琴基本修复，古琴体验课推动文物活化利用及古琴文化传播。云岫庵主体建筑群、千佛阁屋顶修缮竣工，专项资金奖补政策助推7处近现代文物建筑得到修缮保护或重新利用，古桥保护修缮、保养日趋规范。夯实不可移动文物保护基层基础，调研走访查摆问题，层层签约、考核落实属地管理职责，完善文物信息调查工作。抓好文物安全监察，组织分级巡查工作，初试田野文物电子监控防护措施。以定级为目标加强博物馆建设，丰富展示教育内容、形式，数字化、流动式宣传落实惠民服务，组织参与对外文化交流。

【首个田野文物电子监控设施运行】 2016年，县文化局针对百步镇域内地下文物埋藏丰富、保护管理难度大的现状，协调当地政府实施远程监控防护措施。2月，首个田野文物电子监控设施在百步镇窑墩遗址安装运行，初步尝试不可移动文物安全人防、技防并行模式，为县文物管理部门研究编制全县重要田野文物智能化保护方案提供实践经验。

【开展文物保护工作调研活动】 4月6日起，县文化局组织开展为期两个月的镇(街道)文物保护工作情况蹲点调研活动，通过听取介绍、查看资料、研讨问题、座谈交流、走访调查以及整理反馈等组合形式，全面了解全县基层文物工作情况，集中研究探讨文物保护工作难点和问题。进一步落实属地管理职责以及分级考核奖惩机制，调整优化业余文保员队伍设置，规范文物修缮、文物日常维护、建设项目文保审批等各项工作任务。

【近现代文物建筑修缮保护工作】 2016年，澉浦红洋房、长河万年桥、六里朱家门8号民居、沈荡工农桥、小桥港大会堂、葛山碉堡、王家蚕室7处分属国家、集体和个人所有的近现代文物建筑，经修缮竣工均得到妥善保护或得以重新利用，共投入修缮资金120万余元，其中县级文物保护专项补助资金22万余元。

【第一次全国可移动文物普查收官】 2016年，海盐县全面完成普查数据的登录审核报送后通过上级验收，历经4年的第一次全国可移动文物普查顺利收官。其间，共调查各类各级国有单位502家，确认国有可移动文物收藏单位11家，登录国有可移动文物5423件/套(含古籍988部)。

【两张“龙凤琴”修复开音】 2016年，县博物馆馆藏两张“龙凤琴”修复开音。古琴修复工作在著名古琴演奏家、斫琴大师李明忠先生主持下，经过一年多的结构整修、省琴、配件重置等工序，至11月，其中一张古琴基本恢复苍古、清润的音声品质，另一张古琴琴体修复完成。根据两张古琴琴腹龙池内分别阴刻有楷书款“慎庵居士義阳朱致遠製”和“赤城朱遠製”，专家从漆木二色、漆木二质、断纹、用材、造型风格以及腹款等诸因素，结合“型色声质”判断古琴的制作年代应该在明代以前，造型风格与朱致远款仲尼式琴基本一致，且两张琴形制一大一小，尤像一对“龙凤琴”，实属馆藏之瑰宝。这两张古琴曾先后入编《中国音乐文物大系(浙江卷)》《海盐文化丛书古海盐文化实录——文艺卷》等出版物。12月，县博物馆委托香港雨果制作有限公司录制古琴音频，制作碟片“朱远琴声”在国内外发行，以完整重现古琴遗韵。

【馆藏中国民间玩具展开展】 2月4日，“玩，味十足——海盐县博物馆馆藏中国民间玩具展”在县博物馆开展。展览基于李寸松捐赠的泥香室藏品，历经20年的收藏与研究成果，由县博物馆策展团队完成文本策划，从馆藏民间玩具中精选出400多件展品，组成“拾趣”“玩味”“泥香”三个单元。展览期间，举办巧解孔明锁、百变大魔方等数场配套教育活动。该展览参加浙江省第二届博物馆陈列展览交流洽谈会并成为最受欢迎展览，获多家外地博物馆巡展邀请,12 月,首先在浙江瑞安市博物馆巡展。

【张乐平纪念馆获嘉兴十大“全民学习体验馆”称号】 8 月,在嘉兴市社区教育领导小组办公室承办的“嘉兴市十大全民学习体验馆”评比活动中,张乐平纪念馆名列其中。10 月 22 日,在浙江省暨嘉兴市全民终身学习活动周总开幕式上,张乐平纪念馆获嘉兴十大“全民学习体验馆”称号。

【“流动博物馆”巡展活动结束】 11 月,县博物馆 2016“流动博物馆”巡展活动结束。4 月,首次送展进武原街道明珠村农村文化礼堂,推出“灵猴献瑞”“奇妙的微观世界”等 10 个展览主题。至 11 月,先后为全县部分农村文化礼堂送展 40 场、进城镇社区 6 场、进中小学校 26 场,展览覆盖人数 7.8 万余人。

【举办系列古琴文化体验活动】 12 月 12 日,县博物馆公益性古琴文化体验活动收官。3 月起,县博物馆与浙派古琴艺术代表性传承人、国家一级演奏员蔡群慧强强联手,连续在馆内举办 5 期古琴体验课,邀请蔡群慧和她的嫡传弟子,从杭州到海盐手把手传授古琴演奏技法,零距离传播与领略古琴文化内涵。11 月 19 日,在海盐古戏台首次开设古琴沙龙,邀请众学员和老师将古琴文化与书法、绘画等中国传统文化进行完美融合与演绎。

【三毛主题展览在毛里求斯开幕】 8 月 25 日,由文化部中外文化交流中心、毛里求斯中国文化中心携手举办的“不老的三毛”主题展在毛里求斯中国文化中心开幕,毛里求斯总统法吉姆出席开幕活动并致辞。“不老的三毛”是中外文化交流中心为海外中国文化中心打造的“名作与经典”系列品牌项目之一。展览以张乐平先生创作的“三毛”形象为主导,同时设有青少年现场创作等互动环节,让观众加深对中国文化的了解。

(朱育慧)

图书事业

【概况】 2016 年,张元济图书馆总分馆接待读者 183.5 万余人次,外借图书 76.6 万册次,新增图书 8.5 万余册,办理借书卡 11836 张(分馆 3879 张)。总馆举办各类讲座、沙龙 139 场,展览 16 场,公益性电影展播 164 场,公益性培训 58 期;分馆、文化礼堂巡展 122 场,送讲座 22 场,送朗诵会 3 场,开展其他宣传服务活动 300 余次。

【“涵芬”品牌活动】 2016 年,“涵芬讲坛”发展至 11 个门类,全年举办 18 期。“涵芬沙龙”13 个系列,全年举办 116 期。“涵芬展览”总馆举办 16 场,下基层巡展 122 场。6 月,“涵芬”朗诵团受邀参加省图书馆组织的浙江省公共图书馆朗诵艺术研讨交流会;11 月,赴绍兴图书馆开展朗诵文化交流走亲活动。

【海盐县第六届张元济读书节举行】 2016 年,海盐县全民读书节更名为海盐县张元济读书节。4 月 23 日,结合“图书馆之夜”举行第六届张元济读书节启动仪式。根据读书节总体部署,承办十佳阅读系列活动和创新阅读推广活动,通过大型广场主题朗诵会、室内讲座、读书沙龙等形式,开展十佳系列评比活动。在承办县委宣传部、县文化局组织的十佳“书香之家”评选活动基础上,举办张元济图书馆年会,表彰十佳阅读推广人、十佳星级读者、十佳少儿读者、优秀志愿者、优秀团体志愿者、优秀朗诵团员等。

【融合社会资源开展公益活动】 2016 年,暑假期间举办少儿国际象棋、国际跳棋公益培训,结合大学生社会实践活动,开展微信公众号运维培训。与各教育培训机构合作,开展快乐作文、思维导图等公益培训,联合县桂之韵社工事务所开展“风雨童舟爱心义卖”活动,并在中央电视台 13 频道《朝闻天下》栏目播出。联合县司法局做好法制展览宣传与流动服务车法律专架进基层服务;与县广播电台合作,“涵芬”朗诵团团员录制节目在公交车、微信公众号等载体上传播。联合 4 所小学、2 所高中开展“悦读汇”“英语角”沙龙活动,挑选 34 名优秀教师到总馆进行阅读推广服务。

【信息技术及共享工程】 2016 年,做好数字资源推广工作、计算机培训工作和共享工程资源播放,全年接待上机读者 33486 人次,用时 12 万余小时。开展老年人计算机基础培训 25 期,859 人次;数字资源推广培训 13 期,129 人次,涉及 20 家单位;共享工程播放电影164场次，受益4200余人次；利用读者证和市民卡手机无线上网55923人次。

【特藏信息服务】 2016年，加入浙江图书馆地方文献联征网，加强地方文献和全省各馆的信息交流。建立联系人制度，把地方文献征集纳入镇(街道)分馆年度工作考核。编撰的《关注小微企业扶持》资料入选浙江图书馆服务“两会”专题信息。

【海盐县汽车图书馆启动仪式举行】 6月23日，海盐县汽车图书馆启动仪式在通元镇雪水港村举行。该车全长6米，内有图书、期刊1000余册，采取定时、定点、定人的公交化管理模式，集办证、借阅、咨询等服务功能，读者可在车内办理借书证、开通市民卡，图书借还、阅览、预约和咨询服务。是年，在全县设20个服务点，每周一至周五每天服务2个点。

【“万册图书大家选”借书活动】 2016年，继续开展“万册图书大家选”新华书店借书活动，每月平均外借图书1000余册。是年，有两个兄弟县图书馆专程到总馆学习借书活动的做法与经验。

【诚信书站、涵芬书站设立】 2016年，张元济图书馆在全县设诚信书站1个，“涵芬”书站5个，诚信书站读者自主借还，借阅量已超过3000册。是年，举办的“感受古书之美”“阅读，悦生活”主题文化沙龙先后在蔚文书院、紫云茶院2个“涵芬”书站开展，将活动延伸到馆外，和民间场馆共同打造书香社会。

【文化礼堂点单服务】 2016年，开展乡镇文化礼堂点单服务，配送各种讲座22场，服务500余人次，送展览59场，送主题朗诵会3场，促进城乡基本公共文化服务均等化。

（詹志浩）

竞技体育

【概况】 2016年，在全国女子排球冠军赛上，海盐运动员汪慧敏所在的浙江队夺得冠军赛第一名；在2015—2016年全国女子排球联赛上，汪惠敏所在浙江女排获得联赛第六名。2月，海盐运动员徐惠琴在全国室内田径锦标赛第一站、第三站均获得第三名，第二站获得第二名；5月，在全国田径大奖赛太原站比赛中获第二名；6月，在重庆全国田径大奖赛总决赛中取得第二名。在全国皮划艇春季冠军比赛中，海盐运动员陈佳丽获得500米四人艇第二名、500米双人艇第三名、200米双人艇第三名；在全国皮划艇青年锦标赛及全国皮划艇U23锦标赛上获得女子5000米单人皮划艇冠军、500米四人艇季军、200米双人艇第四名。6月，在“蒙牛杯”全国柔道锦标赛上，海盐运动员程英豪和队友陆翔、阮晨聪代表浙江队出战，获得男子团体季军。在全国山地自行车冠军赛第二站山东威海站比赛中，海盐自行车运动员俞佳超获成年男子个人越野赛第六名、成年男子计时赛第三名；在第三站辽宁抚顺站获成年男子个人越野赛第六名、成年男子计时赛第四名。在“优键杯”全国山地锦标赛上，海盐自行车运动员张鹏获个人计时赛第三名。在全国BMX(小轮车)冠军赛(第一站)成人个人计时赛上，海盐运动员黄超雷获第三名。在省体操锦标赛上，获得金牌3枚；组队参加省青少年公路自行车锦标赛，获男子80公里大组赛冠军；参加省青少年击剑锦标赛，女子击剑队乙组获团体赛冠军。是年，组队参加嘉兴市中小学生乒乓球、足球甲丙组、篮球甲乙组、田径、举重、网球、柔

8月13日，乒乓球国家队运动员到海盐交流

道、排球、羽毛球等12个大项比赛,参赛运动员340人,获团体总分3个第一名、1个第二名,4个第四名、4个第五名、2个第六名。全年参加市级比赛共获金牌28枚、银牌18枚、团体总分423分。在市足球锦标赛上,获嘉兴市团体第一名;在市柔道项目比赛中,以152分的成绩获得团体总分第一名。在县田径比赛中,有5人破5项县年龄组记录。年内,做好运动员注册、引进工作,全县有各参赛项目注册运动员192人。全年向市少体校输送运动员2人。是年,县体育局承办浙江省青少年柔道锦标赛、浙江省自行车系列公开赛海盐湿地挑战赛、嘉兴市青少年排球赛等比赛。田径运动员郑立伟、足球运动员许维佳、体操运动员曹君晟被国家体育总局授予运动健将称号。

2016年参加市级以上体育比赛获奖情况表

表58

项目	金牌	银牌	铜牌	项目	金牌	银牌	铜牌
全国田径室内锦标赛(一)			1	浙江省青少年体操锦标赛	5		
全国田径室内锦标赛(二)		1		嘉兴市青少年摔跤锦标赛	6	8	11
全国田径室内锦标赛(三)			1	嘉兴市中小学生田径锦标赛	9	9	13
全国BMX(小轮车)冠军赛(第一站)			1	嘉兴市青少年举重锦标赛		7	5
全国田径室内锦标赛太原站		1		嘉兴市少年儿童乒乓球锦标赛		1	
全国柔道锦标赛			1	嘉兴市青少年篮球(甲组)锦标赛	3.5		
全国春季皮划艇冠军赛		1	2	嘉兴市青少年篮球(乙组)锦标赛	1		
全国皮划艇U23岁锦标赛	1		1	嘉兴市青少年足球(甲组)锦标赛	5.5		
浙江省青少年摔跤锦标赛			2	嘉兴市青少年柔道锦标赛	5	12	4
浙江省第十三届少年儿童田径冠军赛	1	3	4	嘉兴市儿童体操锦标赛	28	18	3
浙江省青少年田径锦标赛	1	1		嘉兴市少年儿童游泳锦标赛	5	2	
浙江省青少年公路自行车锦标赛	1	1	1	嘉兴市青少年跆拳道锦标赛		1	1
浙江省青少年击剑锦标赛	1	1	1	嘉兴市青少年皮划赛艇锦标赛		13	5
浙江省青少年乒乓球冠军赛总决赛		1		汇总	73	81	57

2016年承办市级以上各类比赛情况表

表59

序号	活动内容	时间	地点	参赛人数
1	浙江省青少年柔道锦标赛	7月20—23日	海盐体育馆	228
2	嘉兴市青少年排球(甲组)比赛	3月25—27日	元济体育馆	88
3	嘉兴市青少年排球(乙组)比赛	5月13—15日	元济体育馆	165
4	浙江省自行车系列公开赛海盐湿地越野赛	5月28—29日	海盐县南北湖	87

2016年破年龄组记录情况表

表60

姓名	单位	性别	组别	项目	新纪录	原纪录
李景辉	海盐县横港小学	男	10—12岁	铁饼	36.57	31.68
高广兴	海盐县城西小学	女	10—12岁	100M	13.3	13.6

续表 60

姓　名	单　　位	性别	组　别	项　目	新纪录	原纪录
李景辉	海盐县横港小学	男	10—12 岁	铅球	14.46	13.3
钱依伊	海盐县实验中学	女	10—12 岁	铁饼	22.82 米	21.25 米
黄浩斌　冯　彪　何彤彤　奚　尔	海盐县通元小学	男子组	10—12 岁	4＊100 接力	54.6	54.9
马潇磊　付建楠　蒋勇强　胡德春	海盐县通元中学	男子组	13—14 岁	4＊100 接力	48.3	52
周宇豪　王陈昊　冯华江　徐文昊	海盐县实验中学	男子组	13—14 岁	4＊100 接力	50.8	52
徐仁杰　孙博文　郑舒杨　赵梓琪	海盐县武原中学	男子组	13—14 岁	4＊100 接力	51	52
李俊阳　张俊伟　郑方喆　张旭哲	海盐县滨海中学	男子组	13—14 岁	4＊100 接力	51.2	52

2016 年新增等级运动员情况表

表 61

姓　名	性别	项　目	成　　绩	等　级	单　　位
郑立伟	男	田径	2015 年全国大奖赛北京鸟巢冠军奖 400 米 47 秒 25	健将	县少体校
许维佳	男	足球	2015 年全国女子足球锦标赛第八名	健将	县少体校
曹君晟	男	体操	2015 年全国李宁杯体操少年锦标赛全国青年赛吊环季军	健将	县少体校

2016 年新增等级裁判员情况表

表 62

姓　名	性　别	项　目	等　级	姓　名	性　别	项　目	等　级
柏林峰	男	篮球	二	方云超	男	篮球	二
应建伟	男	篮球	二	高　斌	男	篮球	二
杨　冬	男	篮球	二				

（吴洁雅）

学校体育

【概况】　2016 年，县体育局与县教育局联合下发《关于印发 2016 年海盐县青少年体育竞赛计划的通知》，全年青少年体育竞赛设田径冠军赛、乒乓球、羽毛球、网球、篮球、足球、秋季田径运动会等 7 个大项。继续深化县中小学体育特色项目基地和高水平人才基地建设，指导省、市高水平学校体育后备人才训练基地（海盐滨海中学）、市级体育特色项目学校（向阳小学、通元小学、实验小学、武原中学、滨海中学）开展体育训练工作。组织相关学校参加嘉兴市 2015—2016 年赛季校园足球联赛。按照《海盐县少体校业余训练点管理考核办法》，对全县 19 所业余训练点学校进行监督管理和年度考核。实施中小学生体质健康标准，44109 名学生参加体质健康标准测试。全县小学生达标率 98.7%，其中优秀率 31.3%、良好率 39%、及格率 28.5%；初中学生达标率 92.8%，其中优秀率 9.2%、良好率 34.3%、及格率 49.3%；高中学生达标率 96.9%，其中优秀率 7.1%、良好率 33.2%、及格率 56.6%。是年，武原中学代表海盐县组队参加省青少年击剑锦标赛，获女子乙组团体赛冠军。　（吴洁雅）

群众体育

【概况】 2016年，以全民健身上升为国家战略为契机，贯彻落实《中华人民共和国体育法》、国务院《全民健身条例》、《全民健身计划(2016—2020年)》，制定《海盐县全民健身实施计划(2016－2020年)》。以省级体育强县复评为主线，开展全民健身运动，主办、承办各类各级群体赛事活动，开展公民体质评价、体育公益大培训等活动。

【群众体育赛事】 2016年，承办2016年环浙江自行车系列公开赛(海盐站)南北湖湿地越野赛、2016年浙江省第二届女子体育节户外拓展比赛、2016年嘉兴市新年登高健身大会活动等。主办2016"美丽乡村"运动会、2016中国·海盐南北湖半程马拉松赛暨全民健身跑活动、2016年海盐县第十六届三人制篮球比赛、2016"海利普杯"海盐县第七届乒乓球锦标赛、2016健康中国南北湖马拉松赛、2016年海盐县第六届业余网球个人公开赛、2016"金秋舞动"海盐县广场健身舞风采展示、2016广场舞镇(街道)巡演10场活动、2016海盐县体育舞蹈大展示、2016海盐县"法狮龙杯"羽毛球混合团体赛、2016年"海利普杯"海盐县羽毛球混合赛、2016全民健身日体育走亲(海盐—平湖)、2016海盐县职工乒乓球比赛等。组队参加2016年浙江省全民健身浙北、浙中、浙东、浙西"种文化"体育活动，2016年浙江省第二届"美丽乡村杯"篮球赛，2016年浙江省第二届女子体育节户外拓展、瑜伽、乒乓球、围棋、象棋、桥牌、台球、羽毛球、太极拳等项目的比赛。组队参加嘉兴市第四届市民运动会篮球、龙舟、踏白船、气排球、轮滑、网球、游泳、门球、台球等9个项目比赛。

【国民体质监测】 2016年，海盐县组织开展"2016浙江省3～69周岁公民体质评价"测试活动，按规定测试县户籍人口的5‰，即1874人，实测各年龄段群众1882人，测试样本涵盖机关事业单位、企业、各镇(街道)等各类人群，取得有效数据1882个。

【群众体育创建】 2016年，海盐县通过浙江省体育强县复评验收，武原街道、西塘桥街道、元通街道通过省级体育强镇复评。通元镇育才村创建为省级体育休闲公园；通元镇镇北村创建为市全民健身广场，西塘桥街道永宁村创建为市级体育休闲公园；西塘桥街道大宁村、永宁社区，澉浦镇紫金山村、六里村创建为省级小康村提升工程；武原街道中心幼儿园创建为省级体育示范幼儿园；新增元通街道青莲寺村，于城镇三联村、八字村、庄家村，秦山街道丰山村，澉浦镇澉东村、永新村，沈荡镇尤角村、新丰村，百步镇百联村、五丰村、胜利村等12个省级村级体育俱乐部。至年末，全县9个省级体育强镇(街道)全部通过省级体育强镇复评。全县有省级村级体育俱乐部58个、省级体育先进社区12个、省级体育小康村105个、省级小康村升级工程4个、省级中心村全民健身广场1个、省级中心村体育休闲公园1个、市级中心村全民健身广场3个、市级中心村体育休闲公园1个、省级体育特色乡镇1个、省级体育示范幼儿园3个。

【老年人体育】 2016年，举办中国象棋、男女气排球、地掷球、趣味运动会、24式简易太极拳、佳木斯快乐舞步健身操、迎春趣味比赛、女子气排球邀请赛等8项老年体育比赛。参加比赛的运动员、教练员、裁判员等800余人次。是年，承办嘉兴市老年女子气排球比赛。组队参加市老年体协举办的棋类、太极拳(械)、健身球操、柔力球、桥牌、门球、钓鱼等项目比赛，代表嘉兴市参加浙江省"美丽乡村"奥运会老人门球赛获亚军。

【残疾人体育】 2016年，配合县残联做好残疾人体育活动开展、普及工作。10月15日，举办2016年残疾人游泳比赛，按聋哑、肢体残、视力残等组别，设自由泳、仰泳、蛙泳等项目，武原街道、百步镇、澉浦镇分获团体总分第一名、第二名和第三名。7月25日，嘉兴市2016年首届残疾人健身操比赛举办，海盐县代表队18名运动员参加。是年，西塘桥街道第三届全民运动会、元通街道第三届全民运动会、澉浦镇第三届农民运动会设置残疾人组，百余名残疾人运动员参加抛秧苗、定向投篮、飞镖、团体跳绳、乒乓球、挑担等项目比赛。

【公益性体育大培训】 2016

年，县体育局开展公益性体育大培训，设置老年柔力球、健身操、武术、球类、广场舞等培训项目，送体育进村（社区）文化礼堂。尚武跆拳道俱乐部和浙江明德体育健身策划有限公司参与体育公益培训事业，开展2016年暑期跆拳道、散打公益培训，培训人员1860人次。全年组织培训5086人次。

【体育社团】 2016年，海盐县完成单项体育协会（县瑜伽协会）民政注册，至年末，县体育总会下辖民政登记注册的行业体育协会3个、单项体育协会14个，体育类民办非企业7个。

【体育设施】 2016年，县体育局按照各镇（街道）室外健身路径更新数量、县财政资金额度，分配9个镇（街道）40条，其中武原街道城市社区2条，器材更新经费70.8万元。镇（街道）游泳池按计划建设，百步镇、通元镇游泳池竣工并对外开放，澉浦镇拆装式游泳池暑期对外开放。于城镇、沈荡镇、元通街道游泳池进入施工阶段，西塘桥街道室内游泳池提交立项申请，秦山街道游泳池和新文化体育中心建设工程处于设计阶段。5月1日起，新增学校体育场地对外开放2所（城西小学、石泉小学）。至年末，全县场地对外开放的学校21所，开放率91.3%；全年接待群众健身27.55万人次。游泳池全年接待游泳健身者4.05万人次，体育馆全年接待群众健身2.85万人次。

（张琴光）

文体市场

【概况】 2016年，全县文体市场有经营单位499家，其中游艺娱乐场所20家、歌舞娱乐场所22家、演出场所1家、网吧53家、电影放映单位9家（包括流动队5个）、出版物零售单位34家、数字印刷品经营单位1家、出版物印刷单位2家、包装装潢经营单位246家、其他印刷品经营单位27家、打字复印经营单位55家、游泳场所11家、企业报2家、民办非企业2家、演出经纪公司1家、经营艺术品备案单位2家、互联网文化经营单位2家、出版物批发单位1家、电影发行单位1家、广播电视节目制作单位5家、公共视听载体播放单位2家。全年办理许可审批事项435件，其中承诺件111件、即办件324件。新设立文化经营单位71家，其中包装装潢经营单位39家、数字印刷品经营单位1家、网吧10家、游艺娱乐场所7家（歌舞1家、游艺机6家）、影视节目制作单位1家、民办非企业2家、出版物零售单位5家、电影放映单位1家、游泳场所3家、打字复印经营单位2家。持续推进村级图书资源整合，按照农村文化礼堂建设进程，实际整合41家。继续开展机关软件正版化工作，完成单位安装52家。软件正版化工作列入县平安维稳责任制考核内容。

【市场管理】 2016年，继续完善文化市场管理工作联席会议制度，强化县文化局、县公安局、县市场监管局等主要职能部门信息通报、联合踏勘场所、联合执法机制。针对实施“先照后证”后出现的新情况，建立文化市场新注册企业推送制度，堵塞监管盲区。县委、县政府成立“黑网吧”整治领导小组和网吧禁烟专项整治工作督查小组，县职能部门各司其职，协调配合，通过召开协调会、现场办公会、联合执法等形式取缔历史遗留的百步镇某“黑网吧”，办理涉及网吧禁烟案件8起。5月、10月，组织召开全县文化市场管理暨“扫黄打非”工作扩大会议，部署文化市场管理和“扫黄打非”具体工作，确定“扫黄打非”进基层的具体时间表和路线，明确四大专项行动由县网信办牵头负责净网行动，县文化局、县公安部门配合。是年，围绕护航G20杭州峰会、平安文明创建工作，组织实施清源专项行动、非法电视接收设施查处整治活动、净网行动、公共视听载体专项检查、校园周边文化市场整治、暑期游泳场所大检查等行动；重新组建44人的网吧义务监督员队伍，并组织开展业务培训。

【文化执法】 2016年，县文化市场行政执法大队采取日常检查与突击检查、专项整治相结合的方式，全方位开展文化市场执法工作。全年出动检查人员1450人次，检查经营单位1920家次；办结案件29件，罚没款4.8万元，收缴各类非法图书1748册、非法音像制品158张，发出责令整改通知书40份。

（朱展宇）

新　闻

综　述

【概况】　2016 年,县内各新闻单位围绕县委、县政府中心工作,做好重大会议和重大活动的宣传报道,加强对经济工作和海盐形象的宣传。是年,县广播电视台拍摄的海盐新闻被中央电视台用稿 33 条,被浙江卫视新闻联播用稿 110 条。在《浙江日报》发表报道 34 篇,其中头版 4 篇,在《嘉兴日报》头版发表报道 45 篇,其中头版头条 18 篇。

【重大主题宣传】　2016 年,组织各新闻单位开展学习贯彻中共十八届六中全会、县“两会”、县“三千会”(县、镇街道、村社区干部)等会议精神和习近平系列讲话精神的宣传报道。策划实施“找短板 谋新篇”“媒体访企业 记者走基层”等专题采访活动,组织新闻记者分赴各镇(街道)、相关部门与重点企业,以走现场、讲故事的形式全面展示 2016 年各级各部门适应新常态、精准抓落实的良好精神风貌。5 月起,开展“一二三四”攻坚大会战宣传报道,期间,县属媒体做到天天有报道、夜夜有新闻,声屏报网联动,宣传报道声势强劲。

【经济工作宣传】　2016 年,各新闻单位推出“聚焦‘四个年’”专题专栏,对全县工业经济运行、生猪退养、城乡环境整治等情况进行宣传报道。围绕“415”工业大会、中欧合作示范区建设等主题,推出工业经济系列报道,集中报道一批项目开工建设、“机器换人”、招商选资等重大经贸活动,展示海盐工业、生产性服务业发展情况。借助全省农业“两区”现场会在海盐召开的契机,宣传报道全县在加快农房确权、健全产权流转交易机制、推进农业产业化等方面深化改革的成效,报道推进乡村旅游等方面的先进做法和典型经验。围绕稳步推进“山水六旗”等项目建设,在城市规划、全域旅游等领域加强宣传报道。

【生态环境宣传】　2016 年,各新闻单位以国家级生态县、省级文明县创建和国家级卫生县复评、无违建县创建为抓手,宣传报道全县各级各部门在“三改一拆”、“五水共治”、大气污染防治等工作中,不断改善海盐城乡环境、提升水环境质量、促进转型升级的举措和亮点成效,深入报道工作中涌现的先进典型和感人事迹。各新闻媒体开设《新闻聚焦》舆论监督专题栏目,通过曝光和跟踪报道,助推县委、县政府中心工作落实。以国家级绿色生态示范城区创建验收、2015 年度“绿色海盐”发布为契机,邀请省、市主流媒体关注海盐绿色生态城市的建设。

【南北湖文化旅游节活动宣传】　2016 年,各新闻单位围绕文化旅游节整体方案,开设南北湖文化旅游节专题、专栏,实时发布旅游节各项节目预告和最新进展情况,对各项活动进行全方位、多角度宣传报道。组织外媒关注南北湖文化旅游节,扩大重点活动的传播影响。策划制作《2016 中国·海盐南北湖文化旅游节回眸》画册。

(黄沈明)

嘉兴日报社海盐分社

【概况】　2016 年,嘉兴日报社海盐分社出刊《嘉兴日报·海盐新闻》250 期。全年有 45 篇稿件在《嘉兴日报》头版刊登,其中头版头条 18 篇。是年,丁辉、周伟达撰写的《看一家老牌农药厂的“二次变脸”》,丁辉、周丽丽撰写的《生死时刻,他再一次挺身而出》获 2016 年度浙江省县市区域报新闻奖二等奖;丁辉、朱鑫、杨颖慧撰写的《大国工匠的

"海盐样本"》获2016年度嘉兴新闻奖重大主题报道创新活动奖二等奖;杨颖慧撰写的《海盐105个村全部完成股份制改革》、陶玮撰写的《海盐公共服务均等化改革推破冰之举》、吴佳琴撰写的《海盐探索深化农村综合改革新路径》等获2016年度浙江省县市区域报新闻奖三等奖。作品《扩容欧洲"朋友圈"深化合作》获嘉兴新闻奖二等奖,《核电迎来并网发电25周年》获嘉兴新闻奖三等奖。

【时政报道】　2016年,嘉兴日报社海盐分社围绕县委、县政府中心工作,做好"两会"、县党代会、"五水共治"、小城镇综合整治和环境保护等宣传报道。配合"两会"召开,推出2015年年终回顾性报道、"两会"特刊,推出"变化十二五回眸"系列报道,分篇章、分部门、分主题进行专题报道16篇。12月,县第十四次党代会前,同步推出"喜迎党代会·辉煌成就"和"喜迎党代会·创先争优"两个系列报道,集中展示县第十三次党代会以来海盐经济社会和党建成就,对过去五年"城之变"进行多角度全方位阐述,对海盐未来五年工作计划、工作思路进行宣传报道,展现一批优秀共产党员、优秀党组织风采。县党代会期间,做好程序性报道外,推出党代会专题报道,圆满完成各项报道任务。是年,重点报道县内开展建党95周年活动情况,推出"'两学一做'在海盐"系列报道,宣传先进典型。6月,联合县有关部门,以专版的形式推出纪念建党95周年特别报道,图文并茂地展示全县各部门、企事业党组织在党建方面的工作成绩。在全市党建大会期间,在《嘉兴日报》头版以"党旗引领激活力,砥砺奋进谋新篇"为题综合报道海盐党建工作情况。是年,配合全县开展"五水共治"、小城镇综合整治、环境保护等工作,开设《"五水共治"面对面》《环境执法在行动》等栏目,推出"聚焦'一绿二清三整四提升'"等系列报道,宣传各镇(街道)、部门(单位)在贯彻落实各项工作的具体举措,在全县营造良好氛围。8月,省有关部门对海盐县11个改革项目进行满意度测评,组织策划"改革攻坚进行时 全面实践看海盐"专题报道,从工业绩效评价、政府权力"瘦身""四张清单一张网""双下沉、两提升""三权"改革等经济、城市、社会等各个领域,展现海盐改革成就。

【经济报道】　2016年,嘉兴日报社海盐分社开设《适应新常态亮出新作为》《剖析半年成绩单紧盯全年任务量》《大国工匠的海盐样本》《小微企业成长记》等栏目,推出系列报道36篇,报道全县在适应经济新常态中,企业敢打敢拼、加大投入、改进管理,推动企业转型发展的新作为。全县"415"工业大会期间,推出建设"415工程"打造海盐工业升级版系列报道10篇,全面展示海盐工业、生产性服务业发展情况。北京核工展期间,在第一时间推出"直击北京核工展"系列稿4篇,被北极星电力新闻网等权威网站转载。是年,宣传海盐县全面实施创新驱动发展战略,充分发挥科技、人才在支撑经济发展、促进产业转型升级中的作用,使"海盐制造"强势崛起,新兴产业迅速发展,引智途径全面外拓,创新平台不断升级。推出《科技人才 创新驱动》栏目,集中报道在创新驱动方面的领军企业及先进经验。

【民生报道】　2016年,嘉兴日报社海盐分社除每周一期的《绮园》副刊外,新增每两周一期的《西涧草堂》,专门报道海盐历史上的优秀文学作品。分社新增《社会万花筒》栏目,指派记者撰写民生新闻,反映百姓身边的家长里短,获得较好的传播效果。是年,对一些民生实事工程、教育、医疗政策进行解读报道,从读者、百姓角度出发,为百姓呈现有用、有时效的信息。对"平凡人+不平凡事",进行大篇幅报道,推荐一批有影响力的海盐好人好事。6月23日,通元镇新拱村村民徐生祥和他的两个孙子驾驶小轿车不慎落水,被年届古稀的老党员沈和荣跳入河中救上岸。分社记者第一时间赶到现场采访,在《嘉兴日报·海盐新闻》专版头条编发《生死时刻,他再一次挺身而出》通讯报道,传递了社会正能量。是年,沈和荣入选2016年度浙江好人榜。

【外宣报道】　2016年,嘉兴日报社海盐分社在《嘉兴日报》头版头条刊发《海盐105个村全部完成股份制改革》《升降曲线折射海盐工业经济转型之变》《海盐"产业新生代"重绘工业经济"版图"》《解码"三优"海盐的绿色发展之路》《"海盐智能制造装备产业再迎发展契机"》《海盐入选"全球100韧性城市”——与巴黎伦敦等城市同处一个“朋友圈”》等海盐新闻20篇，其中分社撰写18篇。是年，开设《城市精细管理 扮靓三优海盐》《加强产城融合 建设三优海盐》栏目，推动城市管理工作，关注城市发展建设情况；开设《创文明县做文明人》栏目，宣传文明县创建活动中的好人好事；开设《身边好人 大众榜样》专栏，展现符合社会主义核心价值观的先进人物；开设《“文旅兴县”战略 打造全域旅游格局》专栏，推动海盐旅游业发展；推出《潮源之秀》专栏，展示更多的人物形象等；还推出《海盐工人》《慈善园地》《行风热线》《由核而生因核而盛》《打造经济重镇再现梦里水乡》《海盐防汛》等栏目。

【媒体融合】 2016年，嘉兴日报社海盐分社每周制作的微信阅读和转发量均在2000次以上，其中反映海盐桥梁建设的《陪伴海盐人21年的伙伴要告别了，让我们最后再看她一眼吧！》，阅读量10000多次，《县长调研开发区，说的全是干货！》，阅读量40000余次。有《海盐这条旅游专线3天免费试乘，约不约？》《海盐入选全球100韧性城市》《“八连冠”，海盐高考一本率实现历史新突破》《你一定要真！市民卡在海盐又有了一项强大功能》等一系列事关海盐经济社会发展及民生事业的文章，通过微信获得很好的传播效果。

（丁　辉）

广播电视

【概况】 2016年，县广播电视台重视主题策划，强化创新能力建设，全面启动媒体融合转型，优化结构布局，整合媒体资源，致力打造联动传播新格局，推进广播电视融合发展。是年，广播开设自办节目14档，每天播出360分钟；电视开设自办节目9档，每天播出340分钟；新媒体《海盐一家门》微信公众号共发稿1531条。是年，中央电视台用稿33条(篇)，其中《新闻联播》节目用稿2条；省广电集团用稿290条(篇)，其中浙江卫视用稿110条；嘉兴广电集团用稿541条(篇)；“浙江之声”用稿140条；嘉兴电台用稿2225条。

是年，浙江卫视新闻联播头条播出《推进重大项目扩大有效投资：海盐——当好“店小二”打造世界级主题乐园》，用近5分钟的时长，报道山水六旗项目以及海盐推进这个大项目的做法。电视专题《“猪司令”变形记》获第八届新农村电视艺术节年度“优秀对农电视作品”三等奖；广播专题《纪念抗战胜利70周年特别节目〈海盐抗日小英雄〉》获2015年度浙江省广播电视少儿节目奖二等奖；广播作品《黄卷青灯两年以上》获2016年度浙江省广播电视节目技术质量“金鼎奖”戏曲类二等奖；广播公益广告《文明出行》获2015年度浙江省广播电视广告奖公益类三等奖；电视专题《核你在一起》获2015年度嘉兴市政府奖一等奖；广播系列报道《6岁弱视女转捐10万元善款》获2015年度嘉兴新闻奖一等奖。

【广播电视宣传】 一是时政新闻。围绕“五水共治”“三改一拆”“扩大有效投资”“招商选资”“环境整治”“创建省文明县”等重点工作，推出“变化·十二五回眸”、“海纳百川引活水 资智融合促转型”等系列报道，《创文明县，做文明人》《“两学一做”在海盐》《改革攻坚进行时 全面实践看海盐》专栏和《聚焦“一二三四”》舆论监督专栏。二是民生新闻。《民声890》节目关注衣食住行，为百姓日常生活提供咨询和服务。针对罕见寒潮来袭，

2月5日，县委书记沈晓红慰问县广电新闻工作者

打破常规播出《县供电公司积极抢修受损线路》《农技专家指导大棚作物防冻抗寒》等相关报道10篇，及时向市民传达相关信息。三是专题节目。《七彩田野》节目策划推出“年货节”“春游记”“水果季”“收获季”等活动，并与微信结合，推出“扫描二维码，年货任你抢”活动。系列报道《咱们村里的年轻人》挖掘身边人身边事，讲海盐老百姓自己的故事。《菁菁校园》由原两周一期，改成一周一期，逐渐成为一档全县学校、孩子和家长喜闻乐见的校园节目。《今日海盐》节目进行选题策划，《海盐党建》栏目推出系列活动《追寻红色记忆 展现时代风采》，寻找身边的党员故事。《法治在线》对一批有较大影响的案件进行采访报道。《文化生活资讯》关注当代人民群众的文化生活，体现时代气息和鲜明地方特色。《海盐一家门生活秀》和《健康面对面》在节目的摄制形式上创新，增强可看性和互动性。直播节目《下班路上》尝试邀请社会嘉宾固定参与节目制作。

【推进全媒体融合进程】 2016年，县广播电视台顺应媒体发展新趋势，探索推进全媒体融合进程。年初改频道制为中心制，设立全媒体新闻中心、全媒体节目中心、全媒体创意中心和全媒体广播中心，形成传统媒体与新媒体的融合发展，进一步提升“海盐一家门”微信公众号品质，增强新媒体舆论传播力。下半年成立新媒体部，以“全线思维”和“全台战略”运营“海盐一家门”微信公众号，建设“爱海盐”手机移动客户端(APP)。“海盐一家门”微信公众号运行平稳，“爱海盐”手机移动客户端(APP)正式上线，全媒体融合运行机制得到完善，媒体融合格局基本确立，形成以广播、电视、新闻APP客户端、“海盐一家门”微信公众号为一体的联动传播平台。是年，全台适龄一线编导、记者全部参加，评选出进入训练营人员12名，并评出十佳微信作品和十佳摄影作品。电视宣传和微信传播兼顾，微信稿件《南北湖美翻了5000多万浙江人看在眼里》，点击量13262次，通过《浙江卫视新闻联播》播出的简讯，在微信上进行二次传播，获得较好效果。首次采用全媒体策划做好“两会”报道，整合广播、电视、微信等媒体资源，采用新媒体编辑手法，通过对采制的视频和照片再加工，第一时间供稿微信平台。在微信平台开设《小威看“两会”》专栏，每天发布一条“两会”新闻，一次采集多元分发，增强报道时效性。在高考成绩公布第一时间发布原创微信《高考分数出炉！元济这个牛！全班上一本！最高721分！》，第二天，电视稿件同时采写播出，微信再次跟进，第一篇微信稿件7日点击量80908次，刷新台微信传播历史。开展形象宣传片和专题片制作服务，完成《回眸2015》《核电小镇》《长虹凌空 情牵万里——海盐中欧合作记》《田野逐梦——农业“两区”建设工作纪实》《海阔天空 沿途有你》《缘在海盐》等形象宣传片、专题片30余部。承办2016年海盐县“415”工业大会、2012—2016年度海盐县劳模颁奖典礼暨庆“五一”文艺展演活动、新居民颁奖典礼等。承办比赛竞技类活动《好声音海盐海选赛》等，展演类活动“首届学生艺术节”等。探索开展新的业务形式，抓好新媒体服务项目，微电影、微视频、情景剧、微信平台共同发力，拍摄微电影《青春印记》《那一片白云》等微电影3部，拍摄微视频20部。

【广播电视事业建设】 7月，海盐广电演播中心扩建项目正式

7月30日，广电演播中心(扩建)项目开工典礼举行

开工。是年,完成钻孔灌注桩工程、承载桩检测、抗拔桩检测、地下室底板浇筑,实际完成投资900万元。是年,完成非编系统存储扩容,新增有效存储空间两倍。12月,“海盐一家门”频道、“海盐新闻综合频道”高标清同播全数字硬盘播出系统正式启用。

(叶生华)

县新闻中心

【概况】 2016年,县新闻中心围绕县委、县政府中心工作,在海盐新闻网、海盐手机报、海盐发布政务微博、微信平台开设新闻专题、栏目,围绕党代会、“一二三四”集中攻坚大会战等中心工作,策划“美丽乡村”美丽村落、美丽厂区、记者访企业、文明县创建监督,策划“海盐好人”、“舌尖上的海盐”等系列报道。是年,海盐新闻网在浙江在线52家支站评选中,获年度”十佳支站“称号。县委报道组被评为《浙江日报》先进报道组、《嘉兴日报》先进报道组。范冰洁被评为《浙江日报》先进报道工作者,李刚、范冰洁被评为《嘉兴日报》优秀通讯员。“改革先锋步鑫生”网络专题获浙江网络新闻奖二等奖。

【政策解读与信息服务】 2016年,做好县委、县政府出台的决策解读,传递重要信息。在政务信息的选择和编辑上进行探索,除对文字进行编排、加工外,根据政策文件的内容,辅以音乐、图片、视频、漫画等,将其转化为服务信息,让读者有获得感。是年,各单位政务微信陆续开通,依托海盐发布微信架构政务微信矩阵页面,集纳全县29个单位、部门的政务微信号方便读者查询,同时构建起政务微信服务集群。中心还应邀辅导政务微信单位12家。在海盐发布微信号上构建包括十大项内容的便民服务,收录海盐通讯录、社保查询、违章查询、公积金查询、停车泊位查询、学区划分等110个电话号码。及时回应社会关切,在“4·21”事件中,海盐发布双微平台及时发布信息,向公众说明有关问题,有效回应并解答广大用户的疑惑。前后发布8条微信阅读量超过38万人次,微博阅读量超过50万人次。海盐手机报发布特刊3期、快讯3期,传递信息超过100万余人次。是年,海盐发布微信号被人民网舆情分析室评为“教科书式”的舆情应对。

【开辟网络互动阵地】 2016年,在海盐发布微信号开设《白云阁》周末互动栏目、广撒英雄帖、邀请市民创作图文稿件,中心编辑严把质量关,并进行加工制作。至年末,共发布18期,阅读量达到20万人次;在网站、手机报、微博微信上推出正能量稿件30余篇,改编歌词、创作《海盐版南山南》MV,传递小城大爱。是年,海盐发布微信号发布359天,发布文章927篇、总字数104万字,总阅读量520万人次。

【对外宣传开拓新阵地】 2016年,县新闻中心围绕治水、“三水六旗”建设、农业“两区”建设、绿色发展、乡村旅游等,在《浙江日报》头版发表《海盐每季度考核行政村水质,水质好不好村村来竞赛》《社会资本助力“五水共治”》《300亿元项目是怎样落地的》《海盐农业“两区”提升集约化水平 集聚区农业亩均产值超万元》等报道4篇。整版发表《田园城市,此心安处是吾乡》《绿色发展有了县域标尺》等报道36篇。在《浙江日报》供省委、省政府领导参阅的内部参考

9月24日,中国海盐旅友大会南北湖活动启动

上发表报道2篇。是年，在浙江新闻客户端发稿262篇，与新浪微博合作建设海盐政务发布微官网。

【拓宽宣传平台】　2016年，海盐发布微信号粉丝超过7万人，全年阅读量超过5000人的微文有340篇，其中《对不起，我要去海盐了，别再找我了》的阅读量近15万人。在全国权威统计平台——清博指数政务微信排名中数十次跻身每日前十名，多次在浙江省政务微信影响力周排行榜中居首。海盐发布微博粉丝保持3.2万人，海盐手机报移动用户20万人。

（李　刚）

2016年省级以上主要新闻媒体关于海盐县部分报道篇目情况表

表63

标　　题	媒体刊(播)时间	作　　者
“容缺受理”解纳税人之急	中国税务报7月26日	郭秋敏
一桥飞架两地　携手加强征管	中国税务报8月22日	郭秋敏
信息快车：海盐县检察院召开两个专项座谈会	检察日报4月23日	沈燕琴
信息快车：海盐县检察院召开“查找短板、补齐短板”专题座谈会	检察日报5月19日	沈燕琴
信息快车：海盐县检察院召开非公有制经济人士座谈会	检察日报6月14日	沈燕琴
信息快车：海盐检察联合出台《检察环节依法保障律师执业权利实施办法》	检察日报8月9日	沈燕琴
一份思念魂牵海峡两岸海盐民警帮台湾老人寻亲	人民公安报5月31日	田芳美
“掌上户籍室”开通个性化服务	人民公安报6月1日	田芳美
老汉挖蟹被困滩涂海盐民警及时搭救	人民公安报9月11日	王小燕
海盐发布环境状况白皮书　“十二五”期间环境状况全面改善	中国环境报2月1日	姜春燕
连续发布绿色发展报告，制定首份县域绿色发展评价指标韧性，海盐坚持走绿色发展路	中国环境报6月12日	岳跃国
村村忙治水月月设擂台浙江省海盐县用考核奖励机制激发基层治水活力	中国环境报8月4日	姜春燕
海盐专题学习日苦练内功	中国环境报8月4日	张晓春　姜春燕
环保审批、环境执法、环境宣传每个环节都有公众的身影　环保公众参与在海盐蔚成风尚	中国环境报12月13日	顾　谨　周伟达
电动车违规停放碍逃生　浙江海盐开出消防罚单	中国安全生产报9月12日	史美丽
公路景观　连接人工与自然	中国交通报4月8日	朱燕芳
紫金山村因路兴	中国交通报9月19日	朱燕芳
浙江海盐：文化“两员”制度助力新农村建设	中国文化报9月27日	骆　蔓　金许斌
浙江省海盐推广中医智能云系统，覆盖全县——系统提升基层中医药服务能力	中国中医药报1月1日	章关春
浙江海盐：基层中医化，中医基层化	中国中医药报1月13日	章关春
打造“同德·海盐”　医联体典范	中国中医药报2月27日	韩明利　步有怀
浙江省海盐县中医院“互联网诊间”受好评	中国中医药报4月27日	步有怀
浙江省海盐：基层中医有了“云”翅膀	中国中医药报5月12日	章关春
海盐县法院行政庭法官俞连平	浙江法制报2月1日	县法院
让裁判文书效力不打折　海盐法院多措并举破解执行难	浙江法制报5月4日	县法院

续表 63

标　　题	媒体刊(播)时间	作　者
香喷喷的猪肉背后有怎样的坚守——记者带你去探访海盐县畜牧兽医局青莲检疫站	浙江法制报 7 月 30 日	张　倩
“互联网＋”提升监督精准度	中国纪检监察报 5 月 6 日	县纪委
海盐:巡察推动从严治党向基层延伸	中国纪检监察报 6 月 22 日	县纪委
海盐:科技助推正风反腐	反腐败导刊 2016 年第 2 期	县纪委
海盐:项目领办助推主体责任	反腐败导刊 2016 年第 4 期	县纪委
海盐:派驻纪检工作十招　第五招	反腐败导刊 2016 年第 5 期	县纪委
海盐:啄木鸟论坛谈点啥　实招	反腐败导刊 2016 年第 8 期	县纪委
海盐:有的违纪行为,平时自己根本“看不上眼”——海盐县综合执法局原党委书记、局长苏建良的忏悔	反腐败导刊 2016 年第 10 期	县纪委
海盐县将党员先锋站打造成基层党建“桥头堡”	组织人事报 9 月 22 日	潘小芬
浙江海盐县工商联探索构建新型政商关系	中华工商时报 8 月 1 日	张其芬
浙江海盐县工商联:推动组建产业引导基金	中华工商时报 9 月 26 日	张其芬
浙江省党组书记一行赴海盐调研	中华工商时报 10 月 17 日	张其芬　王梦婕
浙江海盐 200 名企业家“力挺”新型政商关系	中华工商联时报 12 月 21 日	县工商联
土地经营权抵押贷款试点的“海盐模式”	金融时报 12 月 28 日	张未冬
海盐有个残疾人的好帮手	慈善公益报 12 月 19 日	严金祥
海盐县助跑“大众创业 万众创新”的主要做法和成效	浙江人力资源和社会保障杂志 3 月 6 日(第 3 期)	骆　琰
县人力社保局“三举措”抓早抓好企业人力资源储备工作	浙江人力资源和社会保障杂志 4 月 21 日(第 4 期)	汤红英
海盐率先开展劳动用工联合整治专项行动	浙江人力资源和社会保障杂志 7 月 11 日(第 6 期)	储妙华
海盐县“三精”发力推进高校毕业生就业服务月活动	浙江人力资源和社会保障杂志 11 月 3 日(第 12 期)	张　真
浙江海盐通报批评 6 家企业	中国建设报 12 月 23 日	严金祥　黄新良　江全英
浙江海盐发布全国首个县域绿色发展评价地方标准	中国质量报 5 月 31 日	李淋淋
海盐县兑现首批科技创新券	科技金融时报 3 月 1 日	王　欢
海盐标准件创新服务平台获省级优秀	科技金融时报 4 月 12 日	王　欢
让各个使用环节都“晒”在阳光下——海盐县多措并举把好科技经费配置总开关	科技金融时报 12 月 9 日	孙经纬
海盐鸿远公交公司组织冬季消防演练	交通旅游导报 1 月 13 日	朱　鸿
海盐:30 小时的抗冰雪轨迹	交通旅游导报 1 月 26 日	朱燕芳　田素云
海盐:积极开展交通文明志愿服务活动	交通旅游导报 3 月 10 日	沈　洁　干　捷
海盐交通公众开放日:300 双“小眼”看公交	交通旅游导报 4 月 22 日	姚刘权
海盐构建县域交通新格局	交通旅游导报 8 月 16 日	姚刘权
海盐掀起“最美公路”评选热潮	交通旅游导报 8 月 25 日	田素云

续表 63

标　　题	媒体刊(播)时间	作　者
海盐“先培训后付费”驾培模式获好评	交通旅游导报 10 月 1 日	沈　洁　张　勇
01 省道海盐超限运输检测站获全国示范治超防线是怎样筑成的	交通旅游导报 10 月 26 日	田素云　陈吉伟
海盐公共交通五年规划通过终期成果评审	交通旅游导报 11 月 19 日	沈　洁　干　捷
海盐十大举措助推小微企业成长发展	市场导报 3 月 1 日	苏建新　吴佳琴
海盐搭建小微企业产业特色平台	市场导报 3 月 22 日	吴培华
海盐送法入企答疑解惑	市场导报 3 月 29 日	金晓鹏
海盐创新完善“双对接”机制，力促小微企业成长发展	市场导报 12 月 6 日	梅雪风　苏建新
数说秦山核电“十二五”	中国核工业报 1 月 13 日	王争艳
秦山核电：“十大专项”稳步推进	中国核工业报 7 月 28 日	王争艳
相悦秦山，闪亮春春	中国核工业报 8 月 17 日	马青山
走进秦山“核”爱相约　点亮梦想携手未来	中国核工业报 9 月 14 日	田桂红、罗路红
秦山核电一新技术获国家版权局软件著作权	中国核工业报 9 月 14 日	周　围　安树良　唐　超
秦山核电管理再优化进入倒计时	中国核工业报 11 月 30 日	王争艳
社会资本助力“五水共治”　我县签约 ppp 污水处理项目	浙江日报 1 月 4 日	江　帆　李　刚
海盐创公私合营模式　引社会资本“活水”	浙江日报 1 月 4 日	江　帆　李　刚　赵方正
嘉兴：300 亿开建国际度假区	浙江日报 1 月 5 日	江　帆　李　刚　范冰洁
迎风飞扬　海盐工业演绎升级之美	浙江日报 1 月 29 日	陈　爽　苏益明
“猪三角”，变身美丽乡村	浙江日报 2 月 22 日	陆　遥　陈培华　张文术
海盐每季度考核行政村水质　水质好不好村村来竞赛	浙江日报 3 月 20 日	江　帆　陈培华
从“锈水河”到湿地公园	浙江日报 3 月 22 日	江　帆　陈培华　李　刚
海盐打走“大禹鼎”，棒棒哒！	浙江日报 3 月 24 日	周伟达　范冰洁
海盐：项目建设热火朝天	浙江日报 3 月 24 日	徐亦为　范冰洁
南北湖影视基地开拍新剧	浙江日报 3 月 24 日	徐亦为　范冰洁
海盐：传统产业焕发新活力	浙江日报 4 月 19 日	范冰洁　丁　辉
海盐核电魅力亮相核能盛会	浙江日报 4 月 19 日	范冰洁　朱　鑫
海盐供电服务校园“直饮水”工程	浙江日报 4 月 19 日	吴维维　沈　叶
正学风，浙江进行时　海盐纪委一项学习制度的建立	浙江日报 4 月 28 日	县纪委
海盐：乐当“店小二”　助力小微企业成长	浙江日报 5 月 24 日	范冰洁　丁　辉
“一对一”廉政谈话全覆盖	浙江日报 5 月 24 日	范冰洁　言纪轩
海盐出台全国首份绿色发展评价地方标准　绿色发展有了县域标尺	浙江日报 5 月 31 日	李淋淋
海盐企业迎“及时雨”	浙江日报 7 月 29 日	钱亚锋
海盐民生项目插上互联网“翅膀”	浙江日报 8 月 15 日	范冰洁　丁　辉
海盐河道水质正变好	浙江日报 8 月 15 日	范冰洁　周伟迭
海盐首家“全电食堂”点火	浙江日报 8 月 15 日	宋　丹　吴维维
海盐：文化礼堂展示乡间民俗	浙江日报 9 月 28 日	范冰洁　杨颖慧
海盐打造“水电合一”智慧小区	浙江日报 9 月 28 日	余允涛

续表 63

标　　题	媒体刊(播)时间	作　　者
入选全国首批中欧城镇化伙伴关系示范区　海盐搭起中欧合作大舞台	浙江日报 10 月 14 日	陈佳莹　李　刚
海盐农业“两区”提升集约化水平　集聚区农业亩均产值超万元	浙江日报 10 月 21 日	翁　杰　李　刚
海盐供电抢修提速	浙江日报 10 月 21 日	姜振宇
海盐容错免责机制让干部敢作为	浙江日报 10 月 28 日	县纪委
海盐现代农业加速触合发展	浙江日报 10 月 28 日	范冰洁　周伟达
海盐“流动表箱”解决临时用电难	浙江日报 10 月 28 日	宋　丹
姐妹为结婚身份证错位 20 年看海盐民警“拨乱反正”	浙江日报 11 月 16 日	黄凯洁　王　弦
海盐:治危拆违整治群租房下“重药”	浙江日报 11 月 30 日	范冰洁　孙　逊
海盐金融支农天地宽	浙江日报 12 月 28 日	范冰洁　杨颖慧
浙江海盐:集装箱货车失控撞向民房	中央电视台 2 月 25 日	县广播电视台
浙江海盐:客车烧成空架　车上 22 人脱险	中央电视台 5 月 2 日	县广播电视台
浙江海盐:两闸开九孔全力排水减轻太湖压力	中央电视台 7 月 9 日	唐芳园　王慧杰
浙江海盐:中欧建 4 对城镇化伙伴关系示范区	中央电视台 10 月 13 日	邵　祺　张洪岭
浙江海盐:警方抓获 5 名捕猎野生鸟类涉案人员	中央电视台 10 月 27 日	张洪岭　徐鸣慧
海盐:百份爱心包　送百个重度残疾人	浙江卫视 1 月 24 日	王振华　朱　洁
今年 70%城区农贸市场建成质量追溯体系	浙江卫视 2 月 8 日	县广播电视台
新年新气象　党员干部下基层解题惠民生	浙江卫视 2 月 14 日	县广播电视台
专车接回外省残疾人员工	浙江卫视 2 月 20 日	县广播电视台
为残疾人传经送宝	浙江卫视 2 月 27 日	县广播电视台
举办残疾人专场招聘会	浙江卫视 3 月 13 日	县广播电视台
各界人士热议习总书记重要讲话,创新转型再争先	浙江卫视 3 月 14 日	县广播电视台
农村电商迅速崛起　岗位空缺急需人才	浙江卫视 3 月 16 日	县广播电视台
清明扫墓　各地倡导文明祭祀新风尚	浙江卫视 4 月 2 日	县广播电视台
多地降雨　交管部门全力保障交通	浙江卫视 4 月 3 日	县广播电视台
《今日快讯》海盐:17 个项目集中开工	浙江卫视 4 月 10 日	县广播电视台
海盐:技能培训　助力残疾母亲创业《爱心浙江》	浙江卫视 5 月 7 日	县广播电视台
海盐——当好“店小二”　打造世界级主题乐园	浙江卫视 5 月 14 日	县广播电视台
海盐:美丽山水喜迎八方来客	浙江卫视 5 月 19 日	许丹馨　陆　军　尤凯东
浙江省自行车系列公开赛海盐站比赛举行	浙江卫视 5 月 29 日	县广播电视台
海盐:今起全面施行不动产统一登记	浙江卫视 5 月 30 日	王慧杰
《今日评说》:1727 个节点推进“山水六旗”大项目如何有“大智慧”	浙江卫视 6 月 7 日	柏海忠　周　明
小长假第一天,各地景点游人如织	浙江卫视 6 月 9 日	县广播电视台
海盐:养猪村变身美丽乡村	浙江卫视 6 月 15 日	王慧杰　廖璐璐
海盐:公益“防溺水”课进校园	浙江卫视 6 月 25 日	县广播电视台
海盐:爱心牵手　8 个社会公益服务项目获资助	浙江卫视 6 月 26 日	许丹馨　尤凯东
海盐南排两闸开 9 孔全力排水	浙江卫视 7 月 9 日	县广播电视台

续表 63

标　　题	媒体刊(播)时间	作　者
海盐:加快推进“四张清单一张网”改革	浙江卫视 7 月 14 日	柏海忠
海盐:浙江省青少年柔道锦标赛开赛	浙江卫视 7 月 20 日	林艺伦　王宋立
《今日评说》:浙商回归“大单”频频　“金凤凰”带来新活力	浙江卫视 8 月 1 日	县广播电视台
(今日快讯)海盐:山水六旗展示中心奠基	浙江卫视 8 月 1 日	叶志超　徐鸣慧
海盐:南北湖(国际)瑜伽文化交流节开幕	浙江卫视 8 月 7 日	县广播电视台
第三届国际核电运维大会在海盐闭幕	浙江卫视 9 月 22 日	县广播电视台
发扬无私奉献精神　让志愿服务之花盛开	浙江卫视 8 月 24 日	县广播电视台
海盐获授首批中欧城镇化伙伴关系示范区城市	浙江卫视 10 月 13 日	县广播电视台
海盐:“残疾人之家”迎来首批体验客	浙江卫视 10 月 17 日	县广播电视台
非法捕猎野生鸟类 5 人落网	浙江卫视 10 月 27 日	县广播电视台
今日快讯:海盐——立冬开酿节　见证传统酿酒工艺	浙江卫视 11 月 7 日	县广播电视台
海盐:全国航海模型公开赛　海模选手一较高下	浙江卫视 11 月 12 日	县广播电视台
海盐:探索“就地城镇化”新模式　正成为“国家标准”	浙江卫视 12 月 16 日	县广播电视台
美丽乡村“年味”十足　传统风俗吸引游客过新年	钱江都市频道 1 月 5 日	县广播电视台
乡村年货节集会寻年味	钱江都市频道 1 月 2 日	县广播电视台
9 月大女婴患病　众人献爱心 2 日筹款 20 万	钱江都市频道 1 月 16 日	县广播电视台
农技专家深入田间　指导防寒工作	钱江都市频道 1 月 20 日	县广播电视台
寒潮来临南北湖积起厚厚白雪	钱江都市频道 1 月 20 日	县广播电视台
年夜饭“改进”了　敬老院老人提前享“年味”	钱江都市频道 2 月 6 日	县广播电视台
清明小长假　南北湖游人如织	钱江都市频道 4 月 2 日	县广播电视台
“身高”“腰围”相当　村民挖出 23 斤大毛笋	钱江都市频道 4 月 9 日	县广播电视台
奋战 39 小时　海盐警方抓获“6·16”命案犯罪嫌疑人	钱江都市频道 6 月 19 日	县广播电视台
朱火明:“作为一名基层书记,就得操心办实事”	钱江都市频道 6 月 22 日	县广播电视台
身边好党员王海明:甘做城市供水“啄木鸟”	钱江都市频道 6 月 25 日	县广播电视台
维持防汛防台Ⅱ级应急响应　巡堤查险不松懈	钱江都市频道 7 月 10 日	县广播电视台
吴越钱氏后人相聚南北湖　传承家训激励后人	钱江都市频道 9 月 11 日	县广播电视台
南北湖羊肉节开席　引来数千游客尝鲜	钱江都市频道 10 月 23 日	县广播电视台
学雷锋　义工为孤寡老人送欢乐	教育科技频道 3 月 9 日	县广播电视台
周荣伟:73 岁学画画 78 岁出画集	教育科技频道 7 月 20 日	县广播电视台
海盐:戏迷沙龙　老一辈人的越剧情怀	教育科技频道 7 月 21 日	县广播电视台
海盐:2016 年浙江省青少年柔道锦标赛开赛	教育科技频道 7 月 21 日	县广播电视台
蔡群慧:以传播传统文化为使命	教育科技频道 9 月 10 日	县广播电视台
核电科技馆建设者　假日坚守岗位	教育科技频道 10 月 1 日	县广播电视台
海盐南北湖半程马拉松赛	教育科技频道 11 月 1 日	县广播电视台
海盐:首届迷你马拉松开跑	教育科技频道 11 月 29 日	县广播电视台
海盐:建筑工地排除隐患　全力防台	浙江经视频道 7 月 7 日	县广播电视台
海盐:夏日送清凉　慰问一线建筑工人	浙江经视频道 7 月 25 日	县广播电视台

续表 63

标　　题	媒体刊(播)时间	作　者
海盐县78个村(社区)成功创建生猪转产转业先进村	浙江之声1月11日	县广播电视台
大学生务农探索销售模式　缓解同质化竞争	浙江之声1月12日	县广播电视台
海盐:暖暖腊八粥　温暖600余环卫工	浙江之声1月18日	县广播电视台
2015年浙江省体坛十佳评选活动　海盐县推荐马拉松达人陈家良	浙江之声1月30日	县广播电视台
浙江各地年味也越来越浓: 海盐:书法家挥毫　3万多家庭收到温馨祝福	浙江之声2月5日	县广播电视台
海盐:农技专家服务团田间地头访农户	浙江之声2月16日	县广播电视台
敖成光:心系农户　第一时间解难到田头	浙江之声2月18日	县广播电视台
学习习总书记在新闻舆论工作座谈会上的重要讲话	浙江之声2月21日	县广播电视台
海盐:元宵节带您体验浓浓民俗味	浙江之声2月23日	县广播电视台
“万朵鲜花送雷锋”:热心社区公益的退休教师沈赵良	浙江之声2月26日	县广播电视台
“万朵鲜花送雷锋”:保安俞建军,平凡的岗位上做着不平凡的事	浙江之声2月27日	县广播电视台
“万朵鲜花送雷锋”:慈善义工高臻华	浙江之声2月27日	县广播电视台
“万朵鲜花送雷锋”:新居民的老娘舅——李修正	浙江之声2月28日	县广播电视台
“万朵鲜花送雷锋”:刘建林奋不顾身　勇救落水者	浙江之声2月28日	县广播电视台
“万朵鲜花送雷锋”:社区文明和谐的宣传者和传递者——沈尧观	浙江之声2月29日	县广播电视台
“万朵鲜花送雷锋”:危急时刻,见义勇为的新居民——谭国平	浙江之声2月29日	县广播电视台
“万朵鲜花送雷锋”:海盐县行知小学教师——最美党员妈妈	浙江之声3月1日	县广播电视台
“万朵鲜花送雷锋”:六里村5位80后村干部献血捐钱救村民	浙江之声3月1日	县广播电视台
三年来为一对姐弟老人捐钱捐物不留名的好心人——李武平	浙江之声3月5日	县广播电视台
寒潮来袭　海盐茶农抢摘春茶	浙江之声3月9日	县广播电视台
海盐县180多户家庭开展亲子植树活动	浙江之声3月13日	县广播电视台
清明将至海盐县中小学师生祭扫烈士陵园	浙江之声4月3日	县广播电视台
海盐:生态树葬　绿色祭祀	浙江之声4月4日	县广播电视台
海盐:地头勤检查　防治赤霉病	浙江之声4月9日	县广播电视台
海盐:“五一”小长假　乐采红樱桃	浙江之声5月1日	县广播电视台
海盐:立夏野米饭野趣香味浓	浙江之声5月3日	县广播电视台
海盐:开展贫困残疾母亲援助行动	浙江之声5月7日	县广播电视台
海盐:开展“防灾减灾日”宣传活动	浙江之声5月12日	县广播电视台
海盐:探访辛苦忙碌的ICU重症监护室护士	浙江之声5月12日	县广播电视台
海盐:开展“全国助残日”宣传咨询活动	浙江之声5月16日	县广播电视台
海盐:枇杷“穿衣”　下旬采摘	浙江之声5月14日	县广播电视台
“鸟类观察员”方叶芬:翻山越岭只为它	浙江之声5月15日	县广播电视台
海盐县数字博物馆正式上线	浙江之声5月18日	县广播电视台
海盐:中国旅游日　万人游览南北湖	浙江之声5月20日	县广播电视台
海盐:建立长效管理机制　确保圩区运行正常	浙江之声5月21日	县广播电视台

续表 63

标　　题	媒体刊(播)时间	作　者
海盐:农村电影放映员王梓林	浙江之声 5 月 31 日	县广播电视台
海盐:农村淘宝家电下乡活动受欢迎	浙江之声 6 月 10 日	县广播电视台
海盐:爱心理发队　温暖病房老人	浙江之声 6 月 14 日	县广播电视台
阿里巴巴农村淘宝海盐服务中心开业	浙江之声 6 月 18 日	县广播电视台
海盐县首家爱心义卖店近日开业	浙江之声 6 月 21 日	县广播电视台
海盐:70 岁老党员沈和荣　见义勇为跳河救爷孙	浙江之声 7 月 7 日	县广播电视台
海盐秦山社区:优美庭院扮靓家园　清洁河道提升品质	浙江之声 7 月 12 日	县广播电视台
海盐县在全省首创“三权”金融产品风险补偿基金	浙江之声 7 月 14 日	县广播电视台
海盐:爱心药店　为全城环卫工人送“防暑包”	浙江之声 7 月 27 日	县广播电视台
海盐:马伟华——带领村民创业致富的领头羊	浙江之声 7 月 28 日	县广播电视台
海盐:爱斤斤计较的农水中心主任张仁良	浙江之声 8 月 2 日	县广播电视台
海盐:“春泥计划”让农村娃快乐一夏	浙江之声 8 月 12 日	县广播电视台
海盐:每月一张报　清风润镇村	浙江之声 9 月 13 日	县广播电视台
海盐:农村淘宝　惠民生　活经济	浙江之声 9 月 15 日	县广播电视台
海盐:按照习总书记重要讲话精神　更好地履行职责	浙江之声 9 月 25 日	县广播电视台
海盐:支出型贫困家庭救助　为困难家庭雪中送炭	浙江之声 9 月 27 日	县广播电视台
海盐县志愿者把爱心衣物送进敬老院	浙江之声 10 月 7 日	县广播电视台
青莲食品:把“极致”贯穿各个环节	浙江之声 10 月 27 日	县广播电视台
嘉兴海盐县多措并举把好科技经费配置总开关	中国网 12 月 12 日	孙经纬
十年弹指间:党的建设大推进——“三个示范”在海盐的实践(下)	人民网 1 月 6 日	胡金波
通元司法所成为海盐首个五星级规范化司法所	人民网 1 月 18 日	高雨佳
浙江海盐创新党建工作　老干部离岗不离党	人民网 1 月 22 日	富勤超
浙江海盐:基层党建和镇村建设要迈上新台阶	人民网 3 月 2 日	周丽丽
海盐县全面落实“谁执法　谁普法”责任制	人民网 4 月 27 日	步碧毅
打造新阵地　铸造新平台　探索新方法　浙江海盐基层党建全面“发力”	人民网 5 月 4 日	周丽丽　彦祖轩
浙江海盐掀起“两学一做”学习教育新高潮	人民网 5 月 26 日	周丽丽　彦祖轩
浙江海盐澉浦镇(区)吹响“两学一做”学习教育号角	人民网 5 月 31 日	徐亦为　沈勤华
浙江海盐县精准构筑惠民服务链	人民网 8 月 31 日	张　艳
浙江海盐县 6 家驾培机构接受全面“体检”	人民网 9 月 2 日	沈　洁　张　湧
浙江海盐慈善救助扩面增量	人民网 9 月 7 日	陶　玮　俞明华
“红动全城 文明海盐”党员志愿服务主题活动举行	人民网 9 月 26 日	周丽丽　彦祖轩
浙江海盐:严明换届纪律　确保换届风清气正	人民网 9 月 26 日	周丽丽
海盐运管部门进企业送红榜	光明网 1 月 4 日	沈　洁
武原街道“四箭齐发”　力推小微企业跻身“规上”方阵	光明网 1 月 11 日	朱玉梅
海盐开展“风暴五号”专项整治行动	光明网 2 月 2 日	沈　洁　查　春
武原街道动员部署“整村推进、整乡提升”基层党建工作	光明网 3 月 31 日	朱玉梅

续表 63

标　　题	媒体刊(播)时间	作　　者
海盐开启“十三五”慈善事业发展新征程	光明网 4 月 7 日	陶　玮　俞明华
近 300 名学生“零距离”感受绿色便民公交	光明网 4 月 21 日	姚刘权　赵佳莉　沈　洁
海盐党性教育为党员“补钙加油”	光明网 4 月 25 日	周丽丽　彦祖轩
海盐企业家欧洲“取经记”	光明网 5 月 2 日	丁　辉　聂海峰　钱亚峰　王斌杰
“离岗不离党 退休不褪色”海盐县注重老干部思想教育工作	光明网 5 月 13 日	周丽丽
海盐招才引智做好接轨上海大文章	光明网 5 月 17 日	胡金波　徐亦为　汤伟华
通元镇:让乡村休闲游“红”起来	光明网 5 月 18 日	张晨捷
市调研组赴海盐调研就地城镇化、美丽乡村和基层组织建设	光明网 5 月 19 日	周丽丽　彦祖轩
中核运行何少华当选中国科协九大代表	光明网 6 月 1 日	王争艳
海盐 24 辆出租车免费服务高考学子	光明网 6 月 7 日	沈　洁
海盐县举办“慈善义工心愿日”主题活动	光明网 6 月 8 日	陶　玮　俞明华
海盐县中医院成功救治一例百草枯中毒病例	光明网 6 月 8 日	杨丹梅
武原养殖户首次引进澳洲淡水龙虾养殖	光明网 6 月 14 日	冯勤军
省级医疗资源下沉　海盐老百姓得实惠	光明网 6 月 16 日	芦克州
海盐将全面实行实名托运制度	光明网 7 月 1 日	沈　洁　储建康
通元镇建立长效机制建设美丽乡村	光明网 7 月 28 日	叶海燕
武原街道东门社区“党建+服务”助推老年工作	光明网 8 月 5 日	朱玉梅
海盐今年首笔慈善冠名捐赠完成签约	光明网 8 月 18 日	陶　玮　俞明华
武原街道“两学一做”学习教育有“妙招”	光明网 10 月 1 日	朱玉梅
通元镇文化惠民活动量足质高	光明网 10 月 17 日	沈玲丽
海盐县 2016 年“心连心”慈善募捐活动启动	光明网 11 月 10 日	陶　玮　俞明华
海盐法院严明党纪党规,防止“节日腐败”	法制网 1 月 4 日	县法院
为保障当事人合法权益,海盐法院冻结支付宝账户	法制网 1 月 18 日	县法院
海盐法院烈日执行促农田复耕,代表委员全程参与执行	法制网 7 月 27 日	县法院
浙江:秦山核电站举办媒体开放日活动	新华网 3 月 14 日	记者
中国自主开发的秦山核电技术服务产品引关注	新华网 4 月 8 日	闫晓虹
长山河村道德讲堂涵养优良家风	中国文明网 8 月 7 日	冯秋燕
通元镇:文化礼堂弘扬民俗文化唱响乡音乡情	中国文明网 9 月 4 日	姜燕萍
海盐消防节后整治劳密企业 12 家　清除火患 27 处	中国消防在线 1 月 13 日	史美丽
海盐地毯式排查摸底　确定 119 家消防重点单位	中国消防在线 2 月 18 日	史美丽
海盐首个消防安全重点单位微型消防站投入使用	中国消防在线 3 月 8 日	金水兰
海盐消防严查“九小场所”	中国消防在线 4 月 6 日	史美丽
为高考保驾护航　浙江海盐消防进教育系统开展培训演练	中国消防在线 6 月 17 日	史美丽
海盐消防检查宗教信仰场所　整改火灾隐患 20 处	中国消防在线 8 月 30 日	史美丽
浙江海盐县老年人意外伤害保险实现适度普惠制	全国老龄委网站 1 月 6 日	沈夏林
海盐:责任落实与否　上网一查便知	省纪委监察部网站 1 月 12 日	县纪委
海盐:斩断利益输送　推行公款存放竞争性管理	省纪委监察部网站 1 月 19 日	县纪委

续表 63

标　　题	媒体刊(播)时间	作　者
海盐:廉情预警系统　实现监督检查全天候	省纪委监察部网站 2 月 19 日	县纪委
海盐:畅通信访渠道　织密监察网	省纪委监察部网站 5 月 11 日	县纪委
海盐:党员干部知规守矩　升学宴没了市场	省纪委监察部网站 7 月 21 日	县纪委
不行贿　不欠薪——海盐 200 名企业家“力挺”构建新型政商关系	省纪委监察部网站 12 月 1 日	县纪委
海盐县以团队建设为抓手引领社会正能量	省委老干部局网 3 月 16 日	顾小雁
海盐县老干部活动中心　四进中心推进满意家园建设	省委老干部局网 4 月 15 日	顾小雁
海盐县开展离退休干部红色精神现场学习活动	省委老干部局网 9 月 26 日	顾小雁
海盐县向离休干部通报县养老服务体系情况	省委老干部局网 9 月 26 日	顾小雁
海盐首个“浙江制造”团体标准正式发布	省质监政务网 5 月 1 日	吴彩芬
海盐重奖标准领先企业	省质监政务网 8 月 12 日	李琳琳
海盐“六帮扶”力促企业发展	省质监政务网 9 月 25 日	张志来
海盐注重层次突出特色开展特种设备宣传教育	省质监政务网 10 月 19 日	夏勤良
海盐县“1234”举措促“一对二”与“双关爱”活动深入开展	省民政厅网站 2 月 6 日	沈夏林
海盐县紧抓契机多举措推进养老服务工作	省民政厅网站 5 月 3 日	沈夏林
海盐县全省首发《海盐县养老服务补贴实施细则》	省民政厅网站 5 月 24 日	沈夏林
海盐县“四个一”助推老年电视大学实体化办学	省民政厅网站 6 月 27 日	沈夏林
海盐县多元化帮扶构建空巢独居老人关爱体系	省民政厅网站 9 月 8 日	沈夏林
海盐县出台城乡社区居家养老服务照料中心管理实施细则	省民政厅网站 9 月 8 日	沈夏林
召开宣讲团工作总结会暨学校德育工作调研	新星网 1 月 19 日	县关工会
羽翼计划在海盐秦山中学正式启动	新星网 3 月 28 日	县关工会
元通街道组织“五老”网吧义务监督员开展网吧巡逻工作	新星网 4 月 19 日	县关工会
武原街道新光社区关工委慰问贫困大学生	新星网 9 月 13 日	县关工会
海盐打造公共文化体育服务惠民新常态	浙江文化信息网 3 月 1 日	陶　玮
海盐县文化馆送戏下乡精彩不断	浙江文化信息网 4 月 8 日	姜国峰
海盐县数字博物馆正式上线	浙江文化信息网 5 月 20 日	黄彩霞
海盐县举办 2016 滚灯类节目文艺展演	浙江文化信息网 6 月 2 日	曹梦远
海盐县汽车图书馆正式启动	浙江文化信息网 6 月 26 日	曹梦远
2016 海盐县“一人一艺”公益大培训巡演拉开序幕	浙江文化信息网 10 月 26 日	肖　丽
2016 中国·海盐南北湖文化旅游节闭幕	浙江文化信息网 11 月 1 日	曹梦远
海盐县博物馆中国民间玩具展拉开巡展帷幕	浙江文化信息网 12 月 17 日	黄彩霞
海盐县举行“企业股权架构与股权激励”总裁讲座	省工商业联网站 3 月 28 日	李　霞
海盐县工商联组织电商企业参加“中国国际电子商务博览会”	省工商业联网站 4 月 15 日	县工商联
海盐县工商联三举措扎实开展“美丽厂区”创建工作	省工商业联网站 5 月 26 日	县工商联
浙江省海盐县科技城力推三项创新,驱动产业发展	国家科技部网 11 月 23 日	孙经纬

（县史志办）

卫生　计生

综　述

【概况】 2016年，完成海盐县卫生计生事业发展“十三五”总规划和海盐县医疗机构设置“十三五”规划、海盐县中医药事业发展“十三五”规划、海盐县卫生应急救援体系建设发展“十三五”规划、海盐县基层医疗卫生服务机构设置“十三五”规划、海盐县卫生计生人才队伍建设“十三五”规划、海盐县公共卫生事业发展“十三五”规划、海盐县人口健康信息化建设发展“十三五”规划、海盐县爱国卫生工作“十三五”发展规划等的编制、讨论，并组织实施。年末，全县有各级各类医疗卫生机构145家。其中，县级医院6家、社区卫生服务中心(卫生院)12家、社区卫生服务站95家、门诊部21家，民营专科、综合医院2家，妇幼保健机构1家，医学在职培训机构1家，县疾控中心、县卫生监督所等卫生单位7家。有医疗卫生计生工作人员2999人，其中各类专业技术人员2746人。专业技术人员中，有卫生技术人员2625人，其中执业医师831人、执业助理医师160人、注册护士1000人、药剂人员163人、检验技师(士)127人、其他卫技人员344人。全县有注册乡村医生140人。全县每千人拥有医生2.61人，每千人拥有护士2.63人，每万人拥有全科医生3.38人。全县有医疗床位2047张，每千人拥有医疗床位5.38张。

是年，全县各级医疗机构门急诊总诊疗病人3338172人次，健康检查人数238412人次，入院病人51067人次，出院病人51381人次，完成住院病人手术13417人次。

年末，全县卫生计生系统总资产12.93亿元，净资产9.80亿元；固定资产总值7.55亿元，其中专用设备总值2.54亿元；房屋面积21.11万平方米，其中业务用房17.43万平方米。大型医用设备(乙类)5台，其中X线电子计算机断层扫描装置(CT)4台、医用磁共振成像设备(MRI)1台。县卫生计生系统各级医疗机构总收入10.23亿元，其中业务收入8.42亿元；总支出9.73亿元，其中业务支出9.3亿元。

是年，县卫生计生局获浙江省“双下沉、两提升”工作先进单位、嘉兴市基层中医工作先进单位、嘉兴市基层卫生协会第三次学术年会暨健康管理论坛优秀论文评审优秀组织奖、嘉兴市疾控系统应急拉练先进集体二等奖、嘉兴市疾控工作考核二等奖等荣誉。

11月2日，市人大常委会副主任张志伟一行到海盐调研分级诊疗推进合理有序就医情况

2016 年主要医疗机构及诊疗情况表

表 64

医疗机构名称	职工总数（人）	其中 高级职称（人）	中级职称（人）	初级职称（人）	开放床位数（床）	全年诊疗病人数（人次）	全年入院病人数（人次）	健康体检人数（人次）
县人民医院	901	94	206	414	751	805212	33159	36245
县中医院	362	30	92	180	215	306130	7729	33636
县妇幼保健院	218	25	63	92	72	247152	4366	8792
县口腔医院	57	2	10	25	0	80834	0	0
县康宁医院	131	7	27	64	150	180090	1664	13397
县康复护理院	85	3	11	61	149	15938	755	1113
县 120 急救站	10	0	2	2	0	7246	0	0
武原街道社区卫生服务中心	181	3	24	139	50	361705	282	55236
西塘桥街道社区卫生服务中心	72	2	15	23	75	131944	927	8015
通元镇卫生院	93	4	10	49	60	132465	1168	7265
元通街道社区卫生服务中心	59	2	7	42	20	103926	126	9727
西塘桥街道海塘社区卫生服务中心	53	0	6	32	21	129709	63	2976
秦山街道社区卫生服务中心	98	0	11	87	25	181869	241	17362
澉浦镇卫生院	80	2	7	47	50	141643	26	16266
通元镇石泉卫生院	59	1	9	32	24	96804	251	4988
于城镇卫生院	65	3	8	31	25	105337	98	301
百步镇卫生院	49	2	6	30	20	106600	144	8586
百步镇横港卫生院	50	1	4	31	20	90651	54	9022
海盐邦尔医院	71	6	9	29	200	387	9	0
海盐富兴骨科医院	35	2	5	21	100	154	5	0
海盐平安门诊部	25	5	5	10	0	8325	0	0
海盐二三门诊部	34	2	5	17	0	40213	0	0
其他医疗机构	112	13	35	64	20	63838	0	1285
其他卫生单位	99	10	29	22	0	0	0	0
合　　计	2999	219	606	1522	2047	3338172	51067	238412

【巩固全国基层中医药工作先进单位创建成果】 2016 年，实施中医养生保健普及工程，成立县级中医养生保健讲师团 1 个和基层中医养生保健组 12 个，全面推进中医药养生保健“五进百场”活动，创建中医药服务示范中心 12 个、示范站 22 个。开展老年人体质辨识、孕产妇和 0～36 个月儿童中医药健康管理。“冬病夏治”延伸至基层，治疗近 3 万人次。加强中医药医疗服务管理，实现中医智能云系统县域全覆盖，设置“互联网诊间”13 个，广泛应用中医门诊电子病历，19 名中医师成为国医大师王琦互联网传承工作室的预备弟子。县中医院成为浙江中医药大学临床教学基地。发挥中医院中医龙头带动作用，建立中医医疗联合体，定期开展中医学术沙龙。成功承办第七届浙沪社区中医药服务论坛，“基层中医化，中医基层化”经验走向全国。

【构建妇幼健康计划生育服务体系】 2016 年，优化整合妇幼健康和计划生育服务资源，继续推进妇幼健康优质服务示范工程，完善全县电子健康档案妇幼信息，推广中医妇科、儿科适宜技术，创新爱婴品牌。加强危重孕产妇与新生儿救治中心和网络建设，确保母婴安全。落实计划生育免费基本技术服务，加强再生育咨询服务、技术指导和避孕药具管理。加强出生缺陷综合防治，做好优生优育全程服务，推广使用统一的母子健康手册，提高出生人口素质。开展第二轮“两癌”筛查工作，完成率90.3%。是年，婴儿死亡率1.16‰，5岁以下儿童死亡率2.03‰，围产儿死亡率1.45‰，剖宫产率43.4%。

【县级公立医院综合改革】 2016年，县级公立医院均与上级三甲医院结成协作医院关系。4月，县人民医院与上海市第一人民医院挂牌成立“上海市第一人民医院海盐分院”。“浙北中西医结合消化病诊疗中心”在县中医院运行。县妇保院成为全国首家县级“PAC优质服务医院”。县口腔医院与省人民医院口腔科建立协作关系，县康复护理院与浙江大学医学院附属邵逸夫医院康复医学中心建立协作关系。探索实践医疗卫生与养老服务相结合的新模式，县康复护理院开放床位250张。发挥区域医疗联合体和十大医疗资源共享型中心作用，增强县级公立医院对口支援基层医疗卫生机构的针对性与有效性。出台医学重点学科与特色专科(专病)建设管理办法，确定第三批县级医学重点学科建设项目8个。县人民医院神经病学被确定为浙江省第五批龙头学科立项学科。

【基层医疗机构综合改革】 2016年，开展省基层医疗卫生机构补偿机制改革试点工作，出台海盐县基层医疗卫生机构补偿机制改革试点实施办法、考核办法等配套文件。以标化工作当量的方法创新政府购买服务模式，建立起专项补助与付费购买相结合、资金补偿与服务绩效相挂钩的基层医疗卫生机构补偿新机制。出台《海盐县卫生计生基本公共服务均等化改革试点工作实施方案》，城乡医疗卫生机构标准化建设项目、城乡居民同享基本医疗服务项目、城乡居民同享健康保障项目如期完成。贯彻落实《海盐县人民政府办公室关于推进责任医生签约服务工作的实施意见》，全年责任医生签约率20.5%。投资150万余元完成全科医师移动随访系统(一期)项目建设，在全省率先创新基本医疗服务和基本公共卫生服务结合模式，实现诊疗、健康管理、体检、签约服务、健康教育等随访服务功能的有机整合。实施医疗卫生服务能力提升工程，秦山街道社区卫生服务中心获“浙江省百强社区卫生服务中心”称号，百步镇卫生院被评为国家级“群众满意的乡镇卫生院”。

【基本药物制度】 2016年，加强县级公立医院药品采购管理和基层医疗单位“六个统一”用药管理。全县平均基本药物采购占比63.7%，其中基层医疗机构基本药物采购占比91.5%，6家县级医疗单位基本药物采购平均占比52.2%。在全县12家基层医疗单位全面实施基药零库存，缓解流动资金积压、业务用房紧张、药剂人员不足的矛盾。是年，基层医疗机构药品总存量较上年节约200万余元，药品月周转率平均为81.1%。开展抗菌药物临床应用专项整治，全县公立医疗机构严格执行抗菌药物分级管理制度，取消基层社区卫生服务站抗菌药物注射剂型门诊输液，县级医疗机构实行抗菌药物使用强度监测与评估，监督医务人员对抗菌药物的规范使用。加强区域合理用药管理系统建设，建立全县统一的合理用药标准，加强药品合理使用培训，进一步提高全县处方质量，促进临床合理用药，保障医疗安全，此项工作得到中国医院协会药事管理专家的高度评价。

【分级诊疗双向转诊改革试点】 2016年，加大省(市)、县、镇(街道)三级医联体建设，建立双向转诊绿色通道。全面落实分级诊疗制度，初步建成双向转诊信息平台，县域内双向转诊全部实现电子化、无纸化，与市级双向转诊平台实现无缝对接，向社保部门提供的转诊单据实现电子签章打印，转诊流程进一步简化、高效。县人民医院设立住院服务中心，统筹病区床位，及时收治基层上转病人。探索分病种转诊技术路径，出台首批县域内常见疾病分级诊疗指南。是年，县域内住院就诊率81.3%，基层医疗机构就诊率62.6%，县域内综合就诊率95.4%。分级诊疗改革试点经验《增强医疗服务核心竞争力实现分级诊疗运行现代化》在全省卫生和计划生育工作会议上作交流。

【卫生基础设施建设】 2016年，县妇保院北扩工程完成方案设计规划审核、项目可行性研究申报、建设用地预审和初步设计编制，委托开展地质勘查和环境影响评估；完成、上报基层医疗机构污水入网改造项目实施方案。列入省全民健康教育示范项目的海盐县健康生活馆及元通街道社区卫生服务中心改扩建工程、县中医院二期改造项目、县康复护理院二期改造项目先后投入使用。经过二期改造，县中医院新增床位110张，并启用规范化消毒供应室；县康复护理院新增床位104张，实现门诊、住院合理分区。武原街道社区卫生服务中心迁建项目完成地下室工程。

【卫生信息化建设】 2016年，在全省率先完成财政补偿新机制改革试点配套信息化项目建设，完成责任医师签约服务配套信息化管理系统和一期移动工作站项目建设，覆盖全县社区卫生服务站的卫生应急指挥决策系统二期扩建项目投入运行。进一步完善县级卫生信息平台功能，充分发挥平台综合管理、决策分析、互联互通、数据集散等功能。做好省市县网络与信息安全自查检查工作，出台《海盐县卫生计生系统信息安全管理办法(试行)》，完成二级医院和区域医疗卫生16个业务系统的信息安全等保护测评和备案，保障国际重大峰会期间网络与信息安全。在全省252家卫生计生系统网站测评中，县卫生计生局网站获优秀网站称号。

【卫生队伍建设】 2016年，在全市率先开展公立医院编制备案制管理，破解县属公立医院人员编制瓶颈，县人民医院等4家县级公立医院增编176人。多途径做好卫计人才招引工作，保障系统医护人员的绝对增量。全年招引各类卫生人才163人，其中编内108人、编外55人，正高级1人、紧缺型卫生专业1人。开展卫生人才一体化柔性流动，提升基层服务能力。继续实施定向培养基层卫生人才工作，定向培养10人，累计落实定向培养计划217人。持续推进系统事业单位绩效工资改革工作，发挥绩效工资考核分配的激励导向作用。推进系统人事档案制度化、规范化建设，制定出台《海盐县卫生和计划生育局人事档案目标管理工作实施意见》。

（谢震宇）

医政管理

【医疗质量管理】 2016年，继续实施“进一步改善医疗服务行动计划”，推行临床路径管理与日间手术，通过绩效考核等措施严格控制医疗费用不合理增长。继续完善预约诊疗流程，加强护理队伍建设，持续推进优质护理服务，落实各项便民惠民利民措施，提高群众“获得感”。出台《海盐县卫生和计划生育局关于加强抗菌药物临床应用管理工作的通知》，在全市率先建成海盐县区域合理用药系统，严格落实抗菌药物分级管理制度，控制抗菌药物使用率与静脉输液使用率，全面提升县域医疗机构合理用药水平。发挥14个县医疗质控中心专家团队作用，组织开展质控专项指导与检查。继续开展平安医院创建工作，结合G20杭州峰会与世界互联网大会乌镇峰会安保工作要求，组织开展以加强危急值报告、医疗不良事件上报、毒麻药品管理、医疗纠纷处理和防范等制度建设为重点的医疗质量与安全集中专项督查与整治，提高全县医疗安全管理水平。加强医疗纠纷防范与调处机制建设，全年调处纠纷33起，其中通过医患双方协商处理16起，第三方协调机构调处17起。

【“双下沉、两提升”工作】 2016年，贯彻省政府《关于推进“双下沉、两提升”长效机制建设的实施意见》，继续加大承接城市医院优质资源下沉力度。省立同德医院在县中医院设立的“浙北中西医结合消化病诊疗中心”正式投入运行，省卫生计生委与省财政厅委托第三方对省立同德医院托管县中医院考核取得91分，列全省第3名。县人民医院与上海市第一人民医院签约成为其分院，加入上海市第一人民医院医疗集团，呼吸科与眼科合作不断深入。县妇保院与上海红房子妇产科医院二期合作签约，共同组建的“宫颈宫腔诊疗中心”正式成立。各县级医院主动与对口支援基层医疗卫生机构对接，结合双方特点与需要，支援基层医疗机构专科(专病)、急救、常见病多发病诊治和住院病区管理等医疗服务能力建设。

【推进医疗资源整合】 2016年,依托县人民医院临床医学检验中心、病理诊断中心和远程心电会诊中心等七大医疗资源共享中心设备、人才、技术等优势,完善工作制度,强化协调对接,执行经费补助考核机制,发挥各中心服务基层的积极性与主动性。是年,县临床医学检验中心完成标本检验报告150915份,县心电会诊中心完成会诊报告9094人次,县放射会诊中心完成会诊报告1315人次,县病理诊断中心完成样品检验4811份,县消毒供应中心完成消毒包消毒供应工作2871个。县临床技能培训中心组织各类培训50余次、6503人次,县慢病防治中心开展高血压、糖尿病、肿瘤等慢性病业务培训与讲座40余次、3000余人次,发放科普资料5万余份。

【探索分级诊疗模式】 2016年,依托"双下沉、两提升",县级医院与上级合作医院建立点对点双向转诊机制,开通转诊绿色通道,缓解患者转诊省级医院难的问题。是年,全县基层医疗机构上转县级医院978例,其中门诊737例,住院241例;基层和县级医院上转省、市等三级医院4626例,其中门诊2077例,住院2549例。

【引导与促进社会办医】 2016年,根据省卫生计生委关于继续推进"做强做优公益性医院,放开放活营利性医院"的要求,鼓励社会资本举办上规模、上层次的医疗机构。是年,批准海盐邦尔医院(核定床位200张,为营利性二级综合性医院)与海盐富兴骨科医院(核定床位100张,为非营利性骨伤科专科医院)执业许可;同意设置海盐怡康老年病医院。

【新模式住院医师规范化培训】 2016年,继续加强住院医师规范化培训管理,县卫生计生局、县财政局出台《关于完善住院医师规范化培训资金管理的通知》,明确学员每月生活补助经费2000元,培训基地每年每学员日常维护经费1万元补助标准;县人民医院通过省助理全科规范化培训基地考核,并新增内科、外科规培科目。是年,全县各医疗机构规范化培训学员196人次,其中县人民医院与县中医院115人次,结束培训44人,新参加培训26人,通过考核取得合格证37人。

(俞振华)

卫生监督

【概况】 2016年,县卫生计生局查处投诉举报案件5起,办结行政处罚案件52起。其中简易程序30起,一般程序22起,罚没款117855元。全年审批发放卫生许可证576件。其中,公共场所卫生许可证356件,集中式供水单位许可证4件,放射诊疗许可证5件,放射诊疗建设项目卫生审查6件,医疗机构设置审批1件,医疗机构执业许可证(含变更)17件,医师执业许可142件,母婴保健专项技术服务许可2件,母婴保健专项技术服务人员资格认定6件,传染病菌毒种采集、保藏、携带、运输和使用审批37件。是年,医疗机构执业许可证校验119家,放射诊疗许可证校验7家。6月,对饭馆、咖啡馆、酒吧、茶座等四类不列入公共场所管理的67家单位注销卫生许可证。

【传染病防治监督执法】 1月,县卫生监督所对辖区内19家医疗机构进行人感染H7N9禽流感防控专项检查。3—4月,对15家预防接种单位进行预防接种专项监督检查。5月,对19家医疗机构进行肠道门诊专项检查。6月,对5家县级医疗机构进行传染病防控工作落实情况监督检查。7月,对辖区内135家医疗机构开展消毒隔离情况专项监督检查,并对6家医疗机构开展消毒效果监测。8月,对辖区内19家医疗机构检验科进行监督检查。是年,开展为期三年的口腔诊疗机构专项整治行动,对全县口腔诊疗有关人员开展培训,对口腔用水、手卫生等项目进行监督检测,联合县口腔质控中心、县流感质控中心对18家医疗机构进行现场量化分级评估,县人民医院评为五星单位,县中医院等4家单位评为四星单位。

【医疗市场监督管理】 6月,县卫生监督所对辖区内15家医疗机构开展母婴保健技术服务监督检查专项行动。是年,开展依法执业守护健康专项行动,对登记注册的135家医疗机构进行监督检查,医疗机构及采供血机构监督覆盖率100%。联合县公安局对无证行医采取集中、错时等方式开展有效打击,全年查处非法行医案5起，罚没款39954.7元，罚没物品估价6100元，发放举报奖励900元。

【职业健康检查】 2016年，全县有职业健康检查机构2家，职业病诊断机构1家。是年，结合全省职业健康检查机构信誉评级工作，开展职业健康检查服务专项治理行动，每季度抽取5份《职业健康检查报告书》进行质量测评。年内，306家企业组织9421名接触职业病危害因素的劳动者进行职业健康检查，检出职业禁忌228人，检出疑似职业病11人。全年新增职业病患者6人，均为尘肺。

【放射卫生监督】 2016年，县卫生计生局联合县环保局开展X射线装置辐射安全管理规范化单位创建工作。对全县放射诊疗机构开展监督检查，全县开展放射诊疗的医疗机构18家，均取得"放射诊疗许可证"，有放射工作人员85人，均持有"放射工作人员证"。年内，开展放射诊疗建设项目职业病危害预评价3家，职业病危害控制效果评价5家。

【学校卫生监督】 2016年，县卫生监督所开展校园卫生安全健康行动。3月，对全县38所中小学校开展传染病、常见病防控工作监督检查，并对13所中小学校教学环境和生活设施等进行检测。10月，对13所学校开展学校卫生综合监督评价，并按照《学校卫生综合监督评价表》进行综合评分，评价结果优秀8所、合格5所。中考、高考期间，对15所考点学校突发公共卫生事件应急管理、生活饮用水卫生等进行检查，并对管网末梢饮用水进行监督采样检测。继续开展学校卫生监督量化分级管理工作，对百步镇、通元镇、澉浦镇和秦山街道所属13所学校进行复评，评为A级单位3家，B级单位10家。

【爱国卫生监督】 2016年，全县有备案消杀服务机构2家。6月，县卫生监督所对4家三星级及以上宾馆进行病媒生物预防控制专项监督检查，针对存在问题出具《卫生监督意见书》4份，责令限期整改。8月，对整改情况进行复查，均已落实整改。

【餐饮具集中消毒】 2016年，全县有餐饮具集中消毒服务单位7家，均取得浙江省餐饮具集中消毒卫生监督合格证。年内，按每季度1次对经餐饮具集中消毒单位消毒的餐具开展大肠菌群和烷基苯磺酸(钠)检测，抽检282件，合格率99.6%。对不合格单位发出卫生监督意见书，责令其限期整改。

【公共场所卫生监督管理】 2016年，对辖区内新许可的171家经营单位在行政许可决定作出之日起60日内开展一次监督检查。3月起，对全县4个街道"五小行业"实行网格化管理，对网格内"五小行业"创卫达标情况进行巡查。是年，对辖区内14家游泳场所(15个泳池)开展游泳场所"夏季保健康"专项行动。继续开展住宿、美容美发、沐浴和游泳等公共场所卫生监督量化分级管理工作，卫生信誉度评定结果是游泳场所A级4家、B级8家、C级2家，住宿场所A级6家、B级69家、C级35家，美容美发经营场所A级1家、B级122家、C级273家，沐浴场所A级1家、B级34家、C级34家。是年，继续推广公共场所卫生管理员制度，住宿、美容美发、沐浴足浴、游泳类公共场所新增60人，经考核合格后取得卫生管理员证。是年，对住宿场所公用物品抽检样品53份，检测结果均合格；对沐浴场所抽检样品23份，检测结果均合格；对美容美发场所抽检样品20份，不合格2份。对2家公共场所集中式空调通风系统抽检样品8份，检测结果均合格。对住宿、超市、影剧院、游艺厅、歌舞厅、体育馆、车站等26家公共场所开展空气质量卫生监督抽检，合格25家，合格率96.2%。泳池池水抽检样品75份，合格68份，合格率90.7%。

【生活饮用水卫生监督】 7月起，县卫生监督所在全县镇(街道)推广社区生活饮用水卫生检测示范项目，共选择12个社区，每个社区设5个检测点，对5个项目(臭和味、肉眼可见物、余氯、P^{H}、浑浊度)进行检测，检测结果在社区公示栏公示，检测频率为每月1次。是年，县卫生监督所安装5套生活饮用水在线监测设备并与省卫生监督系统联网，可使用手机APP系统实时察看，水质检测异常及时提醒。继续推行饮用水供水单位卫生监督量化分级管理工作，县内共有集中式供水单位8家，应量化分级5家,已量化分级5家,其中A级2家,B级3家。年内对3家B级单位进行复评,结果均为B级。监测3家市政供水单位饮用水水样75份,合格率100%。市政供水监督监测结果均在海盐县卫生监督信息网上公布。采集2家自建水厂出厂水和末梢水样品4份,合格4份,合格率100%。采集3家分质供水单位出厂水和末梢水样品6份,合格率100%。

(刘龙兴)

疾病预防和控制

【概况】 2016年,对霍乱、手足口病、艾滋病、结核病等重点传染病加强防控和监测。全年无甲类传染病报告,无传染病漏报。完善各类传染病应急预案和技术方案,开展重点传染病监测和预警,及时规范处置各类传染病疫情。规范艾滋病综合防治工作,加强艾滋病高危行为干预。保持高水平免疫规划接种率,6家医疗单位接种门诊通过省级三星级接种门诊评审,全县星级预防接种门诊覆盖率90%以上。做好疑似结核病人的发现和转诊,规范开展结核病人随访。巩固省级慢性病综合防控示范区创建成果。认真做好查螺以及麻风病、布病监测等地方病防治工作。开展食品安全风险监测工作,完成省市下达的各类监测任务。

【疫情管理】 2016年,全县报告乙类传染病11种976例,报告发病率为221.50例/10万人,无死亡病例报告,其中梅毒、猩红热、淋病、肺结核列乙类传染病报告发病数前四位。报告丙类传染病6种1680例,报告发病率为381.27例/10万人,其中手足口病、其他感染性腹泻病、流行性腮腺炎列丙类传染病报告发病数前三位。是年,继续加强梅毒、淋病等性传播疾病报告质量控制,开展手足口病疫情专题分析。年内,开展2次医疗机构传染病管理督导检查和1次丙肝诊断符合率调查。全县传染病诊疗机构网络正常运行率、及时报告率、县疾控中心及时审核率均为100%,共报卡2353张;有效证件号完整率96.9%,全县系统报告质量综合率99.4%。

11月2日,浙北中西医结合消化病诊疗中心专家工作室揭牌成立

【卫生应急】 2016年,完善各类传染病应急技术方案,开展重点传染病监测和预警,健全疾病监测体系建设,积极开展卫生应急队伍培训。是年,全县报告学校(幼托机构)聚集性流感疫情7起、食源性疾病暴发事件6起、诺如病毒感染性胃肠炎聚集性疫情和学校聚集性呕吐腹泻病例事件各2起,县疾控中心及时组织应急人员开展相关因素流行病学调查、采样检测、卫生学处理指导等工作,事件均得到有效控制。是年,县疾控中心举办1次登革热防控应急演练,在全市疾控系统应急拉练中获二等奖。

【霍乱防控】 4月,县疾控中心举办1期霍乱等重点肠道传染病监测与疫情处置技术培训班。年内,除县人民医院常年开设肠道门诊、县中医院5—10月间专设肠道门诊外,其他医疗机构5—10月兼设肠道门诊。是年,完成腹泻病例霍乱弧菌病原学监测1338份,结果均为阴性。霍乱外环境监测水样84份,海水产品30份,均未检出霍乱弧菌。是年,全县无霍乱疫情报告。

【艾滋病性病防治】 2016年,县疾控中心组织开展高危行为干预技术培训,组织高危干预人员对全县各镇（街道）娱乐场所进行干预活动。6月、11月，县癌症康复俱乐部参与武原街道娱乐场所高危干预工作。全县4家艾滋病初筛实验室和14个艾滋病快检点共监测70029人次，新检出艾滋病病毒感染者17例（其中2例重复病例），阳性检出率0.24‰。15例感染者均为性接触传播，其中男男性接触传播3例。全年干预公共娱乐场所人员2486人次，吸毒人群685人次，外来务工人员87336人次。举办男男同性恋聚会2次，干预男男性接触人群454人次，检测109人次。全年接受艾滋病自愿咨询检测1422例。至年末，全县管理艾滋病病人、感染者105例，提供免费抗病毒药物治疗91例。年内，县人民医院完成艾滋病感染者和病人药物治疗准备工作。是年，海盐县通过国家卫计委预防与控制梅毒规划实施情况中期评估。

【结核病防治】 2016年，全县发现活动性肺结核病人137例，其中新发涂阳67例、复治涂阳4例、涂阴66例。开展耐多药肺结核防治工作，对耐多药疑似病人筛查率100%，完成病例细菌培养83例，上送培养阳性菌株60例。是年，市一医院确诊海盐县耐多药肺结核病人2例，患者均被纳入社区服药管理。全年转诊可疑肺结核病人93例，到位91例，到位率97.9%。从转诊发现涂阳肺结核病人9例、涂阴9例。是年，结核病患者健康管理服务纳入国家基本公共卫生服务工作，全县签订管理协议137份，病人纳入社区服药管理率100%，患者规则服药率90%以上，县级随访涂阳病人71人次。对全县结核病相关医疗单位开展每季度一次的督导工作，覆盖率100%。年内，处置学校结核病散发疫情4起。

【H7N9禽流感防控】 2016年，全年共监测样本115份，其中12月8日在武原第一农贸市场采集的11份样本甲通阳性，5份样本H5阳性。是年，县卫生计生局组织开展2次发热门诊、预检分诊督查，全县无人感染H7N9禽流感疫情报告。

【登革热防控】 2016年，做好灭蚊药械、检测试剂、监测器械等物资储备，加强应急值班，强化登革热防控技术、人员和物资全面储备。规范开展病媒监测及分析评估，4—10月每月开展登革热媒介监测工作，共监测14次，累计调查2800户，结果显示布雷图指数14次均大于10，其中有11次超过20。全年共撰写阶段性登革热监测分析报告2篇，向县政府及相关部门提出针对性的防控建议。做好G20杭州峰会保障服务工作，8月举办一次登革热防控应急演练。是年，全县无登革热病例报告。

【手足口病防控】 2016年，全县报告手足口病1311例，其中重症病例1例，无死亡病例报告；实验室诊断病例106例，其中EV71（肠道病毒71型）阳性43例、其他肠道病毒阳性42例、CoxA16（柯萨奇病毒A16型）阳性21例。是年，现场处置托幼机构和小学聚集性疫情5起。

【食品安全风险监测】 2016年，县疾控中心做好食品污染物和有害因素监测，县人民医院、县中医院做好特定病原体的食源性疾病病例监测，县人民医院、县中医院、县妇保院做好疑似食源性异常病例监测。县疾控中心共采样665份，完成省、市监测任务，针对采样检测结果，每半年开展食品安全监测分析。县人民医院完成食源性疾病病例采样检测和网络报告374例，检出阳性菌株28份，其中副溶血性弧菌阳性23份、沙门氏菌阳性5份。县中医院对有可疑食物暴露史（由食品或怀疑由食品引起）以腹泻症状为主诉的病例进行监测，6—12月共报告病例22例。县人民医院、县中医院、县妇保院全年无疑似食源性异常病例事件报告。是年，完成核电站周围环境放射性与人群健康监测工作，采集核电厂周边海产品、蔬菜11份；开展丰水期、枯水期水中放射性物质监测，共采送水样60份；全县24个监测点每季度开展1次环境剂量元件布放和回收工作，共回收元件93个；每月1次收集沉降灰，送省疾控中心环境与职业卫生所。

【消毒质量监测】 2016年，县疾控中心对全县18家幼托机构开展消毒质量监测。共采集样品287份，合格233份，总体合格率81.2%。其中空气样品合格率91.7%，教师（保育员）手部样品合格率90.7%，物体表面样品合格率100%，紫外线灯辐照强度样品合格率94.4%，餐具样品合格率66.7%，饮水机出水口样品合格率100%,使用中饮水样品合格率25.7%,使用中消毒剂样品合格率100%。是年,对全县15家医疗单位开展消毒质量监测,共采集6类141份样品,合格99份,总体合格率70.2%;牙科手机喷水和口腔冲洗水合格率28.6%。

【病媒生物监测】 2016年,县疾控中心开展病媒生物监测工作。1—12月监测数据显示,鼠密度0.12只/百夹,以小家鼠和褐家鼠为主;蟑螂捕获率0.04只/张,种类有德国小蠊、美洲大蠊和黑胸大蠊;苍蝇捕获率5.2只/笼;蚊密度每小时1.48只/灯,淡色(致倦)库蚊为优势种群。

【生活饮用水水质监测】 2016年,县疾控中心根据GB5749—2006生活饮用水卫生标准,采集水样80份(出厂水4份、管网末梢水76份),进行34个项目2720项次的水质监测指标检测,不合格7份(细菌菌落总数超标),合格率91.3%。

【地方病防治】 2016年,开展血吸虫病防治工作。全县组织查螺小组130个,419人参与,投入1689.5工,轮查23个村,重点查82个村,查螺段1837条块,查螺面积681700平方米,已连续27年未查到钉螺。对外来流动人口进行血吸虫抗体检测1266份,查到血吸虫抗体阳性人员12例,粪检阴性。年内,继续对58例晚期血吸虫病人实施内科治疗救助。是年,新增晚期血吸虫病人内科救助人员8例,死亡晚血病人10例。继续开展碘缺乏病防治工作,抽检企业生产、批发的碘盐108份,合格率100%;抽检居民户碘盐302份,其中合格270份、不合格23份、非碘盐9份,碘盐覆盖率97%、合格率92.1%,合格碘盐食用率89.4%,非碘盐率2.98%,盐碘中位数21毫克/千克。对天宁寺小学、滨海小学、沈荡小学、通元小学、百步小学8～10岁学生202人,采集尿液进行检测,尿碘中位数152.4微克/升,尿碘含量低于50微克/升比例为7.4%。是年,对武原、西塘桥、沈荡、通元、百步5个镇(街道)的100名孕妇监测碘营养状况。实际采样100名,家庭合格碘盐食用率86%,孕妇尿碘中位数102.8微克/升。全县共监测养殖、屠宰和兽病防治布鲁氏病三类人员160人,无抗体阳性发现。共对医务人员及高危职业人群培训18期次,人员1028人。是年,规范开展麻风病人社区随访工作,全年完成46例可疑症状转诊,没有新发麻风病人。至年底,现存27例病人,无现症病人。对1例监测期病人做好管理和密切接触人员现场调查。年内,对333例历史慢性丝虫病人进行2次随访。10月,在澉浦镇紫金山村、秦山街道北团村,通元镇三友村、得胜村,元通街道新兴村5个监测点开展人体重点寄生虫现状调查,采集农村居民大便样本1025份,儿童肛胶粘样19份,检测结果发现钩虫阳性4例。

【疟疾防控】 2016年,继续开展疟疾监测,全年完成血检851例。年内,发现并管理2例国外输入感染恶性疟疾病人。是年,全县居民血检率2.2‰,村覆盖率100%。

【慢性非传染性疾病防控及监测】 2016年,县疾控中心举办慢性病监测和社区管理等培训班6期,参加培训的防保人员和医生183人次。全县社区70个慢性病患者自我管理小组开展活动420次。全年报告慢性病病例7082例,其中糖尿病3299例、肿瘤1317例、心脑血管疾病2466例。全县12家医疗单位参与社区慢性病管理随访工作,登记管理重点慢性病人63327人,其中高血压47162人、糖尿病14020人、重症精神病人2145人。是年,继续在通元镇卫生院、百步镇横港卫生院开展慢病精细化管理试点,实施"血压的规范测量"和"血糖的规范测量"等2个技术流程。

【死因监测】 2016年,全县报告居民死亡2644人,死亡率695.31/10万,其中男性死亡1396人,死亡率744.97/10万。婴儿死亡4人,死亡率1.16‰。死因列前10位是:恶性肿瘤(754人)、脑血管病(527人)、心脏病(354人)、损伤和中毒外部原因(317人)、呼吸系统疾病(224人)、内分泌营养代谢疾病(91人)、传染病和寄生虫病(83人)、神经系统疾病(80人)、其他疾病(65人)、精神和行为障碍(25人)。是年,海盐县居民平均期望寿命为81.71岁,其中男性79.55岁,女性83.87岁。

【免疫规划】 2016年,全县一类疫苗接种104408针次，单苗接种率99%以上。本县出生儿童乙肝疫苗首针及时接种率98.9%。2015年出生儿童五苗单苗接种率均在99%以上，五苗全程接种率99.4%，乙肝疫苗首针及时接种率99%，七苗全程接种率97.1%。西塘桥街道社区卫生服务中心、西塘桥街道海塘社区卫生服务中心、秦山街道社区卫生服务中心、百步镇卫生院、百步镇横港卫生院和通元镇石泉卫生院6家接种门诊通过省级三星级预防接种门诊评审。年内，开展麻疹类疫苗、脊灰疫苗集中式查漏补种工作，共补种麻疹类疫苗605剂次、脊灰疫苗989剂次。39名新上岗医务人员接种麻疹类疫苗。全年共报告麻疹风疹疑似病例19例，实验室确诊麻疹5例、风疹1例，发病率2.95/10万。是年，查验65所幼托机构和小学8648名新入托幼儿、学生预防接种证，共补证23人，补种各类疫苗2742针次。至年末，全县信息化管理系统新建卡儿童4746人，其中常住儿童3492人，流动儿童1254人。是年，武原街道社区卫生服务中心和通元镇卫生院2家免疫规划实践教学基地共带教预防接种和预检登记新上岗人员20人。

【卫生检验】 6月，县疾控中心第5版质量管理体系文件完成改版，7月1日起正式实施。新版管理体系文件由质量手册、程序文件、作业指导书和记录等四部分组成，其中质量手册42个，比第4版增加13个；程序文件47个，比第4版增加2个。是年，开展疫情处置和突发公共卫生事件应急检测工作，1—12月共开展应急检测16起，其中查出致病性微生物引起的事件10起（乙型流感1起、甲3型流感1起、诺如病毒2起、副溶血性弧菌4起、沙门氏菌和副溶血性弧菌2起），查出化学性污染1起（水中检出乙酸正丁酯），为传染病疫情、食物中毒事件处置和政府相关部门监管提供实验室技术依据。

【从业人员体检与犬伤门诊】 2016年，县疾控中心预防保健门诊部新建从业人员健康体检信息系统，每周2天开展健康体检，与邮政快递公司合作推出《健康证》快递服务，全年完成健康体检12412人，不合格2人。是年，各基层医疗单位完成从业人员健康年度复检9119人，不合格5人。规范开展对动物暴露人群的免疫接种，添置2台伤口冲洗设备，并专门配备1名护士规范开展犬伤处置工作。全年共诊治各类动物咬伤病例7292人次，均按《狂犬病暴露预防处置工作规范》开展消毒、疫苗接种。是年，全县无狂犬病病例报告。

【健康教育】 2016年，《健康面对面》电视栏目录制节目26期，面向全县10多万户数字电视用户播放；海盐手机报《健康生活》编发104期，面向固定读者定期提供健康咨询10万人；《卫生与健康》广播节目播出52期。制作《健康之友》墙报6期，分发到各镇（街道）、各部门、各村（社区）。租用县城区20个公共自行车停车棚橱窗广告位开展慢病防治宣传，租用100块海盐城乡公交车站牌刊出健康科普画面。县疾控中心网站健康教育专栏更新13篇，及时刊登健康科普画报、折页等图片，将2015年25期《健康面对面》节目制作健康教育科普视频光盘200套发放到全县各医疗单位；微博刊出健康科普知识28条。县健康教育所调整充实县级健康素养促进讲师团和乡镇健康教育讲师团，至年末，全县有县级健康素养讲师88人，乡镇健康教育讲师145人。是年，在村（社区）开办市民健康学校和农村健康学校43所，安排讲师团成员定期讲课。组织各级讲师团成员深入机关、学校、企业、社区举办各类健康知识讲座，全年举办各类健康知识讲座1357场次，受益80183人次，发放宣传资料79168份。借助电影下乡，在村（社区）播放健康宣教片133场，举办计划免疫、艾滋病等14个卫生宣传日主题宣传活动。全县六类人群重点卫生防病知识知晓率93.9%。全年制作折页17种122100份，画报2种5550份，传单2种6000份。

（楼银伟）

计划生育

【概况】 2016年，全县计划生育工作围绕实施“全面两孩”政策、改革完善服务管理为主线，加强宣传倡导，严格依法行政，落实公共服务，确保“全面两孩”政策稳妥有序实施。至年末，全县有育龄妇女9.19万人，已婚育龄妇女7.21万人，上报出生人口4119人，计划生育率98.7%，人口自然增长率3.83‰(以上数据为计生口径)。

【目标管理责任制】 5月11日,县委、县政府召开全县计划生育工作会议,副县长胡燕萍代表县政府与各镇(街道)、县卫生计生局、县公安局、县民政局、县教育局、县新居民事务局、人民银行海盐支行及核电系统各公司签订2016年计划生育目标管理责任书。年末,各镇(街道)、县级部门考核均为优秀。

【业务培训】 2016年,按照分级培训原则,经常开展基层计生工作人员业务培训工作。10月,组织各镇(街道)卫生计生办全体工作人员、妇幼保健计划生育服务中心(站)分管领导和计划生育服务工作人员分两批到省卫生计生系统培训中心参加全省基层卫生计生干部素质提升培训班。

【宣传教育】 2016年,围绕"全面两孩"政策实施,加强社会宣传和倡导。全县各级计生部门召开专题会议,组织开展政策学习培训。利用广播、电视等宣传媒体,针对群众热议问题做好舆情监测和政策解读,回应社会关切,加强正面引导。结合"5·29"计生协会会员活动日、"7·11"世界人口日等,开展主题宣传服务和群众节庆活动,推进人口文化进社区、进企业、进家园。是年,全县各级卫生计生部门开展宣传教育和服务活动150余场次,参与群众5万余人次,发放宣传资料7万余份、宣传品万份。与新闻媒体协作,在县电视台播放计生工作动态、典型事例、公益广告等。通过政务微博、微信等平台向群众传播优生优育、避孕节育、青春健康等知识,与群众开展网上互动宣传和网上计生服务。全年在县级以上媒体报道计生新闻100余篇次。

【出生人口性别比治理】 2016年,继续强化出生人口性别比综合治理工作。联合县公安局、县市场监管局等部门开展打击"两非"(非医学需要的胎儿性别鉴定、非医学需要的选择性别人工终止妊娠)专项督查,督促医疗机构严格实行住院分娩实名登记制度,建立完善信息共享机制。加强生育全过程管理服务,建立孕情消失倒查机制,排摸"两非"行为。是年,全县出生人口性别比106.63。

5月11日,全县计划生育工作会议召开

【计划生育依法行政】 2016年,实施生育登记服务制度,推进计生服务管理改革。全年共办理生育登记服务卡3635张,其中一孩生育登记服务卡1864张,二孩生育登记服务卡1775张。坚持公开、公平、透明的原则,做好再生育审批工作,每月将再生育人员名单在政府门户网站进行公开,并录入海盐政务服务系统。是年,审批再生育124例。全年立案征收社会抚养费5例,申请法院强制执行31例。严格执行计划生育一票否决制,审核各类预备先进集体398个、先进个人3218人,否决预备先进集体1个、先进个人5人。

【计划生育信息统计】 2016年,做好婚姻登记、怀孕、生育等信息采集工作,采集婚姻变动信息3486对,与县公安部门核对8000余人次;与县妇保院、各镇(街道)卫生院(卫生服务中心)核对新生儿出生20000人次左右,及时更新数据库个案信息,保证育龄妇女数据库资料完整、数据真实。是年,根据国家卫生计生委部署,做好计划生育业务信息互联互通工作,录入出生人口信息4119条、生育证件信息3293条。根据市卫生计生委统一部署，6月在全县开展两孩生育意愿调查，调查对象是在40周岁以内女性，已生育一个孩子，符合两孩政策且尚未怀孕的家庭，共选取800户作为样本开展调查。

【计划生育利益导向机制】 2016年，继续实施部分计划生育家庭奖励扶助制度和计划生育家庭特别扶助制度。是年，新增奖扶对象2454人，全县共享受奖扶人数9701人，发放奖扶金931.3万元；新增特扶对象62人，全县共享受特扶政策537人，计划生育并发症特扶对象14人，发放特扶金468万元。是年，农村独生子女父母奖励费发放人数12704人，城镇失业职工独生子女父母奖励费发放人数508人，共发放金额40.65万元。

【流动人口计生服务管理】 2016年，按照服务均等化要求，为新居民落实免费提供计划生育避孕药具、环孕情检查、计生"四项手术"等基本公共服务项目。全年在浙江省全员信息综合平台录入核实外来人口信息156897条，对6738例新居民已婚育龄妇女开展免费环孕情检查并免费提供带邮资的专用信封，为实行计划生育手术的新居民已婚育龄人员报销四项手术费，落实长效措施奖励费。根据国家卫生计生委2016年流动人口动态监测工作部署，完成武原街道、于城镇两个样本点4个村(社区)新居民抽样调查工作。

【计生协会】 2016年，启用县计生协会心理健康咨询中心、"三叶草"社工服务中心等活动阵地。利用"5·29"会员活动日等节日开展各种宣传活动，受益群众1万余人次。开展节日走访慰问、"圆梦微心愿"、"爱心助成长"等活动，帮扶困难计生家庭。全年共走访慰问379户，兑现微心愿84个、帮扶活动24场次。发挥心理健康咨询中心作用，举办"亲子携手、为花季护航"等大型青春健康家长专题讲座，开展校内外各类青春健康教育活动，受益学生6800人次，发放宣传资料、宣传品13000余份。开展独生子女平安保险、计生特殊家庭安康保险等。

(朱伟红 杨伏良 李海英)

妇幼保健

【概况】 2016年，全县孕产妇死亡率28.94/10万，婴儿死亡率1.16‰，5岁以下儿童死亡率2.03‰。落实孕产妇及0～6岁儿童健康管理免费政策，孕产妇免费建册3960人，建卡率96.4%，孕产妇系统管理率96.3%。3岁以下儿童免费建册4085人，系统管理率98.6%。0～6岁儿童保健管理率99.5%。产前筛查率97.9%，新生儿疾病筛查率99.8%，剖宫产率43.4%，出生证当年发证率95.2%。

【妇幼保健质量】 2016年，产前筛查3342人，筛查率97.9%；规范开展高危孕产妇、高危儿和儿童营养性疾病筛查、登记、追踪随访工作。全年筛选管理本地户籍重症高危孕产妇74人，高危儿和儿童营养性疾病管理率100%。是年，严格掌握剖宫产指征，开展无痛分娩、陪伴分娩，剖宫产率43.4%。

【新生儿疾病筛查】 2016年，继续做好新生儿疾病筛查及听力筛查工作。全年活产数3796人，新生儿疾病筛查3788人，筛查率99.8%。查出可疑病例召回率99.1%。新生儿听力筛查3789人，筛查率99.8%；初筛未通过复查率93.4%，转诊率95.2%，异常率3.7‰。

【妇女病普查】 2016年，妇女病普查(包括"两癌"检查)52716人，检出各类疾病22317人，疾病检出率42.3%。是年，启动第二轮"两癌"检查项目，全年共检查41864人，确诊宫颈癌3例、乳腺癌17例。

【婚前医学检查和孕前优生检测】 2016年，全县结婚登记5048人，婚前医学检查4782人，婚检率94.7%。孕前优生医学检测4910人，检测率97.3%。为5203名孕产妇进行艾滋病、梅毒和乙肝检测筛查，发现梅毒阳性孕产妇10例，新发现乙肝阳性孕产妇148例。对阳性病例及时采取母婴阻断措施，并做好追踪随访工作。

(蒋延峰)

中医事业

【概况】 2016年，县中医院设立中医门诊一级科室2个、二级科室17个、中医专病6个，开设内科、骨伤科、外科、TCU等四个病区,设有中药房、煎药室,开放床位221张;县人民医院设立中医门诊一级科室2个;12家社区卫生服务中心(卫生院)完善中医管理科及独立中医药服务区。社区服务站配备中医诊疗器具、中医药服务箱,建立中医药角(室)。至年末,全县有中医类别执业医师(执业助理医师)108人,其中高级职称7人、中级职称20人,各卫生服务站有以中医为主的执业医师或乡村医师95人。是年,全县门诊中医非药物治疗服务37.85万人次,开展服务项目125.98万次;全县饮片业务3808.43万元;全年接待"冬病夏治"服务2.98万人次,同比增长11.6%。实施65岁以上老年人、0～3岁儿童中医药健康管理工作考核,全县老年人中医药健康管理率47.8%,0～3岁儿童中医药健康管理率42.9%。年内,中医智能云系统在县域范围全面运用,实现基层医疗单位与全国三甲医院名中医网络远程会诊,全年上传疑难病例1000余例。是年,以县中医院为核心,与12家基层医疗单位建立县域中医"1＋12"医联体,通过"传、帮、带"提高基层医疗单位总体服务能力和水平。

【中医执业规范】 2016年,制定饮片配送商遴选方案,遴选出配送商4家。完善中医诊断病名,落实中医处方点评制度,控制中医药处方金额不合理增长。根据饮片使用管理办法,县区域HIS系统增加中药饮片点评统计报表,严格执行单张饮片处方均贴费50元以下要求,实施国家版中医诊断病名。根据规范中医非药物治疗项目统计工作规定,89项中医非药物治疗收费项目、14大类中医非药物治疗技术、新增补助项目上报审批,门诊服务每人次补助10元,实行统计上报信息化。

【中医技术培训】 2016年,组织开展第三届中医药技能大比武,全县中医药人员在县中医院进行中医舌诊、脉诊、中医智能处方运用、中药辨识等多项技能比赛。是年,启动名中医网络传承工作,全县19名中医师成为网络拜师弟子。

【中医养生保健普及实事工程】 2016年,组织开展中医养生保健普及实事工程。是年,在全县医疗单位创建中医药服务示范中心、示范站,全县被命名为甲等中医药服务示范中心6家、乙等中医药服务示范中心6家、甲等中医药服务示范站8家、乙等中医药服务示范站14家。推进中医药养生保健"五进百场"(进社区、进机关、进学校、进家庭、进企业宣传活动100场)活动;县中医院开设《名中医讲坛》《健康"面对面"》栏目,确保每月1场名中医养生保健专题讲座;利用广播电视等宣传媒体,每周推出1节中医养生保健宣教课。

(蒋延峰)

农村(社区)卫生工作

【基层卫生综合改革】 2016年,根据全省基层医疗卫生机构补偿机制改革试点县工作要求,出台《海盐县基层医疗卫生机构补偿机制改革试点方案》《海盐县基层医疗卫生机构财政补偿资金管理办法(试行)》和《海盐县基层医疗卫生机构绩效考核办法(试行)》等配套文件。投入258万元,完成补偿机制绩效考核评价信息系统建设,全县12家基层医疗卫生单位及所属社区卫生服务站全面推行改革试点。是年,基本构建起专项补助与付费购买相结合、资金补偿与服务绩效相挂钩的基层医疗卫生机构补偿新机制。按照《海盐县卫生计生基本公共服务均等化改革试点工作实施方案》要求,制定《海盐县卫生计生基本公共服务均等化改革试点2016年度工作计划》,城乡医疗卫生机构标准化建设、城乡居民同享基本医疗服务、城乡居民同享健康保障"三大工程"提升项目有序推进并按期完成年度任务。

【责任医生签约服务】 2016年,贯彻落实省市关于推进责任医生签约服务的指导意见,构建新型医群契约服务关系。是年,制定出台《海盐县人民政府办公室关于推进责任医生签约服务工作的实施意见》,全县有责任医生77544人,签约率20.5%。其中,老年人、慢病患者、残疾人、0～6岁儿童、孕产妇等重点人群签约率94%。投入155万元,完成60台(一期)全科医师移动终端设备建设,应用成熟的物联网技术,在全省率先创新基本医疗服务和基本公共卫生服务结合模式,实现全科医师移动签约、诊疗、体检、电子健康档案管理、中医服务、健康教育等。

【基层卫生创建】 2016年，根据省卫生计生委《关于做好2015—2016年度"建设群众满意的乡镇卫生院"活动的通知》要求，继续加大创建力度。是年，百步镇卫生院通过国家卫计委群众满意乡镇卫生院评审，获"群众满意的乡镇卫生院"称号。实施浙江省社区卫生服务提升工程，开展"省级100强"和"全国500强"社区卫生服务中心创建活动，秦山街道社区卫生服务中心经省市考核评估，获浙江省百强社区卫生服务中心称号，为全市唯一。秦山街道社区卫生服务中心主任黄建良获浙江省优秀社区卫生服务中心主任称号。

【基层科研学科建设】 2016年，根据市卫生计生局《关于开展2016年度嘉兴市基层卫生专项课题研究的通知》要求，县卫生计生局申报的"县镇（街道）村一体化卫生综合管理体系建设研究"课题，获市课题研究一等奖。推进基层医疗卫生机构学科科研项目建设，探索建立基层学术论文、新技术推广项目评审制。印发《关于开展2016年度基层卫生专项课题研究的通知》，共收到研究课题20个，其中综合类8个、业务类12个，经评审确定基层卫生专项课题研究项目12个。参与省基层卫生改革与发展学术活动，县卫生计生局黄群深撰写的《老年人健康保障和服务改革发展研究——创新医养护结合模式，提升老年健康服务水平》和通元镇石泉卫生院朱峰撰写的《自拟方贴敷神厥穴治疗盗汗症疗效观察》分别获浙江省第二十四届基层卫生改革与发展学术会议优秀论文二等奖和三等奖。

【基层卫生队伍建设】 2016年，加强基层卫技人员培训工作。是年，选送1名参加基层复合型公共卫生骨干培训班、5名参加城乡社区公共卫生人才培训，选送1名基层院长参加省基层卫生管理班培训；选送8名基层全科医生和3名社区护士参加省级基层糖尿病首席医生（护士）培训。开展省"基层卫生综合技能竞赛"活动，联合县总工会制定《2016年海盐县基层卫生综合技能竞赛实施方案》，组织基层医疗卫生单位全科医生、社区护理、公共卫生共289名卫技人员，参加省统一举办的县级理论选拔赛，及格率100%，名列全市前茅。9月，组织基层卫生综合技能竞赛县级技能操作选拔赛，并组队参加省基层卫生岗位练兵和技能竞赛市级比赛获集体三等奖，2人获二等奖。组织12家基层医疗卫生单位和县公共卫生专业机构共94名卫技人员，开展基本公共卫生服务项目内容知识、服务规范、操作技能等集中培训。

【基本公共卫生服务】 2016年，全县基本公共卫生服务项目资金管理、项目执行和项目服务质量进一步提高。是年，基本公共卫生服务项目经费按常住人口人均45元的标准，安排专项资金1993万元。其中，省安排资金971万元，县安排资金1022万元。年末，城乡居民电子健康档案累计建档人数359963人，建档率81.4%，健康档案合格率90.4%；65周岁以上老人健康管理人数59029人，健康管理率65%，健康体检表完整率70.3%。发挥中医药健康服务优势，为65周岁以上老人开展中医体质辨识和中医药保健指导，为0～36个月儿童提供中医饮食调养、起居活动指导。全县65周岁以上老人中医药健康管理服务率47.8%，0～36个月儿童中医药健康管理服务率42.9%。加强适龄儿童一类疫苗接种管理，适龄儿童全县接种率99.6%，儿童系统管理率98.6%，孕产妇健康管理率96.3%。高血压、糖尿病患者规范管理率63.1%和62.1%；控制率分别为60.1%和61%；重性精神疾病管理率和规范管理率分别为98%和67.4%。传染病和突发公共卫生时间报告率100%，卫生监督协管信息报告率100%。各项任务指标均达到和超过国家、省基本公共卫生服务规范标准要求。

【参保城乡居民健康体检】 2016年，根据省卫生计生委相关文件精神，县人力社保局、县卫生计生局、县财政局联合下发《关于开展2016年参保城乡居民健康体检工作的通知》，做好健康体检工作。按照中小学生、儿童及60周岁以上老人每年体检一次，其他人群每两年体检一次的要求，全县城乡居民参加健康体检138555人，体检率74.4%。其中，60周岁以上老

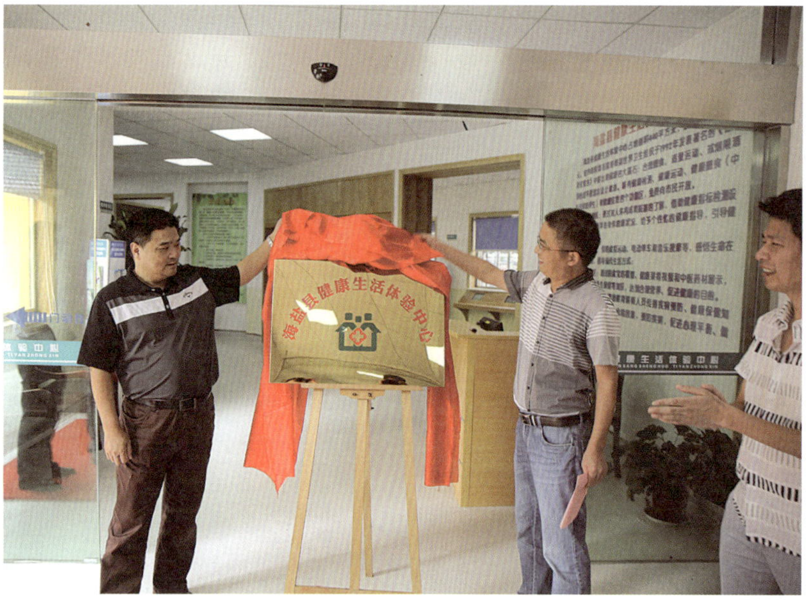

9月21日，县健康生活体验中心揭牌仪式举行

人健康体检率70.4%；中小学生体检率100%。

（黄群深）

医学教育科研

【卫生科研论文】 2016年，鼓励各医疗卫生单位申报科技项目，加强在研项目的跟踪管理。是年，县人民医院马小董等的《重组组织型纤溶酶原激活剂静脉溶栓治疗急性缺血性小卒中临床观察》列入2017年浙江省医药卫生科技计划基金项目。各医疗卫生单位13个项目列入海盐县年度科技计划项目，其中重点科研项目1项，一般科研项目12项；确定32个项目为2016年县卫生计生系统科技计划项目，其中重点课题8项，一般课题24项。县人民医院陆志华等撰写的《机械通气在不同类型危重患者救治中的应用价值研究》获嘉兴市2016年科技进步三等奖；7个项目获2015年度海盐县科学技术进步奖，其中一等奖1项、二等奖1项、三等奖5项；有9个项目申报海盐县年度科技进步奖。15个项目获海盐县卫生计生系统科学技术进步奖，其中1等奖4项、二等奖4项、三等奖7项。是年，全县医务人员在各类医学杂志上发表学术论文78篇。县人民医院朱海涛等撰写的《外后侧弧形切口双肌间隙入路治疗结果后外侧平台塌陷骨折》与张彪等撰写的《幽门螺旋杆菌与真菌感染在胃病患者中的病理诊断分析》分获嘉兴市第十届自然科学学术奖二等奖、三等奖。依托县医学会组织开展优秀科技论文评选，评出一等奖3篇、二等奖6篇、三等奖9篇、优秀奖12篇。

【继续医学教育管理】 2016年，加强继续医学教育管理工作，鼓励各医疗卫生单位派出人员学习、培训、进修，规范医师继续教育学会管理。是年，各医疗机构与学会组织承办市级继续教育培训班18个，参加人员1000余人次。各医疗卫生单位派出医务人员到上海、杭州等三甲医院进修54人次，参加县外各类继续医学教育和学术活动844人次。

【医学重点学科建设】 2016年，出台《海盐县医学重点学科与特色专科（专病）建设管理办法》，鼓励各县级医院和基层医疗单位开展符合本院实际和发展方向的学科、专科（专病）建设。是年，确定第三批8个医学重点学科和首批11个基层重点专科（专病）项目建设。县人民医院神经病学列入省卫生计生委第五批县级医学龙头学科建设项目。

（俞振华）

红十字会

【概况】 5月，召开县红十字会第三届第三次理事会暨2016年工作会议，增补、更换理事。是年，全县共募集捐款26.85万元，及时公布红会工作信息。开展“红十字博爱送万家”活动，确定110户为重点救助对象，发放慰问金5.5万元。配合市红会，为6人次职业病患者发放补助款0.96万元。启动第二期“肾病综合征”“爱心病房”项目，为10名患者发放救助款5万元。启动“全口微笑工程”项目，下拨资金3万元。规范医疗系统关爱基金发放，为6户职工家庭发放救助款1.6万元。配合发放省赈灾救济科下拨6000双捐赠袜子和“全国小天使基金”3万元款项。审核118人次、发放补助款 20.14 万元，列市红会“朝聚之光 点燃希望”项目。开展“情暖海盐·红十字志愿服务项目”培育，下拨培育单位经费 8.5 万元。结合“5·8”世界红十字日、世界急救日开展上街宣传活动，宣传红十字会运动基本知识、现场急救和防灾减灾知识，发放造血干细胞捐献、器官捐献等宣传资料。是年，选派 1 名人员参加省总会救护师资培训，全年培训救护员 1370 人次，普及救护知识 46 场、5944 人次。

【造血干细胞捐献、器官捐献、无偿献血】 2016 年，通过媒体、广场展览、召开会议、网络等多种形式开展器官（遗体）捐献宣传。新增造血干细胞捐献志愿者 12 人，成功捐献遗体 3 例。是年，全县无偿献血 3617 人次，其中无偿献血 300 毫升、400 毫升人数占献血总人数的 53.6% 和 34.4%；采集血液总量 5826 单位，供血量 5093 单位，红细胞悬液 5083 单位，血小板 1514 单位，冷沉淀因 452 单位，血浆 773380 毫升，红细胞使用率 99.8%。全县临床用血 100% 来源于无偿献血。

（潘慧丽）

爱国卫生

【概况】 2 月，县爱卫会印发《2016 年海盐县爱国卫生工作要点》，坚持政府组织、地方负责、部门协调、群众动手、科学治理、社会监督、分类指导方针，开展城乡爱国卫生运动，建立健全长效工作机制，巩固发展城乡创卫工作成果，改善城乡卫生面貌，保障群众身体健康。3 月，出台《海盐县人民政府关于加强新时期爱国卫生工作的实施意见》，明确新时期全县爱国卫生工作任务。

【卫生创建】 3 月，县爱卫会印发《关于开展 2016 年卫生创建工作的通知》，明确卫生创建工作年度目标任务。是年，开展国家卫生县城首轮复查，为健全创卫长效管理机制，县委、县政府出台《关于开展创建省级文明县暨巩固国家卫生县城工作网格化管理区块包干活动的通知》，县联创办下发《关于印发海盐县巩固国家卫生县城工作任务分解表》，县财政安排国家卫生县城复查专项资金，各街道和各部门各司其职，共同推进复查迎检工作。9 月，国家爱卫办组织暗访组对海盐县城巩固国家卫生县城工作进行暗访考核。卫生乡镇创建也加速推进，全县共申报创建省级卫生镇（街道）6 个，12 月底，元通街道、武原街道分别通过县级、市级和省级考核，被省爱卫会命名为省级卫生街道。于城、百步、通元、沈荡 4 个镇分别申报创建省级卫生镇，于城、百步 2 个镇通过县级考核。是年，全县申报省级卫生先进单位 1 家、省级卫生村 2 个、市级卫生先进单位 5 家、县级卫生先进单位 8 家、县级卫生村 1 个；复查省级卫生村 6 个、省级卫生先进单位 20 个。年内，县爱卫办根据国家爱卫会《关于开展健康城市健康村镇建设的指导意见》和省爱卫办有关要求，启动健康县城、健康村省级试点建设工作，共申报健康县城省级试点 1 个，健康村省级试点 12 个。

【健康教育与健康促进】 2016 年，县爱卫办、县健康教育所联合下发《海盐县 2016 年健康教育与健康促进工作要点》，明确健康教育工作目标任务。县卫生计生局联合县教育局举办第六届健康促进学校月活动，在县城部分中小学校推行“快乐十分钟”活动。县中医院争创浙江省健康促进医院，县爱卫办和县健康教育所进行现场调研指导，10 月通过省考核组的现场考核，被命名为浙江省健康促进医院。是年，健康促进学校建设稳步推进，滨海中学获浙江省健康促进学校银牌单位，石泉小学申报创建浙江省健康促进学校铜牌单位，通过县教育局和县爱卫办现场考核。年内，命名表彰健康社区 3 家、健康餐厅 1 家，健康单位 3 家，健康食堂 8 家。

【病媒生物防治】 2016 年，县爱卫会制定《海盐县病媒生物防制工作管理办法》《海盐县病媒生物应急控制预案》，配合做好 G20 杭州峰会安保工作，下发《关于开展“清洁家园、灭蚊防病”爱国卫生专项活动的通知》，开展为期 8 个月的爱国卫生专项活动，县政府召开专题会议，各镇（街道）、各成员单位密切协作，完成各项保障任务。4 月 11—17 日、10 月 24—28 日，全县开展春、秋统一灭鼠活动，7 月中旬开展夏季集中灭蚊蝇工作。其间，县镇（街道）爱卫办共召开专题会议 30 多场次，出动消杀专业人员600多人次，组织督导检查30余次，发送提示短信10万多条；投放灭鼠药(溴敌隆)5000公斤、灭鼠蜡块600公斤、粘鼠板4000张、灭蟑颗粒剂300箱、灭蚊蝇药液100箱。农村除“四害”(苍蝇、蚊子、老鼠、蟑螂)工作坚持政府主导，群众动手原则。县城区公共环境、“五小”(小餐饮店、小浴室、小网吧、小歌舞厅、小旅馆)行业、农贸市场等重点场所的病媒生物防制工作继续采取市场化运作方式，由嘉兴鸿安有害生物防制有限公司承包消杀服务。委托县疾控中心开展市场化除“四害”效果第三方评估，组织县卫生监督所开展病媒生物防制专项监督检查，利用街道、社区除“四害”工作网络开展日常巡查，县城“四害”密度控制在国家规定标准范围内。10月，县爱卫办组织专家分别对于城镇、百步镇进行鼠、蟑螂控制水平C级认定工作，由县爱卫会命名表彰。

【控烟活动】 5月31日，是第29个世界无烟日。县爱卫办印发《关于开展第29个世界无烟日活动的通知》，开展世界无烟日活动。其间，县卫生监督所开展公共场所控烟工作专项检查。县疾控中心在三毛小学举行“拒吸第一支烟，做不吸烟的新一代”签名活动，各镇(街道)爱卫办开展辖区窗口单位控烟工作明察暗访，针对存在问题，提出整改意见。是年，全县创建市级无烟单位1家、命名表彰县级无烟单位10家、控烟积极分子8人。

【农村改水改厕】 11月，县爱卫办召开各镇(街道)爱卫联络员农村改水改厕培训会议，开展农村改水改厕年度调查统计。是年，全县农村改水受益率100%，农村卫生厕所普及率100%，粪便无害化处理率99.9%。

【第28个爱国卫生月活动】 4月，是第28个全国爱国卫生月。县爱卫会下发《关于开展第二十八个爱国卫生月活动的通知》，并以“清洁家园美城乡，除害防病保健康”为主题，县、镇(街道)爱卫办分别制作宣传展板，组织县联创办、县综合执法局、县疾控中心、县卫生监督所、乡镇卫生院在县城和乡镇集镇广场举办专题宣传咨询活动9场，分发各类宣传资料和除“四害”药械，提供医疗便民服务。其间，现场接受群众咨询累计2000多人次，发放《公民健康素养66条(2015年版)》小折页2万份，举办各类健康讲座100多场，其中除害防病知识讲座30多场，撰写黑板报、健康专栏100多期，发布提示短信10万多条。是年，县爱卫会制定《海盐县城乡环境卫生整洁行动方案(2015－2020年)》，编修《海盐县爱国卫生工作“十三五”发展规划》，县委、县政府出台《海盐县小城镇环境综合整治行动实施方案》，各镇(街道)把镇村环境治理工作与新一轮城乡环境卫生整洁行动、“美丽乡村”，“五水共治”、“三改一拆”、“清洁家园 优美庭院”、“一二三四”百日攻坚大会战、国家卫生县城复查、生态县创建、文明县创建、卫生乡镇创建、小城镇环境综合整治行动等工作有机结合，开展以治理“脏、乱、差”为重点的环境卫生综合治理行动。年内，清除垃圾6723吨，清除房前屋后积水1万多户，治理脏乱道路56133平方米，消灭病媒生物滋生地2091处，清除乱张贴1487张。

(沈珠明)

医疗机构选介

【海盐县康复护理院】 县康复护理院位于武原街道勤俭南路103号，成立于2014年7月，是一家集医疗、康复与老年病护理为一体的县级公立专科医院，也是县残联托养康复中心，医保定点单位。医院占地面积5667.67平方米，建筑面积15430平方米。医院现有职工70人，中高级职称13人。医院内设康复科、老年病科、皮肤科、中医科四大重点科室，核定床位248张，开放床位149张。

医院康复医学科是县内规模最大、设备最先进、开展康复项目最齐全的康复医疗专科。医院拥有专业康复医师、技师、护理团队，与杭州邵逸夫医院康复医学中心建立长期技术协作关系，并于2016年引进首位康复医生。康复医学科主要收治神经系统疾病、脊髓损伤、骨关节疾病等。康复中心主要治疗设备有高、中、低频治疗仪，吞咽治疗仪，超声治疗仪，平衡评估、训练系统，电动起立床，颈椎、腰椎牵引床及系列康复训练设备60余台。主要开展的康复治疗项目有PT

（运动疗法）、OT（作业治疗）、ST（言语治疗）、认知吞咽康复治疗、电光声磁热冷等物理治疗、封闭注射治疗、传统中医康复（针灸、穴位贴敷等）、矫形支具配置等。老年医学科是县级重点学科，科室拥有重症监护仪、心电除颤仪、床旁超声诊断仪、动态血压仪、无创呼吸机、振动排痰机、脑循环治疗仪、低频治疗仪及中频治疗仪、气压治疗仪、吞咽功能治疗仪等先进设备，开创海盐县老年患者医、养、护结合的特色医疗服务。

（陆芳洁）

海盐康复护理院

社会　生活

人民生活

【概况】　2016年，全县城乡居民收入保持增长态势，生活水平和生活质量提高。全县全社会单位从业人员18.31万人，年人均报酬5.35万元。其中，全县非私营单位和规模以上私营单位从业人员11.54万人，年人均报酬6.36万元。但不同行业之间、不同单位之间及不同经济类型之间从业人员平均劳动报酬差距仍较大。

【从业人员状况】　2016年末，海盐县全社会从业人员30.28万人，同比增长0.01%。其中：第一产业从业人员4.08万人，同比下降3.9%；第二产业从业人员17.68万人，同比下降0.1%；第三产业从业人员8.52万人，同比增长2.4%。全县非私营单位和规模以上私营单位从业人员11.54万人，同比下降4.7%。按经济类型分：非私营单位从业人员6.12万人，同比下降0.8%；规模以上私营单位从业人员5.42万人，同比下降8.8%。按企业、事业、机关分：企业单位从业人员10.13万人，同比下降5.4%；事业单位从业人员1.03万人，同比增长2.8%；机关单位从业人员0.38万人，同比增长3.6%。按产业分：第一产业从业人员32人，上年无；第二产业从业人员8.31万人，同比下降6.8%；第三产业从业人员3.23万人，同比增长1.1%。其中：非私营单位第一产业从业人员32人、第二产业从业人员3.47万人(同比下降5.2%)、第三产业从业人员2.65万人(同比增长5.5%)；规模以上私营单位第二产业从业人员4.84万人(同比下降8.0%)、第三产业从业人员0.58万人(同比下降14.9%)。按注册类型分：国有单位从业人员1.57万人，同比增长13.1%；集体单位从业人员0.05万人，同比下降73.6%；其他从业人员4.50万人，同比下降2.0%；私营单位从业人员5.42万人，同比下降8.8%。

【劳动报酬状况】　2016年，海盐县全社会单位从业人员年人均报酬5.35万元，同比增长8.2%。全县非私营单位和规模以上私营单位从业人员年人均报酬6.36万元，同比增长10.1%。按行业分：租赁与商务服务业年人均报酬17.53万元，同比增长8.8%；电力、煤气及水的生产和供应业年人均报酬13.11万元，同比下降2.3%；金融业年人均报酬12.83万元，同比增长6.2%；水利、环境和公共设施管理业年人均报酬3.76万元，同比下降1.2%；居民服务和其他服务业年人均报酬3.91万元，同比下降9.7%。按非私营和规模以上私营单位分：非私营单位年人均报酬8.08万元，同比增长7.7%，其中租赁与商务服务业17.71万元(同比增长3.5%)、住宿和餐饮业3.81万元(同比增长11.9%)；规模以上私营单位年人均报酬4.42万元，同比增长9.4%，其中房地产业6.60万元(同比增长3.5%)、水利和环境及公共设施管理业2.91万元(同比增长16.5%)。按注册类型分：国有单位年人均报酬9.87万元，同比增长4.8%；集体单位年人均报酬5.08万元，同比增长52.5%(主要是从业人员归类发生变化)；其他单位年人均报酬7.49万元，同比增长5.8%。

(王泉音)

【城镇居民收入】　2016年，采用城乡一体化调查口径，全县城镇居民人均可支配收入50216元，同比增长7.0%。全县城镇居民收入组成部分：一是工资性收入占六成。城镇居民工资收入人均 29587 元，占人均可支配收入比重 58.9%，比上年增加 2034 元，同比增长 7.4%。二是经营性净收入和转移性净收入增长加快。城镇居民经营净收入人均 10779 元，占人均可支配收入比重 21.5%，比上年增加 525 元，同比增长 5.1%；城镇居民转移性净收入人均 7120 元，占人均可支配收入比重 14.2%，比上年增加 623 元，同比增长 9.6%。三是财产性净收入增长趋缓。城镇居民财产性净收入人均 2730 元，占人均可支配收入比重 5.4%，比上年增加 92 元，同比增长 3.5%。

【城镇居民消费】 2016 年，采用城乡一体化调查口径，全县城镇居民人均消费支出 30615 元，同比增长 11.1%。全县城镇居民八大类消费情况：食品烟酒类人均支出 7671 元，同比增长 10.4%，恩格尔系数 25.1；衣着类人均支出 2164 元，同比增长 13.0%；居住类人均支出 4848 元，同比增长 9.5%；生活用品及服务类人均支出 2004 元，同比增长 19.1%；交通与通信类人均支出 7008 元，同比增长 10.9%；教育、文化、娱乐类人均支出 3966 元，同比增长 9.9%；医疗保健类人均支出 2192 元，同比增长 11.8%；其他用品及服务类人均支出 762 元，同比增长 8.2%。

【农村居民收入】 2016 年，采用城乡一体化调查口径，全县农村居民人均可支配收入 29606 元，同比增长 8.2%。全县农村居民收入组成部分：一是工资性收入是主要来源。农村居民工资性收入人均 19421 元，占人均可支配收入比重 65.6%，比上年增加 1603 元，同比增长 9.0%。二是财产性净收入增速减缓。农村居民财产性净收入人均 1014 元，占人均可支配收入比重 3.4%，比上年增加 23 元，同比增长 2.3%。三是家庭经营净收入和转移性净收入增长较快。农村居民家庭经营净收入人均 6599 元，占人均可支配收入比重 22.3%，比上年增加 399 元，同比增长 6.4%；农村居民转移性净收入人均 2572 元，占人均可支配收入比重 8.7%，比上年增加 221 元，同比增长 9.4%。

【农村居民消费】 2016 年，采用城乡一体化调查口径，全县农村居民人均消费支出 20814 元，同比增长 9.4%。全县农村居民八大类消费情况：食品烟酒类人均支出 5485 元，同比增长 9.0%，恩格尔系数 26.4；衣着类人均支出 898 元，同比增长 6.8%；居住类人均支出 5367 元，同比增长 14.8%；生活用品及服务类人均支出 1411 元，同比增长 10.4%；交通与通信类人均支出 4027 元，同比增长 5.1%；文化、教育、娱乐类人均支出 1503 元，同比增长 9.9%；医疗保健类人均支出 1607 元，同比增长 6.9%；其他用品及服务类人均支出 516 元，同比增长 5.6%。

2016 年每百户家庭耐用消费品拥有量情况表

表 65

名　称	单位	城镇			农村		
		2016 年	2015 年	同比增速(%)	2016 年	2015 年	同比增速(%)
1.家用汽车	辆	77.69	69.13	12.4	72.66	60.16	20.8
2.摩托车	辆	40.72	54.82	−25.7	63.28	75.00	−15.6
3.助力车	辆	113.62	104.67	8.6	142.97	134.38	6.4
4.洗衣机	台	94.46	90.81	4.0	93.75	93.75	0
5.电冰箱(柜)	台	97.90	96.84	1.1	100.78	99.22	1.6
6.微波炉	台	89.22	84.34	5.8	82.81	82.03	1.0
7.彩色电视机	台	204.49	202.11	1.2	220.31	199.22	10.6
8.其中：接入有线电视	台	195.36	181.63	7.6	214.84	188.28	14.1

续表 65

名称	单位	城镇			农村		
		2016 年	2015 年	同比增速(%)	2016 年	2015 年	同比增速(%)
9.空调	台	241.77	223.04	8.4	226.56	192.97	17.4
10.热水器	台	111.38	97.29	14.5	103.13	93.75	10.0
11.其中:太阳能热水器	台	77.69	70.93	9.5	87.50	83.59	4.7
12.消毒碗柜	台	16.77	14.46	16.0	2.34	3.91	−40.2
13.洗碗机	台	1.20	0	0	0	0	0
14.排油烟机	台	75.90	79.37	−4.4	79.69	78.13	2.0
15.固定电话	线	67.51	86.14	−21.6	82.03	92.97	−11.8
16.移动电话	部	279.34	261.45	6.8	293.75	274.22	7.1
17.其中:接入互联网	部	226.65	211.14	7.3	227.34	194.53	16.9
18.计算机	台	107.34	101.66	5.6	84.38	78.13	8.0
19.其中:接入互联网	台	103.74	87.80	18.2	82.03	73.44	11.7
20.摄像机	台	8.53	5.42	57.4	2.34	1.56	50.0
21.照相机	台	38.77	41.57	−6.7	27.34	22.66	20.7
22.中高档乐器	架	8.23	6.63	24.1	2.34	1.56	50.0
23.健身器材	台	9.58	7.23	32.5	2.34	2.34	0
24.组合音响	套	9.73	12.65	−23.1	4.69	7.81	−40.0

(苏胜华)

民政工作

【概况】 2016 年,全县创建成为国家级综合减灾示范社区 2 个(秦山街道永兴社区、元通街道新兴社区)、省级综合减灾示范社区 3 个(百步镇横港村、澉浦镇澉东村、通元镇良贤村),全县实现避灾安置场所全覆盖。是年,县民政局核查新申请困难救助居民家庭经济状况 1740 户 3621 人,其中 83 户 267 人不符合救助条件。发放殡葬惠民补助 597.7 万元,惠及 2677 人,获得全国殡葬工作先进个人 1 人。办理结婚登记 2672 对、离婚登记 814 对、补发婚姻登记证 623 件 1195 本,实现婚姻登记电子档案和纸质档案"双套制"保管。牵头完成与秀洲区第三轮行政区域界线联检工作。至年末,全县有低保户 2550 户 3818 人,低保边缘户 188 户 501 人,低收入户 76 户 197 人。全年发放低保金 1333 万元。是年,海盐县被评为省级老龄工作先进县,县民政局被评为省级老龄信息工作先进单位。

【专项救助】 2016 年,县民政局提请县政府在全省率先出台《海盐县支出型贫困家庭救助办法》,突破认定标准和户籍限制,与社会救助政策实现无缝对接,支出型贫困对象可同时享受基本生活救助、医疗救助、临时救助和慈善救助等专项救助。全年医疗救助支出 674.49 万元,惠及 15880 人次,临时救助支出 257.21 万余元,惠及 783 户。对于因生猪退养造成部分家庭实际困难,县民政局提请县政府出台《关于做好生猪退养生活困难人员帮扶工作意见》,强化生猪退养帮扶工作。全年排查 2013—2016 年间有帮扶需求的生猪退养家庭 4199 户,纳入最低生活保障 41 户 101 人,纳入支出型贫困家庭救助 12 户 40 人,为 278 户生活困难家庭提供医疗、临时、支出型贫困帮扶等生活救助 91.46 万元。全年救助流浪乞讨人员 219 人次,救助

2月4日，浙江省副省长孙景森一行到海盐走访慰问困难党员和群众

金支出103.82万元。发放移民后期扶持直补资金41.75万元，惠及697人。

【儿童福利保障】 2016年，县民政局在海盐县育才学校三楼挂牌成立海盐县社会福利中心，接收海盐益智托管所26名重度残疾儿童，委托专业社会组织管理。全年发放孤儿、困境儿童基本生活保障金114.38万元，惠及孤儿12人、困境儿童264人。受理收养登记36件，发放收养登记证43件。

【老年福利服务】 2016年，县民政局为海盐户籍60周岁以上的老年人购买意外伤害保险，全年受理意外伤害保险506人次，得到保险公司赔付金额82.24万元，受益家庭332户。在全省率先实施老年电视大学信息管理系统，县老年电视大学入学人数不断提升，全年入学2.86万人。

【地名公共服务】 2016年，县民政局开展浙江省千年古镇（古村落）地名文化遗产认定工作，澉浦镇获得首批浙江省“千年古镇”称号。根据《海盐县地名命名更名申报和审批程序规定》，对34处地名进行命名，其中住宅区类7处、建筑物类7处、道路类20处。对光明景苑、潮源家园、招宝佳苑、芳满庭、姚家花苑、海韵江南等6个住宅小区开展门（楼）牌编制，汇总制作各类门（楼）牌5129块，核准发放门牌证4754本。基本完成第二次全国地名普查补查与资料更新工作。

【福利企业管理】 2016年，县福利企业生产办公室指导全县福利企业协会召开第二届理事会第二次会议，完成领导机构变更及法人变更，指导协会春节慰问困难残疾职工44人。开展对福利企业残疾职工“夏送清凉”活动，走访慰问残疾职工1059人。会同县残联举办残疾人招聘会。落实企业超比例安置残疾人奖励政策，全年奖励资金58.8万元。

【双拥创建】 2016年，县民政局在“八一”建军节开展系列活动。评选表彰“十佳退役士兵回乡创业故事”。与县国教办、县人武部联合举办国防杯“新三毛·新长征”国防教育主题漫画

5月27日，“教育拥军行——送讲座送培训进军营”启动仪式暨首场专题辅导讲座举行

比赛。绘制双拥文化墙长300余米。更新制作双拥广告宣传牌20余块。推出“鱼水情·军旅行——‘心’系军营”社工项目,通过政府购买社会组织服务方式,为驻盐部队官兵提供专业心理咨询服务,该项目被《中国社会报》(5月11日)刊登。联合县社区教育学院开展“教育拥军行——送讲座送培训进军营”活动,举办讲座4期。挖掘双拥典型,澉浦镇退伍老兵朱龙训自建的“将军阁”成为爱国主义教育基地,省、市、县的领导及县内学生前去参观。

【优抚安置】 2016年,县民政局开展“爱心献功臣”结对帮扶活动,参与部门(单位)78家。组织3批110余名重点优抚对象进行为期5天的短期疗休养;组织280名现役义务兵父母免费体检;联合省荣军医院开展下乡巡诊服务,惠及优抚对象50余人。调整抚恤补助和优待金标准,全年发放各类抚恤优待补助经费1944万余元。连续第二年为现役义务兵父母购买意外伤害保险,1人获得理赔金12万元。缩小城乡退役士兵经济补助差距,退役义务兵补助标准调整为农村籍3.49万元,城镇籍3.9万元;从服役第三年起,每服役满1年增发4370元。全年发放退役士兵经济补助153人580.6万元。按照一人一岗和竞争上岗要求,有3名转业士官分别转入事业岗位(1人)和国企岗位(2人)。在全市首推“退役士兵+社工”培养新模式,开办首期由退役士兵参加的社会工作专业培训班。

【社区组织建设】 2016年,县民政局完成“中国社区”标识悬挂工作。编制《海盐县城市社区规划》,启动撤村建居工作调研,与浙江大学公共管理学院初步达成合作协议。全年96345社区服务平台接收求助4.12万件次,满意率99%,该平台被评为2012—2016年度海盐县模范集体。

【社会组织】 2016年,县民政局办理新增社会组织行政许可事项44项。其中:社会团体成立登记许可8项、变更登记信息14项、注销1项;民办非企业单位成立17家、变更信息3项;基金会成立1家。财务审计社会组织28家,组织80家民办非企业单位会计从业人员培训,15家单位参加社会组织等级评估。出台《海盐县公益创投活动项目资金使用管理办法》,与县委组织部联合创立“红色公益创投基地”,与政协海盐县委员会联合创立“政协委员公益创投基地”,2个公益创投基地为8个社区公益创投项目提供全额冠名资助。首次推行购买第三方服务机制,将社会组织评估、社工和公益服务项目评估、社工案例评析等工作交由第三方服务机构开展,弥补传统自我评估缺陷。

【社会工作】 2016年,县民政局动员全县机关事业单位及村(社区)工作人员参加全国社工考试,参加考试577人,通过考试147人,全县有持证社工509人。开展第十个“国际社工日”主题活动、第三届“十佳社工”推选活动、首次社工案例征选活动等。出台《关于开展“社工+养老+救助”延伸工程的实施方案》,该方案被《浙江民政信息》以专刊形式在全省民政系统推广。全年政府购买社工服务支出经费400万元,购买社工项目19个,重点服务领域为优抚安置、社区服务、婚姻家庭、志愿公益和特殊群体服务等,全年开展服务案例152个,受服务人数1万余人次。推出“爱心中转站”闲置衣服回收工程,实行“社工+党员志愿者+困难对象”运作模式,惠及全县困难家庭1267户。

(朱勤芳)

慈善事业

【概况】 2016年,县慈善总会开展“心连心”慈善募捐、村级慈善帮扶基金募捐活动,募集慈善资金1832.70万元,其中个人捐款70618人(户)次536.67万元、单位捐款1709家次1296.03万元。推进募捐长效机制建设,新增冠名捐赠及村级小额冠名捐赠单位(个人)31个,协议捐赠总额897.5万元。继续实施“造血型”生产扶贫、危房改建救助、临时性困难救助、节日慰问救助、“三低”对象保险救助。扩大救助范围,突出重点“救急难”,提升救助效应。全年发放救助资金952万元,受助困难群众12788人(户)次。加大慈善宣传力度,全年由海盐电视台拍摄播放慈善公益广告、制作慈善专题节目共3期,由《嘉兴日报·海盐新闻》出刊《慈善园地》专栏每月1期,编印《慈善简报》

慈善文化上长廊

20期、《海盐慈善报》4期，被各类各级媒体录用报道228篇，其中被国家级媒体录用25篇、被省级媒体录用25篇、被市级媒体录用72篇。创新宣传形式，在全省率先推行村(社区)慈善文化进礼堂上长廊工作，全县完成慈善文化长廊创建村(社区)67个。在全市慈善系统首推慈善微信公众号，形成官方网站、微博与微信的多媒体宣传平台，全年发布网络信息227条。是年，县慈善总会获得海盐县“十大名社会组织”称号，被复评为AAAAA级社会组织；7个村(社区)被评为市级慈善示范村、16个村(社区)被评为市级慈善村。

【社会力量项目化捐赠】 2016年，浙江金霞新材料科技有限公司设立“金霞助航·高中助学奖学基金”，每年捐赠30万元，对高中助学奖学进行项目化捐赠。秦山伟业建设集团有限公司设立“秦山伟业助学金”。“金粟缘人”第二次捐赠百万元善款，用于“帮你圆大学梦·慈善助学”和“向日葵·慈善圆梦”项目。

【慈善救助扩面增量】 2016年，县慈善总会出台《关于支出型贫困家庭慈善救助办法的通知》，明确支出型贫困家庭参照低保边缘户享受重大疾病困难救助、慈善助学救助等项目，以缓解因疾病、教育等造成的经济困难。继续贯彻大困难大救助理念，修改重大疾病困难救助办法，7月起，扩大救助对象范围，降低自负医疗费“起救点”，全年为22名患重大疾病困难人员发放救助金41.6万元。

【评选第四届海盐慈善奖】 2016年，县慈善总会启动第四届海盐慈善奖评选活动。经过组织推荐、社会推荐、个人自荐、评审、公示，经县政府研究决定，金惠明、“莲基金”、浙江青莲食品股份有限公司等个人、单位(团体)获得第四届海盐慈善奖。

【学习宣传首部《中华人民共和国慈善法》】 9月1日，首部《中华人民共和国慈善法》颁布实施。是年，县慈善总会开展《中华人民共和国慈善法》学习宣传活动。举办集中培训班，全县300余位慈善工作人员参加；开展“爱心大转盘”游园活动、法律法规有奖小问答、发放《中华

12月21日，学习贯彻《中华人民共和国慈善法》暨慈善工作实务培训会召开

人民共和国慈善法》宣传手册、利用微信平台推送“与你有关——中国首部慈善法”等形式多样的宣传活动。

【创新义工工作】 2016年,全县慈善义工组织开展各类义务服务活动,惠及23896人次,参与义工9996人次,服务时间15475小时。县慈善总会开展“慈善义工心愿日”主题活动,搭建慈善义工展示风采、交流经验、互动心愿、共举善行平台。探索“义工+社工”服务模式,以专业社工为主导、慈善义工参与为辅助的协作模式开展服务。推出“在你身边”康复病患精神抚慰服务项目,帮助病人缓解孤独,克服绝望,配合治疗,快乐生活。推进各项义工服务项目实施、基层慈善文化普及和义工慈善宣传工作等,拓展服务平台。

(许虹梅)

老龄工作

【概况】 2016年末,全县60周岁以上老年人口9.34万人,占总人口的24.6%,比上年提高0.82个百分点。其中,70周岁以上人数3.88万人,80周岁以上人数1.32万人,分别占老年人口的41.6%和14.1%。全年制作老年优待证4476张,累计发放8.8万张。全县92%以上老年人持有全省统一的老年优待证,享受政策规定的优待服务。全县有老年人协会组织131个,会员85191人;老年电视大学1所,教学点(班)141个;老年大学1所,开设专业30个,班级54个,学员2364人;老年文艺团队188支,参加人数4908人;老年体协1个,注册老年人会员22968人;城乡居家养老服务照料中心105家,覆盖129个村(社区)。县老龄办与县财政局联合出台《海盐县养老服务补贴制度实施办法》《海盐县养老服务补贴实施细则》《海盐县城乡社区居家养老服务照料中心管理实施细则》,依托浙江大学社会科学研究院启动“十三五”规划编制工作。全年救助困难老人1704人,发放救助金779.92万元;享受高龄养老补贴9346人,发放金额492.59万元。全县“五保户”(保吃、保穿、保医、保住、保葬〈孤儿为保教〉)供养经费人均16416元,占该年度当地人均可支配收入的60%。全年上报信息48篇,录用47篇,其中全国老龄网录用2篇、省级各类简报网站录用20篇、市级各类网站录用25篇。撰写调研文章3篇,其中获得省级三等奖1篇、获得市级二等奖1篇、在《浙江省养老服务论坛文集》刊发1篇。是年,海盐县被评为省级老龄工作先进单位,县老龄办被评为省级老龄信息工作先进单位,沈夏林被评为省级老龄信息工作优秀信息员和省级老年电视大学办学先进个人;县乐龄社工事务所被评为省级居家养老服务知名机构,陈晓被评为省级养老服务行业领军人物;县老年电视大学被评为市级老年电视大学“十二五”办学先进单位,富小新、谢惠平被评为市级老年电视大学办学先进个人;县开发区、秦山街道福利院、武原街道建新社区、元通街道凤凰社区、沈荡镇沈荡社区、百步镇农丰村、通元镇丰义村被评为市级老年电视大学先进教学班。

【居家养老服务】 2016年,县老龄办继续开展居家养老服务照料中心建设,新建和提升居家养老服务照料中心32家,下拨建设经费203.34万元,运营补助经费147.3万元,政府购买居家养老服务经费支出65.98万元。在武原街道7个社区启动居家养老服务社会化运作试点工作,继续开

4月26日,全县居家养老服务推进会召开

设为社区60周岁以上有需求老年人提供送餐服务，实施差别化就餐补贴，有12个社区11581人次享受服务。继续做好“一键通”应急救助工程扩面工作，对原有的“一键通”智能终端进行升级，新增老年人用户210户。

【空巢老人帮扶】 2016年，县老龄办开展空巢老人、独居老人及养老服务补贴对象调查摸底工作。联合县委组织部开展“红色同心圆·关爱空巢居”志愿服务活动，有1976位党员志愿者结对676位空巢老人。投入51万元用于购买社会服务。实施关爱空巢老人活动，全县有110余位低龄老人互助380余位高龄老人；为符合条件的639位老人建立一对一或多对一结对帮扶，为独居老人提供基本服务；县慈善总会义工分会开展“金色夕阳”关爱农村老人、“有我陪伴”关爱空巢和独居老人等活动，参与义工1200余人，惠及老人2136人次，服务时间2117小时；18家“敬老文明号”创建单位与61位独居困难老人结对；驻盐部队开展双拥活动，结对“三属”（革命烈士、因公牺牲军人、病故军人家属）及空巢老人家庭19户。

【养老机构建设】 2016年，投资500万元的于城镇敬老院于一月份正式投入使用，投资7500万元的县老年公寓三期竣工。县老龄办对全县养老机构院长进行消防安全知识培训，全年对养老机构开展重大火灾隐患集中专项整治及消防安全检查6次。提请县政府召开公办养老机构规范化建设专题会议，投入近500万元对4家不符合消防要求的养老机构进行改造，对3家无法改造的养老机构进行整合改建。

【养老人才队伍建设】 2016年，县老龄办依托海盐福如海为老服务中心，对全县家庭养老护理人员进行分批、分片、集中、上门培训，参加人数共2000人。对公办和非营利性民办养老服务机构中取得职业资格证书的护理人员，按照初级、中级、高级和技师等不同职称等级，分别每人每月发放100元、200元、300元、500元特殊岗位津贴。全年发放特殊岗位津贴8.4万元，累计发放18.98万元。

【老年电视大学】 2016年，浙江老年电视大学海盐分校有教学点（班）141个，全年招生2.86万人，入学率16%。开设书画班、器乐班、舞蹈班等，加强教学管理，实行实体化办学。开设的“幸福养老大课堂”，招生人数374人。完善信息管理，在全省率先实施老年电视大学信息管理系统。是年，县老年电视大学被评为嘉兴市老年电视大学“十二五”办学先进单位，办学经验在省、市老年电视大学办学工作会议上作交流发言。

【老人节活动】 2016年，在全国第四个老人节期间，县领导分组走访慰问秦山街道、西塘桥街道和于城镇困难老人，以及于城镇敬老院老人共26人，走访慰问各镇（街道）部分特困老人、百岁老人共58人。县老龄办组织承办老年书画展；依托“2016中国·海盐南北湖文化旅游节”，联合县老年体协、县老年大学承办老年文体展演。各部门、各镇（街道）开展走访慰问活动，发放慰问金42万元；在“敬老月”期间，为老年人专项服务62次，开展文体活动105场次，惠及老年人5000余人次。

2016年百岁老人情况表

表66

序号	姓　名	性别	民族	出生日期	村（居）委会	家　庭　地　址
1	赵祥麟	男	汉族	19111007	城北社区	武原街道巴黎都市小区
2	任秀英	女	汉族	19120408	雪水港村	通元镇雪水港村
3	徐玉英	女	汉族	19121113	西塘桥街道	西塘桥街道八组
4	顾利珍	女	汉族	19130217	朝阳社区	武原街道朝阳西路
5	沈玉珍	女	汉族	19130323	构塍村	于城镇构塍村北窑
6	沈大囡	女	汉族	19140409	落塘社区	秦山街道落塘社区冯家塔
7	曹留福	男	汉族	19140719	西塘桥街道	西塘桥街道海塘老沪杭公路南侧

续表 66

序号	姓　名	性别	民族	出生日期	村(居)委会	家　庭　地　址
8	王堂堂	女	汉族	19140826	首荡村	武原街道首荡村兰田庙
9	金月珍	女	汉族	19141013	城西村	武原街道城西村南滩
10	钟培元	男	汉族	19150104	蒋家桥社区	武原街道秀水浜
11	刘芳团	女	汉族	19150807	文昌社区	武原街道莫家地弄
12	吴志伟	男	汉族	19151005	澉东村	澉浦镇澉东村李家埭
13	步锡良	男	汉族	19151023	澉浦镇	澉浦镇长青路
14	黄六观	男	汉族	19151203	西塘桥街道	西塘桥街道海塘老沪杭公路南侧
15	陆士龙	男	汉族	19151209	凤凰社区	元通街道人民路
16	俞观生	男	汉族	19160414	凤凰社区	元通街道人民路
17	许英囡	女	汉族	19160522	永乐村	澉浦镇永乐村黄塘曲
18	张仕囡	女	汉族	19160525	长川坝社区	秦山街道长川坝社区北场路
19	邵金囡	女	汉族	19160813	六忠村	澉浦镇六忠村汤家门
20	陆其宝	女	汉族	19160821	农丰村	百步镇农丰村沈家洋
21	周尔珍	女	汉族	19161009	镇中村	澉浦镇镇中村南小街
22	沈张培	男	汉族	19161212	白漾村	沈荡镇白漾村姚湾里
23	彭妨宝	女	汉族	19161223	新丰村	沈荡镇新丰村元台庙

（沈夏林）

新居民服务管理

【概况】 2016年年末，全县有登记在册新居民154780人；新居民议事委员李修振被评为全国优秀农民工、“浙江好人”，新居民李安猛被评为浙江省见义勇为勇士、嘉兴市“十大杰出青年”，新居民李光华获得浙江省五一劳动奖章。开展第五届“十佳海盐新居民”评选活动，拍摄评选活动短片，宣传新居民先进事迹，从18位候选人中评选出“十佳海盐新居民”10人。是年，县新居民事务局在嘉兴市新居民服务管理工作考核中获得一等奖。

【基层基础信息采集】 2016年，县新居民事务局开展新居民基础信息百日大排查专项行动、G20杭州峰会期间流动人口登记专项整治、第三届世界互联网大会乌镇峰会期间流动人口信息核查行动等。按照“人来登记、人走注销”要求，全年通过移动终端进行新居民信息查验1603852人次、登记116485人次、注销111316人次、变更553208条，以及出租房查验24267户次。加强社会化采集信息工作，开通“协管通”系统远程申报功能，相关单位通过申报信息系统录入上传新居民简要信息，再通过协管员上门采集完整信息，实现“零距离”管理，全年依靠社会力量自主申报登记流动人口信息3000余条。

【新居民居住证制度实施】 2016年，县新居民事务局贯彻实施新修订的《浙江省流动人口居住登记条例》，安排业务骨干参加全省流动人口管理服务业务培训班，举办协管员业务培训会议，组织学习IC卡居住证申领办理程序规范。至年末，受理申领IC卡居住证5401人，通过审核3953张，发放3635张。与相关部门联系，为拓展卡载相关功能作准备。

【基本公共服务】 2016年，县新居民事务局在县内举办招聘会49场，提供就业岗位25852个，在县外举办招聘会22场，参会企业117家，提供就业岗位2091个，新居民达成就业意向1871人。处理新居民举报投诉141件，涉及新居民1381人，为新居民劳动者追回工资报酬

2600余万元。全县新居民子女义务教育阶段在公办学校就读13669人，占96.4%。为5600余位新居民已婚育龄妇女开展免费生殖健康检查。加大对困难新居民救助，全年有67位新居民及新居民子女获得困难慰问或救助，金额7万余元。

【积分制申请租赁住房补贴】 10月20日—11月20日，县新居民事务局开展新居民依据积分申请租赁住房补贴工作，通过电视、网站、微博、微信等平台广泛宣传。接受咨询500余人次，受理申请135人。经审核和公示确定享受租赁住房补贴新居民100户。

【新居民"两地共管"工作】 2016年，县新居民事务局加强与四川省叙永县、古蔺县及河南省永城市、夏邑县等开展新居民"两地共管"对接交流。定期互通新居民基础信息，人社部门组织企业进行定向招聘，计划生育部门开展新居民计划生育服务管理，不定期把新居民计划生育相关信息通报给当地政府。

【新居民自助互助服务】 2016年，县新居民事务局开展"暖春电视公益行动——带上海盐的味道回家"主题活动，为300余位新居民送上"南湖船菜""尼松野鸭"和特色糕点等海盐土特产，以及书法爱好者撰写的"福"字和春联。3月，依托新居民驿站平台，开展新居民志愿者服务活动10余次，参加人数300余人次，发放宣传资料2300余份，接待新居民咨询100余人；组织新居民与本地居民一起参加清扫街道、清洁河道、清除垃圾广告等志愿活动，促进相互融合。发挥"双工联动"作用，开展"新生代新居民家庭成长计划"，增强新居民对家庭教育的重视。全年服务新居民群体4700余人次。

3月11日，新居民亲子植树活动举办

【新居民文化生活】 2016年，县新居民事务局开展"欢乐进驿站"新居民文艺活动。推荐5名有艺术特长的新居民参加嘉兴市新居民书画协会。在嘉兴市新居民迎春书画作品展上，全县有20余幅新居民作品参展。10月29日，参与举办海盐县首届"美丽乡村"运动会暨新居民第五届运动会，特邀奥运会冠军张梦雪到比赛现场，为运动员们加油助威。

（朱双华）

关心下一代工作

【概况】 2016年，县关工委调整宣讲团成员、"五老"（老干部、老战士、老专家、老教师、老模范）网吧义务监督员，健全关工网络体系；新增宣讲教育基地2个，累计7个。召开海盐县纪念关工委成立25周年暨全县关心下一代工作会议、县关工委宣讲工作总结会暨学校德育工作调研会、"五老"网吧义务监督员会议，以及4次基层关工委常务副主任联席专题会议。以党史、国史和爱学习、爱劳动、爱祖国的"两史三爱"教育为主题，开展万名学生假日进社区社会实践活动，该项主题教育活动得到省、市关工委领导的肯定，县关工委在省、市关工会议上作典型发言。参与社会管理，实施"青春导航"，以"关爱明天，普法先行"活动为抓手，开办《杜鹃姐姐维权热线》栏目。县关工委多次到各镇（街道）、社区、学校、企业开展关心下一代工作调研。出版《化作春泥更护花》《甜蜜的事业》（十届全国人大常委会副委员长、国家关工委主任顾秀莲和十一届浙江省人大常委会副主任、省关工委主任徐宏俊为这两本书题词)，出刊简报 12 期、《阳光少年报》2 期，编辑《关工委工作掠影画册》1 册，“新三毛”网站发稿近 200 篇，市级以上媒体投稿 74 篇。是年，县关工委被评为浙江省关心下一代工作先进集体；被《中国火炬》杂志社评为全国宣传报道工作先进单位；汤储良、沈中华被评为浙江省关心下一代工作先进个人。

3 月 23 日，海盐县青少年“羽翼计划”启动仪式举行

【青少年思想道德教育】 2016 年，县关工委以“两史三爱”为中心，发挥“五老”和宣讲团作用，开展宣讲活动。宣讲内容包括优良传统教育、法制教育、家庭教育、科技教育、国防教育和心理健康教育等 6 个方面 143 个课题。宣讲团在纪念红军长征胜利 80 周年，举办《再读长征感知英雄》讲座和《民主革命时期海盐党组织的诞生和发展》讲座。围绕“五水共治”全县中心工作，为 6 所小学的 1060 名学生讲课。分别到 1 所幼儿园、1 所小学、1 所中学，开展关于家庭教育理论知识的家长咨询活动。全年宣讲团举办宣讲活动 287 场次，受教育青少年和学生家长 9 万余人次。

【青少年法制教育】 2016 年，全县各级关工委以“关爱明天，普法先行”活动为平台，开展青少年法制教育。县关工委向基层关工组织和中小学校配送《浙江省青少年普法教育系列丛书》。宣讲团成员结合宣讲活动，发放普法宣传资料 6.5 万余份。县关工委探索引入社工服务机制开展青少年不良心理行为矫正工作，3 月，在秦山中学举办“羽翼计划”启动仪式。7 月，县关工委会同县检察院、县教育局在元济高级中学举办《杜鹃姐姐维权热线》栏目开通仪式，通过一对一方式帮助心理健康或行为习惯有偏差的学生。县、镇(街道)两级关工委开展“福彩暖万家，助圆大学梦”活动，全年资助困难家庭大学新生 13 名，金额 6.5 万元。

【“五老”结对关爱活动】 2016 年，县关工委制定《关于进一步做好“五老”结对关爱青少年活动工作的几点意见》。年内，“五老”与 343 位青少年结对，其中 18 周岁以下未成年人 266 位、18～35 周岁青年 77 位。9 月，

10 月 22 日，山东省东营市关工委常务副主任崔兆武一行到海盐参观学习“五老”结对关爱下一代工作

组织各镇(街道)关工委常务副主任和联络员进行相互检查学习,听取53位参与结对的“五老”人员作经验介绍。10月,接待到浙江省学习考察农村关心下一代工作的山东省东营市关工委领导,重点介绍海盐县关工委开展“五老”农村结对关爱青少年的经验。

【万名学生进社区(村)社会实践活动】 6月,举行第十四届万名学生假期进社区(村)活动启动仪式,副县长胡燕萍参加。各镇(街道)关工委分别在社区(村)举办暑假夏令营、俱乐部、辅导班、培训班;开展“美丽乡村”少儿手抄报、创意水果拼盘、巧手折纸、我心中的“优美庭院”绘画等比赛;参观110指挥中心、消防大队、派出所、气象局、环保监察站、钱家祠堂、黄酒酿造厂、海盐航运河道、南北湖影视中心、秦山核电站等。参与活动的中小学生共7270人。

【民营企业关心下一代工作】 2016年,全县有民营企业关工组织26家,于城镇关工委在18家民营企业中建立关工联络员制度。各企业关心下一代组织根据自身特点,开展形式多样的活动。中达股份有限公司在2006—2016年间,每年组织职工中新考入大学的子女到单位与父母同劳动,体验父母劳动的艰辛,累计参与子女409人。海盐忠明机械有限公司在暑假为外来务工人员到海盐探亲的子女举办欢迎(欢送)会,并为孩子与父母团聚提供服务。浙江恒越绢纺有限公司开展“生活小派对”活动,帮助管理新居民职工子女暑期校外安全、生活和学习,该项活动在《中国火炬》杂志上多次报道。浙江吉安纸业有限公司、浙江欣兴工具有限公司开展青工培训活动,建立青工档案,开展技能比武。海盐法狮龙建材科技有限公司通过建立“金点子基金”“珑基金”,培养青工敬业诚信精神。

(陈 莺)

民族 宗教

【概况】 2016年年末,全县有少数民族常住人口1376人,人数较多的少数民族有土家族(296人)、满族(262人)、苗族(166人),少数民族常住人口最多的镇(街道)是武原街道(881人);全县有少数民族新居民5359人。是年,县民宗局为15名海盐籍少数民族考生高考加分出具证明;首次为非海盐籍少数民族考生高考加分出具证明,涉及考生2名。

是年,全县批准开放佛教场所10处:天宁禅寺、云岫庵、惠泉寺、法喜禅寺、金粟寺、觉林寺、禅悦寺、灵野寺、相国寺、古罗禅寺。撤销登记佛教场所1处:观音禅寺(又名金观音庙)。登记编号的民间信仰场所26处,其中年内完成登记编号场所14处(甲类3处:金观音庙、新丰庙、庆丰庵,乙类11处:善新庙、韩明庙、丁村大皇庙、关帝庙、秦始皇庙、塘头庙、药王庙、月佛池、圣驾庙、二郎庙、宁海寺);基督教堂4处:海盐基督教堂、沈荡基督教堂、澉浦基督教堂、横港基督教堂;基督教活动点2处:桃北聚会点、五丰聚会点,均属横港基督教堂管理。全县有佛教僧人32人;基督教教职人员19人,其中牧师3人、教师1人、长老5人,信徒3000余人;信天主教人数约70人。

是年,对法喜禅寺除夕夜祈福接财神法会、沈荡基督教堂春节培灵聚会、古罗禅寺重建工程奠基活动、觉林寺迎请大殿佛像、相国寺水陆法会等17件非通常性宗教活动进行行政许可审批。全年接待处理群众来信、来访25件。

2016年海盐县少数民族情况表

表67 单位:人

民族	常住	暂住	总数	民族	常住	暂住	总数
蒙古族	87	120	207	瑶族	24	69	93
回族	107	441	548	白族	43	59	102
藏族	4	27	31	土家族	296	1003	1299
维吾尔族	1	9	10	哈尼族	15	79	94

续表 67

民族	常住	暂住	总数	民族	常住	暂住	总数
苗族	166	1338	1504	仡佬族	13	76	89
彝族	56	863	919	傣族	7	24	31
壮族	102	364	466	黎族	9	40	49
布依族	43	331	374	傈僳族	2	11	13
朝鲜族	12	12	24	佤族	2	8	10
满族	262	101	363	畲族	26	48	74
侗族	45	154	199	锡伯族	5	1	6
拉祜族	2	15	17	土族	1	17	18
水族	6	25	31	达斡尔族	19	1	20
东乡族	1	10	11	仫佬族	4	8	12
景颇族	2	14	16	羌族	3	24	27
撒拉族	0	1	1	德昂族	0	5	5
珞巴族	0	1	1	纳西族	4	7	11
布朗族	0	3	3	保安族	0	1	1
毛南族	0	1	1	哈萨克族	0	5	5
柯尔克孜族	0	1	1	其他	3	42	45
鄂温克族	4	0	4	合计	1376	5359	6735

【宗教活动场所视频监控建设】 2016 年，县民宗局为提升对宗教活动场所公共安全保障能力，与县委政法委、县公安局、县财政局协调沟通，经过实地勘查，确认监控设备放置点，并做好各放置点负责人政策宣传和解释工作。9 月，全县批准开放的宗教活动场所视频监控设备与县公安局、县民宗局系统正式联网。

【实施佛教寺院负责人试用制和任期制】 2013—2016 年，县民宗局根据《海盐县佛教协会关于实行佛教寺院负责人任职试用期制度的若干规定》《海盐县佛教协会关于实行佛教寺院负责人任期制的暂行规定》，对 5 位试用期内的寺院负责人进行考核，其中考核通过进入任期制 2 人、延长试用期 2 人、未通过并不再担任寺院负责人 1 人；对 5 名任期制内的寺院负责人进行考核，均通过考核，进入下一轮三年任期。

（周　泓）

各镇、街道概况

武原街道

【概况】 武原街道位于海盐县东部，系海盐县人民政府所在地。2016 年，粮食播种面积 3050.3 公顷，总产量 19520 吨；棉花播种面积 24.4 公顷，总产量 24 吨；油菜籽播种面积 306.3 公顷，总产量 811 吨；蔬菜播种面积 1030.3 公顷，总产量 30181 吨；饲养蚕种 103 张，蚕茧总产量 4.68 吨；生猪出栏 648 头，无存栏；羊出栏 4645 只，存栏 4780 只。全年实现农业总产值 2.94 亿元。

是年，有规模以上企业 92 家，规模以上企业实现工业总产值 96.51 亿元，其中战略性新兴产业总产值 22.22 亿元。全年完成固定资产投资 28 亿元，其中工业生产性投入 15.47 亿元。全年合同利用外资 5351.25 万美元，实到外资 1834.18 万美元；引进县外内资 65559.6 万元，新增注册资本 38371 万元，引进浙商回归资金到位 26064 万元，接轨上海到位资金 40757 万元。推动企业股改上市，海盐盛迪电子科技有限公司在新三板挂牌上市，完成企业股改 3 家。获得市级科技进步奖 3 个，新培育省级高新技术企业 5 家，省中小型科技企业 17 家，省级企业研究院 1 家，市级研发中心 2 家，市级专利示范企业 1 家，县级专利示范企业 2 家。省级新产品计划项目立项 51 个，申请专利 525 件。全年争取市级以上科技资金 117 万余元。全年完成园区基础设施投入 1.23 亿元，3.78 万平方米标准厂房投入使用，0.78 万平方米创意园主体结顶，两创中心二期（中小企业集聚园标准厂房）开工建设，占地 10 公顷的变频器产业园进行招商和方案设计。完成扩大杭嘉湖南排工程、海塘支线及六旗大道征迁工作，实施武袁公路、旅游集散中心、山水大道等项目征地工作。

是年，实施土地整治项目，南洋村项目完成拆迁 335 户，华星村项目搬迁 159 户；年内，金星村、华星村、双桥村土地整治项目基本完成。全年新增土地流转面积 76.32 公顷，其中 3.33 公顷以上规模流转面积 70.55 公顷。继续开展“五水共治”工作，4 月底在全县率先实现生猪全面退养。完成双桥圩区工程，华星圩区项目进场施工。完成河道（池塘）清淤 9 条，清淤土方 7007.78 立方米，完成农村生活污水治理 1235 户。加强秸秆禁烧宣传，加大秸秆焚烧监管力度，全年新增绿化面积 21.53 公顷，淘汰黄标车 97 辆，整治小锅炉 14 台。完成“三改”面积

创意园主体工程结顶

48.10 万平方米，其中城中村改造 8.99 万平方米，旧住宅区改造 18.94 万平方米，旧厂区改造 20.17 万平方米；拆除违法建筑 17.32 万平方米，其中违建猪舍 6821.98 平方米，各类涉安违建 8632 平方米。

是年，为参保职工提供政策咨询，职工知晓率 95%。城乡居民参加基本医疗保险 35437 人，参保率 99.2%；全年新出生 1205 人，计划生育率 98.5%；全年募集慈善善款 183 万元；发放各类民政救(补)助金 930.46 万元。对劳动密集型企业工资支付情况开展专项检查 128 家，深化“平安武原”建设，完成 G20 杭州峰会、第三届世界互联网大会乌镇峰会保障服务工作，被评为嘉兴市保障服务重大国际峰会先进集体。是年，被省爱国卫生运动委员会命名为浙江省卫生街道。

2016 年武原街道情况数据库

表 68

项　目		单　位	合　计	项　目		单　位	合　计
总面积		平方公里	86	生产总值		亿元	113.01
耕地面积		公顷	3236.5	其中	第一产业	亿元	2.05
种植面积		公顷	4549.33		第二产业	亿元	24.67
村		个	17		第三产业	亿元	86.29
居委会		个	19	财政(一般预算)收入		亿元	5.09
总人口		人	126947	农民人均可支配收入		元	30591

【实施垃圾分类试点】 2016 年，在首荡村、金星村、红益村、北荡佳苑(君原村)先期试点垃圾分类，共投放垃圾分类专用桶 197 组，发放倡议书和宣传资料 400 余份，上墙宣传版画 60 余幅。完成盐东村固废垃圾打包站设备安装点和配套设施建设以及垃圾分类收集车辆采购。

【农村集体资产股权信息化管理】 10 月 18—19 日，全省农业“两区”建设暨“互联网＋”现代农业现场会在海盐召开。华星农场作为“互联网＋”现代农业典型进行展示。是年，华星村级集体经济收入 4077.71 万元，同比增加 723.28 万元；街道全面实现农村集体资产股权信息化管理，开展村级租赁资产管理调查和组级货币资金突击盘点，确保集体资产(资源)阳光管理。

【开展“清障拔钉”行动】 2016 年，继续开展“清障拔钉”行动，完成海塘支线—六旗大道、武袁公路拆迁后续扫尾和遗留户 48 户的拆迁工作，一批长期盘踞主干道、安置区的住户顺利清除。

【重点建设项目征地拆迁】 2016 年，围绕中心城区建设，开展海塘支线、山水大道、集散中心、联丰北荡、明珠北荡、南排工程、武袁公路、南环村等重点项目建设，启动实施农房征迁 2085 户，年内完成签约 996 户，征地 508.47 公顷。

【生猪养殖转产转业全面完成】 2016 年，生猪养殖转产转业全面完成。4 月底，街道在全县率先实现生猪全面退养、全面转业。申报创建“生猪养殖转产转业先进村(社区)”12 个村，全部通过县生猪养殖转产转业先进村(社区)考核验收。

【社区服务体系建设】 2016 年，继续推进社会养老服务体系建设，全年符合享受政府养老服务补贴 141 人，月发补贴共 35000 元。是年，列入居家养老服务照料中心新建计划 5 个村，列入改造提升 2 个村。新光社区“情暖夕阳 银龄互助”、宜家社区“雏鹰护航”、朝阳社区“律师进社区”、枣园社区“共同的家园”等服务项目，为老年人、青少年提供各类特色服务。加大城市危旧房“解危”力度，完成古城路 15 号房屋评估工作。

2016 年各村(社区)基本情况表

表 69

村(社区)名	村(社区)党组织书记	村委会(社区居委会)主任	农村经济总收入(万元)	农民人均可支配收入(元)
首　荡	许惠云	钟其龙	16247.73	19303
城　北	周　峰	孟敏红	2193.01	
明　珠	冯永传	庞晓峰	58798.29	21441
联　丰	顾火根	沈雪平	62499.09	23518
盐北(社区)		周刘飞	15509.88	
君　原	何全华	高祖英	14139.66	
东门(社区)	沈宇刚	朱彩红	3586.18	21096
城南(社区)	徐建明	姜忠明	10033.55	21346
富　亭	富建峰	富建峰	21749.82	20132
建　新	张海卫	王建丰	44541.44	22522
南　环	陈明良	严海明	18239.21	
金　星	朱水中	顾德根	19823.29	20354
大　刘	童中华	张文华	50629.04	19318
华　星	朱火明	朱连萍	17273.22	21243
双　桥	陈永君	洪培军	11640.28	20495
南　洋	朱伟华	姚海华	14166.38	19681
红　益	蒋关良	叶建良	21524.78	20179
城　西	邱秀英	邱秀英	51912.03	21001
小曲(社区)	朱永华	潘宣鸿	10488.92	
盐　东	王冬华	黄雪娟	90916.76	21586
黄家埝	吴跃忠	蔡爱峰	12580.06	21778

(王博文)

西塘桥街道

【概况】 西塘桥街道位于海盐县东北部,东与乍浦港区接壤。2016 年,实现农业总产值 32333 万元。是年,粮食播种面积 3218.47 公顷,总产量 2.23 万吨;棉花播种面积 161.47 公顷,总产量 232.5 吨;油菜籽播种面积 282.5 公顷,总产量 818 吨;蔬菜播种面积 530.4 公顷,总产量 1.9 万吨;瓜类播种面积 64.27 公顷,总产量 1937 吨;水果总产量 4217 吨。全年生猪出栏 20890 头,存栏 18147 头;羊出栏 1809 只,存栏 2189 只;家禽出栏 104.98 万羽,存栏 239417 万羽。年内,建成金土地农场、谷丰家庭农场、海盐绿优家庭农场等 3 个烘干中心,全年烘干稻谷 3450 吨。新建泵站 1 座,PE 低压管道 5.78 公里。

是年,街道有规模以上工业企业 85 家,全年实现工业总产值 285.98 亿元。其中新产品产值 122.5 亿元,战略性新兴产业产值 163.41 亿元;实现工业销售总额 271.96 亿元,出口交货值 28.67 亿元,工业产品产销率 98.6%;4 家规模以上服务业企业实现增加值 2213 万元,实现营业收入 1.33 亿元;16 家限额以上批发零售企业实现增加值 5310 万元,营业收入 6.9 亿元。全年万元工业增加值能耗同比下降 0.4%。引进县外内资项目 22 个,引进县外内资 30.98 亿元,其中注册资本 12.89 亿元。引进外资项目 9 个,合同利用外资 7500 万美元,实到外资 9585.83 万美元。

是年,5630 平方米文体中心和 550 平方米张元济图书分馆正式投入运行。新建新城、永宁 2 个村文化礼堂,西塘社区文化礼堂主体结构结顶,农村文化礼堂实现全覆盖。获县城乡发展一体化工作目标责任制考核获一等奖。

是年,打出环境综合治理"组合拳"。年内,新增绿化28.6公顷,实施植物园提升工程、西塘社区、大宁村"美丽乡村"建设等项目。刘庄村筹建"美丽乡村"升级版项目。西塘社区、大宁村95户农户实施生活污水入网工程。在刘庄村、八团村开展垃圾分类试点。"一二三四"集中攻坚,拆除各类违章建筑15.06万平方米,完成"三改"面积59.48万平方米,完成杭浦高速、01省道等沿线环境整治508处。开展工业废气专项治理。清理河沟2条,池塘23只,清理淤泥2.33万立方米,新增生态绿岛14个。10月,街道跨行政区域交接断面水质首次达到优秀。

12月30日,文化体育中心投入运行

是年,城乡居民参加基本医疗保险20127人,参保率99.8%;城乡居民参加社会养老保险20137人,参保率100%。新出生414人,计划生育率99%。安置小区物业费收缴率80.8%。年内,共发放居民最低生活保障金173.43万元,对1092名残疾人发放生活补贴39.7万元,发放各类慈善救助款139.2万元。举办企业文化艺术节和全民体育运动会,开展各类文艺演出6场,送戏进村、进社区、进企业、进文化礼堂36场。10月,启动7个村(社区)、5205户农户农村土地承包经营权确权登记颁证,至年末,完成工作量的92.9%。是年,完成G20杭州峰会安全保障服务任务,被评为嘉兴市重大国际峰会社会保障服务工作先进集体。11月,西塘桥街道财政局被省财政厅授予"2015年度浙江省规范化建设先进财政所"称号。

2016年西塘桥街道情况数据库

表70

项目	单位	合计	项目		单位	合计
总面积	平方公里	56.82	生产总值		亿元	48.05
耕地面积	公顷	2486.36	其中	第一产业	亿元	2.21
种植面积	公顷	4533.67		第二产业	亿元	38.13
村	个	5		第三产业	亿元	7.7
居委会	个	7	财政(一般预算)收入		万元	92990
总人口	人	41541	农民人均可支配收入		元	31171

【生猪养殖转产转业工作】 3月初,街道有生猪养殖户191户,存栏3319头。根据上级生猪退养工作要求,至5月底,全面完成生猪退养任务,其中对123户生猪退养户发放转产帮扶资金93840元。7月起,构建起生猪退养防反弹长效监管机制。12月13日,嘉兴市督查组对西塘桥街道生猪退养情况进行督查,未发现生猪养殖反弹现象。12月16日,县"生猪养殖转产转业先进

村"考核组对街道9个村(社区)进行实地检查,全部通过考核。

【实施多村整合搬迁安置项目】 5月,刘庄村、永宁社区土地整治一期项目搬迁农户272户,在中王里区块开工建造四联三层排屋安置房68幢7.9万平方米。至年末,部分房屋已结顶。10月,启动刘庄村、永宁村土地整治二期项目,签约搬迁农户174户,其中刘庄村79户、永宁村95户。

【刘庄村筹建"美丽乡村"升级版项目】 2016年,刘庄村列入县"美丽乡村"升级版项目建设单位,项目估算总投资1360万元,其中县财政补贴600万元。该项目景观面积15.87公顷。至年末,完成相关审批手续,有关资料报县招投标平台。

【开展生活垃圾分类试点】 2016年,街道投入20万余元,采购垃圾桶和分类垃圾桶4000只(其中可堆肥1300只)。8月,在刘庄村、八团村1300户农户中试行生活垃圾分类,农户对家庭产生的生活垃圾分为可堆肥和不可堆肥两大类存放。可堆肥垃圾由专业保洁公司运至垃圾分类可堆肥场地,不可堆肥垃圾由专业保洁公司运至中转站处置。

【"一厂一策"治理工业废气】 2016年初,街道委托浙江大学生态工业和环境研究所对境内17家重点废气排放企业制订"一厂一策"提标改造整治方案。3月,工业废气专项行动启动,13家企业实施废气整治项目。至年末,浙江吉安集团有限公司投资1500万元的污水处理站臭气整治、浙江阿尔法化工科技有限公司安装RCO废气焚烧装置等5个项目竣工。

【省财政补贴"一事一议"项目实施】 2016年,5个村实施省财政补贴"一事一议"项目6个。其中西塘、海塘、刘庄、永宁等4个村实施道路硬化项目,大宁村、西塘社区实施农村生活污水处理项目,总投资411万元,其中省财政补助277.3万元,村级集体及农户筹资133.7万元。至年末,海塘、西塘、大宁村实施的项目基本竣工。

2016年各村(社区)基本情况表

表71

村(社区)名	村(社区)党组织书记	村委会(社区居委会)主任	农村经济总收入(万元)	农民人均可支配收入(元)
东　港	张月平	王祥英	12688.81	26446
曙光社区	叶　锦	陆海华	10854.09	26866
王庄社区	盛正海	张建康	11784.85	27872
西塘社区	金勤萍	金勤萍	36899.93	26830
新城社区	刘金根	郑国强	70562.52	28189
新海社区	方士妹	何海健	19881.44	27898
大　宁	汤良峰	王建中	14180.22	27897
永宁社区	陆晓弟	潘张法	18420.04	28446
海　塘	徐　海	蒋海明	38272.23	28974
刘　庄	万金观	刘建根	19701.61	28257
八　团	徐仕平	徐仕平	15774.55	29096

(郑伍明)

元通街道

【概况】 元通街道位于海盐县东北部,北与嘉兴市南湖区和平湖市接壤。2016年,粮食播种面积3105.4公顷,总产量20119吨;油菜籽播种面积82.67公顷,总产量248吨;蔬菜播种面积901.07公顷,总产量28770吨;生猪存栏7292头,出栏7607头;羊存栏1235只,出栏652

只。全年土地流转面积194.6公顷。街道和村(社区)两级水质双提升,在镇(街道)、村(社区)镇级以下河道监测点水质考核中有5个村(社区)水质达到三类标准,永福社区获得水质年度上台阶奖。在市(县)级河道管理镇、街道监测断面水质考核及跨行政区域河流交接断面水质考核为合格。

是年,街道有工业企业271家,其中规模以上企业39家,亿元以上企业10家。全年实现工业总产值65.83亿元;实现外贸自营出口1.03亿美元;完成固定资产投资10.37亿元,其中工业生产性投入8.89亿元。全年引进县外内资4.69亿元,其中注册资金2.58亿元;合同利用外资4380万美元,实到外资1519万美元;完成浙商回归资金1.85亿元。全年腾退低效土地8.73公顷。服务业项目完成投入3.14亿元。年内,省级新产品立项21项,申报专利202项,其中发明专利44项。全年引进人才200余人。

是年,改造与完善集镇各项基础设施,加大整治力度,逐步完善集镇功能配套。年内,完成银燕路环境提升、集镇店面整治;实施电庄入口改造;完成街道污水接管、凤凰路人行道提升改造;实施凤凰路环境绿化、威博园区环境提升工程等。实施新兴小区和凤起小区道路、绿化、电力等基础配套建设。开展凤兴佳苑、凤凰佳苑规划设计。抓好农房建设管理,全年审批农民建房274户,农村困难群众危房改造2户。4座危旧桥梁完成重建并投入使用。实施君王线公路拓宽改造1.993公里。完成500千伏洪明输变电工程塔基线路征借地政策处理,确保工程建设稳步推进。

是年,实施环境提升工程,打好"一二三四"攻坚战,扎实推进生态文明建设。继续推进永福、兴隆、青莲寺等村"美丽乡村"建设。抓好优美庭院创建,全年投入保洁资金460万元,连续6年获县年度考核一等奖。

是年,城乡居民参加基本医疗保险10913人,参保率99%。城乡居民参加养老保险1526人。开展救灾救济,实现避灾点规范化建设全覆盖,新兴社区被评为国家级综合减灾示范社区。全年募集慈善帮扶基金67.78万元,发放慈善救助款58.72万元,救助843人(户)。实施"全面两孩"政策,全年出生人口190人,计划生育率99.5%。

是年,6个村(社区)完成文化礼堂建设并投入使用,其中新兴社区、兴隆村文化礼堂创建为省级文化礼堂。举办"走进元通"第二届群众文化艺术节,全年开展各类文艺演出48场次;抓好村级文化专职管理员队伍建设,挖掘和培养大批文艺骨干。举办"青衿论坛"组织机关站办、村(社区)、企事业80后、90后青年进行学习培训、交流探讨、谈论发言等活动。继续开展"平安创建"和"法治、德治、自治"建设,加强社会服务管理中心规范化建设。建立社会矛盾大调解平台,实现"一条龙"受理、"一站式"服务、"一揽子"解决矛盾纠纷,矛盾纠纷调处率100%。抓好重点人员教育稳控和突发事件应急处置,完成G20杭州峰会和第三届世界互联网大会乌镇峰会服务保障工作。深化"网格化管理,组团式服务"工作,全年开展各类服务活动260余次,走访群众15000人。

2016年元通街道情况数据库

表72

项　目	单　位	合　计	项　目		单　位	合　计
总面积	平方公里	34.42	生产总值		万元	142800
耕地面积	公顷	2481	其中	第一产业	万元	17200
种植面积	公顷	4209		第二产业	万元	93800
村	个	2		第三产业	万元	31800
居委会	个	4	财政(一般预算)收入		万元	6859
总人口	人	17888	农民人均可支配收入		元	30242

【中共元通街道党委领导班子换届选举工作】 10月14—15日，中共元通街道第二次代表大会召开。62名党代表参加会议，以无记名投票和差额选举办法选举产生中共元通街道新一届党委领导班子，吴建峰当选为党委书记，周海风、杜建勇、徐建华当选为党委副书记，并选举产生出席中共海盐县第十四次代表大会代表14人。

【“五水共治”工作】 2016年，整治河道长度1165.7米，清理沉船42艘。组织河长大巡河行动，全年开展巡查701次。实现河长公开全覆盖，强化全民监督。实施水毁水利工程修复、小农水维修管护试点项目，保障农业生产用水。小型农田水利、农业综合开发项目开工建设，节约农业灌溉用水，受益面积577.67公顷。

【“三改一拆”工作】 2016年，全年拆除违章建筑8.78万平方米。拆除基本农田内违建鸡舍9家，改造旧住宅区600户18万平方米，旧厂区改造52个14.5万平方米，改造“城中村”126户5.3万平方米。是年，街道创建为市级“无违建”镇(街道)。

【生猪退养百日攻坚大会战】 3月，根据县政府《2016年海盐县生猪退养百日攻坚大会战行动方案》要求，按照统一部署、部门联动，全面推进生猪退养百日攻坚大会战。至4月底，194户散养户、存栏生猪1157头全面完成退养任务。12月15日，6个村(社区)均通过县级生猪养殖转产转业先进村(社区)考核验收。

【秸秆综合利用工作】 2016年，通过送技术到田头、送物资到户、整村示范、整组示范、承包组示范等全方位推进秸秆综合利用工作。全年完成临时堆肥整治点87个，凤凰社区、新兴社区、永福社区、电庄社区为整村秸秆堆肥示范村，87个承包组，堆肥面积150.4公顷；兴隆村、青莲寺村为整组秸秆堆肥示范村，堆肥面积4.67公顷。全年堆肥面积161.53公顷，发送催腐菌剂1115包。4月18日，全县农作物秸秆堆肥现场推进会在元通街道举行。与会人员现场观摩了秸秆堆肥操作，为各镇(街道)全面推广秸秆堆肥做好示范。是年，县对街道秸秆综合利用工作考核中获得24.5分，名列全县第一。

【省人大常委会领导到元通调研】 4月20日，省人大常委会党组副书记、副主任程渭山一行到浙江青莲食品股份有限公司调研，县人大常委会主任黄江莺、副县长陈建平等县领导陪同。其间，青莲食品有限公司董事长许明曙介绍公司畜牧业、生猪全产业链建设、发展战略等情况。程渭山对青莲食品有限公司的发展给予肯定，并强调地方猪的保种、育种意义重大。19日，程渭山还到百合美家庭农场、意欧斯科技股份有限公司等地调研。

【联合国节能砖与农村节能建筑市场转化项目通过验收】 4月27日，联合国开发计划署和农业部科技司专家在省、市、县新墙办等相关部门领导陪同下，到电庄社区凤起小区验收。经综合评定：凤起小区实施的节能砖与农村节能项目全部达到国家项目办所确定的各项指标要求，授予电庄社区“节能建筑推广村”和“海盐达贝尔新型建材有限公司节能砖生产推广企业”称号。凤起小区项目于2010年立项，规划新建双联排房屋242户，已建成和在建农户200户。小区部分房屋全部使用节能新墙材，推广节能50%。

【农业部领导到青莲公司调研全产业链实践情况】 7月6日，国家农业部经管司司长、农业产业化办公室主任张红宇携财政部农业司、证监会发行监管部领导一行，到青莲食品有限公司实地调研全产业链实践情况，省农业厅副厅长王建跃、市农办副主任张荣根、副县长陈建平等领导陪同调研。张红宇在听取青莲食品有限公司全产业链实践汇报并参观透明工厂后，对青莲全产业链实践取得的成绩表示高度肯定。

【全市农业转型发展现场推进会到元通考察】 8月16日，全市农业转型发展现场推进会在海盐县召开。其间，市委副书记孙贤龙率各县(市、区)相关负责人到元通街道百合美家庭农场、海盐九丰农业科技有限公司考察。县委副书记、县长章剑及街道主要领导陪同。

【省验收组督查元通街道“清三河”工作】 10月13日，省“清三河”达标县验收组到元通街道检查“清三河”工作。验收组现场随机抽查兴隆村、永福社区4条“清三河”市级公示河道，及农村生活污水纳管情况：仔细核对省“清三河”达标县验收条件，查看河道水质、清洁等；详细询问河道保洁长效机制工作；实地查看“河长制”公示牌覆盖情况。验收组对街道“清三河”工作表示充分肯定。

【市食品安全科普中心·肉制品中心落户世界名猪文博园】 10月20日，嘉兴市市场监督管理局与青莲食品有限公司签订食品安全科普中心·肉制品中心合作协议，市食品安全科普中心·肉制品中心正式落户世界名猪文博园。2016中国·海盐南北湖文化旅游节子活动之一的美食工厂观光体验活动举行。市食品安全科普中心·肉制品中心融合肉制品食品安全科普讲堂、透明工厂参观、亲子课堂、美食品尝、生态农业体验等方式，为消费者解开食品安全背后的谜团，解答日常食品消费的误区，带来食品安全科普教育。

【元通街道专职消防队成立】 11月9日，元通街道专职消防队成立。县公安局、县消防大队、元通街道党委、办事处相关领导参加揭牌仪式。专职消防队租用银河商务办公楼面积680平方米，内设办公区、装备区和营房区，消防队共11人，设队长1人、指导员1人。

11月19日，元通街道专职消防队挂牌成立

2016年各村(社区)基本情况表

表73

村(社区)名	村(社区)党组织书记	村委会(社区居委会)主任	农村经济总收入(万元)	农民人均可支配收入(元)
凤凰社区	汤良生	杨李忠	23691	17998
电庄社区	钟全根	徐枉法	17589	13761
青莲寺	冯伟娟	冯伟娟	9600	20387
兴　隆	朱刘法	陈珠根	15116	26136
新兴社区	金和仁、陆祥英	洪雪良	8170	16745
永福社区	董叶珍	崔金根	11898	21661

(朱雅婷)

秦山街道

【概况】 秦山街道位于海盐县东南部，秦山核电基地坐落于境内。2016年，粮食播种面积2360.4公顷，粮食总产量15668吨；油菜籽播种面积125.1公顷，总产量346吨；棉花播种面积30.3公顷，总产量25.95吨；茶树种植面积17.3公顷，茶叶总产量2.28吨；蔬菜播种面积928.4公顷，总产量36136.3吨；饲养蚕种1101.25张，蚕茧总产量54.04吨。全年生猪出栏31509头，存栏13007头；羊出栏4312只，存栏5057只；家禽出栏19645羽，存栏18558

羽。全年土地流转签约面积209.47公顷，其中续签40.13公顷，累计流转面积1488.8公顷，占耕地总面积的62.2%，收取风险保障金98.15万元。至年末，街道有注册农民专业合作社34家，家庭农场78家，粮食专业合作联社1家。有省级农业龙头企业1家，市级示范性家庭农场1家，县级农业龙头企业5家，县级示范性家庭农场3家，县级标准化农场认定40家。是年，建立无公害农产品基地9个，培育无公害农产品9个；有绿色食品1个，有机食品3个，嘉兴市名牌2个，中国驰名商标1个，工商注册登记品牌16个。“味之源”芦荟饮品在市农博会上获金奖，万奥农庄获“省果蔬采摘旅游基地”授牌。是年，街道村级经常性收入969万元。

是年，有规模以上工业企业47家，实现工业总产值24.28亿元，战略性新兴产业产值8.33亿元；全年完成固定资产投入23.63亿元，其中工业生产性投入14.05亿元；零地技改投入13.37亿元；新产品产值7.22亿元，同比增长13.7%；实施“机器换人”项目32个，完成投资11.16亿元；腾退低效用地122.2公顷。全年合同利用外资5600万美元，实际利用外资1474万美元，引进县外内资8.97亿元，新增注册资金2.88亿元；稳步推进浙商创业创新工作，实到浙商回归资金6.6亿元。全年新增省级高新技术企业1家，省科技型中小企业6家，省级研发中心1个，市级研发中心1个，申报专利287个；全年新增规模以上工业企业5家，新增产值亿元以上企业1家，引入“屋顶换能项目”9个，引入智能制造项目1个。

是年，继续推进“三改一拆”（改造旧住宅区、旧厂区、城中村和拆除违法建筑）工作，全年拆除违章建筑13453.7平方米，其中涉及企业14家，拆除10215.7平方米；官堂集镇整治沿街店铺拆除900平方米。年内，发生违章建筑8家，涉及353平方米，其中拆除5家，165平方米。

是年，新增城乡居民参加养老保险5811人，城乡居民参加基本医疗保险16474人，参保率99.6%。全年计划生育率98.8%以上。举办文溪坞第二届端午民俗文化节、年味节等大型活动7场，开展送戏下乡、送戏入户各11场，实现村（社区）省级标准文化礼堂全覆盖。完成G20杭州峰会、世界互联网大会乌镇峰会服务保障工作，街道获市级平安街道称号。

2016年秦山街道情况数据库

表74

项目	单位	合计	项目		单位	合计
总面积	平方公里	54.97	生产总值		亿元	18.37
耕地面积	公顷	2393.64	其中	第一产业	亿元	2.41
种植面积	公顷			第二产业	亿元	9.00
村	个	5		第三产业	亿元	6.97
居委会	个	8	财政（一般预算）收入		万元	10356.82
总人口	人	30303	农民人均可支配收入		元	28429

【落实计生惠民政策】 2016年，开展计划生育奖扶、特扶工作，确保应享受家庭能够在第一时间获得国家资助。是年，街道符合奖扶条件的对象1236人，其中新增258人，退出76人；特扶对象47人，其中新增3人，退出1人。全年报销四项手术费11874元，发放节育环、输卵管结扎奖励费8600元。发放城镇独生子女父母奖励费400元，农村独生子女父母奖励费44070元。

【“优美庭院”创建工作】 2016年，召开“优美庭院”创建专题会议，通过广播、农民信箱、微博、微信进行专题宣传。各村（社区）通过召开党员会、承包组长会、户长会等活动，开展村庄整治宣传发动，发放宣传资料、倡议书9000余份。组建“优美庭院”评审小组243个，每月开展评比打分并公示上墙。组织“三小组长”、志愿者、中心户开展集中整治志愿活动120余次，上报创建信息50余篇、编发微信专刊2期。各村(社区)开展党员干部“带头晒”庭院活动，展出照片265张。注重发挥庭院绿化美化示范户作用，组织参观学习，推动工作开展。每月25日党员服务日，组织党员开展庭院环境整治。

【文溪坞第二届端午民俗文化节】 6月9日，举办以“浓情端午 魅力文坞”为主题的文溪坞第二届端午民俗文化节。端午民俗文化节既有“非遗知识有奖竞答”“非物质文化遗产图片展”“点雄画额”“驱除五毒”“吉祥菖蒲”“艾草飘香”等传统民俗活动，又有“裹粽达人赛”“祈福香囊”“手绘彩蛋”“五彩绳编织”“龙舟‘竞渡’”等趣味比赛和互动体验的趣味游戏项目。

6月9日，文溪坞第二届端午民俗文化节现场

【工会组织建设】 2016年，街道在25人以上的规模企业新组建工会5家，新增工会会员302人。至年末，共有独立工会62家，联合工会11家，涵盖企业190家，有工会会员7597人。是年，机关工会进行换届选举，增补了工会执委人员。

【农机具安全生产管理】 2016年，农户购置中型拖拉机4台、种子直播机1台、茶叶修剪机1台、微耕机1台，共投资37.32万元。其中国家补贴11.2万元。是年，加强农机具安全生产管理，街道与各村(社区)签订农机安全责任书，与上路营运的86台拖拉机驾驶员签订安全责任书，开展车辆年检和安全教育。

【绿化造林】 2016年，新增绿化面积18.2公顷，其中沿海防护林2.2公顷、片林3.47公顷、城镇绿化2公顷、村庄(社区)绿化4公顷、乔木型经济林6.53公顷。经济林主要种植桃子、枇杷、无花果等。在永兴村“美丽乡村”文溪坞山地种植金钱松、浙江楠等珍贵树种约10000株，杨梅700株。

【农村生活污水治理】 2016年，实施农村生活污水治理项目涉及长川坝社区、秦兴社区、丰山村、许油车村4个村(社区)农户1566户。治理工程划分10个标段，至年末，完成合同量的30%，受益210户。

【村庄环境整治】 2016年，结合“一二三四”攻坚大会战，对6401户农户房前屋后、村主要道路两旁的柴堆、建筑材料、垃圾等开展整治工作。9月22日，验收215个组，通过验收6045户，占总户数的94.5%。

【保洁基础设施建设】 2016年，新建垃圾房10个投入使用，购置专用垃圾桶210只，分发到各企业和集镇。投资14万余元，购买桶吊电瓶垃圾清运车2辆，作业区域涉及工业园区62个企业、长川坝集镇及附近企业。投资65万余元，更新农村保洁员电瓶垃圾车66辆、垃圾装运车3辆、铲车3辆，为每个保洁员配置GPS定位手机，建立信息管理平台。

2016年各村(社区)基本情况表

表75

村(社区)名	村(社区)党组织书记	村委会(社区居委会)主任	农村经济总收入(万元)	农民人均可支配收入(元)
落塘社区	黄夏中	陈 军	127175.83	23869
秦兴社区	沈汉忠	张建明	45412.82	25610

续表 75

村(社区)名	村(社区)党组织书记	村委会(社区居委会)主任	农村经济总收入(万元)	农民人均可支配收入(元)
丰　山	马惠良	黄林梅	75847.55	26085
北　团	李　波	沈火良	21039.99	25734
永　兴	周　建	吴利华	13344.37	25194
杨柳山社区	郭美香	郭美香	18290.36	26663
秦山社区	戈奕慧	史月生	23670	25200
长川坝社区	李春明	张凯峰	39018.65	24430
许油车	陈建明	宋培良	74958.83	25238
新　联	周中伟	吴利民	31740.42	24465
庆丰社区	张正明	周永明	55259.6	24407

(周其明)

沈　荡　镇

【概况】 沈荡镇位于海盐县西北部，北与嘉兴市南湖区接壤。2016年，粮食播种面积5066公顷，总产量32816吨；油菜籽播种面积69公顷，总产量208吨；蔬菜播种面积1275公顷，总产量34273吨；水果种植面积116公顷，总产量4713吨。饲养蚕种6316张，蚕茧总产量301吨。全年羊出栏13770只，存栏7395只；家禽出栏509641羽，存栏161790羽。是年，以农业"两区"建设为龙头，新增粮食功能区21个、高标准农田2122公顷；万好食品蔬菜全自动化生产技术项目列入国家星火项目计划，三羊现代农业科技有限公司列入全省农业"两区"现场会观摩点。农业规模化专业化水平进一步提高，形成龙头企业专业合作社+农场农业产业化格局，累计规模流转土地1289.4公顷，完成土地开发57公顷。

是年，全镇实现工业总产值55.4亿元，其中规模以上企业实现工业产值35.8亿元；实现工业增加值8.9亿元。全年完成固定资产投资22.29亿元，其中工业生产性投入14.34亿元。继续推进工业平台建设，全年工业园区开发征地5公顷，完成园区拆迁122户；园区基础设施建设投入1.31亿元，新筑污水管网3.62公里；腾退低效用地11.42公顷。全年合同利用外资4500万美元，实到外资1304.15万美元；引进县外内资5.58亿元，新增注册资本1.62亿元；到位浙商回归资金2.51亿元。完成技改项目投资14.34亿元。实施"退低进高"和"机器换人"专项行动，关停黏

8月30日，组织志愿者开展社会治安巡查行动

土砖企业1家。海盐光泰照明有限公司与上海同济大学合作，实施“机器换人”项目。全年累计出让土地26宗37.87公顷。

是年，加快发展现代服务业，立足新的产业布局，探索发展古镇旅游产业，促进二、三产业融合互动发展。阳光小区河东佳苑、镇安佳苑等一批安置保障房竣工并投入使用；完成永庆东路、永宁路拓宽工程。推行“四位一体”农村环卫保洁工作，开展“美丽乡村”清洁家园创建、推进“三改一拆”、“四边三化”、“两路两侧”环境整治活动，累计拆除各类违法建筑104万平方米，完成“三改”面积86万平方米。全镇就业率96%以上，被评为嘉兴市充分就业镇，沈荡社区被评为全国综合减灾示范社区。

是年，全镇城乡居民参加社会养老保险10178人，参保率99.8%；城乡居民参加基本医疗保险20889人，参保率99%；加快养老基础设施建设，计划用三年时间新建沈荡镇敬老院；实现城乡一体新社区综合服务中心全覆盖，镇村两级避灾场所全覆盖，村级居家养老照料中心全覆盖。统筹人口与计划生育工作，计划生育率98.5%。加强文化阵地建设，实现文化礼堂全覆盖。支持教育事业发展，学前教育入园率98%，义务教育入学率100%。

2016年沈荡镇情况数据库

表76

项目	单位	合计	项目		单位	合计
总面积	平方公里	66.03	生产总值		万元	190800
耕地面积	公顷	3147	其中	第一产业	万元	21300
种植面积	公顷	6532		第二产业	万元	102800
村	个	11		第三产业	万元	66700
居委会	个	1	财政(一般预算)收入		万元	7721
总人口	人	34727	农民人均可支配收入		元	27668

【招商选资工作】 2016年，继续推进“蹲点招商”工作。选派1名招商人员到上海普陀区桃浦镇挂职开展蹲点招商活动。是年，洽谈招商项目18个，其中外资项目3个，内资项目15个，签约项目10个。

【组织人才培训工作】 2016年，举办技能提升培训班6期，培训488人；高技能人才直接评价企业6家，认定153人；举办创业培训班1期，培训56人；举办企业内部培训师2期，培训26人。成立县级技能大师工作室1个。选派2名电工参加嘉兴市技能比武擂台赛，嘉兴市光泰照明有限公司选手获得第一名，海盐猛凌汽车配件有限公司选手获得第三名。

【集镇整治与规范化管理】 2016年，加强集镇基础设施、镇容镇貌、交通秩序、污水收集、环境卫生、五小行业等建设管理。是年，完成镇东桥、集镇停车场及配套设施建设，投资60万元；搬迁并扩建垃圾中转站，引进先进设备，创新垃圾收集管理模式，投资120万元；永庆西路拓宽改造工程搬迁孩儿桥两侧住宅88户，总投资1200万元；继续推进集镇截污纳管工程，新增300余户，总投资200万元。

【秸秆综合利用试点工作】 2016年，以实现全面禁烧秸秆为目标，以秸秆肥料化、能源化、饲料化等利用为抓手，促进农作物秸秆综合利用，秸秆综合利用率95%。是年，全镇设置秸秆堆积点118个，租用土地13.4公顷。鼓励和引导企业、社会组织参与，建立收集、贮运队伍，健全日常管理制度，建立和完善秸秆综合利用长效监管机制。

【土地流转工作】 2016年，坚持“依法、自愿、有偿”原则，继续推进承包土地流转工作。是年，全镇完成土地流转面积134.5公顷，涉及农户646户，经营流入主体18个，流转用途以种植水稻、蔬菜为主，经营主体缴纳土地风险保障金80.9万元。

2016 年各村基本情况表

表 77

村　　名	村党组织书记	村委会主任	农村经济总收入(万元)	农民人均纯收入(元)
永　庆	王建芬	陈振海	25588.84	22356
聚　金	沈全明	范利平	20433.35	22385
横　泾	周彩新	何建军	13596.92	22843
董　司	李彬新	张卫平	17215.84	22300
尤　角	胡光土	赵建平	21709.39	22310
中　钱	钟永强	丁忠军	28418.80	22220
五　圣	叶丽华	叶丽华	24245.93	22491
庄　星	肖梅英	吴君良	19750.93	22438
白　洋	朱建良	李雪芬	28085.01	22432
新　丰	袁可月	徐亚斌	33743.51	22212
万　胜	谢华芬	项建祥	16904.16	22233

（张祥林）

百　步　镇

【概况】 百步镇位于海盐县西北部，西与海宁市、北与嘉兴市秀洲区接壤。2016 年，全镇实现农业总产值 2.79 亿元，完成农业生产性投入 7272 万元。全镇粮食播种面积 3992.6 公顷，总产量 2.47 万吨；蔬菜播种面积 488.60 公顷，总产量 1.47 万吨；油菜籽播种面积 22.3 公顷，总产量 49 吨。饲养蚕种 3887 张，蚕茧总产量 194.2 吨。全年生猪出栏 1212 头，无存栏；羊出栏 7350 只，存栏 5937 只。建成粮食功能区 1073.33 公顷，建成中华鳖、罗氏沼虾等省级农业园区 3 个、家庭农场 71 家、农民专业合作社 36 家，培育农业龙头企业 4 家，创建农产品品牌 13 个。发展生态循环农业，彩虹源现代农旅项目顺利签约。水稻、水产、水果种养殖规模进一步扩大，金斗笠农场生产的“夏黑”葡萄获省农博会金奖。

是年，全镇有工业企业 712 家，其中规模以上企业 65 家。全镇实现工业总产值 116 亿元，其中规模以上工业产值 76.75 亿元。全年工业生产性投入 15.8 亿元，全年完成基础设施投入 1.11 亿元，搬迁农户 129 户，征地 80 公顷，腾退低效用地 10.8 公顷。引进县外内资 9.6 亿元，其中浙商回归资金 1.4 亿元，新增注册资金 4.04 亿元；合同利用外资 5000 万美元，实到外资 2155 万美元。实施“四换三名”工作，万元增加值能耗下降 13.8%，战略性新兴产业实现产值 12.26 亿元。全年新增国家发明专利授权 62 件，获得专利 507 件。引进硕士、副高及以上高层次人才 41 人，实施“机器换人”项目 25 个。培育发展农村电子商务，加强涉企服务。加快中国集成家居产业园建设，浙江友邦集成吊顶股份有限公司年产 15 万单集成吊顶及配套电器项目顺利实施，云馆基本竣工，全市重点项目集中开工仪式在友邦产业园云馆举行。拓展发展平台，公司、商会为企业融资担保资金 9305 万元，个转企 42 家，浙江索菲尼洛科技股份有限公司完成股改。全年服务业投入 61603 万元，实现服务业增加值 5.34 亿元。百商公寓总投资 3600 万元，年内投入 2961 万元；中国石化横港加油站投入 559 万元，进入装修阶段；9 月，百步镇中心幼儿园开工建设。是年，百步镇获评嘉兴市特色小镇、市级小城市培育试点镇，入围第二批省级特色小镇培育名单。百步经济开发区被省政府批准为省级经济开发区。

是年，新增绿化面积 27 公顷，其中集镇绿化 12000 平方米。采取“1+8+35”(1 个新市镇、8 个农村新社区、35 个保留点)布局，完成“1+X”农房布点规划及建设规划。开展农房确权登记工作，发放权证 902 本。全年修缮路面2830平方米,新修人行道4802平方米,粉刷外墙约15000平方米,对靠近道路的围墙添加彩绘250平方米,立面整治街道4条,共整治房屋135间2352平方米,投入资金50.82万元。完成农村等级公路提升及危桥改建项目,月湾桥、太平桥、丁家圩桥、沈竹线、长岸路工程通过竣(交)工验收,完成百左路、庙长港桥及老农贸市场改造工程。

是年,重视教育基础设施建设,百步中心幼儿园改扩建、横港小学迁建工程、百步中学扩建工程顺利推进。学前教育、义务教育环境得到优化,成人教育扎实推进。百步中小学教育质量和成绩取得新突破,横港小学被授予全国青少年校园足球特色学校。完成百步卫生院改扩建工程,村级规范化卫生服务站覆盖率100%,百步卫生院被授予2015—2016年度"全国群众满意的乡镇卫生院"称号。实施"全面两孩"政策,完善计划生育服务管理。城乡居民参加基本医疗保险20343人,参保率99%;参加养老保险9009人,参保率99.2%。为低保、困难、残疾人户发放各类救助金20.74万元。做好优抚、双拥工作,发放优抚金177.06万元。完善文化公共设施,举办全民文化节、全民运动会,农村文化礼堂基本实现全覆盖。深化精神文明建设,成功创建为省级文明镇。加强统战工作,古罗禅寺开工建设。发展农村养老事业,新建、改建养老服务中心10家,老年活动中心3家。依托新居民事务所加强新居民管理,服务管理水平稳步提升。

2016年百步镇情况数据库

表78

项目	单位	合计	项目		单位	合计
总面积	平方公里	59.24	生产总值		亿元	25.76
耕地面积	公顷	3095	其中	第一产业	亿元	1.73
种植面积	公顷	4644		第二产业	亿元	18.68
村	个	10		第三产业	亿元	5.34
居委会	个	1	财政(一般预算)收入		万元	17946
总人口	人	33512	农民人均可支配收入		元	31158

【百步经济开发区更名为浙江百步经济开发区】 8月30日,省政府发布《浙江省人民政府办公厅关于整合设立浙江秀洲经济开发区等3家经济开发区的复函》,海盐经济开发区百步新区正式更名为浙江百步经济开发区,享受省级经济开发区政策。百步镇按照"一园三片,产城融合,发展共享"的总体构想进行开发建设,其核心区位于百步镇中心区域,北至堰桥港、老黄里一带,东至百步亭港一带,南至杭平申线,西至嘉绍高速公路,规划面积8.4平方公里,形成"一园三片"(集成家居产业园及印刷创意产业片、高端纺织产业片、装备制造产业片)的空间结构。近年来,百步新区工业发展迅速,经济活力强劲,已形成完备的集成家居产业链,且国内市场占有率40%以上,被誉为中国集成吊顶第一镇。

【"五水共治"工作】 2016年,百步镇在全县治水考核中位列各乡镇(街道)第三名,获6个先进村,1个村获治水上台阶奖。至年末,累计完成垃圾河、黑河、臭河清理50条,河道清淤176条,沉船清理295只;完成农村生活污水入网4700户,集镇及工业园区截污纳管覆盖率100%。得胜横港圩区、桃北圩区全面竣工。

【"三改一拆"工作】 2016年,完成"三改"面积46.03万平方米,其中城中村改造2.62万平方米,旧住宅区改造6.32万平方米,旧厂区改造37.09万平方米;拆除违法建筑17.32万平方米,其中违建猪舍9100平方米,各类涉安违建8700平方米。

【海盐集成家居时尚小镇列入省级特色小镇培育名单】 1月26日,海盐集成家居时尚小镇被列入第二批省级特色小镇培育名单。

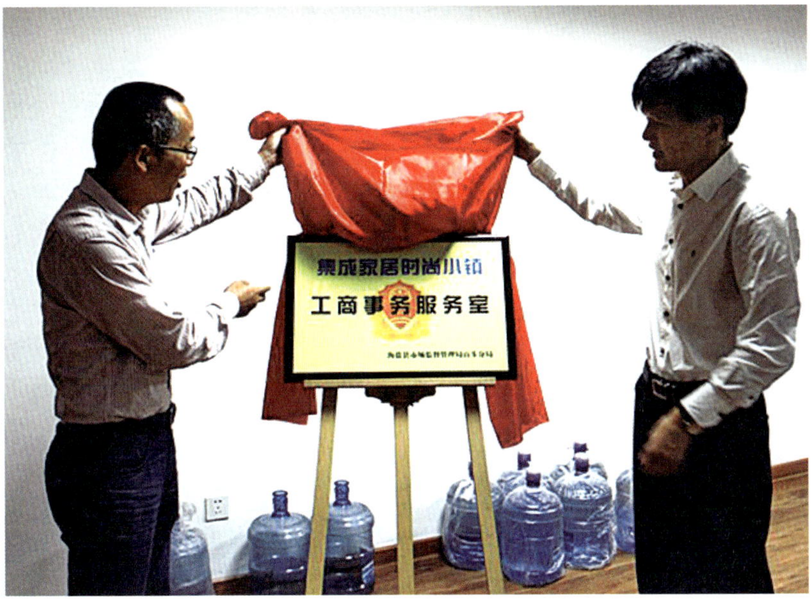

10 月 26 日，集成家居时尚小镇工商事务服务室成立

近年来，百步镇加快打造中国集成家居产业园，在市场营销、研发设计、服务配套、平台搭建等方面优势逐步显现，牵头组建海盐县集成吊顶协会，国家集成吊顶原材料测试中心、浙江省集成吊顶产品质量检验中心先后落户百步中国集成家居产业园，走出一条产业集聚的可持续发展之路。

【“百步·中国集成吊顶产业指数”发布】 7 月 8 日，“百步·中国集成吊顶产业指数”发布会在第十八届中国（广州）国际建筑装饰博览会上召开。会上，百步镇政府委托中国联通浙江省分公司、杭州数亮科技股份有限公司联合编制的“百步·中国集成吊顶产业指数”正式发布，指数包含百步集成吊顶价格指数、集成吊顶发展指数和集成吊顶行业景气指数，发布周期为每月一次。

2016 年各村基本情况表

表 79

村　名	村党组织书记	村委会主任	农村经济总收入（万元）	农民人均可支配收入（元）
超　同	徐凤英	储海峰	24174.59	25648
逍　恬	张晓吐	张永妹	9095.41	25774
农　丰	张浩东	吴丹加	44350.39	23708
百　联	叶吴良	冯沈燕	41633.9	24521
新　升	吴菊明	陆林军	19857.42	237481
横　港	冯德良	钱伟斌	129749.55	26338
桃　北	赵公平	张海华	23387.1	25528
胜　利	陆建国	陆建国	21548.58	25338
五　丰	钱柏根	左明珍	84753	30270
得　胜	钟雪根	陈建芬	7935	25015

（汤振杰）

于城镇

【概况】 于城镇位于海盐县中部。2016 年，全镇粮食播种面积 3185.3 公顷，总产量 21195 吨；大麦播种面积 48.9 公顷，总产量 186 吨；油菜籽播种面积 73 公顷，总产量 192.9 吨。饲养蚕种 3147 张，蚕茧总产量 144.4 吨。全年生猪出栏 22242 头，存栏 12645 头；羊出栏 25362 只，存栏 13107 只；家禽出栏 347.31 万羽，存栏 89.15 万羽。肉类总产量 8490.6 吨，禽肉类总产量 6251 吨。新增土地流转面积 56.79 公顷，累计流转土地 1107.5 公顷，有家庭农场 43 家。推进葡萄产业，新增葡萄种植面积7.33公顷。持续开展村级集体资产清理整顿，规范集体资产出租。至年末，全镇村级经常性收入636.86万元，同比增长24.8%。

是年，全镇有工业企业412家，其中产值2000万元以上企业42家、亿元以上企业5家。实现工业总产值36.77亿元，规模以上企业销售额26.79亿元，利税总额14203万元，外贸出口总值8816万美元。全年有工业投资和技改项目59个，其中1000万元以上项目22个；全社会固定资产投资12.32亿元，其中生产性投入6.86亿元。全年引进县外内资4.46亿元。全年合同利用外资3500万美元，实到外资1080万美元。新增注册资金2.06亿元。引进浙商回归项目15个，总投资2.08亿元。全年投入技改资金6.56亿元，淘汰落后产能，万元增加值能耗下降4.7%。全年扶持小微企业小升规5家、个转企15家，企业获补助奖励资金288万元，累计核准、备案项目59个，涉及“机器换人”项目30个，投资4.85亿元。办理土地出让手续2宗，面积3公顷。是年，浙江明佳环保科技有限公司、嘉兴宏达包装科技有限公司2个项目被评为省循环经济项目，获省奖励资金170万元；海盐桐基羊绒纺业有限公司获省高新技术企业称号；浙江君悦标准件有限公司、嘉兴市家友食品有限公司、嘉兴市英伦电器科技有限公司、嘉兴联赢科技有限公司等4家企业获省中小型科技企业称号；浙江佳乐科仪股份有限公司获嘉兴市著名商标；浙江明佳环保科技有限公司列入海盐县中小企业创新基金项目。全年获省级新产品开发立项19项，22家企业申报专利202项。

是年，新增绿化面积19.13公顷，全年新增农村生活污水受益户1100户，污水二级管网工程建设3.5公里。继续推进“五水共治”工作，实施昌平路、文苑路、学才路、文化活动中心周围雨污水改造工程，埋设管道0.75公里。实施中小河流治理工程，河道清淤泥38公里。加大甲鱼温室尾水、尾气治理，完成尾水治理面积2.5万平方米，温室煤炉换秸秆炉150台套。生猪减量成效显著。“五气共治”不断推进，实施秸秆堆肥等综合利用试点工作。

是年，做好城乡居民基本医疗保险工作，参保率99.5%。完善最低生活保障制度，全年发放低保金87.08万元。提升养老服务水平，镇敬老院工程竣工入住。做好贫困帮扶救助工作，城乡医疗大病救助14人次，发放救助金2.54万元，临时救助46户，发放救助款9.08万元。推进慈善事业发展，全年募集善款174.39万元，发放慈善救助金72.13万元。全年计划生育率98.9%。实施文化惠民工程，按省级标准建成鸳鸯村文化礼堂，实现全镇文化礼堂标准化建设全覆盖。组织开展文化活动，举办“于城镇第三届‘水墨·于城’文化节”，第二届“天籁于城”迎五一青歌大赛。于城小学情景剧《少儿当自强》在嘉兴市首届“南德 I Do”杯“六一”文艺晚会暨浙江省艺术节中获小学组表演类节目金奖。

是年，推进“平安于城”“法治于城”建设，开展“平安村”“平安学校”“平安企业”“民主法制村”创建活动，江渭村被评为省级民主法治村，全镇8个村为平安村。全年调处各类矛盾纠纷378起，受理法律援助案件办结14起，其中诉讼6起、非诉讼8起，调处工伤案件5起、交通事故3起、赡养2起。

4月21日，第二届“天籁于城”迎五一青歌大赛举行

2016 年于城镇情况数据库

表 80

项 目		单 位	合 计	项 目		单 位	合 计
总面积		平方公里	42.96	生产总值		亿元	13.37
耕地面积		公顷	2422.24	其中	第一产业	亿元	3.69
种植面积		公顷	4220.3		第二产业	亿元	5.36
村		个	8		第三产业	亿元	4.31
居委会		个	1	财政(一般预算)收入		万元	5881
总人口		人	22411	农民人均可支配收入		元	29852

【副市长柴永强参加选民接待日活动】 12 月 23 日，嘉兴市副市长柴永强在县人大常委会副主任朱蓓华陪同下，到于城镇参加镇人大代表选民接待日活动，听取选民意见，解答选民提出的问题。其间，共接待选民 17 人，现场答复道路交通、养老保险、医疗保险等 12 个问题。

【于城镇第三届商会第一次会议召开】 8 月 18 日，于城镇第三届商会召开第一次大会，82 家会员企业代表和县、镇相关部门负责人参加会议。会议选举产生 24 名于城镇第三届商会执行委员会委员、商会会长、副会长与秘书长，许佳生连任商会会长。

【何家村文化礼堂落成典礼举行】 10 月 13 日，在何家村举办第二届“一村一品”暨庆祝文化礼堂落成文艺晚会。文化礼堂总投资 200 万余元，建筑面积 1300 平方米，室外舞台占地面积 150 平方米，灯光篮球场、健身路径占地面积 800 平方米。内设文体活动室、春泥计划活动室、电子阅览室、道德讲堂、惠民书屋、展示厅、远程教育网点等设施。是年，何家村举办素质教育 10 场、民俗文化活动 6 场、“春泥计划”活动 14 场，“文化走亲”活动 2 场，先进模范、“好人榜”人物活动 2 次。

【道德模范好人好事故事会】 9 月 13 日，于城镇在文化活动中心举行“道德模范好人好事故事会”，全镇各村各单位 160 多人参加。其间，邀请“中国好人榜”好人全国道德模范提名奖邹林根、2016 年“浙江好人榜”好人李修振、2015 年“嘉兴市好人榜”好人腾连珍到场。邹林根讲述几十年如一日细心照顾失明岳母的故事，李修振讲述海盐新居民自主创业、爱心帮扶他人的故事。

【实施民兵组织点验】 4 月 22 日，全镇 111 名民兵在镇文化中心多功能厅集合接受县人武部领导点验，全体民兵出示了身份证件，由县人武部领导逐一进行点验。并宣布于城镇基干民兵连(排)、普通民兵连干部名单，基干民兵营活动制度，全体民兵庄严地举起右手，再一次重温宣誓。其间，进行政治和形势教育，明确民兵的责任与使命。

【浙江荣华经编有限公司正式投产】 4 月 15 日，浙江荣华经编有限公司举行投产剪彩仪式。该公司是海盐县重点工程项目，总投资 1.3 亿元，用地面积 20080 平方米，建筑面积 45000 平方米。公司引进经编机、加弹机、整经机等国产先进设备，主要原料采用化纤丝，经加弹、整经、织造工艺技术形成优质产品，年产经编织物 1.25 万吨。

【镇西圩区工程建设】 2016 年，镇西圩区工程新建堤防 16.81 公里、闸站 8 座、单闸 5 座、涵闸 3 座、涵闸泵站 2 座，排涝泵站 4 座，排水沟 13.6 公里，建筑物连通道路 1.55 公里。该项目批准投资概算 5407.29 万元，至年末，完成投资额 4420 万元。

【于城广电新大楼启用】 5 月 13 日，于城广播电视站新大楼挂牌启用。新大楼建筑面积 950 平方米，内设机房、营业厅、仓库、办公室、值班室五个区域。广电新大楼于 2014 年 6 月动工兴建，2015 年 12 月竣工。

【首届"最美于城人"道德模范表彰会】 11月8日晚，于城镇首届"最美于城人"道德模范表彰暨各村文艺团队展演晚会在镇文化广场举行，表彰何家村腾连珍等10名道德模范。此次表彰的道德模范由各单位推选，采用微信公开投票，实施评审并公示产生。其中有诚实守信的企业家，有孝老爱亲的好儿媳，有敬业奉献的普通工人，有见义勇为的救人英雄等。

【农村公路提升工程】 2016年，实施农村公路提升工程，完成江渭村王家组—柴堰桥道路全长948米，路面宽度从5米扩建至6.5米；吕冢集镇道路530米，路面宽度从5米扩建至6.5米。

2016年各村基本情况表

表81

村　名	村党组织书记	村委会主任	农村经济总收入(万元)	农民人均可支配收入(元)
鸳　鸯	吴燕萍	邱信惠	24581.98	25401
吕　冢	朱金华	陈火明	27323.41	25185
庄　家	吴建慧	周董芬	25121.2	26297
何　家	董云升	曹建妹	15358.42	26117
构　塍	张胜民	陈　兵	18498.82	25103
八　字	冯明达	沈　峰	23134.41	26664
江　渭	唐惠平　吴肖峰　翁国慧	翁国慧	16423.49	25135
三　联	沈菊娥　薛伟峰　张冰良	肖伟海	48930.77	25132

（王德生）

澉　浦　镇

【概况】 澉浦镇位于海盐县南部，西与海宁市黄湾镇、袁花镇接壤。2016年，全镇农业总产值4.05亿元。是年，粮食播种面积1943.47公顷，总产量12258.8吨；果园面积557.67公顷，总产量16760.5吨，其中柑橘454.27公顷产量12053吨，桃子35.27公顷666吨，杨梅24.67公顷257吨；茶树种植面积111.6公顷，茶叶总产量69吨；水产品总产量671吨，其中淡水产品384吨；饲养蚕种1905张，蚕茧总产量91吨。全年生猪出栏724头，年末无存栏，实现生猪养殖全面退养；羊出栏4977只，存栏2003只；家禽出栏4.66万羽，存栏2.89万羽。是年，发放良种直补等各类补贴419万元，推广粮种206吨，应用机械育秧266.67公顷，机械播种270公顷，落实耕地地力保护补贴946.67公顷。全年新增粮食生产功能区292.67公顷。新增土地流转148.07公顷，完成土地复垦2.13公顷，新建农业主体6家，完成农业有效投入7224.8万元。新增烘干中心1家、社会化服务中心1家，推广农业机械30台(套)。

是年，全镇实现工业总产值40.8亿元，其中年产值2000万元以上规模企业实现工业总产值28.56亿元；工业生产性投入11.59亿元，其中技改投入11.59亿元，基础设施投入1.8亿元。万元工业增加值能耗下降6.3%，工业增加值增长9.7%，完成自营出口17847万元。园区工业基础设施建设投入1.8亿元，腾退低效用地8.1公顷。引进县外内资8.54亿元，注册资金到位1.24亿元。年末，全镇有亿元企业11家，规模以上企业32家。

是年，全社会完成固定资产投资231845万元。完成农村等外公路建设7公里，实施长青路大修工程1.535公里，实施澉长路、飏山路、六秦路路面修复工程，改造重建农村危桥4座；养护农村公路86.2公里，桥梁199座；完成两个集镇雨污分流改造。继续加强农民建房管理，审核建房资格186户，现场踏勘88户，审批农房46户，联合放样31户，竣工验收171户。落实农村困难群众危旧房救助3户。

是年，优化镇便民服务中心窗口设置，新设税收服务、食品安全等服务窗口，全年受理服务事项7747件。受理城乡居民基本医疗报销29.31万人次，报销医药费2454.27万元；办理城乡居民社会养老保险参保9348人，发放养老金2351.47万元；推进公共卫生服务，组织免费健康体检7334人次。全年出生308人，全镇计划生育率99%；完成卫生和计生资源整合，全年办理一孩登记服务卡137例，二孩服务卡110例，再生育审批夫妇11对。关爱困难老人，五保老人实施集中供养14人；新建居家养老服务照料中心2家，帮助困难空巢老人购买居家养老服务37人。完善社会保障，落实"三低"补助、残疾人帮扶，开展慈善帮困、双拥优抚，发放各类救助优抚资金748万元。

是年，根据G20杭州峰会安保标准继续推行维稳形势研判月例会制和矛盾纠纷三级联调机制，排查矛盾纠纷、不安定因素、信访苗头369起，稳控重点对象63人；书面受理、办结群众来信来访38件，办理县长电话206件，受理劳资纠纷23起，均妥善处置。发挥镇派出所、镇综治办等部门职能，实行敏感物资实名化管理，组建千人平安志愿者队伍，开展大巡防、打击非法传销、无证无照经营专项整治等专项行动，全年接处警1339起，立治安案件52起，立刑事案件39起。继续加强安全生产工作，发现、整改企业安全隐患413处；推进消保分离，专职消防队营房装修完成，加强专职消防队规范化建设，全年扑救火灾25起次。澉浦镇连续三年获全县平安考核第一名，2016年度嘉兴市社会治安综合治理工作先进集体称号。

2016年澉浦镇情况数据库

表82

项目	单位	合计	项目		单位	合计
总面积	平方公里	115.4	生产总值		亿元	17.21
耕地面积	公顷	2211	其中	第一产业	亿元	3.27
种植面积	公顷	3691		第二产业	亿元	8.17
村	个	13		第三产业	亿元	5.77
居委会	个	1	财政(一般预算)收入		万元	9715
总人口	人	30775	农民人均可支配收入		元	29443

【获评省级"美丽乡村"示范乡镇】 2016年，澉浦镇获评浙江省第一批"美丽乡村"示范乡镇，成为全县唯一上榜乡镇。是年，"美丽乡村"建设坚持"一村一品、一村一韵"，形成"澉东品戏、黄沙采橘、紫金坐望、茶院养心"等多个主题，并在县"南北湖·五味村"乡村旅游中得到推广。

【省委、省政府领导到澉浦镇调研】 2月14日，省委副书记、省长李强一行到澉浦镇便民服务中心调研，慰问信访、民政、残联、居保等窗口工作人员，并与部分乡镇干部就当地社会经济发展中遇到的问题，进行面对面座谈交流。4月19日，省委书记夏宝龙到紫金山村调研，了解历史文化村落保护和乡村旅游发展等情况，鼓励澉浦镇把发展提升农家乐作为富民的重要渠道，加快打造乡村旅游升级版，吸引更多游客前来观光度假，让绿水青山源源不断为村民带来真金白银。

【镇(区)党委领导班子换届选举工作】 10月13—14日，中国共产党澉浦镇(南北湖风景区)第十五次代表大会召开。来自全镇76名党代表参加会议，经无记名投票选举产生中共澉浦镇(南北湖风景区)新一届党委领导班子，张祥生当选为党委书记，沈晓明、曹秀明、顾擎峰当选为党委副书记，并选举产生出席中共海盐县第十四次代表大会代表21人。

【生态环境综合治理】 2016年，完成绿化面积23.25公顷。全镇13个村全部完成生猪退养工作。推进秸秆综合利用工作，设立秸秆临时堆放点32个，分发堆肥用催腐菌剂8吨，全年无重大露天焚烧事件。拆除“两违”面积101525.1平方米，完成“三改”项目25.04万平方米，“蓝色屋面”整改面积19.3万平方米。推进“美丽村庄”建设，整治村头9个、村部9个、村道9条、村河9条，建设“优美庭院户”2058户。实施“美丽集镇”建设，做好集镇店面店招等整治、集镇及工业园区实现全天候保洁工作。落实“清三河”扫尾工作，继续推动紫金山村、茶院村、六忠村、澉南村农村生活污水治理，出境监测断面水质考核、县对镇水质考核稳居市、县前列。

【农村生活垃圾分类试点】 2016年，在六忠村忠港佳苑开展农村生活垃圾分类试点。引进餐厨废弃物村镇有机垃圾生化制肥机，利用固态制曲高温发酵法处理可腐烂垃圾。生活垃圾(包括剩饭剩菜、瓜皮菜叶等橱余垃圾)经压榨脱水、粉碎、发酵等工艺成为可利用的有机肥料，脱水率约90%。8月25日，六忠村橱余垃圾处理设备正式启用。

【新市镇(旅游小镇)建设】 2016年，继续推进新市镇(旅游小镇)建设。累计完成投资63506万元(是年投入26168万元)。安置小区三期、四期建设项目同步推进，完成三期建设公寓460套，建筑面积55848.88平方米。四期设计建设公寓568套，占地16435.9平方米，建筑面积73038.8平方米，年内，基础工程通过验收，主体一层施工。配套道路纵三路同步推进。

【南北湖核心景区征迁】 2016年，完成南北湖核心景区第一轮第二批6个承包组223户征迁工作，共征收土地203.55公顷。年内，旧房腾空及签约210户，涉及农房面积67000平方米；完成提前拆迁及签约62户，涉及农房面积18000平方米。

【小城镇环境综合整治工作启动】 2016年，澉浦镇2个“1224”小城镇环境综合整治工作启动。澉浦古镇以“1河、2路、2园、4区块”为建设重点，即重建护城河、完成长青路和澉长路改造及立面整治、重建肃武门公园和新建市民公园，完成北大街北小街、南大街南小街、北大街入城口、西大街等区块的整治提升。六里集镇以“1带、2改、2提、4整治”为建设重点，对六里市河进行全方位整治，完成3个入城口改造和六里大桥改造，完成公共基础设施、杆线改造提升，并完成老集镇特色街区、工业园区、干家场社区公园和朱家门历史文化古村落保护开发整治。

【县、镇人大代表换届选举工作】 2016年，完成县、镇两级人大换届选举工作。根据县选举委员会有关规定，澉浦镇划分县选区12个、镇选区27个，登记选民28343人。12月20日，参加投票选民27053人，经无记名投票选举产生县代表19人，镇代表61人。

【影视产业发展】 2016年，完成影视产业年度投资2.48亿元，其中基础建设0.33亿元，完成畅春园、刺绣商行等拍摄区(点)建设；完成影视剧拍摄投入2.15亿元，实现影视剧制作销售6.89亿元；引进影视相关企业入驻15家，先后接待《玄武》、《无心法师2》等20个影视剧组取景拍摄；坚持“影游兴镇”、以影促游，全年吸引游客和影迷22.2万人次。3月，澉浦影视小镇成功入选第一批市级特色小镇创建名单。

10月16日，南北湖影视文化节暨影视文化体验活动举行

2016 年各村基本情况表

表 83

村　　名	村党组织书记	村委会主任	农村经济总收入(万元)	农民人均可支配收入(元)
澉　东	陈亚芳	陈亚芳	14919.44	25469
澉　浦	张　涛	全小祥	16208.72	25456
镇　中	朱海良	刘叶娟	15585.75	25452
澉　南	王旭初	王旭初	18427.78	25443
永　乐	林新华	林新华	13056.2	25485
南北湖	吴雪华	朱月明	10851.69	25595
六　里	周吉伟	陆敏军	99935.21	25510
紫金山	李邵良	顾潘明	19092.49	25506
六　忠	徐洪祥	卢线良	37266.46	25402
茶　院	黄诚飞	吴新华	18862.37	25484
保　山	郁华良	杨敏芳	16647.17	25488
永　新	周生林	鲁华君	4003.72	25497
南　山	唐国林	张根良	3389.39	25263

（屠稽元）

通　元　镇

【概况】 通元镇位于海盐县西南部，西与海宁市袁花镇接壤。2016 年，全镇粮食播种面积 5548.13 公顷，总产量 33305.4 吨；蔬菜播种面积 760 公顷，总产量 22561.4 吨；油菜籽播种面积 89.53 公顷，总产量 227.6 吨；瓜果种植面积 129 公顷，总产量 3328.1 吨；花卉苗木种植面积 68.53 公顷。茶树种植面积 18 公顷，茶叶总产量 4.9 吨。饲养蚕种 7746 张，蚕茧总产量 372.7 吨。全年湖羊出栏 17958 只，存栏 13572 只；家禽出栏 4836957 羽，存栏 1296361 羽。是年，认定市级示范性家庭农场 1 家、规范化家庭农场 6 家、创建省级生态循环示范主体 1 家。全年新增土地流转面积 140.07 公顷，全镇土地流转总面积 1929.93 公顷；完成农业有效投入 7200 万元。实施三友圩区建设工程和中小河流综合整治项目，育才村千亿斤粮食工程，张桥圩区整治工程、2015 年小农水项目、镇北高标准农田示范工程等项目通过验收。

是年，全镇有工业企业 1311 家，其中年产值 2000 万元以上规模企业 51 家，亿元以上企业 13 家；职工 18510 人。是年，全镇规模以上企业实现工业产值 32.02 亿元。累计引进浙商回归项目 8 个，到位资金 4.40 亿元；全年合同利用外资 1800 万美元，实到外资 1057.3 万美元；引进县外内资 4.82 亿元，新增注册资金 3.45 亿元。全年实现工业生产性投入 11.70 亿元，其中零地技改投入 11.3 亿元。推动战略性新兴产业发展，全年实现产值 7.20 亿元。加快“二次创业”，全年新增省级科技型中小企业 1 家、县专利示范企业 2 家，培育创新型试点企业 1 家，开发省级新产品 15 项，申报专利 170 项，新增市名牌产品 1 个、“机器换人”项目 21 个、电商换市太阳能发电项目 2 个。继续实施企业梯级培育，全年完成个转企 31 家，新增规模以上企业 6 家。

是年，完成通元村团结组 53 户、27.33 公顷土地征迁工作，启动红旗组 56 户 19.33 公顷土地征迁。完成产业园区入口绿化工程以及牌楼构架工程。新建农村等外公路 6.45 公里，改造农村危桥 5 座，完成农村公路等级提升 4 条。整治育才路沿街立面 129 家，店招面积 1142 平方米，新建集镇停车场 4 个。以“无违建镇”创建为契机，累计拆除违法建筑 20.4 万平方米，完成“三改”面积 40.1 万平方米。以网格化管理和片区责任包干为载体，加强对国有、村级集体土地非法建设、非法占地的日常巡查和节假日重点盯防，组织即查即拆和强制拆除10余次。拆除“小微低散”扣板企业7家、拆除违法建筑1万余平方米，腾退土地1.67公顷。结合全县“一二三四”集中攻坚大会战，整治主要河道沿线15个点。

是年，城乡居民参加基本医疗保险28672人，参保率99.6%；城乡居民参加社会养老保险14026人，参保率98.3%。做好计划生育基层基础工作，全镇计划生育符合率99%。实施文化惠民工程，实现农村文化礼堂建设全覆盖，开展农民文化体育节、“春泥计划”、“一村一品”文艺演出活动。推进精神文明建设，顺利通过市级文明镇考核验收。推进居家养老服务照料中心创建工作，提升居家养老服务水平。推进“平安通元”建设，完成G20杭州峰会和世界互联网大会乌镇峰会各项服务保障工作任务，镇被评为嘉兴市社会治安综合治理先进集体。开展公共安全多领域的治理工作，全年未发生重大安全事故。加强企业劳动用工动态化管理，强化欠薪防范与处置。完善社会治安防控体系，打击“两抢一盗”及“黄、赌、毒”案件，加强重点人员监控管理，推进打击传销专项行动。开展多形式的法制宣传教育活动，深入推进依法治镇工作，镇司法所被命名为省级“五星级规范化司法所”。全年办理法律援助案件16起，调解各类矛盾纠纷672起。注重宗教场所日常管理，引导宗教活动有序开展。是年，通元镇通过市级文明镇考核验收。

10月24日，送戏进城文艺演出现场

2016年通元镇情况数据库

表84

项目	单位	合计	项目		单位	合计
总面积	平方公里	69.12	生产总值		亿元	17.75
耕地面积	公顷	3788.49	其中	第一产业	亿元	2.23
种植面积	公顷	6611		第二产业	亿元	9.14
村	个	14		第三产业	亿元	6.38
居委会	个	2	财政(一般预算)收入		万元	7317
总人口	人	44016	农民人均可支配收入		元	29524

【“五水共治”工作】 2016年，开展“清三河”反弹隐患拉网行动、查找补齐“清三河”短板行动和河长大巡河行动等，完成中小河流综合整治结余资金项目和2016年度农村河沟整治项目。是年，镇域河道监测点水质考核排名全县第一，通元镇获2016年度全县水质考核先进镇；11个村获2016年度水质考核先进村，8个村获水质考核奖金69万元，12月，实现Ⅱ类水1个村。全年新增单位、工业企业污水入网27家，新增农村生活污水治理项目受益农户1290户，完成集镇污水三级管网建设。调整完善河道保洁考核机制，实施全方位监管和保洁。张桥圩

区整治工程通过验收，三友圩区整治工程完成70%。

【通元司法所被命名为省五星级规范化司法所】 2016年，通元司法所围绕人民调解、社区矫正、法制宣传、法律服务、法律援助等条线开展工作，在司法所组织机构规范化、干部队伍专业化、业务工作效能化、所务管理制度化和基础设施标准化建设等方面取得很大成绩。是年，通元司法所被省司法厅命名为五星级规范化司法所，在海盐县尚属首家。

【实施垃圾分类试点工作】 2016年，在丰义、雪水港、滕泾3个村的372农户中率先开展垃圾分类试点工作。是年，组织相关村、保洁管理人员赴海宁、金华等地参观、学习，制订垃圾分类处置实施方案；购置分类收集设施，对保洁员进行分类收集技术培训，走村入户指导垃圾分类投放，开展就地堆肥模式处置垃圾，建立垃圾收运处置机制；每天对垃圾分类投放情况进行检查并分户公示，通过每周评优，对农户年度进行适度奖励。实行垃圾分类后，全年生活垃圾减量20%左右，遏制餐厨垃圾随意倾倒现象，环境卫生进一步改善。

【开展"低小散"块状行业专项整治】 2016年，关停扣板企业53家，五金企业3家，腾退低效用地7.5公顷，完成旧厂房改造8.78万平方米。完成新材料装备制造产业园基础设施建设，投入5200万元；累计完成基础设施投入3.01亿元，共引进项目11个。推进新经济产业园建设，规划建设用地3.67公顷，年内完成图纸设计和土地平整。

【雪水港村与西藏那曲县罗玛镇普拉村签订党建结对协议】 2016年，雪水港村党总支与西藏那曲县罗玛镇普拉村党支部签订结对协议。双方站在民族团结、藏汉一家亲的高度，在产业互促、精准扶贫、硬件支持、软件提升等方面签订结对方案，加强两个村党支部的思想、组织、作风和制度建设。

2016年各村基本情况表

表85

村　名	村党组织书记	村委会主任	农村经济总收入（万元）	农民人均纯收入（元）
浦　漾	黄国良	卢永君	21228	22816
通　元	何前进	储群卫	27432	24541
丰　义	张惠芬	钱金良	34639	23699
通　北	胡刘明	朱志华	16540	21864
联　新	何林祥	陈玉茹	22703	21803
新　拱	庄文祥	蒋雪明	11723	24601
雪水港	陈余良	潘利民	19493	25464
滕　泾	谷社良	宋利峰	16177	25744
良　贤	吴　忠	赵沈华	23767	23901
育　才	徐炳达	陆海明	17621	24960
张　桥	倪益锋	曹雪平	13436	23571
三　友	俞红飞	孙　周	32636	24907
镇　北	徐霞明	尤志松	28284	22106
长山河	许马平	莫金明	24818	24013

（高雨佳）

名录 人物

海盐县组织机构及负责人名录

(2016年1—12月)

【中国共产党海盐县委员会】

书　　记:沈晓红(女)

副 书 记:章　剑(—11月)

王碎社(10月—)

黄江莺(女,—2月)

孙雄伟(2月—)

常　　委:田林华

钱炳华(—2月)

李乐伦

孙雄伟(—2月)

王　坚

王临珅(挂职,—6月)

顾秋莉(女)

刘德威

于智勇(2月—)

陆忠祥(6月—)

宗晓慧(女,11月—)

黄华忠(12月—)

周永家(—10月)

俞路达(10月—)

委　　员:(以姓氏笔画为序)

王晓军　卢　卫　史水良

沈金山　宋　跃　陆忠祥

陈　峰　陈国根　金爱明

周许根　周海军　郑其良

胡燕萍(女)　俞汉烈

贺伟民　顾晓明　徐林春

郭　真(女)　黄生良

曹晓铭　崔用龙　蔡其良

候补委员:王雪君　卫沈弘　张祥生

孙少峰　袁菊生　金小林

【中国共产党海盐县第十四届委员会】(12月换届选举)

书　　记:沈晓红(女)

副 书 记:王碎社

孙雄伟

常　　委:李乐伦

王　坚

顾秋莉(女)

刘德威

于智勇

陆忠祥

宗晓慧(女)

黄华忠

委　　员:(以姓氏笔画为序)

卫沈弘　王周良　王祖利

王晓军　王雪君　史水良

吕华军　朱琛瑶(女)

杨林峰　吴建峰　宋　跃

张　妩(女)　张　梁

张祥生　陈　峰　陈建平

范正华　周　锷　於永锋

赵永军　胡燕子(女)

袁菊生　徐胜娟(女)

黄　欢(女)　黄生良

黄江莺(女)　蒋云岚(女)

詹利民　蔡志昌

候补委员:吴雪红(女)　李　波

丁丽萍(女)　王李涛

卢　卫　周许根　顾晓明

叶国良

【县委工作部门及直属单位】

办公室

主　　任:周　锷
副 主 任:王晓初(女)
　　　　张宏观
　　　　洪雪华(女)
　　　　卫沈弘(9—12 月)
　　　　郭　真(女,9—12 月)
　　　　黄华忠(9—12 月)
　　　　陈绍宏
　　　　曹秀明(—9 月)
　　　　汤建勋(4 月—)
县委、县政府督查专员:沈金山(1 月—)
县委政研室主任:陈绍宏
县委机要局局长:朱华海

组织部

部　　长:李乐伦(—12 月)
　　　　宗晓慧(女,12 月—)
常务副部长:赵永军
副 部 长:蒋云岚(女,—9 月)
　　　　金胜华(9 月—)
　　　　田永坚
　　　　钱永铭
　　　　徐胜娟(女,—9 月)
　　　　夏利君(9 月—)
　　　　袁迎春
县党代表联络办主任:袁迎春
县委组织员:梅　春
县委人才办专职副主任:朱建妹(女)

新经济和新社会组织工作委员会

书　　记:蒋云岚(女,—9 月)
副 书 记:袁迎春
　　　　陈志良
　　　　汤　敏

老干部局

局　　长:徐胜娟(女,—9 月)
　　　　夏利君(9 月—)
副 局 长:顾小雁(女)
　　　　汤储良

宣传部

部　　长:田林华(—12 月)
　　　　陆忠祥(12 月—)
常务副部长:杨林峰
副 部 长:郭章洪
　　　　刘支群(女,1 月—)
文明办主任:杨林峰
文明办副主任:言　菁
社科联主席:周全良
国教办副主任:姬福良
新闻中心主任:郭章洪
文产办主任:杨林峰
文产办副主任:徐勋华(—1 月)
　　　　　　刘支群(女,1 月—)
副局长级干部:汤燕萍(女)

广播电视台

台长、党组书记:吴雄飞
副 台 长:郁建平
　　　　姜海飞
　　　　姜　婕(女)

统战部

部　　长:郑其良(—12 月)
　　　　宗晓慧(女,12 月—)
常务副部长:蒋云岚(女,9 月—)
副 部 长:王琪妹(女,—9 月)
　　　　徐　敏
　　　　蒋菊斌
　　　　夏红平

台办

主　　任:徐　敏
副 主 任:杨美芳(女,—9 月)
　　　　郑建军(女,9 月—)

政法委

书　　记:黄江莺(女,—2 月)
　　　　孙雄伟(2 月—)
副 书 记:钱炳华(—2 月)
　　　　于智勇(2 月—)
　　　　孙雄伟(—2 月)
　　　　钱学勤(4—12 月)
　　　　王　坚(12 月—)
　　　　袁菊生
　　　　方士华

顾建良
政治处主任:王　健

“610”办公室

主　　任:袁菊生
副 主 任:田永坚
钟革伟(1 月—)
徐建良

维稳办

主　　任:顾建良
副 主 任:陆　萍(女)

综治办

主　　任:方士华
副 主 任:廖　琛

信访局

局　　长:洪雪华(女)
县委、县政府信访督查专员:金爱明(9 月—)
副 局 长:汤建勋(—4 月)
李　玮(女,—1 月)
张云飞
赵　红(女,1 月—)
肖建中(5 月—)
县信访督查专员:赵　红(女,—1 月)
黄玲凤(女,1 月—)

督查考评室

主　　任:王晓初(女)
副 主 任:唐贤良
朱国华(—1 月)

编委办

主　　任:钱永铭
副 主 任:封伟国

县直机关工委

书　　记:张宏观
副 书 记:陈国根(—12 月)
卫沈弘(12 月—)
郑仁娟(女,1 月—)
纪工委书记:曾祥君
副局长级干部:朱建国(—5 月)

党校

校　　长:黄江莺(女,—2 月)
孙雄伟(2 月—)
常务副校长:顾晓明
党总支书记:顾晓明
副 校 长:李林太
陆云良

企工委

书　　记:曹土华

关工委

主　　任:滕林华
办公室主任:汤储良

【中国共产党海盐县纪律检查委员会】

书　　记:刘德威(—6 月)
李乐伦(11 月—)
副 书 记:陈国根(—11 月)
施国庆
常　　委:周　生(—1 月)
石晓贤
肖雪荣
钟亚萍(女)
王卫锋(1 月—)
县委组织员:高龙祥
办公室主任:钟亚萍(女,—1 月)
党风政风监督室主任:吴晓波(—9 月)
纪检监察一室主任:刘华锋
纪检监察二室主任:翁　鹂(女,—1 月)
案件审理室主任:顾胜敏(女,1 月—)
案件管理室主任:肖雪荣(—5 月)
石晓贤(5 月—)
干部室主任:蔡志勇(—1 月)
翁　鹂(女,1 月—)
信访室主任:肖建中(—5 月)
徐云波(5 月—)
县纪委派驻第一纪检组组长:宋俞芬(女)
副组长:吴卫东
裴　佳(女)
县纪委派驻第二纪检组组长:张建伟
副组长:黄爱敏
黄忠良
县纪委派驻第三纪检组组长:周　生(1 月—)
副组长:俞文光
高红敏(女)
县纪委派驻第四纪检组组长:金建勤(1 月—)
副组长:俞菊良
夏永明

县纪委派驻第五纪检组组长:许英亚(女)
县纪委派驻第六纪检组组长:赵　晖
县纪委派驻第七纪检组组长:汪肖华(女)
县纪委派驻第八纪检组组长:朱海龙
县纪委派驻第九纪检组组长:钱娟红(女)
县纪委派驻第十纪检组组长:王寒波(女)

【中国共产党海盐县第十四届纪律检查委员会】(12 月换届选举)

书　　记:李乐伦
副 书 记:卫沈弘
　　　　　施国庆
常　　委:石晓贤
　　　　　肖雪荣
　　　　　钟亚萍(女)
　　　　　王卫锋

【海盐县人民代表大会常务委员会】

党组书记:黄江莺(女,2 月—)
主　　任:黄江莺(女,3 月—)
代理主任:朱引良(—3 月)
党组副书记:朱引良
副 主 任:朱引良
　　　　　崔用龙
　　　　　马小平
　　　　　朱蓓华(女)
　　　　　沈连法
　　　　　徐林春
委　　员:(以姓氏笔画为序)
　　　　　方光明　卢　卫(—9 月)
　　　　　许明曙　吴笑春　汪仕贵
　　　　　张惠芬(女)　陆　英(女)
　　　　　陈国信(—7 月)　范伟明
　　　　　金松林　周根明　徐海华
　　　　　龚野法

办公室

主　　任:吴笑春
副 主 任:郝　明(女,—2 月)
　　　　　汤敏建(—9 月)
　　　　　朱建国(5 月—)
　　　　　杨美芳(女,9 月—)

研究室

副 主 任:时旻涛(—2 月)
　　　　　吴徐锋(2 月—)

法工委

主　　任:徐海华

财经工委

主　　任:沈坚真
副 主 任:时旻涛(2 月—)

教科文卫民侨工委

主　　任:周根明

城建农经工委

主　　任:张根祥
副 主 任:吴洁华(女)

代表工委

主　　任:范伟明
副 主 任:吴伟群(女)

【海盐县人民政府】

县　　长:章　剑(—11 月)
代理县长:王碎社(11 月—)
党组书记:章　剑(—11 月)
　　　　　王碎社(11 月—)
党组副书记:孙雄伟(—2 月)
　　　　　　王　坚(2 月—)
副 县 长:王碎社(11 月—)
　　　　　孙雄伟(—3 月)
　　　　　王　坚
　　　　　王临珅(挂职,—7 月)
　　　　　胡燕萍(女)
　　　　　胡燕子(女,12 月—)
　　　　　高海华
　　　　　陆忠祥
　　　　　陈建平
　　　　　钱学勤(3—12 月)
　　　　　金进喜(挂职)
　　　　　李大治(挂职,5 月—)
　　　　　傅方正(挂职,7 月—)
县长助理:徐浩涛(挂职)
　　　　　李孝云(挂职)
副县级干部:金爱明
　　　　　　陈　峰
　　　　　　张祥生

【县政府工作部门及直属单位】

办公室

主任、党组书记:王晓军
副　主　任:许国林(—1 月)
　　林周良(1 月—)
　　金建勤(—1 月)
　　周忠伟
　　吴学辉
　　孙李峰
　　张拥军
　　赵小龙(1 月—)
　　朱国华(1 月—)
　　周海军(9 月—)
　　邵学军
法制办主任:王晓军
法制办副主任:夏梅娣(女)
县政府外事侨务办公室主任:王晓军
县政府外事侨务办公室副主任:陈建军

发改局

局　　长:蔡其良(—12 月)
　　王祖利(12 月—)
党委书记:蔡其良(—12 月)
　　王祖利(12 月—)
党委副书记:杨建荣
副　局　长:周朱良
　　陈志平
　　张建虹(女)
　　虞顾龙
　　倪晓荣
合作交流办主任:蔡其良(—12 月)
　　王祖利(12 月—)
合作交流办常务副主任:虞顾龙
港区办主任:蔡其良(—12 月)
　　王祖利(12 月—)

经信局

局长、党委书记:史水良
党委副书记:曹土华
副　局　长:李学良
　　陆忠跃
　　夏一鸣
　　钟冬娟(女)
副局长级干部:陆建平(—1 月)

教育局

局长、党委书记:黄生良
党委副书记:康建兵
　　曹勇民(—9 月)
副　局　长:康建兵
　　杜伟明
　　叶惠玉(女)
纪委派驻纪检组长:曹勇民(—9 月)
　　陈建忠(9 月—)
副局长级干部:沈中华(—1 月)

科技局

局　　长:王雪君(—9 月)
　　卢　卫(9 月—)
党组书记:王雪君(—9 月)
　　卢　卫(9 月—)
党组副书记:王　洁(女)
副　局　长:王　洁(女)
　　姜卫华
　　王成栋
县委组织员:施剑峰
县科技城管委会主任:王雪君(—9 月)
　　卢　卫(9 月—)
县科技城管委会副主任:姜卫华

地震局

局　　长:王雪君(—9 月)
　　卢　卫(9 月—)
副　局　长:郑少强

公安局

局　　长:钱炳华(—3 月)
　　于智勇(3 月—)
党委书记:钱炳华(—2 月)
　　于智勇(2 月—)
政　　委:何立群
党委副书记:何立群
　　钟革伟
常务副局长:钟革伟
副　局　长:张　勇
　　何俊杰(—1 月)
　　黄贤华
　　叶春煦
县纪委驻县公安局纪检组组长:何俊杰(1 月—)
　　副组长:郭凤雨

督　察　长:钱炳华(—3 月)
　　　　于智勇(3 月—)
政治处主任:陈　珂(—9 月)
副局长级干部:何其根
　　　　蒋正光
　　　　徐益民
　　　　王沈军
　　　　曹雪强
　　　　赵生良(9 月—)
　　　　王朱明(9 月—)
　　　　曹卫良(9 月—)

交通警察大队

大　队　长:姜孝强
教　导　员:胡佩忠

监察局

局　　长:陈国根(—12 月)
副　局　长:周　生(—1 月)
　　　　石晓贤
　　　　肖雪荣(5 月—)

民政局

局长、党组书记:朱琛瑶(女)
党组副书记:汤　敏
副　局　长:汤　敏
　　　　柏莉凤(女)
　　　　沈雪平
　　　　赵海峰
县委社工办主任:朱琛瑶(女)
县委社工办副主任:汤　敏

司法局

局长、党组书记:周许根(—9 月)
　　　　沈再军(9 月—)
副　局　长:陆周良(—1 月)
　　　　周佳利
　　　　张云东(—1 月)
　　　　许进虎(1 月—)
党组成员(保留副局长级待遇):谢雪龙(9 月—)

财政局(地税局)

财政局局长、党组书记:俞汉烈
党组副书记:陆国华
　　　　朱海洪
财政局副局长:陆国华
　　　　曹继旻
　　　　陶照明
　　　　戴海华
　　　　沈晓明(—9 月)
地税局局长:俞汉烈
地税局副局长:王　琦
　　　　陶　晨
　　　　陈望星(挂职,5 月—)
地税局稽查局局长:俞益定(女)
县委组织员:徐桂华
财政局副局长级干部:徐建平
　　　　朱晓展
　　　　陈　莉(女,1 月—)
地税局副局长级干部:沈海华(5 月—)

国资办

主　　任:陆国华
副　主　任:沈晓明(—9 月)
　　　　郭　涛

人力社保局

局长、党委书记:田永坚
党委副书记:沈　峰
副　局　长:富黎明
　　　　汤云峰
　　　　许宏亮
　　　　徐剑虹(女)
　　　　陆盛华

国土资源局

局长、党委书记:张正林
党委副书记:阮立雄
副　局　长:步燕红(女)
　　　　章剑锋
　　　　孙海斌
纪委书记:阮立雄
执法监察局局长:王　泷(5 月—)

环保局

局长、党组书记:郑　彪
党组副书记:张勤民
副　局　长:王为光
　　　　朱沈良
　　　　张越茜(女)
　　　　王建忠

住建局(人防办)

局长、党委书记:杨月明

党委副书记:张国民
张玉良
副局长(副主任):张国民
赵小龙(—1月)
沈月伟
江军延
县委组织员:沈凯良

交通运输局

局长、党委书记:沈金山(—1月)
王周良(1月—)
副 局 长:陈云松(正局长级)
党委副书记:沈玉良
副 局 长:肖雪林
张士林(—9月)
许建华
何华春(9月—)
公路段段长:陈州彤
交通战备办公室副主任:褚水祥
运管所所长:王伟峰
公路稽征所所长:王伟峰
港航管理处主任:徐月忠
港航管理处副局长级干部:朱玉忠(—1月)

水利局

局长、党组书记:王雪君(—9月)
周许根(9月—)
党组副书记:朱国新
副 局 长:吴强左(—9月)
徐颖璐(女)
张士林(9月—)

农经局(农办)

局长、党委书记:金爱明(—9月)
吕华军(9月—)
农办主任:金爱明(—9月)
吕华军(9月—)
党委副书记:叶建华(1月—)
副 局 长:蒋小留
方忠明
肖再良
张永华
丁丽萍(女,—1月)
农办副主任:蒋小留
方忠明
肖再良
张永华
丁丽萍(女,—1月)
海洋与渔业局、林业局局长:金爱明(—9月)
吕华军(9月—)
海洋与渔业局副局长:王 仁
畜牧兽医局局长:肖再良

商务局(粮食局)

局长、党组书记:朱建忠
副 局 长:王明珍(女)
赵建峰
钱丽娟(女)
徐云伟(1月—)
招商局局长:朱建忠

文化局(体育局)

局长、党委书记:郁惠祥
党委副书记:宋乐明
吴利平
副 局 长:吴利平
王少波
刘支群(女,—1月)
马建中
徐勋华(1月—)

卫生计生局

局长、党委书记:徐世民
党委副书记:姜周明
副 局 长:詹 彪
缪金明
严李明
薛建芳(女)
郭 健
陈 钦(女,挂职,4月—)
县纪委驻县卫生计生局纪检组组长:吴雪平
红十字会专职副会长:潘慧丽(女)

审计局

局长、党组书记:胡玉明
党组副书记:苏连生(—12月)
副 局 长:沈福军
盛志红(女)

统计局

局长、党组书记:沈国峰
副 局 长:洪 星

沈雪娟(女,—9 月)
副局长级干部:沈金良(—1 月)
农调队队长:沈国峰
农调队副队长:陈立群

民宗局

局　　长:蒋菊斌
副 局 长:王月明

安监局

局长、党组书记:曹晓铭
党组副书记:周灿苗(—7 月)
副 局 长:张马良
汤剑根
陈国华
王建根(8 月—)

市场监管局

局　　长:王祖利(—12 月)
党委书记:王祖利(—12 月)
党委副书记:陈志良
副 局 长:叶建华(—1 月)
徐刘根
沈海良
张译文(女)
庄理龙(1 月—)
徐俊贤(9 月—)
食品药品监管局局长:王祖利(—12 月)
徐刘根(12 月—)
工商局局长:王祖利(—12 月)
徐刘根(12 月—)
食安办主任:王祖利(—12 月)
徐刘根(12 月—)
食安办副主任:沈海良

质监局

局长、党委书记:崔建明
副 局 长:姜雪松(12 月—)
朱杨伟
徐阿毛(女)

综合执法局

局　　长:苏建良(—5 月,涉嫌严重违纪)
郑高行(9 月—)
党委书记:苏建良(—5 月,涉嫌严重违纪)
郑高行(9 月—)
政　　委:郑高行(—9 月)
曹勇民(9 月—)
党委副书记:郑高行(—9 月)
曹勇民(9 月—)
副 局 长:顾擎峰(—9 月)
朱　平(—6 月)
徐海华
王永军(—5 月)
朱华海(5 月—)
徐　捷(9 月—)
副局长级干部:金虎良(—1 月)
综合行政执法大队大队长:苏建良(—5 月,涉嫌严重违纪)
郑高行(9 月—)
综合行政执法大队副大队长:顾擎峰(—9 月)
朱　平(—6 月)
徐海华
王永军(—5 月)
朱华海(5 月—)
徐　捷(9 月—)

核应急办

主任、党组书记:徐浏华
党组副书记:王晓波
副 主 任:王晓波
姚冬明
朱　玮

行政审批中心

主任、党委书记:王周良(—1 月)
朱明华(1 月—)
副 主 任:朱　芳(女)
许惠明
徐寿君

旅委

主任、党组书记:张　妧(女)
副 主 任:富守中
谢凤英(女)
王　方

档案局

局长、党组书记:周海军
副 局 长:王惠华
黄传毅

史志办

副 主 任:张雁群(女,主持工作)

蔡海燕(女)
裴黎原(9月—)

金融办

主　　任:王建林
副 主 任:魏建凤(女)

机管局

局长、党组书记:冯　强
副 局 长:江　跃
徐永军
副局长级干部:潘剑康
接待办主任:冯　强

新居民事务局

局长、党组书记:许国林(1月—)
副 局 长:张　勇(—1月)
朱培初

供销总社

主任、党委书记:詹　华
党委副书记:王永明(12月—)
副 主 任:黄　平
马宏军

嘉兴市住房公积金管理中心海盐县分中心

主　　任:施云琦(女)

联创办

常务副主任:许国林(—1月)
林周良(1月—)

医药有限公司

副董事长、总经理:胡伟民
董事、副总经理:王文英(女)

城投集团公司

副董事长、总经理:姚卫东
董事、副总经理:郭　涛(挂职)
高　庭
朱晓峰(9月—)

水务集团公司

副董事长、副总经理:冯培仁
董事、副总经理:王天宝
监事会主席:王李华

旅投集团公司

副董事长、总经理:林　军
董事、副总经理:钟仁福
朱　虹(女,4月—)
监 事 长:朱　虹(女,—4月)

交投集团公司

董事长、总经理:朱伟强

【其他行政事业企业单位】

国税局

局长、党组书记:陆剑虹
副 局 长:冯建章
姜剑敏
徐玉金
沈李明
纪检组长:程卫文(女)
稽查局局长:许文龙
开发区税务分局局长:周旭波
郊区税务分局局长:冯王勤

气象局

局　　长:余立军
党支部书记:陈川明
副 局 长:钟朱惠

安全分局

局　　长:邵学军

烟草专卖局(烟草公司)

局长(经理)、党组书记:浦增铨
副 局 长:郭　伟
副 经 理:吴　飞(—3月)
孙　瑜(3月—)
纪检组长:郭　伟

国网浙江海盐供电公司

总 经 理:徐冬生
党委书记:沈金青(—5月)
李正光(5月—)
党委副书记:徐冬生
童　磊
副总经理:沈金青
李正光(5月—)
郑　涛
陈　理
徐光年
纪委书记:童　磊
总会计师:郭　强
工会主席:童　磊

邮政公司(邮政海盐分公司)

总经理、党委书记:匡力生

副总经理、纪委书记：沈　宏（1 月—）

电信局（电信海盐分公司）

总经理、党委书记：徐贤松

副总经理：陈建良

　　　　　周　勤（女）

移动海盐分公司

总 经 理：陆海华（12 月—）

副总经理：陆海华（主持工作，—12 月）

总经理助理：钱水悦

联通海盐分公司

总经理、党支部书记：杨献达

人行海盐支行

行长、党组书记：张星荃

副 行 长：沈明法

　　　　　王　欣

副 行 级：肖　鸿

　　　　　杨文潮

银监办

主　　任：褚勤根

副 主 任：周振华

工行海盐支行

行长、党总支书记：项理庭

副 行 长：许夏冬（女）

　　　　　沈　斌（—11 月）

行长助理：黄　平（7 月—）

　　　　　吴良锋（7 月—）

内控监察专员：徐　燕（女）

高级副经理：胡苏平（女）

农行海盐支行

行长、党委书记：陆　波

纪委书记：胡为民

副 行 长：姚永忠（5 月—）

　　　　　刘湘群（女，—5 月）

　　　　　唐　宁

中行海盐支行

行长、党总支书记：徐　昂（女，—3 月）

　　　　　　　　　周　亮（4 月—）

副 行 长：李金荣

　　　　　许北平

建行海盐支行

行长、党委书记：顾徐刚（—7 月）

　　　　　　　　吴铁雁（女，7 月—）

副 行 长：冯　路

　　　　　沈　钢

　　　　　蔡舒忠

　　　　　钱子良

　　　　　陈　燕（12 月—）

见习副行长：张泰哲（6 月—）

农发行海盐支行

行长、党支部书记：周建林

行长助理：谭　啸

信用联社

理事长、党委书记：包永良

主　　任：郑忠月

副 主 任：陆建雄

　　　　　赵国清

监 事 长：张建华

纪委书记：张建华

中信银行海盐支行

行长、党总支书记：朱才林

副 行 长：沈建红（女）

行长助理：常家伟

嘉兴银行海盐支行

行　　长：江逸民

副 行 长：陈　蕾（女）

行长助理：潘　玲（女）

交通银行海盐支行

行　　长：张建军

副 行 长：陈　怡（女）

行长助理：戴　东

邮政储蓄银行海盐支行

行　　长：朱　伟

副 行 长：沈　旦

浙商银行海盐支行

行长、党支部书记：朱梅芳（女）

副 行 长：唐文广

民生银行海盐支行

行　　长：顾　战

副 行 长：周永梅（女）

浦发银行海盐支行

行　　长：朱立睿（11 月—）

副 行 长：朱立睿（—11 月）

行长助理：张敏伟

人保财险海盐支公司
总经理、党组书记:蒋晓峰
副总经理:陈广平
　　　　孙连群
人寿海盐支公司
经　　理:盛亚明
经理助理:王加平
太平洋财险海盐支公司
总 经 理:沈荣江
副总经理:蒋列生
嘉兴日报社海盐分社
社　　长:聂海峰
副 社 长:汤燕萍(女,—4 月)
　　　　胡金波
　　　　丁　辉(2 月—)
中石化海盐石油支公司
经　　理:吴群贤
副 经 理:田云忠

【政协海盐县委员会】

主　　席:蔡志昌
党组书记:蔡志昌
副 主 席:肖钰鑫
　　　　郑其良
　　　　陆建根
　　　　董雪明
　　　　贺伟民
秘 书 长:王亦军
常务委员:(以姓氏笔画为序)
　　　　卜雪芬(女)　干海明
　　　　马洪培　王少波　王琪妹(女)
　　　　朱沈良　朱周平(—2 月)
　　　　朱学范　朱建明　刘子龙(—2 月)
　　　　杨莲娟(女)　苏菊花(女)
　　　　邱月亮　张云东　张再生
　　　　张培良　陆其祥　陈子彦
　　　　赵永军　查鹤贤　俞胜佳
　　　　姚　华　倪晓荣　徐阿毛(女)
　　　　徐剑波　黄　健　黄剑锋
　　　　释晓明
办公室
主　　任:王亦军(—2 月)
　　　　祝明华(2 月—)
副 主 任:王　芳(女)
　　　　杜建勇(—9 月)
　　　　王哲丰
提案委员会
主　　任:干海明
副 主 任:苏连生
经济科技委员会
主　　任:朱学范
副 主 任:费海鸣
　　　　曹土华
文教卫体与文史委员会
主　　任:查鹤贤
副 主 任:卜雪芬(女,9 月—)
　　　　王少波
社会法制与港澳台侨委员会
主　　任:黄　健
副 主 任:吴忠耿
　　　　曹晓铭
政协委员工作委员会
主　　任:王亦军
副 主 任:杜建勇(—9 月)
　　　　杨开华(9 月—)

【人武部】

第一书记:沈晓红(女)
书　　记:周永家(—11 月)
副 书 记:俞路达(10 月—)
政　　委:周永家(—11 月)
部　　长:俞路达(10 月—)
副 部 长:刘焕生

【海盐县人民法院】

院　　长:宋　健(女,—12 月)
代理院长:黄　欢(女,12 月—)
党组书记:宋　健(女,—12 月)
　　　　黄　欢(女,12 月—)
副 院 长:黄　欢(女,12 月—)
　　　　洪建英(女)
　　　　俞朱明
　　　　沈爱萍
纪委派驻纪检组长:赖小明

政治处主任：季　春（女）
执行局局长：方照林
沈荡法庭庭长：曹建军
西塘桥法庭庭长：郑连平
副局长级干部：周　明
　　　　　　朱全林

【海盐县人民检察院】
检察长、党组书记：宋　跃
副检察长：严振中
　　　　陆蔚红（女）
　　　　方光飞
纪委派驻纪检组长：方雪祥
政治处主任：陈利明
反贪局局长：董学飞
反渎职侵权局局长：莫红良
副局长级干部：金朝晖
　　　　　　朱立宏
　　　　　　王嫣红（女）

【民主党派和工商联】
中国民主同盟海盐县总支委员会
主　　委：高海华
副 主 委：周小军
　　　　卜雪芬（女）
中国民主促进会海盐县总支委员会
主　　委：陆其祥
副 主 委：邱月亮
　　　　张建根
中国农工民主党海盐县总支委员会
主　　委：董雪明
副 主 委：徐刘根
　　　　陈　明
九三学社嘉兴市海盐支社
主　　委：黄　健
副 主 委：张青春（女）
工商联
主　　席：方光明（兼）
党委书记：夏红平
副 主 席：夏红平
　　　　张其芬（女）
　　　　宋　华
　　　　马建平（兼）
　　　　马雪明（兼）
　　　　王　平（兼）
　　　　印叶芬（女，兼）
　　　　许加生（兼）
　　　　朱忠明（兼）
　　　　朱金明（兼）
　　　　陆云彪（兼）
　　　　沈家华（兼）
　　　　金惠明（兼）
　　　　姚　华（兼）
　　　　姚　洪（兼）
　　　　黄忠明（兼）
　　　　黄剑锋（兼）
　　　　卢中平（兼）
　　　　任维明（兼）
　　　　许明曙（兼）
　　　　时沈祥（兼）
　　　　陈志彦（兼，3 月—）
秘 书 长：沈金良（3 月—）

【新一届民主党派】（7 月换届）
中国民主同盟海盐县基层委员会
主　　委：高海华
副 主 任：卜雪芬（女）
　　　　石火明
中国民主促进会海盐县基层委员会
主　　委：陆其祥
副 主 任：张建根
　　　　刘志海
　　　　李　俊
中国农工民主党海盐县基层委员会
主　　委：董雪明
副 主 委：陈　明
　　　　徐刘根
　　　　徐阿毛（女）
九三学社海盐县基层委员会
主　　委：黄　健
副 主 委：张青春（女）
　　　　周拯晔
　　　　李　玮（女）

【新一届工商联】(12月换届)
主　　席:方光明(兼)
党委书记:夏红平
副 主 席:夏红平
　　　　　张其芬(女)
　　　　　宋　华
　　　　　马建平(兼)
　　　　　马雪明(兼)
　　　　　王　平(兼)
　　　　　许加生(兼)
　　　　　朱忠明(兼)
　　　　　陆云彪(兼)
　　　　　沈家华(兼)
　　　　　金惠明(兼)
　　　　　姚　华(兼)
　　　　　姚　洪(兼)
　　　　　黄忠明(兼)
　　　　　卢中平(兼)
　　　　　任维明(兼)
　　　　　许明曙(兼)
　　　　　时沈祥(兼)
　　　　　陈子彦(兼)
　　　　　朱冬伟(兼)
　　　　　张珊珊(兼)
　　　　　沈正华(兼)
　　　　　姜跃君(兼)
秘 书 长:沈金良

【群众团体】

总工会
主席、党组书记:叶国良
副 主 席:杨莲娟(女,—2月)
　　　　　胡海峰
　　　　　姚益芬(女,2月—)
正局长级干部:宋中良(—1月)
党组成员(保留副科长级待遇):顾小丰(9月—)

团县委
书记、党组书记:杨朝辉(—9月)
　　　　　　　　王李涛(9月—)
副 书 记:张佳伦(女)
　　　　　陈景时(—9月)

妇联
主席、党组书记:丁丽萍(女,1月—)
副 主 席:郑仁娟(女,—1月)
　　　　　李　玮(女,1月—)
　　　　　顾爱萍(女,—9月)
　　　　　黄　英(女,9月—)

科协
主席、党组书记:潘永跃
党组副书记:蒉月良
副 主 席:蒉月良
　　　　　干　静(女)
副局长级干部:郑建军(女,—9月)

残联
理事长、党组书记:徐剑波
副理事长:杨　林(—1月)
　　　　　陈志良
　　　　　吴晓华

文联
主　　席:宋乐明
副 主 席:周蓉晖(女)
　　　　　王　芳(女)

各镇(街道)负责人名录

武原街道
党委书记:孙少峰(—1月)
　　　　　詹利民(1月—)
党委副书记:詹利民(—1月)
　　　　　　吴雪红(女,1月—)
　　　　　　周海风(—9月)
　　　　　　宋伟庆(9月—)
　　　　　　蔡耀明(—9月)
　　　　　　马顺民
　　　　　　章剑锋(挂职,9月—)
党委委员:沈付良(—9月)
　　　　　卫　忠(9月—)
　　　　　姬勤红(女,—9月)
　　　　　褚妙军(9月—)
　　　　　潘　洪(—9月)
　　　　　顾爱萍(女,9月—)
　　　　　张海锋
　　　　　张利峰(9月—)

宋伟庆(—9月)
陈秀明
陈　华
人大工委主任:刘子龙
人大工委副主任:顾月祥(—9月)
潘　洪(9月—)
胡国杰(9月—)
政协联络室主任:刘子龙(—2月)
办事处主任:詹利民(—1月)
吴雪红(女,1月—)
办事处副主任:宋伟庆(—9月)
张利峰(9月—)
卫　忠(—9月)
姜金凤(9月—)
裴黎原(—9月)
张林峰(—9月)
王群会(9月—)
刘志海(9月—)
孙勤华(—9月)
人武部部长:陈秀明
纪委书记:张海锋(—9月)
卫　忠(9月—)
副镇长级组织员:朱玉文(女)
副镇长级干部:王群会(—9月)

开发区(西塘桥街道)

党工委书记:陈　峰(—12月)
黄华忠(12月—)
党工委副书记:沈再军(—9月)
李全发
张国平(—1月)
吴建军
王良华(9月—)
于国海(—9月)
陈　珂(9月—)
党工委委员:金志刚
郑文初
孙勤华(9月—)
郑利明(9月—)
董晓燕(女,—9月)
朱建妹(女,挂职,1月—)
徐明华(女,9月—)
褚妙军(—9月)
沈勤华(9月—)
王　哲(女,1月—)
石少华
王朱明(—9月)
邹云峰(12月—)
人大工委主任:徐凤飞(—9月)
王雪君(9月—)
人大工委副主任:董晓燕(女,9月—)
郑利明(—9月)
沈君祥(9月—)
政协联络室主任:张国平(—2月)
管委会主任:陈　峰(—12月)
黄华忠(12月—)
管委会副主任:沈再军(—9月)
李全发
吴建军
刘志海(—9月)
金志刚
郑文初
孙勤华(9月—)
郑利明(9月—)
朱建妹(女,1月—)
办事处主任:沈再军(—9月)
李全发(9月—)
办事处副主任:黄家红(女)
徐明华(女,—9月)
王勤建(9月—)
人武部部长:石少华
纪工委书记:董晓燕(女,—9月)
徐明华(女,9月—)
副镇长级综治信访员:谢雪龙(—9月)
副镇长级组织员:沈丹妮(女)

元通街道

党委书记:崔勤明(—4月)
吴建峰(9月—)
党委副书记:张　梁(—9月)
周海风(9月—)
朱明华(—1月)
杜建勇(9月—)
徐建华
周建飞(—9月)
党委委员:周建飞(—9月)

王小凤(女)
黄　英(女,—9月)
缪李伟(9月—)
范春芳(女,10月—)
沈家其
宋振光
胡　海(12月—)
宋志华
人大工委主任:张冠群(—9月)
高永林(9月—)
人大工委副主任:董跃忠(—9月)
周建飞(9月—)
政协联络室主任:富雪祥(—9月)
办事处主任:张　梁(—9月)
周海风(9月—)
办事处副主任:沈家其
王爱民
郭　菁(女)
戴爱明
人武部部长:宋振光(—12月)
胡　海(12月—)
纪委书记:周建飞(—9月)
王小凤(女,9月—)
副镇长级组织员:李月中
副镇长级干部:沈陈平(—9月)

秦山街道

党委书记:黄华忠(—9月)
王雪君(9月—)
党委副书记:金胜华(—9月)
杨朝辉(挂职,1—9月)
颜玉其
曹卫益(9月—)
章生良(—9月)
张林峰(9月—)
党委委员:蒋菊海
王李涛(—9月)
章丽锋(女,9月—)
顾雪琴(女)
王　薇(女,9月—)
曹卫益
陈景时(9月—)
高建忠
杨建良
人大工委主任:胡少萍(女,—9月)
于国海(9月—)
人大工委副主任:钟海明(—9月)
卫雪利(9月—)
政协联络室主任:徐金福(—9月)
办事处主任:金胜华(—9月)
颜玉其(9月—)
办事处副主任:曹卫益(—9月)
陈景时(9月—)
程叶峰
汤芳英(女,—1月)
张云东(1月—)
朱云臻
人武部部长:高建忠
纪委书记:蒋菊海
副镇长级组织员:章丽锋(女,—9月)
副镇长级干部:吴志明(—9月)
韩国金(—2月)

沈荡镇

党委书记:卢　卫(—9月)
於永锋(9月—)
党委副书记:於永锋(—9月)
王良华(—9月)
黄志华
夏一飞(9月—)
林　强(9月—)
党委委员:徐俊贤(—9月)
许志华(7月—)
陈建忠(—9月)
韩晓伦(女,9月—)
祝旭虹(女,—9月)
金雪飞(女,9月—)
沈胜明
林叶龙(—9月)
黄建国(12月—)
张秦峰(12月—)
人大主席:倪建中
人大副主席:严姚良
政协联络室主任:姜蒋荣(—9月)
镇　　长:於永锋
副 镇 长:沈胜明

王民华
姜金凤(女)
宋雁鸿
人武部部长:林叶龙(—9月)
黄建国(12月—)
纪委书记:徐俊贤(—9月)
许志华(9月—)
副镇长级综治信访员:顾小丰(—9月)
副镇长级组织员:徐培良

百步镇

党委书记:顾秋莉(女,—9月)
范正华(9月—)
党委副书记:范正华(—9月)
杨朝辉(9月—)
夏利君(—9月)
王在根
赵生良
党委委员:王卫锋(—1月)
蔡志勇(1月—)
夏一飞(女,—9月)
许卫娟(女,9月—)
沈勇志(—9月)
张凯鸣(9月—)
唐惠平(女,9月—)
张志华(9月—)
沈福军
曹卫良(—9月)
人大主席:朱炼挺
人大副主席:张陆君
政协联络室主任:高永林(—9月)
镇　　长:范正华
副　镇　长:王在根
刘爱群(女)
沈印妹(女)
沈君祥
人武部部长:沈福军
纪委书记:王卫锋(—1月)
蔡志勇(1月—)
副镇长级组织员:蒋爱君

于城镇

党委书记:卫沈弘(—9月)
徐胜娟(女,9月—)
党委副书记:吴雪红(女,—1月)
朱其良(1月—)
周海军(—9月)
汤敏建(9月—)
王建根(—9月)
王朱明(9月—)
党委委员:龚利平
许卫娟(女,—9月)
沈雪娟(9月—)
沈国平
唐惠平(女,—9月)
阚建平
周利明
人大主席:龚野法
人大副主席:笪加元
政协联络室主任:朱其良(—2月)
镇　　长:吴雪红(女,—2月)
朱其良(2月—)
副　镇　长:周海军
胡国杰
秦顾良
吴群伟
人武部部长:阚建平
纪委书记:龚利平
副镇长级综治信访员:卫雪利(—9月)
副镇长级组织员:吴肖峰

澉浦镇(南北湖风景区)

党委书记:张祥生(—12月)
顾秋莉(女,12月—)
党委副书记:吴建峰(—9月)
沈晓明(9月—)
徐　丽(女,—1月)
林周良(—1月)
曹秀明(挂职,1月—)
顾擎峰
党委委员:许志华(—9月)
沈勤华(—9月)
张凯鸣(—9月)
吴晓波(9月—)
祝旭虹(女,9月—)
苏旦辉(9月—)
戴海华(—9月)

缪其君(—9 月)
宋振光(? 月—)
罗建峰(—8 月)
人大主席:葛其林(—2 月)
徐　丽(女,2 月—)
人大副主席:钱冬根
政协联络室主任:王玉祥(—2 月)
镇　　长:吴建峰
副 镇 长:戴海华
顾建华
叶　春
卜雪芬(女)
人武部部长:缪其君(—9 月)
宋振光(12 月—)
纪委书记:许志华(—9 月)
吴晓波(9 月—)
副镇长级综治信访员:宋仁良(—1 月)
副镇长级组织员:钟　卫
风景区管委会主任:张祥生(—12 月)
顾秋莉(女,12 月—)
风景区管委会副主任:吴建峰(—9 月)
沈晓明(9 月—)
林周良(—1 月)
卜雪芬(女,—9 月)
朱建辉(—9 月)
祝晓刚
戴海华(9 月—)
许卫军(9 月—)
徐晓利(9 月—)
风景名胜区管理局局长:林周良(—1 月)
风景名胜区管理局副局长:朱建辉(—9 月)
许卫军(—9 月)
李美根

通元镇

党委书记:郭　真(女,—9 月)
张　梁(9 月—)
党委副书记:吕华军(—9 月)
张国平(9 月—)
王海军
林　强(—9 月)
曹卫良(9 月—)
党委委员:李勤根
汪　薇(女)
姚旦奕(女)
王正刚(10 月—)
戴燕卫
张喜平
姜利明(12 月—)
人大主席:宋俞芬(女,—3 月)
张国平(3 月—)
人大副主席:徐德良
镇　　长:吕华军
副 镇 长:戴燕卫
夏永明(—3 月)
马万勇(3 月—)
王勤建
何华春(—9 月)
人武部部长:张喜平
纪委书记:李勤根
副镇长级综治信访员:庞德金(—9 月)
副镇长级组织员:曹　杰
副镇长级干部:王士良(—9 月)

(陆　斌)

新任县领导简历

【县委】

沈晓红　女,1966 年 5 月出生,籍贯浙江桐乡,1986 年 7 月参加工作,1986 年 6 月加入中国共产党,在职大学学历。1984 年 9 月,浙江水产学院淡水渔业专业学生;1986 年 7 月,桐乡县农林局水产工作站技术员;1988 年 6 月,桐乡县乌镇镇长助理(挂职);1990 年 7 月,桐乡县团委副书记、党组成员,青少年宫主任;1991 年 5 月,桐乡县团委书记、党组书记;1996 年 3 月,桐乡市委宣传部副部长;1996 年 10 月,桐乡市委宣传部副部长、市广电局局长、党组书记;1997 年 11 月,桐乡市委常委、宣传部部长;2002 年 11 月,嘉兴市秀城区委常委、副区长;2004 年 12 月,嘉兴市南湖风景名胜区管委会主任、党组书记,南湖名胜发展有限公司董事长、总经理;2007 年 2 月,海盐县委副

书记，县政府县长、党组书记；2011年11月，海盐县委书记；2016年10月，嘉兴市委副秘书长，海盐县委书记；2016年12月，嘉兴市委、市政府副秘书长，海盐县委书记。

王碎社　男，1969年8月出生，籍贯浙江文成，1991年8月参加工作，1999年4月加入中国共产党，省委党校研究生学历。1989年9月，济南民政学校社会保障专业学生；1991年8月，温州市文成县人事劳动局办事员；1994年5月，海宁市硖石镇政府秘书、党委秘书；1999年5月，嘉兴市委办公室科员；2001年7月，嘉兴市委办公室副主任科员；2002年4月，嘉兴市委办公室综合调研室副主任、综合调研一处副处长；2003年7月，嘉兴市秀洲区委办公室副主任（挂职）；2004年9月，嘉兴市秀洲区委办公室副主任、区委农办常务副主任（正科）；2005年3月，嘉兴市委办公室综合调研一处处长；2007年5月，嘉兴市委办公室副主任；2010年11月，嘉兴市委办公室副主任、室务会议成员；2011年12月，平湖市委常委；2012年2月，平湖市委常委、常务副市长；2013年7月，嘉兴市第八批对口支援阿克苏地区沙雅县指挥部党委书记，平湖市副市长；2013年8月，嘉兴市政府副秘书长，市第八批对口支援阿克苏地区沙雅县指挥部指挥长、党委书记（正县处长级），沙雅县委常委；2014年1月，嘉兴市政府副秘书长，市第八批对口支援阿克苏地区沙雅县指挥部指挥长、党委书记（正县处长级），沙雅县委副书记；2015年1月，嘉兴市第八批对口支援阿克苏地区沙雅县指挥部指挥长、党委书记（正县处长级），沙雅县委副书记；2016年10月，海盐县委副书记、提名县长候选人，嘉兴市第八批对口支援阿克苏地区沙雅县指挥部指挥长、党委书记（正县处长级），沙雅县委副书记；2016年11月，海盐县委副书记，县政府副县长、代县长、党组书记，嘉兴市第八批对口支援阿克苏地区沙雅县指挥部指挥长、党委书记（正县处长级），沙雅县委副书记；2016年12月，海盐县委副书记，县政府代县长、党组书记。

孙雄伟　男，1963年4月出生，籍贯浙江海盐，1983年8月参加工作，1989年12月加入中国共产党，大学学历。1979年11月，浙江农业大学农机系拖拉机设计制造专业学生；1983年8月，海盐县水利农机局干部；1985年9月，浙江省委党校开放班学员；1986年8月，海盐县外经委干部；1991年3月，海盐县外经委办公室主任；1992年9月，海盐县外经委副主任；1994年9月，海盐县外经委副主任、党组成员；1995年5月，海盐县计经委主任、党组书记；1998年6月，海盐县县长助理，县风景区管委会主任、党工委书记，澉浦镇党委书记，县计经委主任、党组书记；1998年10月，海盐县县长助理、县风景区管委会主任、党工委书记、澉浦镇党委书记；2001年10月，海盐县县长助理、县环境保护局党组副书记、县风景区管委会主任、党工委书记；2001年11月，海盐县环保局党组书记；2002年2月，海盐县环保局局长、党组书记；2006年12月，海盐县县长助理、县政府党组成员，县环保局局长、党组书记；2007年2月，海盐县政府副县长、党组成员；2011年12月，海盐县委常委，县政府副县长、党组成员；2014年12月，海盐县委常委，县政府党组副书记、副县长，县委政法委副书记；2016年2月，海盐县委副书记、政法委书记、党校校长，县政府副县长；2016年3月，海盐县委副书记、县委政法委书记、县委党校校长；2016年12月，海盐县委副书记、县委政法委书记、县委党校校长。

李乐伦　男，1970年5月出生，籍贯浙江平湖，1994年8月参加工作，1997年12月加入中国共产党，省委党校研究生学历。1990年9月，南京大学信息管理系科技档案专业学生；1994年8月，嘉兴市人大常委会办公室人事秘书处科员；1998年7月，嘉兴市人大常委会办公室人事秘书处副处长；2000年11月，嘉兴市人大常委会办公室人事秘书处处长；2003年12月，嘉兴市人大常委会办公

室秘书处处长;2004 年 6 月,嘉兴市人大常委会办公室副主任;2011 年 11 月,海盐县委常委;2011 年 12 月,海盐县委常委、组织部部长;2016 年 11 月,海盐县委常委、纪委书记、组织部部长;2016 年 12 月,海盐县委常委、纪委书记。

王　坚　男,1978 年 1 月出生,籍贯浙江平阳,1999 年 8 月参加工作,1998 年 10 月加入中国共产党,省委党校研究生学历。1995 年 9 月,浙江大学材料科学与工程学系金属材料及热处理专业学生;1999 年 8 月,嘉兴市公安局治安警察支队民警;2003 年 6 月,嘉兴市公安局团委书记(副科职);2006 年 2 月,嘉兴市公安局团委书记、法制处副处长;2007 年 9 月,共青团嘉兴市委党组成员,市公安局团委书记、法制副处长;2007 年 10 月,共青团嘉兴市委副书记、党组成员;2011 年 11 月,海盐县委常委;2013 年 8 月,海盐县委常委、纪委书记;2014 年 12 月,海盐县委常委,县政府党组成员;2015 年 1 月,海盐县委常委,县政府副县长、党组成员;2016 年 2 月,海盐县委常委,县政府党组副书记、副县长;2016 年 12 月,海盐县委常委,县政府党组副书记、副县长,县委政法委副书记。

顾秋莉　女,1979 年 8 月出生,籍贯浙江平湖,1998 年 10 月参加工作,1998 年 6 月加入中国共产党,在职大学学历。1995 年 7 月,浙江会计学校财务会计专业学生;1998 年 10 月,平湖市胜利乡政府财政所工作人员;1999 年 7 月,平湖市当湖镇政府财政所工作人员;2002 年 8 月,共青团平湖市委副书记、党组成员;2006 年 5 月,共青团平湖市委书记、党组书记;2009 年 7 月,平湖市广陈镇党委副书记、镇长;2011 年 11 月,共青团嘉兴市委副书记、党组成员;2012 年 12 月,共青团嘉兴市委副书记、党组成员,市委“两新”工委委员;2014 年 12 月,海盐县委常委;2015 年 6 月,海盐县委常委,百步镇党委书记;2016 年 9 月,海盐县委常委;2016 年 12 月,海盐县委常委,澉浦镇(南北湖风景区)党委书记、县风景区管委会主任。

于智勇　男,1965 年 1 月出生,籍贯浙江温州,1984 年 12 月参加工作,1997 年 7 月加入中国共产党,省委党校大学学历。1984 年 12 月,平湖县公安局刑侦队民警;1997 年 7 月,平湖市公安局刑侦大队副大队长;1999 年 3 月,平湖市公安局刑侦大队大队长;2003 年 3 月,平湖市公安局当湖派出所所长;2006 年 2 月,平湖市公安局交通警察大队大队长;2007 年 7 月,平湖市公安局副局长;2010 年 6 月,平湖市公安局党委副书记、常务副局长(正科长级);2012 年 3 月,平湖市公安局党委副书记、政委(正科长级);2013 年 9 月,嘉兴市公安局南湖区分局党委副书记、政委(正科长级);2016 年 2 月,海盐县委常委,县公安局党委书记、督察长,县委政法委副书记;2016 年 3 月,海盐县委常委,县公安局党委书记、局长、督察长,县委政法委副书记;2016 年 12 月,海盐县委常委、县公安局党委书记、局长、督察长,县委政法委副书记。

陆忠祥　男,1970 年 2 月出生,籍贯浙江海盐,1992 年 8 月参加工作,1996 年 8 月加入中国共产党,大学学历。1988 年 9 月,华东政法学院法学专业学生;1992 年 8 月,海盐县人民法院书记员、助理审判员、审判员;1998 年 3 月,海盐县人民法院院长助理;2000 年 2 月,海盐县人民法院院长助理、书记员办公室负责人;2002 年 1 月,海盐县人民法院副院长、党组成员、纪监组组长,审判委员会委员;2003 年 5 月,海盐县人民法院副院长、审判委员会委员;2003 年 6 月,海盐县纪委副书记;2007 年 2 月,海盐县纪委副书记,县政府党组成员,县政府办公室党组书记,县政府法制办主任;2007 年 3 月,海盐县纪委副书记,县政府党组成员,县政府办公室主任、党组书记,县政府法制办

主任；2007年9月，海盐县政府党组成员，县政府办公室主任、党组书记，县法制办主任；2010年12月，海盐县百步镇党委书记；2013年8月，海盐县政府副县长、党组成员，百步镇党委书记；2013年9月，海盐县政府副县长、党组成员；2016年6月，海盐县委常委，县政府副县长、党组成员；2016年12月，海盐县委常委、宣传部部长，县政府副县长、党组成员。

宗晓慧 女，1968年7月出生，籍贯浙江嘉兴，1986年11月参加工作，1995年9月加入中国共产党，在职大学学历。1986年11月，嘉兴市郊区步云乡政府打字员，文化站工作人员；1991年11月，嘉兴市郊区步云乡文化站站长；1994年3月，嘉兴市郊区虹阳乡政府计划生育专职干部；1995年10月，嘉兴市郊区新丰镇政府计划生育专职干部；1996年10月，嘉兴市秀城区新丰镇妇联主席；2001年11月，嘉兴市秀城区建设街道党工委委员；2004年9月，嘉兴市南湖区建设街道党工委委员、纪工委副书记；2006年12月，嘉兴市南湖区纪委常委；2007年1月，嘉兴市南湖区纪委常委、监察局副局长；2009年1月，嘉兴市南湖区委组织部副部长；2011年5月，嘉兴市南湖区委组织部副部长、区委“两新”工委书记；2012年12月，嘉兴市南湖区委组织部常务副部长、区委“两新”工委书记；2016年4月，嘉兴市南湖区委组织部常务副部长(正科长级)；2016年11月，海盐县委常委；2016年12月，海盐县委常委、组织部部长，统战部部长。

黄华忠 男，1970年1月出生，籍贯浙江海盐，1990年8月参加工作，1995年7月加入中国共产党，在职大学学历。1988年9月，浙江省人民警察学校公安专业学生；1990年8月，海盐县公安局武原第二派出所民警；1996年10月，海盐县公安局武原第二派出所副所长；1997年9月，海盐县公安局海塘派出所副所长；1998年8月，海盐县公安局海塘派出所所长；2000年1月，海盐县公安局武原派出所指导员；2003年12月，海盐县公安局武原派出所所长；2004年10月，海盐县武原镇党委委员、派出所所长，县公安局局长助理；2006年1月，海盐县武原镇党委副书记；2006年9月，海盐县公安局副局长、党委委员；2010年12月，海盐县秦山街道党委副书记、办事处副主任(主持工作)；2011年9月，海盐县秦山街道党委副书记、办事处主任；2013年3月，海盐县秦山街道党委书记；2016年9月，海盐县委办公室副主任(正科长级)；2016年12月，海盐县委常委、县开发区(西塘桥街道)党工委书记、开发区管委会主任。

俞路达 男，1974年9月出生，籍贯浙江诸暨，1977年7月参加工作，1996年6月加入中国共产党，大学学历。1993年9月，浙江农业大学食品工程专业学生；1997年7月，第一集团军步兵一师三团三营八连排长，副连职；1998年11月，第一集团军步兵一师一团三营八连排长，副连职；2000年7月，第一集团军步兵一师后勤部战勤科正连职参谋；2003年6月，第一集团军步兵一师后勤部战勤科副营职参谋；2004年4月，第一集团军后勤部战勤处副营职参谋；2006年6月，第一集团军后勤部战勤处正营职参谋；2007年6月，浙江省桐庐县人武部军事科正营职参谋；2007年12月，浙江省军区杭州警备区司令部正营职参谋；2009年12月，浙江省军区杭州警备区司令部正团职参谋；2014年3月，浙江省军区杭州西湖区人武部副部长兼军事科科长；2015年3月，海盐县人武部部长，党委副书记；2016年10月，海盐县委常委、人武部部长。

【县政府】

胡燕子 女，1975年4月出生，籍贯福建连江，1993年8月参加工作，1999年3月加入中国共产党，省委党校研究生学历。1991年9月，湖州师专中文系汉语言文学专业学生；1993年8月，海

宁市许村中学教师、少先队总辅导员;1995年8月,海宁一中教师;1997年8月,海宁市教委团委书记、团市委常委;2000年9月,共青团海宁市委副书记、党组成员;2002年12月,共青团海宁市委书记、党组书记;2006年3月,海宁市斜桥镇党委副书记、镇长;2008年8月,海宁市斜桥镇党委书记;2012年2月,海宁市政府副市长、党组成员;2016年12月,海盐县政府副县长、党组成员。

钱学勤　男,1969年8月出生,籍贯浙江平湖,1988年8月参加工作,1993年7月加入中国共产党,中央党校大学学历。1985年9月,平湖师范普师专业学生;1988年8月,平湖师范附属小学教师,教导处副主任、主任;2001年2月,平湖市科协副主席、党组成员;2004年2月,平湖市人民政府办公室副主任;2005年8月,平湖市人民政府办公室副主任、法制办副主任;2006年9月,平湖市人民政府办公室副主任;2008年5月,平湖市新仓镇党委副书记、镇长;2011年8月,平湖市曹桥街道党委书记;2014年1月,平湖市当湖街道党委书记;2016年3月,海盐县政府副县长、党组成员;2016年4月,海盐县政府副县长、党组成员,县委政法委副书记。

李大治　男,1977年11月出生,籍贯陕西咸阳,1999年7月参加工作,2001年5月加入中国共产党,大学学历。1995年9月,兰州大学化学系有机化学专业学习;1999年7月,武警太原指挥学校大学生集训队成员;2000年7月,武警青海总队海东地区支队直属大队三中队副政治指导员、保卫股干事、指导员、副营职干事、正营职干事、正营职教导员;2011年3月,转业待分配;2011年10月,青海省金融工作办公室金融发展处正科级干部;2012年11月,青海省金融工作办公室金融发展处主任科员(其间:2013年9月—2014年4月借调青海省政府办公厅秘书四处工作);2014年5月,青海省金融工作办公室综合处主任科员;2014年8月,青海省金融工作办公室副处级干部;2014年9月,青海省乌兰县人民政府党组成员;2014年10月,青海县乌兰县人民政府党组成员、副县长;2016年4月,青海省乌兰县人民政府党组成员、副县长,海盐县政府党组成员;2016年5月,海盐县政府副县长、党组成员(挂职)。

傅方正　男,1980年8月出生,籍贯浙江宁波,2001年7月参加工作,1999年12月加入中国共产党,研究生学历。1998年9月,浙江大学农业与生物技术学院风景园林专业学生;2002年8月,浙江大学团委工作;2004年8月,浙江大学人文学院国际文化系(公共管理学院)政治学理论专业硕士研究生;2006年6月,浙江华元控股有限公司总经理办公室工作;2007年8月,浙江大学社工部工作;2008年2月,浙江大学竺可桢学院工作;2009年6月,浙江大学党委组织部组织办公室副主任(副科职);2010年2月,浙江大学团委副书记(正科职);2012年6月,浙江大学团委副书记(副处职);2014年7月,浙江大学党委办公室副主任、校长办公室副主任;2016年7月,海盐县政府副县长(挂职);2016年8月,海盐县政府副县长、党组成员(挂职)。

【县法院】

黄　欢　女,1967年2月出生,籍贯浙江嘉兴,1984年12月参加工作,2002年4月加入中国共产党,在职大学学历。1984年12月,嘉兴市郊区人民法院王店法庭书记员;1990年3月,嘉兴市郊区人民法院新塍人民法庭助理审判员;1992年12月,嘉兴市郊区人民法院经济审判庭审判员;1999年2月,嘉兴市中级人民法院刑事审判庭助理审

判员；1999年12月，嘉兴市中级人民法院刑事审判庭审判员；2002年9月，嘉兴市中级人民法院民事审判第二庭副庭长；2007年7月，嘉兴市中级人民法院知识产权审判庭(民事审判第三庭)副庭长；2009年6月，嘉兴市中级人民法院民事审判第二庭庭长；2010年7月，嘉兴市科技城党工委副书记；2013年8月，嘉兴市中级人民法院副处级审判员、民事审判第二庭庭长；2014年12月，嘉兴市中级人民法院执行二局局长(副县处长级)；2016年12月，海盐县人民法院代院长、党组书记。

(陆　斌)

英模人物

李光华　男，汉族，1970年12月出生，四川省乐山市人。1990年12月参加工作，大专学历，中共党员，浙江恒越绢纺公司车间主任。1994年到公司工作之初，为了尽快掌握操作技术，他上班虚心向老同志请教学习，还利用业余时间跨班学习业务技术，而且不要加班费和工资，他在最短的时间内学会了多种操作技能。1999年1月提升为质检员，他坚持原则，一视同仁，只要质量不符合要求一律退货或罚款，确保和提高了产品质量。2001年担任生产班长，管理100多人。在担任班长的6年时间里，他把各种操作技术毫无保留地传授给新老员工，一手培养出班组长4人，质检和机修队长各2人，手把手带出操作技术工70多人。他在班组员工技能比赛中3次获奖，所在班组连续6年没有发生损失千元以上的安全生产事故，2次被县总工会评为安全生产班组。2007年担任车间副主任，他敢抓敢管，会管会算，完成生产设备安装、搬迁、改进技术100余台次，完成工艺改造和创新，节约成本累计1000多万元。公司产品获浙江名牌和消费者信得过产品等荣誉，产品质量客户满意率99.8%。他还善于做好员工的思想教育工作，先后帮助和介绍4名优秀员工入党，2名员工被评为海盐县优秀新居民。他利用住在厂里的优势，工作随叫随到。20多年来，他累计加班2万余小时从没要加班费，也无任何怨言。2013年10月"菲特"台风来袭，车间全部进水，当晚没轮到值班的他得知后马上到车间组织抢救，由于转移人员及时，没造成人员伤亡，为尽快恢复生产和减少损失，他发高烧仍坚守在工作岗位上。他还乐于帮助别人，2015年1月13日晚上9点多，员工罗伟晕倒在厕所里，他毫不犹豫地把罗伟背到家里抢救，使这位员工转危为安。20多年来，他爱岗敬业、勤劳务实、言传身教、老实做人、踏实做事，在平凡的工作岗位上做出了不平凡的业绩，从一个普通的外来务工者，成为新居民的楷模。2016年5月，被浙江省总工会授予浙江省五一劳动奖章荣誉称号。

(徐卫菊)

先进集体和先进个人名录

【国家部(委、办、局)、南京军区表彰】

2016—2020年度全国科普示范县(市、区)

海盐县

国家级妇幼健康优质服务示范县(市、区)

海盐县

"美丽乡村建设标准化试点"(县政府承担)

县人民政府

2011—2014年度中国人民银行"标杆职工之家"

人行海盐支行

2015年保护森林和野生动物资源先进集体

海盐陆生野生动物疫源疫病监测站

全国水利系统"六五"普法先进集体

县水利局

2015年度安全保卫总行级"三化三达标"先进单位

县农行朝阳西路支行

2016年全国质量管理小组活动优秀企业

中核核电运行管理有限公司

2016年全国优秀质量管理小组

秦山核电化学处化学优化QC小组

2016"安全生产万里行"先进单位

中核核电运行管理有限公司

2015年度业绩突出贡献奖

中核核电运行大修管理处

全国交通运输行业文明示范窗口

01省道海盐超限运输检测站

2016 年全国减灾综合示范社区
秦山街道永兴村
全国防范处理邪教工作二等功
徐建良(县委政法委)
全国优秀农民工
李修振(于城镇鹏鼎制衣厂)
全国公安文联比赛二等奖
褚　斌(县公安局)
全国殡葬工作先进个人
庞剑勤(县殡仪馆)

【省委、省政府、省军区表彰】

2015 年度平安县(连续十一年平安县)
海盐县
浙江省 G20 杭州峰会工作先进集体
县委政法委
优秀参谋
熊定辉(县人武部)
浙江省优秀共产党员
姚爱根(元通街道)
浙江省优秀党务工作者
周其明(秦山街道)
浙江省 G20 杭州峰会工作先进个人
方士华(县委政法委)
黄沈明(县委宣传部)
钟革伟(县公安局)
周佳利(县司法局)
王永军(县安监局)
王建根(县安监局)
王建忠(县环保局)
黄玲凤(县信访局)
徐建华(元通街道)
第三届世界互联网大会乌镇峰会先进个人
姜利明(县公安局)
黄贤华(县公安局)
杨建良(县公安局)
干董明(县公安局)
袁其坤(县公安局)

【省高院、省检察院表彰】

综合治理执行难先进法院
县法院
2015 年度省级先进基层检察院
县检察院
集体二等功
县法院办公室
集体三等功
县法院执行局
个人二等功
沈家奎(县检察院)
个人三等功
方照林(县法院)
平安护航 G20 先进个人
严振中(县检察院)
全省明星公诉人
柏水英(县检察院)
全省法院审判管理工作先进个人
张琴萍(县法院)
全省法院司法警察信息宣传工作先进个人
杨　骁(县法院)
2015 年优秀宣传员
陈　敏(县法院)
全省法院十佳优秀调解能手
张卫群(县法院)
全省法院刑事审判工作先进个人
齐　奎(县法院)
全省法院司法行装工作先进个人
翁晔晞(县法院)
G20 杭州峰会安保工作先进个人
王燕芬(县法院)
董　敏[县住建局(人防办)]
2016 年优秀宣传员
陈　敏(县法院)

【省厅(委、办、局)表彰】

浙江省农村文化礼堂建设特色县
海盐县
2015 年度全省政务信息工作先进单位二等奖
海盐县
2015 年度全省老龄工作先进县
海盐县
千万学生饮食放心工程 2013—2015 年度先进单位
海盐县

2015年度无传销县
海盐县
2015年度“小微企业三年成长计划”工作优秀县
海盐县
2015年度浙江省森林城市
海盐县
第一批省级农产品质量安全放心县
海盐县
2015年度全省农村生活污水治理工作优胜县
海盐县
2015年度千万农民素质提升工程优秀县
海盐县
浙江省第一批节水型社会
海盐县
2015年度基层防汛防台体系规范化建设通过省市考核验收
海盐县
全省农田水利标准化建设2016年度考核优秀县
海盐县
“十二五”期间农田水利标准化建设工作先进县
海盐县
第二批“浙江制造”品牌培育试点县
县人民政府
第二批省级特色小镇培育名单
海盐集成家居时尚小镇(百步镇)
2015年浙江省卫生先进单位(复查确认)
县卫生计生局
县实验中学
县环保局
县国家税务局
县检察院
县财政(地税局)
国网海盐供电公司
中国移动通信集团浙江有限公司海盐分公司
县地税局沈荡税务分局
秦山第三核电有限公司
秦山街道中心小学
秦山街道公立中心幼儿园
县天仙河污水处理有限公司
2016年度全省卫生计生系统网站群评测优秀网站
县卫生计生局
2016年浙江省百强社区卫生服务中心
秦山街道社区卫生服务中心
浙江省畜牧业转型升级先进集体
县畜牧兽医局
2016年G20杭州峰会森林消防安保工作先进集体
县森林消防指挥部办公室
2015年度重大动物疫病防控和畜产品安全监管目标管理考核优秀县
县防治动物疫病指挥部
2015年度渔业安全生产二类地区渔船安全目标管理责任制考核一等奖
县海洋与渔业局
2015年度县级林业工作先进集体
县农经局
2015年度实行最严格水资源管理制度通报表扬集体
县水利局
2015年度浙江省“五水共治”工作先进集体
县水利局
全省基层宣讲工作先进集体
海盐县讲师总团
浙江省省级青年文明号
县国税局办税服务厅
全省国税系统精神文明创建工作集体三等功
县国税局办税服务厅
2015年度财政支农工作绩效考核优秀单位
县财政局
2015年度全省基层财政管理工作综合先进单位
县财政局
2015年度全省地税视频会议现场技术保障工作突出单位
县地税局
2015年度纳税服务办税服务厅综合管理系统应用突出单位
县地税局
2015年度《浙江税务》通联宣传工作中成绩较突出的通联组
县地税局
2015年度社保征管工作成绩突出单位
县地税局

2015 年度税收计财工作综合考核先进单位
县地税局
2015 年度全省财政预算执行工作质量综合考核优秀
县财政局
2015 年度政法经费保障绩效考核优秀
县财政局
2016 年度财政信息工作考核优秀单位
县财政局
浙江财政年鉴(2016 卷)组稿工作先进单位
县财政局
全省地税系统先进集体
县地税局
2016 年浙江省卫生街道
武原街道
浙江省省级示范书屋
县国税局郊区分局
浙江省供销社系统 2015 年度综合业绩考核优秀奖
县供销总社
浙江省供销社系统 2015 年度工作业绩考核优秀奖
县供销总社
2011—2015 年全省质监系统法制宣传教育先进单位
县质监局
2016 年“安全生产月”省级优秀单位
县安监局
2015 年度全省发展改革系统政务信息工作先进单位二等奖
县发改局
2014—2015 年度全省社会治安综合治理先进集体
武原街道
2015 年浙江省规范化建设先进财政所
武原街道财政所
县开发区财政所
浙江省优秀 QC 成果二等奖
县烟草分公司“鹰之剑”QC 小组
县烟草分公司“精实之鹰”QC 小组
浙江省文物保护单位优秀记录档案(澉母墩遗址)
县博物馆
2015 年度安全保卫省分行级“三化三达标”先进单位
农行海盐支行
2015 年度县域阵地战各项存款市场竞争力提升份额奖
农行海盐支行
2015 年度运营基础管理“三铁”单位
农行澉浦支行
2015 年度运营基础管理“良好”单位
农行武原支行
农行朝阳西路支行
农行开发区支行
农行百尺路支行
农行沈荡支行
农行通元支行
农行秦山核电支行
省财贸系统模范职工之家
农行海盐支行
浙江省工人先锋号
县国税局开发区分局
秦山核电化学处化学分析三科化学运行班
中国核工业集团公司科技与信息化部 QC 小组活动二等奖
中核核电运行管理有限公司维修四处转机三组 QC 小组
浙江省“安康杯”竞赛优胜单位
中核核电运行管理有限公司
浙江省县级防震减灾工作先进单位
县地震局
2016 年度全省人力资源社会保障宣传工作先进单位
县人力社保局
交通运输行政执法评议考核优秀基层站所
县交通运输局
浙江省最美绿化通道
翁金线大王桥至东方桥段
G20 杭州峰会交通运输服务保障工作先进集体
县交通运输局
2015 年度全省重点建设立功竞赛先进集体
县杭平申线航道改造工程项目部

G20杭州峰会安保工作中成绩突出的治安保卫重点单位

县鸿远公交公司

G20杭州峰会安保工作先进集体

县治安大队

全省老干部工作先进集体

县委老干部局

全省法律服务“三改一拆”、“五水共治”工作成绩显著单位

县司法局

2011—2015年全省法治宣传教育先进集体

县司法局

通元镇

全省律师行业党建创新入围项目

县司法局党总支“党员律师先锋行”项目

第五批“星级规范化司法所”五星级规范化司法所

县司法局武原司法所

嘉兴市卷烟打假工作先进集体

县公安局经济侦查大队

集体二等功

县公安局驻“乌镇峰会”第七防区社会面防控组

2015年度全省公安机关执法质量优秀单位

县公安局

2014—2015年度全省优秀公安基层单位

百步派出所

2015年度全省公安县公安信访考核县级优秀单位

县公安局

2015年度嘉兴市住房公积金管理工作先进集体

市住房公积金中心海盐分中心

2015年省级“示范数字档案室”单位

市住房公积金中心海盐分中心

武原街道

2016年度全省老龄信息工作先进单位

县老龄办

浙江省综合减灾示范社区

百步镇横港村

澉浦镇澉东村

通元镇良贤村

浙江省关心下一代工作先进集体

县关工委

2015年度全省基层市场监管(工商)部门创先争优先进单位

县市场监管局

2015年度全省新闻宣传工作先进单位

县市场监管局

2015年度全省工商行政管理学会系统先进单位

县市场监管局

省级征信服务示范点

人行海盐支行征信窗口

第七批“浙江省森林村庄”

于城镇鸳鸯村

2016年度美丽宜居示范村

于城镇江渭村

浙江省美丽乡村特色精品村

于城镇江渭村

防灾减灾标准化村

于城镇江渭村

浙江省“千名好支书”

沈汉忠(秦山街道)

浙江省信访督查“百千万”专项行动先进个人

陆雪良(县信访局)

在全国首部动漫剧《办税不求人》制作等宣传工作中表现突出获嘉奖

王　健(县国税局)

在精神文明创建活动中成绩突出获嘉奖

吴瑕珏(县国税局)

浙江省国税系统“纳税服务之星”

万　燕(县国税局)

2011—2015年全省质监系统法制宣传教育先进个人

朱杨伟(县质监局)

浙江省质监局服务保障G20杭州峰会工作先进个人

夏勤良(县质监局)

2011—2015年全省法治宣传教育先进个人

许和根(县安监局)

徐　苗(县司法局)

全省文化系统(文物)“六五”普法先进个人

朱展宇(县文化局)

全省优秀阅读推广人

蒋　虹(县文化局)

2015 年度先进工会工作者

朱建峰(农行海盐支行)

全省百名优秀党支部书记

张　瑾(农行海盐支行)

全省农行 2015 年度先进个人

卓少平(农行海盐支行)

2015 年度百名优秀客户经理

李　洁(农行海盐支行)

2015 年度百名优秀柜员

沈文星(农行海盐支行)

2016 年度全省人力资源社会保障宣传工作先进个人

吴灵芝(县人力社保局)

2016 年度全省劳动争议案件处理工作优秀个人

潘　辉(县人力社保局)

G20 杭州峰会交通运输服务保障工作先进个人

倪　松(县交通运输局)

曹建国(县交通运输局)

2015 年度全省重点建设立功竞赛先进个人

徐月忠(县交通运输局)

全省先进老干部工作者

高　君(县卫生计生局)

2015 年度全省发展改革系统政务信息工作先进个人

徐　飞(县人力社保局)

浙江省慈善总会《浙江慈善》优秀通讯员

俞明华(县慈善总会)

2016 年浙江绿色家庭

吴晓晖(县运管所)

G20 杭州峰会道路运输服务保障工作先进个人

储建康(县运管所)

2015 年度浙江省"交通运输行业百名最美"荣誉称号

姜水根(县公路段)

2015 年度"美丽公路人"荣誉称号

姜水根(县公路段)

2015 年度全省公路系统宣传报道工作先进个人

朱燕芳(县公路段)

2014—2015 年度全省优秀人民警察

干凯军(县公安局)

2015 年度全省禁毒工作成绩突出个人

冯立恩(县公安局)

G20 杭州峰会安保工作先进个人

蔡智祥(县公安局)

朱韩军(县公安局)

庄仿林(县公安局)

陈　鹏(县公安局)

顾惠君(县公安局)

黄伟峰(县公安局)

蔡智祥(县公安局)

个人二等功

叶春熙(县公安局)

刘德强(县公安局)

黄贤华(县公安局)

陈　坷(县公安局)

邹云峰(县公安局)

夏王华(县公安局交警大队)

张静涛(县公安局交警大队)

2015 年度全省政务信息工作先进个人

孙会昊(县政府办公室)

2014—2015 年度全省社会治安综合治理先进个人

袁菊生(县委政法委)

百日维稳攻坚大会战先进个人

顾建良(县委政法委)

浙江省农村教师突出贡献奖

陈育红(县行知小学)

浙江省中小学师德楷模

汤　衔(县博才实验学校)

2016 年度全省老龄信息工作优秀信息员

沈夏林(县老龄办)

2016 年全省老龄系统优秀调研成果三等奖

沈夏林(县老龄办)

首批省级社区工作领军人才

李均敬(武原街道宜家社区)

浙江省关心下一代工作先进个人

汤储良(县关工委)

沈中华(县关工委)

专题《纪念抗战胜利 70 周年特别节目〈海盐抗日小英雄〉》获 2015 年度浙江省广播电视政府奖(小儿节目)二等奖

姜　婕(县广播电视台)

吕　洁(县广播电视台)

广告《交通微公益系列—文明出行》获 2015 年度浙江省广播电视政府奖(广告公益类)三等奖

柴火猛(县广播电视台)

詹慧佳(县广播电视台)

何依云(县广播电视台)

作品《企业里的综治指导员》获 2014 至 2015 年度全省政法综治优秀新闻作品三等奖

杨　帆(县广播电视台)

杨土平(县广播电视台)

《基于广电特色的视频会议集控系统》获 2016 年度浙江省广播电视科技创新项目金潮奖科技论文三等奖

杨　波(县广播电视台)

周文浩(县广播电视台)

蒋小峰(县广播电视台)

汤丽琴(县广播电视台)

《UPS 设备的维护与扩容》获 2016 年度浙江省广播电视科技创新项目金潮奖科技论文三等奖

赵凤志(县广播电视台)

节目《黄卷青灯两年以上》获 2016 年度浙江省广播电视节目技术质量金鼎奖(广播戏曲类)二等奖

蔡洪珠(县广播电视台)

张国红(县广播电视台)

陆宏亮(县广播电视台)

节目《非遗—海盐晒盐技艺》获 2016 年度浙江省广播电视节目技术质量金鼎奖(电视短片类)三等奖

杨　波(县广播电视台)

康琳军(县广播电视台)

汤丽琴(县广播电视台)

节目《公益诵读:五水共治,美丽家园》获 2016 年度浙江省广播电视节目技术质量金鼎奖(广播语言类)三等奖

蔡洪珠(县广播电视台)

顾　妹(县广播电视台)

蒋小峰(县广播电视台)

项目《实施地面无线数字化覆盖工程》获 2016 年度浙江省广播电视科技创新项目金潮奖基层优秀科技创新三等奖

周文浩(县广播电视台)

赵凤志(县广播电视台)

杨　波(县广播电视台)

汤丽琴(县广播电视台)

蒋小峰(县广播电视台)

李　恳(县广播电视台)

浙江省新闻出版广播影视系统 G20 杭州峰会维稳安保工作先进个人

周文浩(县广播电视台)

浙江省农函大 2013—2015 年度先进工作者

干　静(县科协)

2015 年度实行最严格水资源管理制度通报表扬个人

徐　勐(县水利局)

【市委、市政府表彰】

2015 年度城乡发展一体化优秀县

海盐县

2015 年度全市扩大有效投资暨项目推进工作先进集体

海盐县

2015 年度支持浙商创业创新促进嘉兴发展目标责任制考核先进县(市、区)二等奖

海盐县

2015 年度全市“公铁”沿线环境整治工作考核优秀单位

海盐县

2015 年度嘉兴市服务业发展目标考核先进优良奖

海盐县

2015 年度全市美丽乡村建设先进县(市、区)

海盐县

2015 年度全市粮食安全责任制考核优秀县(市、区)

海盐县

2015 年度全市粮食生产先进县(市、区)

海盐县

2015 年度全市生猪养殖业转型发展良好县(市、区)

海盐县

2015 年度嘉兴市利用内资工作先进三等奖

海盐县

2015 年度嘉兴市工业有效投入工作先进二等奖

海盐县

2015 年度嘉兴市战略性新兴产业培育工作先进集体

海盐县

2015 年度嘉兴市“机器换人”工作先进集体二等奖

海盐县

2015 年度嘉兴市培育大企业工作先进集体一等奖

海盐县

2015 年度节能降耗工作先进三等奖

海盐县

2015 年度现代装备制造业发展先进二等奖

海盐县

2015 年度“两退两进”工作先进二等奖

海盐县

2015 年度嘉兴市国防动员工作先进单位

海盐县

2015 年度征兵工作先进县(市、区)

海盐县

2015 年度嘉兴市政务信息工作先进集体一等奖

海盐县

2015 年度嘉兴市依法行政工作先进县

海盐县

2015 年度“小微企业三年成长计划”工作优秀县(市、区)

海盐县

2015 年度嘉兴市食品安全工作目标考核一等奖

海盐县

2015 年度嘉兴市药品安全工作目标考核一等奖

海盐县

2015 年度全市绿化工作考核优秀单位

海盐县

2016 年度基层防汛防台体系规范化建设通过市级考核验收

海盐县

2015 年度全市耕地保护目标责任制考核优胜单位

海盐县政府

2015 年度全市节约集约用地目标责任制考核先进单位

海盐县政府

2015 年度全市农村土地整治先进单位

海盐县政府

2015 年度全市“十二五”期间统筹补充耕地和耕地占补平衡贡献单位

海盐县政府

2015 年度民政(社会)工作目标责任制考核良好单位

海盐县政府

2015 年度人力资源和社会保障工作考核优秀单位

海盐县政府

2015 年度嘉兴市依法行政工作先进县(市、区)

海盐县政府

2015 年度“五水共治”工作先进集体

县农办

县农经局

第一批市级特色小镇创建名单

海盐集成家居时尚小镇(百步镇)

海盐澉浦影视小镇(澉浦镇)

第二轮市级小城市培育试点镇

百步镇

2014—2015 年度嘉兴市级文明街道

元通街道

2015 年度全市美丽乡村建设先进镇

西塘桥街道

沈荡镇

2015 年度全市生猪养殖业转型发展先进基层集体

县农经局

通元镇

2015 年度全市扩大有效投资暨项目推进前期工作先进单位

县发改局

2015 年度全市扩大有效投资暨项目推进项目管理先进

海盐县中心粮库新建项目

2015 年度全市消防工作先进集体

元通街道经济发展服务中心

县公安局于城派出所

2015 年度全市优秀粮食专业合作社

海盐县丰联粮食生产专业合作社

2015 年度全市重大动物疫病防控和畜产品安全及屠宰管理综合考评优胜单位

县防治动物疫病指挥部

2015 年度全市农业丰收奖一等奖(红地球葡萄优质高效节本栽培技术推广)
县农科所
于城镇农技水利服务中心
2015 年度全市农业丰收奖三等奖(海盐县秸秆综合利用技术推广)
县农村能源工作站
2015 年度全市农业丰收奖三等奖(浙北大叶榉资源开发与标准化育苗)
县林果特产技术推广站
2016 年度嘉兴市科学技术三等奖(嘉兴市农田氮肥减量增效关键技术研究与示范)
县土肥植保站
2015 年度水文情报预测工作先进单位
县水文站
2015 年全市"三改一拆""无违建"创建工作先进基层单位
县"三改一拆"办
县住建局
百步镇政府
2015 年度全市"公铁"沿线环境整治工作先进基层单位
县交通运输局
西塘桥街道
于城镇政府
2015 年度全市综合行政执法先进集体
县综合执法局
县开发区(西塘桥街道)
2015 年度全市先进基层综合行政执法队伍
县综合行政执法大队百步中队
2015 年度全市市容市貌路长制网格化管理工作先进单位
县综合执法局
2015 年度嘉兴市十强旅游景区
南北湖景区
绮园景区
2015 年度嘉兴市十强旅游饭店
海盐宾馆
海盐海利开元大酒店
2015 年度嘉兴市优秀中小企业担保机构先进
海盐百商互助担保有限公司
2015 年度嘉兴市工业有效投入工作先进管理部门
县经信局
2015 年度嘉兴市工业有效投入工作先进企业
浙江中核设备制造有限公司
2015 年度嘉兴市规上工业产值 100 亿以上的镇(街道)(以 2012 年为基数)
西塘桥街道
秦山街道
2015 年度嘉兴市规上工业产值 50～100 亿元的镇(街道)(以 2012 年为基数)
武原街道
百步镇
2015 年度市级小城市培育试点考核和新市镇发展实绩评价先进
百步镇
2015 年度嘉兴市工业强镇(街道)建设进步奖
武原街道
县开发区(西塘桥街道)
百步镇
2015 年度全市开放型经济省级以上开发区考核先进三等奖
县开发区
2015 年度全市安全生产工作先进集体
县安监局
百步镇
2015 年度嘉兴市平安镇(街道)
武原街道
元通街道
秦山街道
沈荡镇
百步镇
于城镇
澉浦镇
通元镇
2015 年度创建法治镇(街道)工作示范单位
澉浦镇
2015 年度创建法治镇(街道)工作先进单位
沈荡镇
2015 年度社会治安综合治理先进集体
县委维稳办

县公安局
县市场监管局
通元镇

2015 年度"无违建镇(街道)"

元通街道
秦山街道
百步镇

2015 年度"无违建创建先进镇(街道)"

西塘桥街道
通元镇

2014—2015 年度全市人民调解工作先进集体

通元镇政府
百步镇人民调解委员会

嘉兴市"红船先锋"基层党组织

县实验中学党支部

嘉兴市先进基层党组织

秦山街道永兴村党总支
中达联合控股集团股份有限公司党委
县地方税务局澉通税务分局党支部
县实验中学党支部
元通街道新兴社区党总支

2011—2015 年全市法治宣传教育先进集体

县法院
县财政局
县交通运输局
县安监局
武原街道
通元镇政府

2016 嘉兴市重大国际峰会保障服务工作先进集体

县委维稳办
县委宣传部
县公安局
县交通运输局
县住建局(人防办)
县信访局
武原街道
元通街道
县综合行政执法大队百步中队

全市"我为平安建设献一计"金点子征集活动组织奖

县委政法委

2015 年度全市开放型经济先进

县开发区

2016 年度全市优秀行政执法案卷(盐住建罚字〔2016〕第 3 号案卷)

县住建局(人防办)

嘉兴市优秀村干部

万金观[县开发区(西塘桥街道)刘庄村党总支书记]
李邵良(澉浦镇紫金山村党总支书记)
徐凤英(百步镇超同村党委书记)
冯伟娟(元通街道青莲寺村党总支书记、村委会主任)
朱火明(武原街道华星村党总支书记)
许马平(通元镇长山河村党总支书记)
陈建明(秦山街道许油车村党总支书记)
沈雪平(武原街道联丰村村委会主任)
朱建良(沈荡镇白洋村党总支书记)
朱金华(于城镇吕冢村党总支书记)

嘉兴市优秀社区干部

李均敬(武原街道宜家社区党委书记)
沈汉忠(秦山街道秦兴社区党总支书记)

2014—2015 年度全市人民调解工作先进个人

陈六宝(武原街道联丰村)
陆勤华(西塘桥街道)
吴敏佳(秦山街道)
徐剑虹(澉浦镇)

2015 年度全市扩大有效投资暨项目推进工作先进个人

徐　颖(县发改局)

2015 年度嘉兴市服务业发展目标考核先进个人

张利峰(县服务业发展局)
顾　丽(县开发区)
朱玉文(武原街道办事处)

2015 年度全市消防工作先进个人

杜伟明(县教育局)
沈平峰(县财政局)
周建祥(县工商联)
沈夏林(县民政局)
骆　方(西塘桥街道专职消防队)

2015 年度全市城乡发展一体化先进个人

朱永光〔县农经局(农办)〕

王海军(通元镇党委)

唐惠平(于城镇江渭村)

2015 年度全市优秀种粮大户

许玉君(武原街道)

2015 年度全市生猪养殖业转型发展先进个人

张拥军(县政府办公室)

吴叶慧(县财政局)

宋海兵(县国土资源局)

赵其君(县畜牧兽医局)

刘爱群(百步镇)

2015 年度全市重大动物疫病防控和畜产品安全及屠宰管理先进个人

虞伟祥(县农经局)

路　斌(县农经局)

张树宏(县农经局)

2015 年全市"三改一拆"、"无违建"创建工作先进个人

赵小龙(县住建局)

褚恩东(县"三改一拆办")

周海风(武原街道)

吕华军(通元镇)

2015 年度全市"公铁"沿线环境整治工作先进个人

许建华(县交通局)

徐海华(县综合执法局)

戴爱明(元通街道)

石少华(县开发区)

2015 年度全市综合行政执法先进个人

徐刘华(县综合执法局)

汤静仪(县综合执法局)

2015 年度全市综合行政执法优秀志愿者

刘小明(县综合行政执法志愿者服务大队)

2015 年度嘉兴市工业有效投入工作先进个人

李学良(县经信局)

2015 年度嘉兴市战略性新兴产业培育工作先进个人

邢慧峰(县经信局)

2015 年度嘉兴市培育大企业工作先进个人

钱亚锋(县经信局)

2015 年度"两退两进"工作先进个人

陆忠跃(县经信局)

陈志平(县发改局)

2015 年度全市安全生产工作先进个人

张马良(县安监局)

徐颖璐(县水利局)

徐　捷〔县开发区(西塘桥街道)〕

2015 年度社会治安综合治理先进个人

杜伟明(县教育局)

张　达(澉浦镇)

2015 年度征兵工作先进个人

徐世民(县卫生计生局)

沈建军(县公安局)

李　俊(县商贸学校)

嘉兴市"红船先锋"共产党员

马伟华(通元镇新生代农民创业党支部书记)

嘉兴市优秀共产党员

朱海洪[县财政(地税)局党组副书记]

周其明(秦山街道回乡高校毕业生党支部书记)

宋勤燕(海盐鸿远公交公司驾驶员)

肖亚保(浙江泰利森药业有限公司副总经理)

陈尔容(恒锋工具股份有限公司董事长)

董其珍(县康宁医院党支部副书记)

王海明(县天仙河自来水经营有限公司管线测漏员)

干凯军(县公安局澉浦派出所副所长)

史水良(县经信局党委书记、局长)

黄沈明(县委宣传部网管科科长)

嘉兴市优秀党务工作者

李修振(于城镇鹏鼎制衣厂党支部书记、厂长)

陆晓弟[县开发区(西塘桥街道)永宁社区党总支书记]

周吉伟(澉浦镇六里村党总支书记)

黄华忠(秦山街道党委书记)

周彩新(沈荡镇横泾村党总支书记)

嘉兴市优秀党员志愿者

张　奇(县乐龄社工事务所理事长)

蔡培英(浙江友邦集成吊顶有限公司党支部书记)

吴勤峰[县开发区(西塘桥街道)曙光社区党总支书记]

2011—2015年全市法治宣传教育先进个人

孙雄伟(县委)
金吉华(县纪委)
钱亚锋(县经信局)
杜伟明(县教育局)
陆周良(县司法局)
翁维思(县司法局)
陈　宏(县人力社保局)
杨鹃明(县市场监管局)
宋全明(县司法局武原司法所)
赵生良(百步镇)

2016嘉兴市保障服务重大国际峰会先进个人

施国庆(县纪委)
顾亚瑾(县委政法委)
廖　琛(县委政法委)
宣徐军(县委办公室)
万胜龙(县委办公室)
周理伟(县委办公室)
周　生(县委组织部)
胡一尉(县委组织部)
田林华(县委宣传部)
郭章洪(县委宣传部)
郑仁娟(县直机关工委)
高晓颖(县公安局)
朱佳伟(县公安局)
陈　华(县公安局)
陈　伟(县公安局)
徐建明(县公安局)
黄勇新(县公安局)
金朝辉(县新居民局)
朱杨伟(县质监局)
许和根(县安监局)
王周良(县交通运输局)
姚李锋(县司法局)
陆晓峰(县国土资源局)
徐海华(县综合执法局)
张国民[县住建局(人防办)]
王萍萍(县环保局)
沈国峰(县统计局)
洪雪华(县信访局)
周建飞(元通街道)
李月中(元通街道)
姚爱根(元通街道)
於永锋(沈荡镇)
沈胜明(沈荡镇)
王东海(沈荡镇)

第二届世界互联网大会乌镇峰会保障服务工作先进个人

杨林峰(县委宣传部)

2015年度嘉兴市禁毒工作先进个人

朱程宗(县公安局)

2015年度嘉兴市政务信息工作先进个人

张拥军(县政府办公室)
毛碧姣(县政府办公室)
王旭炜(县政府办公室)

全市“我为平安建设献一计”金点子征集活动金点子奖

陆　萍(县委政法委)

2016年度嘉兴市行政执法办案能手

孙　飞(县环保局)

(县史志办)

社会经济统计资料

社会经济统计示意图

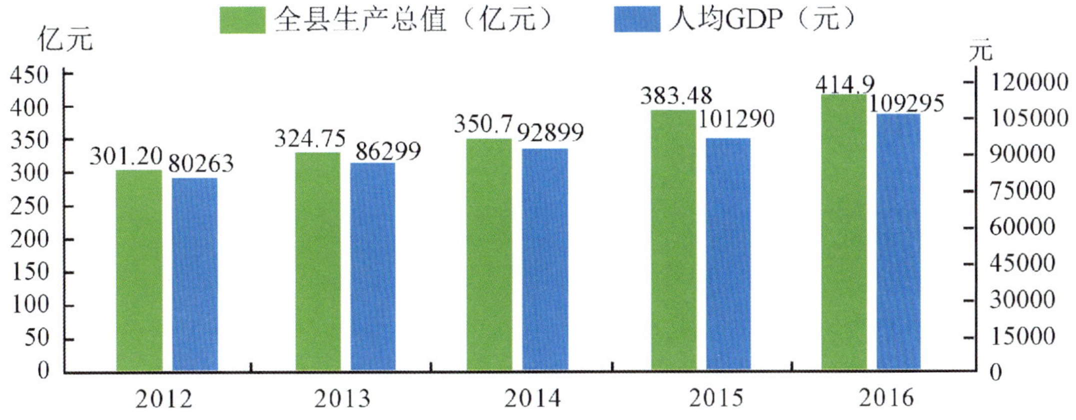

全县生产总值及人均生产总值

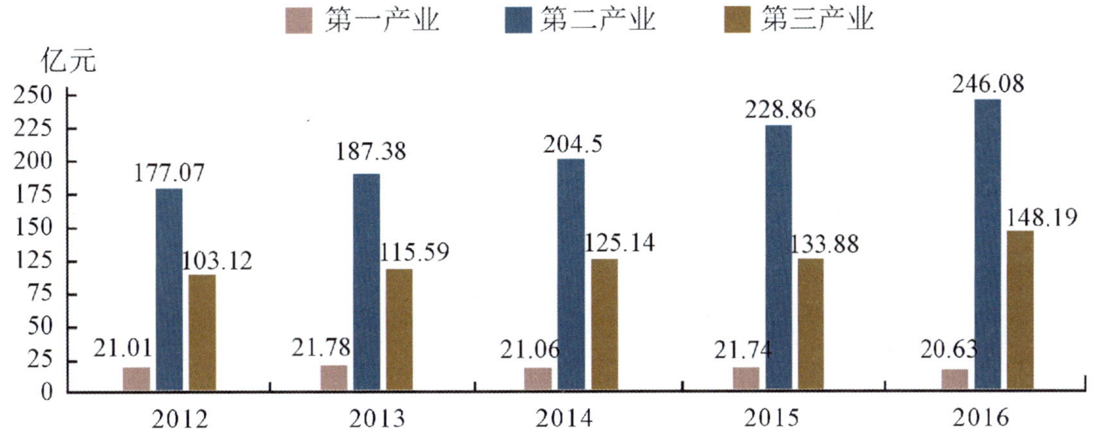

全县三次产业发展情况

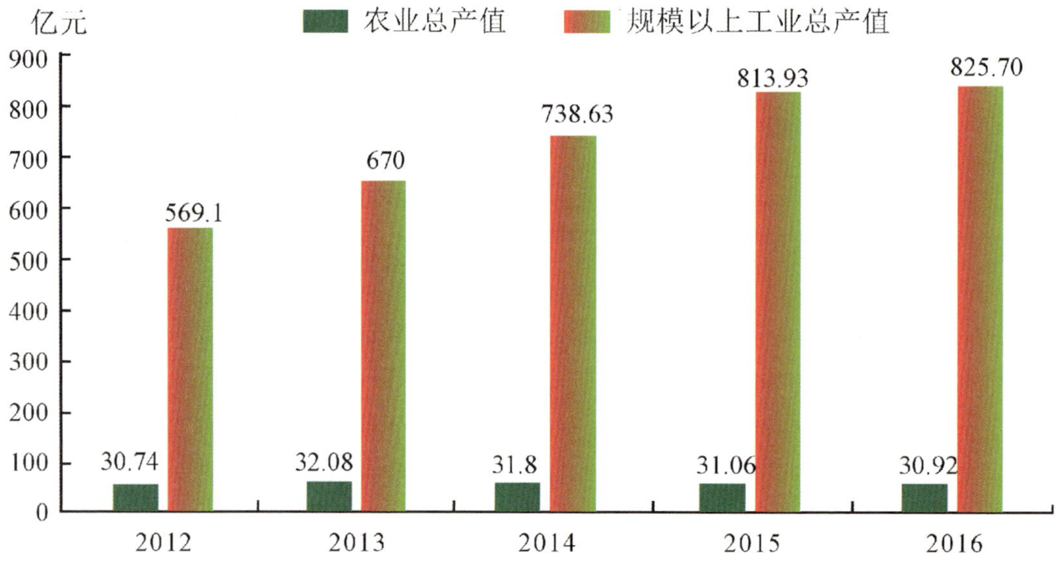

全县工农业总产值发展趋势

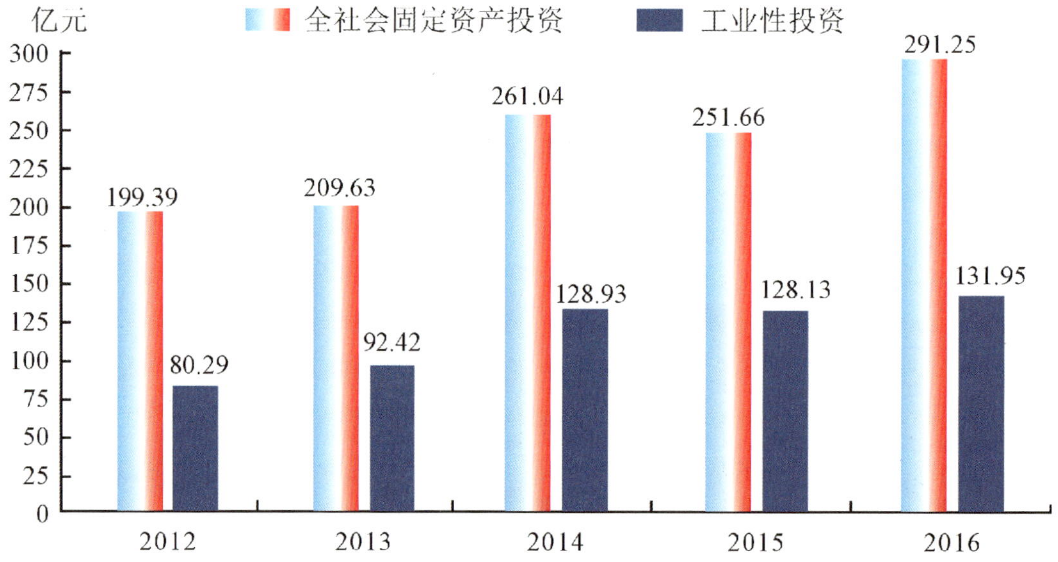

全社会固定资产投资和工业性投资(县内)

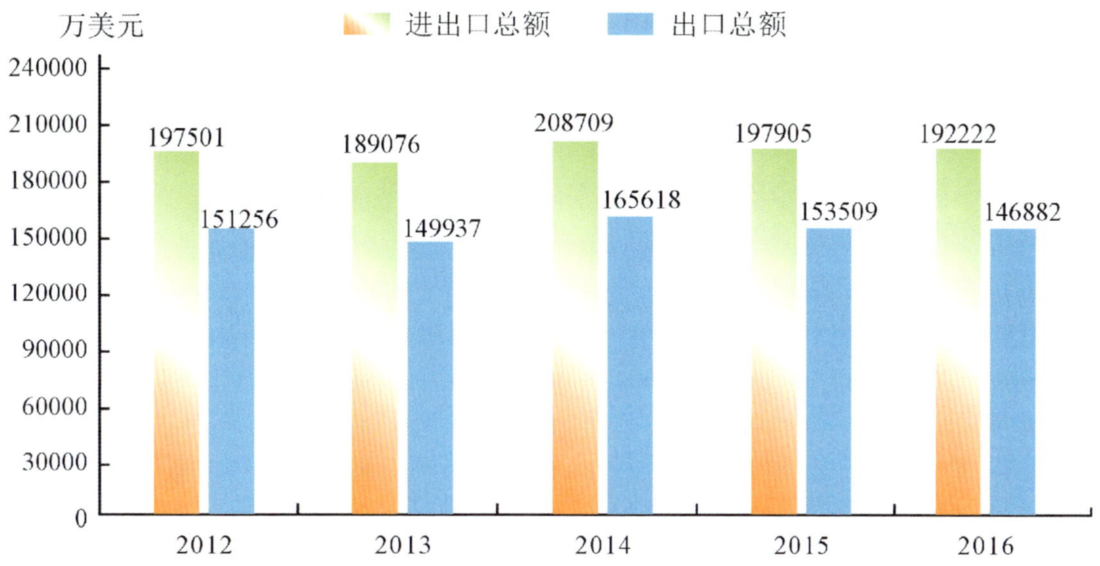

全县自营进出口总额

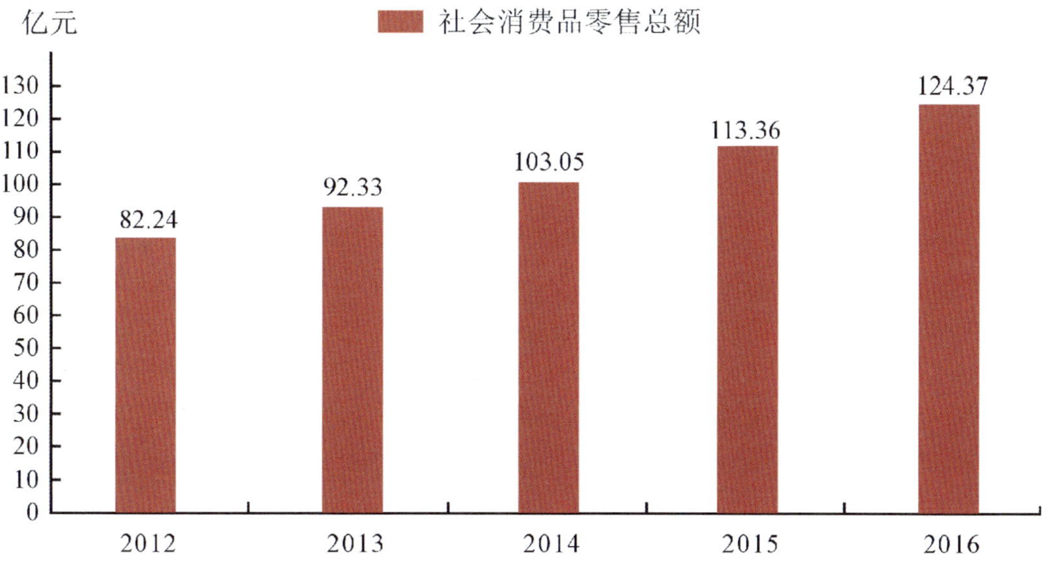

社会消费品零售总额

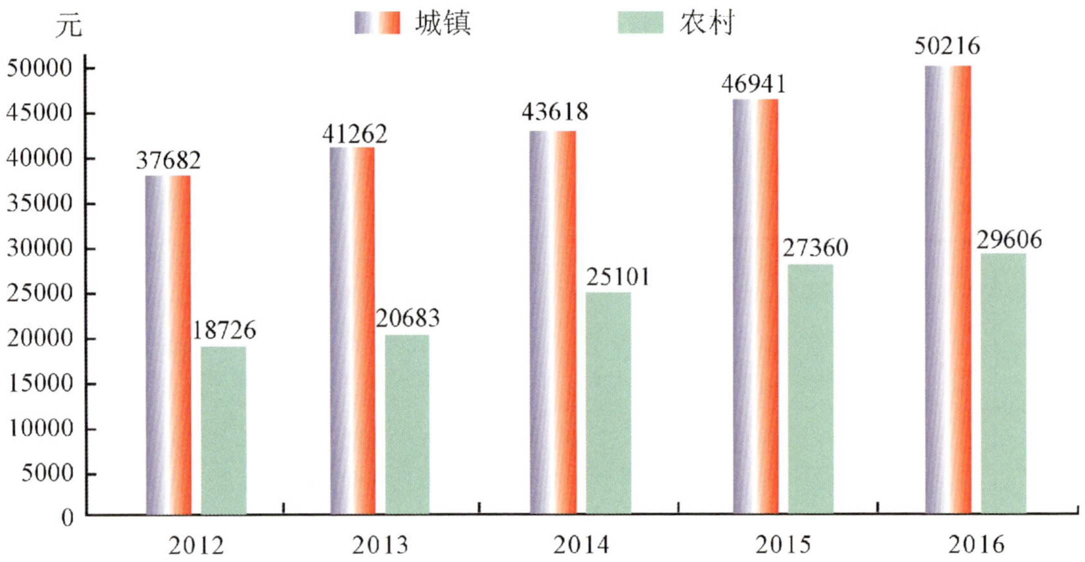

城乡居民人均可支配收入

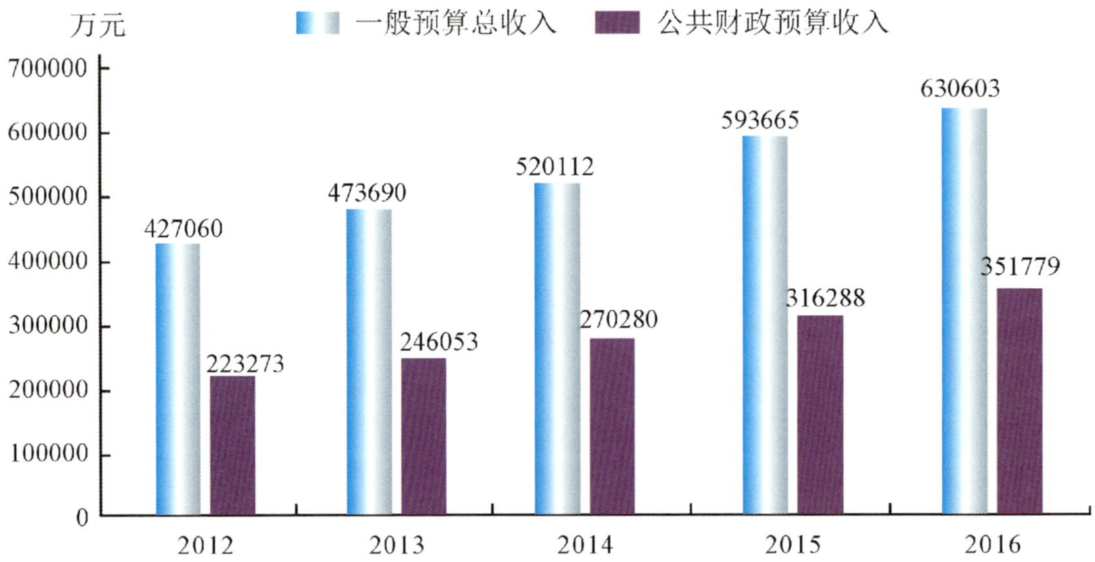

财政一般预算总收入和公共财政预算收入

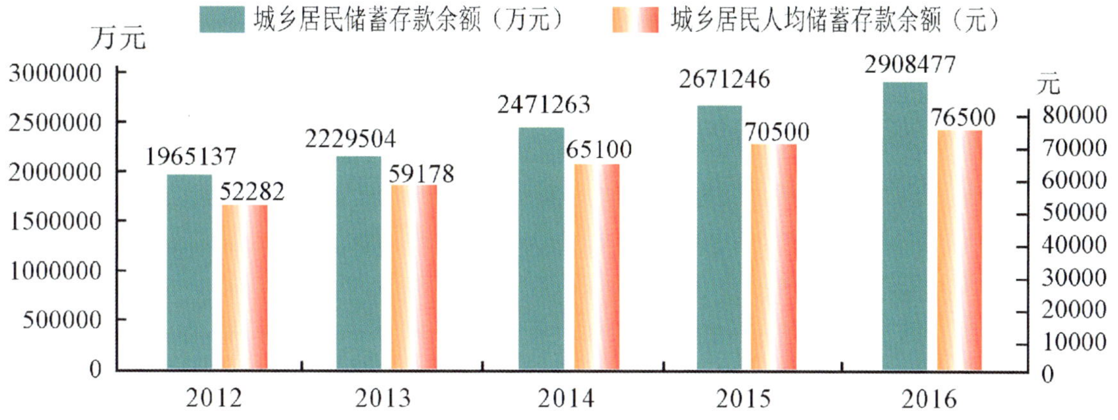

全县城乡居民储蓄情况

2016 年海盐县主要统计指标一览表

表 86

指　　标	计量单位	2016 年	2015 年	2016 年比 2015 年增减(%)
一、年末总人口(户籍人口)	人	380260	378966	0.3
城镇人口	人	194775	193428	0.7
乡村人口	人	185485	185538	0.0
女性人口	人	192871	192017	0.4
年平均人口	人	379613	378615	0.3
年末总户数	户	123400	122413	0.8
自然增长率	‰	2.65	1.42	+1.23 个千分点
二、年末全部从业人员	万人			
三、经济总量				
全县生产总值	亿元	414.90	383.48	8.2
其中:县内	亿元	302.32	282.72	6.9
第一产业	亿元	20.63	20.74	−0.01
第二产业	亿元	246.08	228.86	7.5
其中:县内二产	亿元	132.82	128.10	3.7
工业	亿元	226.12	217.02	4.2
县内工业	亿元	122.22	117.70	3.8
建筑业	亿元	12.28	11.97	2.6
第三产业	亿元	148.19	133.88	10.7
生产性服务业	亿元	81.83	73.56	11.2

续表 86

指　　标	计量单位	2016 年	2015 年	2016 年比 2015 年增减(%)
交通运输、仓储和邮政业	亿元	12.18	11.31	7.7
批发和零售业	亿元	31.70	32.11	−0.1
住宿和餐饮业	亿元	4.71	4.24	11.1
金融业	亿元	21.44	20.21	6.1
房地产业	亿元	12.08	9.98	21.0
营利性服务业	亿元	40.83	34.22	19.3
非营利性服务业	亿元	23.28	20.76	12.1
四、农业				
农业总产值(现价)	万元	309218	310562	0.0
粮食面积	公顷	27157	31868	−14.8
粮食总产量	吨	173081	204494	−15.4
棉花面积	公顷	265	451	−41.2
棉花产量	吨	583	564	3.4
油菜籽产量	吨	2768	5954	−53.5
蔬菜面积	公顷	7717	7665	0.7
蔬菜产量	吨	273865	271525	0.9
果用瓜面积	公顷	1070	994	7.6
果用瓜产量	吨	29487	30517	−3.4
水果总产量	吨	87757	96447	−9.0
蚕茧产量	吨	1162	1568	−25.9
年末生猪存栏	万头	5.21	7.23	−27.9
年内肥猪出栏	万头	9.11	17.83	−48.9
肉类总产量	吨	27149	30043	−9.6
海水产品产量	吨	827	574	44.1
淡水产品产量	吨	13939	13164.4	5.9
五、工业				
全部工业产值	万元	9080873	8685369	4.6
其中:规模以下	万元	823889	863868	−4.6
规模以上	万元	8256984	7821501	5.6
规上中:县内工业	万元	6560814	6104643	7.5
核电		1696170	1716858	−1.2
规上中:国有企业	万元	156834	154351	1.6
集体企业	万元	2090	2254	−7.3
股份合作制		23304	21907	6.4
有限责任公司	万元	2676883	2644207	1.2
股份制企业	万元	1426223	1369768	4.1
私营企业	万元	2897880	2789626	3.9

续表 86

指　　标	计量单位	2016 年	2015 年	2016 年比 2015 年增减(%)
港澳台投资企业	万元	745655	554752	34.4
外商投资企业	万元	328114	284634	15.3
规上工业企业效益指标				
主营业务收入	万元	7877181	7476089	5.4
利税总额	万元	1380360	1310558	5.3
利润总额	万元	878945	808005	8.8
工业亏损企业亏损额	万元	26641	32642	−18.4
工业亏损企业户数	个	75	91	−17.6
产品销售率	%	98.35	98.13	+0.22 个百分点
六、固定资产投资完成额				
固定资产投资完成额	万元	2912500	2516565	15.7
其中:核电	万元	194319	70762	174.6
县内	万元	2718181	2445803	11.1
按控股情况分				
国有控股	万元	1167358	875312	33.4
非国有控股	万元	1745142	1641253	6.3
其中:民间投资	万元	1635486	1538165	6.3
按三次产业分	万元			
第一产业	万元	57680	46846	23.1
第二产业	万元	1513814	1352028	12.0
工业投资	万元	1513814	1352028	12.0
县内工业投资	万元	1319495	1281266	3.0
第三产业	万元	1341006	1117691	20.0
生产性服务业投资	万元	416413	399722	4.2
七、利用外资、进出口				
合同利用外资	万美元	58381	53510	9.1
实际利用外资	万美元	16510	15362	7.5
进出口总额(海关数)	万美元	192222	197905	−3.0
自营进口总值(海关数)	万美元	45341	44396	2.0
自营出口总值(海关数)	万美元	146882	153509	−4.4
八、社会消费品零售总额	万元	1243722	1122398	10.8
限额以上消费品零售总额	万元	226481	213193	6.2
按销售单位所在地分	万元			
城镇	万元	1007415	909142	10.8
乡村	万元	236307	213256	10.8
按类值分	万元			
汽车业	万元	32832	32070	2.4

续表 86

指　　标	计量单位	2016年	2015年	2016年比2015年增减(%)
石油及制品类	万元	10012	10704	−6.5
粮油、食品类	万元	35726	26602	34.3
按经营性质分	万元			
批发业	万元	42686	41137	3.8
限额以上	万元	21669	22916	−5.4
零售业	万元	973983	879031	10.8
限额以上	万元	126552	117898	7.3
住宿业	万元	13245	12194	8.6
限额以上	万元	10973	10294	6.6
餐饮业	万元	153726	134505	14.3
限额以上	万元	7205	6554	9.9
九、财政、金融				
财政总收入	万元	630603	600077	5.1
一般公共预算收入合计	万元	351779	322700	9.0
税收收入	万元	313530	289664	8.2
1.增值税(25%)	万元	121193	66107	83.3
其中:改征增值税	万元	21201	7041	201.1
2.营业税	万元	35942	71101	−49.4
3.企业所得税(40%)	万元	54734	51708	5.9
4.个人所得税(40%)	万元	14239	13095	8.7
非税收入	万元	38249	33036	15.8
上划中央四税收入	万元	278824	277377	0.5
一般公共预算支出合计	万元	435080	400482	8.6
一般公共服务支出	万元	36905	30587	20.7
国防支出	万元	634	838	−24.3
公共安全支出	万元	26115	20792	25.6
教育支出	万元	111306	110987	0.3
科学技术支出	万元	21587	19241	12.2
文化体育与传媒支出	万元	10812	8698	24.3
社会保障和就业支出	万元	28026	23732	18.1
医疗卫生与计划生育支出	万元	35501	31170	13.9
节能环保支出	万元	12113	11669	3.8
城乡社区支出	万元	47626	32204	47.9
农林水支出	万元	51829	59836	−13.4
交通运输支出	万元	14685	31103	−52.8
地税收入	万元	187971	201140	−6.5
其中:核电	万元	43285	35608	21.6

续表 86

指　　标	计量单位	2016 年	2015 年	2016 年比 2015 年增减(%)
县内	万元	144686	165532	-12.6
二产	万元	64806	75977	-14.7
三产	万元	79725	88979	-10.4
国税收入	万元	554321	487556	13.7
其中:核电	万元	298121	263076	13.3
县内	万元	256200	224480	14.1
二产	万元	193133	175512	10.0
三产	万元	64514	48926	31.9
金融机构本外币各项存款	万元	5440569	4713703	15.4
金融机构本外币各项贷款	万元	5475008	5231248	4.7
金融机构人民币各项存款	万元	5336760	4638390	15.1
其中:住户存款	万元	2908477	2671246	8.9
非金融企业存款	万元	1561996	1193383	30.9
广义政府存款	万元	839460	743017	13.0
金融机构人民币各项贷款	万元	5341635	4917414	8.6
其中:1. 住户贷款	万元	924176	699160	32.2
短期贷款	万元	272699	245350	11.1
中长期贷款	万元	651477	453810	43.6
2. 非金融企业贷款	万元	4417459	4218254	4.7
短期贷款	万元	1817403	1618827	12.3
中长期贷款	万元	2532607	2526433	0.2
3. 票据融资	万元	65366	60935	7.3
个人消费贷款	万元	674566	474287	42.2
县内工业性本外币融资	万元	3768915	3394089	11.0
核电企业本外币贷款	万元	1675158	1626428	3.0
十、城乡居民生活				
城镇居民人均可支配收入	元	50216	46941	7.0
城镇居民人均消费性支出	元	30615	27567	11.1
其中:食品支出	元	7671	6948	10.4
农村居民人均可支配收入	元	29606	27360	8.2
农村居民人均消费性支出	元	20814	19017	9.4
其中:食品支出	元	5485	5032	9.0
城镇居民人均住房建筑面积	平方米	41.10	40.60	1.2
农村居民人均住房建筑面积	平方米	61.82	61.30	0.8

说明:1. 生产总值为快报数据,已扣除物价指数

2. 工业企业统计数据为快报数,规模以上工业统计口径为年销售收入 2000 万元及以上

(周冬梅)

附 录

文件选编

中共海盐县委 海盐县人民政府 关于全面构建现代公共文化服务体系的实施意见

盐委发〔2016〕12号

各镇(街道)党(工)委、政府(办事处),县级机关各部门,县属各单位:

为贯彻落实《中共浙江省委办公厅、浙江省人民政府办公厅印发〈关于加快构建现代公共文化服务体系的实施意见〉的通知》(浙委办发〔2015〕46号)和《中共嘉兴市委、嘉兴市人民政府关于全面构建现代公共文化服务体系加快推进国家示范区创建的实施意见》(嘉委发〔2015〕15号)文件精神,结合海盐实际,现就全面构建现代公共文化服务体系提出如下意见。

一、指导思想

以邓小平理论、"三个代表"重要思想、科学发展观为指导,贯彻落实党的十八大和十八届三中、四中、五中全会精神及习近平总书记系列重要讲话精神,始终坚持社会主义先进文化前进方向,牢固树立以人民为中心的工作导向,以社会主义核心价值观为引领,以改革创新为动力,坚持以人为本,立足县情,统筹城乡,构建体现时代发展趋势、符合文化发展规律、适应社会主义市场经济、具有海盐特色的现代公共文化服务体系,促进基本公共文化服务标准化、均等化,为文化强县建设和"三优"海盐打造提供强大的精神动力和文化支撑。

二、主要目标

对照《海盐县基本公共文化服务实施标准(2015—2020年)》,结合国家公共文化服务体系示范区创建,以及浙江省基本公共服务均等化试点工作,全面推进现代公共文化服务体系建设,到2020年,按照中央"覆盖城乡、便捷高效、保基本、促公平"的要求,全面建成城乡一体、区域均衡、人群均等、海盐特色明显的现代公共文化服务体系。城乡一体化公共文化设施网络全面覆盖、互联互通,公共文化服务的内容和手段更加丰富、更有特色,服务质量和水平显著提升,公共文化管理、运行和保障机制进一步完善,政府、市场、社会共同参与公共文化服务体系建设的格局全面形成,人民群众基本文化权益得到更好保障,基本公共文化服务均等化水平明显提升。

三、重点任务

(一)促进基本公共文化服务标准化、均等化。完善基本公共文化服务标准体系,统筹城乡基本公共文化服务资源,把城乡基本公共文化服务均等化纳入"十三五"发展规划,以标准化促进均等化,努力实现城乡均等、区域均等、人群均等。进一步提升送戏、送电影、送展览、送培训、送书下乡等文化惠民水平。完善城乡一体化图书馆总分馆服务体系,通过张元济图书馆分馆、流通站与农家书屋资源和服务整合，实现互联互通、资源共享。全面深化文化馆总馆建设，实现县总馆与镇（街道）分馆、村（社区）支馆形成“设施成网、人员互通、资源共享、服务联动”的文化馆总分馆体系，不断提升文化馆服务的标准化、均等化水平。建立公共文化服务城乡联动机制，大力开展流动服务和数字服务，打通公共文化服务“最后一公里”。同时，根据老年人、未成年人、残疾人、农民工、新居民、生活困难群众等群体的不同文化需求，开展有针对性服务，充分保障特殊群体基本文化权益。

（二）提升公共文化设施建设、管理和服务水平。统筹城乡公共文化设施布局，整合利用农村、社区等综合服务设施，加强基层文化阵地建设。进一步完善县、镇（街道）、村（社区）三级公共文化设施网络。积极推动镇（街道）综合文化站提档升级，通过新建、改建等不同形式提升硬件、完善功能，建筑面积、设备配置、活动开展、人员配备、综合管理达到规定标准。推进以农村文化礼堂为代表的基层综合性文化服务中心建设，2016 年，行政村文化礼堂实现全覆盖。2017 年，所有镇（街道）综合文化站建设标准达到一级以上。以创建浙江省文化强镇（街道）、浙江省文化示范村（社区）为抓手，进一步丰富文化活动的内容和形式，提升公共文化设施网络建设管理水平。依托“文化有约”等平台，整合利用工青妇等各类文化资源，推出一批优质服务项目，深化公共文化设施免费开放，逐步形成长效的管理运行机制。

（三）鼓励和引导社会力量参与公共文化服务。建立政府购买公共文化服务的长效机制，将政府购买公共文化服务资金纳入财政预算。推广运用政府和社会资本合作等模式，促进公共文化服务提供主体和提供方式多元化。鼓励支持社会力量通过投资或捐助设施设备、兴办实体、资助项目、赞助活动、提供产品和服务等方式参与公共文化服务体系建设。积极发展与公共文化服务相关联的教育培训、演艺会展、旅游休闲等产业，引导和鼓励各类文化企业开发公共文化产品和服务，满足人民群众多层次的文化消费需求。通过提供培训、辅导、信息等服务，搭建展演、走亲、才艺比武等平台，加强管理和扶持，推进群众性文化团队建设，鼓励有条件的群众性文艺团队发展成为文化类社会组织。重视发现和培养优秀民间文艺人才、非物质文化遗产项目代表性继承人和社会文化人才，完善乡土文化人才建设机制。大力推进文化志愿服务，广泛开展内容丰富、形式多样的文化志愿活动。

（四）加强公共文化产品和服务供给。一是做大做强文化服务品牌。以群众需求为导向，进一步做大“一人一艺”公益大培训活动，完善“菜单式”预约，增加“订单式”服务，丰富项目内容，加大跨部门、跨行业资源整合力度，有效对接群众文化需求。进一步做优“欢乐四季、优雅海盐”系列文化活动、“我们的节日”系列主题活动。二是丰富基层群众文化生活。深入开展文化惠民“百千万”活动，全面落实农村文化活动“158 计划”，深化农村电影放映体制改革，建立“文化走亲”城乡互动的长效机制，指导各镇（街道）“一镇一品”、“一村一特”建设，形成“要文化”“送文化”“种文化”“秀文化”的群众文化活动新格局。三是加强数字化建设。加强各级图书馆阅读体验区、数字体验区建设，大力推广数字图书馆、移动图书馆、24 小时自助图书馆项目，全面展示公共图书馆服务与科技融合的最新产品，吸引广大读者体验参与。加快推进文化馆、博物馆数字化建设，应用科技手段开展情景体验、远程辅导、互动教学，方便群众利用和享有文化服务资源。四是推进区域联动。根据群众文化需求和基层文化建设需要，通过统筹布局、资源整合、示范引导，推进以县内联动为主、县际联动互补的公共文化服务互动、交流与合作活动。结合文化馆总分馆建设、图书馆总分馆建设、农村文化礼堂建设等，精心策划活动项目，整合各类资源，搭建合作平台，提升服务能力。

（五）创新公共文化服务管理体制和运行机制。一是建立公共文化服务协调机制。建立党委领导、政府管理、部门协同、权责明确、统筹推进的公共文化服务建设管理制度和协调机制，充分发挥各部门职能作用和资源优势，在规划编制、政策衔接、标准制定和实施等方面加强统筹、整体设计、协调推进。二是深化“两员”建设长效机制。全面深化文化下派员和村级专职文化管理员制度，进一步明确“两员”工作职责，加强培训、管理、考核、激励机制。加强农村文化阵地的长效管理和利用，以群众需求为导向有针对性地开展基层公共文化服务，探索建立“1＋X”模式，使服务内容由单一向多样化转变，提升专业化水平，实现基层公共文化服务常态化，提高服务效能。三是完善公共文化服务评价工作机制。建立公共文化服务考评体系，制定公共文化服务考核指标，纳入对镇(街道)目标责任制考核，作为考核评价领导班子和领导干部政绩的重要内容。加强对重大文化项目资金使用、实施效果、服务效能等方面的监督和评估。建立群众文化需求征询、评价和反馈机制，研究制定公众满意度指标，引入第三方评价机制，增强公共文化服务评价的客观性和科学性。

四、组织实施

(一)加强组织领导。将构建现代公共文化服务体系纳入国民经济和社会发展总体规划，纳入重要议事日程，切实加强组织领导，成立由县委、县政府分管领导担任组长，各相关部门领导为成员的海盐县公共文化服务体系建设工作领导小组，领导小组下设办公室，设在县文化局(体育局)，由县文化局(体育局)局长兼任办公室主任，分管局长兼任办公室副主任。充分发挥各有关部门职能作用和资源优势，形成全县统一配套的现代公共文化服务协调体系，结合“十三五”规划的编制，制定完善相关配套政策，明确责任，统筹建设，协同推进，狠抓落实。

(二)加强财政保障。按照基本公共文化服务标准，落实提供基本公共文化服务项目所必需的资金，保障公共文化服务体系建设和运行。各镇(街道)要结合当地实际，加大财政投入，落实配套资金，确保现代公共文化服务体系建设各项工作任务顺利推进。同时，进一步创新公共文化服务投入方式，采取政府购买服务、贷款贴息等政策措施，鼓励包括文化企业在内的各类社会文化机构参与提供公共文化服务。

(三)加强队伍建设。完善公共文化服务人才培养、引进、使用和激励机制，全面加强公共文化服务队伍能力建设，着力培养一支结构合理、体系健全、素质较强，能够适应现代公共文化服务体系建设与发展需求的人才队伍。根据业务发展状况和工作需要确定公共文化机构编制并进行动态调整，配足工作人员。加强镇(街道)综合文化站队伍建设，其人员配备应征求县文化主管部门的意见。加强公共文化服务队伍培训、激励和保障机制建设。

(四)加强督促检查。建立基本公共文化服务考评体系，根据《海盐县基本公共文化服务实施标准(2015—2020年)》，制定基本公共文化服务考核指标，纳入对各镇(街道)目标责任制考核。加大对公共文化服务资金管理和使用情况监督审计力度，全面开展绩效评价。探索建立公共文化服务第三方评价机制，增强公共文化服务评价的客观性和科学性。

(五)加大宣传力度。县级新闻媒体要开辟专题、专栏、专版，加强对构建现代公共文化服务体系各项工作的宣传报道。镇(街道)、村(社区)要充分利用广告牌、宣传栏、电子屏等各种载体，宣传本区域开展公共文化活动的情况，形成全社会支持和参与现代公共文化服务体系建设的良好氛围。加强公共文化服务相关法治宣传，增强人民群众的文化法治观念，营造良好的公共文化服务法治环境。

中共海盐县委
海盐县人民政府
2016年10月9日

海盐县基本公共文化服务实施标准(2015—2020年)

表87

项目	内容	标准
服务项目	读书看报	1.图书馆免费开放，总馆每周开放时间不少于72小时；镇(街道)分馆每周开放时间不少于48小时；村(社区)分馆、农家书屋每周开放时间不少于30小时。镇、村两级图书分馆应因地制宜，实行错时开放。
		2.公共图书馆人均占有藏书1.5册以上；人均年新增藏书不少于0.1册。农家书屋图书不少于1200种、1500册，报刊不少于20种，年新增图书不少于60种。
		3.图书馆每年组织送书下乡不少于2万册次；镇(街道)图书分馆每年图书流动不少于6次。每年指导举办1次本辖区的全民阅读活动，活动至少覆盖本辖区30%的居民。
		4.城镇主要街道、公共场所、居民小区、农村文化礼堂(文化活动室)等人流密集地点设置阅报栏或电子阅报屏，提供时政、“三农”、科普、文化、生活等方面的信息服务，每天报纸更新不少于2份。

续表 87

项目	内　容	标　　准
	收听广播	5. 镇(街道)广播联网率、有线对农广播覆盖率达到 100%；农村有线广播村村响，每天播出次数不少于 3 次，每次不少于 45 分钟；广播自办对农栏目每周达 3 档(含)以上，平均每档不少于 10 分钟。
		6. 为全民提供突发事件应急广播服务。
		7. 通过无线模拟免费提供不低于 6 套广播节目，通过数字音频免费提供不低于 15 套广播节目。
	观看电视	8. 有线电视联网率达 100%，农村有线数字电视实际入户率达 95% 以上；电视自办对农栏目每周达 3 档(含)以上，平均每档不少于 10 分钟。
		9. 在城市和有线电视通达的农村地区，通过有线电视提供不低于 6 套电视节目，通过地面数字电视提供不低于 15 套电视节目。在城市和有线电视通达的农村地区，为城乡低保户免费提供基本有线(数字)电视节目。
	观赏电影	10. 为农村群众每村每月免费放映 1 场电影，合理调整放映结构，国产新片(院线上映 2 年内)比例不少于 1/3。
		11. 中小学生每学期免费观看 2 部爱国主义教育影片。
	看　戏	12. 每个行政村(社区)每年观看 5 场以上戏剧或文艺演出。
		13. 县大剧院每年举办公益性专场或低票价演出不少于 12 场。
	设施开放	14. 公共图书馆、文化馆(站)、公共博物馆(非文物建筑及遗址类)、公共体育馆等公共文化设施免费开放，基本服务项目健全。"文化有约"每年向社会推出培训、展览、演出等公益性文化活动项目不少于 50 个。
		15. 未成年人、老年人、现役军人、残疾人和低收入人群参观文物建设及遗址类博物馆实施门票减免，文化遗产日免费参观。
		16. 公园、绿地等公共场所全民健身器材免费使用。
		17. 学校、工人文化宫、青少年宫、妇女儿童活动中心、科技馆等文体设施向公众开放，开放时间和免费项目由各地制定并公布。
	文体活动	18. 每年组织开展规模较大的群众文化活动不少于 12 次；各镇(街道)每年举办文化节、读书节、运动会等文化体育活动不少于 10 次；每个行政村(社区)每年组织群众性文化体育活动不少于 8 次。图书馆、文化馆总分馆开展城乡联动服务每年不少于 6 次。
	展览展示	19. 博物馆每年举办 1 项以上基本陈列，免费展览不少于 10 次。
		20. 图书馆、文化馆、非遗中心等每年分别举办免费展览展示不少于 6 次。
	文化走亲	21. 每年组织跨区域文化走亲不少于 5 次。
	数字文化	22. 县级公共文化设施内免费提供无线 WiFi，公共电子阅览室免费提供上网服务。
		23. 群众通过手机、电脑、数字电视等终端可以享受到数字文化服务。
	培训讲座	24. 图书馆、文化馆每年举办公益培训或讲座不少于 12 次；文化站每年举办公益培训不少于 6 次。
		25. 博物馆、非遗中心每年举办公益培训或讲座不少于 6 次。
硬件设施	图书馆	26. 县政府所在地设置一座独立建制的图书馆(部颁一级)。
		27. 各镇(街道)均设立一座标准配置的图书馆分馆(建筑面积 500 平方米以上，中心镇或面积较大，人口较多的镇、街道可增加建筑面积)。
		28. 农村每个行政村和城市社区设置一座符合要求配备的图书室(含农家书屋，可设在文化礼堂内)。服务人口 5000 人以上村(社区)，有条件的可建设村(社区)分馆。
	文化馆	29. 县政府所在地设置一座独立建制的文化馆(部颁一级)。
	博物馆、非遗馆	30. 建有博物馆(部颁三级标准)和非遗展示馆。
	镇(街道)综合文化站	31. 镇(街道)建有单独设置的综合文化站。
		32. 服务人口在 5 万人(含)以上的镇(街道)综合文化站，建筑面积不低于 2000 平方米；服务人口 3 万人～5 万人的，建筑面积不低于 1500 平方米；服务人口 3 万人以下的，建筑面积不低于 1000 平方米。其室外活动场地不少于 600 平方米，设备配置、活动开展、人员配备、综合管理等达到国家规定标准。

续表 87

项目	内　容	标　　准
	村(社区) 文化活动中心	33.省级中心村、人口1000人以上的行政村建有农村文化礼堂,建筑面积不低于200平方米,其中讲堂不少于50平方米。具备演出、展览、科普、普法、广播、阅读、影视、信息共享、体育健身等功能。其他行政村建有建筑面积不低于200平方米的文化活动中心(室),整合宣传文化、党员教育、科学普及、普法教育、体育健身等设施,因地制宜配置图书、电子阅览、体育健身等各类活动设备、器材。室外活动场地不少于300平方米。
		34.城市社区建立建筑面积不低于100平方米的文化活动室,具备图书阅览、电教学习、体育健身等功能不少于3项。
	广电设施	35.县级设立符合建设标准的广播电视播出机构和广播电视发射(监测)台。
		36.镇(街道)设立广电站(含有线电视机房和广播站),农村行政村(中心村)建成广播室,设备配置达到省颁标准。
		37.县城建有3座(含)以上多厅数字影院,一般不少于3厅,影院硬件设施达到三星级以上标准;省级小城市试点镇、省级中心镇视市场需求建有一座数字影院,影院硬件设施达到三星级标准。
	体育设施	38.县级以上设立公共体育场;镇(街道)建设全民健身中心,省级中心村建设全民健身广场,社区(居住区)建设健身点(可与文化礼堂或文化活动中心合建)。全县人均体育场地面积达到1.5平方米以上。
	流动设施	39.图书馆、文化馆配备1台流动服务车,图书馆每年下基层开展流动服务不少于60次,文化馆每年组织下基层演出不少于20场,流动展览不少于15场。
	辅助设施	40.各级公共文化设施为残疾人配备无障碍设施,有条件的配备安全检查设备。
人员经费	人员配备	41.县级各类公共文化机构按照职能和县编委等部门核准的编制数量配齐工作人员。县文化馆总馆向每个所辖镇(街道)分馆下派1名文化员,提高专业化水平,为总分馆运行提供人才支撑。
		42.镇(街道)综合文化站(中心)工作人员,3万人以下镇(街道)专职文化干部不少于3人,3万人～5万人不少于4人,5万人以上不少于5人;每个行政村和城镇社区由政府购买公共文化岗位,配备1名财政补贴的专职文化管理员;城市社区配备1名专(兼)职文化管理员(文化指导员)。
	业务培训	43.县级以上公共文化机构从业人员每年参加脱产培训时间不少于15天;镇(街道)、村(社区)基层文化专兼职人员每年参加集中培训时间不少于5天。
	文化团队	44.各镇(街道)拥有相对稳定并经常开展活动的各类文体团队不少于6支;每个行政村(社区)建立经常性活动的群众文体团队不少于3支。
	文化志愿者	45.县、镇(街道)建立具有一定数量、经常开展活动的文化志愿者队伍。
	经费保障	46.各级政府依据嘉兴市基本公共文化服务实施标准,提供相应的资金保障。
		47.县政府安排资金,通过政府购买服务方式面向公共文化机构、企业和社会组织购买公共文化服务。
绩效评价	评价内容	48.对各镇(街道)标准实施情况进行绩效评价。
		49.对群众满意度进行评价。
	评价方式	50.建立基本公共文化体育服务绩效评价体系,开展绩效评估。
		51.委托第三方机构开展评估。
	结果运用	52.发布《海盐县基本公共文化发展报告》;将评价结果纳入对镇(街道)目标责任制考核;根据绩效考核情况对成绩优秀的镇(街道)予以通报。

中共海盐县委办公室
2016年10月9日印发

海盐县人民政府
关于支持大众创业促进就业的意见

盐政发〔2016〕18 号

各镇人民政府（街道办事处），县政府各部门、直属各单位：

为贯彻落实《国务院关于进一步做好新形势下就业创业工作的意见》（国发〔2015〕23 号）、《浙江省人民政府关于支持大众创业促进就业的意见》（浙政发〔2015〕21 号）、《嘉兴市人民政府关于支持创业促进就业的意见》（嘉政发〔2015〕102 号）等文件精神，激发创业活力，促进创业带动就业，营造“大众创业、万众创新”的社会氛围，确保就业局势稳定，为促进民生改善、经济结构调整和社会和谐稳定提供新动能，结合我县实际，现提出如下意见：

一、深入实施就业优先战略

（一）坚持扩大就业发展战略。把稳定和扩大就业作为经济运行合理区间的下限，加强财税、金融、产业、贸易等经济政策与就业政策的配套衔接，促进经济发展与扩大就业相协调。充分发挥政府投资项目在扩大就业方面的示范带动作用，建立公共投资和重大项目建设带动就业评估机制，同等条件下对创造就业岗位多、岗位质量好的项目优先安排。

（二）发展吸纳就业能力强的产业。围绕我县“415”工程建设，大力发展战略性新兴产业、传统优势产业、现代服务业、现代农业和海洋经济、楼宇经济，着力发展智力密集型、技术密集型等产业，提高劳动密集型产业附加值，尤其要加快发展电子商务、研发设计、文化创意、现代物流、融资租赁等服务业，着力提高服务业从业人员比重，加强对新就业形态的支持，培育就业新的增长点，加快形成推进产业转型升级与促进就业的良性互动机制。加快转变农业发展方式，培养新型职业农民，鼓励劳动者根据市场需求到农村就业创业。

（三）进一步简政放权。深化“四张清单一张网”改革，推进简政放权，放管结合，转变政府职能。增强创业创新制度供给，清除创业障碍，优化创业环境，切实解决创业者面临的资金需求、市场信息、政策扶持、技术支撑、公共服务等瓶颈问题，营造均等普惠环境，确保创业扶持政策可操作、能落地，最大限度释放各类市场主体创业创新活力。

二、积极推进创业带动就业

（四）放宽市场准入。深化商事制度改革，推行注册资本认缴登记制。全面实施工商营业执照、组织机构代码证、税务登记证、社保登记证、统计登记证“五证合一、一照一码”的登记制度，进一步统一登记条件，规范登记流程，深化部门协同机制，实现“一套表格、一窗受理、互联互通、信息共享”。继续放宽企业住所（经营场所）登记条件，推行“一照多址”、“一址多照”等举措。积极探索工商注册全程电子化登记，推行企业名称远程自助查重申报，简化办理程序。

（五）加大减税降费力度。落实更加积极的促进创业就业税收优惠政策，高校毕业生、登记失业人员等创办个体工商户、个人独资企业的，可依法享受税收减免政策。将企业吸纳就业税收优惠的人员范围由失业 1 年以上人员调整为失业半年以上人员。积极落实职工教育经费税前扣除、企业转增股本分期缴纳个人所得税、股权奖励分期缴纳个人所得税等税收政策。

清理涉企行政事业性收费、政府性基金、具有强制垄断性的经营服务性收费、行业协会商会涉企收费，落实涉企收费清单管理制度和创业负担举报反馈机制。对在校大学生和毕业 5 年以内高校毕业生、符合条件且登记失业半年以上人员、就业困难人员、退役士兵、持证残疾人（以下简称重点人群）以及取得国家《创业培训合格证书》的学员从事个体经营（国家限制行业外）的，自首次工商注册登记之日起，按规定减免登记类、证照类、管理类等行政事业性收费。

（六）支持创业担保贷款发展。调整小额担保贷款为创业担保贷款，对有创业要求、具备一定创业条件但缺乏创业资金的在校大学生、城乡劳动者从事个体经营(含经认定的网络创业)的，可申请不超过30万元的贷款。合伙经营或创办企业的，可提高贷款额度至50万元。贷款期限一般不超过3年，其中按期还本付息的，可申请展期1年。

加大贷款贴息力度，对重点人群实行全额贴息，其他符合条件的人员实行50%贴息。予以贴息的利率可在基础利率的基础上上浮3个百分点，贴息期限不超过3年，展期不贴息。

健全创业贷款担保机制。建立创业贷款担保基金增长机制，为符合条件的创业人员提供贷款担保。经人力社保部门认定符合创业贷款条件的重点人群，可向政府指定的担保机构申请免费的创业贷款担保，贷款10万元以下的，免除反担保；完善呆坏账核销办法。由创业担保基金提供担保的贷款被认定为不良的，由合作银行和创业贷款担保基金按约定比例分担。

鼓励金融机构发放创业信用贷款，对信用记录良好的大学生初次创业者适当放宽贷款条件。金融机构通过互联网方式发放贷款，经认定，同等享受创业担保贷款相关政策。创业担保贷款具体实施办法由人行海盐支行、县财政局、县人力社保局另行制定。

(七)加大创业资金扶持力度。将一次性创业补助和创业社保补贴合并为一次性创业社保补贴，重点人群从事个体经营(含经认定的网络创业)或创办企业、正常经营并依法缴纳社会保险费1年以上的，给予5000元的补贴(其中高校毕业生提高到1万元)。如团队创业的，每增加一名合伙人或股东，再一次性给予2500元的创业社保补贴，每户最高不超过1万元。重点人群从事个体经营或创办企业带动3人就业并依法办理就业登记、缴纳社会保险费1年以上的，给予每年2000元的带动就业补助，带动3人以上就业的每增加1人给予1000元补助，每年总额不超过2万元，补助期限不超过3年；重点人群在认定的创业基地租用场地创业的，可申请租金补助，补助标准为场地租金的50%，每年不超过1万元；重点人群创业并入驻政府或有关部门主办的其他创业孵化基地(创业园)的，可给予场地租金30%的补助，每年不超过5000元。补助期限不超过3年。

对参加县级及以上创业大赛获奖创业项目，以及通过人力社保部门组织的专家评审的创业项目，在我县办理工商登记注册，入驻经认定的县级以上创业基地的，给予创业引导资金支持，每个创业项目不超过20万元。

(八)拓宽创业投融资渠道。运用财税政策，支持风险投资、创业投资、天使投资等发展。规范政府产业引导基金运作，实行专业运营、滚动发展，主要用于扶持初创期、中早期、成长性较好的创业项目，重点支持高校毕业生创业。引导和鼓励企业、行业协会、群团组织、天使投资人等以多种方式向自主创业对象提供投资、贷款、担保等服务。

(九)加强创业教育培训。依托县理工学校、县商贸学校、县电大、县创业实训基地及各类民办职业培训机构，加大创业培训的力度。高校毕业生和城乡劳动者参加网上创业培训、SIYB培训、创业骨干培训(创业模拟实训)等创业培训活动的，可按规定享受创业培训补贴。创业者参加由人力社保部门认定的培训机构组织的创业意识培训，并取得GYB创业证书的，给予不超过200元的补助；参加网上创业培训，并取得专项能力证书的，给予不超过500元的补助；参加创业骨干培训，并取得SIYB创业证书的，给予不超过2000元的补助。培训合格人员成功创业且经营满1年的，再给予1500元的创业培训补贴。各职业培训机构要进一步优化培训师资结构，开发针对不同群体、不同创业阶段的培训项目，着力提高培训质量。

(十)支持农村电子商务和乡村旅游经济发展。支持城乡劳动者网上创业，大力发展“互联网+”和乡村旅游。重点人群从事农村电子商务和农村旅游项目创业的，一次性创业社保补贴和创业带动就业补贴标准可上浮20%。对从事农产品网络销售、农民网络消费服务的电子商务企业和乡村旅游经营主体招用毕业年度离校未就业高校毕业生(毕业年度指毕业当年1月1日至12月31日)，与其签订1年以上劳动合同并依法缴纳社会保险费的，按企业为其实际缴纳部分给予社保补贴(包括基本养老保险、基本医疗保险、失业保险，下同)，补贴期限不超过3年。

城乡劳动者在村级电子商务服务站服务1年以上并依法缴纳社会保险费的，经认定，可享受一次性创业社保补贴，其中毕业5年内高校毕业生的补贴标准可提高到1万元。将村级电子商务服务站纳入公益性岗位开发范围，就业困难人员到服务站就业并依法缴纳社会保险费的，经人力社保、财政部门认定，可参照公益性岗位政策给予岗位补贴和社保补贴，不再享受一次性创业社保补贴。

（十一）推进创业平台建设。以海盐县创业实训基地为龙头，建立海盐县创业孵化联盟，打造集创业指导、创业培训、创业孵化为一体的综合性创业平台。根据小微企业三年成长计划目标，鼓励各镇（街道）、企业及社会机构新建或利用闲置场地改造建设一批小微企业创业园、大学生创业园、创业孵化基地，重点建设一批面向大学生的创客空间。对创业园建设给予支持，被认定为县级以上创业孵化基地的，按每入驻一个创业企业（经营满1年）给予主办方2500元的创业孵化补贴，最高不超过20万元。补助费主要用于场地租金减免等。

（十二）营造创业氛围。通过举办创业创新大赛、创新成果和创业项目展示推介宣传等活动，进一步培育创业文化，激发创业热情，形成支持大众创业、宽容创业失败的良好氛围。对县级创业大赛的获奖项目，给予一定的奖励。深化国家级创业型城市创建，实施创业引领计划，结合农村电子商务发展，推进创业小镇建设，被认定为“嘉兴市创业小镇”的镇（街道），给予5万元的一次性建设补助。大力培育创业典型，被评为“海盐县创业典型”的，给予一定的奖励。

上述创业扶持政策对象为2015年1月1日以后初次创业的人员和登记注册的企业、个体工商户、民办非企业单位等，申请享受扶持政策的期限为初次创业或登记注册3年内，政策另有规定的按其规定执行。

三、鼓励企业吸纳就业

（十三）支持企业稳定就业岗位。生产经营困难企业可通过与职工进行集体协商，采取在岗培训、轮班工作、弹性工时、协商薪酬等办法不裁员或少裁员。确实需要裁员的，要妥善处理劳动关系和社会保险关系转移接续，促进失业人员尽快再就业。淘汰落后产能奖励资金和依据兼并重组政策规定支付给企业的土地补偿费要优先用于职工安置。

强化失业保险促就业防失业功能，将失业保险支持企业稳定岗位政策实施范围扩大到所有符合条件的企业，并按规定给予不超过该企业及其职工实际缴纳失业保险费额50%的稳岗补贴。稳岗补贴主要用于职工生活补助、缴纳社会保险费、转岗培训、技能提升培训等相关支出。稳岗补贴政策执行到2020年底。

（十四）发挥小微企业就业主渠道作用。小微企业新招用毕业年度高校毕业生，签订1年以上劳动合同、依法进行就业登记并缴纳社会保险费且工资收入低于我县上年度全社会单位在岗职工平均工资的，在劳动合同期限内给予个人每年2000元的就业补贴，期限不超过3年。

小微企业新招用毕业2年以内高校毕业生，签订1年以上劳动合同、依法进行就业登记并缴纳社会保险费的，按企业为其实际缴纳部分给予社保补贴，期限为1年。企业新招用毕业年度高校毕业生，在6个月内开展岗前培训的，按获得初级工及以上职业资格证书的人数，按规定给予培训补贴，其中小微企业培训补贴标准可上浮20%。

小微企业招用重点人群达到企业现有在职职工总数20%以上（超过100人的企业达到10%以上），与之签订1年以上劳动合同、依法进行就业登记并缴纳社会保险费的，可按每人不超过20万元的标准发放创业担保贷款，贷款总额不超过300万元。其中对入驻县科创园（科技孵化器）、县创业实训基地的实行全额贴息，对其他企业实行50%贴息，贴息标准按基础利率执行，贴息期限不超过3年。

符合条件的家政服务企业与家政服务员签订半年以上劳动合同并依法缴纳社会保险费的，按企业为其实际缴纳社会保险费额的50%给予社保补贴，期限不超过3年。企业社保补贴与稳岗补贴不重复享受。

四、统筹做好各类群体就业

（十五）促进高校毕业生就业。实施离校未就业高校毕业生就业促进计划，把每一位有就业意愿的离校未就业高校毕业生纳入公共就业人才服务范围，进一步强化实名登记、政策扶持、跟踪服务等工作举措，力争使每一名有就业意愿的未就业高校毕业生在毕业半年内都能实现就业或参加到就业准备活动中。回盐应届困难家庭高校毕业生和就业困难高校毕业生进行失业登记的，参照我县失业保险金标准的80%给予临时生活补贴，补贴期限不超过6个月。给予低保家庭、孤儿、残疾人和获得国家助学贷款的毕业年度高校毕业生一次性求职创业补贴，标准为每人1500元。

加强就业见习管理，鼓励有条件的单位建立高校毕业生见习基地，吸纳毕业2年内的高校毕业生参加见习。对被认定为县级及以上的高校毕业生见习基地的单位(以下简称见习单位)，按完成见习人数，给予见习单位每人2000元的一次性吸纳见习补助，补助总额不超过5万元，对获得市级及以上先进的见习单位，再给予3万元的一次性奖励。见习实训期间，用人单位要为见习大学生提供不低于企业最低工资标准的生活补贴。将参加就业见习高校毕业生纳入工伤保险参保范围，并按企业最低工资标准的50%给予见习补贴。对年度见习期满留用率达到50%以上的见习单位，见习补贴标准可上浮20%。高校毕业生见习期间参加职业培训的，可按规定享受培训补贴。高校毕业生见习情况纳入全省统一的高校毕业生见习信息管理系统，实行动态管理，达到考核要求的，按完成见习人数，给予见习单位每人每月50元的见习管理补贴，每年的补贴总额不超过1万元。见习单位招(聘)用见习结束后的高校毕业生、签订1年以上劳动合同并依法缴纳社会保险费的，给予每人1500元的一次性吸纳就业补助，并可按企业职工补缴见习期间的基本养老保险费，其中见习单位补缴部分给予全额补助。

鼓励高校毕业生到基层工作。落实省委、省政府关于引导和鼓励高校毕业生到农村和社区工作的相关政策，把鼓励和支持高校毕业生从事现代农业作为新型农业生产经营主体的重点来抓，高校毕业生在海盐自愿从事农林种植业、养殖业、农产品加工业和农业综合服务业的生产经营、管理工作并符合相关条件的，可按规定给予补助。对应征入伍服义务兵役的高校毕业生，按规定实行学费补偿和国家助学贷款代偿。

支持高校毕业生灵活就业。(灵活就业是指在法定劳动年龄内的人员，除与用人单位建立全日制劳动关系、在公益性岗位上岗或领取工商营业证照以外，以非全日制、临时性、季节性和弹性工作等形式实现就业，并以个体劳动者身份缴纳社会保险费的就业形式。)毕业5年内的高校毕业生实现灵活就业，在公共就业人才服务机构办理就业登记并依法缴纳社会保险费的，给予每月300元的社保补贴，补贴期限不超过3年。

(十六)加强困难人员就业援助。进一步规范就业困难人员认定程序，实行实名制动态管理和分类帮扶。将全部流转土地承包经营权且流转期限10年以上的有地失业人员、有地失业人员中的复转军人认定就业困难人员扩大到男50周岁及以上、女40周岁及以上。用人单位招用就业困难人员，签订1年以上劳动合同、依法进行就业登记并缴纳社会保险费的，经人力社保、财政部门审定，按企业为其实际缴纳社会保险费额给予社保补贴，期限不超过3年，其中对初次核定享受补贴政策时距法定退休年龄不足5年的人员，延长至退休。就业困难人员实现灵活就业并依法缴纳社会保险费的，按规定给予每月300元的社保补贴。就业困难人员社会保险补贴除对距法定退休年龄不足5年的人员可延长至退休外，补贴期限不超过3年。

开发公益性岗位安置就业。制定公益性岗位开发管理办法，按照不超过认定就业困难人员数的10%设定岗位总量，加强分类管理和工作考核，通过政府购买服务方式鼓励用人单位开发公益性岗位。经人力社保部门认定的公益性岗位安置就业困难人员的，给予社保补贴和岗位补贴。社保补贴标准为用人单位为公益性岗位安置对象实际缴纳的基本养老保险费、基本医疗保险费和失业保险费之和。岗位补贴标准为当年最低工资标准。社保补贴和岗位补贴期限不超过3年，对初次核定享受补贴政策时距法定退休年龄不足5年的人员，延长至退休。管理办法由县人力社保部门会同财政部门另行制定。对政府安排残疾人等特殊群体就业的以及毕业两年内高校毕业生到村(社区)专职从事就业和社会保障工作的，按政府有关规定执行。

加强对就业困难人员在岗情况的管理和工作考核，建立定期核查机制，完善就业困难人员享受扶持政策期满退出办法，并做好政策衔接和后续的就业服务工作。确保零就业家庭、最低生活保障家庭等困难家庭至少有1人就业。在核定最低生活保障家庭和最低生活保障边缘家庭收入时，其首次就业或自主创业1年内所取得的收入可不计入，1年以后扣减必要的就业成本后再行计入。

（十七）推进农村劳动力转移就业。健全城乡劳动者平等就业制度，完善职业培训、就业服务、劳动维权“三位一体”工作机制，把农村劳动力纳入就业失业统计范围。建立城乡一体失业保险制度，对用人单位的参保职工实行统一缴费费率、统一失业保险待遇、统一管理服务。

鼓励我县职业院校、技工院校面向农村招收初高中毕业生，加快发展农村新成长劳动力职业教育。规范发展农村劳务合作社，吸纳农村闲置劳动力灵活就业，合作社为社员购买人身意外伤害商业保险的，给予每年100元/人的保费补贴，期限一般不超过3年。鼓励企业招用各类农村就业困难人员就业，鼓励农民在来料加工业、农家乐休闲旅游业、社区服务业、农业经营主体（家庭农场）等就地就近就业。企业吸纳符合条件的生猪养殖退养人员等群体就业的，参照企业吸纳就业困难人员的社保补贴政策执行。

（十八）加大退役军人、残疾人就业扶持。落实军转干部及随军家属就业税收政策，以及自主择业军转干部、自主就业退役士兵、随军家属就业扶持政策。对符合政府安排工作条件的退役军人，要确保岗位落实。完善国有、国有控股和国有资本占主导地位企业按比例预留岗位择优招录的措施。落实残疾人集中就业政策，依法推进残疾人按比例就业，政府开发的公益性岗位，优先安排符合就业困难人员条件的残疾人。鼓励残疾人个体就业和自谋职业，大力扶持残疾人网上就业，推进残疾人辅助性（庇护性）就业。

五、强化就业创业服务

（十九）加强公共服务体系建设。加强基层公共就业创业服务平台建设，健全服务网络，完善服务功能，全面提高基层服务机构服务管理水平，构建覆盖城乡、全民共享的公共就业服务体系。县人力社保部门要明确基层公共就业创业服务平台的职责和范围，规范公共就业创业服务的流程和标准，加强平台专职人员的业务指导和培训。镇（街道）要督促基层平台做好做实辖区内各项公共就业创业服务工作，加强对专职人力社保协理员的考核管理。

（二十）加强就业创业指导服务。将职业介绍补贴和扶持公共就业服务补助合并调整为就业创业服务补贴。充分发挥各类人才服务机构和职业介绍机构的作用，对免费并成功介绍登记失业人员实现就业创业，签订一年以上劳动合同、办理就业登记并依法缴纳社会保险费的，按每人200元的标准给予补贴。优化创业项目库和创业导师库，建立创业信息发布机制，广泛征集适合创业对象的优秀创业项目，建立创业项目与创业者的有效对接，促进项目成功转化。经创业指导专家评估进入县创业项目库的创业项目，给予项目申报者2000元的补助，创业项目被3人以上采用并成功创业1年以上的，再给予3000元的补助。聘请企业家、创业成功人士及熟悉经济发展和创业政策的人员，组成创业导师团，实行创业指导帮带服务，采取多种方式为创业人员提供个性化和专业化的服务，帮助实现创业计划。对被人力社保部门聘为创业导师并进入创业导师库，按规定开展创业指导服务，帮助创业者成功创业且正常经营满1年的，经人力社保部门认定，按其指导创业人数，给予每人5000元的补贴，每年补贴总额不超过5万元。

（二十一）做好就业监测分析。各镇（街道）要加强对城乡劳动者就业失业情况的跟踪监测，实施就业状况调查，及时动态管理辖区内人力资源的总量、结构及就业、失业、参保等情况。扩大企业用工监测范围，规范用工监测管理，督促监测企业及时、准确上报监测数据。对被县（市、区）及以上人力社保部门纳入监测样本范围的企业，给予企业监测人员每月100元的用工监测补贴，按年发放。

（二十二）推进人力资源市场标准化建设，构建人力资源市场诚信体系。加快推进我县人力资源要素配置市场化改革，培育和发展人力资源服务业，允许和鼓励职业介绍所、劳务派遣公司、职业培训学校等机构向基层延伸，形成多层次、多体系提供职介、培训的就业服务新格局。规范用人单位招工行为，严厉打击非法职业中介和虚假招聘。完善国有企业招聘应届高校毕业生信息公开制度，健全公开发布机制。

(二十三)加强职业培训。深入实施重点产业高技能人才职业培训工程，积极组织“金蓝领”及县内紧缺急需技能人才培训。加强失业人员就业技能培训，大力开展农村劳动力转移就业技能培训。对城乡劳动者到定点机构参加职业培训，取得职业资格证书或专项职业能力证书的，按规定给予培训补贴。对企业开展职工岗位技能提升培训的，可根据培训人数和取得职业资格证书等情况给予一定补贴。对通过初次职业技能鉴定并取得职业资格证书或专项职业能力证书的，按规定给予鉴定补贴。具体按照《海盐县人民政府关于加强职业培训促进就业的实施意见》(盐政发〔2013〕84号文件)执行。

(二十四)推进公共就业信息化建设。加快大数据、云计算、移动互联网等现代信息技术在公共就业服务领域的应用推广。加快建立公共就业信息服务平台，推进网上办事服务平台建设，完善县—镇(街道)—村(社区)信息网络，形成一体化网络系统，实现就业管理和就业服务工作全程信息化和标准化。开展村村通、户户通、人人通为“三通”目标的数字就业信息化建设工作，畅通公共就业信息化服务渠道，使人力资源需求信息实时发布和公共就业服务延伸到户到人到企业。

(二十五)强化就业失业调控。完善就业失业登记办法，将“就业失业登记证”调整为“就业创业证”。在法定劳动年龄内、有劳动能力和就业要求、处于无业状态的城镇常住人员，可以到常住地的公共就业服务机构进行失业登记。登记失业的各类人员同等享受均等化的政策咨询、职业指导、职业介绍、职业培训等基本公共就业服务和普惠性就业政策。

六、完善就业创业工作机制

(二十六)加强沟通协调。进一步加强对就业创业工作的组织领导，建立就业创业工作目标责任制，强化目标考核，推动全县就业创业工作顺利开展。将海盐县就业和再就业工作领导小组调整为海盐县就业创业工作领导小组，督促落实政策，协调解决问题。人力社保部门要牵头做好就业创业工作；财政部门要强化资金保障，完善就业创业资金管理办法；发改、统计、人力社保等部门要加强就业失业动态监测研判；人行海盐支行要会同有关部门制订创业担保贷款管理办法。市场监管(工商)、税务、教育、民政和残联等部门要将相关数据及时提供给人力社保部门，实现成员单位间的数据共享。其他部门要按职责做好就业创业相关工作。

(二十七)强化资金保障。强化公共就业创业服务经费保障，将县级以上公共就业创业服务机构和镇(街道)基层公共就业创业服务平台经费纳入同级财政预算。根据就业创业工作目标，积极调整财政支出结构，多渠道筹集资金，加大地方财政预算中就业专项资金投入，确保就业创业各项扶持政策落到实处。推行基层就业创业和社会保障服务清单制度，健全政府向社会力量购买基本就业创业服务成果制度，村(社区)就业创业和社会保障服务平台经费采取政府购买服务方式予以解决。

(二十八)加强宣传引导。充分利用各种新闻媒介，深入宣传促进就业创业的政策措施和先进典型，引导劳动者树立正确的就业观和创业观，鼓励全社会积极参与就业创业，深入开展国家级创业型城市创建活动，推动形成支持就业创业的良好氛围。对在就业创业工作中取得显著成绩的单位和个人，按国家、省有关规定予以表彰奖励。

本意见的高校毕业生是指全日制普通高等学校专科以上毕业生。经学历认证的留学回国人员，技工院校的高级工班、预备技师班毕业生，特殊教育院校职业教育类毕业生以及取得高级工、技师、高级技师职业资格证书的技工院校毕业生同等享受高校毕业生就业创业扶持政策。

本意见的相关扶持政策，同一对象按照就高原则享受同类政策，不重复享受。

本实施意见自2016年5月1日起实施。除县政府另有规定的以外，上述政策所需资金在县失业保险基金和就业创业专项资金中列支。已有规定与本实施意见不一致的，按本实施意见执行。本意见由县人力社保局、县财政局负责解释。

海盐县人民政府

2016年4月1日

文件目录选编

2016年中共海盐县委文件目录(选)

表88

盐委发文号	发文日期	标　　题
1	4月1日	关于印发《中共海盐县委海盐县人民政府2016年工作要点》的通知
2	4月5日	关于持续深化改进工作作风密切联系群众六项制度的通知
3	4月5日	关于2016年海盐县扩大有效投资工作的实施意见
4	4月8日	关于开展创建浙江省文明县活动的实施意见
5	6月17日	关于印发《海盐县美丽乡村建设实施意见(2016—2020)》的通知
8	8月16日	关于补短板的实施意见
12	9月9日	关于全面构建现代公共文化服务体系的实施意见
15	11月22日	转发《海盐县法治宣传教育领导小组关于在全县公民中开展法治宣传教育的第七个五年规划》的通知

2016年中共海盐县委办公室文件目录(选)

表89

盐委办发文号	发文日期	标　　题
2	1月8日	转发县人力资源和社会保障局等四部门《关于建立公务员职务与职级并行制度的实施意见》的通知
6	2月16日	关于印发《〈海盐年鉴(2016)〉框架及编纂分工意见》的通知
16	3月21日	关于印发《海盐县2016年“生态环境年”活动实施方案》的通知
18	4月5日	关于印发《海盐县2016年“特色平台年”活动实施方案》的通知
19	4月5日	关于印发《海盐县2016年“招商引智年”活动实施方案》的通知
20	3月31日	关于印发《浙江山水六旗国际度假区项目专题会议纪要》的通知
22	4月5日	关于印发《镇(街道)纪(工)委书记提名考察办法(试行)》《县纪委派驻纪检组组长提名考察办法(试行)》的通知
23	4月5日	关于举办第六届张元济读书节的通知
24	4月5日	关于印发《海盐县“整乡推进、整县提升”基层党建工作三年行动计划》的通知
25	4月8日	关于开展2016年度重点工作专项督查的通知
26	4月12日	关于印发《2016年度海盐县党政信息工作考核评比办法》的通知
27	4月12日	关于开展创建省级文明县暨巩固国家卫生县城工作网格化管理区块包干活动的通知
28	4月22日	关于印发《海盐县招商选资招大引强考核奖励试行办法》的通知
29	4月27日	关于开展2016年度县级重点课题调研活动的通知
31	5月5日	关于印发《海盐县2016年“作风效能年”活动实施方案》的通知
34	5月12日	印发《关于在全县党员中开展“学党章党规、学系列讲话，做合格党员”学习教育的实施方案》的通知
36	5月12日	关于印发《海盐县电子商务发展三年行动计划(2016—2018)》的通知

续表89

盐委办发文号	发文日期	标　　题
38	5月19日	印发《关于全面推行镇(街道)、县级部门(单位)主要负责同志“五不直接分管”制度的实施意见》的通知
39	5月19日	关于印发《公民文明素质提升专项教育活动实施方案》的通知
40	5月19日	印发《关于深化“四个平台”建设,推进基层治理体系和治理能力现代化的实施意见》的通知
42	5月20日	关于印发《海盐县优秀社区党组织书记到龄后参照享受事业单位退休人员生活补贴暂行办法》的通知
43	5月20日	关于评选和推荐先进基层党组织、优秀共产党员、优秀党务工作者的通知
44	5月23日	关于印发《海盐县“一绿、二清、三整、四提升”集中攻坚大会战行动方案》的通知
46	5月27日	关于印发《落实市纪委反馈意见整改方案》的通知
49	6月7日	关于印发《海盐县补“短板”工作责任分解方案》的通知
54	6月21日	关于印发《2016年度各镇(街道)工作目标责任制考核办法》和《2016年度县级机关部门(单位)工作目标责任制考核办法》的通知
55	6月21日	关于印发《海盐县公安局三年强警计划(2016年—2018年)》的通知
59	8月9日	关于印发《海盐县紧固件行业整治提升三年行动计划》的通知
64	9月12日	关于印发《海盐县公务用车制度改革实施方案》的通知
65	9月26日	关于印发《2016年统筹城乡基层党建(组织建设)考核办法》的通知
67	9月20日	关于印发《2016中国·海盐南北湖文化旅游节总体方案》的通知
68	9月28日	关于明确县纪委派驻机构驻在部门若干事项的通知
69	9月26日	关于印发《海盐县城区交通秩序整治提升专项行动总体方案(第一阶段)》的通知
70	9月28日	印发《关于建立改革创新容错免责机制的实施办法(试行)》的通知
72	10月17日	关于印发《海盐县落实党风廉政建设责任制考核办法》的通知
75	11月21日	关于印发2016年度镇(街道)和县级机关有关部门党政领导科技进步与人才工作目标责任制考核办法的通知
77	11月17日	关于加强和改进新形势下全县档案工作的实施意见
79	12月5日	关于印发《海盐县2016年城乡发展一体化工作考核办法》的通知
81	12月6日	关于印发《海盐县平安维稳工作责任制考核办法》的通知
82	12月6日	关于开展县委巡察工作的实施意见
89	12月29日	关于开展2016年度落实党风廉政建设责任制检查考核的通知

2016年海盐县人大常委会文件目录(选)

表90

盐人大文号	发文日期	标　　题
4	1月29日	关于批准海盐县2015年地方政府债务限额的决定
5	2月1日	关于第十三个五年规划及2016年国民经济和社会发展计划中重大项目安排的审议意见
11	2月17日	海盐县人大常委会2016年工作要点
15	3月31日	关于南排扩排海盐县综合整治项目有关事项的决定
17	4月7日	关于全县教育现代化工作情况的审议意见
21	6月7日	关于县法院、县检察院深化司法体制改革试点工作情况的审议意见

续表 90

盐人大文号	发文日期	标　　题
22	6月7日	关于分级诊疗双向转诊工作的视察意见
24	7月27日	关于我县综合行政执法改革工作的视察意见
25	7月29日	关于批准海盐县2016年地方政府债务限额及新增债券安排方案的决定
26	7月29日	关于批准2016年预算调整方案(第一批)的决议
27	7月29日	关于2016年度县级重大投资建设项目计划调整方案的决议
28	7月29日	关于批准海盐县2015年财政决算的决议
32	8月19日	关于2015年度本级预算执行和其他财政收支审计工作报告的审议意见
33	8月19日	关于2016年上半年国民经济和社会发展计划执行情况的审议意见
34	8月19日	关于2016年上半年财政预算收支执行情况的审议意见
38	9月30日	关于开展第七个五年法治宣传教育的决议
41	10月9日	关于2014年以来政府重大投资项目建设情况的视察意见
42	10月10日	关于海盐县“五气共治”工作情况报告的审议意见
43	10月24日	关于批准海盐县与丹麦松德堡市建立友好城市关系的决定
44	10月24日	关于县、镇两级人民代表大会换届选举有关事项的决定
54	12月15日	关于批准2016年预算调整方案(第二批)的决议

2016年海盐县人大常委会办公室文件目录(选)

表 91

盐人大办文号	发文日期	标　　题
6	5月3日	关于印发《关于大气污染防治执法检查和“五水共治”工作专项监督的实施方案》的通知
7	5月3日	关于我县农村宅基地使用权登记发证工作的意见建议
8	5月20日	关于十四届人大一次会议以来人大代表建议办理情况“回头看”再办理的意见
12	8月4日	关于我县消防工作的意见和建议
18	10月28日	关于成立海盐县县镇两级人大换届选举工作联席会议的通知
19	10月28日	关于建立县镇两级人大换届选举工作指导组的通知
20	11月10日	关于我县工业经济创新驱动发展的意见建议
21	11月22日	关于浙江山水六旗国际度假区项目推进工作的意见建议

2016年海盐县人民政府文件目录(选)(一)

表 92

盐政发文号	发文日期	标　　题
1	1月12日	关于开展第三次农业普查的通知
2	1月14日	关于印发退役士兵一次性经济补助计发办法的通知

续表 92

盐政发文号	发文日期	标　　题
5	5月16日	关于印发《海盐县国民经济和社会发展第十三个五年规划纲要》的通知
9	3月7日	关于加强新时期爱国卫生工作的实施意见
11	3月21日	关于下达2016年财政收支预算的通知
15	4月5日	关于下达2016年国民经济和社会发展计划的通知
16	3月31日	关于公布海盐县基准地价更新成果的通知
18	4月1日	关于支持大众创业促进就业的意见
19	4月20日	关于进一步加快影视文化产业发展的若干政策意见
21	5月6日	印发《关于划定公路建筑控制区范围的公告》的通知
22	5月16日	关于印发《2016年海盐县推进光伏发电应用实施方案》的通知
24	6月7日	关于码头堆场整治的通告
25	6月27日	关于印发《海盐县农村承包土地经营权抵押贷款试点方案》的通知
26	6月28日	关于加快发展现代职业教育的实施意见
27	7月4日	海盐县县级财政专项资金管理办法
28	7月11日	《关于深化"退低进高"加快工业转型升级工作的实施意见》的补充意见
30	8月12日	关于公布海盐县企业投资项目负面清单(2016年本)的公告
31	8月30日	《关于扶持旅游业发展的若干政策意见》的修改补充意见
32	9月2日	关于印发《海盐县县级国有企业公款竞争性存放管理暂行办法》的通知
33	9月14日	关于印发《2016年度海盐县"三保一联"考核办法》的通知
34	9月22日	关于下达2016年度海盐充电基础设施建设任务的通知
35	9月22日	关于批转《海盐县推进蹲点招商工作管理及考核办法若干修改意见》的通知
36	10月20日	关于全面建立困难残疾人生活补贴和重度残疾人护理补贴制度的通知
37	10月10日	关于印发海盐县人民政府重大行政决策程序规定及其配套制度的通知
40	12月7日	关于印发《关于推进海盐创新科技园建设的若干政策意见的补充意见》的通知
41	12月21日	关于加快推进残疾人全面小康进程的实施意见
42	12月22日	关于调整海盐县城乡居民基本医疗保险2017年度征缴标准的通知
43	12月22日	关于批转《2017年度海盐县社会保险费征缴标准》的通知
44	12月31日	海盐县推进"低小散"企业"退散进集"三年行动方案
45	12月31日	海盐县关于处置"僵尸企业"的实施意见
46	12月30日	关于印发海盐县"十三五"幼儿园扩容和薄改建设规划方案的通知

海盐县人民政府文件目录(选)(二)

表 93

盐政函文号	发文日期	标　　题
12	2月23日	关于申请国家级可再生能源建筑应用示范县验收的函
48	6月15日	关于海盐县农村基础建设项目有关事项的函
127	12月14日	关于海盐县农村生活污水治理项目(输送一期工程)收费标准的通知

2016年海盐县人民政府办公室文件目录(选)

表94

盐政办发文号	发文日期	标　　题
2	1月6日	关于印发海盐县人民政府部门权力清单管理办法的通知
4	1月18日	关于印发海盐县农业“两区”土壤污染防治三年行动计划(2015—2017年)的通知
6	1月26日	关于做好填海项目土地使用权登记发证工作的通知
8	1月28日	关于公布海盐县2016年度政府集中采购目录及限额标准的通知
13	3月1日	关于印发《关于明确融资主体职责强化风险管控工作的意见》的通知
14	3月3日	关于下达2016年工业经济预期目标的通知
16	3月9日	关于印发《海盐县发展核电关联产业扶持政策》的通知
21	3月28日	关于印发《南北湖风景区交通秩序整治工作实施方案》的通知
23	3月30日	关于转发县经信局《2016年海盐县推进工业有效投入行动方案》和《2016年海盐县深化退低进高行动方案》的通知
26	4月7日	关于印发《海盐县养老与社会救助基本公共服务均等化改革试点工作实施方案》的通知
27	4月15日	关于印发《海盐县镇(街道)、村(社区)镇级以下河道监测点水质考核办法》的通知
28	4月18日	关于印发《海盐县基层医疗卫生机构补偿机制改革试点工作实施方案(试行)》的通知
29	4月18日	关于印发《海盐县卫生计生基本公共服务均等化改革试点工作实施方案》的通知
30	4月19日	关于海盐县企业股改上市财政扶持政策的补充意见
31	4月19日	关于印发《海盐县进一步加强社会工作专业人才队伍建设推动社会工作发展的意见》的通知
32	4月19日	关于印发《海盐县进一步推进“三社联动”完善基层社会治理实施意见》的通知
33	4月19日	关于印发《海盐县教育基本公共服务均等化改革试点工作实施方案》的通知
34	5月5日	关于印发《海盐县农村生活污水治理设施运行维护管理办法(试行)》的通知
35	5月5日	关于推进金融指导员服务企业工作的通知
37	5月6日	关于印发《进一步加强基层环境保护工作的实施意见》的通知
38	5月6日	关于印发《海盐县就业和社会保障基本公共服务均等化改革试点工作实施方案》的通知
42	5月19日	关于印发《海盐县法律服务基本公共服务均等化改革试点实施方案》的通知
43	5月19日	关于印发《海盐县统一政务咨询投诉举报平台建设实施方案》的通知
45	5月25日	关于印发《关于做好生猪退养生活困难人员帮扶工作的意见》的通知
47	6月6日	关于加强行政合同管理工作的补充意见
48	5月31日	关于印发《海盐县地质灾害危险点排除工作方案》的通知
49	6月12日	关于印发《海盐县公共安全基本公共服务均等化改革试点工作实施方案》的通知
50	5月27日	关于印发《关于加快推进美丽乡村建设的若干政策意见》的通知
51	5月31日	关于印发《海盐县物流基本公共服务均等化改革试点工作实施方案》的通知
52	6月15日	关于印发《海盐县公共交通基本公共服务均等化改革试点工作实施方案》的通知
53	6月17日	关于印发《海盐县“三权基金”管理办法(试行)》的通知
54	6月17日	关于印发《海盐县支出型贫困家庭救助办法(试行)》的通知
55	5月31日	关于印发《海盐县助残扶残基本公共服务均等化改革试点工作实施方案》的通知
56	6月23日	关于农民建房管理的补充意见
57	6月23日	关于印发《海盐县基本公共服务均等化改革试点标准化工作实施方案》的通知
58	6月24日	关于印发《海盐县水利工程标准化管理实施方案(2016—2020)》的通知

续表94

盐政办发文号	发文日期	标　　题
59	6月27日	关于印发《2016年度海盐县工业强县综合考核办法》的通知
60	6月27日	关于提升企业管理、发展信息经济、鼓励兼并重组的若干补充意见
61	5月31日	关于印发《海盐县住房保障基本公共服务均等化改革试点工作实施方案》的通知
62	5月31日	关于印发《海盐县文化体育基本公共服务均等化改革试点工作实施方案》的通知
63	5月30日	关于印发《海盐县信息化建设基本公共服务均等化改革试点工作实施方案》的通知
64	7月5日	印发《关于落实降低实体经济企业成本优化发展环境政策的若干实施意见》的通知
65	7月15日	关于印发《2016年度符合政府安排工作退役士兵安置工作方案》的通知
66	7月15日	关于印发《海盐县创建浙江省食品安全县工作方案》的通知
67	7月6日	关于进一步加强和完善服务业统计工作的通知
68	7月15日	印发《关于进一步巩固生猪养殖业转型升级成果建立健全长效管理机制的实施意见》的通知
69	7月18日	关于印发《海盐县科技强企人才强企三年行动计划》的通知
70	7月18日	关于印发《海盐县科技强企若干政策意见》的通知
71	7月18日	关于印发《海盐县人才强企若干政策意见》的通知
73	7月27日	关于印发2016年海盐县政务公开工作要点的通知
74	7月29日	关于落实"双告知"制度加强市场主体事中事后监管工作的通知
75	5月31日	关于印发《海盐县环境保护基本公共服务均等化改革试点工作实施方案》的通知
76	8月5日	关于开展行政规范性文件清理工作的通知
77	7月28日	关于印发《海盐县科学技术奖励办法(修订)》的通知
80	8月9日	关于印发《海盐县政府购买棚改服务管理办法》的通知
82	8月22日	关于进一步加强白蚁防治工作的意见
83	8月29日	关于下达2016年度"611"耕地保护工程任务的通知
84	5月31日	关于印发《海盐县农村环境卫生基本公共服务均等化改革试点工作实施方案》的通知
85	9月1日	关于印发《2016年度海盐县有效投资考核办法》的通知
88	9月2日	关于印发《海盐县税收社会化管理服务实施意见》的通知
89	9月21日	关于印发《2016年度海盐县旅游产业发展综合考核办法》的通知
91	10月13日	关于印发《海盐县全面推行"双随机"抽查监管的意见》的通知
92	10月13日	关于印发《海盐县关于推进政府职能向社会组织转移的工作意见》的通知
93	10月20日	关于印发《海盐县水利发展"十三五"规划》的通知
94	10月27日	关于印发《海盐县2015年度实行最严格水资源管理制度存在问题整改方案》的通知
95	10月28日	关于公布2016年海盐县气象灾害防御重点单位的通知
96	11月2日	关于印发《海盐县关于加强县级部门派驻镇(街道)机构管理意见》的通知
97	11月2日	关于印发《第三届世界互联网大会环境质量保障方案》的通知
98	11月2日	关于印发《海盐县2016年"五水共治"、"三改一拆"工作考核办法》的通知
99	11月2日	关于印发《海盐县关于开展村级土地民主管理创建活动的实施意见》的通知
101	11月12日	关于印发《海盐县2016年招商引智工作考核奖励办法》的通知
102	5月31日	关于印发《海盐县市政公用事业基本公共服务均等化改革试点工作实施方案》的通知

续表 94

盐政办发文号	发文日期	标　　题
103	11 月 24 日	关于印发《海盐县涉农资金竞争性分配管理办法(试行)》的通知
104	11 月 24 日	关于推进责任医生签约服务工作的实施意见
105	11 月 29 日	关于印发海盐县服务业“十三五”发展规划的通知
106	12 月 2 日	关于进一步加强鸟类等野生动物保护管理工作的意见
107	11 月 28 日	关于进一步规范土地利用管理工作的通知
108	11 月 28 日	关于印发《海盐县土地例行督察土地抵押融资问题整改方案》的通知
109	12 月 29 日	印发《关于进一步推进户籍制度改革的实施意见》的通知

2016 年政协海盐县委员会文件目录(选)

表 95

盐政协文号	发文日期	标　　题
1	2 月 16 日	关于表彰 2015 年度先进委员联络室、委员活动组和优秀委员的决定
2	2 月 16 日	关于表彰 2015 年度优秀调研报告的决定
3	2 月 16 日	关于表彰 2015 年度优秀提案的决定
10	3 月 10 日	关于持续深化开展助推完善和落实“‘五水共治’长效机制”专项集体民主监督的实施方案
11	8 月 17 日	关于对嘉兴市住房公积金中心海盐县分中心工作民主评议情况的报告
15	12 月 29 日	关于表彰 2016 年度先进委员联络室、委员活动组和优秀委员的决定
16	12 月 29 日	关于表彰 2016 年度优秀调研报告的决定
17	12 月 29 日	关于表彰 2016 年度优秀提案的决定

2016 年政协海盐县委员会办公室文件目录(选)

表 96

盐政协办文号	发文日期	标　　题
2	2 月 16 日	关于对县市场监管局承办 2015 年度政协提案工作测评的意见书
3	2 月 16 日	关于对县经信局承办 2015 年度政协提案工作测评的意见书
4	2 月 19 日	关于印发政协海盐县第八届委员会 2016 年工作要点的通知
8	3 月 23 日	关于申报 2016 年度调研课题的通知
9	3 月 28 日	关于印发《海盐县政协机关 2016 年度党风廉政建设工作要点》的通知
14	3 月 31 日	关于明确政协各参加单位和镇(街道)委员联络室、委员活动组 2016 年度调研课题的通知
16	4 月 1 日	关于印发县政协各专门委员会 2016 年工作要点的通知
17	4 月 1 日	关于确定 2016 年度跟踪提案的通知
18	4 月 1 日	关于确定 2016 年度重点提案的通知
19	4 月 6 日	关于确定县政协八届四次会议 B 类提案跟踪督办目录的通知

续表 96

盐政协办文号	发文日期	标　　题
26	8月17日	关于反馈县政协民主评议组对嘉兴市住房公积金管理中心海盐县分中心工作民主评议意见的函
33	12月19日	关于2016年度落实党廉政建设助推责任和牵头工作的报告
35	12月30日	关于对县农经局(农办)承办2016年度政协提案工作民主测评的意见书
36	12月30日	关于对县住建局(人防办)承办2016年度政协提案工作民主测评的意见书

海盐县2016年度单位或个人编著成果情况表

表 97

成果名称(书名)	编著单位	主编(著)	出版单位	出版时间
卫生事业改革发展与计划生育服务管理创新	县卫生计生局	徐世民、谢震宇	光明日报出版社	2016年1月
深化医药卫生事业发展与全面医疗服务建设创新	县卫生计生局	徐世民、谢震宇、俞振华	光明日报出版社	2016年1月
海盐县续图经(影印本)	县史志办影印	清・王如珪等修	西泠印社出版社	2016年1月
印象海盐(2016)	县档案局、嘉兴日报社海盐分社		吴越电子音像出版有限公司	2016年1月
一课三练(八下)		沈顺良	江苏人民出版社	2016年1月
一课三练(七下)		沈顺良	江苏人民出版社	2016年1月
2016年海盐县环境状况白皮书	县环保局		内部刊行	2016年1月
媒体视点——聚焦2016海盐县环境保护	县环保局		内部刊行	2016年1月
环保印记/绿色画轴——2016回眸	县环保局		内部刊行	2016年1月
海盐县文学艺术界联合会第六次代表大会文件汇编	县文联		内部刊行	2016年1月
本名年(诗歌集)		沈　宏	中国文联出版社	2016年2月
化作春泥更护花	县关工委、县委老干部局	陈　莺、汤储良	内部刊行	2016年2月
甜蜜的事业	县关工委	汤储良	内部刊行	2016年2月
城里(散文、随笔)		叶生华	内部刊行	2016年3月
海盐钱氏		林天顺	内部刊行	2016年3月
北极行(摄影作品集)		任维明	内部刊行	2016年3月
手把手教你解初中数学题		沈顺良	浙江大学出版社	2016年4月
中共海盐县委文件选编(1979—1995)	县史志办		内部刊行	2016年4月
中小学信息技术精品微课程资源(三年级上)		丁光明	浙江电子音像出版社	2016年5月
中小学信息技术精品微课程资源(四年级上)		丁光明	浙江电子音像出版社	2016年5月
中小学信息技术精品微课程资源(五年级上)		丁光明	浙江电子音像出版社	2016年5月

续表 97

成果名称(书名)	编著单位	主编(著)	出版单位	出版时间
中小学信息技术精品微课程资源(六年级上)		丁光明	浙江电子音像出版社	2016 年 5 月
中小学信息技术精品微课程资源(七年级上)		丁光明	浙江电子音像出版社	2016 年 5 月
中小学信息技术精品微课程资源(八年级上)		丁光明	浙江电子音像出版社	2016 年 5 月
中小学信息技术精品微课程资源(九年级上)		丁光明	浙江电子音像出版社	2016 年 5 月
海盐县"两学一做" 学习教育口袋书	县委组织部		内部刊行	2016 年 5 月
星帆(学生文学作品集)	海盐高级中学	石火明	内部刊行	2016 年 5 月
梦百岁,健康活百岁(第一辑)		步良观	内部刊行	2016 年 5 月
飏山草事		许懋汉	华夏文艺出版社	2016 年 6 月
海盐的味道(散文集)		吴松良	现代出版社	2016 年 6 月
十二种孤独(小说集)		蔡东升	现代出版社	2016 年 6 月
电子电工类专业综合理论习题集——专项提炼及阶段综合测试卷集	县理工学校	沈　钧参编	原子能出版社	2016 年 6 月
《创新学案——假期作业》——电子基本电路安装与测试	县理工学校	沈　钧	浙江教育出版社	2016 年 6 月
《创新学案——假期作业》——电子基本电路安装与测试	县理工学校	陶永军	浙江教育出版社	2016 年 6 月
高职考电子电工类专业技能操作(改版)	县理工学校	陶永军副主编	电子科技大学出版社	2016 年 6 月
高职考电子电工类专业技能操作	县理工学校	仰卫力参编	电子科技大学出版社	2016 年 6 月
《体育(高一下)》中等职业教育课程改革国家规划新教材配套教育用书	县理工学校	段秀萍参编	高等教育出版社	2016 年 6 月
为霞 2015	县委老干部局、县老年大学		内部刊行	2016 年 6 月
实验班提优训练(九上)		沈顺良	江苏人民出版社	2016 年 7 月
浙江日报话海盐(1949—1978)	县史志办		内部刊行	2016 年 7 月
人生感悟(自传)		刘其华	内部刊行	2016 年 7 月
海盐县优秀科技论文集	县科协		内部刊行	2016 年 8 月
中核核电运行管理有限公司文件汇编(2015)	中核核电运行管理有限公司	张建成	内部刊行	2016 年 8 月
万奥之光——记浙江省劳动模范万福祥	《万奥之光》编审委员会	金胜华	内部刊行	2016 年 8 月
万奥农耕文化	县科协、万奥农庄	万福祥	内部刊行	2016 年 8 月
澉浦朱龙训——一个退伍老兵的人生传奇		许佳文	内部刊行	2016 年 8 月
秦山核电机组大修文献(2012—2014)	中核核电运行管理有限公司	张建成	内部刊行	2016 年 10 月
回眸七十年		张松松	内部刊行	2016 年 10 月
海盐交通最美行业率先示范	县交通运输局		内部刊行	2016 年 11 月
海盐年鉴(2016)	县党史地方志编纂委员会		中华书局	2016 年 12 月

续表 97

成果名称(书名)	编著单位	主编(著)	出版单位	出版时间
海盐县城乡建设志	《海盐县城乡建设志》编纂委员会	张企巍	浙江人民出版社	2016 年 12 月
企业家好故事《盐邑商海》	县委人才办、县委宣传部、县委统战部、县工商联、嘉兴日报社海盐分社		吴越电子音像出版有限公司	2016 年 12 月
鹭过翠微翻素影——花鸟植物的盐邑识记		津　度	浙江人民出版社	2016 年 12 月
改革之路——海盐县改革开放新时期党史专题集(二)	县史志办		中共党史出版社	2016 年 12 月
胡氏家史		胡琦观	中国文化艺术出版社	2016 年 12 月
海盐腔的兴衰		王　英	中国文史出版社	2016 年 12 月
中共海盐县委文件选编(1996—1999)	县史志办		内部刊行	2016 年 12 月
星帆(学生文学作品集)	海盐高级中学	石火明	内部刊行	2016 年 12 月
诗缘三友吟草(诗词集)		李良琛、徐中武、于　峰	内部刊行	2016 年 12 月
诗缘三友吟竹(诗词集)		李良琛、徐中武、于　峰	内部刊行	2016 年 12 月
十年·冯鸣绘画作品集(2006—2016)		冯　鸣	内部刊行	2016 年 12 月

(县史志办)

索 引

说 明

1. 本索引采用主题分析方法，按主题词首字拼音字母顺序和音序排列，首字相同，则按第二字的音序排列，以此类推。
2. 索引页码后的“a”表示左栏，“b”表示中间栏，“c”表示右栏。
3. 附见条目标引词缩后一格于相关内容下，标引词后数字表示内容所在页码，标引词后有多个页码表示别的页码是该条目参见内容所在位置。
4. 为便于检索，除易产生歧义者外，一般将单位和事件前的“海盐县”“海盐”“县”予以省略。
5. 阿拉伯数字、外文字母开头的词，以词中第一个中文字开始排序。
6. 本年鉴的栏目、分目用黑体字标明，《文献特载》《大事记》《附录》的内容及插图不做索引。

A

B

C

D

H

R

S

Y

共青团海盐县委员会

共青团海盐县第十九届一次全委（扩大）会议召开

共青团海盐县金融工作委员会成立大会

开展第六季微公益全民垃圾分类宣传行动

2016 年，团县委从青少年坚定理想信念、建功立业、当好桥梁、从严治团四个方面切实推进团事业的发展。

深入开展“中国梦”主题教育活动，通过“红领巾相约中国梦”“认星争优 · 做美德少年”“学习习总书记回信，弘扬大陈岛垦荒精神”等系列教育实践活动，不断强化红领巾对“中国梦”的认知。在 G20 杭州峰会期间，联合县委政法委等部门组建一支由县、镇、村三级联动的平安志愿者队伍，开展平安巡防、邻里守望、平安出行等平安志愿宣传活动。以争创浙江省文明县为抓手，制定下发《“践行文明、担当示范，做有礼代‘盐’人”青年文明素质提升专项教育活动方案》。巩固和深化青春助力“五水共治”行动，创建第二批市级共青示范河，实施“五类重点青少年”帮扶行动，建立普法流动工作站。运作“职来职往”“金色翅膀”“原力觉醒”等核心项目，开辟常态化服务场所。深化青年“启 · 业 · 家”平台建设，打造青企协会专属阵地青年“众创空间”。扩大“志愿汇 · 海盐”志愿服务综合平台的宣传推广，成立“志愿驿站”“情暖老干部”志愿服务站，扎实推进志愿服务培训工作，开展志愿服务管理平台、志愿者团队建设、志愿服务技能提升，召开海盐县志愿者协会第五次会员代表大会。建立“1+100”团干部联系青年制度，推进“两新”组织、农村合作组织、青年社会组织等新兴重点领域的团组织建设。深化“用脚步丈量青情”“三进三服务”“百名团干联帮促”，推进年轻干部培养“青马工程”，通过完善项目人才库、举办青年主题论坛和年轻干部培训班，建立青少年事务社工队伍。进一步发挥青联的凝聚和服务青年人才的作用，顺利召开县青联四届一次委员会，做到青联委员有机更新与青联组织的长效运行。

是年，“时光剪切师——美丽乡村行 · 情暖夕阳红”志愿服务项目获《人民日报》报道，元通小学少先队总辅导员在浙江省少先队技能大赛中获金奖。

第四届志愿者嘉年华活动举办

2016年海盐县少儿故事大王获奖者合影

开展走红门活动

海盐县民政局

县委副书记、县长章剑和县委常委、副县长王临珅调研“三社”工作

县委副书记黄江莺在“军民一家亲”双拥迎春会上讲话

2016 年，县民政局贯彻落实党的十八届三中、四中、五中、六中全会和省、市民政工作会议精神，开拓创新、攻坚克难，扎实推进民政（社会）事业科学健康发展。积极落实政府实事工程，推进养老服务水平新提升；突出兜底保障职能，实现社会救助创新大跨越 突出“三社”联动，促进基层治理收获新成果；注重社会化双拥，推进优抚安置工作新升级；聚焦利民便民，促使专项社会事务工作有新成效；深化慈善文化，加强慈善多元帮扶机制新探索。

是年，县民政局获全省老龄工作先进县、全省水库移民工作优秀县、全省老龄信息工作先进单位和全省民政事业统计工作考核优秀县等荣誉，顺利通过省一级档案工作目标管理认定，获得 2016 年度全市民政（社会）工作目标责任制考核优秀单位称号。

省民政厅副厅长余强到海盐调研防灾减灾救灾工作

县委组织部部长李乐伦调研“三社”工作

政协副主席董雪明调研老年活动中心城西分中心建设情况

县民政局党组书记、局长朱琛瑶与社工机构在县第二届社工节开幕式上签订购买社工项目协议

县退役士兵职业技能培训班开班暨“十佳”创业军人表彰仪式举行

海盐县财政局(地税局)

“十三五 话担当”财税青年微型党课举办

8月15日，全县行政事业单位内部控制建设动员会议召开

2016年，县财政局（地税局）围绕发展大局，以“五大发展理念”为引领，牢牢把握“稳中求进”工作总基调，扎实做好“生财、聚财、用财”三篇文章，统筹推进全县经济社会平稳健康发展。是年，全县一般公共预算收入实现35.18亿元，比上年增长9.0%，一般公共预算支出43.51亿元，比上年增长8.6%，全年度财政收支基本平衡。地税部门组织各项收入41.2亿元，同口径增长8.7%。其中，税收收入18.80亿元，非税收入22.4亿元。地税形成一般公共预算收入17.89亿元。

县财政局（地税局）注重保障民生，大力支持社会事业健康发展，城乡居民幸福感不断提升，全年民生支出36.63亿元，占一般公共预算支出的84.2%；注重促进发展，实施财政税收政策组合拳，落实各项税费优惠政策，深化国税、地税合作，联合组建服务团队为大企业提供纳税服务，增强全县经济持续稳定增长动力。注重深化改革，推进“营改增”改革、税收征管体制改革、全省农村综合改革试点、财政支农体制机制改革、“五证合一、一照一码”商事制度改革等多项改革。平稳上线金税三期地税征管系统；注重加强监管，深化“四张清单一张网”建设，加强地方政府性债务管理，推进财政内控制度建设，加强财政监督检查，提高财政资金效益。

12月13日，代县长王碎社调研财政地税工作

是年，县财政局（地税局）连续第十年获得全县目标责任制考核优秀部门称号，取得市级以上先进集体及个人荣誉41项，县级先进集体及个人荣誉47项。

5月1日，县地方税务局开出首张销售不动产增值税发票

上街开展税收宣传

县财政支持紧固件企业上海参展

海盐县国土资源局

5月25日，省国土资源厅厅长陈铁雄到海盐县调研“山水六旗”项目推进情况

5月30日，海盐在全市率先发出第一批“不动产权证”

2016 年，县国土资源局贯彻“创新、协调、绿色、开放、共享”五大发展理念，全面落实最严格的耕地保护制度和节约用地制度，为海盐县经济社会发展提供有力的资源要素保障。

全县划定永久基本农田保护面积 21400 公顷，完成农村土地综合整治项目立项 8 个，面积 92.27 公顷，完成土地复垦面积 72.33 公顷，完成土地开发面积 125.73 公顷，建成高标准基本农田 2076.87 公顷。是年，落实最严格的节约用地制度，全县供应土地 134 宗，面积 330.67 公顷。其中，供应集体土地 16 宗，面积 20 公顷；供应国有建设用地 118 宗，面积 310.67 公顷。完成 13 个地块的低效用地再开发，土地再开发面积 71.07 公顷，全市领先。盘活存量建设用地 162.93 公顷，腾退低效用地 67.75 公顷。

发出全市第一本“不动产权证”，实现登记机构、登记簿册、登记依据和信息平台“四统一”。不动产统一登记共完成各类登记 33933 件，出具不动产查询证明 11228 件，发放“不动产权证”26670 本。不动产权证办理、预告登记已由 30 天缩短至 10 天，抵押登记由 10 天缩短至 5 天，特殊情况可以立等取证，实现提速增效。

是年，县国土局被评为嘉兴市国土资源局 2016 年度工作目标责任制考核优秀单位，连续第五年获嘉兴市耕地保护责任制考核优胜单位和土地整治工作先进单位称号。

9月23日，海盐县永久基本农田划定暨2016国家土地例行督察整改推进会召开

集体承诺做合格党员签字仪式

元通街道青莲寺村高标准基本农田喜获丰收

海盐县环境保护局

县环境科学学会成立大会召开

县开发区（西塘桥街道）召开废气综合整治动员会

2016 年，县环保局紧紧围绕县委、县政府中心工作，贯彻绿色发展理念，坚持以补齐生态环境短板为导向，以改善环境质量为目标，以“五水共治”“五气共治”和重大活动环境保障等工作为抓手，强化源头控制，深化综合治理，推进污染减排，加大执法监管，营造环保氛围，全县环境质量不断改善，环境安全稳定可控。圆满完成 G20 杭州峰会和第三届世界互联网大会（乌镇峰会）环境保障工作，顺利通过国家生态县考核验收，有力推进“三优”海盐建设。

是年，出动执法人员 13902 人次，检查企业 4608 厂次，立案 200 件，罚款 935.9 万元，较 2015 年分别增长 81%、69%、50% 和 86%。其中，按日计罚 10 件，罚款 283.35 万元，查封扣押 19 件，停产限产 8 件；向县公安部门移送环境违法犯罪案件 12 件，行政拘留 4 人，刑事拘留 4 人。实施网格化环境监管，新增 4 个环境监察中队和 9 个镇（街道）环保办公室，实现基层环境监管全覆盖。

邀请省传化艺术团进行环保公益演出

是年，县环保局被评为海盐县 2016 年度县级部门工作目标责任制考核优秀部门，在嘉兴市 9 个县市区中考核分数排名第一，目标责任制考核结果，海盐县为优秀。海盐县生态环境质量公众满意度位居嘉兴各县（市、区）前列。

千亩荡饮用水水源地违法行为专项巡查

执法人员对固废处置单位开展检查

执法人员监测采样

海盐县住房和城乡规划建设局（人防办）

“金盾-16”演习会议召开

千人走绿道

海滨公园一角

《海盐县城乡建设志》首发式

2016 年，县住建局（人防办）紧紧围绕县委、县政府提出的就地城镇化、“五水共治”、交通治堵等中心工作，组织实施规划引领、民生保障、行业发展、绿色生态、自身建设等五大重点工程，有序开展、推进各项工作。

城乡规划体系进一步完善。结合“多规合一”试点工作成果要求，对各镇（街道）总规、控规进行梳理，启动各镇（街道）5 年以上总规修编工作；完成县城城东 02、03、07，城南 04，城西 06 等控规单元以及通元、于城控规报批，实现近期建设用地控规全覆盖。完成《海盐县通信基站布点规划（2015–2020）》、海盐县滨海绿色廊道研究等专项规划编制、研究工作。完成县棉纺厂周边区块城市设计委托。完成明珠苑东侧、恒大御景北侧、滨海 F 地块、交警大队南侧等重点出让地块规划评估分析。

住房保障体系进一步完善。完善制度建设，先后制定出台《海盐县经济适用住房管理办法》等 5 个规范性文件，切实解决城镇低收入和中等偏下收入住房困难家庭住房问题，让困难家庭实现住有所居。推进保障房日常受理，全年受理住房保障申请 277 份，完成四批次保障房配租配售工作，其中经济适用住房实物分配 157 户、公租房实物配租 54 户，租赁补贴 146 户，年度发放购房补贴、租赁补贴 147 万元。保障房屋安全，全年共维修房屋 84 次。

城区天然气置换工作全面完成。全面完成主城区天然气置换工作，全年完成置换片区 19 个，置换用户数 29802 户。累计建设天然气管线 357.69 公里，发展居民管道燃气用户（点火用气）2160 户，新增公建用户 21 家。

人防军事斗争准备不断深化。抓好人防指挥部常态化建设，完成人防指挥部“一中心三部门”划分，明确人民防空指挥部编制。警报管理井然有序，组织开展全县“5·12”警报试鸣活动，全县 21 台警报器参加试鸣，鸣响率 100%。训练演练成效明显，组织开展海盐县人民防空行动检验性演习活动，县人防指挥部、9 个镇（街道）人防指挥部和国家一类重要经济目标秦山核电基地人防办参加，整个演习过程严格按照导播计划执行，突出体现基于信息系统的人民防空行动能力。

海盐县交通运输局

2016 年，海盐县交通运输局以“三优”海盐建设为目标，以浙江交通最美行业示范县创建为抓手，依托“畅行 365”服务品牌，在深入谋划交通“十三五”规划的基础上，积极打造“货畅其流，人便于行”的现代综合交通运输体系，努力实现公共交通基本公共服务均等化。

突出重点，加快推进基础设施建设，全年完成投资 12 亿元，海盐县杭平申线航道改造工程项目管理部被评为全省重点建设立功竞赛先进集体。

集中攻坚，启动全县环境综合整治，开展绿化专项行动和整治码头堆场专项行动，努力打造畅通、整洁、有序的公路航道新形象。翁金线大王桥至东方桥段获得“浙江省最美绿化通道”称号，杭浦高速南北湖出入口至 01 省道绿化提升工程试验段获得浙江省“优秀园林工程”金奖。

争创最美，激发队伍干事创业激情，在“浙江交通最美行业示范县”创建中，开展“一二三四五六”系列创建活动。01 省道海盐超限运输检测站被交通运输部评为“全国交通运输行业文明示范窗口”，县交通运输局被省交通运输厅评为 G20 杭州峰会交通运输服务保障工作先进集体，海盐鸿远公共交通有限公司被省公安厅评为 G20 杭州峰会安保工作中成绩突出的治安保卫重点单位。

服务民生，重点完善公共交通网络。全年实施农村公路等级提升 9.24 公里，路面维修 27.48 公里，农村公路危桥改造 6 座; 完成改建公交车停靠站 30 个和公共自行车站点 11 个（其中 2 个扩建），公共自行车新增 300 辆、更新 1000 辆；新购公交车 22 辆，新开公交线路 2 条；主动接轨上海，发行新版公交一卡通，启用市民卡公交功能，公交一卡通和市民卡实现与全国 107 个城市互联互通。

绮园景区至南北湖 • 五味村旅游公交线路开通

海盐交通公众开放日——“小眼看公交”活动

秦山大道骑行绿道正式建成

杭浦高速南北湖出入口至01省道绿化提升工程试验段获得浙江省“优秀园林工程”金奖

澉浦大桥施工现场

海盐县公路管理段

海盐公路养护人员在01省道结冰路面、桥面全力抗冰除雪保畅通

S101（01省道）杭沪线海盐段2016年养护大中修工程施工现场

海盐公路“天眼”系统——治超指挥中心

2016 年，海盐县公路管理段围绕“美丽公路”建设开展工作，以提升公路路况、整治路域环境、治理超限运输等工作为重点，坚持建设、养护、管理、服务并举，全力推进各项工作平稳较快发展，保障公路畅通，提高公路服务水平，各项工作亮点纷呈：

亮点一：继续加大预防性养护工作力度，推进日常养护规范化，普通国道、省道公路路况位列全市第一。

亮点二：在全市率先启用公路治超“天眼”系统。

亮点三：公路养护大中修工程、县镇（街道）公路桥梁修复工程等进展顺利，并按时完工。

亮点四：翁金线（大王桥至东方桥段）获 2016 年度“浙江省最美绿化通道”（县道）称号，湖盐线、嘉盐线创建为“市级精品示范道路”。

亮点五：对嘉盐线、翁金线等农村公路路面进行等级提升，并评选出 15 条道路为“海盐县最美公路”。

市级精品示范道路湖盐线

市级精品示范道路嘉盐线

浙江省最美绿化通道翁金线

海盐县水利局

10月19日，代省长车俊到海盐检查指导防汛工作

4月28日，副省长黄旭明视察南台头闸

2016年，县水利局围绕县委、县政府中心工作，在省、市水利部门精心指导下，以“干在实处永无止境、走在前列要谋新篇”为新使命，牢牢把握创新、协调、绿色、开放、共享五大发展理念，以水环境综合整治为主抓手，突出抓好水利工作项目化管理，大力推进中小河流治理、圩区整治、区域防洪、河湖库塘清淤及农田水利工程等五大工程建设，为建设“三优”海盐提供强有力的水利支撑和保障。

全年完成水利投资3.75亿元，争取省级以上补助资金5386万元，积极开展水利工程标准化管理，妥善处理“6·01”强降雨及太湖第二超汛限历史高水位。是年，海盐县被评为全国水利系统“六五”普法先进集体（全省唯一），获得省农田水利标准化建设优秀县，“十二五”期间农田水利标准化建设先进县，以及实行最严格水资源管理制度通报表扬集体，县级水行政主管部门工作考核优秀和市水文情报预测工作先进单位等省、市荣誉12项。

8月9日，省水利厅水库总站主任赵法元到海盐指导海塘置换工作

水文测站标准化管理

中小河流治理重点县新建外塘河

海盐县委、县政府农业和农村工作办公室
海盐县农业经济局

全省农业“两区”建设暨“互联网+现代农业”现场会

代省长车俊视察华星农场

副省长孙景淼到海盐考察世界名猪博览园

2016年10月，全省农业“两区”（粮食生产功能区、现代农业园区）建设暨“互联网+现代农业现场会”在海盐县召开。近年来，海盐县以发展高效生态农业为方向，积极培育农业产业集聚区和特色农业强镇，着力打造农业“两区”升级版。累计建成粮食生产功能区220个、现代农业园区18个，农业现代化基础不断夯实。

依托“两区”建设，不断创新管理机制，率先在全国颁布示范性家庭农场评定规范等地方标准，促进新型农业经营主体发展壮大。成功培育国家级农业龙头企业——浙江青莲食品股份有限公司。累计培育县级以上农业龙头企业53家，农民专业合作社289家，家庭农场发展至535家。

积极推行“龙头企业+专业合作社+家庭农场”联动发展新模式，示范带动能力进一步增强。浙江万好食品有限公司通过发展蔬菜种植和加工，直接带动合作社社员1020人，并辐射带动周边2.6万余农户。

深入拓展农业文化教育体验、美观美食美景、生产生态生活等多种功能，促进农业与休闲旅游、文化教育等产业深度融合发展。积极探索粮经轮作、种养结合、资源循环利用的新型农作制度，农业“两区”土壤污染防治得以强化。

随着农业物联网技术广泛运用，畜禽水产养殖、农机作业、动植物疫病防控智能化水平显著提高，“农村电商惠民工程”被列为县政府实事工程加快推进。百步镇横港村等3个村跻身“中国淘宝村”行列。

设施蔬菜

休闲采摘

芦荟精品园

海盐县卫生和计划生育局

在第105个国际护士节里，县四套班子领导走访慰问公立医院医务工作者

上海市第一人民医院与海盐县人民医院合作签约暨揭牌仪式在海盐县人民医院多功能厅举行

海盐县健康生活体验中心揭牌仪式举行

2016 年，海盐县卫生计生工作坚持正确的卫生与健康工作方针，以提高人民健康水平为核心，以体制机制改革创新为动力，扎实推进卫生计生各项改革，制订卫生计生事业发展“十三五”规划，医疗卫生计生综合服务能力进一步增强，为保障人民群众生命健康和建设“三优”海盐做出积极贡献。

海盐县深化医药卫生体制改革继续走在全省前列，承担分级诊疗双向转诊等多项省级试点工作，县域内综合就诊率 95.4%，得到省人民政府和省卫生计生委领导充分肯定。成功承办第七届浙沪社区中医药服务论坛，“基层中医化，中医基层化”经验走向全国。“双下沉、两提升”工作在省第三方评估中名列全省前三。

大力实施“接沪融杭”战略，各家县级公立医院均与上级三甲医院结成协作医院关系。县人民医院成为“上海市第一人民医院海盐分院，“浙北中西医结合消化病诊疗中心”在县中医院建立并运行，县妇保院成为全国首家县级“PAC 优质服务医院”，并与上海红房子医院签订第二期技术协作协议。探索医养护结合新模式，县康复护理院开放床位数 250 张。充分发挥区域医疗联合体和医疗资源共享型中心的作用，大力提升基层医疗服务能力。

稳步实施省基层医疗卫生机构补偿机制改革试点，建立专项补助与付费购买相结合、资金补偿与服务绩效相挂钩的基层医疗卫生机构补偿新机制。出台《海盐县卫生计生基本公共服务均等化改革试点工作实施方案》，城乡医疗卫生机构标准化建设项目、城乡居民同享基本医疗服务项目、城乡居民同享健康保障项目等“三大工程”如期完成。秦山街道社区卫生服务中心获得“浙江省百强社区卫生服务中心”称号，为全市唯一；百步镇卫生院被评为国家级“群众满意的乡镇卫生院”。

县卫生计生局先后被授予浙江省卫生先进单位、嘉兴市“双下沉、两提升”工作先进单位、嘉兴市基层中医工作先进单位、海盐县 2016 年度机关各部门（单位）工作目标责任制考核优秀单位等称号。

上海市红房子妇产科医院与海盐县妇幼保健院技术协作两周年庆典暨第二期协作签约仪式举行

庆祝建党95周年纪念大会召开

“5·12”国际护士节庆祝活动暨表彰大会举行

第七届浙沪社区中医药服务论坛暨浙江省中医药学会2016年中医全科分会学术年会在海盐县召开

海盐县市场监督管理局

为生产企业排忧解难

浙江省药学志愿服务团海盐分队成立

银政企现场对接会召开

“放心市场”建设成果

2016 年，县市场监管局在县委、县政府领导下，深入贯彻落实习近平总书记关于食品安全工作“四个最严”的重要指示精神，认真履行市、县政府 2016 年度食品安全工作目标责任制，以“三大一严”专项行动为抓手，依靠各镇（街道）、各职能部门同心协力，认真落实省食安委委托试点（“食品安全治理体系建设综合性试点”和“食品安全社会共治长效机制标准化建设”）任务，有力地保障人民群众的饮食用药安全。市场监管工作牵头开展民企金融、科技“双对接”活动；商标品牌工程实现新突破；“放心农贸市场”建设圆满收官；“智慧市场”建设列入县政府十大民生实事工程之一并获得圆满成功。继续执行“容缺受理”制度，开展“五证合一、一照一码”换照工作，全面落实一口受理、限时办理、网上办理等制度，市场主体得到新的增长。维序维权工作扎实开展，先后圆满完成 G20 杭州峰会和第三届世界互联网大会（乌镇峰会）维稳安保。加强全县投资类市场主体事中事后监管、企业信用监管、网络交易监管，深入开展打传打假维权护密，积极调解消费纠纷等。坚持以“五个一批”工程为工作抓手，积极构建政策支持、资源共享、要素对接、服务指导“四位一体”工作格局，在全市率先出台助力小微企业发展十大举措，被评为浙江省“小微企业三年成长计划”工作优秀县（市、区）和嘉兴市“小微企业三年成长计划”工作优秀县。

农村食品安全治理

药械质量安全日常检查

组织消费义工抽查超市食品

海盐县核电事故场外应急办公室

9月21—22日，第三届国际核电运维大会暨第二届核电海盐峰会在海盐召开

2016年，县核应急办围绕全县经济社会发展大局，按照“四个年”活动要求，以核应急、支核、中国核电城建设、核电关联产业等四项工作为主要抓手，团结一致，奋发有为，各项涉核工作扎实推进，成效明显。

是年，开展核电科普宣传活动80余项，走进社区15个，组织47批次重点人群3000余人次走进核电参观学习，接受教育19000人次，发放资料3300余份。海盐县与秦山核电签署秦山核电专用公路建设协议，秦山核电出资5.58亿元，新建武南线、核海线，扩建秦核线、翁金线部分路段。全县有核电关联企业76家，核电关联企业实现产值230亿元。其中，县内核电关联产业规模以上企业总产值65.63亿元，涉核销售与服务总额8.52亿元。核电关联产业已成为全县经济增长的一支重要力量。

7月14日，核电专用公路项目签约仪式举行

7月4日，军地协同共谋新发展共筑核安全会议召开

4月19日，日本技术者联盟到海盐访问

4月6日，核工展会上，全国政协副主席齐续春参观海盐展馆

海盐县联创工作委员会办公室

国家级生态县考核验收汇报暨反馈会

2016 年，县联创办以强化长效管理为重点，紧紧围绕巩固国家卫生县城和创建国家级生态县目标，精心组织实施各项创建工程，顺利通过国家卫生县城首轮复审，并先后通过环保部考核验收。

巩固国家卫生县城创建工作成果。大力整治市容市貌，针对容易反弹回潮的部分国卫指标，组织相关职能部门开展专项整治活动；贯彻落实《病媒生物预防控制管理规定》和《中华人民共和国传染病防治法》。加大宣传力度，不断丰富宣传形式，加大宣传深度，拓宽宣传渠道。强化督查考核，深入开展网格化管理区块包干活动，由县级机关各部门（单位）对各区块进行包干，进一步增强部门（单位）做好巩固国家卫生县城工作的积极性、主动性和责任心，形成纵向到底、横向到边、条块联动、齐抓共创的“区域式联动、网格化管理”的工作新机制；严格考核奖惩，完善考核办法，并将考核结果纳入县委、县政府对部门（单位）年度目标责任制考核。

全面开展国家级生态县创建工作。开展“一绿、二清、三整、四提升”集中攻坚战，努力建设产业优质、环境优美、生活优雅的现代化滨海城市。扎实推进水环境综合治理，11 个县控以上断面水质全面达到四类以上水质；强化基层参与生态建设，5 镇 4 街道的跨行政区域河流交接断面考核全部合格以上。实行秸秆禁烧工作网格化管理，聘任环保特约监督员参与重点区域执法检查，严厉打击环境违法行为。加大整改力度，不断提升生态文明建设水平；优化生产、生活和生态空间布局，划定并严守生态保护红线，深化城乡环境综合整治，并建立长效机制。

积极开展省级文明县创建工作。提升思想认识，形成联动创建的工作态势，突出育人固本，营造健康向上的社会风尚。深化群众性系列精神文明创建，扎实做好省、市、县三级文明单位、文明镇（街道）、文明村（社区）创建管理工作；加强社会治理，维护社会秩序安全平稳，大力推进社会治安动态视频监控系统建设，维护大平安，扎实开展安全生产大检查和“打非治违”专项整治工作。

深入开展城区交通秩序整治工作。按照“全域治理、分步推进”原则，划定重点治理区域，积极开展交通秩序整治工作。制定交通秩序整治总体方案，明确整治内容和部门责任；多次召开联席会议，协调解决问题；加大巡查和处罚力度，安排人员对重点路段和重点区域进行巡查，对违章进行查处；联合有关部门组成督查组，对活动开展情况进行督查。进一步理顺城区停车场建设和管理体制，加大管理和处罚工作力度，停车难、停车乱、乱设摊等突出问题逐步得到改善，交通秩序明显好转。

县委常委、宣传部长田林华陪同国家级生态县考核验收组检查

海盐县国税局

百名党员进千企

开出第一张“营改增发票”

2016 年，海盐县国税局在省、市国税局和县委、县政府的领导下，紧紧围绕实现税收现代化奋斗目标，众志成城、团结奋进，相继打赢营改增、国地税征管体制改革、金税三期上线、数字人事运行等多场硬仗，在组织收入、强化征管、规范执法、优化服务和全面从严治党等方面均取得新的成绩，实现“十三五”发展良好开局。是年，组织国税收入 55.43 亿元，同比增长 13.7%，其中县城税收完成 25.78 亿元，同比增长 14.8%；核电税收完成 29.65 亿元，同比增长 12.7%。国税收入体现财政总收入 39.55 亿元，占全县财政总收入的 62.7%，同比提高 2.98 个百分点；国税收入体现县一般公共预算收入 15.9 亿元，占全县一般公共预算收入的 45.2%，同比提高 10.8 个百分点，为全县经济社会发展提供持续稳定的财力保障。办理固定资产进项税金抵扣 2.9 亿元，其中县域 2.42 亿元；办理出口退（免）税 8.82 亿元，办理各类非指标减免退税 3.42 亿元。全县营改增累计直接减税 8000 万元，其中新扩围四大行业直接减税 6000 万元。是年，县国税局连续第 11 年获评工作目标责任制考核先进单位，连续第 12 年获评县依法行政工作先进集体。

国地税合作

走访企业调研解难

税企互动

国网海盐县供电公司

1月27日，公司承办嘉兴市2016“道德讲堂”总堂活动

2月3日，海盐首个电动公交汽车充电桩正式通电

7月29日，首届“盐电星发布”活动举办

2016 年，国网海盐县供电公司认真贯彻落实省、市公司和县委、县政府决策部署，紧紧围绕“坚持创新引领，坚持务实发展”工作思路，同心协力、拼搏奋进，圆满完成各项目标任务。全年累计完成投资 1.7 亿元，完成售电量 26.61 亿千瓦时，增长 6.61%，全员劳动生产率 130.73 万元 / 人 · 年，人才当量密度 1.2052。全年获评国网浙江省电力公司同业对标综合标杆第三名、安全生产劳动竞赛先进集体、先进基层党组织；获国网嘉兴供电公司文明单位标兵、G20 杭州峰会电力保障专项立功竞赛一等功臣集体称号，优秀廉政情景剧获得一等奖。

110千伏沈荡变电所鸟瞰图

11月28日，横港110kV移动变投产

响应“互联网+”，全省首个线上办电试点成功

中国人民财产保险股份有限公司海盐支公司

总经理孙连群慰问农村贫困党员

承保窗口获全县“巾帼文明岗”称号

中国人民财产保险股份有限公司海盐支公司是中国人民保险公司的下设机构，经过 30 多年发展积累，在机构网络、专业人才、技术力量、承保经验、理赔服务和资金实力等方面形成独有的巨大优势，市场份额长期保持在 50% 以上，成为引领全县财险市场的行业标杆。

公司多次被评为全国、全省、全市系统先进单位和“金牌服务示范窗口”，获嘉兴市文明单位、嘉兴市消费者信得过单位、海盐县文明行业等称号。

理赔查勘人员

公司现开办有企业财产保险、家庭财产保险、机动车辆保险、船舶保险、货物运输保险、工程保险、责任保险、信用保险、核保险、短期意外伤害保险和健康保险等 100 多个商业性险种，及各类政策性涉农保险，为全县经济社会健康发展和人民群众安居乐业提供有力保障。

PICC 承载着“人民保险、服务人民”的光荣使命，公司将继续以“做人民满意的保险公司”为愿景，不断提升服务品质和加快发展能力，为建设“三优”海盐，促进全县经济快速发展和人民生活的幸福安康提供更加广泛、优质的保险服务。

理赔人员查勘水稻受灾情况

理赔人员查勘企业火灾现场

海盐县城投集团

海盐县城市投资集团有限公司于 2009 年 1 月 18 日正式挂牌成立，注册资本 7.5 亿元，是一家县政府直属的国有独资公司。主要负责县城城市基础设施建设、旧城改造、房屋搬迁、土地收购、储备、经营，以及相关社会事业项目的投资、开发、建设；负责城市旅游开发、建设、运营和管理，以及三产招商和重大招商引资项目的服务保障和推进。

围绕建设产业优质、环境优美、生活优雅的“三优”海盐，集团公司以“责任之心做企业，为和谐未来做事业”为理念，全力抓好城市建设、城市旅游、产业培育三大板块。

经过近九年的发展，城投集团资产和人员规模迅速扩大，主营业务更加清晰，信用等级稳步提高，重大项目顺利推进，内部管理得到加强，综合竞争力日益提升，一个专业化现代企业集团公司已见雏形，正昂首阔步踏上可持续发展之路。

城西逸豪苑

零碳屋

白洋河湿地公园

城南新区

海盐县卫生监督所

2016年，县卫生监督所紧紧围绕全年工作目标任务，通过加强内部监督、紧抓队伍建设、规范执法行为、提高效能建设等举措，全面落实、有效推进全县卫生监督执法工作，圆满完成全年各项工作任务。全面使用移动执法，提高现场执法效率；安装在线监测系统，实时监测饮用水水质；运用卫生监督协管移动APP，有效提升基层协管服务能力，充分借助“互联网+”优势，运用信息化手段助推卫生监督，提高工作效能。大力开展公共场所专项整治行动，有效推行学校卫生监督量化分级管理制度，严厉打击非法行医和非法采供血行为，切实维护和保障人民群众身体健康。

县卫计局书记、局长徐世民调研卫生监督工作

学校卫生监督检查

消毒隔离采样

母婴保健技术服务专项监督检查

是年，县卫生监督所获2016年度嘉兴市卫生监督工作考核优秀单位称号，是2011年以来连续第6年名列全市卫生监督工作考核第一，实现“六连冠”。

海盐县疾病预防控制中心

2016年疾控业务系列培训

省星级预防接种门诊通过验收

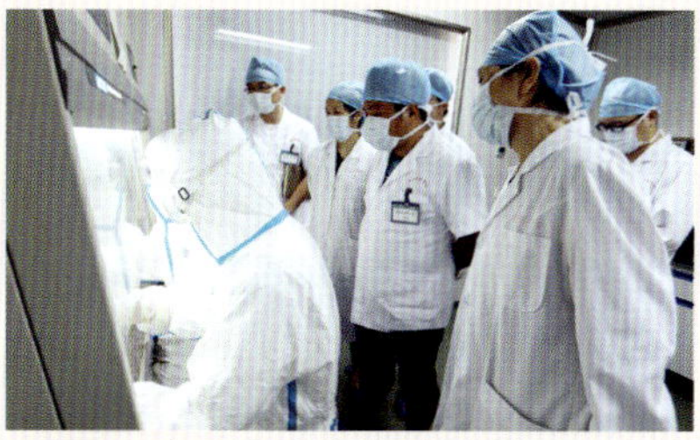
实验室生物安全演练

县疾病预防控制中心是经批准成立的公益一类事业单位，设有中心办公室（基卫办）、综合保障科 2 个职能科室及检验科（质管办）、传染病防制科（应急办）、健康危害因素监测科、预防保健门诊部、慢性病防制科、结艾地病科、健康教育科 7 个业务科室，现有职工 38 人，其中中高级职称卫技人员 18 人。中心建有 100 级洁净实验室、PCR 实验室、艾滋病筛查中心实验室和四间 P2 实验室，拥有千元以上仪器设备 150 多件，通过计量认证的检测项目共 15 类 296 项。卫生检验、流行病学被县卫生计生局确定为重点学科。预防保健门诊部设有省级规范化犬伤门诊。

开展“登革热伊蚊”布雷图指数监测

犬伤门诊部服务电话：0573-86033808

南北湖
中国唯一山海湖全景度假地
浙江·海盐·南北湖
旅游热线：0573-86513123
网址：www.nanbeihu.com.cn
南北湖微信
南北湖微博

海盐县环境卫生管理中心

战高温，助“双推”

日常道路保洁——垃圾减量分类

洒水车作业

县环境卫生管理中心，原名海盐县武原环境卫生管理所，2008 年搬迁至武原街道新兴路 216 号。环卫中心肩负着县城区所有道路、小区、“城中村”、河道、公厕的清扫保洁，乱涂、乱画、乱张贴的清理，以及生活垃圾、建筑垃圾、餐厨垃圾、粪便等“收、转、处”工作职责。

环卫中心下设综合科、财务科、有偿服务科、项目设备科、监督科、受理中心、管理科、管理站等 8 个科室，负责管理县城区内城南、城北、城西、百尺、梅园、长安、常绿、叶家桥、海丰、海兴东路等 10 个生活垃圾中转站、阁老山生活垃圾应急填埋场、大北山建筑垃圾堆场、城西零星建筑垃圾堆场，以及生化处理厂的日常作业，监管保洁承包公司 3 家（分别承担县城区北片、南片、新区的保洁作业，保洁人员共 697 人），餐厨垃圾处置基地 1 个。

近年来，环卫中心秉承“宁愿一人脏，换来万家洁”的工作精神，大力发展数字环卫、智慧环卫建设，不断完善配套设施和管理服务，提升保洁作业水平，扎实推进“美丽海盐”建设。

环卫“好爸爸”共度父亲节

副县长高海华到谢家路城北中转站慰问环卫一线职工

海盐县白蚁防治站

省白蚁防治中心副主任宋晓刚（左三）等调研海塘蚁害

与国内外专家研讨白蚁防治

白蚁防治科普宣传

创建白蚁科普宣传基地

海盐县白蚁防治站成立于 1984 年，经历三个发展阶段：1984—1994 年，是县房地产管理处的一个部门，主要职能是处理直管公房中的白蚁危害；1995 年独立建制，业务量开始增加，特别是 1996 年《浙江省房屋建筑白蚁防治管理办法》的颁布促进白蚁防治工作的迅速发展；2000 年以后，随着经济建设步伐的加快，海盐白蚁防治也迈上快车道，新建预防面积平均每年超过 200 万平方米。

2016 年，贯彻落实海盐县《关于加强白蚁防治工作的意见》，全面推进白蚁防治转型升级。新建预防签订合同面积 187.2 万平方米，同比增长 36%；完成新建预防施工面积 237.2 万平方米，同比增长 10.4%；旧房灭治面积 6.46 万平方米，同比增长 67.8%；回访复查面积 235.7 万平方米，同比增长 24.1%。

白蚁防治施工现场

白蚁防治施工现场

义务扫雪

武原街道

10月18—19日，代省长车俊到武原街道华星农场视察

10月14日，武原街道第二次党代会召开

11月12日，海盐首家民营医院海盐邦尔医院正式开业

2016年，武原街道强动力、拓空间、美环境、优服务，实现国内生产总值 110.72亿元，增速6.5%，全年完成固定资产投资28亿元，同比增长17%；工业投资同比增速32.6%，列嘉兴市第四名。紧抓招商选资“一号工程”，全年合同利用外资5129.48万美元（任务完成率197.29%）；实到外资1830.43万美元（任务完成率140.80%）；引进县外内资65559.6万元（任务完成率198.67%）；新增注册资本38371万元（任务完成率239.82%）。浙商回归资金到位26064万元（任务完成率120.11%）。接轨上海工作到位资金40757万元(任务完成率203.79%)。积极推动企业股改上市，“盛迪电子”在“新三板”挂牌上市，完成企业股改3家。全年争取市级以上科技资金117万余元。加快推进“两创”中心建设，3.78万平方米标准厂房完成主体建筑，0.78万平方米创意园主体结顶，“两创”中心二期（中小企业集聚园标准厂房）和三期（变频器产业园）项目按计划推进。加快新区平台建设，启动新区426户农户征迁；助推县重大项目建设，启动2085户中心城区农房征迁工作。

是年，武原街道获浙江省卫生街道、浙江省“示范数字档案室”称号，被评为2011—2015年全市法治宣传教育先进集体，2016嘉兴市重大国际峰会保障服务工作先进集体。

武原街道文体中心效果图

武原新区0.78万平方米创意园主体结顶

城区一角

海盐经济开发区（西塘桥街道）

3月31日，智能制造产业技术创新战略联盟、德国联邦采购物流协会、北京印刷学院与县政府战略合作签约仪式举行

8月25日，创客中心举行开园仪式

12月22日，伍尔特集团大中华区供应链中心开幕仪式举行

2月14日，省长李强调研杭州湾智能装备基地建设情况

2016 年，海盐经济开发区（西塘桥街道）勇立潮头创亮点。构建智能产业孵化、服务、扶持“三个生态圈”的工作创新，被省政府办公厅以“专报”刊发，并获副省长冯飞批示。建筑面积 28150 平方米的创客中心投入运行，为智能产业孵化、培育建起服务平台。三大特色园区 10.5 万平方米标准厂房全部出租，招商引资已由出让土地向出租空间转变。新增分布式光伏并网发电项目11个，至年底，总装机容量 76 兆瓦，国家级分布式光伏发电示范区建设再创新辉煌。区域幅射带动能力不断增强。是年，海盐经济开发区（街道）规模以上工业总产值占全县 43.6%（剔除核电），其中五大新兴产业总产值占全县 45%，财政总收入占全县 24.5%，已成为海盐县经济发展的重要增长极。

智能装备产业园

欧洲（德国）产业园

新经济产业园

元通街道

元通街道地处海盐县东北部，东临西塘桥街道和平湖市曹桥镇，北靠嘉兴市南湖区凤桥镇，西接沈荡镇，南连县城区域。街道所辖地域面积34.42平方公里，下辖新兴、凤凰、电庄、永福4个社区和青莲寺、兴隆2个村，人口2.16万人(包括外来人口)，其中户籍人口 1.78 万人。盐嘉公路、杭浦高速公路穿境而过，与上海、杭州、苏州均已形成1小时交通圈，水陆交通极其便利，区位条件得天独厚。

2016年，元通街道正加快建设“一镇三区”(健康美食小镇，江南水乡典范区、智能制造集聚区、文旅休闲宜居区)，着力打造海盐靓丽北大门，被命名为嘉兴市“五水共治”先进集体和嘉兴市保障服务重大国际峰会先进集体。是年，元通街道实现国内生产总值14.28亿元，工业总产值66.53亿元，公共财政预算收入6859万元，农民人均可支配收入30242元。

4月28日，副省长黄旭明到青莲食品公司调研

7月26日，副省长梁黎明到意欧斯智能科技股份有限公司调研

8月16日，全市农业转型发展现场推进会在元通召开

10月18日，全省农业“两区”现场会召开

10月21日，“锦萧”项目正式签约

秦山街道

核电科技馆

文溪坞第二届端午民俗文化节

秦山，地处杭州湾北岸，因秦始皇东巡时曾登山遥望东海而得名,依山傍海，土地肥沃，物产丰饶。南距杭州92公里，北去上海118公里，沪杭、杭浦、申嘉湖高速及乍嘉苏高速、杭州湾跨海大桥、嘉绍高速“三纵三横”贯穿秦山街道全境，实现“一小时经济圈”。我国第一座自行设计的核电站——秦山核电站就坐落在街道境内，区域面积54.97平方公里，辖5个村、6个社区、2个居委会，常住人口3.03万，新居民1.27万。

近年来，街道党委、办事处认真贯彻落实上级党委、政府的各项决策部署，紧紧抓住“核电”这张金名片，大力发展核电关联产业，2015年，核电特色小镇入选首批省级特色小镇创建名单。以省级特色小镇创建为抓手，打造“浙沪核电共享区”，逐步承接上海装备制造业，引进阿海珐（中国）核电服务有限公司、中核机械工程公司、核电工程公司等中外知名企业，连续第三年获得市级工业强镇（街道）建设进步奖。发展全域旅游，建设宜居、宜业、宜游的“美丽乡村”，打造踏砖、闻花、听溪、望山、品茶的“文溪探幽”“美丽乡村”示范点，生动诠释别具韵味的江南水乡特色。休闲旅游产业逐渐兴起，社会各项事业发展迅速，先后荣获省东海文化明珠工程、省教育强镇、省卫生城镇、省体育强镇、省文明街道、省无邪教街道等称号，打造经济提质增效、城乡统筹协调、生态环境优化、民生持续改善、社会和谐稳定、党建不断加强的新格局。2016年，实现地区生产总值18.37亿元，同比增长10.9%；农村居民人均可支配收入28429元，同比增长14.24%；实现规模以上工业产值28.67亿元；完成固定资产投资23.63亿元，其中工业生产性投入 14.05亿元。引进合同外资6767.3万美元，实到外资1493.4万美元，引进县外内资8.97亿元，新增注册资本2.88亿元。

丰山村文化礼堂

庆祝建党95周年文艺演出

于城镇

建设中的“江渭新社区”

皇能科技外景

于城镇位于海盐县中部，东邻武原街道，南连通元镇，西接百步镇，北倚沈荡镇，水陆交通发达，有盐湖线、海王线、嘉南线等公路和杭浦高速出入口，水上有吕家港、盐嘉塘等四级航道。全镇地域面积 42.96 平方公里，下辖 8 个村和 1 个社区，年末，户籍人口 25236 人，农民人均可支配收入 29852 元。

是年，全镇有工业企业 412 家，其中产值 2000 万元以上企业 42 家，亿元以上企业 5 家。实现工业总产值 36.77 亿元，规模以上企业销售额 26.79 亿元，利税总额 14203 万元，外贸出口总值 8816 万美元。形成以紧固件、服装、印染、电子仪表、装潢等优势产业。农业生产有家庭农场 43 家，投入亿元的圩区工程已全面使用，确保农业生产安全，名牌优质产品有于城牌葡萄、于城牌梨、于城牌生态鳖。社会事业健康发展，文化事业长足进步，集镇和新农村建设日新月异，生态建设不断完善。

防洪排涝工程

浙江创能新能源科技有限公司

庄柴湖和湖心岛

百步经济开发区（百步镇）

2016年，浙江百步经济开发区（百步镇）围绕攻坚克难抓落实，精准发力开新局，推动有效投入、招商选资、平台建设等各项重点工作在全县争先晋位。全年收获六块牌子和十佳指标。六块牌子：省级经济开发区、省级特色小镇培育镇、嘉兴市特色小镇、市级小城市培育试点考核先进、第二轮嘉兴市小城市培育试点镇、嘉兴市工业强镇进步奖。十佳指标：2016年，全镇10项主要经济指标超额完成。全年实现地方生产总值25.76亿元，同比增长11%；实现公共财政预算收入1.5亿元，同比增长16%；完成率115%；实现规模以上工业总产值76.7亿元，同比增长7.6%；完成固定资产投资22.7亿元，同比增长31.7%，完成率112.3%。

中国集成家居产业园规划图

特色产业高速发展。围绕海盐集成家居时尚小镇推进中国集成家居产业园建设，实施第四、五、六个土地整治项目。全年完成平台基础设施投入 1.2 亿元，5 个组 145 户农户共 73.33 公顷土地征迁工作基本完成，累计搬迁农户 180 户，完成土地复垦 10.67 公顷，腾退低效用地 10.8 公顷。产业园已有 16 家企业达成入驻意向，友邦公司产业园项目累计投入 3.5 亿元，云馆主体工程基本竣工。友邦集成吊顶产业总部运营基地亮相第 15 届威尼斯建筑双年展，成为该展会开展 30 多年来唯一一家参展的中国吊顶企业。“集成吊顶证明商标”注册工作顺利完成。“百步 · 中国集成吊顶产业指数”在第 18 届中国（广州）国际建筑装饰博览会上正式对外发布，成为全国首个集成吊顶产业指数和嘉兴市首个乡镇产业发展指数，进一步提升百步集成吊顶产业知名度、影

嘉绍高速

得胜村新农村安置点

响力和业界话语权。以核心产业强势带动，同步推进创意印刷、纺织服装、机械制造等传统主导产业改造提升，培育壮大高分子材料等新兴产业。

城乡统筹不断加快。以“多规合一”为契机，进一步调整完善城乡规划编制。优化城乡路网框架，百步大道东侧道路顺利竣工，老百左线拓宽工程、通汇路连接线道路工程稳步推进。实施道路人行道路面改造、雨污水管网改建、立面改造工程。新增绿化面积 27 公顷，其中集镇绿化面积 1.2 公顷，完成“1+X”农房布点规划及建设规划，采取“1+8+35”（1 个新市镇、8 个农村新社区及 35 个保留点）布局。农房确权工作收到房产证 902 本，修缮路面 2830 平方米，翻新人行道 4802 平方米，粉刷外墙约 15000 平方米，并对靠近道路的 250 平方米围墙添加彩绘，对百禾路、新邮路、建设路、百步西路进行立面整治，共整治房屋 135 间，2352 平方米。

生态环境进一步优化。深化“五水共治”，2016 年度 6 个村获得治水先进村称号，1 个村获得治水上台阶奖。累计完成垃圾河、黑河、臭河整治 50 条，河道清淤 176 条，沉船清理 295 艘，获得 2015 年县水质考核先进镇。累计完成农村生活污水入网 4700 户，集镇及工业园区截污纳管覆盖率 100%。得胜横港圩区、桃北圩区全面竣工，超同新升圩区即将竣工。

友邦云馆

推进“三改一拆”。全年完成“三改”面积 46.03 万平方米，其中“城中村”改造 2.62 万平方米，旧住宅区改造 6.32 万平方米，旧厂区改造 37.09 万平方米；拆除违法建筑 17.32 万平方米，其中违建猪舍 9100 平方米，各类涉安违建 8700 平方米。

社会生活和谐稳定。城乡居民基本医疗保险工作，参保率 99.9%，城乡居民养老保险参保率 99.2%。发展社会慈善事业，为低保、困难、残疾户发放各类救助救济资金 196 万元。发展农村养老事业、养老产业，实施颐养院消防改造工程，新建居家养老服务中心 4 家。完善公办幼儿园管理体制，取缔无证幼儿园，百步中心幼儿园迁建工程正式启动，新横港小学即将开工建设。深化文明创建，举办第三届全民文化节，得胜村省级村文化礼堂顺利竣工。

澉浦镇（南北湖风景区）

浙江艾能聚光伏科技股份有限公司

澉浦镇是一座千年古镇。位于海盐县城西南部，杭州湾畔，省级风景名胜区南北湖风景区坐落其中。近年来，澉浦镇坚持“影游兴镇、工业强镇、生态立镇、和谐固镇”发展战略，全力打造转型发展特色镇、宜居宜业生态镇、平安和谐文明镇，经济社会各项事业呈现良好发展势头。

工业经济稳中向好。2016 年，实现地区生产总值 17.21 亿元，工农业总产值 45.24 亿元，农民人均可支配收入 29443 元，完成固定资产投资 23.18 亿元，规模以上企业利税增长 32%，自营出口增长 29.4%。

生态环境美中做优。坚持“一村一品、一村一韵”，形成“澉东品戏、黄沙采橘、紫金坐望、茶院养心”等多个主题，持续推进“美丽乡村”建设，被评为浙江省第一批“美丽乡村”建设示范镇；在全县率先开展农村生活垃圾分类处置工作，对“可腐烂”垃圾实施“机械式”处理获得成功。

影游产业持续升温。全年旅游经营收入 2431 万元，同比增长 33%，被评为浙江省浙江休闲农业与乡村旅游示范乡镇。完成影视产业年度投资 2.48 亿元，建成畅春园、刺绣商行等拍摄区，先后有《玄武》《无心法师 2》等 20 个影视剧组前来取景拍摄，吸引游客和影迷 22.2 万人次，成功入选第一批市级特色小镇创建名单。

10月，举行南北湖影视文化节暨影视文化体验活动

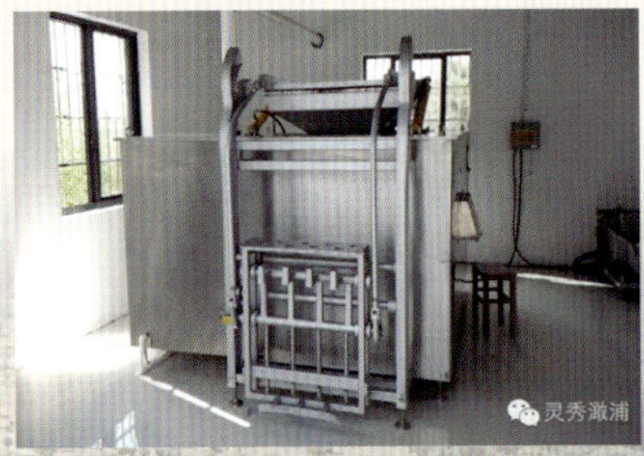

6月，引进全县首台机械式生活垃圾处理设备

铁皮石斛现代园区

通元镇

海盐县第二届湖羊节

郭家埝桥港优美环境

通元文化团队文艺演出

通元镇位于海盐县西南部，东与秦山街道接壤，西与海宁市袁花镇交界，南连接澉浦镇，北毗邻武原街道、百步镇、于城镇。全镇总面积 69.12 平方公里，辖 14 个村、2 个居委会，常住人口 4.86 万人，外来人口 1.27 万人。

2016 年，通元镇紧紧依靠全镇人民，坚持以科学发展观为指导，深入贯彻习近平总书记系列重要讲话精神，以美丽通元“三镇”建设为抓手，统筹抓好各项社会事业建设，应对各种挑战和考验，齐心协力、锐意进取，实现经济社会较快发展。是年，全镇实现生产总值 17.75 亿元，工业企业总产值 58.33 亿元，农业总产值 3.44 亿元，农民人均可支配收入 29524 元。年内，获批市级示范性家庭农场 1 家，通过认定规范化家庭农场 6 家，创建省级生态循环示范主体 1 家。新增省级科技型中小企业 1 家、县专利示范企业 2 家，培育创新型试点企业 1 家，开发省级新产品 15 项，申报专利 170 项，新增市名牌产品 1 个，“机器换人”项目 21 个、“电商换市太阳能发电”项目 2 个。积极实施企业梯级培育，加快推动“个转企”“小升规”，全年完成“个转企” 31 家，新增规模以上工业企业 6 家。被评为 2016 年度镇村河道水质考核先进镇，成功创建为市级文明镇。

长山河村“美丽乡村”基础版

垃圾分类

海盐县理工学校

4月9—21日，丹麦教师代表团到海盐县理工学校开展教学交流

5月14日，承办县职业教育成果展示活动

9月7日，县人大常委会主任黄江莺、县政协副主席贺伟民等到校开展教师节走访慰问活动

10月12日，丹麦松德堡市政府代表团到校访问

11月28日—12月10日，8名学生到丹麦南方职业技术学院开展阶段性学习

2016 年，海盐县理工学校紧紧围绕地方经济建设和社会发展新要求，以内涵发展为主线，进一步深化教育教学改革，加强校企合作与国际合作，不断提升教育教学质量，办人民满意的职业教育。学校被评为 2016 年度嘉兴市现代装备制造业实训基地、嘉兴市护航 G20 杭州峰会和世界互联网乌镇峰会安全工作先进单位，学校党总支被海盐县委和县教育局党委评为先进基层党组织。学校学生会被评为嘉兴市“优秀学生会”，学校“小红帽”家电维修社会实践团队获得嘉兴市青少年暑期社会实践活动优秀团队称号。

教学质量稳步提升。是年，学校有 247 名考生参加考试，上线 237 人，上线率 96%。本科上线 89 人，本科率 36.03%。三个专业共有 6 名学生总分进入全省前 10 名，五个专业共有 26 名学生总分进入全省前 100 名。此外，另有 19 名同学被高校提前录取。在省技能大赛中夺得三等奖 5 个，参加嘉兴市中职学校第十一届技能节获得 3 金、12 银、18 铜奖。

集团化办学有了新进展。是年，学校成为嘉兴市职成教协会和嘉兴市中职体育学协会常务理事单位、嘉兴交通职教集团常务理事单位、嘉兴市机器人与智能装备协会理事单位、杭州市富阳职业教育集团理事单位。

中外校际交流进一步拓展。2016 年 4 月，首次接受丹麦 3 名教师来校交流。11 月，学校首次选派 8 名学生赴丹麦开展为期两周的阶段性学习。通过“走出去”与“请进来”双边互动交流，学校迈出提高办学品质、成就学生终身发展、培养国际化视野的新型技术人才的时代步伐。

浙江省广播电视大学海盐学院

2016年，学院围绕内涵建设，以党建工作为统领，以队伍建设和项目管理为抓手，坚持学历教育与非学历教育并重，在确保学历教育招生规模和办学质量基本平稳的基础上，推进社区教育全面发展，在确保社会培训保量提质的同时，实现老年教育工作的突破。学院被评为全省电大系统管理工作创新先进单位、全省电大系统招生工作先进单位、全省电大系统新闻宣传工作先进单位。在全省社区教育工作会议和全省老年教育工作座谈会上作社会培训和老年教育方面的经验交流。

一、学历教育

是年，学院有本专科在校生2535人，毕业学生1357人。招收新生981人，其中开放教育681人，招生万人比为22.77，列嘉兴市第一。学院开发的集教学、班级管理、互动交流为一体的“一站式”在线学习平台和基于Andriod、IOS移动客户端(APP)正式投入使用。有效的学习支持服务确保良好的教育质量，学院先后在全省电大教学工作会议和全省电大思政工作会议上作开放教育教学工作和校园文化建设方面的经验交流。

二、非学历教育

5月9日，浙江老年开放大学海盐学院正式挂牌成立，春秋两季共招生550人。学院成功举办2016年全民终身学习活动周活动，开展现场书法大赛、社区象棋精英赛，以及“百姓学习之星”等评比活动。社会培训共开班152个，培训学员10889人次，其中7056人通过各级考核并获得证书。

三、队伍建设成果显著

学院师资队伍水平稳步提升。2016年，有2项课题获浙江省现代远程教育学会立项，4项课题获市

省电大副校长王正东、副校长卢文辉到校检查工作

远程教育学会立项。1人获国开大首届开放教育导学教师优秀论文评比三等奖，在嘉兴市远程教育学会2016年年会征文比赛中获一等奖1人，获二等奖2人，获三等奖1人，2篇文章公开发表；在全省电大网上教学活动比赛中获一等奖1人，获二等奖2人；在全市电大青年教师教学技能比赛中获一等奖1人，并在全省电大系统青年教师教学技能比赛中获一等奖；在2016年全省电大课程教学设计方案竞赛中获三等奖1人；在全省电大第五届多媒体学习资源比赛中获三等奖1人，在嘉兴市社区教育微课比赛中获三等奖1人。

2016年海盐县全民终身教育活动周开幕式

“笔墨飘香书海韵”主题现场书法比赛

浙江老年开放大学海盐学院成立

海盐县中医院
（浙江省立同德医院海盐分院）

2016年度市级文明单位考核

“红手环走进世界卒中日”全国健康公益义诊活动

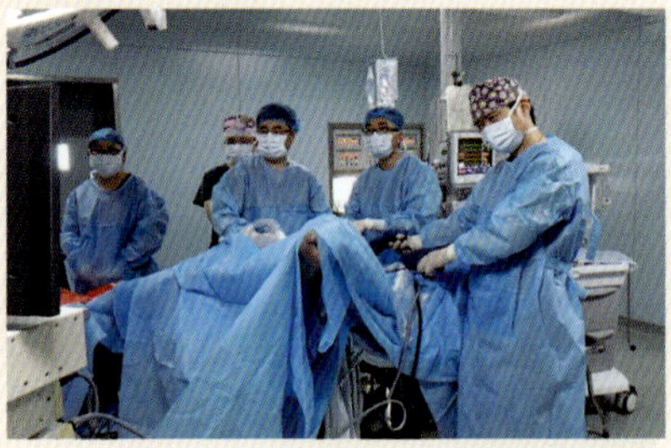

浙北中西医结合消化病诊疗中心省级专家全腹腔镜下完成“乙状结肠癌根治术”

浙北中西医结合消化病诊疗中心成立

浙北中西医结合肿瘤治疗中心成立

海盐县中医院创建于1978年。坐落于武原街道朝阳东路279号。是海盐县唯一一所以中西医结合为特色的集医疗、教育、科研、康复、体检于一体的全民所有制二级甲等中医院。是省健康促进医院、省职业健康检查机构、省中医住院医师规范化培训后备基地、市级文明单位、海盐县惠民医院、海盐县中医药技术培训与推广中心、海盐县中医药养生保健中心、县医保定点单位。

医院根据地域疾病谱特点，依托省级医疗优势，设立两个省级医学诊疗中心：浙北中西医结合消化病诊疗中心、浙北中西医结合肿瘤治疗中心。中心拥有先进治疗设备，省级专家定期坐诊，为患者带来福音。

医院占地面积约1.8公顷，功能区域完善。门诊临床科室20个，医技科室13个，住院部开设手术室、ICU病房、肿瘤康复科、肾病科、内科、老年病科、肺病科、心病科、骨伤科、五官科、外科、肛肠科、妇科、家庭病房。同时设立同德医院同质化管理示范病区1个，并专设健康体检中心。

医院现有美国GE 16排 Brightspeed螺旋CT、美国GES8彩色B超、全自动生化仪、法国生物梅里埃微生物系统、日本欧姆龙动脉硬化仪等多台高端大型设备。2017年，斥资500万余元为浙北中西医结合消化病诊疗中心配备高端设备——奥林巴斯电子腹腔镜、电子胃肠镜、电子胆道镜。

医院除开展骨伤科、脑外科、普外科、肛肠科、妇科等普通手术外，还开展重大的高难度手术：全髋关节置换术、腰椎间盘髓核摘除术、胸腰椎骨折切复内固定术、断肢（指）再植、腹腔镜下结、直肠癌根治术、脾切除术、肾切除及肾部分切除术等各类手术、颅脑外伤、肛肠科ASR技术、改良乳突根治+鼓室成形手术、渗出性中耳炎鼓膜置管术、各种肿瘤手术等。医院开展的“冬病夏治”“冬令膏方”“中医养生茶”“中药香囊”等中医特色项目，以其独特的疗效深受广大群众欢迎。

2013年6月起，浙江省立同德医院正式对海盐县中医院行政、医疗、科教、人才培养等实行全方位托管运行，先后通过派驻心血管科、呼吸内科、肾内科、肛肠外科、甲乳外科、肿瘤科、骨伤科、ICU、针灸科、妇科、中医内科、耳鼻喉科、消化病科等省级专家长期坐诊，快速聚集优势技术，全面提升县级医院综合实力。“同德”专家进驻后，先后开展30多项新技术新项目。

2016年，作为县域中医“1+9”医联体龙头单位，承担着全县中医药适宜技术培训与推广工作。在省卫生计生委、省财政厅委托第三方机构开展“双下沉、两提升”工作考核中获得91分的高分，位列全省托管医院第三名；在浙北中西医结合消化病诊疗中心成立“孙元水教授外科工作室”和“费保莹博士内科工作室”。医院将始终秉承大医精诚中医理念，护卫百姓健康。

预约（咨询）电话：
0573-86032919
医院网址：
http://www.hyxzyy.com
市内公交：2路、4路
微信公众号：hyxzyygfwx

海盐县西塘桥街道社区卫生服务中心

“对口支援”揭牌启动仪式

县卫生计生局领导视察工作

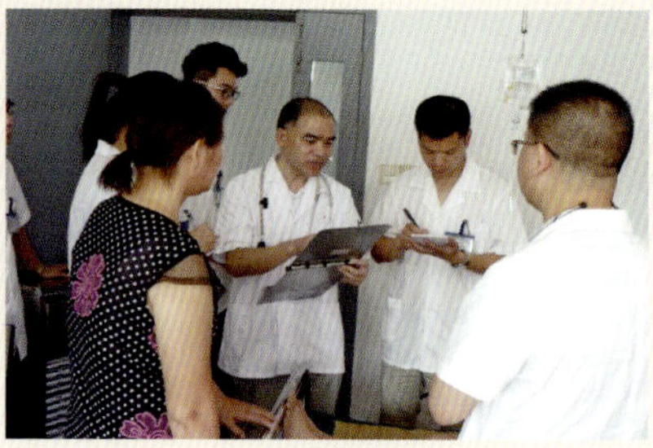
人民医院专家指导查房

海盐县西塘桥街道社区卫生服务中心始建于 20 世纪 60 年代，1985 年由西塘地区医院和西塘桥卫生院合并组成。2002 年始，为海盐县医疗保险、新型农村合作医疗定点机构。2005 年 12 月，整体搬迁至西塘桥集镇中乐西路 38 号。2010 年 11 月，西塘桥镇撤镇建街道，更名为海盐县西塘桥街道社区卫生服务中心，并创建成为“省级规范化社区卫生服务中心”。2013 年 6 月，创建成为“浙江省示范社区卫生服务中心”，并于 2015 年通过复查。2014 年 10 月，与海盐县人民医院建立紧密型合作关系，并正式建成海盐县人民医院住院分部。2017 年 4 月，为深入推进全县乡村一体化综合改革，优化县域医疗卫生资源配置，将西塘桥街道辖区内的西塘桥街道社区卫生服务中心和海塘社区卫生服务中心合二为一，总部设在西塘桥街道社区卫生服务中心原址，实行“人、财、物”统一管理。

中心总部占地面积 7200 平方米，建筑面积 4200 平方米，海塘分中心占地面积 5318 平方米，建筑面积 2289 平方米，下辖大宁、永宁、刘庄、西塘、新港、八团、海塘、新城、新海等 9 个社区卫生服务站。中心现拥有职工 120 人，其中卫技人员 113 人、高级职称 4 人、中级职称 20 人、本科学历 34 人。

中心总部开放床位 31 张，开设有全科医疗科、中医科、内科、外科、儿科、妇产科、急诊医学科、

接种区域

中西医结合科、儿童保健科、妇女保健科、预防保健科、医学检验科、医学影像等科室。配备全自动生化分析仪、三分类五分类全自动血球计数仪、自动血流变测试仪、进口尿液分析仪、尿沉渣仪、便携式彩色超声诊断仪、CR，立式彩色超声诊断仪、6 导自动分析心电图机等诊疗仪器设备。分中心业务科室设有全科、妇保科、儿保科、中医科、口腔科及 B 超、心电图、检验、中西药房、放射等辅助科室，配备 DR 成像系统、彩超、B 超、心电图、全自动生化分析仪、全自动血液分析仪等诊疗仪器设备。

中心将秉持“重塑形象、精诚团结、创优争先、服务至上、关爱生命、再创辉煌、以人为本、健康和谐”的服务宗旨和服务理念，更好地为辖区居民服务。

海塘社区卫生服务中心基本医疗大楼

海盐县元通街道社区卫生服务中心

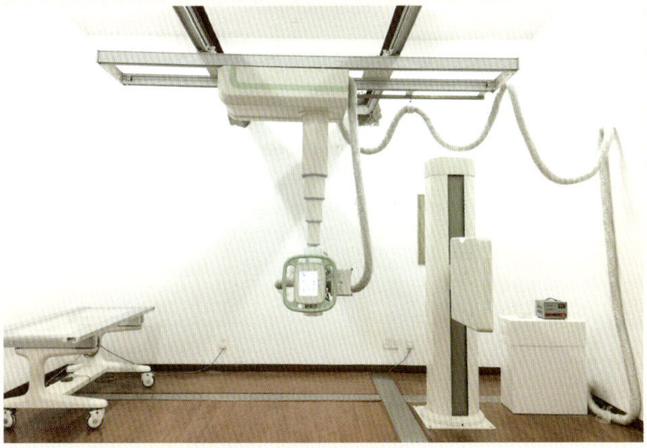

数字化X射线成像系统

预防接种

海盐县元通街道社区卫生服务中心位于元通街道盐嘉路 23 号，占地面积 0.5 公顷，医疗用房面积 4630 平方米，中心创建于 1956 年，目前已成为一所集社区预防、保健、医疗、康复、健康教育及计划生育技术指导六位于一体的社区医疗卫生服务中心。中心现有职工 52 人，其中卫技人员 50 人，副高 2 人，中级职称 10 人。中心设全科医疗科、中医科、口腔科、儿童保健科、妇女保健科等科室，负责辖区内的基本医疗服务工作及妇幼保健、免疫接种、精神卫生，传染病、结核病防治、健康教育、慢性病管理等公共卫生工作。开放床位 25 张，并拥有多普勒彩超、24 小时动态心电图机、12 导联心电图机，心电监护仪，除颤仪，自动血球计数仪，自动尿分析仪，数字化 X 射线成像系统（DR）等辅助检查设备。辖区服务总人口 20881 人，下辖新兴、永福、兴隆、电庄、凤凰、青莲寺等 6 个社区卫生服务站。

中心秉承“诚信、求实、创新、奉献”的精神，始终坚持以“病人为中心，关爱生命，共享健康”的服务理念，热忱为广大群众的健康保驾护航。

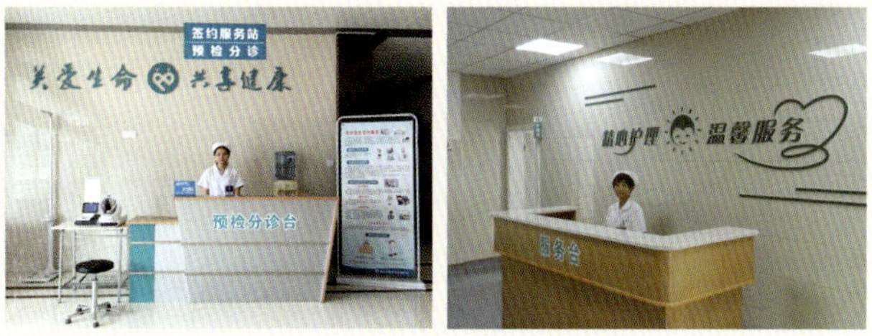

预检处、住院处导医台

中医功能处

医疗大楼

海盐县通元镇卫生院

“两学一做”党员全家福

2014年9月，通元镇卫生院与海盐县中医院建立紧密型医疗联合体，挂牌成立县中医院住院分部

卫生院大楼

通元镇卫生院（原通元地区医院），又名通元镇社区卫生服务中心，始建于 1966 年，2013 年成功创建为海盐县首家浙江省甲等卫生院，是一家在县内较具实力的综合性卫生院，承担通元镇 3 万余人口的基本医疗和基本公共卫生服务。占地面积 1 公顷，下辖 7 个社区卫生服务站，现有职工 90 人，其中高级职称 4 人、中级职称 10 人。是职工基本医疗保险和城乡居民基本医疗保险定点医院、浙江省规范化社区卫生服务中心、浙江省三星级规范化预防接种门诊、浙江省卫生监督协管服务示范点、嘉兴市文明单位、海盐县平安医院、海盐县预防接种实践教学基地。

现设有全科医疗科、内科、外科、骨伤科、妇科、儿科、口腔科、中医科、妇保科、儿保科等门诊科室，以及一个综合性住院部，开放床位 60 张。拥有彩色 B 超仪、心电图机、24 小时动态心电图仪、DR 计算机摄影等医疗设备，能满足本地居民常见病、多发病的就医需求；在急慢性心脑血管疾病、呼吸系统疾病和老年性疾病等方面积累较为丰富的临床经验。

2014 年 9 月，通元镇卫生院与海盐县中医院建立紧密型医疗联合体，挂牌成立县中医院住院分部，全院业务水平、管理水平得到提升。

中医骨伤科秉承富阳骨伤科技术，在传统中医精髓基础上结合现代先进骨伤医学，采用杉树皮小夹板辅以中草药治疗各类肢体骨折，受到患者一致好评，在颈肩腰腿痛治疗方面也有独到之处。

通元镇卫生院始终坚持“医疗质量第一、病人满意第一”办医宗旨，为辖区居民提供集医疗、预防、保健、康复、健康教育、计划生育技术等为一体的基本医疗和基本公共卫生服务。

三星级规范化预防接种门诊

我们的节日——端午活动

义诊现场

海盐县秦山街道社区卫生服务中心

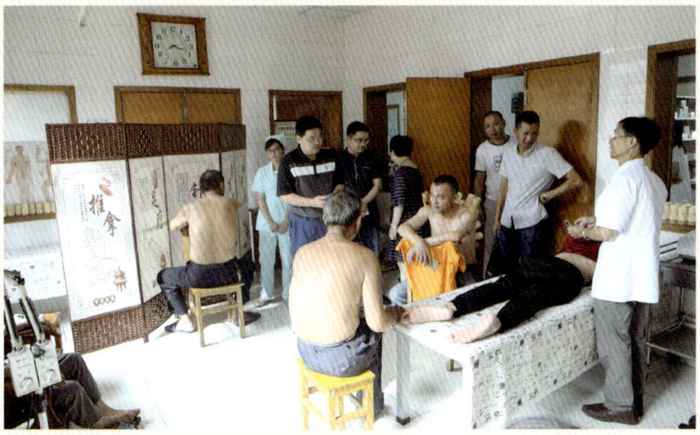

在社区运用中医适宜技术开展医疗服务

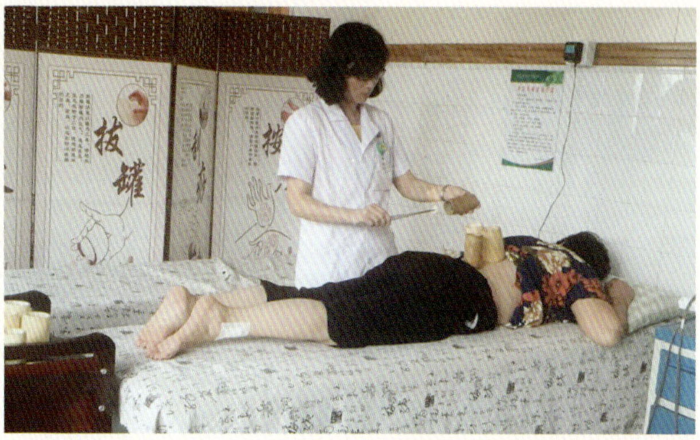

运用中医非药物适宜技术开展医疗服务

中医堂

秦山街道社区卫生服务中心（以下简称中心）创建于 1952 年，现已发展成一家集医疗、预防、保健、康复、健康教育、计划生育指导为一体的综合性社区卫生服务中心。中心占地面积 0.6 公顷，建筑总面积 9254 平方米，其中业务用房 5159 平方米，下设 11 个社区卫生服务站。2016 年 12 月底，在岗工作人员 100 人，其中在编职工 55 人、编外合同工 16 人、农村社区医生（乡村医生）20 人、退休返聘 7 人、勤杂工 2 人。

中心配备有 24 小时心电图分析仪、24 小时动态血压分析仪、彩色多普勒超声仪、煎药机、全自动血球分析仪、尿液分析仪、X 光机、DR 影像系统等先进医疗设备。各科室均参照浙江省社区卫生服务中心（站）标准进行设置，设有全科医疗科、中医科、儿科、妇科、五官科、口腔科、儿保科、妇保科、放射科、检验科、心电室、B 超室、中西药房等科室，是一家功能较全面的社区卫生服务中心。2013 年，中心通过“省级规范化社区卫生服务中心”复评考核。2014 年，通过“省级示范社区卫生服务中心”考核。2016 年 8 月，创建成为省优秀社区卫生中心。

中心坚持中医特色和现代医学相结合管理理念，发挥传统治疗项目优势，灵活运用中医非药物适宜技术，辨证论治，针药结合，不断继承创新。经过姚胜云、杨文忠、陆春梅、姜伟锋等三代中医传承发展，中医科已成为具有浓郁中医药元素的文化名片。中医针灸科在 2014 年底被定为嘉兴市基层医疗机构特色专科（专病）。中医风湿科在 2016 年被定为县级基层特色专科（专病）。

中心坚持以人为本，以健康为中心，以需求为核心，以和谐求发展，努力建设成为社会信任、群众满意的名副其实的百强社区卫生服务中心。

百步镇超同村

省委“两新”工委副书记马小秋一行到超同村考察调研

一团三队，为民服务

网格支部 “两学一做”教育会议

五水共治，美丽家园

超同村位于百步镇东南侧，东与于城镇接壤，南邻通元镇，西接百步镇新升村，北连沈荡镇，新老湖盐线贯村而过，全村区域面积 5.25 平方公里，现有耕地面积 263.13 公顷，有承包组 21 个，农户 775 户，总人口 2735 人。

2008 年 2 月，超同村成立党委，村班子成员 5 人。近几年来，先后获得省、市级文明村，省、市级农村基层党风廉政建设规范化村，市级“绿化示范村”“生态村”，村务公开、民主管理市级示范村和海盐县发展壮大村级集体经济十佳优胜村等称号。

2016 年，全村实现工农业总产值 46422 万元，村集体经济可支配收入 75 万元，村民人均可支配收入 25648 元。农业主要产业有水稻、水产、葡萄、蚕桑。有家庭农场 5 个，其中“金斗笠”农场的葡萄连续多年在省、市级精品果蔬展销会上获金奖。

文艺晚会，精彩纷呈

金斗笠农场

超同村

澉浦镇茶院村

茶园村村部

村干部与联村干部一起表演节目

茶院村由原来的茶院村和长河村合并而成，北邻通元镇，西靠海宁市，南王公路和六平申线穿越而过，水陆交通便捷。全村区域面积 5 公顷，辖承包组 24 个、农户 813 户，总人口 2997 人，党员 95 人；总耕地面积 199.87 公顷，其中水田 165.27 公顷，农业结构以粮食和蚕桑为主，拥有企业 40 余家。

2016 年，村集体经济收入 282 万元，人均可支配收入 25484 元，比上年增长 3%，经济总收入 1.88 亿元。近几年来，先后获得省级卫生村、市级气象灾害应急达标单位、嘉兴市市级生态村、嘉兴市科普示范村、嘉兴市"五好"团支部、海盐县党风廉政建设规范化村、海盐县社会治安综合治理先进集体、海盐县先进基层党组织等称号。

千年古刹金粟寺

茶院村文化礼堂

茶院村新农村点

澉浦镇六忠村

新农村

六忠村文化礼堂

“三对三”篮球赛

澉浦镇六忠村地处澉浦镇中西部，东靠六里集镇及澉浦镇工业新区，南接南北湖风景区三湾景区北大门，西与海宁市袁花镇接壤，北连澉浦镇茶院村，老沪杭公路和南王线公路穿境而过，交通方便，地理位置较为优越。1999 年 11 月，六里乡与澉浦镇合并成为澉浦镇，六忠村于 2001 年 8 月由原杜河村、宋家村合并而成，属澉浦镇政府管辖。六忠村产业发展较为平衡，现有个私企业 20 家，有毛纺、服装、管件、装潢等产业，农业主导产业东片为食用菌蔬菜专业，西片为种桑养蚕专业。

六忠村文化礼堂的建成，使村民的业余活动和文化传承有了新载体。文化礼堂配置有文化讲堂、露天演出舞台、露天体育设施、室外文化长廊等设施。举行各种活动，丰富农民精神生活。

2016 年，六忠村成为海盐县 19 个农村生活垃圾分类试点村之一。澉浦镇引进的全县首台有机垃圾生化制肥机在六忠村垃圾中转站投入运行。该机器可日处理可腐烂垃圾 300 公斤，经压榨脱水、粉碎、发酵等工艺，24 小时后成为可利用的有机肥料。

2016 年，六忠村获得县级“三改一拆”工作一等奖 、“五水共治”工作一等奖 、农村生活污水治理优胜村等荣誉。

文化礼堂展览

“一村一品”文艺演出

澉浦镇永乐村

吴越王庙会，越剧演出

“优美庭院”示范户

永乐大桥

永乐村位于澉浦镇西南，山清水秀，环境优美。永乐村于 2001 年 8 月由原葫芦湾村和原永安村合并而成。

区域面积 2.8 平方公里，耕地面积 83.13 公顷。有自然村落 9 个，承包组 20 个。

村农业生产以柑橘水果、包心菜等经济作物为主，粮食生产为辅。有企业 5 家，主要经营印染加工、服装、影视拍摄等。近年来，全村产业重心逐步向生态旅游、影视业发展。

2016 年，村集体经济总收入 202.94 万元，村民人均可支配收入 25485 元。先后获得省级绿化示范村、省级森林村庄、省级卫生村、市级文明村、市级优美庭院、市级生态村、市级“五好”团支部、县级先进党支部和“五好”村党组织、平安村等称号。

党员先锋长廊

“四方城”影视基地

乡村大舞台

澉浦镇澉东村

澉东村十姑娘文化休闲广场

十姑娘桥

澉浦八大碗

村文化礼堂

澉东村位于澉浦镇东，东接杭州湾，西邻南北湖，南连澉浦新市镇，北靠永新村。全村区域面积6.22 平方公里。有农户 980 户，村民小组 27 个，总人口 2982 人；设党委 1 个，党支部 3 个，有正式党员 109 人。村内有企业 30 余家，主要以服装、紧固件为主，农业以包心菜、早毛豆、柑橘、水稻及茶叶为主，有占地 16 公顷的浙江壹草堂铁皮石斛科研基地。村里有山有河靠海，景色幽雅，且人文气息浓郁。上世纪 60 年代曾因“凤凰山下十姑娘”而广闻于天下。近几年，先后获得浙江省全面小康建设示范村、浙江省绿化示范村、浙江省卫生村、省级乡村记忆示范基地、市级民主法治村、市级科普示范村、市级妇联基层组织建设示范村、市级优美庭院等称号。

2016 年，澉东村结合“剿灭劣五类水”、垃圾减量分类、小城镇环境综合整治、“双拆双引”、“美丽乡村”建设等工作，结合实际，突出重点，进一步提升基层党建工作的科学化水平，加强农村基层组织建设，努力发展壮大村级集体经济。“一事一议”道路浇筑在 2016 年 4 月份全面完工，道路硬化惠及 18 个承包组，让村民出行更加便利。完成美丽乡村点生态水质提升工程。2016 年，张王浜和东浜成功申报省级水质提升项目，整个工程已经完成，经过整治，水质各项标准都符合合同标准。开展垃圾分类试点工作。澉东村确定 5 个承包组 160 户农户进行试点，8 月份开始进行可腐烂和不可腐烂两类垃圾分类，之后，在全村开展垃圾减量分类工作。澉东村入选 2016 年度浙江省美丽乡村特色精品村，成功创建省级减灾示范点。澉东村通过以点带面，推动“美丽乡村”、多彩党建和经济社会的全面发展，迈上“标准更高、特色更优、品牌更响”的新征程。

百匠坊

壹草堂铁皮石斛科研基地

海盐鸿远公共交通有限公司

2017年4月1日起，新增K9路城市公交

好人好事层出不穷

海盐鸿远公共交通有限公司是海盐县交通投资集团有限公司全资子公司，成立于 2010 年 8 月 16 日。公司始终坚持“安全、便捷、低碳、惠民”的经营理念，用心打造公交服务品牌，努力提升公交服务水平，不断满足市民出行需求。

公司现有员工 540 人，拥有运营车辆 239 辆，其中气电混合动力公交车 35 辆、LNG 公交车 32 辆、纯电动汽车 6 辆、油电混合新能源公交车 16 辆。运营线路 52 条，其中城际公交 9 条、班线客运 2 条、城乡公交 30 条、城市公交 11 条。

2016年，委托杭州技师学院培养公交大客驾驶员

公司曾获县、市、省级“敬老文明号”，县级文明单位称号。公司下属汽车客运站售票组先后获得市级、省级“巾帼文明岗”。2016 年，公司被嘉兴市公安局评为创建市级治安安全成绩突出单位，被浙江省公安厅评为 G20 杭州峰会安保工作成绩突出的治安保卫重点单位。

换乘长廊